は ハ ひ ヒ ふ フ へ ヘ ほ ホ

ま マ み ミ む ム め メ も モ

や ヤ

ゆ ユ

よ ヨ

ら ラ り リ る ル れ レ ろ ロ

わ ワ

を ヲ

ん ン

小学館《しょうがくかん》
はじめての
漢字《かんじ》辞典《じてん》

小学館《しょうがくかん》 国語辞典《こくごじてん》 編集部《へんしゅうぶ》 編《へん》

この辞《じ》典《てん》の特《とく》色《しょく》

みなさんは、漢字《かんじ》は難《むずか》しいもの、覚《おぼ》えるのが大変《たいへん》なものだと思《おも》っているかもしれません。

でも実《じつ》は、漢字《かんじ》は、とてもおもしろくて、便利《べんり》なものなのです。

さあ、王《おう》さまや音楽隊《おんがくたい》といっしょに楽《たの》しく学《まな》んでいきましょう！

この辞典《じてん》には、小学校《しょうがっこう》で習《なら》う漢字《かんじ》1026字《じ》すべてがのっています。

楽《たの》しく漢字《かんじ》を学《まな》べるよう、たくさんの工夫《くふう》をしています。

①漢字《かんじ》は習《なら》う学年《がくねん》ごとにまとめ、部首順《ぶしゅじゅん》に配列《はいれつ》しました。
②1年生《ねんせい》、2年生《ねんせい》の漢字《かんじ》は、とめ、はね、はらいを、音楽隊《おんがくたい》のみんなが案内《あんない》します。
③すべての漢字《かんじ》に筆順《ひつじゅん》を示《しめ》しました。とくに、1年生《ねんせい》、2年生《ねんせい》の総画数《そうかくすう》5画《かく》までの漢字《かんじ》には、とめ、はね、はらいといっしょに筆順《ひつじゅん》を矢印《やじるし》で示《しめ》しています。
④その漢字《かんじ》がどのようにしてできたかがわかるように「なりたち」欄《らん》で解説《かいせつ》しました。
⑤漢字《かんじ》の読《よ》み方《かた》ごとにその読《よ》みをもつ熟語《じゅくご》・例文《れいぶん》を並《なら》べました。
⑥漢字《かんじ》にはすべてルビ（ふりがな）をつけて、学年《がくねん》を越《こ》えた漢字《かんじ》も読《よ》めるようにしました。
⑦漢字《かんじ》をより深《ふか》く理解《りかい》できるように、「この字《じ》のヒミツ」「もっとわかる」欄《らん》を設《もう》けました。
⑧3年生《ねんせい》以上《いじょう》のページ下《した》に、漢字《かんじ》に関《かん》するなぞなぞをのせました。

この辞典《じてん》によって、みなさんの漢字《かんじ》に対《たい》する興味《きょうみ》が、ますます広《ひろ》がっていくことを、心《こころ》から願《ねが》っています。

2021年《ねん》2月《がつ》
小学館《しょうがくかん》　国語辞典編集部《こくごじてんへんしゅうぶ》

もくじ

学年《がくねん》ごとの漢字《かんじ》

コラム

ミニコラム

この辞典《じてん》に関《かか》わった方々《かたがた》

「なりたち」指導・執筆　塚田勝郎(元筑波大学付属高等学校教諭)

コラム執筆　長野伸江

表紙イラスト　たちもとみちこ(colcbockle)

本文イラスト　たちもとみちこ(colcbockle)、髙橋雅子

校正・筆順作成　日本レキシコ、林みどり

協力　石岡さくよ、村山のぞみ、吉田暁子、佐藤敦子、長尾智一郎(colobockle)

表紙デザイン　佐野研二郎、香取有美(MR_DESIGN)

本文デザイン　鈴木正明(ロデンツ)

組版　株式会社DNPメディア・アート

この辞典《じてん》の使《つか》い方《かた》

※ここでは、1年生《ねんせい》の漢字《かんじ》を元《もと》に説明《せつめい》しています。

部首《ぶしゅ》　その漢字《かんじ》の属《ぞく》する部首《ぶしゅ》を示《しめ》しています。

漢字《かんじ》の読《よ》み方《かた》　漢字《かんじ》の「音読《おんよ》み」と「訓読《くんよ》み」を示《しめ》しました。音《おん》はかたかな、訓《くん》はひらがなで表《あらわ》しています。小学校《しょうがっこう》では習《なら》わない読《よ》み方《かた》は、（　）で示《しめ》しています。

熟語《じゅくご》・例文《れいぶん》　見出《みだ》しの漢字《かんじ》を使《つか》った熟語《じゅくご》・例文《れいぶん》を示《しめ》しました。子《こ》どもの学習《がくしゅう》や生活《せいかつ》に役立《やくだ》つ言葉《ことば》を選《えら》んでいます。

この辞典《じてん》にのっている漢字《かんじ》

この辞典《じてん》には、小学校《しょうがっこう》で習《なら》う漢字《かんじ》（学習《がくしゅう》漢字《かんじ》）1026字《じ》すべてがのっています。

漢字《かんじ》の並《なら》べ方《かた》

漢字《かんじ》は、1年生《ねんせい》から6年生《ねんせい》まで、学年《がくねん》ごとにまとめてあります。それぞれの学年《がくねん》の中《なか》では部首順《ぶしゅじゅん》、同《おな》じ部首《ぶしゅ》の中《なか》では部首内画数《ぶしゅないかくすう》（部首《ぶしゅ》の部分《ぶぶん》をのぞいた画数《かくすう》）の順《じゅん》に並《なら》んでいます。

↓部首一覧《ぶしゅいちらん》　34～35ページ

見出《みだ》しの漢字《かんじ》　探《さが》しやすいように大《おお》きく示《しめ》してあります。漢字《かんじ》のバランスをとりやすいように、点線《てんせん》を十《じゅう》字《じ》に入《い》れています。

総画数《そうかくすう》　その漢字《かんじ》が全部《ぜんぶ》で何画《なんかく》かを示《しめ》しています。

例文《れいぶん》　王《おう》さまや音《おん》楽隊《がくたい》たちのイラストと例文《れいぶん》で、漢字《かんじ》の意味《いみ》をとらえやすいように示《しめ》しています。

穴《あな》の部《ぶ》●空

空

1年《ねん》

8画《かく》　穴《あな》の部《ぶ》

音　クウ

訓　そら　あく　あける　から

空気《くうき》・空港《くうこう》・空席《くうせき》・空想《くうそう》・上空《じょうくう》・真空《しんくう》
青空《あおぞら》・空耳《そらみみ》・夜空《よぞら》
空《あ》き缶《かん》・空《あ》き地《ち》
席《せき》を空《あ》ける
空手《からて》・空回《からまわ》り

空《そら》をとぶ

なりたち

工→工

「工《こう》（つきぬける）」と「穴（あな）」で、あながあき、「何《なに》もない」ことを表《あらわ》す。

この字《じ》のヒミツ

◆「空」がついて、飛行機《ひこうき》に関係《かんけい》のある言葉《ことば》に「空港《くうこう》」「空路《くうろ》」「航空《こうくう》」など。
◆「空席《くうせき》」「空車《くうしゃ》」「空室《くうしつ》」などの「空《くう》」は、空《あ》いていることを意味《いみ》するよ。

空空空空空空空空

108

なりたち　その漢字《かんじ》がどうやって作《つく》られたかを説明《せつめい》してあります。多《おお》くは、昔《むかし》の中国《ちゅうごく》で使《つか》われていた古代文字《こだいもじ》を示《しめ》しながら、その漢字《かんじ》がどう変化《へんか》していったかを解説《かいせつ》しました。※古代文字《こだいもじ》は、漢字《かんじ》全体《ぜんたい》を示《しめ》したものと、ポイントとなる部分《ぶぶん》を強調《きょうちょう》して、漢字《かんじ》の一部《いちぶ》だけを示《しめ》したものがあります。

筆順《ひつじゅん》　総画数《そうかくすう》5画《かく》までの漢字《かんじ》は、「漢字《かんじ》を書《か》くときの注意点《ちゅういてん》」といっ

漢字《かんじ》を書《か》くときの注意点《ちゅういてん》　「とめ」「はね」「はらい」など漢字《かんじ》を書《か》くときの注意《ちゅうい》点《てん》を示《しめ》しました。低《てい》学年《がくねん》のみなさんにもわかりやすく楽《たの》しく学《まな》べるように、王《おう》さまや音楽隊《おんがくたい》たちが案《あん》内《ない》します。

学年《がくねん》の表示《ひょうじ》　各学年《かくがくねん》で習《なら》う漢字《かんじ》ごとに、色《いろ》と位置《いち》をかえています。自分《じぶん》の学年《がくねん》で習《なら》う漢字《かんじ》が探《さが》せます。

立《たつ》の部《ぶ》●立

立

5画《かく》　立《たつ》の部《ぶ》

いたの上《うえ》に立《た》つ

音　リツ（リュウ）　起立《きりつ》・国立《こくりつ》・自立《じりつ》・成立《せいりつ》・独立《どくりつ》・立体《りったい》　建立《こんりゅう》

訓　たつ　立場《たちば》　たてる　柱《はしら》を立《た》てる

なりたち　人《ひと》が両足《りょうあし》を地面《じめん》につ　ようすをえが　形。「しっかり立《た》つ　とを表《あらわ》す。

ながく　かこう

1年《ねん》

にている字《じ》　土 64　位 368　共 373　供 495

この字《じ》のヒミツ　◆「腹《はら》を立《た》てる」「うわさを立《た》てる」「ゆげを立《た》てる」「計画《けいかく》を立《た》てる」「予想《よそう》を立《た》てる」など、いろんな「立《た》てる」があるよ。

109

総画数6画以上の漢字は、別に示《しめ》しました。※3年生《ねんせい》〜6年生《ねんせい》はすべて別《べつ》に筆順《ひつじゅん》を示《しめ》しました。

この字《じ》のヒミツ・にている字《じ》・はんたいの意味《いみ》・とくべつな読《よ》み方《かた》　その漢字《かんじ》に関《かん》連《れん》した役《やく》立《だ》つ知識《ちしき》を紹《しょう》介《かい》しています。

※3、4年生《ねんせい》は「もっとわかる」で、漢字《かんじ》の知識《ちしき》を紹介《しょうかい》しています。

漢字《かんじ》の探《さが》し方《かた》

この辞典《じてん》では、つぎの3つの方法《ほうほう》で、自分《じぶん》の調《しら》べたい漢字《かんじ》を探《さが》すことができます。

ためしに、「空」という漢字《かんじ》を探《さが》してみましょう。

❶音訓《おんくん》さくいんで探《さが》す

「空」を「そら」と読《よ》むことがわかっていれば、6ページから始《はじ》まる音訓《おんくん》さくいんで「そ」の見出《みだ》しを見《み》つけて、「そら」を探《さが》しましょう。「クウ」と読《よ》むことがわかっているときは、「ク」の見出《みだ》しを見《み》つけて、「クウ」を探《さが》します。

❷総画《そうかく》さくいんで探《さが》す

「空」の画数《かくすう》を数《かぞ》えて8画《かく》ということがわかったら、27ページから始《はじ》まる総画《そうかく》さくいんで、8画《かく》のところで「空」を探《さが》します。

❸各学年《かくがくねん》の最初《さいしょ》のページ（学年《がくねん》インデックス）で探《さが》す

「空」を1年生《ねんせい》で習《なら》うことがわかっていれば、38ページの「1年生《ねんせい》で習《なら》う漢字《かんじ》」から「空」を探《さが》します。

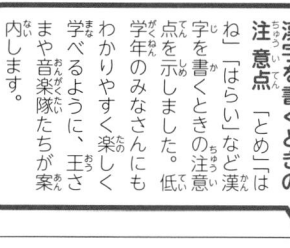

音《おん》訓《くん》さくいん

・小学校《しょうがっこう》で習《なら》う学習漢字《がくしゅうかんじ》1026字《じ》のすべての読《よ》みを五十音順《ごじゅうおんじゅん》に並《なら》べ、その漢字《かんじ》のページ数《すう》を示《しめ》しました。読《よ》みが同《おな》じ場合《ばあい》は、漢字《かんじ》の総画数《そうかくすう》の少《すく》ないものから多《おお》いものの順《じゅん》、総画数《そうかくすう》も同《おな》じ場合《ばあい》は、習《なら》う学《がく》年《ねん》の低《ひく》いものから高《たか》いものの順《じゅん》に並《なら》んでいます。

・音読《おんよ》みはかたかな、訓読《くんよ》みはひらがなで示《しめ》しています。灰色《はいいろ》の字《じ》は送《おく》りがなです。

・漢字《かんじ》の上《うえ》の❶～❻の数字《すうじ》は、習《なら》う学年《がくねん》を示《しめ》しています。

あ

あます ❺余 441
あまる ❺余 441
あむ ❺編 479
あめ ❶天 67 ❶雨 120
あやうい ❻危 499
あやつる ❻操 517
あやぶむ ❻危 499
あやまち ❺過 456
あやまつ ❺過 456
あやまる ❻誤 538 ❺謝 484
あゆむ ❷歩 220
あらう ❻洗 522
あらそう ❹争 366
あらた ❷新 202
あらたまる ❹改 402
あらためる ❹改 402
あらわす ❸表 354 ❺現 473 ❻著 510
あらわれる ❸表 354 ❺現 473
ある ❸有 331 ❺在 448
あるく ❷歩 220
あわす ❷合 152
あわせる ❷合 152
アン ❷行 256 ❸安 308 ❹案 408 ❸暗 330

い

イ ❹以 367 ❹衣 426 ❸医 302 ❹位 368 ❺囲 447 ❸委 307 ❺易 465 ❻胃 532 ❺移 475 ❻異 524 ❸意 323 ❻遺 511
い ❹井 366
いう ❷言 260
いえ ❷家 171
いかす ❶生 100
イキ ❻域 501
いき ❸息 322
いきおい ❺勢 445
いきる ❶生 100
イク ❸育 353
いく ❷行 256
いくさ ❹戦 401
いけ ❷池 224
いける ❶生 100
いさぎよい ❺潔 470
いさむ ❹勇 378
いし ❶石 107
いずみ ❻泉 522
いそぐ ❸急 321
いた ❸板 332
いたい ❻痛 525
いただき ❻頂 542
いただく ❻頂 542
いたむ ❻痛 525 ❻傷 496
いためる ❻痛 525 ❻傷 496
いたる ❻至 534
イチ ❶一 40
いち ❷市 179
いちじるしい ❻著 510
イツ ❶一 40
いつ ❶五 48
いつつ ❶五 48
いと ❶糸 111
いとなむ ❺営 455
いな ❻否 500
いぬ ❶犬 96
いのち ❸命 305
いばら ❹茨 396
いま ❷今 130
いもうと ❷妹 169
いる ❶入 52 ❺居 452 ❹要 426 ❻射 505
いれる ❶入 52
いろ ❷色 255
いわ ❷岩 175
いわう ❹祝 419
イン ❷引 184 ❹印 379 ❺因 447 ❶音 122 ❸員 306 ❸院 320 ❸飲 361

う

ウ ❶右 61 ❷羽 249 ❸有 331 ❻宇 503 ❶雨 120
うい ❹初 375
うえ ❶上 44
うえる ❸植 333
うお ❷魚 286
うかる ❸受 303
うけたまわる ❻承 514
うける ❸受 303
うごかす ❸動 300
うごく ❸動 300
うし ❷牛 230
うじ ❹氏 411
うしなう ❹失 384
うしろ ❷後 189
うた ❷歌 218
うたう ❷歌 218
うたがう ❻疑 525

え

お

読み	学年	漢字	ページ
	③	面	360
おもい	③	重	359
おもう	②	思	197
おもて	③	表	354
	③	面	360
おや	②	親	258
およぐ	③	泳	336
おり	④	折	401
おりる	①	下	42
	⑥	降	512
おる	④	折	401
	⑤	織	479
おれる	④	折	401
おろす	①	下	42
	⑥	降	512
おわる	③	終	350
オン	①	音	122
	⑥	恩	514
	③	温	338
	②	遠	195
おんな	①	女	68

か

読み	学年	漢字	ページ
カ	①	下	42
	①	火	95
	③	化	301
	④	加	376
	⑤	可	446
	⑤	仮	440
	①	花	79
	②	何	132
	④	果	406
	⑤	価	441
	⑤	河	469
	②	科	239
	②	夏	163
	②	家	171
	③	荷	316
	④	貨	429
	⑤	過	456
	②	歌	218
	④	課	428
か	①	日	83
	④	香	434
	④	鹿	435
ガ	⑥	我	514
	②	画	233
	④	芽	393
	④	賀	429
カイ	②	会	131
	②	回	154
	⑥	灰	523
	④	改	402
	⑤	快	458
	②	海	226
	③	界	342
	④	械	408
	②	絵	247
	③	階	321
	③	開	360
	④	街	425
	⑤	解	483
かい	①	貝	115
ガイ	②	外	164
	④	害	386
	④	街	425
かいこ	⑥	蚕	535
かう	②	交	128
	②	買	268
	⑤	飼	490
かえす	③	返	317
	②	帰	180
かえりみる	④	省	419
かえる	③	代	297
	④	変	383
かえる	③	返	317
	②	帰	180
かお	②	顔	280
かおり	④	香	434
かおる	④	香	434
かがみ	④	鏡	431
かかり	③	係	298
かかる	③	係	298
かかわる	④	関	432
かぎる	⑤	限	457
カク	④	各	380
	②	角	259
	②	画	233
	⑥	拡	515
	③	客	309
	⑥	革	542
	⑤	格	466
	④	覚	426
	⑥	閣	542
	⑤	確	474
かく	④	欠	410
	②	書	211
ガク	①	学	71
	②	楽	215
	⑤	額	490
かける	④	欠	410
かこう	⑤	囲	447
かこむ	⑤	囲	447
かざ	②	風	281
かさなる	③	重	359
かさねる	③	重	359
かしら	②	頭	279
かす	⑤	貸	486
かず	②	数	201
かぜ	②	風	281
かぞえる	②	数	201
かた	②	方	203
	⑥	片	524
	②	形	188
	⑤	型	448
	④	潟	415
かたい	④	固	382
	⑥	難	542
かたき	⑥	敵	517
かたち	②	形	188
かたな	②	刀	140
かたまる	④	固	382
かためる	④	固	382
かたらう	②	語	265
かたる	②	語	265

読み	学年	漢字	ページ
カッ	2	合	152
カツ	2	活	227
	6	割	498
	3	勝	301
かつ	2	合	152
ガッ	1	月	85
ガツ	6	担	515
かつぐ	2	角	259
かど	2	門	274
	1	金	119
かな	3	悲	322
かなしい	3	悲	322
かなしむ	6	奏	501
かなでる	4	要	426
かなめ	4	必	399
かならず	1	金	119
かね	6	株	519
かぶ	5	構	467
かまう	5	構	467
かまえる	1	上	44
かみ	3	神	346
	2	紙	244
	2	通	192
かよう	1	空	108
から	2	体	134

読み	学年	漢字	ページ
かり	5	仮	440
かりる	4	借	371
かるい	3	軽	357
かろやか	3	軽	357
かわ	1	川	76
	3	皮	343
	5	河	469
	6	革	542
がわ	4	側	372
かわす	2	交	128
かわる	3	代	297
	4	変	383
カン	6	干	508
	5	刊	444
	4	完	386
	4	官	386
	6	巻	508
	6	看	526
	2	間	275
	3	寒	310
	3	感	323
	3	漢	340
	5	幹	453
	4	管	422
	4	関	432

読み	学年	漢字	ページ
	5	慣	459
	3	館	361
	4	観	427
	6	簡	529
かん	3	神	346
ガン	2	丸	127
	2	元	135
	2	岩	175
	3	岸	312
	5	眼	474
	2	顔	280
	4	願	433
かんがえる	2	考	250

き

読み	学年	漢字	ページ
キ	6	己	507
	1	気	93
	6	危	499
	6	机	519
	2	汽	225
	4	岐	387
	4	希	389
	4	季	385
	5	紀	477
	2	帰	180

読み	学年	漢字	ページ
	2	記	263
	3	起	356
	5	基	449
	5	寄	451
	5	規	483
	3	期	331
	5	喜	447
	6	揮	516
	6	貴	540
	4	旗	403
	4	器	381
	4	機	410
き	1	木	86
	1	生	100
	2	黄	289
ギ	5	技	460
	5	義	480
	6	疑	525
	4	議	428
きえる	3	消	337
きく	4	利	375
	5	効	445
	2	聞	251
きこえる	2	聞	251
きざし	4	兆	373

読み	学年	漢字	ページ
きざす	4	兆	373
きざむ	6	刻	497
きし	3	岸	312
きず	6	傷	496
きずく	5	築	476
きせる	3	着	352
きそう	4	競	421
きた	2	北	144
きたす	2	来	213
きたる	2	来	213
きぬ	6	絹	530
きびしい	6	厳	510
きまる	3	決	335
きみ	3	君	304
きめる	3	決	335
キャク	3	客	309
ギャク	5	逆	456
キュウ	1	九	46
	2	弓	183
	5	久	440
	5	旧	465
	1	休	50
	6	吸	499
	3	究	347
	4	求	411

読み	学年	漢字	ページ
	④	泣	412
	❸	急	321
	❸	級	350
	❸	宮	310
	❸	球	341
	❺	救	464
	④	給	423
ギュウ	②	牛	230
キョ	❸	去	302
	❺	居	452
	④	挙	401
	❺	許	483
ギョ	②	魚	286
	④	漁	415
きよい	④	清	414
キョウ	②	兄	136
	④	共	373
	②	京	129
	④	協	378
	⑥	供	495
	④	香	434
	⑥	胸	533
	②	強	187
	②	教	200
	❺	経	478
	⑥	郷	512
	❺	境	450
	❸	橋	334
	❺	興	481
	④	鏡	431
	④	競	421
ギョウ	②	行	256
	②	形	188
	❸	業	333
キョク	❸	曲	330
	❸	局	311
	④	極	409
ギョク	❶	玉	98
きよまる	④	清	414
きよめる	④	清	414
きる	②	切	141
	❸	着	352
きれる	②	切	141
きわ	❺	際	458
きわまる	④	極	409
きわみ	④	極	409
きわめる	❸	究	347
	④	極	409
キン	②	今	130
	②	近	191
	❺	均	448
	❶	金	119
	⑥	勤	498
	⑥	筋	528
	❺	禁	475
ギン	❸	銀	359

く

読み	学年	漢字	ページ
ク	❶	九	46
	❶	口	60
	②	工	178
	❺	久	440
	❸	区	301
	④	功	377
	❺	句	446
	❸	苦	316
	⑥	供	495
	⑥	紅	529
	❸	宮	310
	❸	庫	314
グ	❸	具	299
クウ	❶	空	108
くう	②	食	282
グウ	❸	宮	310
くさ	❶	草	80
くすり	❸	薬	317
くだ	④	管	422
くださる	❶	下	42
くだす	❶	下	42
くだる	❶	下	42
くち	❶	口	60
くに	②	国	156
くばる	❸	配	358
くび	②	首	283
くま	④	熊	417
くみ	②	組	246
くむ	②	組	246
くも	②	雲	277
くら	④	倉	371
	⑥	蔵	511
くらい	❸	暗	330
くらい	④	位	368
くらう	②	食	282
くらす	⑥	暮	518
くらべる	❺	比	468
くる	②	来	213
くるしい	❸	苦	316
くるしむ	❸	苦	316
くるしめる	❸	苦	316
くるま	❶	車	118
くれない	⑥	紅	529
くれる	⑥	暮	518
くろ	②	黒	290
くろい	②	黒	290
くわえる	④	加	376
くわわる	④	加	376
クン	❸	君	304
	④	訓	427
グン	④	軍	429
	④	郡	398
	④	群	424

け

読み	学年	漢字	ページ
ケ	❸	化	301
	❶	気	93
	❺	仮	440
	②	家	171
け	②	毛	223
ゲ	❶	下	42
	②	外	164
	②	夏	163
	❺	解	483
ケイ	②	兄	136
	②	形	188
	⑥	系	529

❷ 京 129
❹ 径 391
❷ 計 262
❸ 係 298
❺ 型 448
❺ 経 478
❸ 軽 357
❹ 景 404
❻ 敬 517
❺ 境 450
❻ 警 540
❹ 競 421

ゲイ
❹ 芸 393

ゲキ
❻ 劇 498
❻ 激 523

けす
❸ 消 337

ケツ
❹ 欠 410
❻ 穴 527
❸ 血 354
❸ 決 335
❹ 結 423
❺ 潔 470

ゲツ
❶ 月 85

けわしい
❺ 険 457

ケン
❶ 犬 96
❺ 件 440
❶ 見 114
❻ 券 497
❸ 県 344
❸ 研 345
❹ 建 391
❹ 健 371
❺ 険 457
❷ 間 275
❺ 検 467
❻ 絹 530
❻ 権 520
❻ 憲 514
❹ 験 435

ゲン
❷ 元 135
❷ 言 260
❺ 限 457
❷ 原 148
❺ 現 473
❺ 眼 474
❺ 減 469
❻ 源 523
❻ 厳 510
❹ 験 435

こ

コ
❻ 己 507
❷ 戸 198
❷ 古 150
❸ 去 302
❹ 固 382
❻ 呼 500
❺ 故 464
❸ 庫 314
❺ 個 442
❸ 湖 339

こ
❶ 子 69
❶ 小 74
❶ 木 86
❺ 粉 477
❷ 黄 289

ゴ
❶ 五 48
❷ 午 145
❷ 後 189
❸ 期 331
❷ 語 265
❻ 誤 538
❺ 護 485

コウ
❶ 口 60
❷ 工 178
❷ 公 138
❷ 広 181
❹ 功 377
❷ 交 128
❷ 光 137
❷ 考 250
❷ 行 256
❸ 向 304
❹ 好 384
❻ 后 500
❻ 孝 502
❸ 幸 313
❺ 効 445
❷ 後 189
❹ 香 434
❺ 厚 445
❻ 皇 525
❻ 紅 529
❶ 校 90
❷ 高 285
❹ 候 370
❺ 格 466
❺ 耕 480
❺ 航 481
❻ 降 512
❷ 黄 289
❹ 康 390
❸ 港 339
❺ 鉱 489
❺ 構 467
❺ 興 481
❻ 鋼 541
❺ 講 484

こう
❸ 神 346

ゴウ
❸ 号 303
❷ 合 152
❷ 強 187
❻ 郷 512
❸ 業 333

こえ
❷ 声 160
❺ 肥 480

こえる
❺ 肥 480

こおり
❸ 氷 335

コク
❶ 石 107
❷ 谷 267
❺ 告 446
❷ 国 156
❻ 刻 497
❷ 黒 290

読み	学年	漢字	ページ
	6	穀	527
ゴク	4	極	409
ここの	1	九	46
ここのつ	1	九	46
こころ	2	心	196
こころざし	5	志	458
こころざす	5	志	458
こころみる	4	試	427
こころよい	5	快	458
こたえ	2	答	241
こたえる	5	応	458
	2	答	241
コツ	6	骨	543
こと	2	言	260
	3	事	296
	6	異	524
ことわる	5	断	464
こな	5	粉	477
このむ	4	好	384
こまか	2	細	245
こまかい	2	細	245
こまる	6	困	501
こむ	5	混	469
こめ	2	米	243
こやし	5	肥	480
こやす	5	肥	480
ころがす	3	転	357
ころがる	3	転	357
ころげる	3	転	357
ころす	5	殺	468
ころぶ	3	転	357
ころも	4	衣	426
こわ	2	声	160
コン	2	今	130
	6	困	501
	1	金	119
	4	建	391
	3	根	332
	5	混	469
ゴン	2	言	260
	6	勤	498
	6	権	520
	6	厳	510

さ

読み	学年	漢字	ページ
サ	1	左	77
	5	再	443
	2	作	133
	4	佐	369
	2	茶	190
	5	査	466
	6	砂	526
	4	差	388
ザ	6	座	509
サイ	2	才	199
	2	切	141
	2	西	257
	5	再	443
	5	災	471
	5	妻	451
	5	殺	468
	5	財	486
	2	細	245
	3	祭	346
	4	菜	396
	5	採	460
	6	済	522
	4	最	404
	6	裁	535
	5	際	458
さい	4	埼	382
ザイ	5	在	448
	4	材	406
	5	財	486
	5	罪	476
さいわい	3	幸	313
さか	3	坂	307
	5	逆	456
	3	酒	358
さかい	5	境	450
さかえる	4	栄	407
さがす	6	探	516
さかな	2	魚	286
さからう	5	逆	456
さかる	6	盛	525
さがる	1	下	42
さかん	6	盛	525
さき	1	先	51
	4	崎	388
サク	6	冊	497
	2	作	133
	4	昨	403
	6	策	528
さく	6	割	498
さくら	5	桜	466
さぐる	6	探	516
さけ	3	酒	358
さげる	1	下	42
	5	提	461
ささえる	5	支	461
さす	3	指	325
	4	差	388
さずかる	5	授	460
さずける	5	授	460
さだか	3	定	309
さだまる	3	定	309
さだめる	3	定	309
さち	3	幸	313
サッ	1	早	84
サツ	4	札	405
	6	冊	497
	4	刷	376
	5	殺	468
	4	察	387
ザツ	5	雑	489
さと	2	里	270
さばく	6	裁	535
さま	3	様	333
さます	4	冷	374
	4	覚	426
さむい	3	寒	310
さめる	4	冷	374
	4	覚	426
さら	3	皿	344
さる	3	去	302

さし

❸ 守 308
❸ 取 303
② 首 283
❸ 酒 358
❺ 修 442
⑥ 衆 535
④ 種 420

ジュ
❸ 受 303
⑥ 従 510
❺ 授 460
⑥ 就 506
⑥ 樹 520

シュウ
⑥ 収 499
❸ 州 312
④ 周 381
⑥ 宗 503
② 秋 240
❸ 拾 325
④ 祝 419
❺ 修 442
② 週 193
❸ 終 350
❸ 習 352
❸ 集 360
⑥ 就 506
⑥ 衆 535

ジュウ
❶ 十 58
❶ 中 45
❸ 住 297
❸ 拾 325
❸ 重 359
⑥ 従 510
⑥ 縦 530

シュク
④ 祝 419
❸ 宿 310
⑥ 縮 532

ジュク
⑥ 熟 524

シュツ
❶ 出 56

ジュツ
❺ 述 455
❺ 術 482

シュン
② 春 205

ジュン
⑥ 純 530
④ 順 432
❺ 準 470

ショ
⑥ 処 497
④ 初 375
❸ 所 324
② 書 211
❸ 暑 330
⑥ 署 528
⑥ 諸 539

ジョ
❶ 女 68
❸ 助 300
❺ 序 453
⑥ 除 512

ショウ
❶ 上 44
❶ 小 74
② 少 173
④ 井 366
❶ 正 92
❶ 生 100
② 声 160
❶ 青 121
④ 松 407
❺ 性 459
❺ 招 460
⑥ 承 514
② 星 206
❸ 昭 329
❸ 相 344
④ 省 419
❺ 政 464
❸ 消 337
④ 笑 421
⑥ 将 505
⑥ 従 510
❸ 商 306
❸ 章 348
④ 唱 381
④ 清 414
❸ 勝 301
④ 焼 416
❺ 証 484
❺ 象 485
⑥ 装 536
④ 照 417
⑥ 傷 496
❺ 精 477
⑥ 障 513
❺ 賞 488

ジョウ
❶ 上 44
④ 成 400
❺ 条 465
❺ 状 472
❸ 定 309
❸ 乗 295
④ 城 382
❺ 常 453
❺ 情 459
⑥ 盛 525
② 場 159
⑥ 蒸 511
④ 静 432
④ 縄 424

ショク
② 色 255
② 食 282
❸ 植 333
❺ 織 479
❺ 職 480

しら
❶ 白 104

しらべる
❸ 調 355

しりぞく
⑥ 退 511

しりぞける
⑥ 退 511

しる
② 知 237

しるし
④ 印 379

しるす
② 記 263

しろ
❶ 白 104
❸ 代 297
④ 城 382

しろい
❶ 白 104

シン
② 心 196
❸ 申 341
❸ 身 357
④ 臣 431
❸ 神 346

読み	漢字	学年	ページ
（シン）	信	4	370
	真	3	345
	針	6	541
	進	3	319
	深	3	338
	森	1	91
	新	2	202
	親	2	258
ジン	人	1	49
	仁	6	495
	臣	4	431
	神	3	346

す

読み	漢字	学年	ページ
ス	子	1	69
	主	3	295
	守	3	308
	素	5	477
	数	2	201
す	州	3	312
	巣	4	392
ズ	図	2	155
	豆	3	355
	事	3	296
	頭	2	279
スイ	水	1	94
	出	1	56
	垂	6	501
	推	6	516
すい	酸	5	489
スウ	数	2	201
すう	吸	6	499
すえ	末	4	405
すがた	姿	6	502
すぎる	過	5	456
すく	好	4	384
すくう	救	5	464
すくない	少	2	173
すぐれる	優	6	496
すけ	助	3	300
すこし	少	2	173
すごす	過	5	456
すこやか	健	4	371
すじ	筋	6	528
すすむ	進	3	319
すすめる	進	3	319
すてる	捨	6	516
すな	砂	6	526
すべて	全	3	297
すべる	統	5	478
すまう	住	3	297
すます	済	6	522
すみ	炭	3	340
すみやか	速	3	318
すむ	住	3	297
	済	6	522
する	刷	4	376
すわる	座	6	509
スン	寸	6	504

せ

読み	漢字	学年	ページ
セ	世	3	294
せ	背	6	533
セイ	井	4	366
	正	1	92
	生	1	100
	世	3	294
	西	2	257
	成	4	400
	声	2	160
	青	1	121
	制	5	444
	性	5	459
	星	2	206
	省	4	419
	政	5	464
	清	4	414
	情	5	459
	盛	6	525
	晴	2	209
	勢	5	445
	聖	6	532
	誠	6	538
	静	4	432
	精	5	477
	製	5	482
	整	3	328
せい	背	6	533
ゼイ	税	5	476
	説	4	428
セキ	夕	1	65
	石	1	107
	赤	1	116
	昔	3	329
	席	4	389
	責	5	486
	積	4	420
	績	5	479
せき	関	4	432
セチ	節	4	422
セツ	切	2	141
	折	4	401
	殺	5	468
	雪	2	276
	接	5	461
	設	5	483
	節	4	422
	説	4	428
	舌	6	535
ゼツ	絶	5	478
ぜに	銭	6	541
せめる	責	5	486
せる	競	4	421
セン	千	1	59
	川	1	76
	先	1	51
	浅	4	413
	宣	6	504
	専	6	505
	染	6	519
	泉	6	522
	洗	6	522
	船	2	254
	戦	4	401
	銭	6	541

セン（つづき） ②線248 ④選397

ゼン ③全297 ②前143 ④然416 ⑥善500

そ

ソ ⑤祖475 ⑤素477 ②組246 ③想323

ソウ ①早84 ④争366 ②走269 ⑥宗503 ①草80 ③送318 ③相344 ⑥奏501 ④倉371 ④巣392 ⑥窓528 ⑥創498 ⑥装536 ③想323 ⑤総478 ⑥層507 ⑥操517

そう ⑥沿521

ゾウ ⑤造456 ⑤象485 ⑤像443 ⑤増450 ⑤雑489 ⑥蔵511 ⑥臓534

そうろう ④候370

ソク ①足117 ④束406 ⑤則444 ③速318 ③息322 ④側372 ⑤測470

ゾク ③族329 ⑤属452 ④続423

そこ ④底390

そこなう ⑤損461

そこねる ⑤損461

そそぐ ③注336

そだつ ③育353

そだてる ③育353

ソツ ④卒379 ⑤率473

そと ②外164

そなえる ⑥供495 ⑤備443

そなわる ⑤備443

その ②園157

そまる ⑥染519

そむく ⑥背533

そむける ⑥背533

そめる ④初375 ⑥染519

そら ①空108

そらす ③反302

そる ③反302

ソン ⑥存502 ①村88 ④孫385 ⑥尊505 ⑤損461

ゾン ⑥存502

た

タ ②太167 ③他296 ②多165

た ①手81 ①田101

ダ ③打324

タイ ①大66 ②太167 ②台151 ③代297 ②体134 ③対311 ③待315 ⑥退511 ④帯389 ④隊399 ⑤貸486 ⑤態459

ダイ ①大66 ②内139 ②台151 ③代297 ②弟185 ③第348 ③題361

たいら ③平313

たえる ⑤絶478

たか ②高285

たかい ②高285

たかまる ②高285

たかめる ②高285

たがやす ⑤耕480

たから ⑥宝504

タク ⑥宅503 ③度314

たぐい ④類433

たけ ①竹110

たしか ⑤確474

たしかめる ⑤確474

たす ①足117

だす ①出56

たすかる ③助300

たすける ③助300

たずねる ⑥訪537

たたかう ④戦401

ただしい ①正92

ただす ①正92

ただちに ②直235

タツ ④達 397
たつ ①立 109 ④建 391 ⑤断 464 ⑤絶 478 ⑥裁 535
たっとい ⑥尊 505 ⑥貴 540
たっとぶ ⑥尊 505 ⑥貴 540
たて ⑥縦 530
たてる ①立 109 ④建 391
たとえる ④例 369
たに ②谷 267
たね ④種 420
たのしい ②楽 215
たのしむ ②楽 215
たば ④束 406
たび ③度 314 ③旅 328
たべる ②食 282
たま ①玉 98 ③球 341
たまご ⑥卵 499

たみ ④民 411
ためす ④試 427
たもつ ⑤保 442
たやす ⑤絶 478
たより ④便 370
たらす ⑥垂 501
たりる ①足 117
たる ①足 117
たれる ⑥垂 501
たわら ⑥俵 496
タン ③反 302 ⑥担 515 ③炭 340 ④単 392 ⑥探 516 ③短 345 ⑥誕 539
ダン ⑤団 447 ①男 102 ⑥段 521 ⑤断 464 ⑥暖 518 ③談 355

ち

チ ②地 158 ②池 224 ②知 237 ④治 412 ⑥値 495 ④置 421 ⑤質 488
ち ①千 59 ③血 354 ⑥乳 494
ちいさい ①小 74
ちかい ②近 191
ちから ①力 57
チク ①竹 110 ⑤築 476
ちち ②父 229 ⑥乳 494
ちぢまる ⑥縮 532
ちぢむ ⑥縮 532
ちぢめる ⑥縮 532
ちぢらす ⑥縮 532
ちぢれる ⑥縮 532
チャ ②茶 190

チャク ③着 352
チュウ ①中 45 ①虫 113 ④仲 368 ④沖 412 ③注 336 ⑥宙 503 ⑥忠 513 ②昼 207 ③柱 332
チョ ⑥著 510 ⑤貯 487
チョウ ③丁 294 ⑥庁 509 ④兆 373 ①町 103 ②長 273 ③重 359 ②鳥 287 ③帳 313 ⑤張 454 ⑥頂 542 ②朝 212 ⑥腸 534 ③調 355 ⑥潮 523
チョク ②直 235
ちらかす ④散 402
ちらかる ④散 402
ちらす ④散 402
ちる ④散 402
チン ⑥賃 540

つ

ツ ②通 192 ③都 320
ツイ ③対 311 ③追 318
ついえる ⑤費 487
ついやす ⑤費 487
ツウ ②通 192 ⑥痛 525
つかう ③使 298
つかえる ③仕 296
つき ①月 85
つぎ ③次 334
つく ④付 367 ③着 352 ⑥就 506
つぐ ③次 334

読み	学年	漢字	ページ
	②	読	266
	④	徳	392
とく	⑤	解	483
	④	説	428
とぐ	③	研	345
ドク	⑤	毒	468
	⑤	独	472
	②	読	266
とける	⑤	解	483
とこ	⑤	常	453
ところ	③	所	324
とざす	⑥	閉	541
とし	①	年	78
とじる	⑥	閉	541
とち	④	栃	407
とどく	⑥	届	506
とどける	⑥	届	506
ととのう	③	調	355
	③	整	328
ととのえる	③	調	355
	③	整	328
となえる	④	唱	381
とばす	④	飛	433
とぶ	④	飛	433
とまる	②	止	219
	⑤	留	473
とみ	④	富	387
とむ	④	富	387
とめる	②	止	219
	⑤	留	473
とも	②	友	149
	④	共	373
	⑥	供	495
とり	②	鳥	287
とる	③	取	303
	⑤	採	460
トン	⑤	団	447
とん	③	問	306

な

読み	学年	漢字	ページ
ナ	④	奈	384
	②	南	147
	⑥	納	530
な	①	名	62
	④	菜	396
ナイ	②	内	139
ない	⑥	亡	494
	④	無	416
なおす	②	直	235
	④	治	412
なおる	②	直	235
	④	治	412
なか	①	中	45
	④	仲	368
ながい	⑤	永	468
	②	長	273
ながす	③	流	338
なかば	②	半	146
ながれる	③	流	338
なく	④	泣	412
	②	鳴	288
なげる	③	投	324
なごむ	③	和	305
なごやか	③	和	305
なさけ	⑤	情	459
なし	④	梨	409
なす	④	成	400
ナッ	⑥	納	530
なつ	②	夏	163
なな	①	七	41
ななつ	①	七	41
なに	②	何	132
なの	①	七	41
なま	①	生	100
なみ	③	波	336
	⑥	並	494
ならう	③	習	352
ならす	②	鳴	288
	⑤	慣	459
ならびに	⑥	並	494
ならぶ	⑥	並	494
ならべる	⑥	並	494
なる	④	成	400
	②	鳴	288
なれる	⑤	慣	459
なわ	④	縄	424
ナン	①	男	102
	②	南	147
	⑥	納	530
	⑥	難	542
なん	②	何	132

に

読み	学年	漢字	ページ
ニ	①	二	47
	⑥	仁	495
	④	児	373
に	③	荷	316
にい	②	新	202
にがい	③	苦	316
にがる	③	苦	316
ニク	②	肉	252
にし	②	西	257
ニチ	①	日	83
になう	⑥	担	515
ニャク	⑥	若	510
ニュウ	①	入	52
	⑥	乳	494
ニョ	①	女	68
ニョウ	①	女	68
にる	⑤	似	441
にわ	③	庭	314
ニン	①	人	49
	⑤	任	441
	⑥	認	539

ぬ

読み	学年	漢字	ページ
ぬし	③	主	295
ぬの	⑤	布	452

ね

読み	学年	漢字	ページ
ね	①	音	122
	③	根	332
	⑥	値	495
ねがう	④	願	433
ネツ	④	熱	417

読み	学年	漢字	ページ
ねる	❸	練	351
ネン	❶	年	78
	❹	念	400
	❹	然	416
	❺	燃	471

の

読み	学年	漢字	ページ
の	❷	野	271
ノウ	❺	能	481
	❻	納	530
	❻	脳	533
	❸	農	358
のこす	❹	残	410
のこる	❹	残	410
のせる	❸	乗	295
のぞく	❻	除	512
のぞむ	❹	望	404
	❻	臨	540
のち	❷	後	189
のばす	❻	延	509
のびる	❻	延	509
のべる	❺	述	455
	❻	延	509
のぼす	❶	上	44
のぼせる	❶	上	44
のぼる	❶	上	44
	❸	登	343
のむ	❸	飲	361
のる	❸	乗	295

は

読み	学年	漢字	ページ
ハ	❸	波	336
	❻	派	522
	❺	破	474
は	❷	羽	249
	❸	葉	316
	❸	歯	362
バ	❷	馬	284
ば	❷	場	159
ハイ	❻	拝	515
	❻	背	533
	❻	肺	533
	❸	配	358
	❻	俳	495
	❹	敗	402
はい	❻	灰	523
バイ	❷	売	161
	❸	倍	298
	❹	梅	408
	❷	買	268
はいる	❶	入	52
はえ	❹	栄	407
はえる	❶	生	100
	❹	栄	407
	❻	映	517
はか	❺	墓	449
ばかす	❸	化	301
はがね	❻	鋼	541
はからう	❷	計	262
はかる	❷	図	155
	❷	計	262
	❹	量	430
	❺	測	470
ハク	❶	白	104
	❹	博	379
バク	❷	麦	272
	❹	博	379
	❻	幕	508
	❺	暴	465
はぐくむ	❸	育	353
はげしい	❻	激	523
ばける	❸	化	301
はこ	❸	箱	350
はこぶ	❸	運	319
はし	❸	橋	334
はじまる	❸	始	308
はじめ	❹	初	375
はじめて	❹	初	375
はじめる	❸	始	308
はしら	❸	柱	332
はしる	❷	走	269
はずす	❷	外	164
はずれる	❷	外	164
はた	❸	畑	342
	❹	旗	403
	❹	機	410
はたけ	❸	畑	342
はたす	❹	果	406
はたらく	❹	働	372
ハチ	❶	八	53
ハッ	❹	法	413
ハツ	❸	発	343
はつ	❹	初	375
バツ	❹	末	405
はて	❹	果	406
はてる	❹	果	406
はな	❶	花	79
	❸	鼻	362
はなし	❷	話	264
はなす	❸	放	328
	❷	話	264
はなつ	❸	放	328
はなれる	❸	放	328
はね	❷	羽	249
はは	❷	母	221
はぶく	❹	省	419
はやい	❶	早	84
	❸	速	318
はやし	❶	林	89
はやす	❶	生	100
はやまる	❶	早	84
	❸	速	318
はやめる	❶	早	84
	❸	速	318
はら	❷	原	148
	❻	腹	534
はらす	❷	晴	209
はり	❻	針	541
はる	❷	春	205
はる	❺	張	454
はれる	❷	晴	209
ハン	❸	反	302
	❷	半	146
	❺	犯	472
	❸	坂	307

読み	学年	漢字	ページ
	4	阪	398
	5	判	444
	3	板	332
	5	版	472
	6	班	524
	4	飯	434
バン	2	万	126
	5	判	444
	3	板	332
	2	番	234
	6	晩	518

ひ

読み	学年	漢字	ページ
ヒ	5	比	468
	3	皮	343
	6	否	500
	6	批	515
	5	肥	480
	5	非	490
	4	飛	433
	6	秘	527
	3	悲	322
	5	費	487
ひ	1	日	83
	1	火	95
	3	氷	335
	4	灯	415
ビ	3	美	352
	5	備	443
	3	鼻	362
ひえる	4	冷	374
ひがし	2	東	214
ひかり	2	光	137
ひかる	2	光	137
ひきいる	5	率	473
ひく	2	引	184
ひくい	4	低	369
ひくまる	4	低	369
ひくめる	4	低	369
ひける	2	引	184
ひさしい	5	久	440
ひたい	5	額	490
ひだり	1	左	77
ヒツ	4	必	399
	3	筆	349
ひつじ	3	羊	351
ひと	1	一	40
	1	人	49
ひとしい	3	等	349
ひとつ	1	一	40
ひとり	5	独	472
ひめる	6	秘	527
ひや	4	冷	374
ひやかす	4	冷	374
ヒャク	1	百	105
ビャク	1	白	104
ひやす	4	冷	374
ヒョウ	3	氷	335
	4	兵	374
	3	表	354
	6	俵	496
	4	票	420
	5	評	484
	4	標	409
ビョウ	3	平	313
	3	秒	347
	3	病	342
ひら	3	平	313
ひらく	3	開	360
ひらける	3	開	360
ひる	2	昼	207
ひる	6	干	508
ひろい	2	広	181
ひろう	3	拾	325
ひろがる	2	広	181
ひろげる	2	広	181
ひろまる	2	広	181
ひろめる	2	広	181
ヒン	3	品	305
	5	貧	486
ビン	4	便	370
	5	貧	486

ふ

読み	学年	漢字	ページ
フ	2	父	229
	4	不	366
	4	夫	383
	4	付	367
	5	布	452
	2	歩	220
	4	府	390
	4	阜	398
	2	風	281
	3	負	356
	5	婦	451
	4	富	387
ブ	2	分	142
	4	不	366
	2	歩	220
	5	武	467
	3	部	320
	4	無	416
フウ	4	夫	383
	2	風	281
	4	富	387
ふえ	3	笛	349
ふえる	5	増	450
ふかい	3	深	338
ふかまる	3	深	338
ふかめる	3	深	338
フク	3	服	331
	4	副	376
	5	復	455
	3	福	347
	6	腹	534
	5	複	482
ふける	4	老	424
ふし	4	節	422
ふせぐ	5	防	457
ふた	1	二	47
ふだ	4	札	405
ふたたび	5	再	443
ふたつ	1	二	47
ブツ	5	仏	440
	3	物	340

	マツ	❹	末	405
	まつ	❸	待	315
	まつ	❹	松	407
	まったく	❸	全	297
	まつり	❸	祭	346
	まつりごと	❺	政	464
	まつる	❸	祭	346
	まと	❹	的	419
	まど	❻	窓	528
	まなこ	❺	眼	474
	まなぶ	❶	学	71
	まねく	❺	招	460
	まめ	❸	豆	355
	まもる	❸	守	308
	まよう	❺	迷	456
	まる	❷	丸	127
	まるい	❷	丸	127
		❶	円	55
	まるめる	❷	丸	127
	まわす	❷	回	154
	まわり	❹	周	381
	まわる	❷	回	154
	マン	❷	万	126
		❹	満	414
み	ミ	❹	未	405
		❸	味	304
	み	❶	三	43
		❸	身	357
		❸	実	309
	みえる	❶	見	114
	みき	❺	幹	453
	みぎ	❶	右	61
	みさお	❻	操	517
	みじかい	❸	短	345
	みず	❶	水	94
	みずうみ	❸	湖	339
	みずから	❷	自	253
	みせ	❷	店	182
	みせる	❶	見	114
	みたす	❹	満	414
	みだす	❻	乱	494
	みだれる	❻	乱	494
	みち	❷	道	194
	みちびく	❺	導	452
	みちる	❹	満	414
	ミツ	❻	密	504
	みつ	❶	三	43
	みっつ	❶	三	43
	みとめる	❻	認	539
	みどり	❸	緑	351
	みなと	❸	港	339
	みなみ	❷	南	147
	みなもと	❻	源	523
	みのる	❸	実	309
	みみ	❶	耳	112
	みや	❸	宮	310
	ミャク	❺	脈	481
	みやこ	❸	都	320
	ミョウ	❶	名	62
		❷	明	204
		❸	命	305
	みる	❶	見	114
	ミン	❹	民	411
む	ム	❺	武	467
		❺	務	445
		❹	無	416
		❺	夢	450
	む	❶	六	54
	むい	❶	六	54
	むかう	❸	向	304
	むかし	❸	昔	329
	むぎ	❷	麦	272
	むく	❸	向	304
	むくいる	❺	報	449
	むける	❸	向	304
	むこう	❸	向	304
	むし	❶	虫	113
	むす	❻	蒸	511
	むずかしい	❻	難	542
	むすぶ	❹	結	423
	むつ	❶	六	54
	むっつ	❶	六	54
	むな	❻	胸	533
	むね	❻	胸	533
	むら	❶	村	88
		❹	群	424
	むらす	❻	蒸	511
	むれ	❹	群	424
	むれる	❹	群	424
		❻	蒸	511
	むろ	❷	室	170
め	め	❶	女	68
		❶	目	106
	メイ	❶	名	62
		❷	明	204
		❸	命	305
		❺	迷	456
		❻	盟	526
		❷	鳴	288
	めし	❹	飯	434
	メン	❸	面	360
		❺	綿	479
も	モ	❻	模	520
	モウ	❻	亡	494
		❷	毛	223
		❹	望	404
	もうける	❺	設	483
	もうす	❸	申	341
	もえる	❺	燃	471
	モク	❶	木	86
		❶	目	106
	もしくは	❻	若	510
	もす	❺	燃	471
	もちいる	❷	用	232
	モツ	❸	物	340

読み	学年	漢字	ページ
もつ	3	持	325
もっとも	4	最	404
もっぱら	6	専	505
もと	1	下	42
	2	元	135
	1	本	87
	5	基	449
もとい	5	基	449
もとめる	4	求	411
もの	3	物	340
	3	者	353
もやす	5	燃	471
もり	3	守	308
もり	1	森	91
もる	6	盛	525
モン	1	文	82
	2	門	274
	3	問	306
	2	聞	251

や

読み	学年	漢字	ページ
ヤ	2	夜	166
	2	野	271
や	1	八	53
	2	矢	236
	3	屋	311
	2	家	171
やかた	3	館	361
ヤク	3	役	315
	4	約	422
	5	益	474
	6	訳	537
	3	薬	317
やく	4	焼	416
やける	4	焼	416
やさしい	5	易	465
	6	優	496
やしなう	4	養	434
やしろ	2	社	238
やすい	3	安	308
やすまる	1	休	50
やすむ	1	休	50
やすめる	1	休	50
やつ	1	八	53
やっつ	1	八	53
やど	3	宿	310
やどす	3	宿	310
やどる	3	宿	310
やぶる	5	破	474
やぶれる	5	破	474
	4	敗	402
やま	1	山	75
やまい	3	病	342
やむ	3	病	342
やめる	4	辞	430
やわらぐ	3	和	305
やわらげる	3	和	305

ゆ

読み	学年	漢字	ページ
ユ	3	由	341
	3	油	337
	3	遊	319
	5	輸	488
ゆ	3	湯	339
ユイ	3	由	341
	6	遺	511
ユウ	2	友	149
	1	右	61
	3	由	341
	3	有	331
	4	勇	378
	6	郵	512
	3	遊	319
	6	優	496
ゆう	4	結	423
	1	夕	65
ゆえ	5	故	464
ゆき	2	雪	276
ゆく	2	行	256
ゆたか	5	豊	485
ゆだねる	3	委	307
ゆび	3	指	325
ゆみ	2	弓	183
ゆめ	5	夢	450
ゆるす	5	許	483
ゆわえる	4	結	423

よ

読み	学年	漢字	ページ
ヨ	3	予	295
	5	余	441
	6	預	543
よ	1	四	63
	3	世	294
	3	代	297
	2	夜	166
よい	4	良	425
	6	善	500
ヨウ	2	用	232
	6	幼	508
	3	羊	351
	3	洋	337
	4	要	426
	5	容	451
	3	葉	316
	3	陽	321
	3	様	333
	4	養	434
	2	曜	210
よう	1	八	53
ヨク	4	浴	413
	6	欲	521
	6	翌	532
よこ	3	横	334
よし	3	由	341
よせる	5	寄	451
よそおう	6	装	536
よつ	1	四	63
よっつ	1	四	63
よぶ	6	呼	500
よむ	2	読	266
よる	2	夜	166
よる	5	因	447
	5	寄	451
よろこぶ	5	喜	447
よわい	2	弱	186

よわまる ②弱 186
よわめる ②弱 186
よわる ②弱 186
よん ❶四 63

ら

ライ ❸礼 346 ②来 213
ラク ❸落 317 ②楽 215
ラン ⑥乱 494 ⑥卵 499 ⑥覧 537

り

リ ②里 270 ④利 375 ②理 231 ⑥裏 536
リキ ❶力 57
リク ④陸 399
リチ ⑥律 509
リツ ❶立 109 ⑥律 509 ❺率 473
リャク ❺略 473
リュウ ❶立 109 ❸流 338 ❺留 473
リョ ❸旅 328
リョウ ❸両 294 ④良 425 ④料 403 ④量 430 ④漁 415 ❺領 490
リョク ❶力 57 ❸緑 351
リン ❶林 89 ④輪 430 ⑥臨 540

る

ル ❸流 338 ❺留 473
ルイ ④類 433

れ

レイ ❸礼 346 ④令 367 ④冷 374 ④例 369
レキ ❺歴 467
レツ ❸列 299
レン ④連 397 ❸練 351

ろ

ロ ❸路 356
ロウ ④老 424 ④労 377 ⑥朗 518
ロク ❶六 54 ❸緑 351 ④録 431
ロン ⑥論 539

わ

ワ ❸和 305 ②話 264
わ ⑥我 514 ④輪 430
わかい ⑥若 510
わかつ ②分 142
わかる ②分 142
わかれる ②分 142
わかれる ④別 375
わけ ⑥訳 537
わける ②分 142
わざ ❺技 460 ❸業 333
わざわい ❺災 471
わすれる ⑥忘 513
わた ❺綿 479
わたくし ⑥私 527
わたし ⑥私 527
わらう ④笑 421
わらべ ❸童 348
わり ⑥割 498
わる ⑥割 498
わるい ❸悪 322
われ ⑥我 514
われる ⑥割 498

総《そう》画《かく》さくいん

・小学校《しょうがっこう》で習《なら》う学習漢字《がくしゅうかんじ》1026字《じ》すべてを、画数《かくすう》の少《すく》ない順《じゅん》に並《なら》べました。同《おな》じ画数《かくすう》の漢字《かんじ》は習《なら》う学《がく》年順《ねんじゅん》に配列《はいれつ》しています。習《なら》う学年《がくねん》も同《おな》じ場合《ばあい》は部首順《ぶしゅじゅん》に並《なら》べています。

・漢字《かんじ》の下《した》の❶～❻の数字《すうじ》は習《なら》う学年《がくねん》を示《しめ》しています。その下《した》の数字《すうじ》はこの辞典《じてん》のなかでのページ数《すう》を表《あらわ》しています。

カ	八	入	人	二	九	七	**2画**	一 **1画**
❶57	❶53	❶52	❶49	❶47	❶46	❶41		❶40

土	口	千	上	三	下	**3画**	丁	刀	十
❶64	❶60	❶59	❶44	❶43	❶42		❸294	❷140	❶58

工	丸	万	川	山	小	子	女	大	夕
❷178	❷127	❷126	❶76	❶75	❶74	❶69	❶68	❶66	❶65

中	**4画**	干	己	寸	亡	士	久	才	弓
❶45		❻508	❻507	❻504	❻494	❺450	❺440	❷199	❷183

水	木	月	日	文	手	天	円	六	五
❶94	❶86	❶85	❶83	❶82	❶81	❶67	❶55	❶54	❶48

午	分	切	内	公	元	今	王	犬	火
❷145	❷142	❷141	❷139	❷138	❷135	❷130	❶97	❶96	❶95

父	毛	止	方	戸	心	引	少	太	友
❷229	❷223	❷219	❷203	❷198	❷196	❷184	❷173	❷167	❷149

氏	欠	夫	井	不	反	区	化	予	牛
❹411	❹410	❹383	❹366	❹366	❸302	❸301	❸301	❸295	❷230

右	出	**5画**	片	尺	収	仁	比	支	仏
❶61	❶56		❻524	❻506	❻499	❻495	❺468	❺461	❺440

石	目	白	田	生	玉	正	本	左	四
❶107	❶106	❶104	❶101	❶100	❶98	❶92	❶87	❶77	❶63

仕	主	世	矢	用	母	広	市	外	冬	台	古	半	北	兄	立
③	③	③	②	②	②	②	②	②	②	②	②	②	②	②	①
296	295	294	236	232	221	181	179	164	162	151	150	146	144	136	109
付	以	礼	皿	皮	由	申	氷	打	平	央	号	去	写	代	他
④	④	③	③	③	③	③	③	③	③	③	③	③	③	③	③
367	367	346	344	343	341	341	335	324	313	307	303	302	299	297	296
史	句	可	刊	民	未	末	札	必	辺	失	司	包	功	加	令
⑤	⑤	⑤	⑤	④	④	④	④	④	④	④	④	④	④	④	④
446	446	446	444	411	405	405	405	399	396	384	380	378	377	376	367
名	先	休	6画《かく》	穴	庁	幼	処	冊	示	犯	永	旧	弁	布	圧
①	①	①		⑥	⑥	⑥	⑥	⑥	⑤	⑤	⑤	⑤	⑤	⑤	⑤
62	51	50		527	509	508	497	497	475	472	468	465	454	452	448
地	回	同	合	光	会	交	虫	耳	糸	竹	百	気	早	年	字
②	②	②	②	②	②	②	①	①	①	①	①	①	①	①	①
158	154	153	152	137	131	128	113	112	111	110	105	93	84	78	70
列	全	両	西	行	色	自	肉	考	羽	米	池	毎	当	寺	多
③	③	③	②	②	②	②	②	②	②	②	②	②	②	②	②
299	297	294	257	256	255	253	252	250	249	243	224	222	174	172	165
共	兆	伝	仲	争	血	羊	死	次	有	曲	式	州	守	安	向
④	④	④	④	④	③	③	③	③	③	③	③	③	③	③	③
373	373	368	368	366	354	351	335	334	331	330	315	312	308	308	304
吸	危	在	団	因	再	任	件	仮	衣	老	灯	成	好	各	印
⑥	⑥	⑤	⑤	⑤	⑤	⑤	⑤	⑤	④	④	④	④	④	④	④
499	499	448	447	447	443	441	440	440	426	424	415	400	384	380	379
赤	貝	見	町	男	村	花	7画《かく》	舌	至	灰	机	宅	宇	存	后
①	①	①	①	①	①	①		⑥	⑥	⑥	⑥	⑥	⑥	⑥	⑥
116	115	114	103	102	88	79		535	534	523	519	503	503	502	500
言	角	社	汽	来	近	形	弟	売	声	図	体	作	何	車	足
②	②	②	②	②	②	②	②	②	②	②	②	②	②	①	①
260	259	238	225	213	191	188	185	161	160	155	134	133	132	118	117

究	決	投	返	役	局	対	坂	君	医	助	住	麦	里	走	谷
❸	❸	❸	❸	❸	❸	❸	❸	❸	❸	❸	❸	②	②	②	②
347	335	324	317	315	311	311	307	304	302	300	297	272	270	269	267
希	岐	完	労	努	利	別	初	冷	兵	児	低	佐	位	身	豆
④	④	④	④	④	④	④	④	④	④	④	④	④	④	❸	❸
389	387	386	377	377	375	375	375	374	374	373	369	369	368	357	355
均	囲	告	判	余	似	臣	良	沖	求	束	材	改	折	阪	芸
❺	❺	❺	❺	❺	❺	④	④	④	④	④	④	④	④	④	④
448	447	446	444	441	441	431	425	412	411	406	406	402	401	398	393
我	忘	孝	困	否	卵	乱	状	災	条	技	快	志	応	防	序
⑥	⑥	⑥	⑥	⑥	⑥	⑥	❺	❺	❺	❺	❺	❺	❺	❺	❺
514	513	502	501	500	499	494	472	471	465	460	458	458	458	457	453
岩	妹	姉	夜	国	京	青	雨	金	空	林	学	8画《かく》	系	私	批
②	②	②	②	②	②	❶	❶	❶	❶	❶	❶		⑥	⑥	⑥
175	169	168	166	156	129	121	120	119	108	89	71		529	527	515
命	味	受	取	具	使	事	門	長	知	直	画	歩	東	明	店
❸	❸	❸	❸	❸	❸	❸	②	②	②	②	②	②	②	②	②
305	304	303	303	299	298	296	274	273	237	235	233	220	214	204	182
波	注	泳	板	服	昔	放	所	苦	幸	岸	定	実	始	委	和
❸	❸	❸	❸	❸	❸	❸	❸	❸	❸	❸	❸	❸	❸	❸	❸
336	336	336	332	331	329	328	324	316	313	312	309	309	308	307	305
官	季	奈	固	周	参	卒	協	刷	典	例	表	育	者	物	油
④	④	④	④	④	④	④	④	④	④	④	❸	❸	❸	❸	❸
386	385	384	382	381	380	379	378	376	374	369	354	353	353	340	337
価	的	牧	法	治	泣	松	果	念	阜	芽	英	径	府	底	岡
❺	④	④	④	④	④	④	④	④	④	④	④	④	④	④	④
441	419	418	413	412	412	407	406	400	398	393	393	391	390	390	388
肥	版	河	毒	武	枝	易	招	性	述	往	居	妻	効	制	舎
❺	❺	❺	❺	❺	❺	❺	❺	❺	❺	❺	❺	❺	❺	❺	❺
480	472	469	468	467	466	465	460	459	455	454	452	451	445	444	442

承	忠	若	延	届	宝	宙	宗	垂	呼	刻	券	供	乳	並	非
6	6	6	6	6	6	6	6	6	6	6	6	6	6	6	5
514	513	510	509	506	504	503	503	501	500	497	497	495	494	494	490

星	春	思	茶	後	室	南	前	音	草	9画《かく》	沿	枚	拝	担	拡
2	2	2	2	2	2	2	2	1	1		6	6	6	6	6
206	205	197	190	189	170	147	143	122	80		521	519	515	515	515

度	屋	客	品	係	乗	首	食	風	計	秋	科	点	活	海	昼
3	3	3	3	3	3	2	2	2	2	2	2	2	2	2	2
314	311	309	305	298	295	283	282	281	262	240	239	228	227	226	207

相	県	発	畑	界	炭	洋	柱	昭	拾	持	指	急	追	送	待
3	3	3	3	3	3	3	3	3	3	3	3	3	3	3	3
344	344	343	342	342	340	337	332	329	325	325	325	321	318	318	315

茨	単	建	変	城	勇	便	信	面	重	負	美	級	秒	神	研
4	4	4	4	4	4	4	4	3	3	3	3	3	3	3	3
396	392	391	383	382	378	370	370	360	359	356	352	350	347	346	345

逆	型	厚	則	保	香	飛	軍	要	約	祝	省	浅	栃	栄	昨
5	5	5	5	5	4	4	4	4	4	4	4	4	4	4	4
456	448	445	444	442	434	433	429	426	422	419	419	413	407	407	403

映	退	律	巻	専	宣	姿	奏	紀	祖	独	査	政	故	限	迷
6	6	6	6	6	6	6	6	5	5	5	5	5	5	5	5
517	511	509	508	505	504	502	501	477	475	472	466	464	464	457	456

原	校	10画《かく》	革	肺	背	胃	紅	砂	看	皇	派	洗	泉	段	染
2	1		6	6	6	6	6	6	6	6	6	6	6	6	6
148	90		542	533	533	532	529	526	526	525	522	522	522	521	519

島	宮	員	勉	倍	高	馬	記	紙	書	時	通	弱	帰	家	夏
3	3	3	3	3	2	2	2	2	2	2	2	2	2	2	2
312	310	306	300	298	285	284	263	244	211	208	192	186	180	171	163

候	配	酒	起	真	病	流	消	根	旅	息	院	速	荷	庭	庫
4	3	3	3	3	3	3	3	3	3	3	3	3	3	3	3
370	358	358	356	345	342	338	337	332	328	322	320	318	316	314	314

浴	残	梅	案	料	挙	郡	連	徒	帯	席	差	害	孫	倉	借
4	4	4	4	4	4	4	4	4	4	4	4	4	4	4	4
413	410	408	408	403	401	398	397	391	389	389	388	386	385	371	371

素	粉	破	益	留	殺	格	桜	造	師	容	修	個	訓	笑	特
5	5	5	5	5	5	5	5	5	5	5	5	5	4	4	4
477	477	474	474	473	468	466	466	456	453	451	442	442	427	421	418

除	降	従	座	展	将	射	党	俵	俳	値	財	航	脈	能	耕
6	6	6	6	6	6	6	6	6	6	6	5	5	5	5	5
512	512	510	509	506	505	505	496	496	495	495	486	481	481	481	480

週	強	11画《かく》	骨	針	討	蚕	胸	納	純	秘	班	株	朗	恩	陛
2	2		6	6	6	6	6	6	6	6	6	6	6	6	6
193	187		543	541	537	535	533	530	530	527	524	519	518	514	513

帳	宿	問	商	動	黒	黄	鳥	魚	雪	野	船	組	細	理	教
3	3	3	3	3	2	2	2	2	2	2	2	2	2	2	2
313	310	306	306	300	290	289	287	286	276	271	254	246	245	231	200

側	健	転	習	終	笛	第	章	祭	球	深	族	悪	部	都	進
4	4	3	3	3	3	3	3	3	3	3	3	3	3	3	3
372	371	357	352	350	349	348	348	346	341	338	329	322	320	320	319

貨	票	産	清	梨	械	望	敗	陸	菜	巣	康	崎	埼	唱	副
4	4	4	4	4	4	4	4	4	4	4	4	4	4	4	4
429	420	418	414	409	408	404	402	399	396	392	390	388	382	381	376

救	接	授	採	情	険	得	張	常	寄	婦	堂	基	務	停	鹿
5	5	5	5	5	5	5	5	5	5	5	5	5	5	5	4
464	461	460	460	459	457	454	454	453	451	451	449	449	445	443	435

域	貧	責	設	許	規	術	経	移	眼	略	現	率	混	液	断
6	5	5	5	5	5	5	5	5	5	5	5	5	5	5	5
501	486	486	483	483	483	482	478	475	474	473	473	473	469	469	464

訪	視	脳	翌	窓	盛	異	済	欲	探	推	捨	郵	郷	著	密
6	6	6	6	6	6	6	6	6	6	6	6	6	6	6	6
537	536	533	532	528	525	524	522	521	516	516	516	512	512	510	504

勝	雲	間	買	絵	答	番	朝	晴	道	場	森	12画《かく》	頂	閉	訳
❸	②	②	②	②	②	②	②	②	②	②	❶		⑥	⑥	⑥
301	277	275	268	247	241	234	212	209	194	159	91		542	541	537
登	湯	港	湖	温	植	期	暑	悲	陽	階	遊	運	落	葉	寒
❸	❸	❸	❸	❸	❸	❸	❸	❸	❸	❸	❸	❸	❸	❸	❸
343	339	339	339	338	333	331	330	322	321	321	319	319	317	316	310
散	隊	達	富	媛	博	歯	飲	集	開	軽	着	筆	等	童	短
④	④	④	④	④	④	❸	❸	❸	❸	❸	❸	❸	❸	❸	❸
402	399	397	387	385	379	362	361	360	360	357	352	349	349	348	345
飯	順	量	賀	覚	街	結	給	無	然	焼	満	滋	極	最	景
④	④	④	④	④	④	④	④	④	④	④	④	④	④	④	④
434	432	430	429	426	425	423	423	416	416	416	414	414	409	404	404
証	統	絶	程	税	測	減	検	提	過	営	復	属	報	喜	備
❺	❺	❺	❺	❺	❺	❺	❺	❺	❺	❺	❺	❺	❺	❺	❺
484	478	478	476	476	470	469	467	461	456	455	455	452	449	447	443
棒	晩	敬	揮	就	尊	善	勤	創	割	貿	費	貯	貸	象	評
⑥	⑥	⑥	⑥	⑥	⑥	⑥	⑥	⑥	⑥	❺	❺	❺	❺	❺	❺
520	518	517	516	506	505	500	498	498	498	487	487	487	486	485	484
話	楽	新	数	遠	園	13画《かく》	貴	詞	補	装	裁	衆	策	筋	痛
②	②	②	②	②	②		⑥	⑥	⑥	⑥	⑥	⑥	⑥	⑥	⑥
264	215	202	201	195	157		540	538	536	536	535	535	528	528	525
戦	愛	塩	働	鉄	農	路	詩	福	漢	業	暗	想	感	意	電
④	④	④	④	❸	❸	❸	❸	❸	❸	❸	❸	❸	❸	❸	②
401	400	383	372	359	358	356	354	347	340	333	330	323	323	323	278
義	罪	禁	準	損	幹	夢	墓	勢	辞	試	群	続	節	置	照
❺	❺	❺	❺	❺	❺	❺	❺	❺	④	④	④	④	④	④	④
480	476	475	470	461	453	450	449	445	430	427	424	423	422	421	417
腹	腸	聖	絹	署	盟	源	暖	蒸	幕	傷	飼	鉱	資	豊	解
⑥	⑥	⑥	⑥	⑥	⑥	⑥	⑥	⑥	⑥	⑥	❺	❺	❺	❺	❺
534	534	532	530	528	526	523	518	511	508	496	490	489	487	485	483

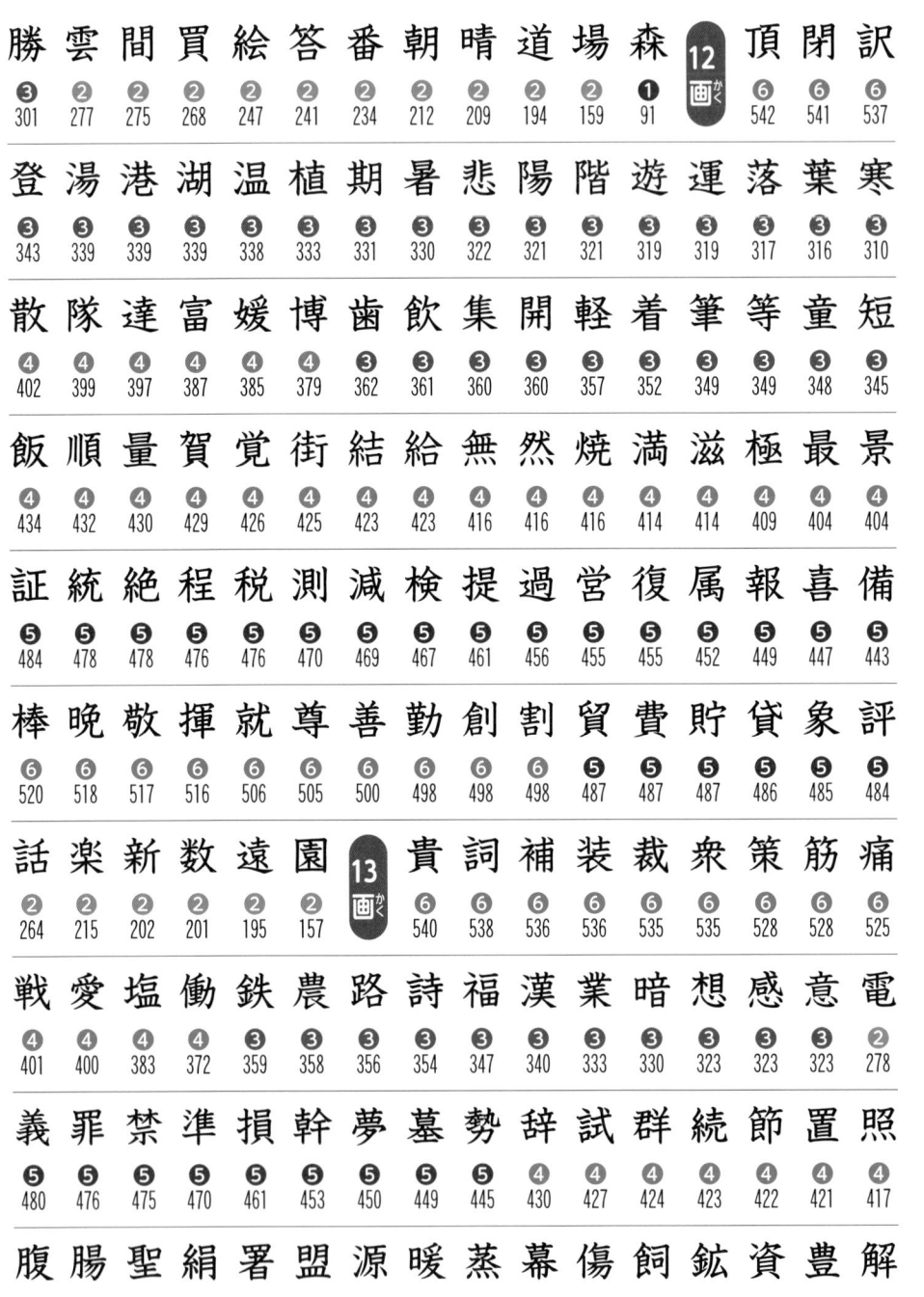

13画《かく》〜20画《かく》

裏	6	536
誠	6	538
賃	6	540
預	6	543

14画《かく》

歌	2	218
算	2	242
聞	2	251
語	2	265
読	2	266
鳴	2	288
様	3	333
緑	3	351
練	3	351
銀	3	359
駅	3	362
鼻	3	362
察	4	387
徳	4	392
旗	4	403
漁	4	415
熊	4	417
種	4	420
管	4	422
説	4	428
関	4	432
静	4	432
像	5	443
境	5	450
増	5	450
適	5	457
際	5	458
態	5	459
慣	5	459
構	5	467
歴	5	467
演	5	470
精	5	477
総	5	478
綿	5	479
製	5	482
複	5	482
酸	5	489
銅	5	489
雑	5	489
領	5	490
層	6	507
障	6	513
暮	6	518
模	6	520
疑	6	525
磁	6	526
穀	6	527
誤	6	538
誌	6	538
認	6	539
銭	6	541
閣	6	542

15画《かく》

線	2	248
横	3	334
箱	3	350
談	3	355
調	3	355
億	4	372
器	4	381
選	4	397
標	4	409
潟	4	415
熱	4	417
縄	4	424
課	4	428
輪	4	430
養	4	434
導	5	452
暴	5	465
潔	5	470
確	5	474
編	5	479
賛	5	488
質	5	488
賞	5	488
劇	6	498
蔵	6	511
遺	6	511
敵	6	517
権	6	520
潮	6	523
熟	6	524
諸	6	539
誕	6	539
論	6	539

16画《かく》

親	2	258
頭	2	279
薬	3	317
整	3	328
橋	3	334
館	3	361
機	4	410
積	4	420
録	4	431
燃	5	471
築	5	476
興	5	481
衛	5	482
輸	5	488
奮	6	502
憲	6	514
操	6	517
樹	6	520
激	6	523
糖	6	529
縦	6	530
鋼	6	541

17画《かく》

績	5	479
講	5	484
謝	5	484
優	6	496
厳	6	510
縮	6	532
覧	6	537

18画《かく》

曜	2	210
顔	2	280
題	3	361
観	4	427
類	4	433
験	4	435
織	5	479
職	5	480
額	5	490
簡	6	529
臨	6	540
難	6	542

19画《かく》

鏡	4	431
願	4	433
識	5	485
臓	6	534
警	6	540

20画《かく》

競	4	421
議	4	428
護	5	485

部《ぶ》首《しゅ》一《いち》覧《らん》

学習漢字《がくしゅうかんじ》1026字《じ》の部首《ぶしゅ》を示《しめ》しました。
1画《かく》から14画《かく》まで、画数順《かくすうじゅん》に並《なら》んでいます。
本文《ほんぶん》の漢字《かんじ》も、この部首順《ぶしゅじゅん》に並《なら》べました。

1画《かく》

一　いち
丨　たてぼう
丶　てん
ノ　はらいぼう
乙　おつ
（乚　おつ）

2画《かく》

亅　はねぼう
二　に
亠　なべぶた
人　ひと
（亻　にんべん）
（𠆢　ひとやね）
儿　ひとあし
入　いる
八　はち
冂　どうがまえ
冖　わかんむり
冫　にすい
几　つくえ
凵　うけばこ
刀　かたな
（刂　りっとう）
力　ちから
勹　つつみがまえ
匕　ひ
匚　かくしがまえ
十　じゅう
卩　ふしづくり
厂　がんだれ
厶　む
又　また

3画《かく》

口　くち・くちへん
囗　くにがまえ
土　つち・つちへん
士　さむらい
夂　ふゆがしら
夕　ゆうべ
大　だい
女　おんな・おんなへん
子　こ・こへん
宀　うかんむり
寸　すん
小　しょう
尢　だいのまげあし
尸　しかばね
山　やま・やまへん
川　かわ
工　たくみ
己　おのれ
巾　はば
干　かん
幺　いとがしら
广　まだれ
廴　えんにょう
廾　にじゅうあし
弋　しきがまえ
弓　ゆみ・ゆみへん
彡　さんづくり
彳　ぎょうにんべん
⺍　つかんむり
艹　くさかんむり
辶　しんにょう
阝　おおざと　※漢字の右側にくる
阝　こざとへん　※漢字の左側にくる
（阜　おか）
忄→心（4画）
扌→手（4画）
氵→水（4画）
犭→犬（4画）

4画《かく》

心　こころ
（忄　りっしんべん）
戈　ほこがまえ
戸　と
手　て
（扌　てへん）
支　しにょう
攵　ぼくにょう
文　ぶん
斗　とます
斤　おのづくり
方　ほう
日　ひ・ひへん
曰　ひらび
月　つき・つきへん　※別に月（にくづき）がある
木　き・きへん
欠　あくび
止　とめる
歹　かばねへん
殳　るまた
毋　はは・なかれ
比　ならびひ
毛　け
氏　うじ
气　きがまえ
水　みず
（氵　さんずい）
（氺　したみず）

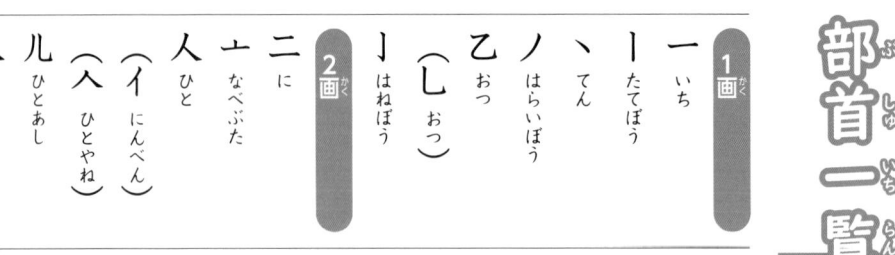

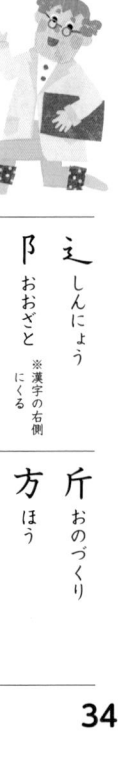

火 ひ
（灬 れっか）
父 ちち
片 かた
牛 うし・うしへん
犬 いぬ
（犭 けものへん）
王→玉（5画）
礻→示（5画）
耂→老（6画）
月→肉（6画）
※別に月（つき）がある

5画《かく》

玄 げん
玉 たま
（王 おう・おうへん）
生 うまれる
用 もちいる
田 た
疋 ひき
疒 やまいだれ
癶 はつがしら
白 しろ
皮 けがわ
皿 さら
目 め
矢 や
石 いし
示 しめす
（礻 しめすへん）
禾 のぎへん
穴 あな・あなかんむり
立 たつ
罒 あみがしら
氺→水（4画）
衤→衣（6画）

6画《かく》

竹 たけ・たけかんむり
米 こめ・こめへん
糸 いと・いとへん
羊 ひつじ
羽 はね
老 おい
（耂 おいかんむり）
耒 すきへん
耳 みみ
肉 にく
（月 にくづき）
自 みずから
至 いたる
臼 うす
舌 した
舟 ふね・ふねへん
艮 こんづくり
色 いろ
虫 むし
血 ち
行 ぎょうがまえ
衣 ころも
（衤 ころもへん）
襾 にし

7画《かく》

見 みる
角 つの
言 げん・ごんべん
谷 たに
豆 まめ
豕 いのこ
貝 かい・かいへん
赤 あか
走 はしる・そうにょう
足 あし
身 み
車 くるま・くるまへん
辛 からい
辰 しんのたつ
酉 とり
里 さと
臣 しん
麦 むぎ

8画《かく》

金 かね・かねへん
長 ながい
門 もん・もんがまえ
隹 ふるとり
雨 あめ
青 あお
非 あらず
阜→阝（3画）
飠→食（9画）

9画《かく》

面 めん
革 つくりがわ
音 おと
頁 おおがい
風 かぜ
飛 とぶ
食 しょく
（飠 しょくへん）
首 くび
香 かおり

10画《かく》

馬 うま
骨 ほね
高 たかい

11画《かく》

魚 うお
鳥 とり
鹿 しか
黄 き
黒 くろ

12画《かく》

歯 は

14画《かく》

鼻 はな

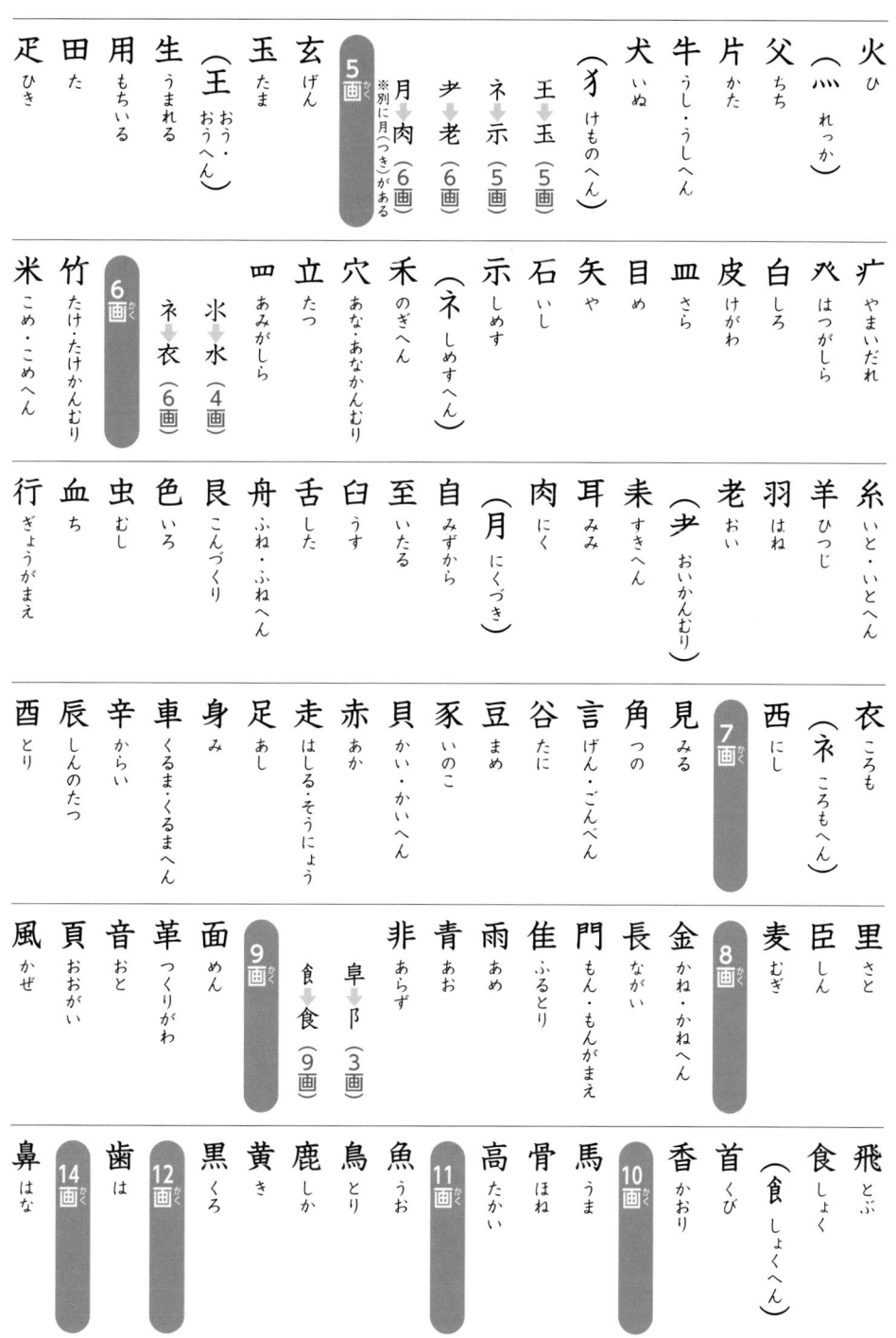

部首《ぶしゅ》ってなあに

部首《ぶしゅ》で漢字《かんじ》のグループ分《わ》け

漢字《かんじ》をグループ分《わ》けするとき、同《おな》じ形《かたち》の部分《ぶぶん》をもつ漢字《かんじ》をまとめることが行《おこな》われています。まずは、実際《じっさい》にグループ分《わ》けをしてみましょう。次《つぎ》の六《むっ》つの漢字《かんじ》を、同《おな》じ形《かたち》の部分《ぶぶん》をもつもの同士《どうし》で、二《ふた》つのグループに分《わ》けてみてください。

休　草　体

花　茶　働

答《こた》え

休　体　働

草　花　茶

このようなグループ分《わ》けに使《つか》う部分《ぶぶん》を「部首《ぶしゅ》」といいます。部首《ぶしゅ》の共通《きょうつう》する漢字《かんじ》は、たいてい共通《きょうつう》する意味《いみ》をもっています。たとえば、「亻（にんべん）」は「人《ひと》」という漢字《かんじ》がもとになっていて、この部首《ぶしゅ》をもつ漢字《かんじ》は、人《にん》間《げん》に関係《かんけい》する意味《いみ》をもっています。そのため、部首《ぶしゅ》のことを知《し》っていると、漢字《かんじ》を覚《おぼ》えやすくなります。

部首《ぶしゅ》のわかりにくい漢字《かんじ》もある

部首《ぶしゅ》は漢字《かんじ》全体《ぜんたい》で二《に》百《ひゃく》以上《いじょう》あります。この漢字《かんじ》辞典《じてん》では、そのうちの代《だい》表的《ひょうてき》な部首《ぶしゅ》だけをのせています。その中《なか》には、「山《やま》」「木《き》」「土《つち》」「十《じゅう》」「田《た》」「白《しろ》」「力《ちから》」「馬《うま》」「風《かぜ》」「鹿《しか》」など、漢《かん》字《じ》そのものが部首《ぶしゅ》になっているものもあります。

形《かたち》がかんたんで、部首《ぶしゅ》のわかりにくい漢字《かんじ》もありますが、すべての漢字《かんじ》はどれかの部首《ぶしゅ》のグループに入《はい》っています。たとえば、「一《いち》、二《に》、三《さん》、四《し》、五《ご》、六《ろく》、七《しち》、八《はち》、九《きゅう》」も部首《ぶしゅ》で分《わ》けられます。

一・三・七　部首「一（いち）」

二・五　部首「二（に）」

四　部首「囗（くにがまえ）」

六・八　部首「八（はち）」

九　部首「乙（おつ）」

1年《ねん》

1年生《ねんせい》で習《なら》う漢字《かんじ》(80字《じ》)

二	九	中	上	三	下	七	一
47	46	45	44	43	42	41	40
円	六	八	入	先	休	人	五
55	54	53	52	51	50	49	48
四	名	右	口	千	十	力	出
63	62	61	60	59	58	57	56
学	字	子	女	天	大	夕	土
71	70	69	68	67	66	65	64
手	草	花	年	左	川	山	小
81	80	79	78	77	76	75	74

一

1年《ねん》

1画《かく》　一《いち》の部《ぶ》

音
イチ　一位《いちい》・一《いち》か八《ばち》か・一同《いちどう》・一番《いちばん》

イツ　統一《とういつ》・同一《どういつ》

訓
ひと　一口《ひとくち》・一休《ひとやす》み

ひとつ　星《ほし》が一《ひと》つ見《み》える

なりたち

横線《よこせん》を一本《いっぽん》引《ひ》いた形《かたち》。数《かず》の1や「はじめ」「ひとまとまり」の意味《いみ》を表《あらわ》す。

ゼリーが一《ひと》つ

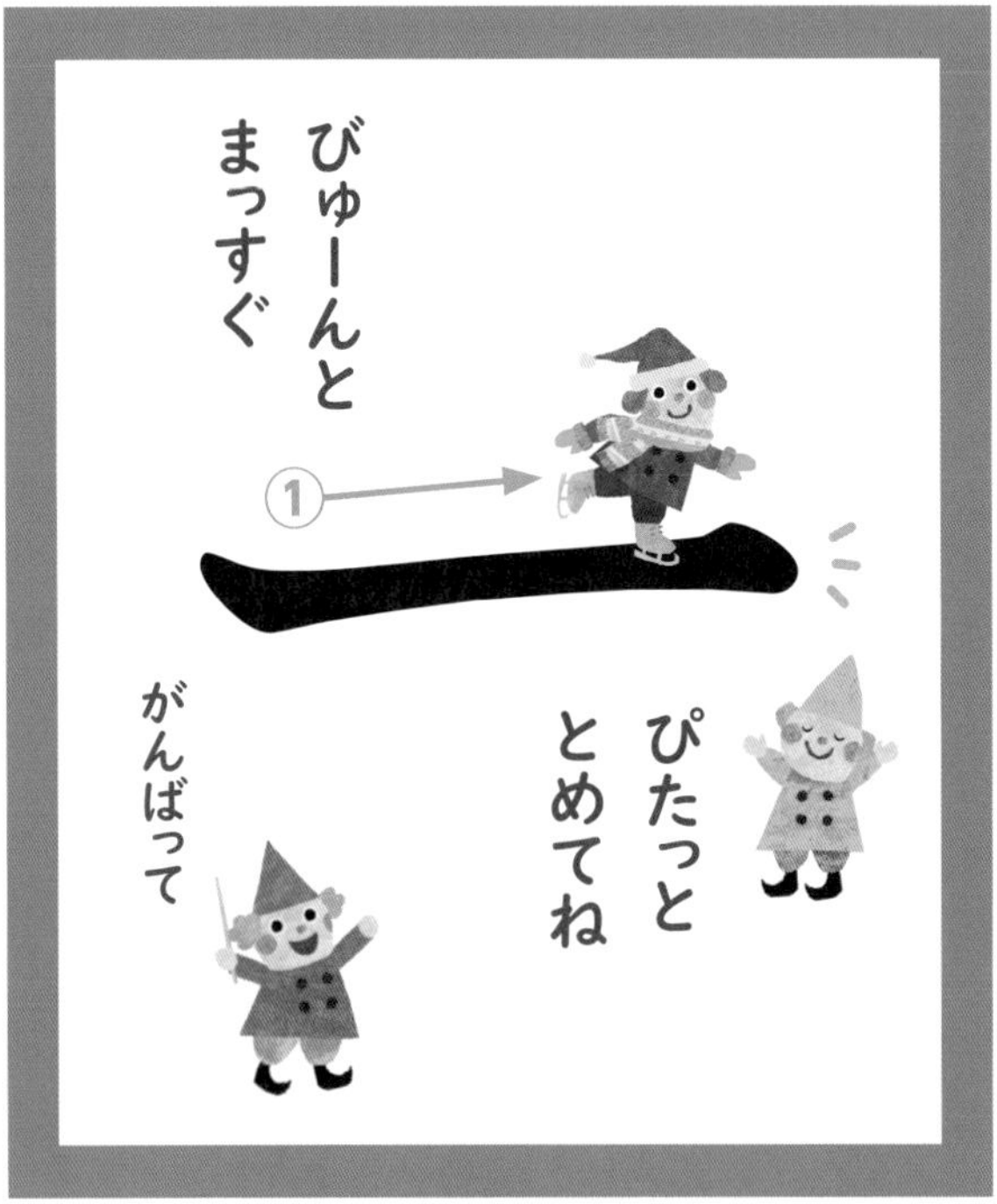
びゅーんと
まっすぐ
①
一
ぴたっと
とめてね
がんばって

とくべつな読《よ》み方《かた》

一日《ついたち》・一人《ひとり》

この字《じ》のヒミツ

◆「一目会《ひとめあ》いたい」は、少《すこ》しの時間《じかん》でいいから会《あ》いたいという意味《いみ》だけど、「一目置《いちもくお》く」は、相手《あいて》の強《つよ》さをみとめているということだよ。

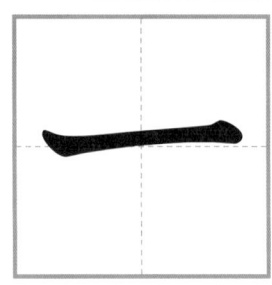

七

2画《かく》　一《いち》の部《ぶ》

音　シチ

訓　なな　なな(つ)　なの

七五三《しちごさん》・七転八倒《しちてんばっとう》・七福神《しちふくじん》
七色《なないろ》・七不思議《ななふしぎ》
七《なな》つの海《うみ》
一月七日《いちがつなのか》

なりたち

十→七→七

縦線《たてせん》を横線《よこせん》で切《き》り、下《した》にはんぱなものが残《のこ》った形《かたち》。割《わ》り切《き》れない数《かず》の7を表《あらわ》す。

七《なな》このふうせん

にている字《じ》

と　セ　ヒ　モ

この字《じ》のヒミツ

◆「一《いち》」と「七《しち》」は音《おと》がにているので、相手《あいて》がまちがえないように、「七時《しちじ》」をわざと「ななじ」と読《よ》むこともあるよ。

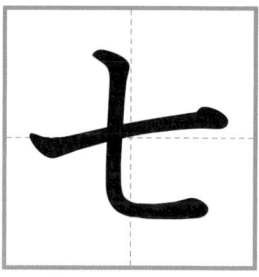

下

3画《かく》　一《いち》の部《ぶ》

音　**カ**　地下《ちか》・部下《ぶか》・落下《らっか》

ゲ　下校《げこう》・下山《げざん》・下車《げしゃ》

訓　**した**　下書《したが》き・年下《としした》

しも　川下《かわしも》・下半期《しもはんき》

（もと）　旗《はた》の下《もと》

さげる　頭《あたま》を下《さ》げる

さがる　熱《ねつ》が下《さ》がる

くだる　魚《さかな》が川《かわ》を下《くだ》る

くだす　命令《めいれい》を下《くだ》す

くださる　先生《せんせい》が本《ほん》を下《くだ》さる

おろす　窓《まど》の下《した》を見下《みお》ろす

おりる　二階《にかい》から下《お》りる

つくえの下《した》を見《み》る

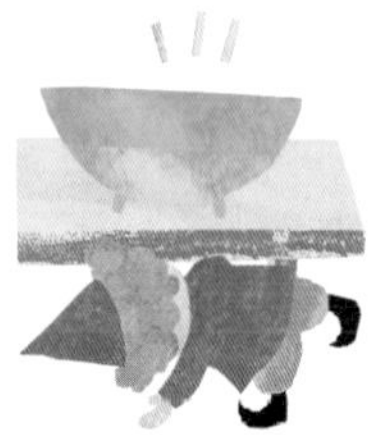

うえにでない
①
②
③
まっすぐおりてとまるよ
ぴたっ

なりたち

長《なが》い線《せん》が下《した》の短《みじか》い線《せん》をおおっている形《かたち》。「した」や「さがる」「低《ひく》い」ことを表《あらわ》す。

この字《じ》のヒミツ

◆「下手」には、「へた」「しもて」「したて」の読《よ》み方《かた》がある。「下手《したて》に出《で》る」は、相手《あいて》を敬《うやま》って、自分《じぶん》をひかえめにすること。

1年《ねん》

三《さん》人《にん》で あるく

三

3画《かく》 一《いち》の部《ぶ》

音 サン

訓 み みつ みっつ

三回《さんかい》・三角形《さんかくけい》・三輪車《さんりんしゃ》・七五三《しちごさん》・三毛猫《みけねこ》・三日《みっか》・三つ子《みつご》・三つ葉《みつば》・三つ《みっ》

なりたち

横線《よこせん》を三本《さんぼん》並《なら》べた形《かたち》。数《かず》の3や「数《かず》の多《おお》い」こと、「なんども」の意味《いみ》を表《あらわ》す。

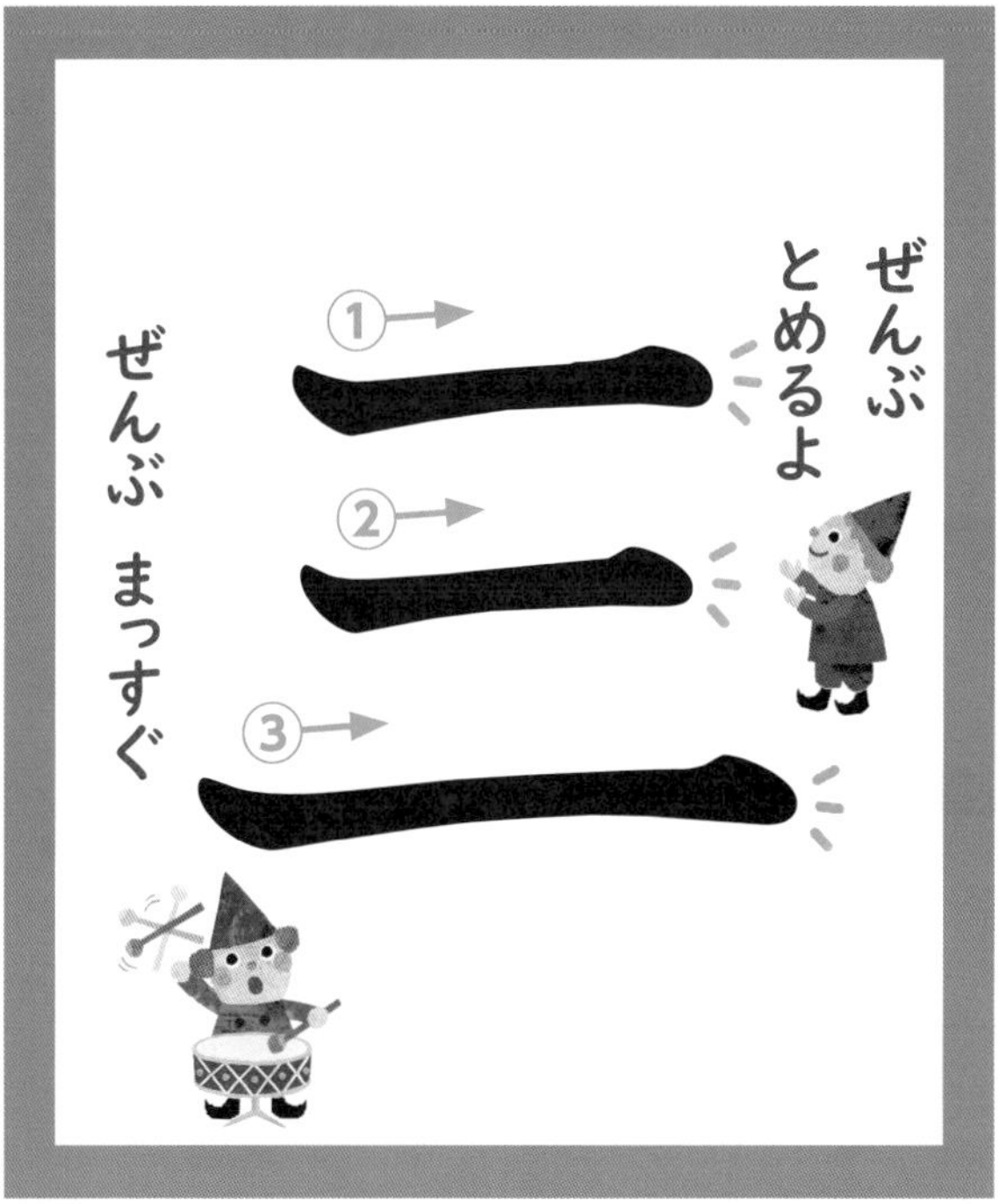

とくべつな読《よ》み方《かた》

三味線《しゃみせん》

この字《じ》のヒミツ

◆中《なか》の横《よこ》ぼうは、上下《じょうげ》の横《よこ》ぼうよりも短《みじか》く書《か》こう。上《うえ》と中《なか》の横《よこ》ぼうの間《あいだ》が開《ひら》きすぎると、「一《いち》」と「二《に》」に見《み》えてしまうよ。

上《うえ》をむく

上

3 画《かく》　一《いち》の部《ぶ》

音 **ジョウ**　屋上《おくじょう》・上空《じょうくう》・上達《じょうたつ》・上品《じょうひん》

(ショウ)　上人《しょうにん》

訓 **うえ**　兄上《あにうえ》・姉上《あねうえ》・年上《としうえ》・真上《まうえ》

うわ　上着《うわぎ》・上役《うわやく》

かみ　上座《かみざ》・川上《かわかみ》

あげる　まっすぐ手《て》を上《あ》げる

あがる　二階《にかい》に上《あ》がる

のぼる　上《のぼ》り下《お》り・上《のぼ》り坂《ざか》

(のぼせる)　話題《わだい》に上《のぼ》せる

(のぼす)　話題《わだい》に上《のぼ》す

なりたち

下《した》の長《なが》い線《せん》の上《うえ》に短《みじか》い線《せん》がのっている形《かたち》。「うえ」や「あがる」ことを表《あらわ》す。

この字《じ》のヒミツ

◆「上手」には、「じょうず」「かみて」「うわて」の読《よ》み方《かた》がある。「相手《あいて》は一枚上手《いちまいうわて》だ」は、相《あい》手《て》のほうがすぐれていること。

1年《ねん》

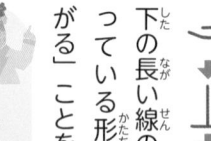

中

4 画《かく》 |《たてぼう》の部《ぶ》

音 チュウ ジュウ

訓 なか

車中《しゃちゅう》・中学生《ちゅうがくせい》・中心《ちゅうしん》・中立《ちゅうりつ》・一年中《いちねんじゅう》・町中《まちじゅう》・中休《なかやす》み・中指《なかゆび》・真《ま》ん中《なか》・夜中《よなか》

なりたち

わくのまん中《なか》を縦《たて》の線《せん》がつきぬける形《かたち》。「まんなか」や「なかほど」「つき通《とお》る」ことを表《あらわ》す。

中《なか》にかくれる

①
②
③
④
かくっとまがるよ
まんなかにまっすぐ

にている字《じ》

口 ▶60
田 ▶101
牛 ▶230
申 ▶341

この字《じ》のヒミツ

◆「運転《うんてん》」「旅行《りょこう》」「電話《でんわ》」「放送《ほうそう》」「食事《しょくじ》」「着《き》がえ」などの後《うし》ろに「中《ちゅう》」をつけると、今《いま》それをしていることを表《あらわ》すよ。

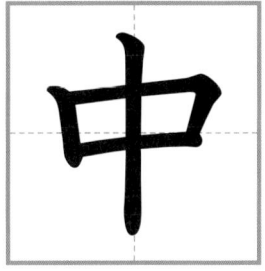

九

2 画《かく》　乙《おつ》の部《ぶ》

音
キュウ
九回《きゅうかい》・九州《きゅうしゅう》・九人《きゅうにん》・九本《きゅうほん》
ク
九九《くく》・九時《くじ》・十中八九《じっちゅうはっく》

訓
ここの
九重《ここのえ》・九日《ここのか》
ここのつ
ミカンが九《ここの》つある

なりたち

うでが何《なに》かにつかえてのびない形《かたち》。つかえる、きわまるイメージから、数《かず》の終《お》わりの9を表《あらわ》す。

九人《きゅうにん》でかこむ

にている字《じ》

ク
丸 ▶127
丁 ▶294
久 ▶440

この字《じ》のヒミツ

◆「九日」は「くにち」ではなく、「ここのか」と読《よ》もう。◆「九人」は「くにん」と読《よ》んでも「きゅうにん」と読《よ》んでもよい。

二

❷画《かく》　二《に》の部《ぶ》

音　ニ

訓　ふた　ふたつ

二《に》階《かい》・二《に》度《ど》・二《に》番目《ばんめ》・二《に》本《ほん》
二《ふた》手《て》・二《ふた》葉《ば》
ケーキを二《ふた》つに切《き》る

なりたち

横線《よこせん》を二《に》本《ほん》並《なら》べた形《かたち》。数《かず》の2や「ふたつのものが並《なら》ぶ」こと、「二《に》番目《ばんめ》」の意味《いみ》を表《あらわ》す。

二《に》このミカン

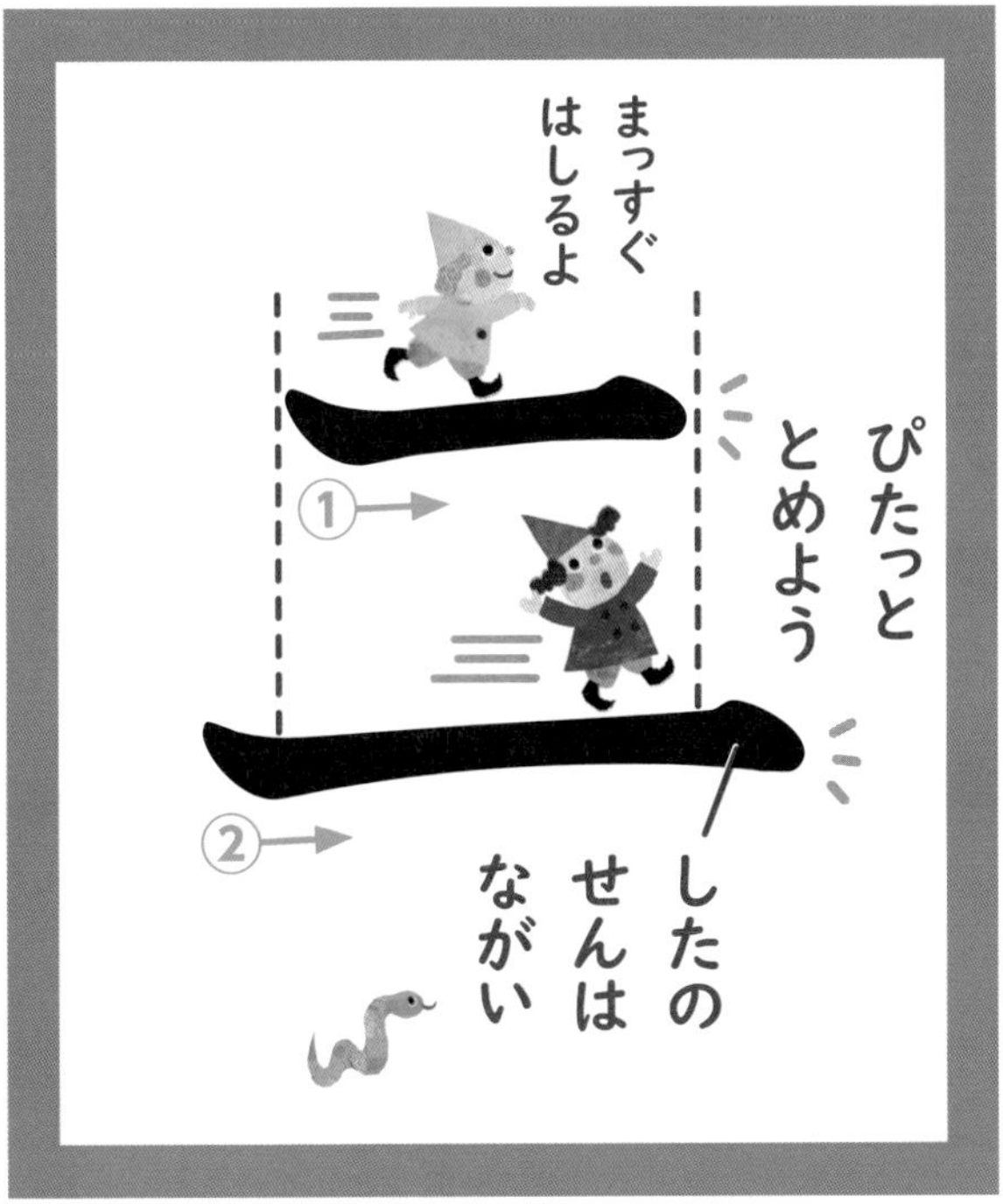

まっすぐはしるよ
ぴたっととめよう
したのせんはながい
①
②

にている字《じ》

こ　一 ▶40　三 ▶43

この字《じ》のヒミツ

◆「二重」は「ふたえ」とも「にじゅう」とも読《よ》む。ただし、「二重まぶた」のときは、「ふたえ」と読《よ》むよ。

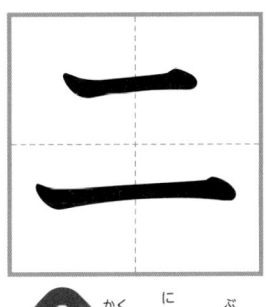

五

4画《かく》　二《に》の部《ぶ》

音　ゴ

訓　いつ　いつつ

五感《ごかん》・五十音《ごじゅうおん》・五輪《ごりん》・七五三《しちごさん》
五月五日《ごがついつか》
イチゴを五《いつ》つ食《た》べる

なりたち

↓五

二本《にほん》の線《せん》の間《あいだ》に「×（交《まじ》わる）」を入《い》れた形《かたち》。指《ゆび》で数《かぞ》えるときに方向《ほうこう》が変《か》わるので、数《かず》の5を表《あらわ》す。

アイスが五本《ごほん》

かくっと まがるよ
①
②
③
④
五
すこし ななめに かこう

とくべつな読《よ》み方《かた》

五月《さつき》・五月雨《さみだれ》

この字《じ》のヒミツ

◆「五目飯《ごもくめし》」「五目《ごもく》チャーハン」などの「五目《ごもく》」は、いろいろなものが入《い》りまじっていることを表《あらわ》しているよ。

人

2 画《かく》 人《ひと》の部《ぶ》

音 **ジン** **ニン**

人口《じんこう》・人工衛星《じんこうえいせい》・人生《じんせい》・美人《びじん》・名人《めいじん》・十人十色《じゅうにんといろ》・人形《にんぎょう》・人間《にんげん》

訓 **ひと**

人手《ひとで》・人目《ひとめ》・村人《むらびと》

なりたち

立《た》っている人《ひと》を横《よこ》から見《み》た形《かたち》。「人《ひと》と人《ひと》がささえ合《あ》っている」という形《かたち》ではない。

人《ひと》とはなす

すべりだい
みたいだね
ぴゅーっと
すべるよ
①
②
人
きを
つけろ

とくべつな読《よ》み方《かた》

一人《ひとり》・二人《ふたり》・素人《しろうと》

この字《じ》のヒミツ

◆「人気」は「にんき」とも「ひとけ」とも読《よ》む。「人気《ひとけ》がない場所《ばしょ》」は、だれもいないように見《み》える場所《ばしょ》のこと。

1年《ねん》

休

からだを
休《やす》める

6画《かく》 イ《にんべん》の部《ぶ》

音

キュウ
運休《うんきゅう》・休校《きゅうこう》・休止《きゅうし》・休日《きゅうじつ》・休場《きゅうじょう》・休息《きゅうそく》・休養《きゅうよう》・連休《れんきゅう》

訓

やすむ 学校《がっこう》を休《やす》む・昼休《ひるやす》み
やすまる 心《こころ》が休《やす》まる音楽《おんがく》
やすめる 目《め》を休《やす》める

なりたち

「イ（人《ひと》）」と「木」を合《あ》わせた字《じ》。人《ひと》が木《き》のかげで「体《からだ》をかばって休《やす》む」ことを表《あらわ》す。

休
休
休
休
休
休

この字《じ》のヒミツ

◆「今夜《こんや》は早《はや》く休《やす》みなさい」など、ねることにもいうよ。

◆「定休日《ていきゅうび》」は、お店《みせ》などで休《やす》みと決《き》まっている日《ひ》のこと。休《やす》みがない「年中無休《ねんじゅうむきゅう》」のお店《みせ》もあるね。

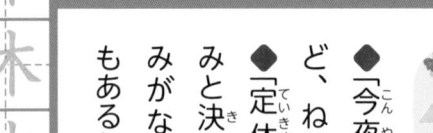

先《さき》におしえる

先

6画《かく》 儿《ひとあし》の部《ぶ》

音 **セン**

先日《せんじつ》・先進国《せんしんこく》・先生《せんせい》・先祖《せんぞ》・先手《せんて》・先頭《せんとう》・優先《ゆうせん》

訓 **さき**

行《い》き先《さき》・先回《さきまわ》り・手先《てさき》・指先《ゆびさき》

先
先
先
先
先
先

なりたち

先

「之（足《あし》）」と「儿（人《ひと》）」を合《あ》わせた字《じ》。体《からだ》のいちばん前《まえ》にある「足《あし》さき」を表《あらわ》す。

この字《じ》のヒミツ

◆「先月《せんげつ》」は前《まえ》の月《つき》、「先週《せんしゅう》」は前《まえ》の週《しゅう》のこと。でも、「先日《せんじつ》」は前《まえ》の日《ひ》ではなく、数日《すうじつ》から数《すう》週間《しゅうかん》くらい前《まえ》のこと。「先日《せんじつ》はありがとうございました」などと使《つか》う。

入

2 画《かく》 **入《いる》の部《ぶ》**

音 **ニュウ** 転入《てんにゅう》・入会《にゅうかい》・入学《にゅうがく》・入浴《にゅうよく》

訓 **いる** 気《き》に入《い》る・念入《ねんい》り・日《ひ》の入《い》り

いれる コップに水《みず》を入《い》れる

はいる 教室《きょうしつ》に入《はい》る

なりたち

ヘ→人→入

左右《さゆう》に開《ひら》いた線《せん》で、入《い》り口《ぐち》が開《ひら》いて中《なか》に「はいっていく」ことを表《あらわ》す。

口《くち》に入《い》れる

入
①
②
ながーく
すべってね
なめらかに
おりるよ

にている字《じ》

ん　人 ▶49　八 ▶53　大 ▶66

この字《じ》のヒミツ

◆反対《はんたい》の意味《いみ》の漢字《かんじ》には「出《しゅつ》」「退《たい》」などがある。入《い》り口《ぐち》⇔出口《でぐち》、入国《にゅうこく》⇔出国《しゅっこく》、入港《にゅうこう》⇔出港《しゅっこう》、入場《にゅうじょう》⇔退場《たいじょう》、入会《にゅうかい》⇔退会《たいかい》など。

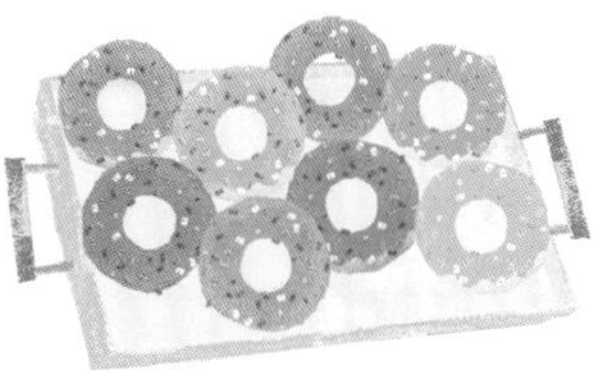

八《はち》このドーナツ

八

2画《かく》 八《はち》の部《ぶ》

音 ハチ

訓 や
やっつ
やっつ
よう

八時《はちじ》・八十八夜《はちじゅうはちや》・
八分目《はちぶんめ》
八重歯《やえば》・八百屋《やおや》
八《や》つ当《あ》たり
団子《だんご》を八《やっ》つ食《た》べる
八月八日《はちがつようか》

なりたち

左右《さゆう》二《ふた》つに分《わ》かれることを示《しめ》した形《かたち》。4と4、2と2のように、二等分《にとうぶん》できる数《かず》の8を表《あらわ》す。

にている字《じ》

い ハ 六 ▶54 穴 ▶527

この字《じ》のヒミツ

◆「八《や》つ当《あ》たり」は、いらいら、むしゃくしゃして、関係《かんけい》のない人《ひと》にもおこることだよ。

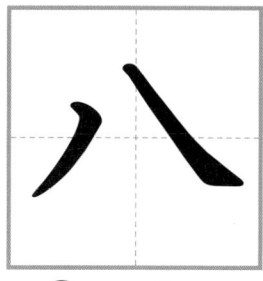

1年《ねん》

六

4画《かく》 八《はち》の部《ぶ》

音 ロク
訓 む むつ むっつ むい

六歳《ろくさい》・六人《ろくにん》
六《む》月《つき》目《め》
六《む》つ切《ぎ》りの紙《かみ》
卵《たまご》を六《むっ》つ買《か》う
六《むい》日《か》分《ぶん》の薬《くすり》

なりたち

↓六

盛《も》った土《つち》の形《かたち》。6を数《かぞ》えるとき、5でこぶしを作《つく》り、6で指《ゆび》を立《た》てることから、数《かず》の6を表《あらわ》す。

クッキーが六《ろく》まい

にている字《じ》

人 ▶49
入 ▶52
八 ▶53
穴 ▶527

この字《じ》のヒミツ

◆「六本」は「ろくほん」ではなく、「ろっぽん」と読《よ》むよ。また、「六日」は「ろくにち」ではなく、「むいか」と読《よ》もう。

1年《ねん》

円

4画《かく》 冂《どうがまえ》の部《ぶ》

音 エン

訓 まるい

一円《いちえん》・円形《えんけい》・円周《えんしゅう》・円陣《えんじん》・円柱《えんちゅう》・円盤《えんばん》・円満《えんまん》・円安《えんやす》・千円《せんえん》・半円《はんえん》

円《まる》くなって座《すわ》る

なりたち

圓（円）

もとの字《じ》は「圓」。「員（まるい）」と「囗（かこい）」で、「まるくかこむ」ことを表《あらわ》す。

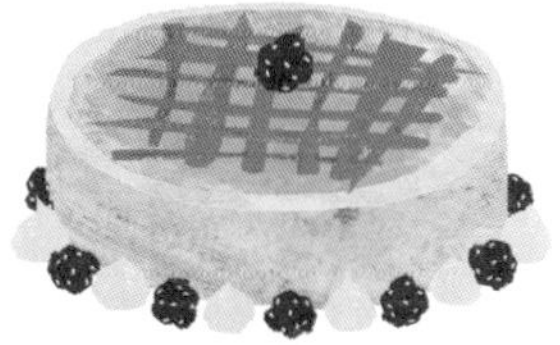

円《まる》いケーキ

かくっと まがって ぴょん

まっすぐ おりて ぴたっ

にている字《じ》

月 ▶85

内 ▶139

用 ▶232

肉 ▶252

この字《じ》のヒミツ

◆「まるい」は「丸《まる》い」とも書《か》く。ボールのような形《かたち》に「丸《まる》い」、コインのような平《ひら》たい形《かたち》に「円《まる》い」を使《つか》うことが多《おお》いよ。

1年《ねん》

出

5 画《かく》 凵《うけばこ》の部《ぶ》

音 シュツ （スイ）

訓 でる だす

外出《がいしゅつ》・出演《しゅつえん》・出欠《しゅっけつ》・出現《しゅつげん》

出納係《すいとうがかり》

外《そと》に出《で》る

ノートを出《だ》す

なりたち

↓出

「屮」は「止」。「止（足《あし》の形《かたち》）」と「凵（くぼみ）」で、くぼみから足《あし》を出《だ》すようすを表《あらわ》す。

かおを出《だ》す

はんたいの意味《いみ》

⇔入 ▶52

出国《しゅっこく》⇔入国《にゅうこく》

この字《じ》のヒミツ

◆「出《だ》す」のつくことばに、「飛《と》び出《だ》す」「にげ出《だ》す」「取《と》り出《だ》す」「はみ出《だ》す」「投《な》げ出《だ》す」などがある。

力

2画《かく》 **力**《ちから》の部《ぶ》

音 **リョク** **リキ**

訓 **ちから**

引力《いんりょく》・学力《がくりょく》・体力《たいりょく》・努力《どりょく》・馬力《ばりき》・力作《りきさく》・力走《りきそう》

底力《そこぢから》・力持《ちからも》ち

なりたち

うでの筋肉《きんにく》をすじばらせて、「ちから」を入《い》れているようすをえがいた形《かたち》。

ボールを力《ちから》いっぱいなげる

にている字《じ》

力 九 ▶46 丸 ▶127 刀 ▶140

この字《じ》のヒミツ

◆「力《ちから》」のつくことばには、「視《し》力《りょく》」「聴《ちょう》力《りょく》」といった身《しん》体《たい》の能《のう》力《りょく》のほか、「学《がく》力《りょく》」「想《そう》像《ぞう》力《りょく》」「気《き》力《りょく》」などもあるよ。

1年《ねん》

十

❷画《かく》 十《じゅう》の部《ぶ》

音 ジュウ ジッ

訓 とお と

五《ご》十《じゅう》音《おん》・十《じゅう》五《ご》夜《や》・十《じゅう》字《じ》路《ろ》

十《じっ》回《かい》練《れん》習《しゅう》する

十《とお》まで数《かぞ》える

十《じゅう》人《にん》十《と》色《いろ》

なりたち

縦《たて》の線《せん》で、「まとめる」ことを表《あらわ》す。のちに、まん中《なか》がふくらんで「十《じゅう》」となった。

十《じっ》このデザート

とくべつな読《よ》み方《かた》

二十日《はつか》・二十《はたち》（二十歳《はたち》）

この字《じ》のヒミツ

◆「十文字《じゅうもんじ》」は、「十《じゅう》」のように、たて横《よこ》にまじわっている形《かたち》だよ。

◆「十」は「とう」ではなくて「とお」。「ジッ」は「ジュッ」とも読《よ》む。

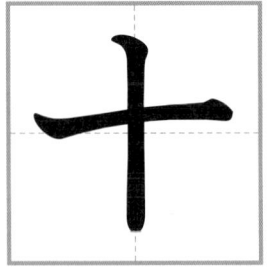

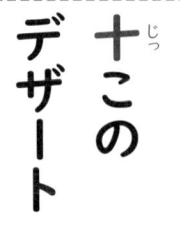

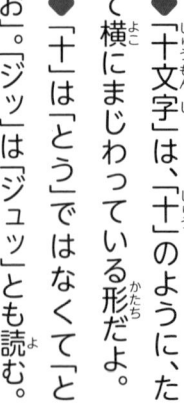

千《せん》円《えん》もらう

千

3画《かく》 十《じゅう》の部《ぶ》

音 **セン**

訓 **ち**

千《せん》円《えん》・千《せん》秋《しゅう》楽《らく》・千《せん》倍《ばい》・千《せん》羽《ば》鶴《づる》・千《せん》本《ぼん》・千《せん》枚《まい》・千《ち》草《ぐさ》・千《ち》歳《とせ》飴《あめ》・千《ち》鳥《どり》・千《ち》代《よ》紙《がみ》

ここから
かくよ
①
②
③
ぴたっ
つぎは
ここから

なりたち

「亻(人《ひと》の集《あつ》まり)」と「一」で、一〇〇〇人《にん》の人《ひと》の集《あつ》まりや数《かず》の一〇〇〇を表《あらわ》す。

にている字《じ》

チ キ 平 ▶313 干 ▶508

この字《じ》のヒミツ

◆かたかなの「チ」は、「千《せん》」からできた字《じ》だよ。◆「君《きみ》が代《よ》」の歌詞《かし》の「千《ち》代《よ》に八《や》千《ち》代《よ》に」は、「とても長《なが》くいつまでも」の意味《いみ》。

口

3画《かく》 口《くち》の部《ぶ》

音 コウ ク

訓 くち

火口《かこう》・河口《かこう》・口論《こうろん》・人口《じんこう》・口調《くちょう》・口伝《くでん》・切《き》り口《くち》・口先《くちさき》・出口《でぐち》・無口《むくち》

口《くち》をあける

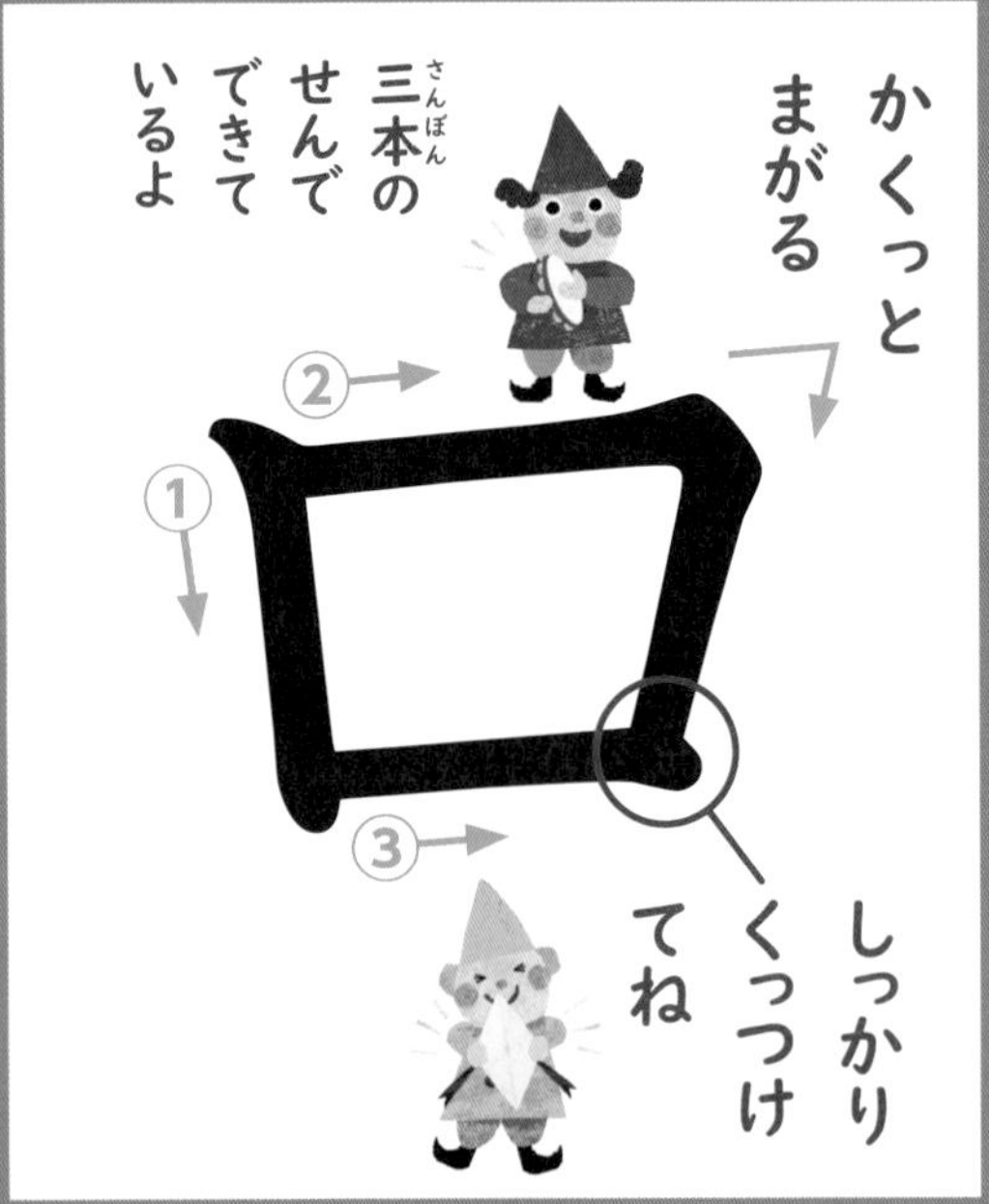
かくっとまがる
三本《さんぼん》のせんでできているよ
①
②
③
しっかりくっつけてね

なりたち

人《ひと》の「くち」をえがいた形《かたち》。「くち」や「あな」、「出入《でい》りするところ」を表《あらわ》す。

にている字《じ》

四 ▶63
回 ▶154
因 ▶447
団 ▶447

この字《じ》のヒミツ

◆口《くち》で食《た》べたり飲《の》んだりすることから、「口《くち》に合《あ》わない」など、「口《くち》」で食《た》べ物《もの》の好《この》みを表《あらわ》すことがあるよ。

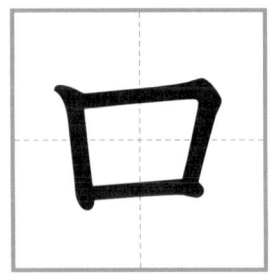

右手《みぎて》にえだをもつ

右

5 画《かく》　口《くち》の部《ぶ》

音　ウ　ユウ

訓　みぎ

右往左往《うおうさおう》・右折《うせつ》・右翼手《うよくしゅ》

左右《さゆう》・座右《ざゆう》の銘《めい》・右側《みぎがわ》・右利《みぎき》き・右手《みぎて》・右回《みぎまわ》り

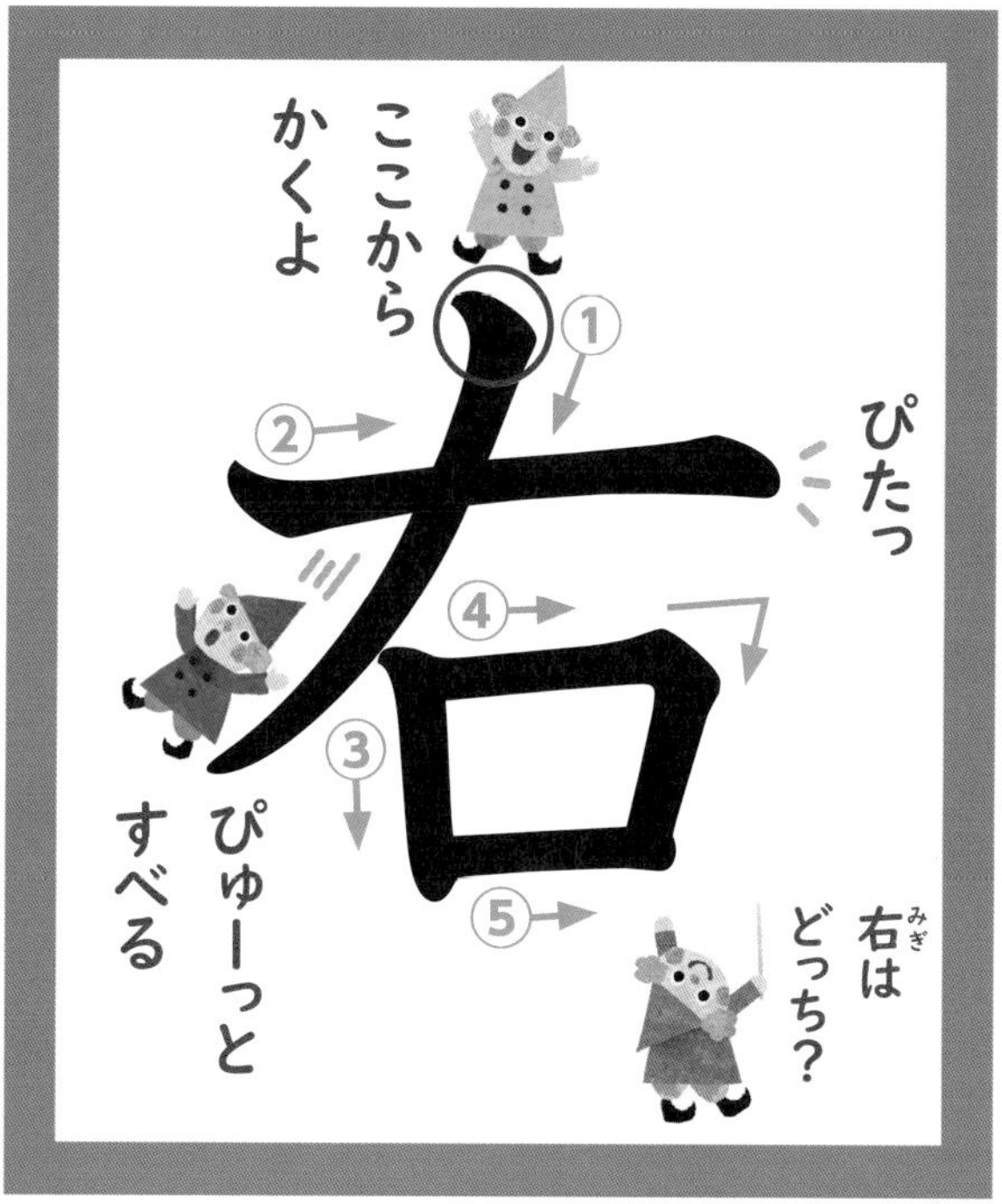

ぴたっ
右《みぎ》は
どっち？
①
②
③
④
⑤
ここから
かくよ
ぴゅーっと
すべる

なりたち

→右

「ナ（右手《みぎて》）」と「口（物《もの》）」を合《あ》わせた字《じ》。物《もの》をかこいこむ右手《みぎて》を表《あらわ》す。

にている字《じ》

名 ▶62
左 ▶77
石 ▶107
后 ▶500

この字《じ》のヒミツ

◆筆順《ひつじゅん》に注意《ちゅうい》。はじめは横《よこ》ぼうではなく、「ノ」から書《か》こう。「左《ひだり》」や「石《いし》」では反対《はんたい》に、横《よこ》ぼうを先《さき》に、「ノ」をあとに書《か》く。

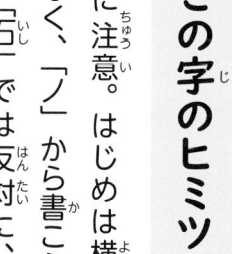

名

6画《かく》 口《くち》の部《ぶ》

訓 な

音 メイ ミョウ

三名《さんめい》・氏名《しめい》・地名《ちめい》・名作《めいさく》・名人《めいじん》・有名《ゆうめい》
大名《だいみょう》・本名《ほんみょう》・
名字《みょうじ》
名指《なざ》し・名札《なふだ》

なりたち

「夕（ゆうがた）」と「口（ことば）」で、うす暗《ぐら》い夕方《ゆうがた》、自分《じぶん》がいることを声《こえ》で知《し》らせるようすを表《あらわ》す。

本《ほん》の名《な》まえ

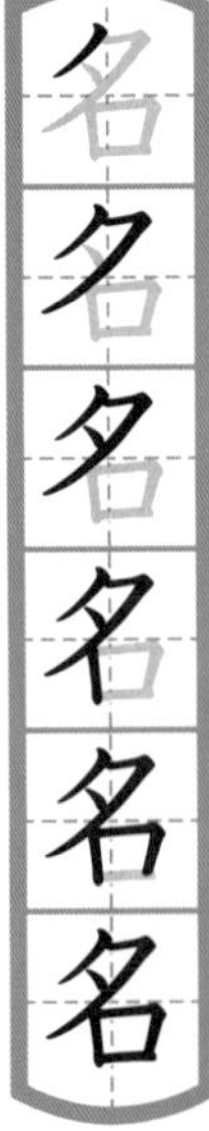

この字《じ》のヒミツ

◆「名人《めいじん》」「名作《めいさく》」「名探《めいたん》てい」「名品《めいひん》」「名勝負《めいしょうぶ》」などの「名《めい》」は、すぐれていることを意味《いみ》するよ。

◆「名《な》がある」のように、「名《な》」がよい評判《ひょうばん》を表《あらわ》すこともある。

1年《ねん》

四

5 画《かく》 口《くにがまえ》の部《ぶ》

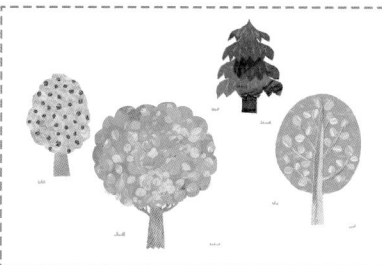

四《よん》本《ほん》の木《き》

音 シ

訓 よ　よつ　よっつ　よん

四《し》角《かく》形《けい》・四《し》季《き》・

四《し》国《こく》・四《し》捨《しゃ》五《ご》入《にゅう》

四《よ》次《じ》元《げん》

四《よ》つ角《かど》

リンゴを四《よっ》つ買《か》う

四《よん》色《しょく》・四《よん》拍《びょう》子《し》

なりたち

↓ 四

「口（四《し》角《かく》いかこみ）」と「八（二《ふた》つに分《わ》ける）」で、2と2に分《わ》かれる数《かず》の4を表《あらわ》す。

にている字《じ》

田 ▶101

因 ▶447

困 ▶501

この字《じ》のヒミツ

◆四《よん》以《い》下《か》を切《き》り捨《す》て、五《ご》以《い》上《じょう》を切《き》り上《あ》げる方《ほう》法《ほう》を「四《し》捨《しゃ》五《ご》入《にゅう》」という。◆「四《し》季《き》」は、春《しゅん》夏《か》秋《しゅう》冬《とう》の四《よっ》つの季《き》節《せつ》のことだよ。

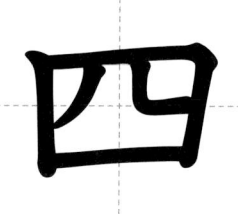

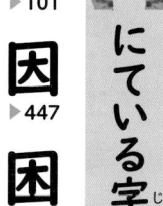

1年《ねん》

3画《かく》 土《つち》の部《ぶ》

音 ド ト

訓 つち

国土《こくど》・土管《どかん》・土器《どき》・土足《どそく》・土台《どだい》・土手《どて》・土曜日《どようび》 土地《とち》 赤土《あかつち》・土《つち》いじり

なりたち

「つち」を盛《も》り上《あ》げたようすをえがいた形《かたち》。

土《つち》にあなをほる

とくべつな読《よ》み方《かた》

土産《みやげ》・土筆《つくし》

この字《じ》のヒミツ

◆「土足《どそく》」は、外《そと》ばきのくつをはいたままの足《あし》のこと。「土足《どそく》禁止《きんし》」と書《か》いてある場所《ばしょ》では、くつをぬごう。

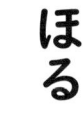

夕

3画《かく》　夕《ゆうべ》の部《ぶ》

音　（セキ）

訓　ゆう

一朝一夕《いっちょういっせき》・朝夕《あさゆう》・夕方《ゆうがた》・夕刊《ゆうかん》・夕暮《ゆうぐ》れ・夕食《ゆうしょく》・夕立《ゆうだち》・夕日《ゆうひ》・夕焼《ゆうや》け

なりたち

→→夕

三日月《みかづき》をえがいた形《かたち》で、「日《ひ》ぐれどき」「ゆうがた」を表《あらわ》す。

夕《ゆう》ごはんをつくる

かくっと　まがる
①
②
③
ぴゅーっと　すべろう
とびださ
ないよ

とくべつな読《よ》み方《かた》

七夕《たなばた》

この字《じ》のヒミツ

◆「朝食《ちょうしょく》・昼食《ちゅうしょく》・夕食《ゆうしょく》」を「三食《さんしょく》」という。夕食《ゆうしょく》の後《あと》、おそくまで起《お》きていて、おなかがすいたときに食《た》べるのは「夜食《やしょく》」だよ。

1年《ねん》

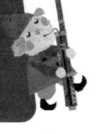

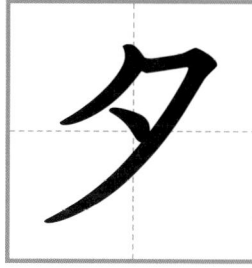

大

3画《かく》 大《だい》の部《ぶ》

音 ダイ　最大《さいだい》・実物大《じつぶつだい》・大学《だいがく》・大小《だいしょう》・大体《だいたい》・大地《だいち》

タイ　大金《たいきん》・大変《たいへん》

訓 おお　大《おお》当《あ》たり・大空《おおぞら》

おおきい　大《おお》きく手《て》を広《ひろ》げる

おおいに　大《おお》いに遊《あそ》ぼう

なりたち

人《ひと》が手《て》足《あし》を広《ひろ》げて立《た》った形《かたち》で、「ゆったりとおおきい」意《い》味《み》を表《あらわ》す。

大《おお》きいイチゴ

ぴたっととまる
①
②
③
ぴゅーっとすべるよ

とくべつな読《よ》み方《かた》

大人《おとな》・大和《やまと》

この字《じ》のヒミツ

◆「大事」は「だいじ」とも「おおごと」とも読《よ》むよ。◆「大《だい》事《じ》」には「大《だい》事《じ》件《けん》」「命《いのち》にかかわること」などの意《い》味《み》もある。

天

4画《かく》　大《だい》の部《ぶ》

音 テン

訓 （あめ）　あま

雨天《うてん》・晴天《せいてん》・天気《てんき》・天国《てんごく》・天才《てんさい》・天井《てんじょう》・天然《てんねん》
天《あめ》の下《した》
天《あま》の川《がわ》

なりたち

「大（手足《てあし》を広《ひろ》げて立《た》つ人《ひと》）」の頭《あたま》に「一」のしるしをつけて、「頭《あたま》の上《うえ》の高《たか》い所《ところ》」を表《あらわ》す。

おんがくの天才《てんさい》

うえにでない
①
②
③
④
ぴたっ
ぴゅーっとすべるよ

にている字《じ》

大 ▶66
犬 ▶96
太 ▶167
夫 ▶383

この字《じ》のヒミツ

◆「天《てん》」は、「一《いち》」と「大《だい》」を組《く》み合《あ》わせた形《かたち》をしているんだ。「一《いち》」を「大《だい》」の横《よこ》ぼうよりも長《なが》く書《か》くようにしてね。

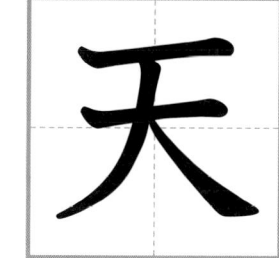

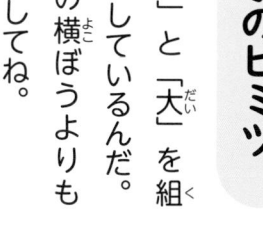

女

えがおの女《おんな》の子《こ》

3 画《かく》 女《おんな》の部《ぶ》

音 ジョ
女王《じょおう》・女子《じょし》・女優《じょゆう》・男女《だんじょ》・長女《ちょうじょ》
（ニョ）
天女《てんにょ》・老若男女《ろうにゃくなんにょ》
（ニョウ）
女房《にょうぼう》

訓 おんな
女《おんな》の子《こ》・雪女《ゆきおんな》
（め）
自由《じゆう》の女神《めがみ》

なりたち

女

両手《りょうて》を組《く》み、ひざを曲《ま》げている、しなやかな体《からだ》つきの「女性《じょせい》」をえがいた形《かたち》。

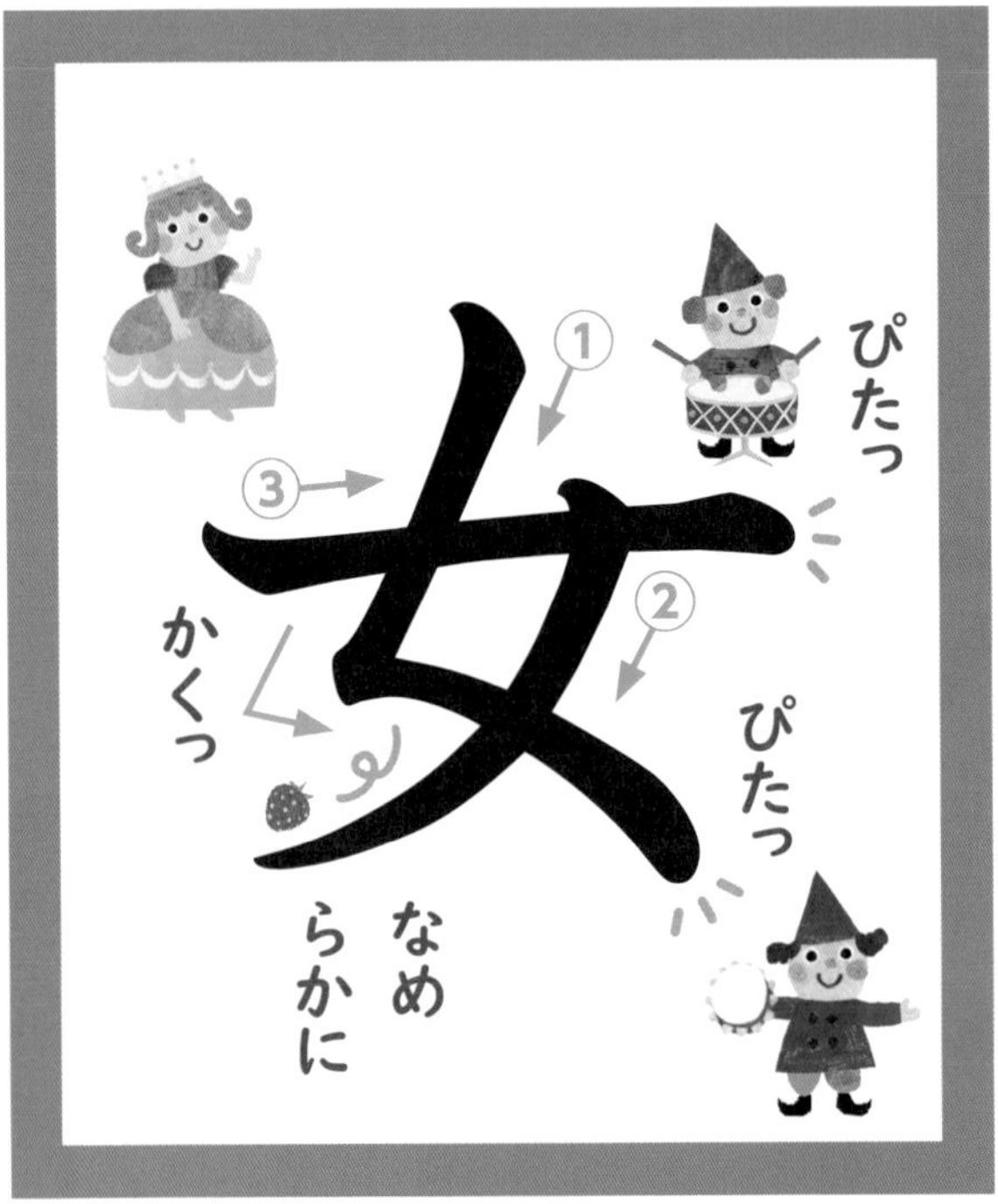

とくべつな読《よ》み方《かた》

海女《あま》・乙女《おとめ》

この字《じ》のヒミツ

◆「女《おんな》」の字《じ》は「く」「ノ」「一」に分《わ》けられることから、昔《むかし》、女《おんな》の人《ひと》を「くのいち」ということがあったよ。女忍者《おんなにんじゃ》をさすこともあるよ。

はしる
子《こ》ども

子

3画《かく》　子《こ》の部《ぶ》

音　シ　ス

訓　こ

王子《おうじ》・菓子《かし》・原子《げんし》・子息《しそく》・子孫《しそん》・女子《じょし》・扇子《せんす》・様子《ようす》・親子《おやこ》・子猫《こねこ》・子守歌《こもりうた》・末《すえ》っ子《こ》

①
②
③
かくっと
まがる
すこし
まあるく
ぴょん!

なりたち

子

よちよち歩《ある》きの子《こ》どもをえがいた形《かたち》。「小《ちい》さい子《こ》ども」「小《ちい》さいもの」を表《あらわ》す。

にている字《じ》

十 ▶58
千 ▶59
字 ▶70
予 ▶295

この字《じ》のヒミツ

◆子《こ》どもや人《ひと》ではないのに「子」の字《じ》を使《つか》う言葉《ことば》に、「菓子《かし》」「障子《しょうじ》」「帽子《ぼうし》」「振《ふ》り子《こ》」「様子《ようす》」「調子《ちょうし》」などがあるよ。

字

6 画《かく》　子《こ》の部《ぶ》

訓

（あざ）

音

ジ

赤字《あかじ》・活字《かつじ》・漢字《かんじ》・黒字《くろじ》・字体《じたい》・習字《しゅうじ》・数字《すうじ》・点字《てんじ》・大字《おおあざ》・小字《こあざ》

なりたち

「子（子《こ》ども）」と「宀（家《いえ》）」で、子《こ》が生《う》まれふえること。「もじ」もふえていくことから、「もじ」を表《あらわ》すようになった。

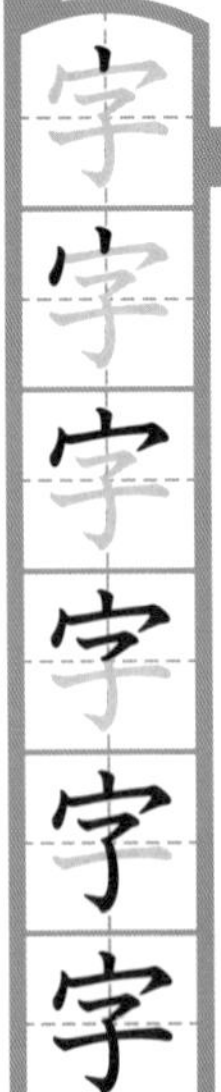

この字《じ》のヒミツ

◆日本語《にほんご》では「ひらがな」「かたかな」「漢字《かんじ》」という三《みっ》つの文字《もじ》を使《つか》い分《わ》けるよ。

◆アルファベットには「大文字《おおもじ》」と「小文字《こもじ》」があるよ。ちがいがわかるかな。

学

8 画《かく》 子《こ》の部《ぶ》

音 **ガク**

訓 **まなぶ**

学《がく》習《しゅう》・学《がく》生《せい》・学《がく》年《ねん》・学《がっ》期《き》・小《しょう》学《がっ》校《こう》・通《つう》学《がく》・入《にゅう》学《がく》・文《ぶん》学《がく》・足《た》し算《ざん》を学《まな》ぶ

なりたち

學 → 學（学）

もとの字《じ》は「學」。「爻（交《まじ》わる）」と「臼（両手《りょうて》）」と「宀（家《いえ》）」と「子」で、「まなぶ」ことを表《あらわ》す。

見《み》て学《まな》ぶ

がんばって
おぼえよう
学
かくっ
かくっ
すこし
まあるく
ぴょん！

この字《じ》のヒミツ

◆「学《がく》生《せい》」はふつう、大《だい》学《がく》生《せい》にいう。◆「学《がっ》級《きゅう》」は、学《がっ》校《こう》のクラスのこと。「学《がく》年《ねん》」は、学《がっ》校《こう》の「一年《いちねん》」「二年《にねん》」などの年《とし》のこと。

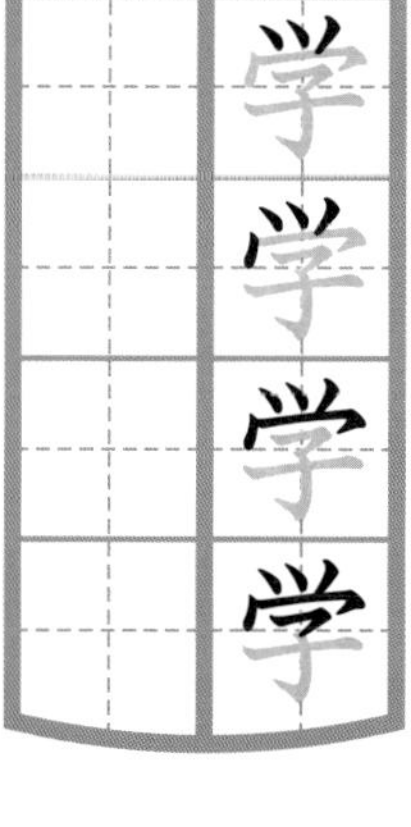
学
学
学
学
学
学
学
学

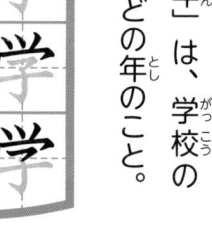

漢字《かんじ》ってどこからきたの

漢字《かんじ》ができるまで

漢字《かんじ》は三千五百年以上昔《さんぜんごひゃくねんいじょうむかし》、中国《ちゅうごく》でつくられました。はじめは、物《もの》の形《かたち》をうつしとった絵《え》が、文字《もじ》の役割《やくわり》を果《は》たしていました。でも、手《て》で絵《え》をえがくのは少《すこ》しめんどうです。だんだん絵《え》を簡単《かんたん》に書《か》くようになり、漢字《かんじ》になっていきました。

もっとも古《ふる》い漢字《かんじ》は、「甲骨文字《こうこつもじ》」といいます。その時代《じだい》は、大切《たいせつ》なものごとを決《き》めるときに、カメの甲羅《こうら》や動物《どうぶつ》の骨《ほね》を使《つか》って、うらないをしていました。うらないの結果《けっか》を、その文字《もじ》で骨《ほね》に残《のこ》していたのです。

甲骨文字《こうこつもじ》の次《つぎ》につくられた漢字《かんじ》を「金文《きんぶん》」といいます。金文《きんぶん》は甲骨文字《こうこつもじ》を簡単《かんたん》にしたもので、青銅《せいどう》という金属《きんぞく》の器《うつわ》にきざまれていたことから、この名前《なまえ》があります。

さらに時代《じだい》が過《す》ぎ、今《いま》から二千三百年《にせんさんびゃくねん》ほど前《まえ》になると、中国《ちゅうごく》がはじめて一《ひと》つの国《くに》となります。そのとき、地方《ちほう》でまちまちだった文字《もじ》をまとめ、国《くに》全体《ぜんたい》で使《つか》う文字《もじ》として「篆文《てんぶん》」がつくられました。その後《ご》、「篆文《てんぶん》」の曲《ま》がりくねった線《せん》を整理《せいり》して「隷書《れいしょ》」がつくられ、千七百年前《せんななひゃくねんまえ》ぐらいからは、「隷書《れいしょ》」をさらに簡単《かんたん》にした「楷書《かいしょ》」が広《ひろ》まりました。「楷書《かいしょ》」は今《いま》の漢字《かんじ》とほとんど同《おな》じものです。

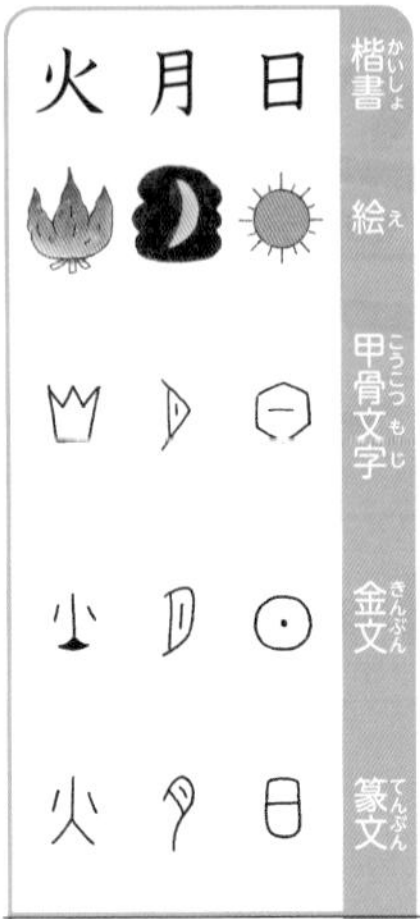

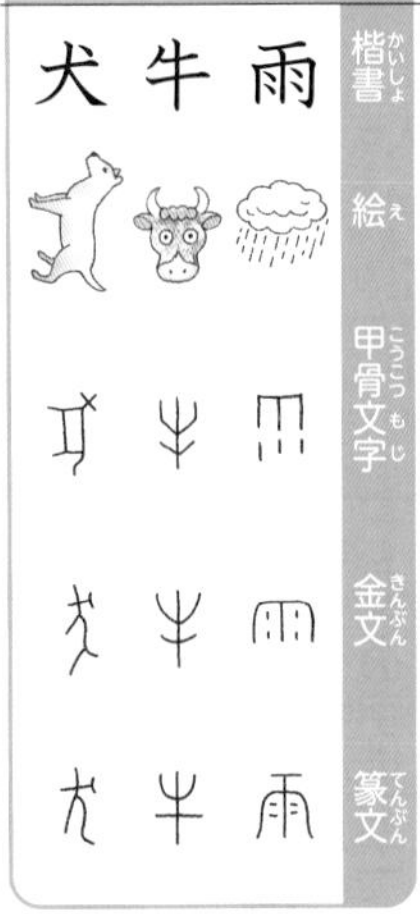

漢字《かんじ》のなりたち

漢字《かんじ》のなりたちには、おおよそ四《よっ》つのタイプがあります。

❶象形《しょうけい》

「象形《しょうけい》」とは、「ものの形《かたち》をかたどる」という意味《いみ》です。大昔《おおむかし》の絵文字《えもじ》がもとになっています。

❷指事《しじ》

「指事《しじ》」とは、「ことがらを指《さ》し示《しめ》す」という意味《いみ》です。上《うえ》・下《した》・本《もと》・末《まつ》など、物《もの》ではないことがらを、点《てん》や線《せん》で表《あらわ》した絵《え》がも

とになっています。このタイプの漢字《かんじ》と象形《しょうけい》文字《もじ》は歴史《れきし》が古《ふる》く、これらを組《く》み合《あ》わせ、より多《おお》くの漢字《かんじ》がつくられるようになりました。

物《もの》が上《うえ》にあることを示《しめ》して、「うえ」を表《あらわ》す。

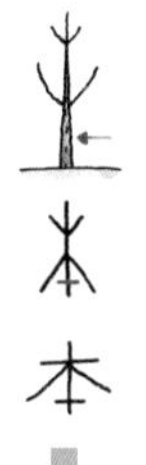

木《き》の根元《ねもと》にしるしをつけて、「もと」を表《あらわ》す。

❸会意《かいい》

「会意《かいい》」とは、「意味《いみ》を合《あ》わせる」ことです。二《ふた》つ、三《みっ》つの漢字《かんじ》を組《く》み合《あ》わせ、それらの漢字《かんじ》がもつ意味《いみ》に関係《かんけい》のある言葉《ことば》を表《あらわ》します。

例《れい》

口＋鳥＝鳴（なく）

日＋月＝明（あかるい）

木＋木＝林（はやし）

日本《にほん》でつくられた漢字《かんじ》は、漢字《かんじ》の意《い》味《み》を合《あ》わせてつくられているので、「会意《かいい》」の仲間《なかま》とされます。

例《れい》

人＋動＝働（はたらく）

火＋田＝畑（はたけ）

（雑草《ざっそう》を火《ひ》で焼《や》いて肥料《ひりょう》にする田《た》、という意味《いみ》）

❹形声《けいせい》

意味《いみ》を表《あらわ》す「形《かたち》」の部分《ぶぶん》と、読《よ》むときの「声《こえ》」（音《おん》）を表《あらわ》す部分《ぶぶん》を組《く》み合《あ》わせた漢字《かんじ》です。音《おん》を表《あらわ》す部分《ぶぶん》は、たいてい意味《いみ》も表《あらわ》します。

例《れい》

江＝水の部首《ぶしゅ》（さんずい）＋工（コウの音《おん》を表《あらわ》す）

校＝木＋交（音《おん》と「交《まじ》わる」という意味《いみ》を表《あらわ》す）

漢字《かんじ》はいつ日本《にほん》に入《はい》ってきたの

漢字《かんじ》が日本《にほん》に入《はい》ってきた時期《じき》は、はっきりしませんが、千五《せんご》百年前《ひゃくねんまえ》には朝鮮半島《ちょうせんはんとう》から伝《つた》わってきたと考《かんが》えられています。

日本《にほん》にはもともと文字《もじ》がなかったので、漢字《かんじ》が入《はい》ってきたばかりのころは、読《よ》むのも書《か》くのも中国《ちゅうごく》でのやり方《かた》に従《したが》っていました。

その後《ご》、日本人《にほんじん》は漢字《かんじ》を日本語《にほんご》にあてはめ、当《あ》て字《じ》で日本語《にほんご》の文章《ぶんしょう》をつくるようになります。日本風《にほんふう》の読《よ》み方《かた》をする漢字《かんじ》も増《ふ》えました。さらに、千二《せんに》百年《ひゃくねん》ほど前《まえ》には、漢字《かんじ》をもとにかたかな、ひらがながつくられ、漢字《かんじ》は日本《にほん》の文字《もじ》になっていきました。

小

3画《かく》 小《しょう》の部《ぶ》

音 **ショウ**

小学校《しょうがっこう》・小説《しょうせつ》・小児科《しょうにか》・大小《だいしょう》

訓 **ちいさい**

赤《あか》ちゃんの小《ちい》さい手《て》

こ

小声《こごえ》・小物《こもの》・小指《こゆび》

お

小川《おがわ》

なりたち

小《ちい》さな三《みっ》つの点《てん》で、「ちいさく」ばらばらになるようすをえがいた形《かたち》。

青《あお》くて小《ちい》さいリンゴ

まっすぐ
おりて
①
なめらかに
②
③
ぴたっと
とめる
ななめに
ぴょん

はんたいの意味《いみ》

⇕
大
▶66

最小《さいしょう》⇕最大《さいだい》

この字《じ》のヒミツ

◆特別《とくべつ》な読《よ》み方《かた》に、小《ちい》さい豆《まめ》と書《か》いて「小豆《あずき》」がある。あまくにると、あんこになる。大《おお》きい豆《まめ》は「大豆《だいず》」と読《よ》むよ。

1年《ねん》

山

3画《かく》 山《やま》の部《ぶ》

音 **サン**

訓 **やま**

火山《かざん》・山菜《さんさい》・山村《さんそん》・山地《さんち》・山脈《さんみゃく》・氷山《ひょうざん》・本山《ほんざん》

砂山《すなやま》・夏山《なつやま》・山登《やまのぼ》り・山場《やまば》・雪山《ゆきやま》

なりたち

三《みっ》つのみねがある「やま」のすがたをえがいた形《かたち》。

山《やま》にのぼる

まんなかに まっすぐ
①
②
③
かくっと まがるよ
したに でない

とくべつな読《よ》み方《かた》

山車《だし》

この字《じ》のヒミツ

◆「山《やま》」のつく名字《みょうじ》はとても多《おお》い。山田《やまだ》、山下《やました》、山本《やまもと》、杉山《すぎやま》、森山《もりやま》、松山《まつやま》など。クラスにも「山《やま》」のつく人《ひと》がいるかな。

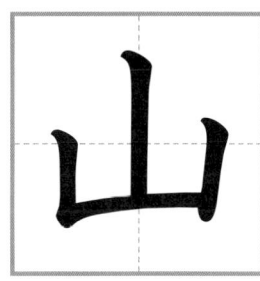

川

3画《かく》 川《かわ》の部《ぶ》

音 (セン)
訓 かわ

河川《かせん》・川柳《せんりゅう》・天《あま》の川《がわ》・小川《おがわ》・川遊《かわあそ》び・川上《かわかみ》・川口《かわぐち》・川下《かわしも》・川沿《かわぞ》い・川辺《かわべ》

川《かわ》でつりをする

なりたち

川

水《みず》がすじになって流《なが》れるようすをえがいた形《かたち》。

うえから まっすぐ
ちがいを よく みてね
① ② ③
ぴたっ
なめらかに

とくべつな読《よ》み方《かた》

川原《かわら》

この字《じ》のヒミツ

◆同《おな》じ読《よ》み方《かた》の字《じ》に「河《かわ》」があるけれど、日本《にほん》の川《かわ》の名前《なまえ》を書《か》くときは「川《かわ》」を使《つか》うよ。信濃川《しなのがわ》、利根川《とねがわ》、木曽川《きそがわ》、淀川《よどがわ》など。

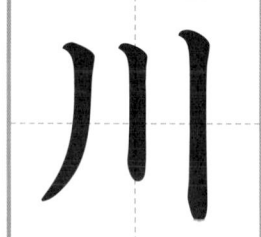

左

5画《かく》 工《たくみ》の部《ぶ》

音 **サ**

訓 **ひだり**

右《う》往《おう》左《さ》往《おう》・左《さ》記《き》・左《さ》折《せつ》・左《さ》右《ゆう》・左《さ》翼《よく》手《しゅ》・左側《ひだりがわ》・左《ひだり》利《き》き・左《ひだり》手《て》・左《ひだり》回《まわ》り

なりたち

𠂇→左

「ナ（ひだり手《て》）」と「工（しごと）」で、工作《こうさく》をするとき、支《ささ》えをする「ひだり手《て》」を表《あらわ》す。

左《ひだり》にカップをおく

左《ひだり》は
どっち
だったかな？
①
②
③
④
⑤
ぴたっ
ぴゅーっと すべる
したの
せんが
ながいよ

にている字《じ》

右 ▶61
名 ▶62
友 ▶149
圧 ▶448

この字《じ》のヒミツ

◆「右《みぎ》」「左《ひだり》」の筆《ひつ》順《じゅん》に注《ちゅう》意《い》。「右《みぎ》」は「ノ」をはじめに書《か》く。◆はし、えんぴつなどを、右《みぎ》手《て》より左《ひだり》手《て》で持《も》つ方《ほう》が上《じょう》手《ず》に使《つか》えることを「左《ひだり》きき」というよ。

年

6画《かく》　干《かん》の部《ぶ》

音　ネン

訓　とし

学年《がくねん》・少年《しょうねん》・新年《しんねん》・年月《ねんげつ》・年始《ねんし》・年長《ねんちょう》・お年玉《としだま》・同《おな》い年《どし》・年上《としうえ》・年下《とした》

なりたち

→年

「人（ひと）」と「禾（イネ）」で、イネを取《と》り入《い》れるまでの期間《きかん》「いちねん」を表《あらわ》す。

年《とし》があける

年 年 年 年 年 年

この字《じ》のヒミツ

◆特別《とくべつ》な読《よ》み方《かた》に「今年《ことし》」があるけれど、「今年度」は「こんねんど」と読《よ》むので注意《ちゅうい》しよう。◆「亀《かめ》の甲《こう》より年《とし》の功《こう》」は、長年《ながねん》の経験《けいけん》が大切《たいせつ》だという意味《いみ》だよ。

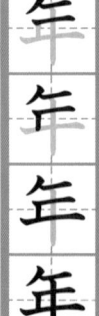

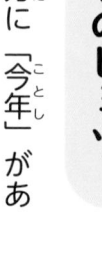

花《はな》のいいにおい

花

7画《かく》　艹《くさかんむり》の部《ぶ》

音　カ

訓　はな

花壇《かだん》・花瓶《かびん》・花粉《かふん》・県花《けんか》・造花《ぞうか》・草花《くさばな》・花形《はながた》・花園《はなぞの》・花畑《はなばたけ》・花火《はなび》・花見《はなみ》

なりたち

「艹（くさ）」と「化《か》（姿《すがた》を変《か》える）」で、つぼみがすがたを変《か》えた「はな」を表《あらわ》す。

花

この字《じ》のヒミツ

◆「はなやか」や「はなばなしい」は、ふつう「花やか」「花々しい」ではなく、「華やか」「華々しい」と書《か》くよ。

草

1年《ねん》

9画《かく》 艹《くさかんむり》の部《ぶ》

音 ソウ

訓 くさ

海草《かいそう》・雑草《ざっそう》・草原《そうげん》・草書《そうしょ》・草食《そうしょく》

草木《くさき》・草花《くさばな》・草笛《くさぶえ》・七草《ななくさ》・干《ほ》し草《くさ》・若草《わかくさ》

草《くさ》の上《うえ》にねる

「日」や「十」がかくれているよ

ながーくかこう

まっすぐおりる

なりたち

もとの形《かたち》は「艸（くさ）」。これに「早《そう》」を加《くわ》えて、現在《げんざい》の形《かたち》「草」になった。

この字《じ》のヒミツ

◆特別《とくべつ》な読《よ》み方《かた》に「草履《ぞうり》」がある。今《いま》はゴム草履《ぞうり》が多《おお》いけれど、昔《むかし》はわら（イネの茎《くき》）や、い草《ぐさ》（たたみの材料《ざいりょう》となる草《くさ》）などで草履《ぞうり》を編《あ》んだよ。

手《て》を上《あ》げる

手

4画《かく》 手《て》の部《ぶ》

かく むきを よく みてね
①
②
③
④
すこし まあるく
ななめに ぴょん

音 シュ
歌手《かしゅ》・手芸《しゅげい》・手段《しゅだん》・手話《しゅわ》・拍手《はくしゅ》

訓 て
相手《あいて》・切手《きって》・手足《てあし》・手順《てじゅん》・手袋《てぶくろ》

（た）
手《た》づなをゆるめる

なりたち

指《ゆび》を五本《ごほん》広《ひろ》げた「て」をえがいた形《かたち》。

とくべつな読《よ》み方《かた》

上手《じょうず》・下手《へた》

この字《じ》のヒミツ

◆「手」を「人《ひと》」の意味《いみ》に使《つか》う言葉《ことば》には、「運転手《うんてんしゅ》」「選手《せんしゅ》」「投手《とうしゅ》」「歌手《かしゅ》」「助手《じょしゅ》」「話《はな》し手《て》」「語《かた》り手《て》」などがある。

文

4 画《かく》　文《ぶん》の部《ぶ》

音　ブン　モン

訓　（ふみ）

作文《さくぶん》・文化《ぶんか》・
文学《ぶんがく》・文庫《ぶんこ》・
文章《ぶんしょう》・文房具《ぶんぼうぐ》
天文《てんもん》・文句《もんく》・文様《もんよう》
恋文《こいぶみ》・文月《ふみづき》

なりたち

衣《ころも》のかざりもようをえがいた形《かたち》。のち、もようのように書《か》いた「もじ」などの意味《いみ》を表《あらわ》す。

文《ぶん》ぼうぐを出《だ》す

にている字《じ》

大 ▶66
交 ▶128
反 ▶302
支 ▶461

この字《じ》のヒミツ

◆「文」を「もん」または「も」と読《よ》む言葉《ことば》に、「天文学《てんもんがく》」「文《もん》句《く》」「一文字《いちもんじ》」「一文《いちもん》なし」「文《も》字《じ》」などがある。

一日《いちにち》あそぶ

日

4 画《かく》 日《ひ》の部《ぶ》

音 ニチ ジツ

訓 ひ か

初日《しょにち》・日時《にちじ》・日曜日《にちようび》・来日《らいにち》

元日《がんじつ》・平日《へいじつ》

記念日《きねんび》・日焼《ひや》け

十日《とおか》・三日《みっか》

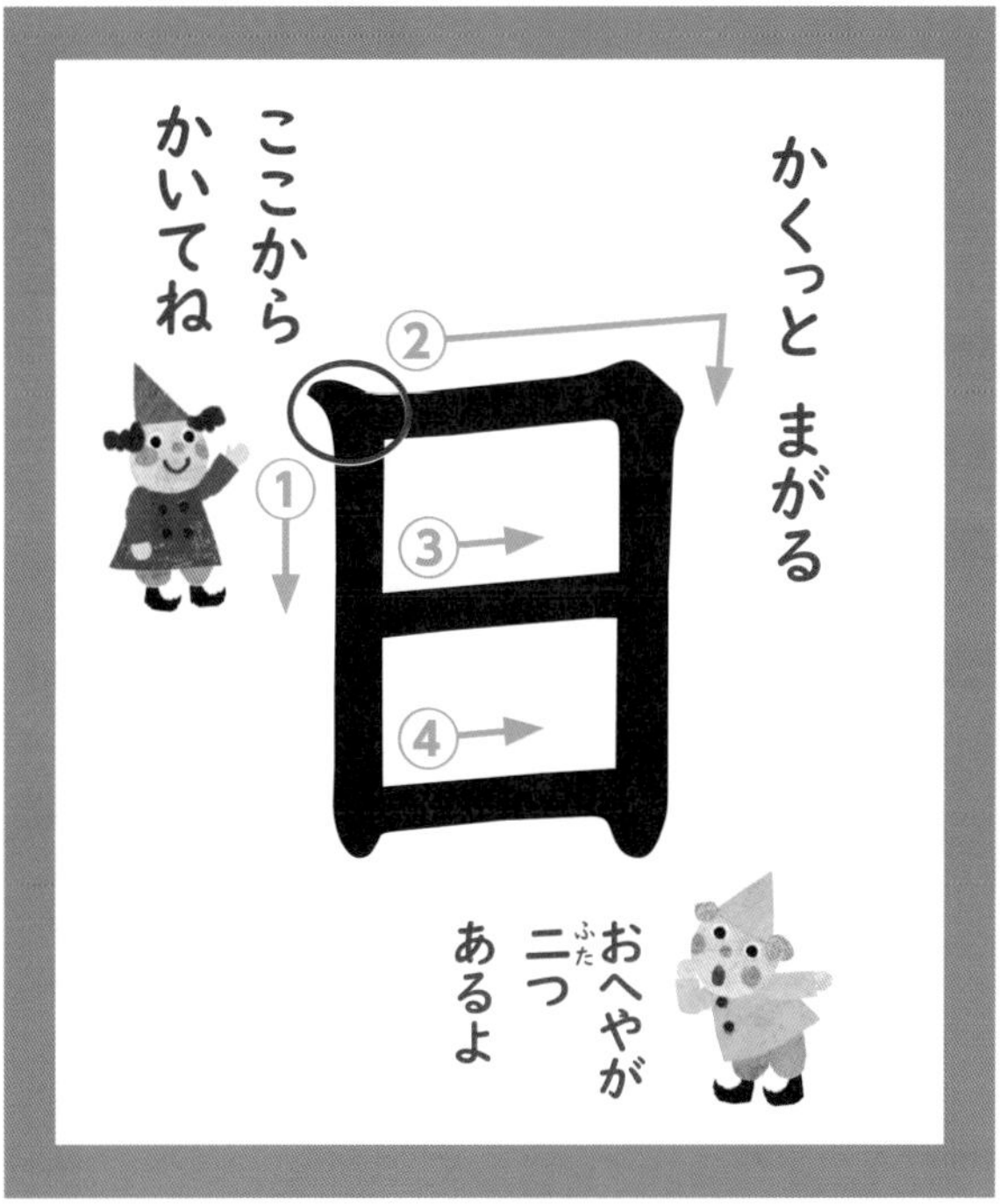
かくっと まがる
ここから かいてね
①
②
③
④
日
おへやが 二《ふた》つ あるよ

なりたち

日

太陽《たいよう》をえがいた形《かたち》。

とくべつな読《よ》み方《かた》

昨日《きのう》・今日《きょう》・明日《あす》

この字《じ》のヒミツ

◆「日本」は「にほん」とも「にっぽん」とも読《よ》むけれど、「日本語《にほんご》」は「にっぽんご」とは読《よ》まないよ。

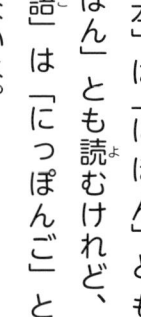

早

6画《かく》 日《ひ》の部《ぶ》

音 ソウ（サッ）
早計《そうけい》・早退《そうたい》・早朝《そうちょう》
早急《さっきゅう》・早速《さっそく》

訓 はやい はやまる はやめる
早足《はやあし》・早起《はやお》き・
早口《はやくち》・早道《はやみち》・早技《はやわざ》
開始時刻《かいしじこく》が早《はや》まる
式《しき》を一時間《いちじかん》早《はや》める

なりたち

どんぐりの実《み》の形《かたち》。実《み》の殻《から》を、黒《くろ》く染《そ》めるのに用《もち》いたことから、「夜明《よあ》け前《まえ》の暗《くら》さ」を表《あらわ》す。

足早《あしばや》ににげる

かくっとまがる
ながくかくよ
まんなかにまっすぐ

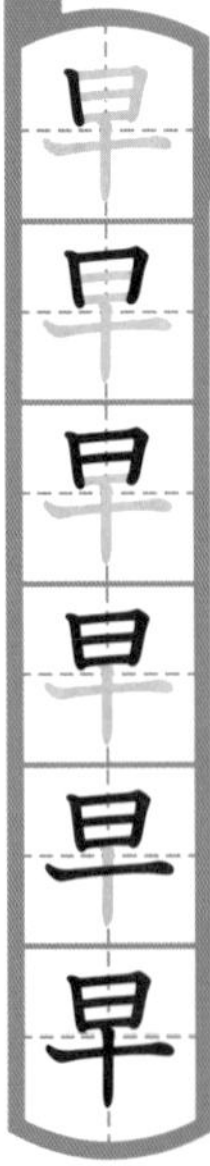

この字《じ》のヒミツ

◆特別《とくべつ》な読《よ》み方《かた》に「早苗《さなえ》」「早乙女《さおとめ》」「早稲《わせ》」がある。

◆時間《じかん》には「早《はや》い」を、スピードには「速《はや》い」を使《つか》うよ。たとえば、「早起《はやお》き」（時間《じかん》）、「速《はや》いボール」（スピード）など。

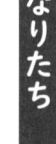

1年《ねん》

きれいな月《つき》

月

4画《かく》 月《つき》の部《ぶ》

音 ゲツ
ガツ

訓 つき

月刊《げっかん》・月面《げつめん》・月曜日《げつようび》・今月《こんげつ》・半月《はんげつ》
三月《さんがつ》・正月《しょうがつ》
月日《つきひ》・月見《つきみ》・月夜《つきよ》・三日月《みかづき》

なりたち

三日月《みかづき》をえがいた形《かたち》。

とくべつな読《よ》み方《かた》

五月《さつき》・五月雨《さみだれ》

この字《じ》のヒミツ

◆「半月」を「はんつき」と読《よ》むときは一《いっ》か月《げつ》の半分《はんぶん》という意味《いみ》で、「はんげつ」と読《よ》むときは満《まん》月《げつ》の半分《はんぶん》の形《かたち》の月《つき》のことだよ。

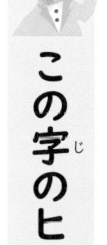

木《き》にのぼる

木

4 画《かく》　**木《き》の部《ぶ》**

訓　こ　き

音　ボク　モク

古木《こぼく》・大木《たいぼく》・木刀《ぼくとう》
木材《もくざい》・木馬《もくば》・
木目《もくめ》・木曜日《もくようび》
木戸《きど》・草木《くさき》・並木《なみき》
木立《こだち》・木《こ》の実《み》

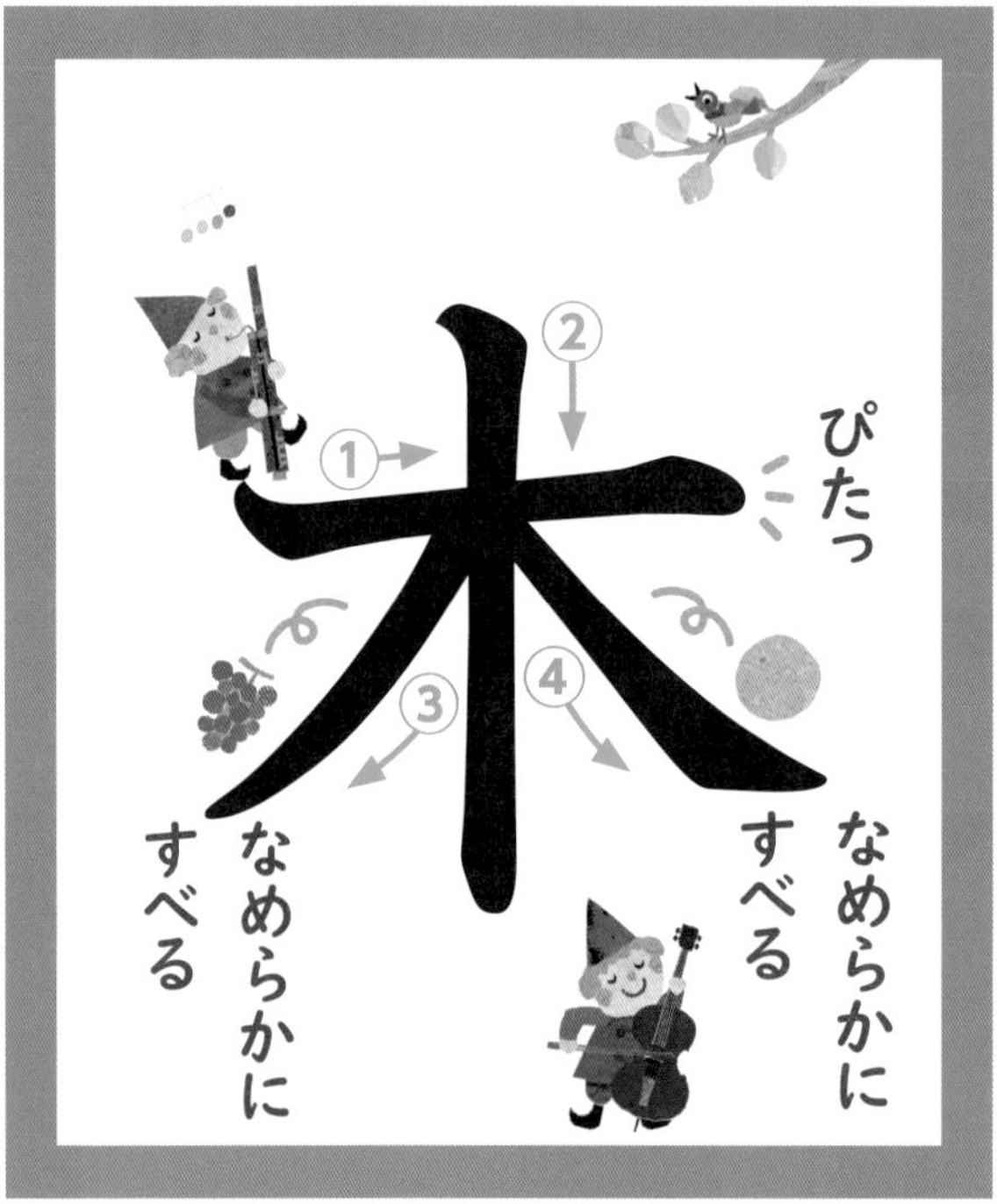

なりたち

「き」の枝《えだ》と幹《みき》と根《ね》をえがいた形《かたち》。

とくべつな読《よ》み方《かた》

木綿《もめん》

この字《じ》のヒミツ

◆道具《どうぐ》が木《き》でつくられていることは「木製《もくせい》」、建物《たてもの》が木《き》でつくられていることは「木造《もくぞう》」という。昔《むかし》は校舎《こうしゃ》も木造《もくぞう》だったよ。

1年《ねん》

本《ほん》をえらぶ

本

5 画《かく》 木《き》の部《ぶ》

音 **ホン**

一本《いっぽん》・絵本《えほん》・基本《きほん》・本気《ほんき》・本州《ほんしゅう》・本心《ほんしん》・本当《ほんとう》・本人《ほんにん》・本箱《ほんばこ》・本物《ほんもの》

訓 **もと**

大本《おおもと》・旗本《はたもと》

なりたち

「木」の太《ふと》いところに「一」のしるしをつけた形《かたち》。「木《き》の根《ね》もと」を表《あらわ》す。

ぴたっ
①
②
③
④
⑤
なめらかに
わすれないでね
なめらかに

にている字《じ》

木 ▶86
体 ▶134
市 ▶179
東 ▶214

この字《じ》のヒミツ

◆「本《ほん》」を「中心《ちゅうしん》」の意味《いみ》で使《つか》う言葉《ことば》に、本社《ほんしゃ》、本店《ほんてん》、本部《ほんぶ》、本《ほん》きょ地《ち》、本家《ほんけ》などがある。本《ほん》社《しゃ》は、会社《かいしゃ》の本《ほん》きょ地《ち》のこと。

村

7 画《かく》 木《き》の部《ぶ》

音 ソン

漁村《ぎょそん》・山村《さんそん》・市町村《しちょうそん》・村営《そんえい》・村長《そんちょう》・村民《そんみん》・農村《のうそん》

訓 むら

選手村《せんしゅむら》・村里《むらざと》・村人《むらびと》・村役場《むらやくば》

なりたち

寸

「木」と「寸（じっと落《お》ち着《つ》ける）」で、多《おお》くの人《ひと》がこしを落《お》ち着《つ》ける「むら」を表《あらわ》す。

山《やま》あいの村《むら》

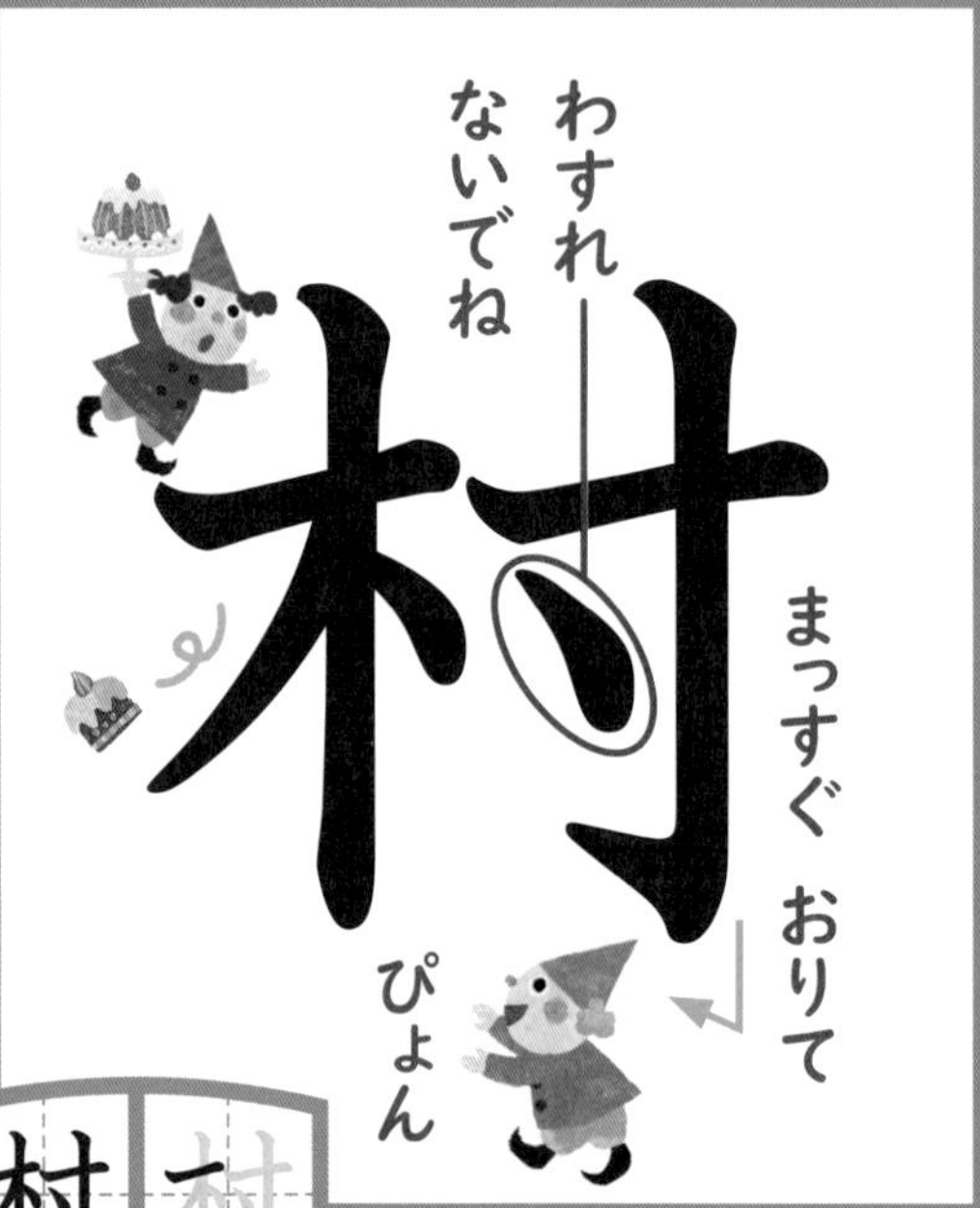

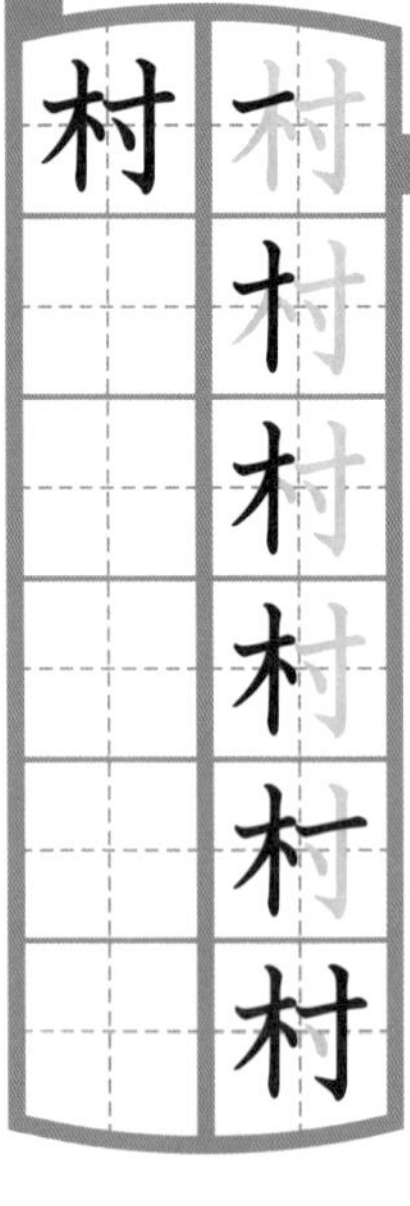

この字《じ》のヒミツ

◆「テント村《むら》」「選《せん》手《しゅ》村《むら》」などの「村《むら》」は、一《いっ》か所《しょ》に集《あつ》まっていることを表《あらわ》すよ。◆村《むら》のつく名字《みょうじ》に、木《き》村《むら》、川村《かわむら》、村山《むらやま》、村田《むらた》などがある。

1年《ねん》

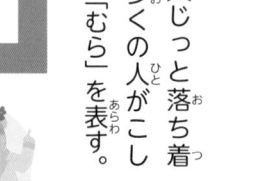

林《はやし》にいく

林

8 画《かく》 **木《き》の部《ぶ》**

音 **リン**

訓 **はやし**

森林《しんりん》・竹林《ちくりん》・梅林《ばいりん》・林間学校《りんかんがっこう》・林業《りんぎょう》・林道《りんどう》・林立《りんりつ》・雑木林《ぞうきばやし》・松林《まつばやし》

なりたち

↓林

「木」を二《ふた》つ並《なら》べた形《かたち》。木《き》がたくさん並《なら》んでいる「はやし」を表《あらわ》す。

ここは とめる
「木《き》」が 二《ふた》つ ならんで いるね

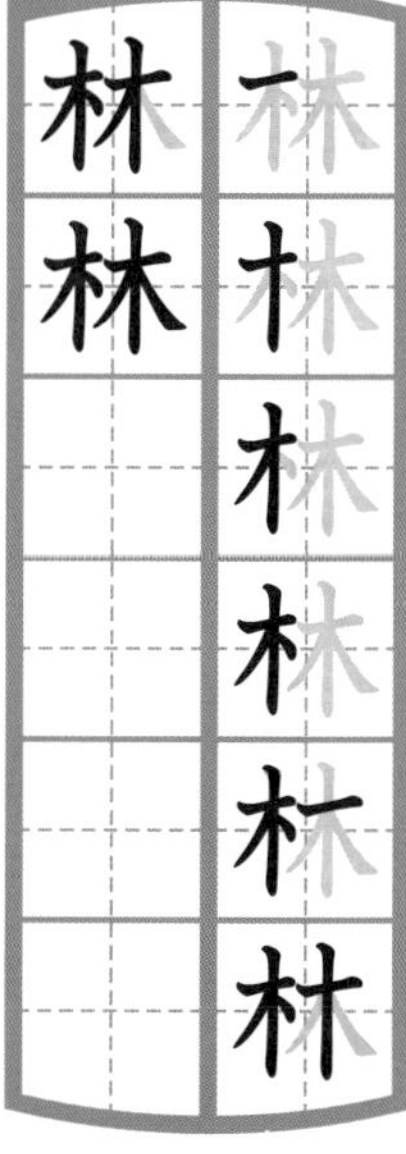

この字《じ》のヒミツ

◆「竹林《ちくりん》」や「杉林《すぎばやし》」のように一種類《いっしゅるい》の木《き》だけが生《は》えているのではなく、いろんな木《き》が生《は》える林《はやし》を「雑木林《ぞうきばやし》」というんだ。

校

10画《かく》 木《き》の部《ぶ》

音 コウ

訓 —

学校《がっこう》・下校《げこう》・校歌《こうか》・高校《こうこう》・校舎《こうしゃ》・校正《こうせい》・校長先生《こうちょうせんせい》・校庭《こうてい》・校門《こうもん》・転校《てんこう》・登校《とうこう》

なりたち

↓交

「交《こう》(まじわる)」と「木」で、×字形《じけい》の木《き》のわくを表《あらわ》す。また、「先生《せんせい》と生徒《せいと》が交《まじ》わるところ」を表《あらわ》す。

学《がっ》校《こう》にいく

この字《じ》のヒミツ

◆「校《こう》」のつく言葉《ことば》は、学校《がっこう》に関《かん》係《けい》のあるものが多《おお》いけれど、「校《こう》正《せい》」は刷《す》る前《まえ》の印刷物《いんさつぶつ》にまちがいがないか確認《かくにん》することだよ。

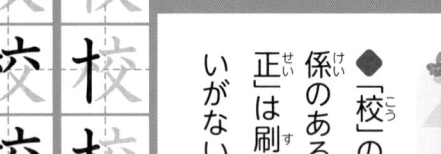

森《もり》にかくれる

森

12画《かく》 木《き》の部《ぶ》

音 シン

森《しん》羅《ら》万《ばん》象《しょう》・森林《しんりん》・森林浴《しんりんよく》

訓 もり

森《もり》を切《き》り開《ひら》く

なりたち

↓森

「木」を三《みっ》つ並《なら》べた形《かたち》。木《き》がたくさんしげっている「もり」を表《あらわ》す。

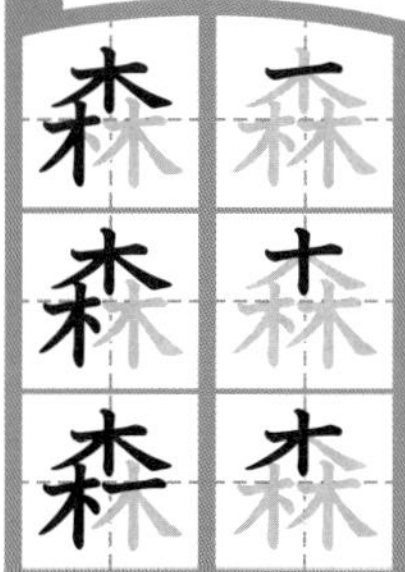

この字《じ》のヒミツ

◆「森《もり》」は神《かみ》さまとのつながりが深《ふか》い言葉《ことば》なんだ。「森《もり》」だけで神社《じんじゃ》の森《もり》を意味《いみ》することもある。森《もり》の大《おお》きな木《き》をまつる神社《じんじゃ》も多《おお》いよ。

1年《ねん》

1年《ねん》

正

5画《かく》　止《とめる》の部《ぶ》

音

セイ　改正《かいせい》・正解《せいかい》・正式《せいしき》・正統《せいとう》

ショウ　正月《しょうがつ》・正午《しょうご》・正体《しょうたい》

訓

ただしい　礼儀正《れいぎただ》しい

ただす　まちがいを正《ただ》す

まさ　正夢《まさゆめ》

なりたち

正

「一(目標《もくひょう》を示《しめ》すしるし)」と「止(足《あし》)」を合《あ》わせた形《かたち》。足《あし》が「まっすぐ」進《すす》むようすを表《あらわ》す。

正《まさ》ゆめを見《み》る

どの
せんも
まっすぐ
①
②
③
④
⑤
どの
せんも
とめる

にている字《じ》

上 ▶44
五 ▶48
玉 ▶98
主 ▶295

この字《じ》のヒミツ

◆「正方形《せいほうけい》」「正三角形《せいさんかくけい》」など図《ず》形《けい》につく「正《せい》」は、辺《へん》の長《なが》さがすべて等《ひと》しく、角《かく》の大《おお》きさもすべて等《ひと》しいことを表《あらわ》すよ。

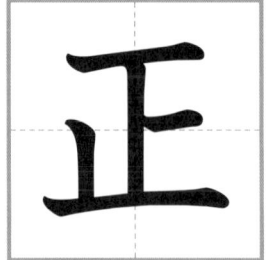

気

6 画《かく》 气《きがまえ》の部《ぶ》

音 キ

気温《きおん》・気候《きこう》・気分《きぶん》・気持《きも》ち・短気《たんき》・天気《てんき》・電気《でんき》・病気《びょうき》・勇気《ゆうき》

ケ

気色《けしき》ばむ・気配《けはい》

訓 ―

なりたち

もとの字は「氣」。「气《き》（ガスがのぼる）」と「米」で、米《こめ》を炊《た》くときに出《で》る「蒸気《じょうき》」を表《あらわ》す。

足《あし》もとに気《き》をつける

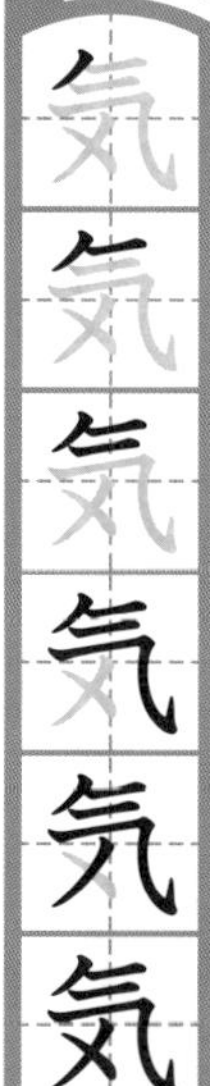

この字のヒミツ

◆「雰囲気《ふんいき》」は、「ふいんき」と発音《はつおん》する人《ひと》もいるけれど、「ふんいき」が正《ただ》しいよ。◆「気《き》もそぞろ」は、あるものごとに心《こころ》をうばわれておちつかないこと。

1年《ねん》

水

4画《かく》 水《みず》の部《ぶ》

音 スイ

海水《かいすい》・香水《こうすい》・洪水《こうずい》・水泳《すいえい》・水道《すいどう》・水平《すいへい》・水曜日《すいようび》

訓 みず

雨水《あまみず》・打《う》ち水《みず》・氷水《こおりみず》・水色《みずいろ》・水着《みずぎ》

なりたち

流《なが》れている水《みず》のようすをえがいた形《かたち》。

水《みず》やりをする

ななめに
はいって
1
2
3
4
かくっと
まがる
ぴゅーっと
すべろう
ぴょん

にている字《じ》

大 ▶66
小 ▶74
氷 ▶335
永 ▶468

この字《じ》のヒミツ

◆名字《みょうじ》では「水戸《みと》」「水上《みなかみ》」などの読《よ》み方《かた》があるよ。◆前《まえ》にあったいざこざなどを、なかったようにすることを「水《みず》に流《なが》す」という。

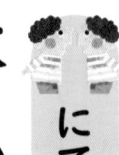

1年《ねん》

火

4 画《かく》 火《ひ》の部《ぶ》

音 カ

訓 ひ

(ほ)

火《か》急《きゅう》・火《か》災《さい》・火《か》山《ざん》・火《か》曜《よう》日《び》・点《てん》火《か》

強《つよ》火《び》・花《はな》火《び》・火《ひ》花《ばな》・弱《よわ》火《び》

沖《おき》に火《ほ》影《かげ》が見《み》える

なりたち

燃《も》え上《あ》がっているほのおをえがいた形《かたち》。

おしりに火《ひ》がついた

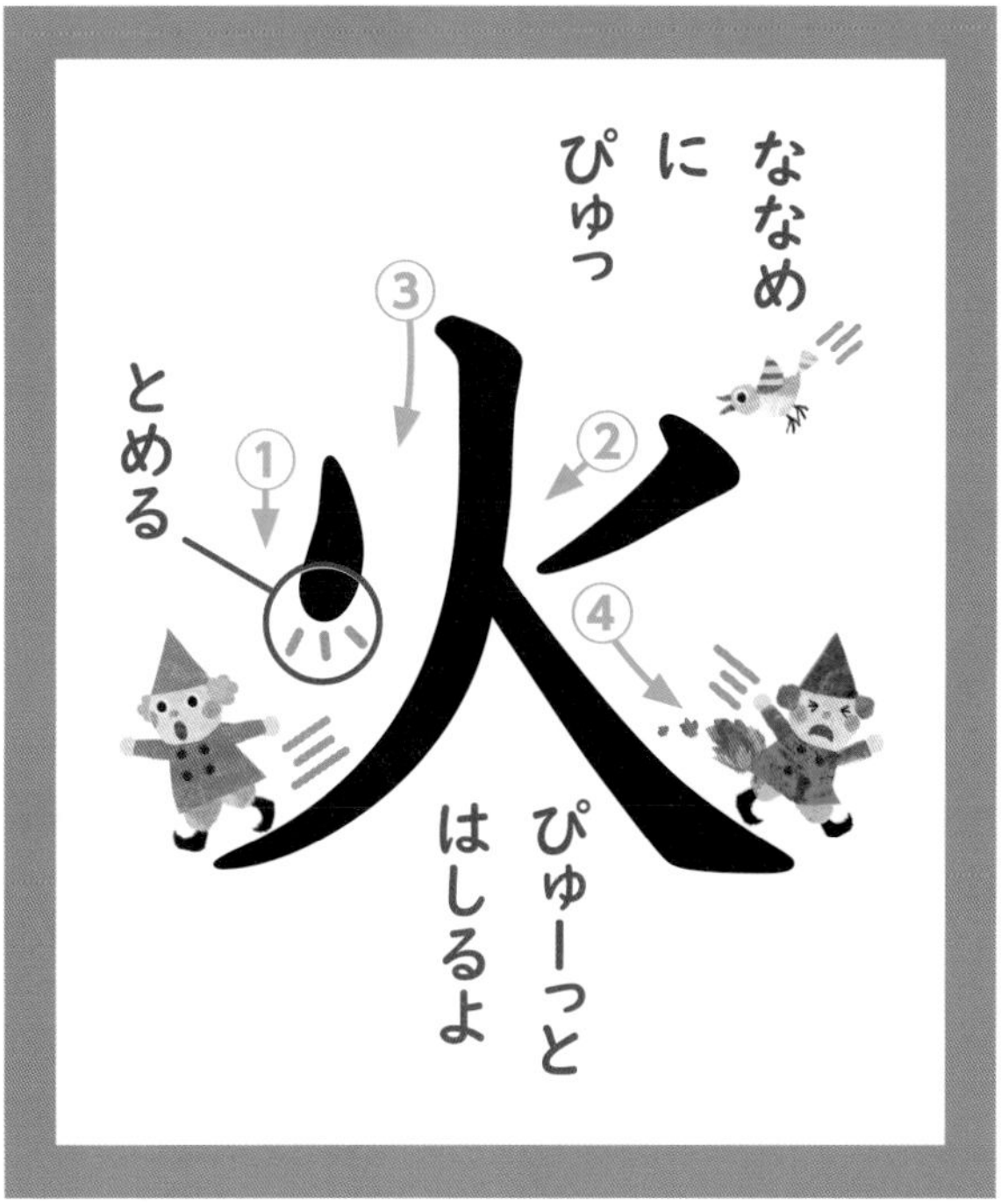
ななめにぴゅっ
とめる
①
②
③
④
ぴゅーっとはしるよ
火

にている字《じ》

大 ▶66

水 ▶94

父 ▶229

灰 ▶523

この字《じ》のヒミツ

◆「おしりに火《ひ》がつく」は、ものごとがさしせまっておいつめられて、あせるときにいうよ。

犬《いぬ》のさんぽ

犬

4画《かく》　犬《いぬ》の部《ぶ》

音　ケン

警察犬《けいさつけん》・犬歯《けんし》・忠犬《ちゅうけん》・番犬《ばんけん》・名犬《めいけん》・野犬《やけん》

訓　いぬ

犬小屋《いぬごや》・飼《か》い犬《いぬ》・野良犬《のらいぬ》

わすれないでね
①
②
③
④
ぴゅーっとはしろう

なりたち

犬

イヌのすがたをえがいた形《かたち》。「丶」は、イヌの耳《みみ》を示《しめ》す。

にている字《じ》

大 ▶66
天 ▶67
木 ▶86
太 ▶167

この字《じ》のヒミツ

◆「犬猿《けんえん》の仲《なか》」は、とても仲《なか》の悪《わる》いことだよ。◆「犬《いぬ》」の点《てん》（丶）を取《と》ると「大《だい》」になり、さらに横《よこ》ぼうを取《と》ると「人《ひと》」になるぞ。

えがおの王《おう》さま

王

4画《かく》 王《おう》の部《ぶ》

音 オウ

訓 ―

王位《おうい》・王家《おうけ》・王国《おうこく》・王子《おうじ》・王者《おうじゃ》・王将《おうしょう》・王手《おうて》・国王《こくおう》・三冠王《さんかんおう》・女王《じょおう》

なりたち

大《おお》きなまさかりをえがいた形《かたち》。「大《おお》きく広《ひろ》がる」というイメージから、「偉大《いだい》な人物《じんぶつ》」を表《あらわ》す。

どの せんも まっすぐ
①
②
③
④
ながく かいてね
王《おう》さま とても じょうず！

とくべつな読《よ》み方《かた》

親王《しんのう》・四天王《してんのう》

この字《じ》のヒミツ

◆女性《じょせい》の王《おう》さまは「女王《じょおう》」だよ。

◆何《なに》かの分野《ぶんや》で特別《とくべつ》にすぐれている人《ひと》を王《おう》さまにたとえて「クイズ王《おう》」「発明王《はつめいおう》」などという。

玉

1年《ねん》

5画《かく》　玉《たま》の部《ぶ》

訓　たま

音　ギョク

玉座《ぎょくざ》・玉露《ぎょくろ》・宝玉《ほうぎょく》

お手玉《てだま》・お年玉《としだま》・玉入《たまい》れ・ビー玉《だま》・水玉《みずたま》・目玉《めだま》

玉《たま》がきずつく

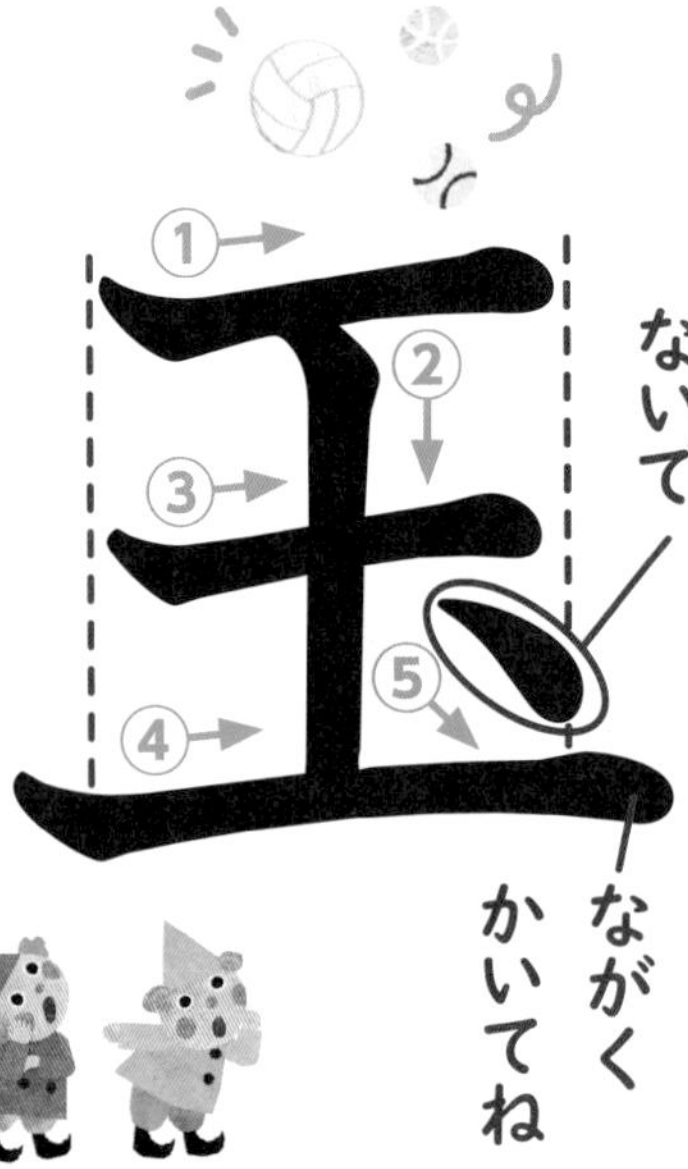

なりたち

王→玉

「たま」をつないだアクセサリーをえがいた形《かたち》。「美《うつく》しい石《いし》」を表《あらわ》す。

にている字《じ》

五 ▶48
王 ▶97
生 ▶100
主 ▶295

この字《じ》のヒミツ

◆「玉《たま》」のつく食《た》べ物《もの》に、白玉《しらたま》、目玉焼《めだまや》き、玉《たま》ねぎ、あめ玉《だま》、紅玉《こう》（リンゴの種類《しゅるい》）などがあるよ。どれも形《かたち》が丸《まる》いね。

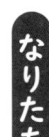

まぎらわしい送《おく》りがな

送《おく》りがなのつけ方《かた》は、言葉《ことば》によっては二《に》、三《さん》とおりあるものもあります。送《おく》りがなも時代《じだい》によって変化《へんか》していて、古《ふる》い送《おく》りがなと今《いま》の送《おく》りがなが両《りょう》方使《ほうつか》われているものもあります。教科《きょうか》書《しょ》では、まぎらわしくないように、送《おく》りがなのつけ方《かた》は一《ひと》つの言葉《ことば》に一《ひと》つだけと決《き》められています。

言葉《ことば》のはたらきでちがう送《おく》りがな

ものの名前《なまえ》を表《あらわ》すときには送《おく》りがなをつけず、動《うご》きやようすを表《あらわ》すときだけ送《おく》りがなをつける漢字《かんじ》があります。

例《れい》

話
名前《なまえ》：話《はなし》を聞《き》く。
動《うご》き：話《はな》しかける。

光
名前《なまえ》：白《しろ》い光《ひかり》がかがやく。
動《うご》き：白《しろ》く光《ひか》る。

組
名前《なまえ》：一年一組《いちねんいちくみ》。
動《うご》き：チームを組《く》む。

受付
名前《なまえ》：会社《かいしゃ》の受付《うけつけ》。
動《うご》き：寄付《きふ》を受《う》け付《つ》ける。

送《おく》りがなをつけない言葉《ことば》

漢字《かんじ》を二《ふた》つ以上《いじょう》組《く》み合《あ》わせた言葉《ことば》には、送《おく》りがなをつけないものがあります。一《ひと》つの漢字《かんじ》でも、言葉《ことば》によって送《おく》りがなのつけ方《かた》がちがうこともあるので、注意《ちゅうい》しましょう。

例《れい》

合
つけない：合図《あいず》。合間《あいま》。
つける：合《あ》いの手《て》。合《あ》い言葉《ことば》。

立
つけない：立場《たちば》。夕立《ゆうだち》。木立《こだち》。
つける：立《た》て札《ふだ》。立《た》ち話《ばなし》。逆立《さかだ》ち。

多《おお》すぎ・少《すく》なすぎに注意《ちゅうい》

送《おく》りがなをつけすぎたり、足《た》りなかったりすると、漢字《かんじ》を正《ただ》しく書《か》けても、漢字《かんじ》テストで○にならないかもしれませんよ。

例《れい》

取
つけない：取組《とりくみ》。関取《せきとり》。受取《うけとり》。
つける：間取《まど》り。取《と》っ手《て》。取《と》り合《あ》い。

割
つけない：割引《わりびき》。割合《わりあい》。役割《やくわり》。
つける：割《わ》り算《ざん》。割《わ》り当《あ》て。日割《ひわ》り。

例《れい》

多《おお》すぎる例《れい》
× 明《あ》かるい　× 新《あた》らしい　× 失《うし》なう　× 少《す》くない
○ 明《あか》るい　○ 新《あたら》しい　○ 失《うしな》う　○ 少《すく》ない

少《すく》なすぎる例《れい》
× 当《あた》る　× 生《うま》れる　× 考《かんがえ》る　× 向《むか》う
○ 当《あ》たる　○ 生《う》まれる　○ 考《かんが》える　○ 向《む》かう

1年《ねん》

生

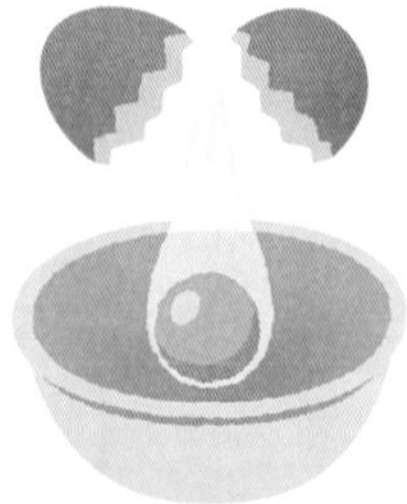

生《なま》たまごをわる

5 画《かく》 生《うまれる》の部《ぶ》

音

セイ 小学生《しょうがくせい》・生活《せいかつ》

ショウ 一生《いっしょう》・生薬《しょうやく》

訓

いきる 海底《かいてい》に生《い》きる生物《せいぶつ》

いかす 能力《のうりょく》を生《い》かす

いける 野《の》の花《はな》を生《い》ける

うまれる 子馬《こうま》が生《う》まれる

うむ 名作《めいさく》を生《う》む

(おう) 草《くさ》が生《お》いしげる

はえる 岩《いわ》にこけが生《は》える

はやす ひげを生《は》やす

(き) 生糸《きいと》・生地《きじ》

なま 生水《なまみず》・生野菜《なまやさい》

よこの
せんは
三《さん》ぼんだよ
ながく
かいてね

なりたち

生

「屮（草木《くさき》の芽《め》）」と「土」を合《あ》わせた形《かたち》。生命《せいめい》が「うまれる」ことを表《あらわ》す。

この字《じ》のヒミツ

◆「生意気《なまいき》」は、でしゃばったり、えらそうにふるまったりすること。

田

5画《かく》　田《た》の部《ぶ》

音　デン

塩田《えんでん》・新田《しんでん》・水田《すいでん》・炭田《たんでん》・田園《でんえん》・田楽《でんがく》・油田《ゆでん》

訓　た

田植《たう》え・棚田《たなだ》・田畑《たはた》

なりたち

田→田

あぜ道《みち》が縦《たて》と横《よこ》に通《つう》じた「はたけ」をえがいた形《かたち》。「はたけ」や「た」を表《あらわ》す。

田《た》うえをする

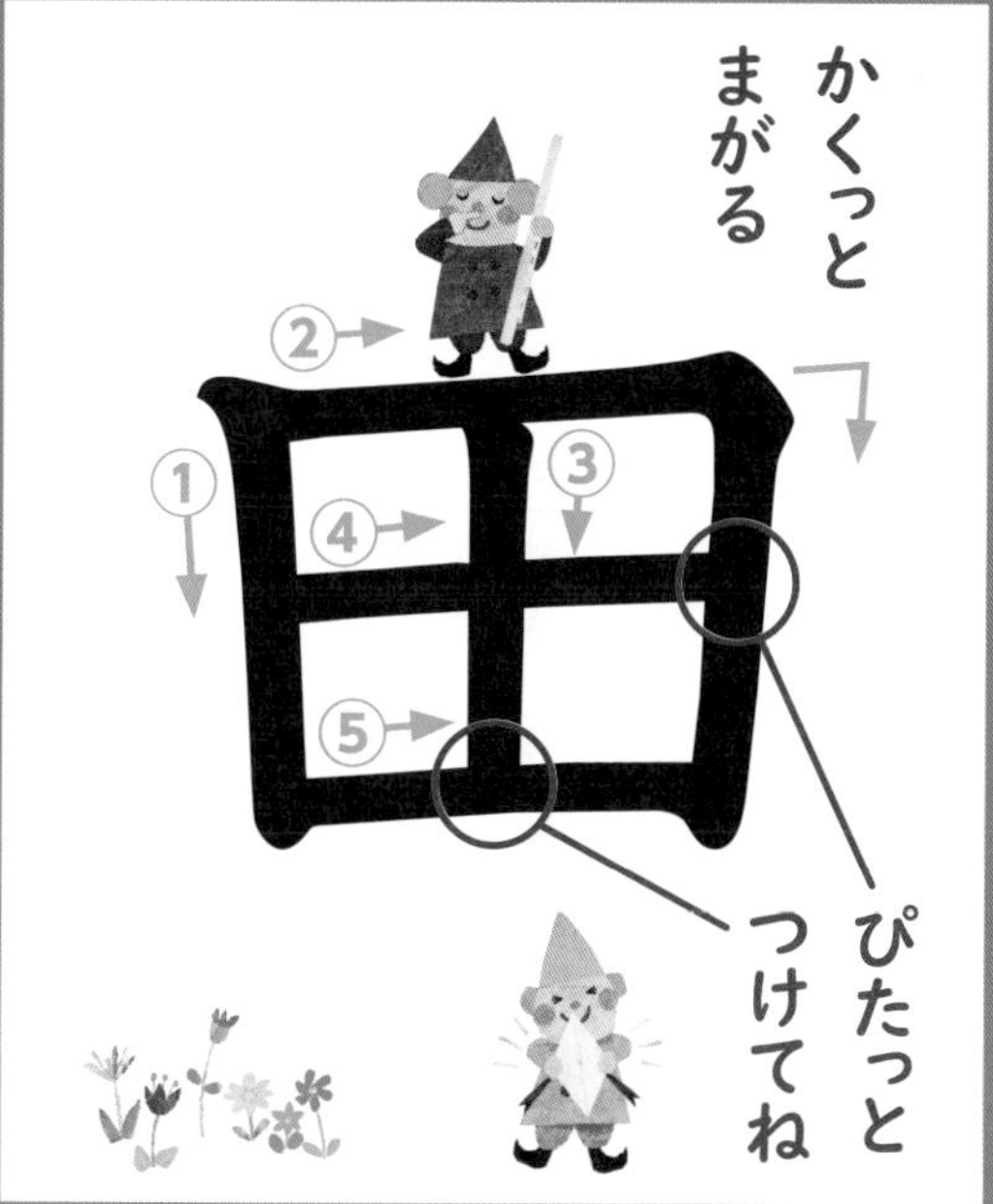
かくっと
まがる
①
②
③
④
⑤
ぴたっと
つけてね

とくべつな読《よ》み方《かた》

田舎《いなか》

この字《じ》のヒミツ

◆「田《た》」はイネ（米《こめ》）を育《そだ》てるところ。「畑《はたけ》」は野菜《やさい》などを育《そだ》てるところ。その両方《りょうほう》を合《あ》わせた言葉《ことば》が、「田畑《たはた》」だよ。

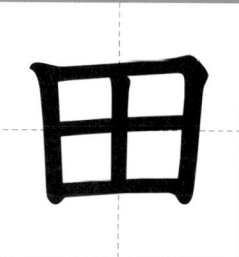

男

7画《かく》 田《た》の部《ぶ》

音 ダン ナン

訓 おとこ

男子《だんし》・男児《だんじ》・男女《だんじょ》・男性《だんせい》・一男二女《いちなんにじょ》・次男《じなん》・大男《おおおとこ》・男気《おとこぎ》・男手《おとこで》

なりたち

男

「田（はたけ）」と「力」を合《あ》わせた形《かたち》。はたけ仕事《しごと》に力《ちから》を出《だ》す「おとこ」を表《あらわ》す。

赤《あか》いぼうしの男《おとこ》の子《こ》

この字《じ》のヒミツ

◆「老若男女《ろうにゃくなんにょ》」の「男女」は「なんによ」と読《よ》む。◆「男前《おとこまえ》」は男《おとこ》の人《ひと》として見《み》た目《め》がかっこいいこと。女《おんな》の人《ひと》の場合《ばあい》、「女前《おんなまえ》」とはいわないよ。

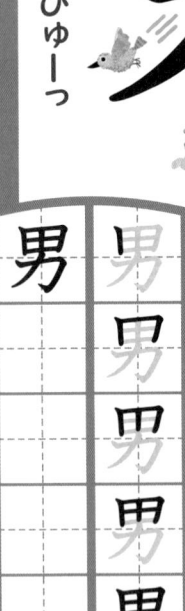

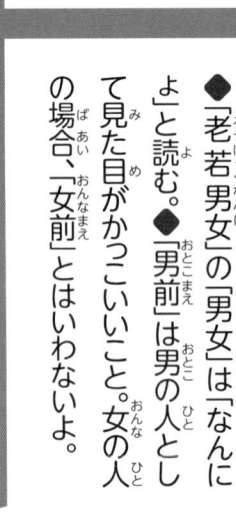

町《まち》をあるく

町

7 画《かく》 田《た》の部《ぶ》

音 チョウ

訓 まち

市町村《しちょうそん》・町長《ちょうちょう》・町内《ちょうない》・町立《ちょうりつ》・下町《したまち》・城下町《じょうかまち》・町角《まちかど》・町中《まちなか》・町役場《まちやくば》・港町《みなとまち》

なりたち

「丁《ちょう》」は、T《ティー》字形《じけい》のあぜ道《みち》。「田(はたけ)」と「丁《ちょう》」で、道《みち》で区切《くぎ》られた「まち」を表《あらわ》す。

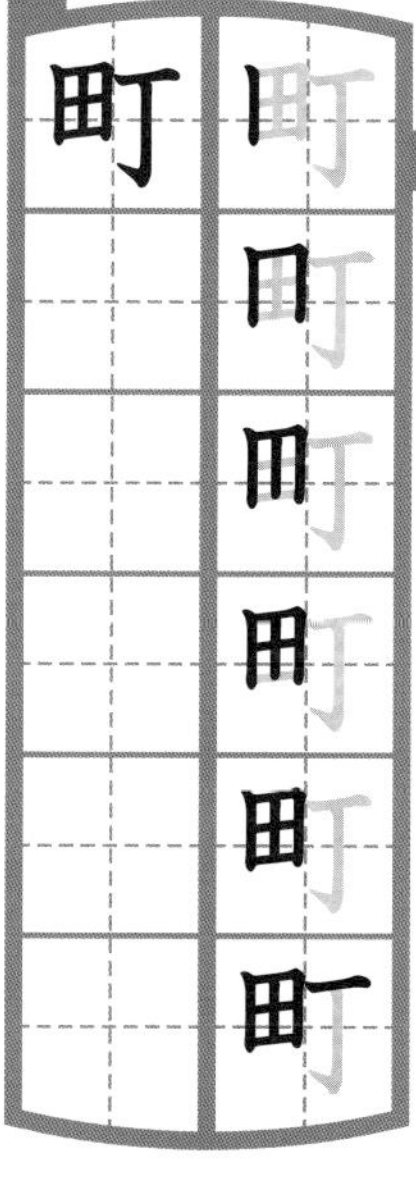

この字《じ》のヒミツ

◆「町《まち》」のかわりに「街《まち》」を使《つか》うときは、店《みせ》が立《た》ちならぶにぎやかな場所《ばしょ》や、人《ひと》の多《おお》い通《とお》りを意味《いみ》するよ。

1年《ねん》

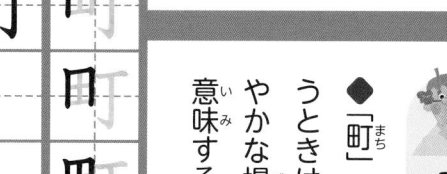

白

5画《かく》 白《しろ》の部《ぶ》

音 ハク （ビャク）

空白《くうはく》・紅白《こうはく》・純白《じゅんぱく》・白紙《はくし》・白状《はくじょう》・白鳥《はくちょう》

白夜《びゃくや》

訓 しろ・しら・しろい

しろ：白黒《しろくろ》・白身《しろみ》・真《ま》っ白《しろ》

しら：白木《しらき》・白《しら》ける・白玉《しらたま》

しろい：白《しろ》い歯《は》を見《み》せる

なりたち

→白

どんぐりの実《み》をえがいた形《かたち》。どんぐりの実《み》は中《なか》が白《しろ》いので、「しろ」の色《いろ》を表《あらわ》す。

白《しろ》いドレスをきる

①
かくっと まがる
ぴゅっと おりるよ
②
③
④
⑤

とくべつな読《よ》み方《かた》

白髪《しらが》・白湯《さゆ》

この字《じ》のヒミツ

◆「白黒《しろくろ》をつける」は、どちらが正《ただ》しいか、どちらが強《つよ》いかなど、はっきりしていなかったことを、はっきりさせることだよ。

百

6画《かく》 白《しろ》の部《ぶ》

音 ヒャク

百獣《ひゃくじゅう》の王《おう》・百人一首《ひゃくにんいっしゅ》・百万円《ひゃくまんえん》・百薬《ひゃくやく》・百葉箱《ひゃくようばこ》・百科事典《ひゃっかじてん》・百貨店《ひゃっかてん》

訓 ―

なりたち

「一」と「白（多《おお》い）」を合《あ》わせた形《かたち》。数《かず》の一〇〇や一〇〇の位《くらい》を表《あらわ》す。

百《ひゃく》てんをとった

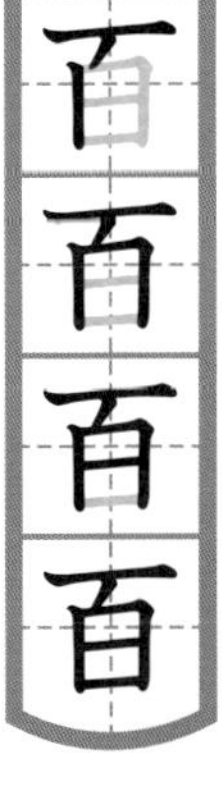

この字《じ》のヒミツ

◆特別《とくべつ》な読《よ》み方《かた》に「八百長《やおちょう》」「八百屋《やおや》」「百合《ゆり》」などがある。

◆「百本」は、「ひゃくほん」でなく「ひゃっぽん」と読《よ》むよ。

目《め》をとじる

目

1年《ねん》

5画《かく》 目《め》の部《ぶ》

音 モク (ボク)

訓 め (ま)

注目《ちゅうもく》・目前《もくぜん》・目的《もくてき》

面目《めんぼく》

目薬《めぐすり》・目立《めだ》つ・

目玉《めだま》

目《ま》のあたり

かくっと まがる
どの せんも まっすぐ
①
②
③
④
⑤
目

なりたち

人《ひと》の「め」を正面《しょうめん》からえがいた形《かたち》。

とくべつな読《よ》み方《かた》

真面目《まじめ》

この字《じ》のヒミツ

◆「目《め》が利《き》く」は質《しつ》のよさを見《み》ぬく力《ちから》があることだよ。◆さいころについている、数《かず》を表《あらわ》す点《てん》を「目《め》」とよぶよ。

1年《ねん》

石《いし》のはし

石

5画《かく》 石《いし》の部《ぶ》

音 セキ
シャク
（コク）

訓 いし

化石《かせき》・岩石《がんせき》・石炭《せきたん》・宝石《ほうせき》
磁石《じしゃく》
石高《こくだか》・百万石《ひゃくまんごく》
石垣《いしがき》・小石《こいし》

うえに
でない
①
②
③
④
⑤
かくっと
まがる
ぴゅーっと
おりよう

なりたち

「厂（がけ）」の下《した》に「口（いしころ）」がころがっているようすから、「いし」を表《あらわ》す。

にている字《じ》

右 ▶61
名 ▶62
左 ▶77
各 ▶380

この字《じ》のヒミツ

◆「石《いし》」は、かたいものの代表《だいひょう》として使《つか》われる言葉《ことば》。「石頭《いしあたま》」は、かたい頭《あたま》のことのほか、自分《じぶん》の意《い》見《けん》を曲《ま》げないことにもいうよ。

空

空《そら》をとぶ

1年《ねん》

8画《かく》 穴《あな》の部《ぶ》

音 クウ

訓 そら
あく
あける
から

空気《くうき》・空港《くうこう》・空席《くうせき》・
空想《くうそう》・上空《じょうくう》・真空《しんくう》
青空《あおぞら》・空耳《そらみみ》・夜空《よぞら》
空《あ》き缶《かん》・空《あ》き地《ち》
席《せき》を空《あ》ける
空手《からて》・空回《からまわ》り

空 空
空 空
空
空
空
空

なりたち

工→工

「工《こう》（つきぬける）」と「穴（あな）」で、あながあき、「何《なに》もない」ことを表《あらわ》す。

この字《じ》のヒミツ

◆「空」がついて、飛行機《ひこうき》に関係《かんけい》のある言葉《ことば》に「空港《くうこう》」「空路《くうろ》」「航空《こうくう》」など。

◆「空席《くうせき》」「空車《くうしゃ》」「空室《くうしつ》」などの「空《くう》」は、空《あ》いていることを意味《いみ》するよ。

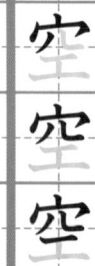

立

5画《かく》 立《たつ》の部《ぶ》

音 リツ （リュウ）

起立《きりつ》・国立《こくりつ》・自立《じりつ》・成立《せいりつ》・独立《どくりつ》・立体《りったい》

建立《こんりゅう》

訓 たつ たてる

立場《たちば》

柱《はしら》を立《た》てる

なりたち

人《ひと》が両足《りょうあし》を地面《じめん》につけて立《た》つようすをえがいた形《かたち》。「しっかり立《た》つ」ことを表《あらわ》す。

いたの上《うえ》に 立《た》つ

にている字《じ》

土 ▶64

位 ▶368

共 ▶373

供 ▶495

この字《じ》のヒミツ

◆「腹《はら》を立《た》てる」「うわさを立《た》てる」「ゆげを立《た》てる」「予想《よそう》を立《た》てる」「計画《けいかく》を立《た》てる」など、いろんな「立《た》てる」があるよ。

1年《ねん》

竹

1年《ねん》

6 画《かく》 竹《たけ》の部《ぶ》

音 チク

訓 たけ

松竹梅《しょうちくばい》・竹林《ちくりん》・爆竹《ばくちく》・破竹《はちく》の勢《いきお》い
竹馬《たけうま》・竹《たけ》の子《こ》・竹笛《たけぶえ》・竹《たけ》やぶ

なりたち

竹

二本《にほん》のタケの枝《えだ》をえがいた形《かたち》。

竹《たけ》の子《こ》をもらう

この字《じ》のヒミツ

◆竹《たけ》で作《つく》られた遊《あそ》び道具《どうぐ》に、竹《たけ》とんぼ、竹馬《たけうま》、水《みず》でっぽうなどがある。昔《むかし》の子《こ》どもは自分《じぶん》で作《つく》ったよ。

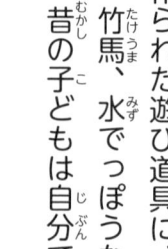

青《あお》い糸《いと》

糸

6画《かく》 糸《いと》の部《ぶ》

音 シ

訓 いと

金糸《きんし》・銀糸《ぎんし》・蚕糸《さんし》・製糸《せいし》・糸口《いとぐち》・糸車《いとぐるま》・糸巻《いとま》き・生糸《きいと》・絹糸《きぬいと》・毛糸《けいと》・凧糸《たこいと》

なりたち

絲（糸）

もとの字《じ》は「絲」。「糸（カイコのはき出《だ》す糸《いと》）」を二《ふた》つ並《なら》べて、「いと」を表《あらわ》す。

「かくっ」が二《ふた》つあるね
かくっ
かくっ
ぴゅっ
とめる

この字《じ》のヒミツ

◆「運命《うんめい》の糸《いと》」「記憶《きおく》の糸《いと》をたぐる」など、ものごとを結《むす》びつけるものを糸《いと》にたとえるよ。◆前《まえ》歯《ば》と奥歯《おくば》の間《あいだ》にあるとがった歯《は》を、「糸切《いとき》り歯《ば》」ともいう。

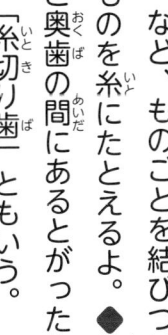

耳

6 画《かく》 耳《みみ》の部《ぶ》

音 （ジ）

訓 みみ

耳鼻科《じびか》・中耳炎《ちゅうじえん》
空耳《そらみみ》・初耳《はつみみ》・
早耳《はやみみ》・福耳《ふくみみ》・耳元《みみもと》

なりたち

→耳

人《ひと》のやわらかいみみたぶをえがいた形《かたち》。

耳《みみ》せんがほしい

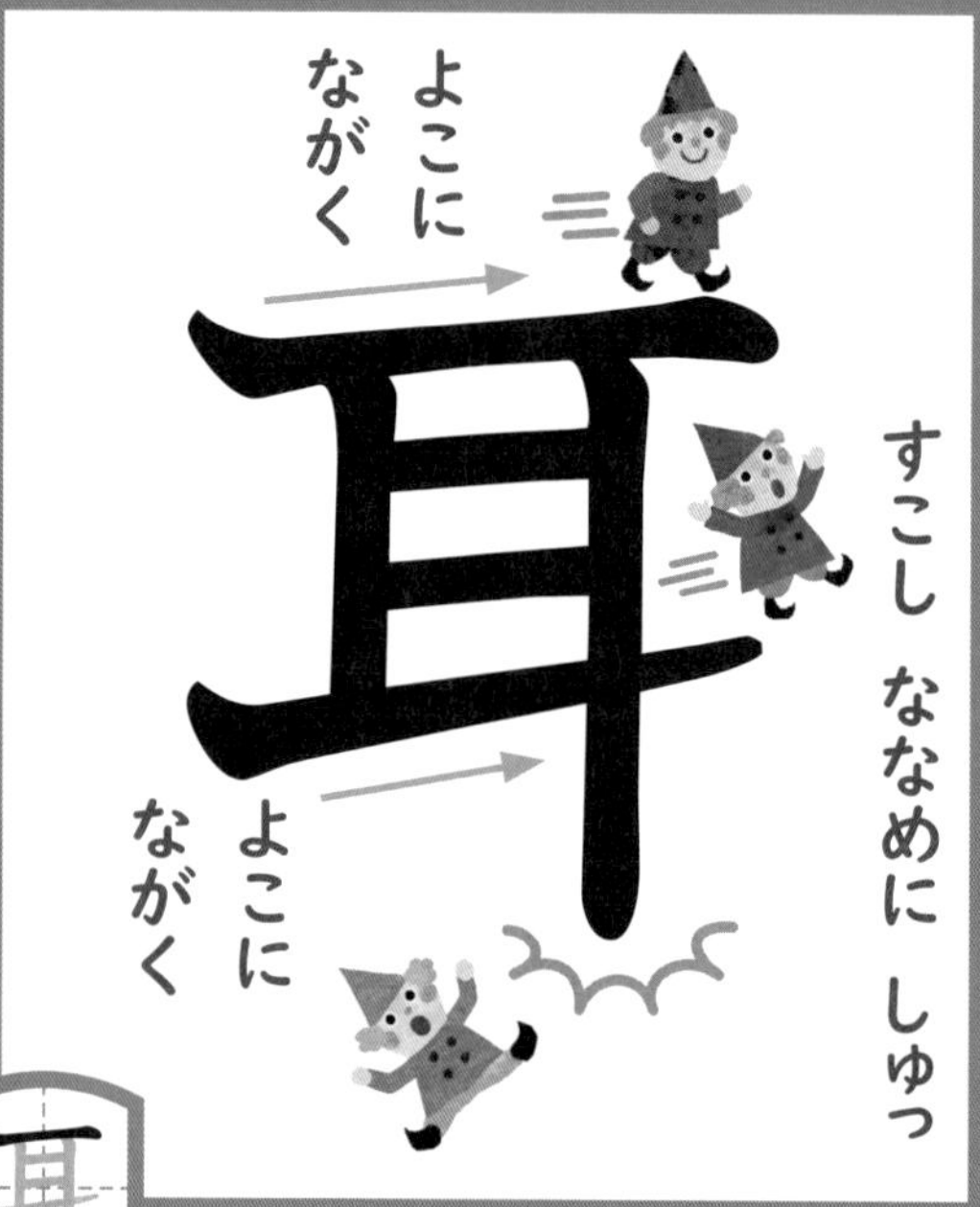
よこに ながく
すこし ななめに しゅっ
よこに ながく

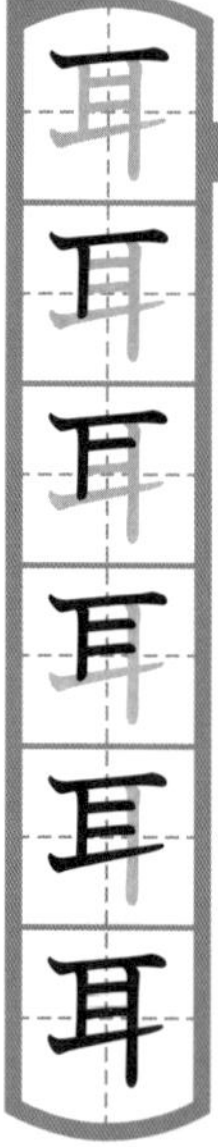

この字《じ》のヒミツ

◆「耳《みみ》にたこができる」は何度《なんど》も同《おな》じことを聞《き》かされ、うんざりすること。この「たこ」は海《うみ》の生《い》き物《もの》ではなく、よく使《つか》う手《て》足《あし》などの皮《ひ》ふが厚《あつ》く固《かた》くなってできる「たこ」のこと。

虫

6 画《かく》 虫《むし》の部《ぶ》

音 チュウ

訓 むし

益虫《えきちゅう》・害虫《がいちゅう》・昆虫《こんちゅう》・殺虫剤《さっちゅうざい》・成虫《せいちゅう》・幼虫《ようちゅう》・毛虫《けむし》・虫歯《むしば》・虫干《むしぼ》し・弱虫《よわむし》

虫《むし》をとる

なりたち

↓ 蟲（虫）

もとの字《じ》は「蟲」。「虫（細長《ほそなが》いむし）」を三《みっ》つ重《かさ》ねて、さまざまな「むし」を表《あらわ》す。

この字《じ》のヒミツ

◆昔《むかし》、人間《にんげん》の体《からだ》の中《なか》には意識《いしき》や感情《かんじょう》を動《うご》かす虫《むし》がいると考《かんが》えられていた。それで、なんとなく好《す》きになれないことを「虫《むし》が好《す》かない」というんだよ。

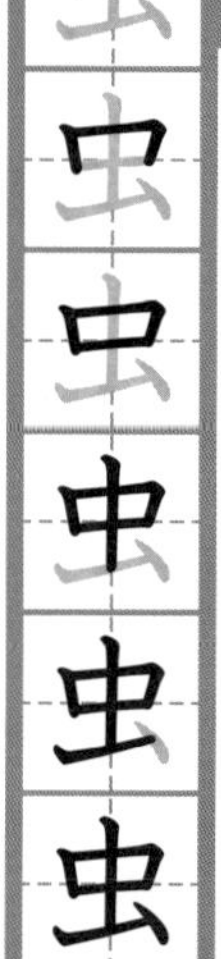

見

7画《かく》　見《みる》の部《ぶ》

音　ケン

訓　みる　みえる　みせる

意見《いけん》・見学《けんがく》・見物《けんぶつ》・発見《はっけん》

テレビを見《み》る

富士山《ふじさん》が見《み》える

写真《しゃしん》を見《み》せる

なりたち

→見→見

「儿（人《ひと》）」と「目（め）」を合《あ》わせた形《かたち》。「目《め》でみる」「みえる」ことを表《あらわ》す。

中《なか》を見《み》る

さいごはジャンプ！
よーく見《み》てね
ぴゅーっとすべろう
まるくまがる

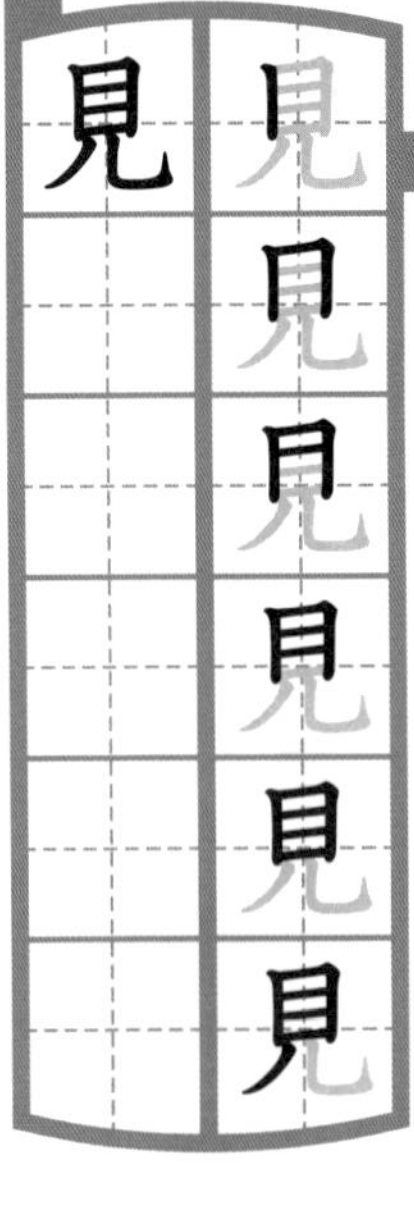

この字《じ》のヒミツ

◆「見《み》る」の仲間《なかま》の言葉《ことば》に、「見《み》つめる」「見下《みお》ろす」「見上《みあ》げる」「見守《みまも》る」などがある。◆「やってみる」などの「〜てみる」は、ふつうひらがなで書《か》く。

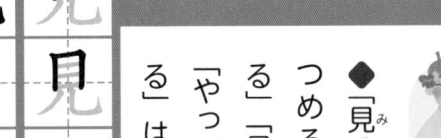

たくさんの貝《かい》

貝

7画《かく》 貝《かい》の部《ぶ》

訓 かい

音 —

赤貝《あかがい》・貝殻《かいがら》・貝細工《かいざいく》・貝塚《かいづか》・貝柱《かいばしら》・桜貝《さくらがい》・二枚貝《にまいがい》・巻《ま》き貝《がい》

なりたち

からが二《ふた》つに分《わ》かれる二枚貝《にまいがい》をえがいた形《かたち》。さまざまな「かい」を表《あらわ》す。

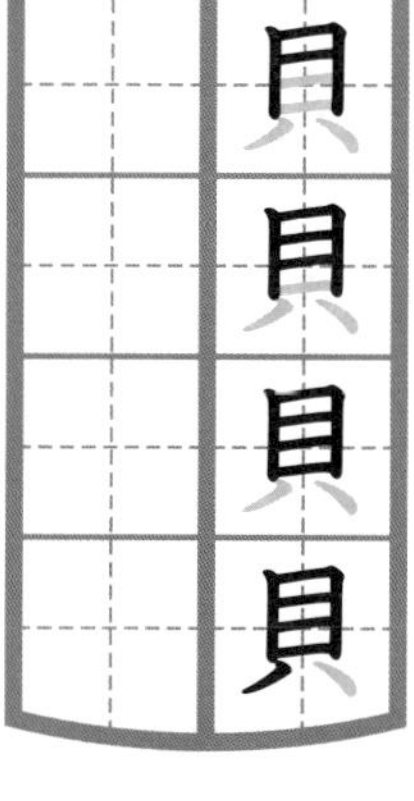

この字《じ》のヒミツ

◆大昔《おおむかし》の中国《ちゅうごく》では、美《うつく》しい貝《かい》をお金《かね》として使《つか》っていた。それで、お金《かね》に関係《かんけい》する字《じ》（「買《ばい》」、「貯《ちょ》」など）には「貝《かい》」がつくものが多《おお》いよ。

赤

7 画《かく》　**赤《あか》の部《ぶ》**

音　**セキ**　赤道《せきどう》・赤飯《せきはん》・赤面《せきめん》

（シャク）　赤銅色《しゃくどういろ》

訓　**あか**　赤組《あかぐみ》・赤字《あかじ》・赤土《あかつち》

あかい　赤《あか》いくつをはく

あからむ　顔《かお》が赤《あか》らむ

あからめる　ほおを赤《あか》らめる

なりたち

赤

「大（おおきい）」と「火（ひ）」で、火《ひ》の燃《も》えるようすから、「あか」の色《いろ》を表《あらわ》す。

赤《あか》いふくとぼうし

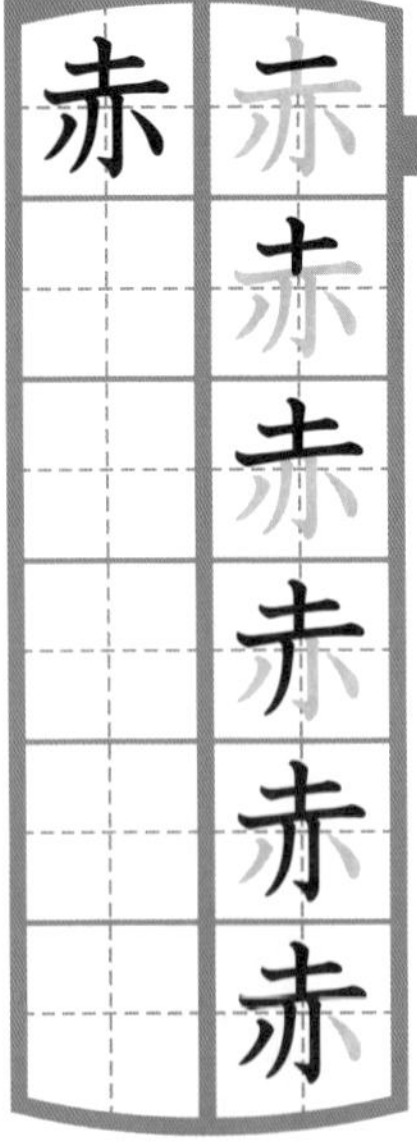

この字《じ》のヒミツ

◆特別《とくべつ》な読《よ》み方《かた》に「真《ま》っ赤《か》」がある。◆おこって興奮《こうふん》したときや、すごくはずかしいとき、頭《あたま》に血《ち》がのぼって顔《かお》が赤《あか》くなるよ。

足

7 画《かく》 足《あし》の部《ぶ》

音 ソク

訓 あし たりる たる たす

遠足《えんそく》・土足《どそく》・不足《ふそく》・発足《ほっそく》・満足《まんぞく》

足音《あしおと》・足元《あしもと》・手足《てあし》

千円《せんえん》もあれば足《た》りる

舌足《したた》らず

足《た》し算《ざん》

なりたち

「あしの先《さき》」をえがいた形《かたち》。「あし」「あるく」ことを表《あらわ》す。

足《あし》がすべる

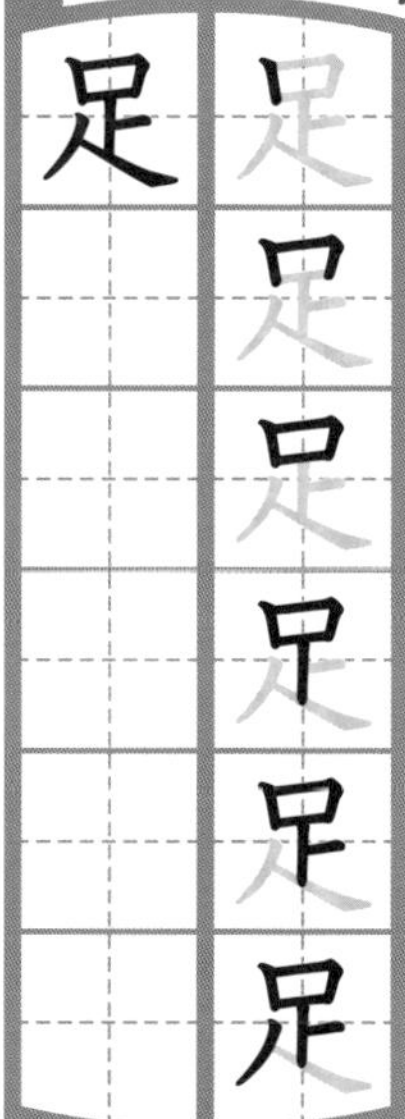

この字《じ》のヒミツ

◆特別《とくべつ》な読《よ》み方《かた》に「足袋《たび》」がある。

◆「足《あし》が早《はや》い」は、食《た》べ物《もの》がくさりやすいという意味《いみ》や、商品《しょうひん》の売《う》れ行《ゆ》きがよいという意味《いみ》もある。

みどりいろの車《くるま》

車

7画《かく》 車《くるま》の部《ぶ》

音 シャ

訓 くるま

下車《げしゃ》・車庫《しゃこ》・車道《しゃどう》・車輪《しゃりん》・乗車《じょうしゃ》・電車《でんしゃ》・発車《はっしゃ》・列車《れっしゃ》・糸車《いとぐるま》・肩車《かたぐるま》・車代《くるまだい》・歯車《はぐるま》

なりたち

輪《わ》の二《ふた》つある車《くるま》のすがたをえがいた形《かたち》。

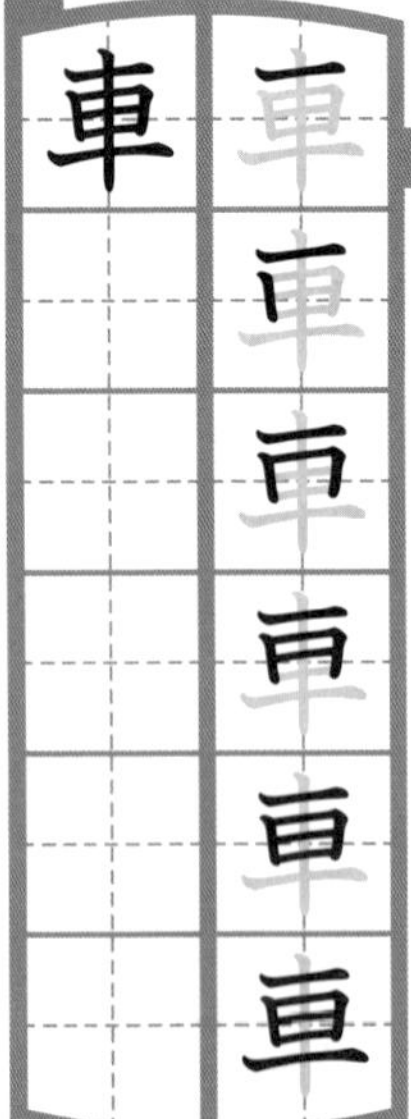

この字《じ》のヒミツ

◆「車《くるま》」がついて、鉄道《てつどう》に関係《かんけい》のある言葉《ことば》に、電車《でんしゃ》、汽車《きしゃ》、列車《れっしゃ》、車両《しゃりょう》、車掌《しゃしょう》、寝台車《しんだいしゃ》、食堂車《しょくどうしゃ》などがある。車内《しゃない》ではルールを守《まも》ろうね。

1年《ねん》

金

8画《かく》 金《かね》の部《ぶ》

音

キン
コン

訓

かね
かな

金魚《きんぎょ》・金庫《きんこ》・金髪《きんぱつ》・
金曜日《きんようび》・大金《たいきん》
黄金《おうごん》・金堂《こんどう》・金銅《こんどう》
金目《かねめ》・地金《じがね》・筋金《すじがね》
金具《かなぐ》・金棒《かなぼう》・金物《かなもの》

なりたち

金↓金

「亼《きん》（とじこめる）」と「八（つぶ）」と「土（つち）」で、「金属《きんぞく》」を表《あらわ》す。

金《きん》メダルをもらう

くっつけるよ
ぴゅーっ
ぴゅーっ
ななめに
ななめに

この字《じ》のヒミツ

◆「金《かな》あみ」「金《かな》づち」「金《かな》もの」などの「金《かな》」は、鉄《てつ》などの金属《きんぞく》でできていることを表《あらわ》す。金《きん》でできているわけじゃないよ。

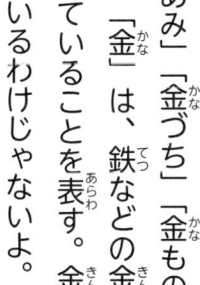

1年《ねん》

雨

8 画《かく》 雨《あめ》の部《ぶ》

音 ウ

訓 あめ あま

雨天《うてん》・雨量《うりょう》・降雨《こうう》・酸性雨《さんせいう》・風雨《ふうう》・雷雨《らいう》

雨風《あめかぜ》・大雨《おおあめ》・長雨《ながあめ》

雨音《あまおと》・雨具《あまぐ》・雨水《あまみず》

はげしい雨《あめ》

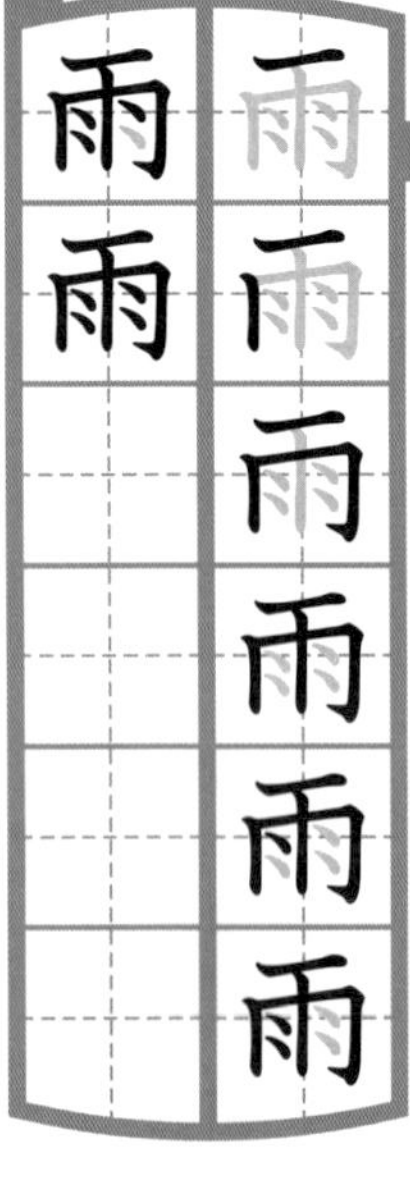

なりたち

雲《くも》から水《みず》のしずくが落《お》ちてくるようすをえがいた形《かたち》。「あめ」「あめふり」を表《あらわ》す。

この字《じ》のヒミツ

◆特別《とくべつ》な読《よ》み方《かた》に「梅雨《つゆ》」「五月雨《さみだれ》」「時雨《しぐれ》」などがある。◆「雨《あめ》」を「あま」と読《よ》む言葉《ことば》に、「雨《あま》ぐつ」「雨水《あまみず》」「雨《あま》がさ」など。

1年《ねん》

青《あお》いふく

青

8 画《かく》　青《あお》の部《ぶ》

音 セイ（ショウ）

青春《せいしゅん》・青天《せいてん》・青年《せいねん》

群青《ぐんじょう》・緑青《ろくしょう》

訓 あお　あおい

青空《あおぞら》・青葉《あおば》

青《あお》い空《そら》が広《ひろ》がる

青　青　青　青　青　青　青

なりたち

↓靑↓青（青）

もとの字《じ》は「靑」。「生（草《くさ》の芽《め》）」と「丼（井《い》戸《ど》の水《みず》）」で、「あお」の色《いろ》を表《あらわ》す。

この字《じ》のヒミツ

◆特《とく》別《べつ》な読《よ》み方《かた》に「真《ま》っ青《さお》」がある。◆「青《あお》くなる」は、悪《わる》い知《し》らせを聞《き》いたときなど、おどろきや心《しん》配《ぱい》で顔《かお》色《いろ》が悪《わる》くなることだよ。

音

9画《かく》 音《おと》の部《ぶ》

音 オン（イン）

訓 おと ね

音楽《おんがく》・音訓《おんくん》・音信《おんしん》・音声《おんせい》・音読《おんどく》・子音《しいん》・母音《ぼいん》・足音《あしおと》・物音《ものおと》・音色《ねいろ》・虫《むし》の音《ね》

なりたち

𩐁 ➡ 音

「言（はっきりいう）」の「口《くち》」に「一」を入《い》れた形《かたち》。ことばにならない「おと」を表《あらわ》す。

たのしい音楽《おんがく》

この字《じ》のヒミツ

◆「音《ね》を上《あ》げる」は、苦《くる》しさにたえられず声《こえ》を出《だ》すこと、弱音《よわね》をはくこと。高《たか》い音《おと》を出《だ》すことでも、音《おと》を大《おお》きくすることでもないよ。

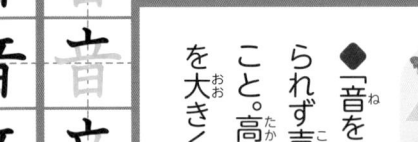

2年《ねん》

2年生《ねんせい》で習《なら》う漢字《かんじ》（160字《じ》）

元	体	作	何	会	今	京	交	丸	万
135	134	133	132	131	130	129	128	127	126
午	北	前	分	切	刀	内	公	光	兄
145	144	143	142	141	140	139	138	137	136
図	回	同	合	台	古	友	原	南	半
155	154	153	152	151	150	149	148	147	146
多	外	夏	冬	売	声	場	地	園	国
165	164	163	162	161	160	159	158	157	156
岩	当	少	寺	家	室	妹	姉	太	夜
175	174	173	172	171	170	169	168	167	166
強	弱	弟	引	弓	店	広	帰	市	工
187	186	185	184	183	182	181	180	179	178
思	心	遠	道	週	通	近	茶	後	形
197	196	195	194	193	192	191	190	189	188
昼	星	春	明	方	新	数	教	才	戸
207	206	205	204	203	202	201	200	199	198

止	歌	楽	東	来	朝	書	曜	晴	時
219	218	215	214	213	212	211	210	209	208
父	点	活	海	汽	池	毛	毎	母	歩
229	228	227	226	225	224	223	222	221	220
科	社	知	矢	直	番	画	用	理	牛
239	238	237	236	235	234	233	232	231	230
羽	線	絵	組	細	紙	米	算	答	秋
249	248	247	246	245	244	243	242	241	240
角	親	西	行	色	船	自	肉	聞	考
259	258	257	256	255	254	253	252	251	250
里	走	買	谷	読	語	話	記	計	言
270	269	268	267	266	265	264	263	262	260
顔	頭	電	雲	雪	間	門	長	麦	野
280	279	278	277	276	275	274	273	272	271
黒	黄	鳴	鳥	魚	高	馬	首	食	風
290	289	288	287	286	285	284	283	282	281

万

3画《かく》 一《いち》の部《ぶ》

音　マン　（バン）

訓　—

一万円札《いちまんえんさつ》・百万円《ひゃくまんえん》・万一《まんいち》・万年筆《まんねんひつ》
万国《ばんこく》・万事《ばんじ》・万全《ばんぜん》・
万能《ばんのう》・万物《ばんぶつ》

なりたち

→萬（万）

もとの字《じ》は「萬」で、サソリの形《かたち》。サソリが多《おお》く卵《たまご》を産《う》むことから、「大《おお》きな数《かず》」を表《あらわ》す。

一《いっ》千《せん》万《まん》円《えん》する

にている字《じ》

力 ▶57
丸 ▶127
刀 ▶140
方 ▶203

この字《じ》のヒミツ

◆「万歳」は、「まんざい」とも「ばんざい」とも読《よ》むよ。昔《むかし》の「万歳《まんざい》」は、新年《しんねん》を祝《いわ》う芸能《げいのう》だったんだ。

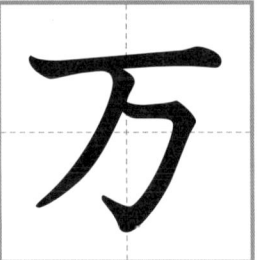

丸《まる》い
だんごを
食《た》べる

丸

3 画《かく》　丶《てん》の部《ぶ》

音　ガン

訓　まる　まるい　まるめる

一丸《いちがん》・砲丸《ほうがん》
丸顔《まるがお》・丸太《まるた》・
丸焼《まるや》き
地球《ちきゅう》は丸《まる》い
土《つち》を丸《まる》める

なりたち

⺄ → 丸

「乙（つかえて曲《ま》がる）」と「匕（しゃがんだ人《ひと》）」を合《あ》わせた形《かたち》。「まるくなったもの」を表《あらわ》す。

にている字《じ》

九 ▶46
万 ▶126
刀 ▶140
方 ▶203

この字《じ》のヒミツ

◆「丸薬《がんやく》」は、小《ちい》さく丸《まる》められた薬《くすり》のこと。昔《むかし》からある薬《くすり》には「解毒丸《げどくがん》」のように、最後《さいご》に「丸《がん》」のつく名前《なまえ》が多《おお》いよ。

2年《ねん》

道《みち》が交《まじ》わる

交

6画《かく》　亠《なべぶた》の部《ぶ》

音 **コウ**　交際《こうさい》・交差点《こうさてん》・交代《こうたい》

訓 **まじわる**　線路《せんろ》が交《まじ》わる

まじえる　言葉《ことば》を交《まじ》える

まじる　しらがが交《ま》じる

まざる　アサが交《ま》ざった織物《おりもの》

まぜる　米《こめ》に麦《むぎ》を交《ま》ぜる

(かう)　飛《と》び交《か》う

(かわす)　約束《やくそく》を交《か》わす

なりたち

交

人《ひと》が足《あし》を×字形《じがた》に交差《こうさ》させているようすをえがいた形《かたち》。「まじわる」ことを表《あらわ》す。

この字《じ》のヒミツ

◆送《おく》りがなに注意《ちゅうい》。「交《ま》じる」は「交る」ではない。「交《まじ》わる」は「交じわる」ではないよ。

2年《ねん》

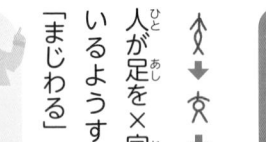

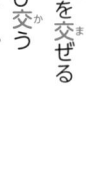

京

8 画《かく》 亠《なべぶた》の部《ぶ》

音 キョウ (ケイ)

帰京《ききょう》・京都《きょうと》・上京《じょうきょう》・平安京《へいあんきょう》・京阪《けいはん》・京浜工業地帯《けいひんこうぎょうちたい》

訓 ―

なりたち

→ 京

高《たか》い丘《おか》の上《うえ》に高《たか》い建物《たてもの》が建《た》っているようすをえがいた形《かたち》。人《ひと》が多《おお》く住《す》む「みやこ」を表《あらわ》す。

京《きょう》のみやげもの

京 京

京 京 京 京 京 京

この字《じ》のヒミツ

◆「上京《じょうきょう》」は、都《みやこ》に行《い》くこと。昔《むかし》の都《みやこ》は今《いま》の「京都《きょうと》」だったので、京都《きょうと》に行《い》くことが「上京《じょうきょう》」だった。今《いま》は、「東京《とうきょう》」に行《い》くことだよ。

今

4画《かく》 𠆢《ひとやね》の部《ぶ》

音 コン （キン）

訓 いま

今回《こんかい》・今後《こんご》・今度《こんど》・
今夜《こんや》・昨今《さっこん》
古今和歌集《こきんわかしゅう》
今頃《いまごろ》・今時分《いまじぶん》・
今時《いまどき》・今《いま》にも

なりたち

「亼（かぶせる）」と「一」を合《あ》わせた形《かたち》。時間《じかん》をおさえて止《と》めることから、「今《いま》」の意味《いみ》を表《あらわ》す。

今《いま》すぐ
にげる

ぴゅーっ
くっつけるよ
ぴゅーっ
①
②
③
④
かくっと
まがる

とくべつな読《よ》み方《かた》

今日《きょう》・今朝《けさ》

この字《じ》のヒミツ

◆「今《いま》」が意味《いみ》する時間《じかん》は、話《はなし》の内容《ないよう》で変《か》わる。子《こ》どもがよく言《い》う、「今《いま》やるよ」の「今《いま》」は、ごく近《ちか》い未来《みらい》のことだよ。

2年《ねん》

会

6画《かく》　へ《ひとやね》の部《ぶ》

音　カイ　（エ）

運動会《うんどうかい》・会見《かいけん》・会場《かいじょう》・会話《かいわ》・大会《たいかい》・面会《めんかい》・会釈《えしゃく》・会得《えとく》

訓　あう

友達《ともだち》に会《あ》う

運動会《うんどうかい》で走《はし》る

なりたち

 ↓  ↓ 會（会）

もとの字《じ》は「會」。「亼（集《あつ》める）」と「曾（増《ふ》える）」を合《あ》わせた形《かたち》。「集《あつ》まる」ことを表《あらわ》す。

会
会
会
会
会
会

この字《じ》のヒミツ

◆「今《いま》」は、下《した》がかたかなの「ラ」だけれど、「会」は「ニ」と「ム」だよ。

◆「会《あ》う」「合《あ》う」の使《つか》い分《わ》けに気《き》をつけて。「出会《であ》う」「話《はな》し合《あ》う」「気《き》が合《あ》う」など。

何

7画《かく》 イ《にんべん》の部《ぶ》

音 （カ）

訓 なに
なん

幾何学《きかがく》
何《なに》か食《た》べる・何気無《なにげな》い・何者《なにもの》
何月何日《なんがつなんにち》・何時《なんじ》・
何度《なんど》・何人《なんにん》

なりたち

「可《か》」は荷《に》をかつぐようす。「可《か》」と「イ(ひと)」で、になうことを表《あらわ》し、のちにたずねる言葉《ことば》となった。

この字《じ》のヒミツ

◆「何人《なんにん》か来《く》る」「何個《なんこ》かもらえる」など、一《ひと》つではない数《かず》のときに「何」を使《つか》うことが多《おお》いよ。

デザートを作《つく》る

作

7画《かく》 イ《にんべん》の部《ぶ》

音 サク　サ

訓 つくる

工作《こうさく》・作品《さくひん》・作文《さくぶん》・豊作《ほうさく》・名作《めいさく》・作業《さぎょう》・作動《さどう》・作法《さほう》・作用《さよう》

紙《かみ》で船《ふね》を作《つく》る

なりたち

「乍《さ》（刀《かたな》で切《き》れ目《め》を入《い》れる）」と「イ（ひと）」で、材料《ざいりょう》に手《て》を入《い》れて「つくる」ことを表《あらわ》す。

すこしあける
なめらかに
ぴたっ
なにを作《つく》るのかな

作

この字《じ》のヒミツ

◆「名作《めいさく》」「傑作《けっさく》」「新作《しんさく》」「大作《たいさく》」「自作《じさく》」などでは、「作《さく》」の前《まえ》にある漢字《かんじ》がどのような作品《さくひん》かを表《あらわ》しているんだ。

体

7画《かく》 イ《にんべん》の部《ぶ》

音 タイ （テイ）

訓 からだ

気体《きたい》・身体《しんたい》・体育《たいいく》・体温《たいおん》・体重《たいじゅう》・体操《たいそう》・体力《たいりょく》・天体《てんたい》・立体《りったい》

世間体《せけんてい》・体裁《ていさい》

体《からだ》をきたえる

なりたち

豊 ↓ 豊

もとの字《じ》は「體」。「豊」（形《かたち》よくととのう）と「骨」で、「からだ」を表《あらわ》す。

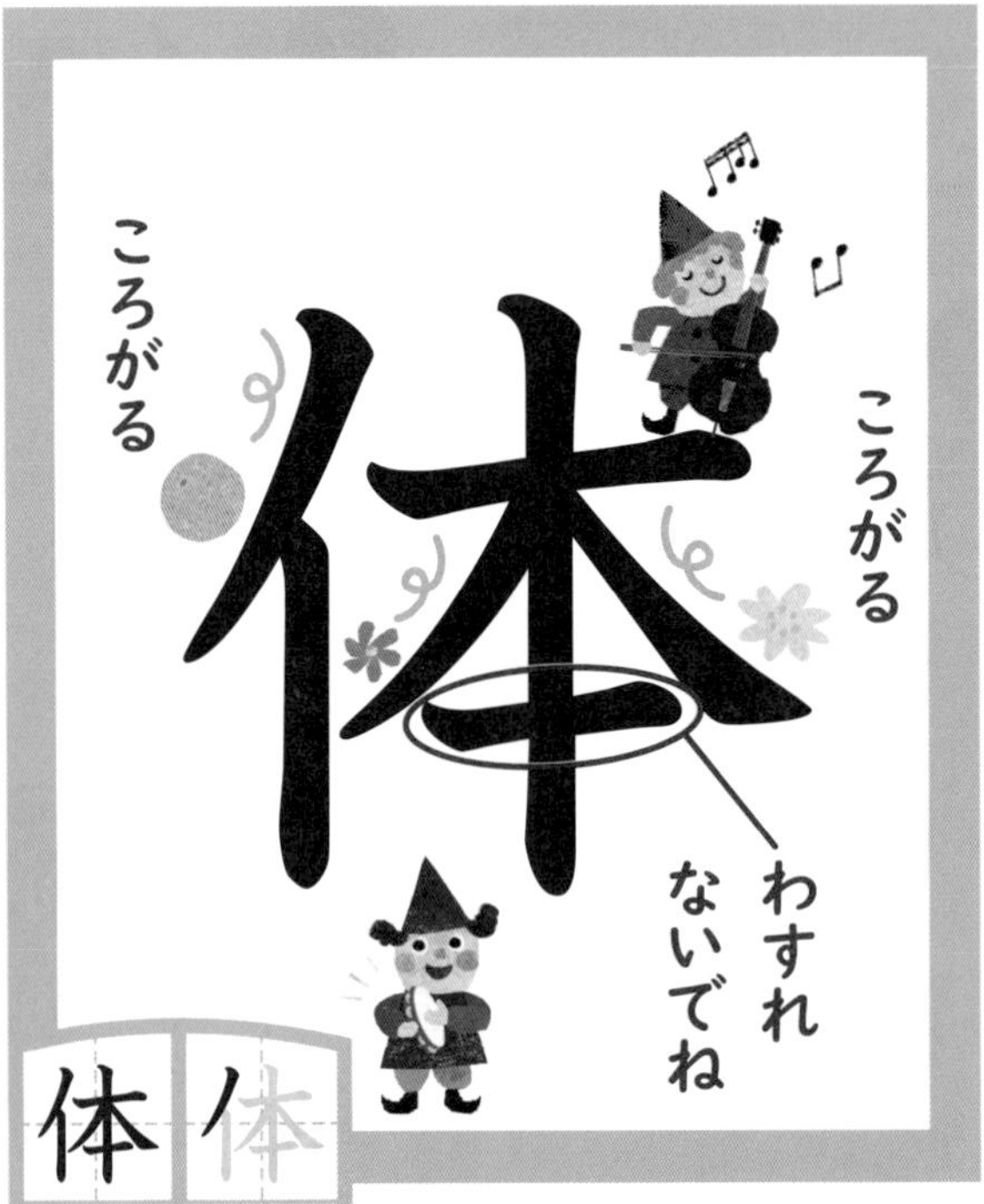

この字《じ》のヒミツ

◆「休《きゅう》」に横《よこ》ぼうを一本《いっぽん》足《た》すだけで「体《たい》」になるぞ。◆人間《にんげん》でも動物《どうぶつ》でもない「体《たい》」のつく言葉《ことば》に、「車体《しゃたい》」「機体《きたい》」「気体《きたい》」などがあるよ。

2年《ねん》

元

4 画《かく》 儿《ひとあし》の部《ぶ》

音 **ゲン**
紀《き》元《げん》前《ぜん》・元《げん》気《き》・元《げん》号《ごう》・元《げん》首《しゅ》・元《げん》素《そ》

ガン
元《がん》日《じつ》・元《がん》祖《そ》・元《がん》年《ねん》・元《がん》来《らい》

訓 **もと**
家《いえ》元《もと》・元《もと》通《どお》り

なりたち

「元（人《ひと》の体《からだ》）」の上《うえ》に「丶」をつけて、体《からだ》の上《うえ》にある「あたま」を表《あらわ》す。

元《げん》気《き》にあそぶ

①
②
③
④
元
さいごはジャンプ
まっすぐ二《に》ほん
ぴゅーっ
まるくまがる

にている字《じ》

ル 先 ▶51 兄 ▶136 光 ▶137

この字《じ》のヒミツ

◆「元教師《もときょうし》」「元社長《もとしゃちょう》」など、職業《しょくぎょう》の前《まえ》に「元《もと》」をつけると、昔《むかし》はその仕事《しごと》をしていたけれど、今《いま》はしていないことを表《あらわ》すよ。

2年《ねん》

兄

5画《かく》 儿《ひとあし》の部《ぶ》

音 (ケイ) キョウ

訓 あに

貴兄《きけい》・実兄《じっけい》・長兄《ちょうけい》・父兄《ふけい》

三人兄弟《さんにんきょうだい》

兄上《あにうえ》・兄貴《あにき》・兄弟子《あにでし》

なりたち

頭《あたま》が大《おお》きな人《ひと》をえがいた形《かたち》。兄弟《きょうだい》のうちで「年《とし》が上《うえ》のこども」を表《あらわ》す。

兄《あに》がごはんを作《つく》る

とくべつな読《よ》み方《かた》

兄《にい》さん

この字《じ》のヒミツ

◆「兄弟子」は、「きょうだいご」ではなく、「あにでし」と読《よ》む。ある人《ひと》よりも先《さき》に師匠《ししょう》の弟子《でし》になった人《ひと》のことだよ。

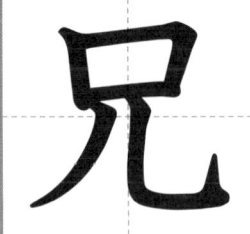

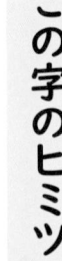

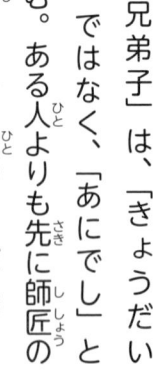

日光《にっこう》がてりつける

光

6 画《かく》 儿《ひとあし》の部《ぶ》

音 コウ

訓 ひかる　ひかり

観光《かんこう》・光景《こうけい》・光線《こうせん》・光年《こうねん》・日光《にっこう》・風光《ふうこう》

ライトが光《ひか》る

夏《なつ》の太陽《たいよう》の光《ひかり》

なりたち

「火（ひ）」と「儿（ひと）」で、人《ひと》の頭《あたま》の上《うえ》で火《ひ》が「ひかり」を放《はな》つようすを表《あらわ》す。

ここはくっつかないよ
ジャンプ
ぴゅーっとおりる
まるくまがる

この字《じ》のヒミツ

◆「光《ひか》る」のときは送《おく》りがながいるけれど、「光《ひかり》」と読《よ》むときは送《おく》りがながいらないよ。「ライトが光《ひか》る」「星《ほし》が光《ひか》り出《だ》す」「星《ほし》の光《ひかり》」「光《ひかり》がふり注《そそ》ぐ」など。

2年《ねん》

公

4画《かく》　八《はち》の部《ぶ》

音 **コウ**
公園《こうえん》・公共《こうきょう》・公職《こうしょく》・公正《こうせい》・公平《こうへい》・公立《こうりつ》・主人公《しゅじんこう》

訓 **(おおやけ)**
公《おおやけ》の場《ば》で話《はな》す

なりたち

「八(分《わ》ける)」と「ム(かこいこむ)」で、かくしたものを「おおやけ」にすることを表《あらわ》す。

公園《こうえん》ののりもの

ぴゅーっ
くっつかない
なめらかに
①
②
③
④
ぴたっ
かくっとまがる

はんたいの意味《いみ》

⇕ 私 ▶527

公営《こうえい》⇕私営《しえい》

この字《じ》のヒミツ

◆「公《こう》」の反対《はんたい》の意味《いみ》で「私《し》」を使《つか》うことがあるよ。公的《こうてき》⇕私的《してき》、公立《こうりつ》⇕私立《しりつ》など。市《し》・町《まち》・村《むら》がつくる小学校《しょうがっこう》は、どれも公立小学校《こうりつしょうがっこう》だ。

内

4画《かく》 冂《どうがまえ》の部《ぶ》

内《うち》がわから見《み》る

音 ナイ（ダイ）

訓 うち

校内《こうない》・国内《こくない》・内外《ないがい》・内心《ないしん》・内部《ないぶ》・内容《ないよう》・年内《ねんない》・神社《じんじゃ》の境内《けいだい》・内側《うちがわ》・身内《みうち》

なりたち

もとの形《かたち》は「内」。「冂（おおい）」と「入（いれる）」で、おおいの中《なか》に入《い》れるようすから、「中《なか》に入《い》れる」ことを表《あらわ》す。

はんたいの意味《いみ》

↕外 ▶164

国内《こくない》↕国外《こくがい》

この字《じ》のヒミツ

◆家族《かぞく》だけや、関係《かんけい》がとても深《ふか》い人《ひと》だけのことを「内々（ないない・うちうち）」といい、「内々で式《しき》をすませる」などと使《つか》うよ。

刀

2 画《かく》 **刀《かたな》の部《ぶ》**

音 **トウ**

訓 **かたな**

短刀《たんとう》・長刀《ちょうとう》・刀剣《とうけん》・日本刀《にほんとう》・宝刀《ほうとう》・木刀《ぼくとう》・名刀《めいとう》・刀傷《かたなきず》・小刀《こがたな》

なりたち

刀

刃《は》の部分《ぶぶん》のそった「かたな」をえがいた形《かたち》。

右手《みぎて》に刀《かたな》をもつ

うえにでない
ぴゅーっとすべろう
かくっとまがる
ななめにジャンプ
①
②

とくべつな読《よ》み方《かた》

竹刀《しない》・太刀《たち》

この字《じ》のヒミツ

◆「小刀《こがたな》」は、竹《たけ》や木《き》をけずるときなどに使《つか》うナイフのこと。えんぴつをけずるときに使《つか》う人《ひと》もいるよ。

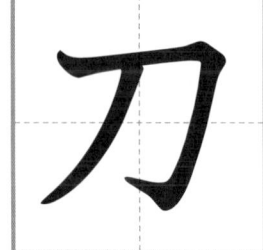

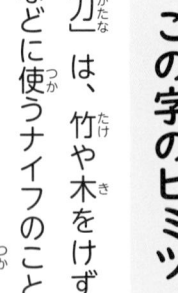

切

4 画《かく》 刀《かたな》の部《ぶ》

音 セツ（サイ）

訓 きる きれる

親切《しんせつ》・切実《せつじつ》・切断《せつだん》・切望《せつぼう》・大切《たいせつ》・適切《てきせつ》

一切《いっさい》

はさみで切《き》る

糸《いと》が切《き》れる

なりたち

「七（縦《たて》の線《せん》を横《よこ》の線《せん》で切《き》った形《かたち》）」と「刀（かたな）」で、刃物《はもの》で「きる」ことを表《あらわ》す。

細《こま》かく切《き》る

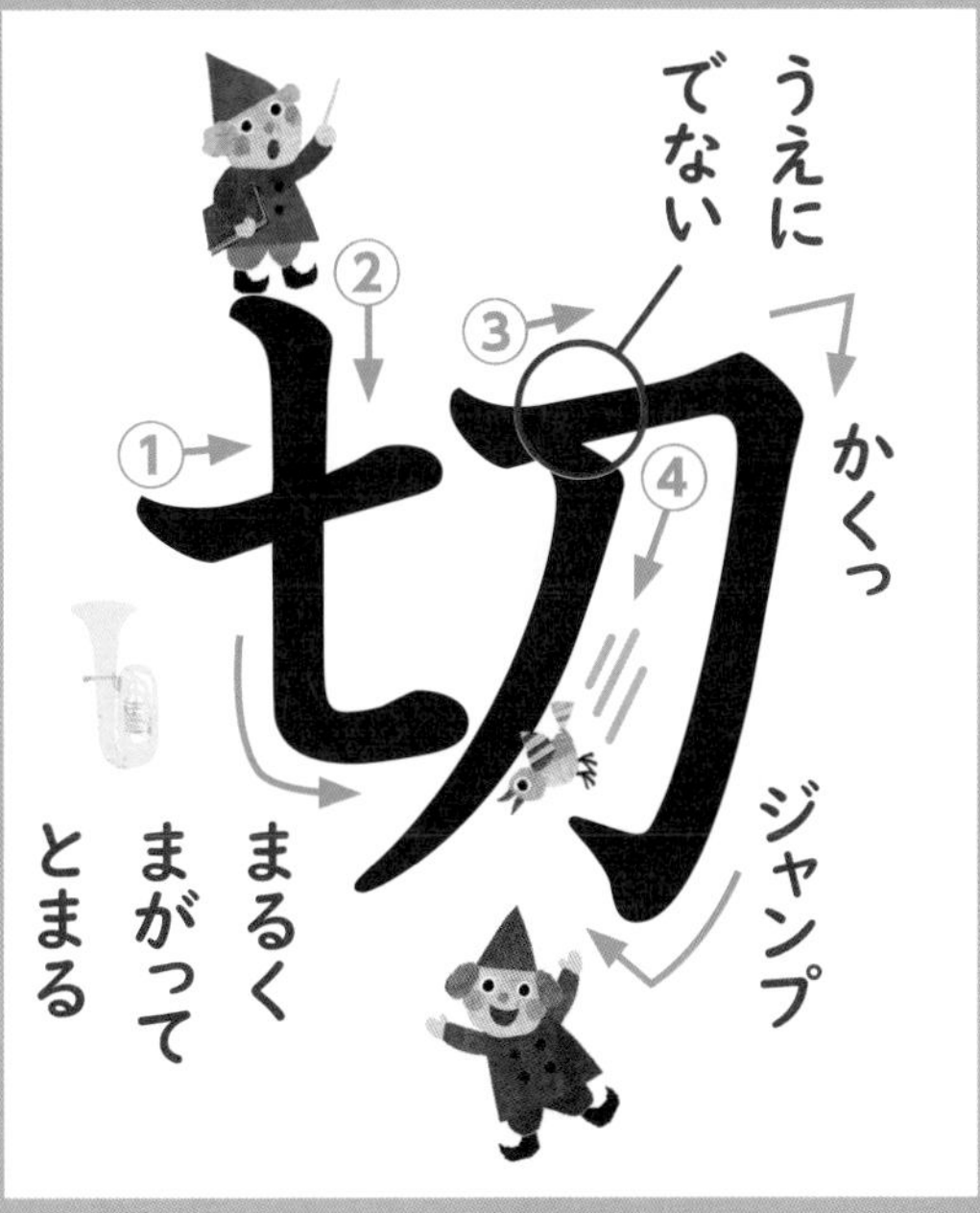
①
②
③
④
うえに
でない
かくっ
ジャンプ
まるく
まがって
とまる

にている字《じ》

七 ▶41
刀 ▶140
分 ▶142
初 ▶375

この字《じ》のヒミツ

◆「切手《きって》」は「切っ手」とは書《か》かない。でも、「かみの毛《け》を切《き》ってください」と書《か》くときは、送《おく》りがなをつけよう。

2年《ねん》

分

4画《かく》 刀《かたな》の部《ぶ》

音

ブン
フン
ブ

自分《じぶん》・水分《すいぶん》・部分《ぶぶん》・分解《ぶんかい》・分数《ぶんすう》・分類《ぶんるい》・分別《ふんべつ》
五分五分《ごぶごぶ》・腹八分《はらはちぶ》

訓

わける 二《ふた》つに分《わ》ける
わかれる 道《みち》が二《ふた》つに分《わ》かれる
わかる 答《こた》えが分《わ》かる
わかつ 喜《よろこ》びを分《わ》かち合《あ》う

なかよく
分《わ》ける

なりたち

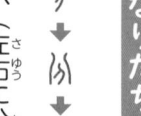

分

「八（左右《さゆう》に分《わ》ける）」と「刀（かたな）」で、二《ふた》つに「わける」ことを表《あらわ》す。

この字《じ》のヒミツ

◆「分別」は、「ふんべつ」と読《よ》むか「ぶんべつ」と読《よ》むかで、意味《いみ》が変《か》わることばだよ。

2年《ねん》

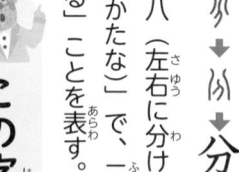

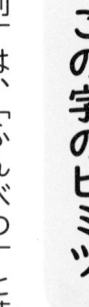

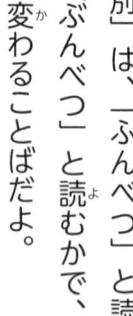

前

9画《かく》 刂《りっとう》の部《ぶ》

音 ゼン

訓 まえ

以前《いぜん》・午前《ごぜん》・食前《しょくぜん》・前回《ぜんかい》・前日《ぜんじつ》・前進《ぜんしん》・前半《ぜんはん》・前方《ぜんぽう》
自前《じまえ》・二人前《ににんまえ》・前向《まえむ》き・分《わ》け前《まえ》

前《まえ》が見《み》えない

なりたち

前

古《ふる》い字《じ》は「止(足《あし》)」と「舟(ふね)」で、「足先《あしさき》」「まえに進《すす》む」ことを表《あらわ》す。のち、「前《まえ》」の字《じ》に変《か》わった。

ななめにかくよ
ぴたっ
ぴたっ
ぴょん
ぴょん

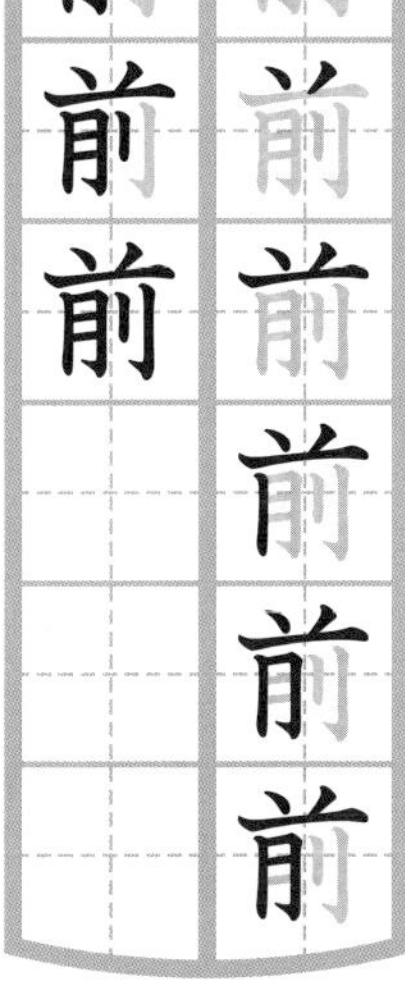

この字《じ》のヒミツ

◆「前日《ぜんじつ》」はある日《ひ》の一日前《いちにちまえ》、「前年《ぜんねん》」はある年《とし》の一年前《いちねんまえ》のこと。「たん生日《じょうび》の前日《ぜんじつ》」「わたしが生《う》まれる前年《ぜんねん》」などと使《つか》う。

2年《ねん》

北

北風《きたかぜ》がふく

5画《かく》 匕《ひ》の部《ぶ》

音 ホク

東西南北《とうざいなんぼく》・敗北《はいぼく》・北上《ほくじょう》・北陸《ほくりく》・北極《ほっきょく》・北方《ほっぽう》

訓 きた

北風《きたかぜ》・北国《きたぐに》・北半球《きたはんきゅう》

なりたち

二人《ふたり》が背《せ》を向《む》け合《あ》うようすをえがいた形《かたち》。「にげる」ことや、方角《ほうがく》の「きた」を表《あらわ》す。

はんたいの意味《いみ》

↕南 ▶147

北半球《きたはんきゅう》↕南半球《みなみはんきゅう》

この字《じ》のヒミツ

◆「北上《ほくじょう》する」は、北《きた》に向《む》かって進《すす》むこと。反対《はんたい》に南《みなみ》に向《む》かうのは「南下《なんか》」というよ。

2年《ねん》

午

4画《かく》　十《じゅう》の部《ぶ》

音 ゴ

訓 ―

午後《ごご》・午前《ごぜん》・子午線《しごせん》・正午《しょうご》・端午《たんご》の節句《せっく》

なりたち

午

米《こめ》をつく「きね」をえがいた形《かたち》。上下《じょうげ》に交《まじ》わるイメージから、十《じゅう》二《に》支《し》の七番目《ななばんめ》「うま」に用《もち》いる。

午《ご》後《ご》のおやつ

うえにでない
ぴゅっ
①
②
③
④
ながくかくよ
まっすぐおりてぴたっ

2年《ねん》

とくべつな読《よ》み方《かた》

午年《うまどし》

この字《じ》のヒミツ

◆昔《むかし》の時刻《じこく》の数《かぞ》え方《かた》では、昼《ひる》の十《じゅう》二《に》時《じ》を「午《うま》の刻《こく》」といった。「午《うま》の刻《こく》」の前《まえ》を「午前《ごぜん》」、後《あと》を「午後《ごご》」というよ。

半《はん》分《ぶん》まで
読《よ》んだ

半

5画《かく》 十《じゅう》の部《ぶ》

音 ハン

訓 なかば

後半《こうはん》・前半《ぜんはん》・大半《たいはん》・半円《はんえん》・半数《はんすう》・半年《はんとし》・半日《はんにち》・夜半《やはん》
五月《ごがつ》の半《なか》ば

なりたち

→半

「八（左右《さゆう》に分《わ》ける）」と「牛（うし）」を合《あ》わせた形《かたち》。牛《うし》を「はんぶんにする」ことを表《あらわ》す。

ななめに
ぴゅっ
ななめに
ぴたっ
①
②
③
④
⑤
ながく
かくよ
まっすぐ
おりる

にている字《じ》

手 ▶81
来 ▶213
平 ▶313
卒 ▶379

この字《じ》のヒミツ

◆「半生」は「はんせい」とも「はんなま」とも読《よ》む。「半生《はんせい》」は一生《いっしょう》の大部分《だいぶぶん》、「半生《はんなま》」はよく火《ひ》が通《とお》っていないことだよ。

2年《ねん》

南

9画《かく》 十《じゅう》の部《ぶ》

音 **ナン** **（ナ）**

訓 **みなみ**

東西南北《とうざいなんぼく》・南極《なんきょく》・南国《なんごく》

南無《なむ》

南十字星《みなみじゅうじせい》・

南半球《みなみはんきゅう》・南向《みなむ》き

なりたち

↓ ↓ 南

「屮(草《くさ》の芽《め》)」と「冂(小屋《こや》)」と「羊(入《い》れる)」を合《あ》わせた形《かたち》。あたたかい方角《ほうがく》「みなみ」を表《あらわ》す。

南《みなみ》のしまに いる

この字《じ》のヒミツ

◆「南《みなみ》」の真《ま》ん中《なか》の部分《ぶぶん》は「羊」や「羊」ではないぞ。注意《ちゅうい》しよう。◆「南米《なんべい》」は、アメリカ大《たい》陸《りく》の南側《みなみがわ》のことだよ。

南 南 南 南 南

南 南 南

2
年《ねん》

原

10 画《かく》 厂《がんだれ》の部《ぶ》

音 **ゲン**

原《げん》因《いん》・原《げん》材《ざい》料《りょう》・原《げん》産《さん》・原《げん》子《し》・原《げん》始《し》時《じ》代《だい》・高《こう》原《げん》

訓 **はら**

草《くさ》原《はら》・野《の》原《はら》・原《はら》っぱ

なりたち

↓原

「厂（がけ）」と「水」で、水《みず》がわき出《で》るようすをえがいた形《かたち》。のちに「はら」も表《あらわ》す。

原《はら》っぱでねる

この字《じ》のヒミツ

◆「原《げん》」には、物《もの》事《ごと》の元《もと》になるもの、根《こん》本《ぽん》の意《い》味《み》がある。「映《えい》画《が》の原《げん》作《さく》」は、映《えい》画《が》のもとになった小《しょう》説《せつ》やまんがのことだよ。

2年《ねん》

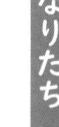

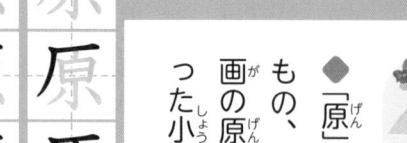

友

なかよしの友《とも》だち

❹画《かく》 又《また》の部《ぶ》

音 ユウ

訓 とも

学友《がくゆう》・旧友《きゅうゆう》・級友《きゅうゆう》・交友《こうゆう》・親友《しんゆう》・友好《ゆうこう》・友情《ゆうじょう》・友人《ゆうじん》・心《こころ》の友《とも》・竹馬《ちくば》の友《とも》・友達《ともだち》

友《とも》だちって
いいね！
ぴたっ
①
②
③
④
ぴゅーっ
かくっ
なめらかに
友

なりたち

友

「又（かばう手《て》）」を二《ふた》つ合《あ》わせた形《かたち》。仲《なか》よくかばい合《あ》う「とも」を表《あらわ》す。

にている字《じ》

右 ▶61

左 ▶77

反 ▶302

支 ▶461

この字《じ》のヒミツ

◆「類《るい》は友《とも》を呼《よ》ぶ」は、似《に》たような人《ひと》たちが自然《しぜん》に集《あつ》まること。子《こ》どもも、同《おな》じものが好《す》きな人《ひと》どうしで仲《なか》よくなったりするね。

古

5画《かく》 口《くち》の部《ぶ》

音 **コ**
古代《こだい》・古典《こてん》・古風《こふう》・古来《こらい》・太古《たいこ》・中古品《ちゅうこひん》

訓 **ふるい**
古《ふる》い時計《とけい》

ふるす
使《つか》い古《ふる》す

なりたち

祭《まつ》ってある頭《ず》がい骨《こつ》をえがいた形《かたち》。「ふるい」「ふるびた」ことを表《あらわ》す。

古《ふる》い文字《もじ》

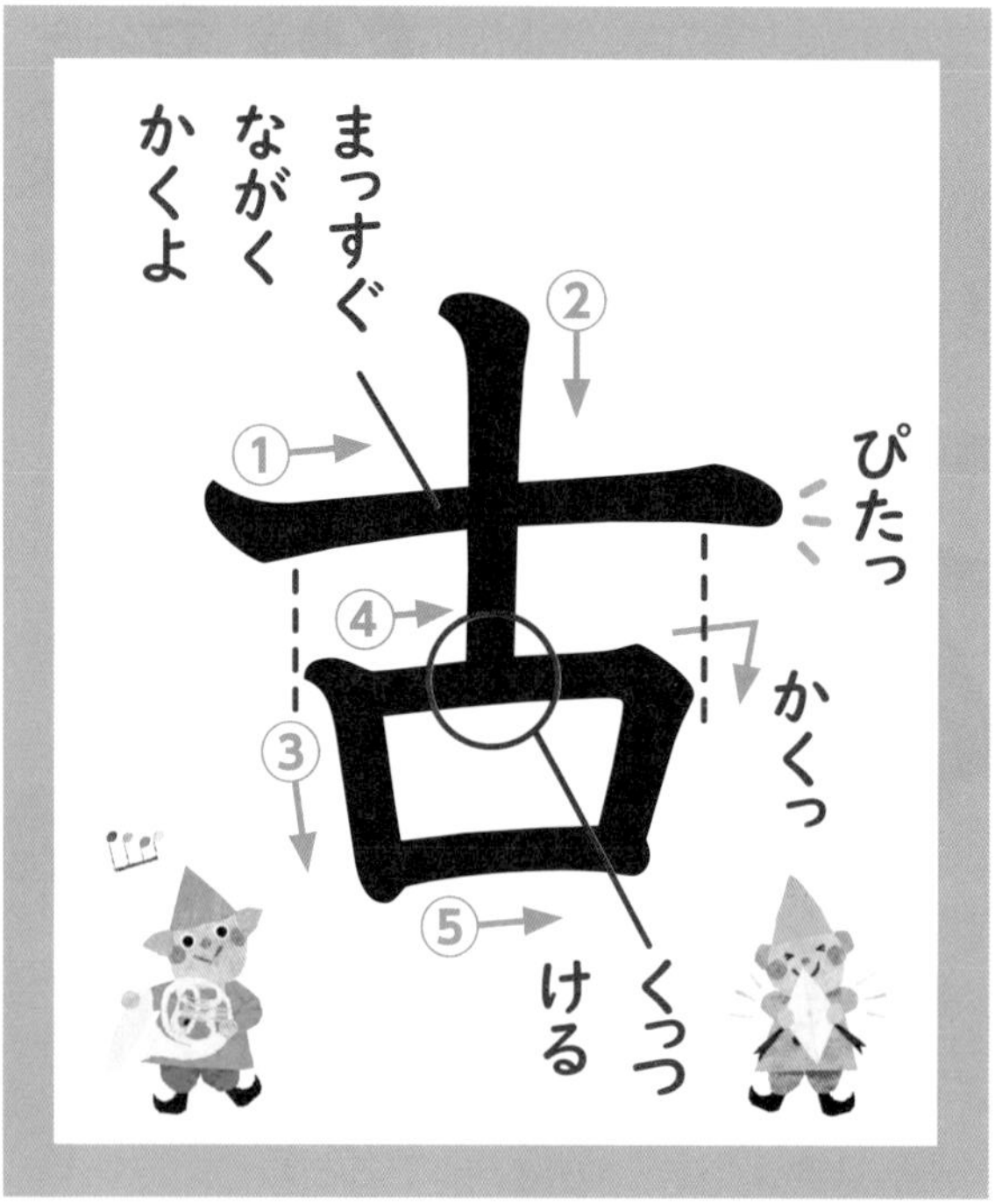
まっすぐ
ながく
かくよ
①
②
③
④
⑤
ぴたっ
かくっ
くっつける

はんたいの意味《いみ》

↕ **新**
▶202

古米《こまい》↕新米《しんまい》

この字《じ》のヒミツ

◆「古着《ふるぎ》」「古本《ふるほん》」「中古車《ちゅうこしゃ》」などの「古」は、前《まえ》に人《ひと》が使《つか》ったことを意味《いみ》する。新品《しんぴん》のように見《み》える「古着《ふるぎ》」もあるよ。

2年《ねん》

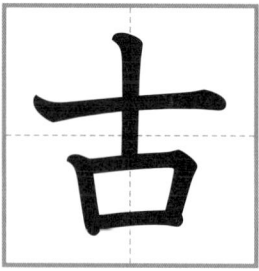

台《だい》に上《あ》がる

台

5画《かく》 口《くち》の部《ぶ》

音 ダイ タイ

訓 —

台地《だいち》・台所《だいどころ》・台本《だいほん》・高台《たかだい》・土台《どだい》
台頭《たいとう》・台風《たいふう》・舞台《ぶたい》・屋台《やたい》

なりたち

もとの字《じ》は「臺」。「土」と「高（高《たか》い建物《たてもの》）」と「至（ゆきつく）」を合《あ》わせた形《かたち》。山《やま》の際《きわ》に建《た》てた「見晴《みは》らし台《だい》」を表《あらわ》す。

にている字《じ》

石 ▶107
谷 ▶267
否 ▶500
舌 ▶535

この字《じ》のヒミツ

◆自動車《じどうしゃ》などの乗《の》り物《もの》や、機械《きかい》を数《かぞ》えるときには、「一台《いちだい》」「二台《に》」と「台《だい》」を使《つか》う。自転車《じてんしゃ》、パソコンも「台《だい》」だよ。

2年《ねん》

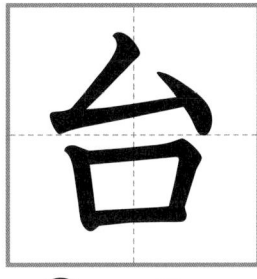

合

くつが
足《あし》に合《あ》う

6 画《かく》 口《くち》の部《ぶ》

音

ゴウ 合格《ごうかく》・合計《ごうけい》・米三合《こめさんごう》・集合《しゅうごう》

ガッ 合作《がっさく》・合宿《がっしゅく》・合唱《がっしょう》・合体《がったい》

カッ 合戦《かっせん》

訓

あう 気《き》が合《あ》う

あわす 手《て》を合《あ》わす

あわせる 答《こた》えを合《あ》わせる

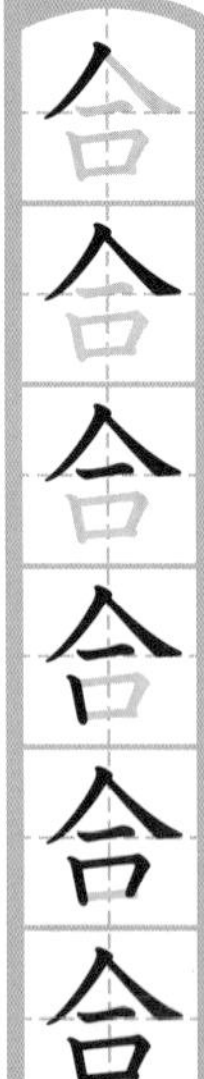

なりたち

合↓合

「亼（かぶせるふた）」と「口（あな）」を合《あ》わせた形《かたち》。ぴたりと「あわせる」ことを表《あらわ》す。

この字《じ》のヒミツ

◆「合《あ》う」と「会《あ》う」の使《つか》い分《わ》けに気《き》をつけて。

同

6画《かく》 口《くち》の部《ぶ》

音 **ドウ**

訓 **おなじ**

一同《いちどう》・共同《きょうどう》・同感《どうかん》・同士《どうし》・同時《どうじ》・同然《どうぜん》・同点《どうてん》・同盟《どうめい》・同い年《おないどし》・同《おな》じクラスになる

同時《どうじ》にこぼす

かくっ
まっすぐおりてぴょん
ぴたっととまる

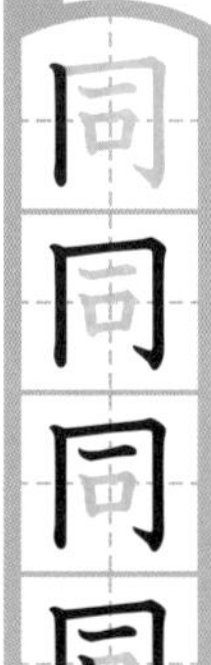

なりたち

「冃(つつ)」と「口(穴《あな》)」を合《あ》わせた形《かたち》。上下《じょうげ》のあなの大《おお》きさが同《おな》じことから、「ひとしい」意《い》を表《あらわ》す。

この字《じ》のヒミツ

◆同《おな》じ言葉《ことば》をくり返《かえ》すかわりに、「同《どう》」を使《つか》うことがある。たとえば、賞《しょう》を発表《はっぴょう》するときに「入選《にゅうせん》神永《かみなが》あきら、同吉田陽一《どうよしだよういち》、同中西彩《どうなかにしあや》」などというよ。

回

6画《かく》 口《くにがまえ》の部《ぶ》

音 カイ (エ)

訓 まわる まわす

回収《かいしゅう》・回転《かいてん》・回復《かいふく》・最終回《さいしゅうかい》

回向《えこう》

目《め》が回《まわ》る

こまを回《まわ》す

なりたち

うずまきをえがいた形《かたち》。「ぐるぐるまわる」ことを表《あらわ》す。

ハンドルを回《まわ》す

かくっと まがる
くっつけるよ
しかくい クッキー かな?
へやの まど かな?

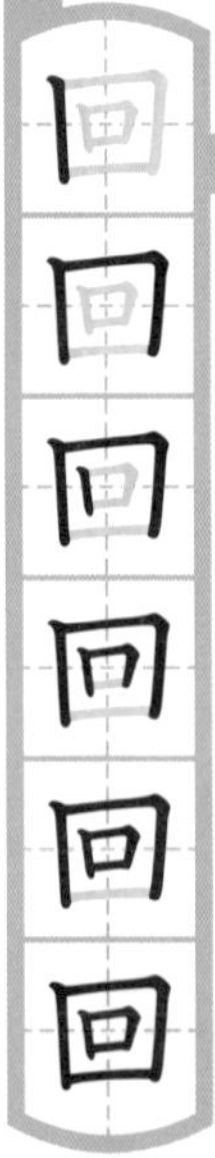

この字《じ》のヒミツ

◆送《おく》りがなに気《き》をつけよう。「回《まわ》る」「回《まわ》す」は、「回わる」「回わす」ではない。◆建物《たてもの》の「一階《いっかい》」「二階《にかい》」に「回《かい》」の字《じ》を使《つか》わないようにね。

図

7画《かく》　口《くにがまえ》の部《ぶ》

音 ズ
図形《ずけい》・図工《ずこう》・図面《ずめん》・地図《ちず》・天気図《てんきず》

ト
意図《いと》・図書館《としょかん》

訓 （はかる）
合理化《ごうりか》を図《はか》る

なりたち

もとの字《じ》は「圖」。「囗（わく）」と「啚（米《こめ》ぐらのある村《むら》の土地《とち》）」を合《あ》わせた形《かたち》。紙《かみ》のわくの中《なか》に村《むら》や町《まち》を書《か》いた「地図《ちず》」を表《あらわ》す。

王国《おうこく》の地図《ちず》

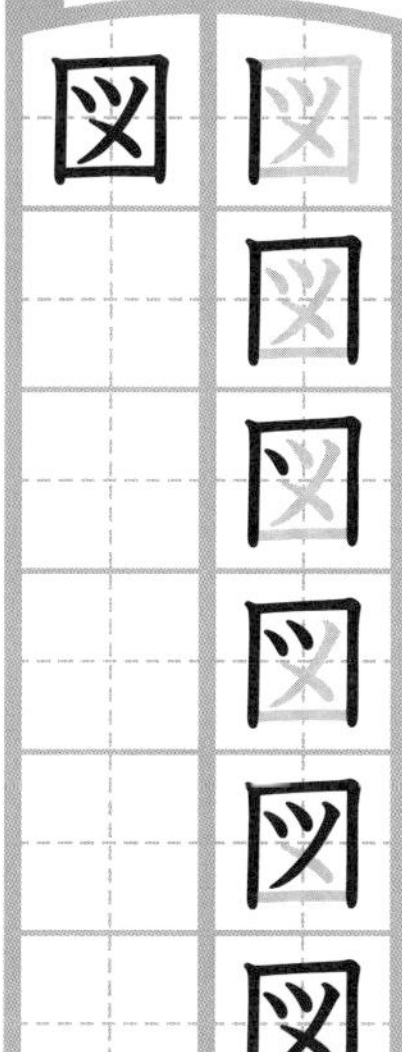

この字《じ》のヒミツ

◆「増加《ぞうか》を図《はか》る」「イメージアップを図《はか》る」などの「図《はか》る」は、何《なに》かをねらって工夫《くふう》するという意味《いみ》。数《かず》や量《りょう》をはかることではないよ。

国

8画《かく》 囗《くにがまえ》の部《ぶ》

音 コク

外国《がいこく》・帰国《きこく》・国王《こくおう》・国語《こくご》・国際《こくさい》・国産《こくさん》・国民《こくみん》・全国《ぜんこく》

訓 くに

お国言葉《くにことば》・国元《くにもと》・雪国《ゆきぐに》

なりたち

↓

或

もとの字《じ》は「國」。「囗（かこい）」と「或（区《く》切《ぎ》った領地《りょうち》を守《まも》る）」を合《あ》わせた形《かたち》。

国語《こくご》を学《まな》ぶ

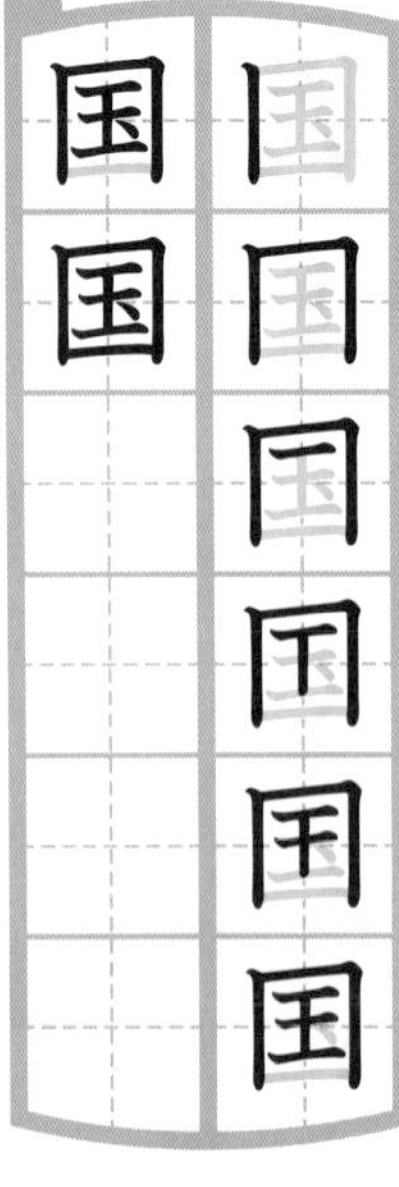

この字《じ》のヒミツ

◆くにがまえの中《なか》は「玉《たま》」だよ。「王《おう》」ではないので気《き》をつけよう。◆「国《こっ》家《か》」「国《こっ》会《かい》」「国《こっ》境《きょう》」「国《こっ》交《こう》」などの「国《こく》」は「こっ」と読《よ》む。

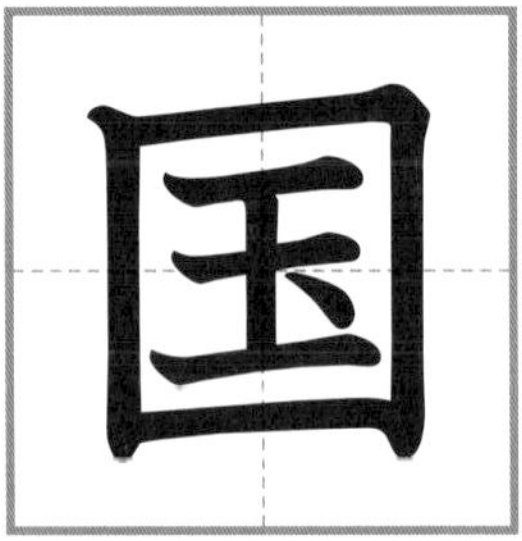

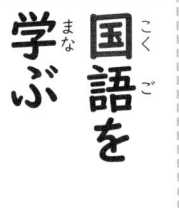

動物園《どうぶつえん》のゾウ

園

13画《かく》 囗《くにがまえ》の部《ぶ》

音 エン

訓 （その）

園《えん》芸《げい》・園《えん》長《ちょう》・公園《こうえん》・卒園《そつえん》・動物園《どうぶつえん》・入園《にゅうえん》・農園《のうえん》・遊園地《ゆうえんち》

花園《はなぞの》・学《まな》びの園《その》

なりたち

「囗（かこい）」と「袁《えん》（ゆったりしている）」で、「かきねで囲《かこ》まれた庭《にわ》」を表《あらわ》す。

かくっと まがる

むずかしい なあ

ながく かくよ

やじるしの むきを よく みてね

この字《じ》のヒミツ

◆花《はな》や野《や》菜《さい》、果物《くだもの》などを育《そだ》てる農家《のうか》を、「園《えん》芸《げい》農家《のうか》」とよぶよ。

◆「後楽園《こうらくえん》」や「兼六園《けんろくえん》」のように庭園《ていえん》の名前《なまえ》にも使《つか》われる。

地

6画《かく》 土《つち》の部《ぶ》

2年《ねん》

音 チ ジ

地下《ちか》・地球《ちきゅう》・地上《ちじょう》・地方《ちほう》・天地《てんち》・土地《とち》・生地《きじ》・地金《じがね》・地声《じごえ》・地震《じしん》・地面《じめん》・布地《ぬのじ》

訓 —

なりたち

「也（ヘビをえがいた形《かたち》）」と「土」で、うねうねとのびる「大地《だいち》」を表《あらわ》す。

地面《じめん》にすわる

地 地 地 地 地 地

この字《じ》のヒミツ

◆特別《とくべつ》な読《よ》み方《かた》に、「意気地《いくじ》」「心地《ここち》」がある。

◆「心地《ここち》」を使《つか》う言葉《ことば》に、「居心地《いごこち》」「着心地《きごこち》」「夢見心地《ゆめみごこち》」などがあるよ。

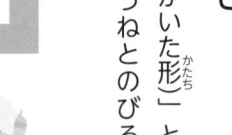

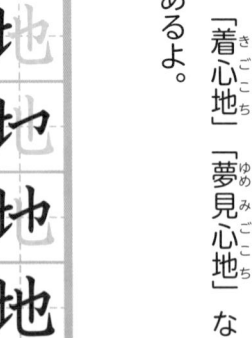

場

⑫画《かく》 土《つち》の部《ぶ》

音 ジョウ

訓 ば

運動場《うんどうじょう》・会場《かいじょう》・劇場《げきじょう》・場内《じょうない》・登場《とうじょう》・入場《にゅうじょう》

場合《ばあい》・場所《ばしょ》・場面《ばめん》・広場《ひろば》

なりたち

「昜（明《あか》るく開《ひら》ける）」と「土《と》」で、平《たい》らに開《ひら》けた「土地《ち》」を表《あらわ》す。

たねをまく 場所《ばしょ》

わすれないでね
ななめに ぴゅっ
かくっ
ぴょん
なめらかに

この字《じ》のヒミツ

◆「工場《こうじょう》」は「こうば」とも読《よ》むよ。◆「野《や》球《きゅう》場《じょう》」「劇《げき》場《じょう》」「式場《しきじょう》」などに入《はい》ることを「入《にゅう》場《じょう》」、出《で》ることは「退場《たいじょう》」という。

声

大《おお》きな声《こえ》で歌《うた》う

7画《かく》 士《さむらい》の部《ぶ》

音 セイ （ショウ）

音声《おんせい》・声援《せいえん》・声明《せいめい》・声優《せいゆう》・肉声《にくせい》・名声《めいせい》
大音声《だいおんじょう》

訓 こえ （こわ）

大声《おおごえ》・掛《か》け声《ごえ》
声色《こわいろ》・声高《こわだか》

なりたち

↓
聲（声）

もとの字《じ》は「聲」。「殸（たたいて鳴《な》らす楽器《がっき》）」と「耳」で、耳《みみ》に届《とど》く音《おと》や声《こえ》を表《あらわ》す。

ながく
かく
かくっ
したに
でないよ
ららら〜
ぴゅーっ

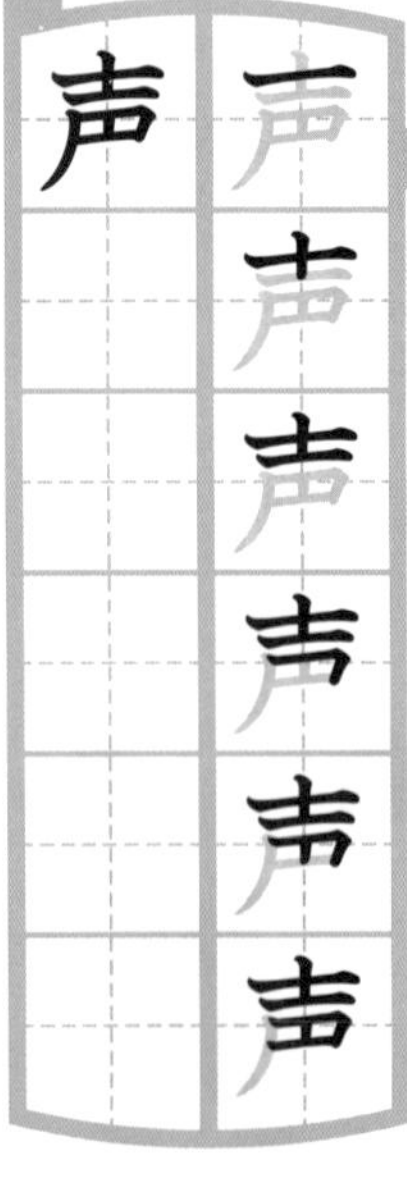

この字《じ》のヒミツ

◆人間《にんげん》の声《こえ》には、「歌声《うたごえ》」「泣《な》き声《ごえ》」「笑《わら》い声《ごえ》」「さけび声《ごえ》」「鼻声《はなごえ》」などがある。◆「町《まち》の人《ひと》の声《こえ》」は、町《まち》の人《ひと》の意見《いけん》のことだよ。

売

7 画《かく》 士《さむらい》の部《ぶ》

音 バイ

訓 うる うれる

商売《しょうばい》・直売《ちょくばい》・特売《とくばい》・売店《ばいてん》・売買《ばいばい》・発売《はつばい》・販売《はんばい》

魚《さかな》を売《う》る

売《う》れ残《のこ》る

なりたち

もとの字は「賣」。「買《ばい》（ないものを求《もと》める）」と「出（だす）」で、「うる」ことを表《あらわ》す。

イチゴを売《う》る

ながく かくよ
まがって ぴゅっ
ぴたっ
ジャンプ
まるく まがる

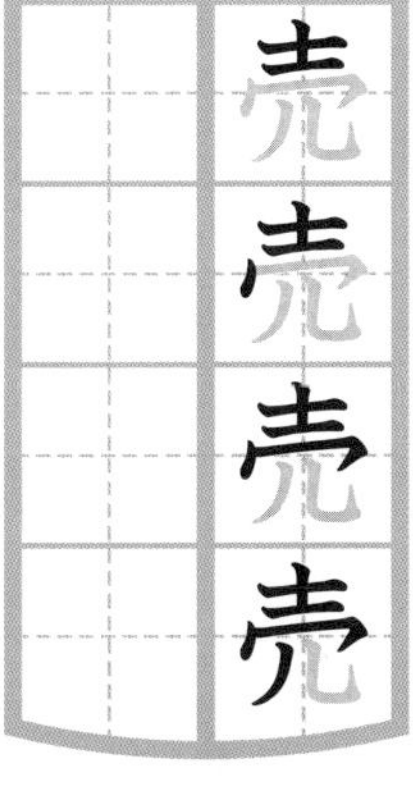

この字《じ》のヒミツ

◆「売《う》る」の反対語《はんたいご》は「買《か》う」。◆「売《う》る」の仲間《なかま》の言葉《ことば》に、「売《う》り出《だ》す」「売《う》りこむ」「売《う》り切《き》れる」「売《う》りさばく」などがあるよ。

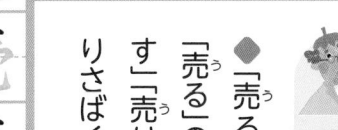

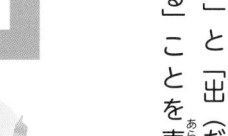

2年《ねん》

冬

5画《かく》 夂《ふゆがしら》の部《ぶ》

音 トウ

訓 ふゆ

春《しゅん》夏《か》秋《しゅう》冬《とう》・暖《だん》冬《とう》・冬《とう》季《き》・冬《とう》至《じ》・冬《とう》眠《みん》・冬《ふゆ》将《しょう》軍《ぐん》・冬《ふゆ》場《ば》・冬《ふゆ》物《もの》・冬《ふゆ》休《やす》み・冬《ふゆ》山《やま》・真《ま》冬《ふゆ》

なりたち

冬

もとの字は「冬」。「夂（食《た》べ物《もの》をぶらさげる）」と「冫（こおり）」で、「ふゆ」を表《あらわ》す。

2年《ねん》

冬《ふゆ》はさむい

かくっと まがる
1
2
3
4
5
なめらかに
ぴたっ

はんたいの意味《いみ》

夏

▶163

真《ま》冬《ふゆ》⇕真《ま》夏《なつ》

この字《じ》のヒミツ

◆「冬《ふゆ》」と「夏《なつ》」、どちらの字《じ》にも「夂」が入《はい》っているのに気《き》がついたかな。夏《なつ》では下《した》に、冬《ふゆ》では上《うえ》にあるよ。

夏《なつ》はあつい

夏

10 画《かく》 夊《ふゆがしら》の部《ぶ》

音 カ （ゲ）

訓 なつ

夏季《かき》・春夏秋冬《しゅんかしゅうとう》・盛夏《せいか》・立夏《りっか》

夏至《げし》

夏場《なつば》・夏祭《なつまつ》り・夏休《なつやす》み・真夏《まなつ》

なりたち

→ 夏

おおいかぶさるようすをえがいた形《かたち》。植物《しょくぶつ》がしげって地《ち》をおおう「なつ」を表《あらわ》す。

この字《じ》のヒミツ

◆「夏《なつ》」の反対語《はんたいご》は「冬《ふゆ》」。夏服《なつふく》⇔冬服《ふゆふく》、夏季《かき》⇔冬季《とうき》、夏至《げし》⇔冬至《とうじ》など。◆「夏《なつ》ばて」という言葉《ことば》があるけれど、「冬《ふゆ》ばて」はないよ。

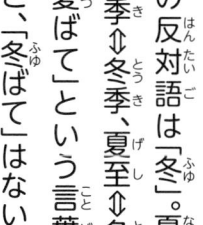

外

5画《かく》 夕《ゆうべ》の部《ぶ》

外《そと》に出《で》る

音

ガイ **（ゲ）**

案外《あんがい》・以外《いがい》・意外《いがい》・外交《がいこう》・外国《がいこく》・外出《がいしゅつ》・外食《がいしょく》・外部《がいぶ》・外野《がいや》・校外《こうがい》・例外《れいがい》

外科《げか》

訓

そと 外側《そとがわ》・外堀《そとぼり》・外回《そとまわ》り

ほか 思《おも》いの外《ほか》

はずす ボタンを外《はず》す

はずれる 戸《と》が外《はず》れる

なりたち

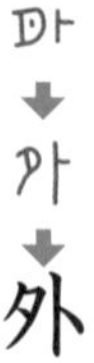

「夕（三日月《みかづき》）」と「卜（占《うらな》い）」で、占《うらな》いに使《つか》った亀《かめ》の甲羅《こうら》の、ひび割《わ》れた「そとがわ」を表《あらわ》す。

この字《じ》のヒミツ

◆「外《そと》」の反対語《はんたいご》は「内《うち》」。外側《そとがわ》⇔内側《うちがわ》、屋外《おくがい》⇔屋内《おくない》など。◆「外来語《がいらいご》」は、外国《がいこく》からつたわり日本語《にほんご》として使《つか》われている言葉《ことば》のこと。

多

人《ひと》が多《おお》い

6 画《かく》 **夕《ゆうべ》の部《ぶ》**

訓 **おおい**

音 **タ**

多《た》角形《かくけい》・多《た》才《さい》・多《た》少《しょう》・多《た》数決《すうけつ》・多《た》大《だい》・多《た》目的《もくてき》・多《た》量《りょう》

駅《えき》は人《ひと》が多《おお》い

なりたち

「夕（肉《にく》）」を二《ふた》つならべた形《かたち》。ものが「たくさん」あることを表《あらわ》す。

この字《じ》のヒミツ

◆「多《おお》い」は、数《かず》がたくさんあること。「大い」とは書《か》かないよ。◆でも、人数《にんずう》が多《おお》いことをいう「おおぜい」は、「大勢《おおぜい》」と書《か》くよ。

2年《ねん》

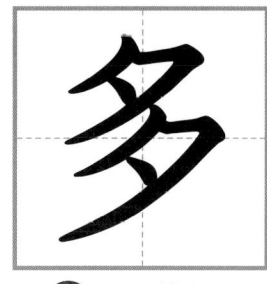

夜

夜《よる》になる

8 画《かく》 夕《ゆうべ》の部《ぶ》

音 ヤ

訓 よ　よる

今夜《こんや》・十五夜《じゅうごや》・夜景《やけい》・夜食《やしょく》・月夜《つきよ》・夜明《よあ》け・夜空《よぞら》・夜中《よなか》

昼《ひる》と夜《よる》

なりたち

↓夜

「亦（人《ひと》の両脇《りょうわき》）」と「夕（三日月《みかづき》）」で、昼《ひる》をはさんで両《りょう》側《がわ》にある「よる」を表《あらわ》す。

2年《ねん》

夜 夜

夜 夜 夜 夜 夜 夜

この字《じ》のヒミツ

◆「夜《よる》」は、日《ひ》がくれてから、次《つぎ》の日《ひ》の日《ひ》の出《で》までのことをいうよ。◆「夜間」は「やかん」、「昼間」はふつう「ひるま」と読《よ》む。

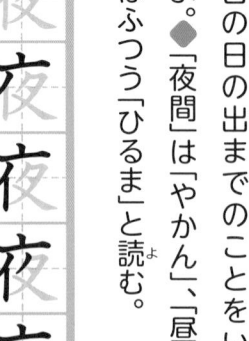

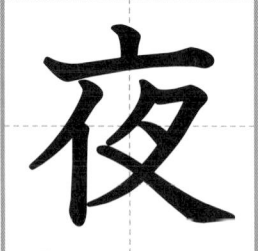

太

4画《かく》 大《だい》の部《ぶ》

音 タイ・タ

訓 ふとい・ふとる

太古《たいこ》・太平《たいへい》・太平洋《たいへいよう》・太陽《たいよう》

丸太《まるた》

幹《みき》の太《ふと》い木《き》

力士《りきし》が太《ふと》る

太陽《たいよう》がのぼる

なりたち

「丶」は「二」の省略《しょうりゃく》形《けい》。「大（おおきい）」と「二（重《かさ》ねる）」で、「とてもおおきい」意味《いみ》を表《あらわ》す。

とくべつな読《よ》み方《かた》

太刀《たち》・心太《ところてん》

この字《じ》のヒミツ

◆「太《ふと》い」の反対語《はんたいご》は「細《ほそ》い」。

◆「太《ふと》っ腹《ぱら》」は、気持《きも》ちが大《おお》きくて、小《ちい》さいことにこだわらない人《ひと》をほめる言葉《ことば》だよ。

姉

8 画《かく》　女《おんな》の部《ぶ》

音 （シ）

三人《さんにん》姉妹《しまい》・姉弟《してい》・長姉《ちょうし》

訓 あね

姉上《あねうえ》・姉貴《あねき》・姉御《あねご》

なりたち

𠂔 → 姉

「𠂔《し》（草《くさ》の芽《め》が伸《の》びきる）」の変形《へんけい》「市」と「女」で、「年上《としうえ》の女《おんな》のきょうだい」を表《あらわ》す。

姉《あね》と歩《ある》く

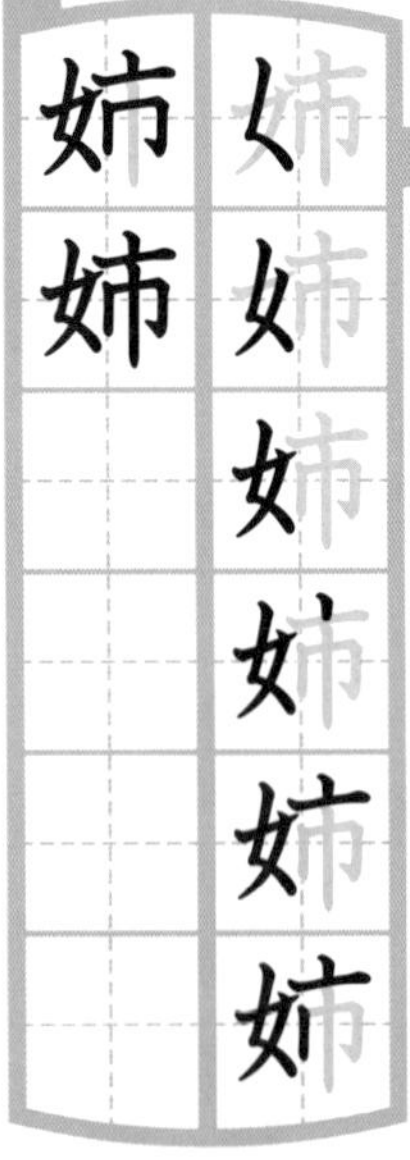

この字《じ》のヒミツ

◆特別《とくべつ》な読《よ》み方《かた》に、「姉《ねえ》さん」がある。◆「姉妹都市《しまいとし》」は、交流《こうりゅう》を深《ふか》めるために、特別《とくべつ》に親《した》しい関係《かんけい》になることを決《き》めた二《ふた》つの都市《とし》のこと。

2年《ねん》

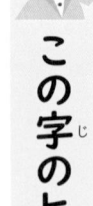

妹

8 画《かく》 女《おんな》の部《ぶ》

音 （マイ）
義妹《ぎまい》・実妹《じつまい》・弟妹《ていまい》・二人姉妹《ふたりしまい》
兄《あに》と妹《いもうと》

訓 いもうと

なりたち

「未（まだ伸《の》びきらない枝《えだ》）」と「女」で、「年下《としした》の女《おんな》のきょうだい」を表《あらわ》す。

姉《あね》と妹《いもうと》

この字《じ》のヒミツ

◆「妹《いもうと》」の右側《みぎがわ》は、「未《み》」で、下《した》の横《よこ》ぼうを少《すこ》し長《なが》く書《か》く。上《うえ》の横《よこ》ぼうを長《なが》くすると「末《まつ》」という別《べつ》の字《じ》になり、まちがいだよ。

2 年《ねん》

教室《きょうしつ》でねる

室

9 画《かく》 宀《うかんむり》の部《ぶ》

音 シツ

訓 （むろ）

暗室《あんしつ》・温室《おんしつ》・教室《きょうしつ》・室外《しつがい》・室内《しつない》・職員室《しょくいんしつ》・寝室《しんしつ》・待合室《まちあいしつ》・浴室《よくしつ》・岩室《いわむろ》・氷室《ひむろ》

なりたち

至

「至（おくまでとどく）」と「宀（いえ）」で、いちばんおくの「へや」を表《あらわ》す。

この字《じ》のヒミツ

◆「氷室《ひむろ》」は、冬《ふゆ》の氷《こおり》を夏《なつ》までとっておくための場所《ばしょ》のこと。電気冷蔵庫《でんきれいぞう》庫《こ》のなかった昔《むかし》は、夏《なつ》もすずしい洞《どう》くつの中《なか》などに氷《こおり》を保存《ほぞん》したんだ。

2年《ねん》

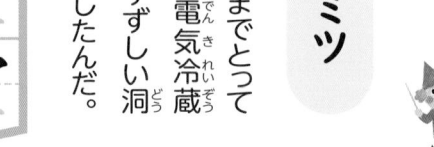

家

10画《かく》　宀《うかんむり》の部《ぶ》

音　カ　ケ

訓　いえ　や

画家《がか》・家族《かぞく》・家庭《かてい》・作家《さっか》・努力家《どりょくか》
家来《けらい》・武家《ぶけ》・本家《ほんけ》・家路《いえじ》・家出《いえで》・家元《いえもと》
大家《おおや》・家賃《やちん》

家《いえ》がならぶ

なりたち

家

「豕（ぶた）」と「宀（やね）」で、雨露《あめつゆ》をふせぐ「たてもの」を表《あらわ》す。

かくっと
まがって
ぴゅっ
なめらかに
ぴゅーっ
ぴょん
すこし
まあるく

この字《じ》のヒミツ

◆「家《か》」でその仕事《しごと》をしている人《ひと》を表《あらわ》す言葉《ことば》に、「建築家《けんちくか》」「まんが家《か》」「作曲家《さっきょくか》」など。人《ひと》の性質《せいしつ》を表《あらわ》す言葉《ことば》に、「勉強家《べんきょうか》」「倹約家《けんやくか》」「努力家《どりょくか》」などがあるよ。

寺

6 画《かく》 寸《すん》の部《ぶ》

音 ジ

訓 てら

古寺《こじ》・寺院《じいん》・寺社《じしゃ》・東大寺《とうだいじ》・尼寺《あまでら》・禅寺《ぜんでら》・寺子屋《てらこや》・寺参《てらまい》り・山寺《やまでら》

なりたち

↓
寺

「之（足《あし》）」の変形《へんけい》「土」と「寸（手《て》）」を合《あ》わせて、「手足《てあし》を動《うご》かして働《はたら》く」ことを表《あらわ》す。

寺《てら》に行《い》く

寺
ながく かくよ
ぴたっ
まっすぐ おりて ぴょん

寺
寺
寺
寺
寺
寺

この字《じ》のヒミツ

◆「寺社《じしゃ》」は、寺《てら》と神社《じんじゃ》のこと。

◆寺《てら》の名前《なまえ》には「清水寺《きよみずでら》」のように「てら（でら）」と読《よ》むものと、「東大寺《とうだいじ》」のように「じ」と読《よ》むものがある。

少

4画《かく》 小《しょう》の部《ぶ》

音 **ショウ**
少女《しょうじょ》・少年《しょうねん》・多少《たしょう》・年少《ねんしょう》

訓 **すくない**
参加者《さんかしゃ》が少《すく》ない

すこし
少《すこ》し残《のこ》す

なりたち

↓少

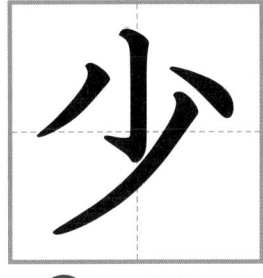

「小（ちいさくけずる）」と「丿（そぎとる）」で、「すくない」意味《いみ》を表《あらわ》す。

少《すこ》しつぶす

ここから
かこう
①
②
③
④
ぴたっ
ぴょん
ぴゅーっと
すべるよ

はんたいの意味《いみ》

↕多 ▶165

少数《しょうすう》↕多数《たすう》

この字《じ》のヒミツ

◆「少数《しょうすう》」は数《かず》が少《すく》ないこと。「小数《しょうすう》」は1より小《ちい》さい数《かず》のことだよ。◆「少《すこ》し」と「少《すく》ない」の送《おく》りがなに注意《ちゅうい》しよう。

当

6 画《かく》 小《しょう》の部《ぶ》

音 トウ

訓 あたる あてる

担当《たんとう》・適当《てきとう》・当日《とうじつ》・当選《とうせん》・当番《とうばん》・弁当《べんとう》・本当《ほんとう》

バットに当《あ》たる

まとに当《あ》てる

なりたち

もとの字《じ》は「當」。「尚（平《たい》ら）」と「田（はたけ）」で、二《ふた》つが「ぴったり合《あ》う」ことを表《あらわ》す。

手《て》が当《あ》たる

当 当 当 当 当 当

この字《じ》のヒミツ

◆「当《とう》」の上《うえ》の三本《さんぼん》のうち、真《ま》ん中《なか》の線《せん》はまっすぐに書《か》こう。◆ボールや石《いし》などのほか、「予想《よそう》」「予報《よほう》」「くじ引《び》き」なども「当《あ》たる」よ。

大《おお》きな岩《いわ》

岩

8画《かく》　山《やま》の部《ぶ》

音　ガン

火成岩《かせいがん》・岩塩《がんえん》・岩石《がんせき》・岩盤《がんばん》・岩壁《がんぺき》・溶岩《ようがん》

訓　いわ

岩穴《いわあな》・岩場《いわば》・岩屋《いわや》・岩山《いわやま》

なりたち

「山」と「石」で、山《やま》にある大《おお》きなごつごつした「いわ」を表《あらわ》す。

この字《じ》のヒミツ

◆大《おお》きな「石《いし》」のかたまりを「岩《いわ》」というよ。また、大《おお》きさには関係《かんけい》なく、動《うご》かせないものを「岩《いわ》」、ごろごろころがって、手《て》で持《も》てるものを「石《いし》」ということもあるよ。

2年《ねん》

音《おん》読《よ》みと訓《くん》読《よ》み

「音《おん》」は中国風《ちゅうごくふう》、「訓《くん》」は日本語《にほんご》

たいていの漢字《かんじ》には「音《おん》」と「訓《くん》」という、二《ふた》つの読《よ》み方《かた》があります。「音《おん》」は、漢字《かんじ》が大陸《たいりく》から伝《つた》わってきたときの、中国風《ちゅうごくふう》の読《よ》み方《かた》がもとになっています。「訓《くん》」は、漢字《かんじ》に同《おな》じ意《い》味《み》の日本語《にほんご》を当《あ》てはめた読《よ》み方《かた》です。

漢字《かんじ》によって、音訓《おんくん》の両方《りょうほう》があるもの、おもに音《おん》が使《つか》われるもの、おもに訓《くん》だけが使《つか》われるものがあります。次《つぎ》の表《ひょう》で、かたかなで表《あらわ》した読《よ》みが「音《おん》」で、ひらがなで表《あらわ》した読《よ》みが「訓《くん》」です。中国風《ちゅうごくふう》の音《おん》は、それだけを耳《みみ》で聞《き》いても、意味《いみ》はよくわかりません。しかし、ほかの漢字《かんじ》と組《く》み合《あ》わせ、一《ひと》つの言葉《ことば》をつくることができます。また、音《おん》の中《なか》には、音《おと》が日本語《にほんご》として広《ひろ》まったために、訓読《くんよ》みとまぎらわしいものもあります。

■音《おん》と訓《くん》の両方《りょうほう》が使《つか》われる漢字《かんじ》

山　サン　やま　　海　カイ　うみ
水　スイ　みず　　火　カ　ひ
手　シュ　て　　足　ソク　あし
花　カ　はな　　目　モク　め
耳　ジ　みみ　　口　コウ　くち

■おもに音《おん》だけが使《つか》われる漢字《かんじ》

駅　エキ　　堂　ドウ
福　フク　　区　ク
校　コウ　　団　ダン
液　エキ　　服　フク

■おもに訓《くん》だけが使《つか》われる漢字《かんじ》

咲《さ》く　　届《とど》く
箱《はこ》　　株《かぶ》
堀《ほり》　　嵐《あらし》
掛《か》かる　　扱《あつか》う

一《ひと》つの漢字《かんじ》にいくつもの音訓《おんくん》

長《なが》い歴史《れきし》の中《なか》で、中国《ちゅうごく》の漢字《かんじ》の読《よ》み方《かた》にはさまざまな変化《へんか》がありました。そのため、漢字《かんじ》によっては、いくつもの音《おん》をもっています。

また、漢字《かんじ》の意味《いみ》に合《あ》う日本語《にほんご》がいくつかあったために、訓《くん》が多《おお》くなった漢字《かんじ》もあります。

■音《おん》がいくつもある漢字《かんじ》

石 行 画 人 合

化石《かせき》、磁石《じしゃく》、百万石《ひゃくまんごく》
行進《こうしん》、行水《ぎょうずい》、行火《あんか》
図画《ずが》、計画《けいかく》
人生《じんせい》、人間《にんげん》
合唱《がっしょう》、合計《ごうけい》、合戦《かっせん》

■訓《くん》がいくつもある漢字《かんじ》

生 重 初 上 下

いきる・うまれる・なま・き
おもい・かさねる・え
はじめ・はじめて・はつ
うえ・かみ・あげる・のぼる
した・しも・さげる・くだる・もと

一《ひと》つの訓《くん》にいくつもの漢字《かんじ》

いくつかの漢字《かんじ》の意味《いみ》にふさわしい日本語《にほんご》が一《ひと》つしかなく、その場《ば》に合《あ》わせて、漢字《かんじ》を使《つか》いわける場合《ばあい》もあります。読《よ》み方《かた》は同《おな》じでも、漢字《かんじ》を正《ただ》しく選《えら》ばないと、意味《いみ》の通《つう》じない文章《ぶんしょう》になってしまいます。

■同《おな》じ訓《くん》に漢字《かんじ》がいくつもある例《れい》

あつい【暑・熱・厚】○暑《あつ》い日《ひ》に熱《あつ》い茶《ちゃ》を飲《の》む。×喜《よろこ》びを厚《あつ》く語《かた》る。

あらわす【表・現・著】○思《おも》いを言《こと》葉《ば》に表《あらわ》す。×宇宙人《うちゅうじん》が姿《すがた》を著《あらわ》す。

せめる【責・攻】○城《しろ》を攻《せ》める。○失《しっ》敗《ぱい》を責《せ》める。

とも【友・共・供】○友《とも》と共《とも》に戦《たたか》う。×ももたろうのお友《とも》になる。

つとめる【勤・努・務】○生徒会《せいとかい》長《ちょう》を務《つと》める。○会社《かいしゃ》に勤《つと》める。

ふく【吹・噴】○山《やま》が火《ひ》を噴《ふ》く。○笛《ふえ》を吹《ふ》く。×感情《かんじょう》が吹《ふ》き出《だ》す。

とく【解・溶・説】○ひもを解《と》く。×なぞを溶《と》く。○神《かみ》の教《おし》えを説《と》く。

とくべつな変《か》わった読《よ》み方《かた》

漢字《かんじ》二《ふた》つ以上《いじょう》をひとまとめにして、とくべつな読《よ》み方《かた》をしている言葉《ことば》があります。日本《にほん》のくらしや行事《ぎょうじ》に関係《かんけい》する言葉《ことば》や、天気《てんき》の言葉《ことば》に多《おお》く残《のこ》っています。「とくべつな読《よ》み方《かた》」については、462ページでも解説《かいせつ》しています。

■とくべつな読《よ》み方《かた》

天気《てんき》 五月雨（さみだれ） 梅雨（つゆ） 時雨（しぐれ） 日和（ひより） 吹雪（ふぶき）

行事《ぎょうじ》・神事《しんじ》 お神酒（みき） 太刀（たち） 神楽（かぐら） 七夕（たなばた） 山車（だし）

くらし 足袋（たび） 土産（みやげ） 為替（かわせ） 八百屋（やおや） 寄席（よせ） 三味線（しゃみせん）

工

3 画《かく》 工《たくみ》の部《ぶ》

音 コウ ク

訓 ―

加工《かこう》・工業《こうぎょう》・工芸《こうげい》・工作《こうさく》・工事《こうじ》・工場《こうじょう》・人工《じんこう》・図工《ずこう》・工夫《くふう》・細工《さいく》・大工《だいく》

なりたち

工→工

二枚《にまい》の板《いた》に穴《あな》をあけ、棒《ぼう》を通《とお》したようすをえがいた形《かたち》。むずかしい仕事《しごと》や細工《さいく》を表《あらわ》す。

人工《じんこう》の星空《ほしぞら》

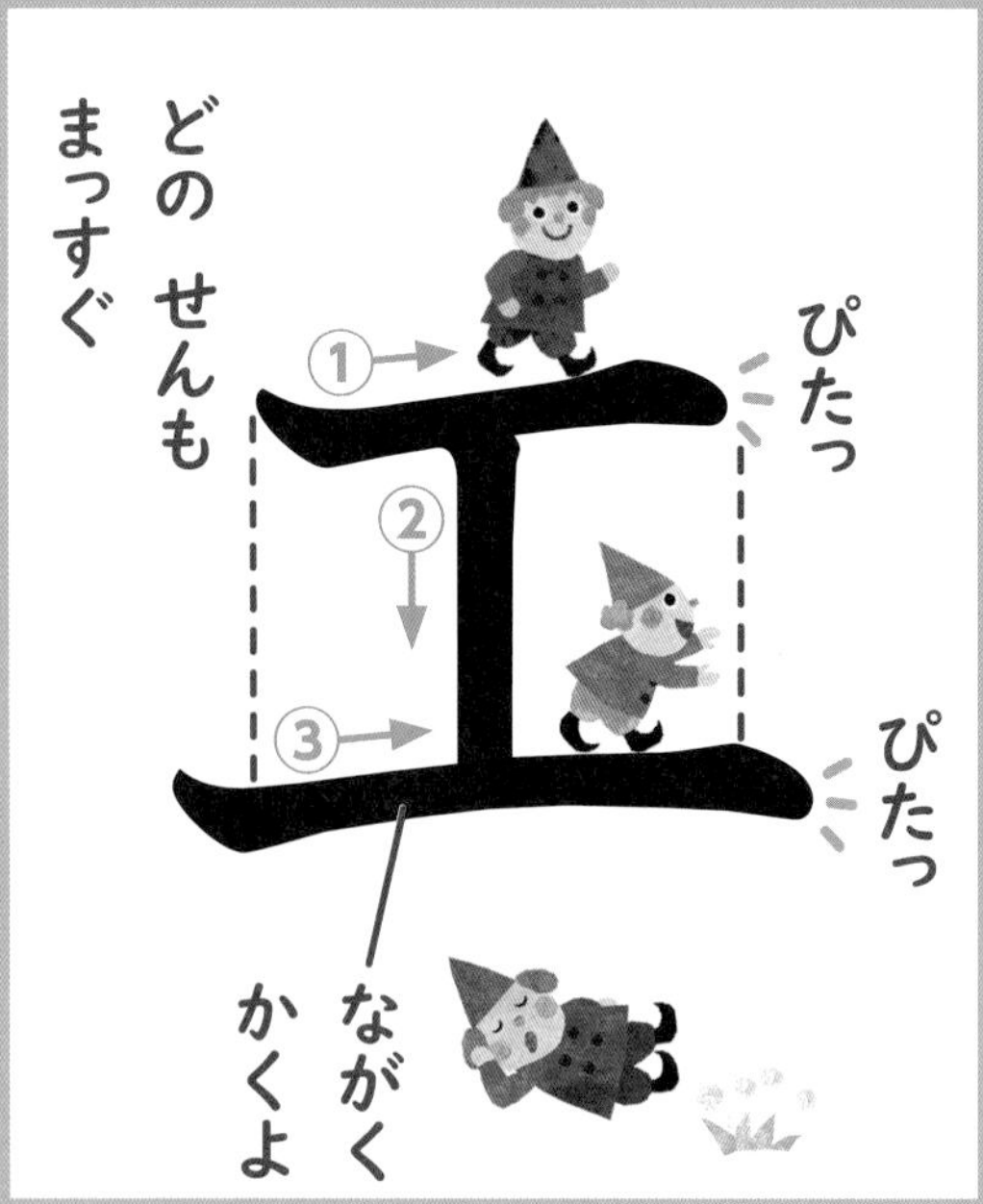

にている字《じ》

土 ▶64
士 ▶450
干 ▶508

この字《じ》のヒミツ

◆「工夫」は「くふう」とも「こうふ」とも読《よ》む。「工夫《こうふ》」は鉄道《てつどう》や電気《でんき》などの工事現場《こうじげんば》で働《はたら》く人《ひと》のことをいった、古《ふる》い言葉《ことば》だよ。

市

市場《いちば》の魚《さかな》やさん

5 画《かく》 巾《はば》の部《ぶ》

音 シ

訓 いち

市街地《しがいち》・市長《しちょう》・市内《しない》・市民《しみん》・市役所《しやくしょ》・市立《しりつ》・都市《とし》・朝市《あさいち》・魚市場《うおいちば》・見本市《みほんいち》

なりたち

↓ 市

「止《し》(足《あし》をとめる)」と「兮(息《いき》をはく)」で、呼《よ》び声《ごえ》で客《きゃく》の足《あし》をとめる場所《ばしょ》、「いちば」を表《あらわ》す。

にている字《じ》

内 ▶139
方 ▶203
布 ▶452
常 ▶453

この字《じ》のヒミツ

◆「市場」は「いちば」とも「しじょう」とも読《よ》む。「しじょう」は、株式《かぶしき》や外国《がいこく》のお金《かね》などの取《と》り引《ひ》きをするところだよ。

2年《ねん》

帰

10画《かく》 巾《はば》の部《ぶ》

音 キ

訓 かえる かえす

帰郷《ききょう》・帰国《きこく》・帰宅《きたく》・帰着《きちゃく》・帰路《きろ》・復帰《ふっき》

客《きゃく》が帰《かえ》る

児童《じどう》を家《いえ》に帰《かえ》す

なりたち

もとの字《じ》は「歸」。「𠂤（回《まわ》る）」と「止（足《あし》）」と「帚（ほうき）」で、女性《じょせい》が「とつぐ」ことを表《あらわ》す。

こっそり 帰《かえ》ろうと する

この字《じ》のヒミツ

◆「帰《かえ》る」と「返《かえ》る」の使《つか》い分《わ》けのポイントは、人間《にんげん》か物《もの》か。人間《にんげん》は「帰《かえ》る」「帰《かえ》す」。物《もの》は「返《かえ》る」「返《かえ》す」だよ。

広

5画《かく》 广《まだれ》の部《ぶ》

音 **コウ**
広言《こうげん》・広告《こうこく》・広大《こうだい》・広報《こうほう》・広葉樹《こうようじゅ》

訓 **ひろい**
庭《にわ》が広《ひろ》い

ひろまる
うわさが広《ひろ》まる

ひろめる
知識《ちしき》を広《ひろ》める

ひろがる
空《そら》に雲《くも》が広《ひろ》がる

ひろげる
教科書《きょうかしょ》を広《ひろ》げる

広《ひろ》い野《の》原《はら》

なりたち

黃（黄）

もとの字《じ》は「廣」。「黃《こう》（光《ひかり》がひろがる）」と「广（屋《や》根《ね》）」で、屋《や》根《ね》のひろがった広《ひろ》間《ま》を表《あらわ》す。

この字《じ》のヒミツ

◆「広《ひろ》い」には「知《ち》識《しき》が広《ひろ》い」のように、はんいが大《おお》きいという意《い》味《み》や、「心《こころ》が広《ひろ》い」のように、ゆったりしているという意《い》味《み》もある。

店

8画《かく》 广《まだれ》の部《ぶ》

音 **テン**

訓 **みせ**

開店《かいてん》・商店《しょうてん》・店員《てんいん》・売店《ばいてん》・閉店《へいてん》・名店《めいてん》・出店《でみせ》・店先《みせさき》・店番《みせばん》・夜店《よみせ》

なりたち

⺊→占→占

「占（うらなう）」と「广（建物《たても》）」で、決《き》まったところで商売《しょうばい》をする「みせ」を表《あらわ》す。

店《みせ》の人《ひと》

この字《じ》のヒミツ

◆「百貨店《ひゃっかてん》」は、いろいろなもの（百貨《ひゃっか》）を売《う》る店《みせ》、という意味《いみ》で、デパートのことだよ。今《いま》のデパートは百種類《ひゃくしゅるい》より多《おお》くのものを売《う》っているね。

店 店

店 店 店 店 店 店

2年《ねん》

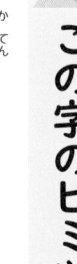

弓

3 画《かく》 弓《ゆみ》の部《ぶ》

音 **（キュウ）**
弓術《きゅうじゅつ》・弓状《きゅうじょう》・弓道《きゅうどう》

訓 **ゆみ**
弓形《ゆみがた》・弓取《ゆみと》り式《しき》・弓《ゆみ》なり・弓矢《ゆみや》

なりたち

木《き》を曲《ま》げて、つるを張《は》った「ゆみ」をえがいた形《かたち》。

弓《ゆみ》を引《ひ》く

①
②
③
くっ
ける
かくっ
かくっ
かくっ
ななめにぴょん
三《さん》ぼんのせんでかくよ

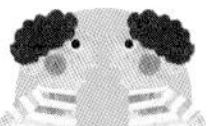

にている字《じ》

引 ▶184
弟 ▶185
号 ▶303
己 ▶507

この字《じ》のヒミツ

◆バイオリンやチェロなどの弦《げん》楽器《がっき》を演奏《えんそう》する人《ひと》が手《て》に持《も》っている、弦《げん》を鳴《な》らすための道具《どうぐ》も、「弓《ゆみ》」という名前《なまえ》だよ。

2 年《ねん》

引

4画《かく》 弓《ゆみ》の部《ぶ》

音 イン

訓 ひく ひける

引率《いんそつ》・引退《いんたい》・引力《いんりょく》・吸引《きゅういん》・強引《ごういん》・索引《さくいん》

線《せん》を引《ひ》く

気《き》が引《ひ》ける

なりたち

「弓（ゆみ）」と「丨（まっすぐにひく）」で、弓《ゆみ》を「ひく」ことを表《あらわ》す。

にている字《じ》

弓 ▶183

弱 ▶186

強 ▶187

張 ▶454

この字《じ》のヒミツ

◆楽器《がっき》を演奏《えんそう》するときの「ひく」は、「弾《ひ》く」と書《か》く。「ピアノを引《ひ》く」と書《か》いてしまうと、重《おも》いピアノを引《ひ》っ張《ぱ》ることになるぞ。

弟《おとうと》がもってくれた

弟

7 画《かく》 弓《ゆみ》の部《ぶ》

音 （テイ） 実弟《じってい》・子弟《してい》・師弟《してい》

ダイ 二人《ふたり》兄弟《きょうだい》

（デ） 弟子《でし》

訓 おとうと 弟《おとうと》はまだ幼《おさな》い

なりたち

弟

「戈（二《ふた》またの棒《ぼう》）」と「弓（まきつける）」で、低《ひく》いというイメージから、「おとうと」を表《あらわ》す。

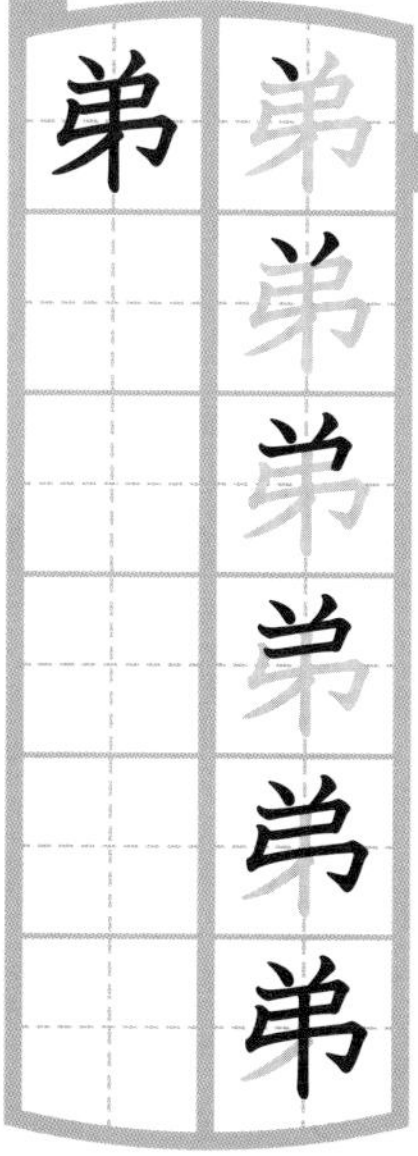

弟

この字《じ》のヒミツ

◆「弟子《でし》」は弟《おとうと》の子《こ》ではなく、先生《せんせい》について教《おし》えをうける人《ひと》のことだよ。

弱

10 画《かく》 弓《ゆみ》の部《ぶ》

2年《ねん》

弱点《じゃくてん》はちゅうしゃ

かくっ
ななめに
ぴょん
こっちもおなじようにかいてね

音 **ジャク**

強弱《きょうじゃく》・弱小《じゃくしょう》・弱点《じゃくてん》・弱年《じゃくねん》・病弱《びょうじゃく》

訓

よわい 暑《あつ》さに弱《よわ》い

よわる 体《からだ》が弱《よわ》る

よわまる 勢《いきお》いが弱《よわ》まる

よわめる 火《ひ》を弱《よわ》める

なりたち

↓弱

もとの字《じ》は「弱」。「弓」と「彡」(やわらかい毛《け》)を二《ふた》つ並《なら》べて、「やわらかい」ことを表《あらわ》す。

この字《じ》のヒミツ

◆「弱《よわ》い」には苦手《にがて》という意味《いみ》もあるよ。もし「漢字《かんじ》に弱《よわ》い」人《ひと》がいたら、この漢字辞典《かんじじてん》で楽《たの》しみながら漢字《かんじ》に強《つよ》くなろう。

強《つよ》い力《ちから》

強

11画《かく》 弓《ゆみ》の部《ぶ》

音 キョウ（ゴウ）

強化《きょうか》・強行《きょうこう》・強制《きょうせい》・強風《きょうふう》・強力《きょうりょく》・勉強《べんきょう》・強引《ごういん》・強情《ごうじょう》

訓 つよい

風《かぜ》が強《つよ》い

つよまる　風雨《ふうう》が強《つよ》まる

つよめる　語気《ごき》を強《つよ》める

（しいる）　無理《むり》を強《し》いられる

なりたち

「弘（弓《ゆみ》を張《は》る）」と「虫」で、はさみを広《ひろ》げた虫《むし》のように「つよい」ことを表《あらわ》す。

この字《じ》のヒミツ

◆「強《きょう》」は、漢字《かんじ》の「弓《ゆみ》」、カタカナの「ム」、漢字《かんじ》の「虫《むし》」の三字《さんじ》でできているよ。◆「強《つよ》み」とは、たよりになる点《てん》や、長所《ちょうしょ》のことだよ。

2年《ねん》

いろいろな形《かたち》

形

7画《かく》 彡《さんづくり》の部《ぶ》

音 ケイ ギョウ

訓 かた かたち

形式《けいしき》・形勢《けいせい》・三角形《さんかくけい》・地形《ちけい》
形相《ぎょうそう》・人形《にんぎょう》
形見《かたみ》・花形《はながた》
形《かたち》を整《ととの》える

なりたち

「井（四角《しかく》いわく）」の変化《へんか》した「开」と「彡（模様《もよう》）」で、わくの中《なか》にえがいた模様《もよう》、「かたち」を表《あらわ》す。

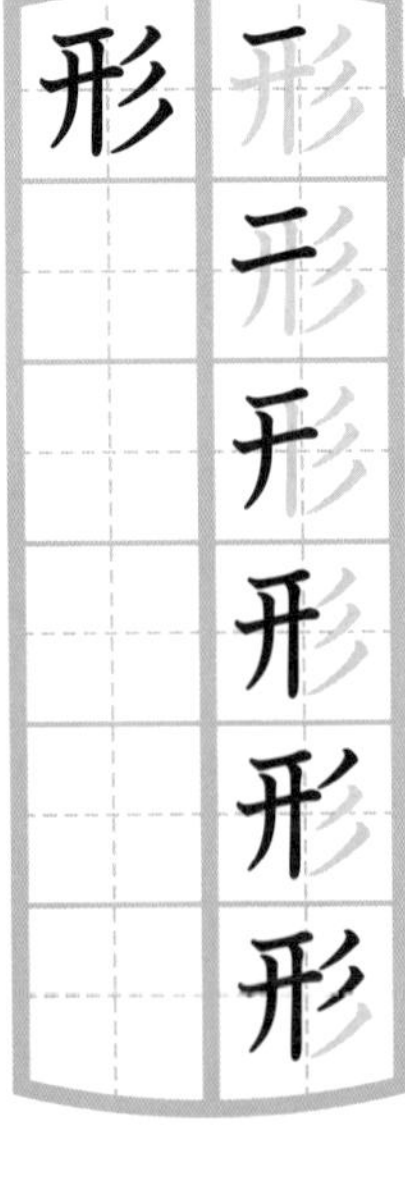

この字《じ》のヒミツ

◆「人形」は「にんぎょう」とも「ひとがた」とも読《よ》める。「ひとがた」は、人間《にんげん》の形《かたち》をしていることで、「人《ひと》形《がた》のロボット」のように使《つか》うよ。

2年《ねん》

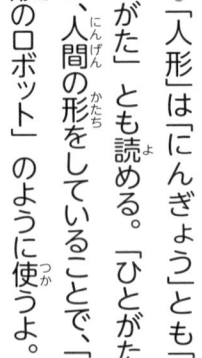

体《からだ》の
後《うし》ろがわ

後

9画《かく》 彳《ぎょうにんべん》の部《ぶ》

音 ゴ・コウ

訓 のち

午後《ごご》・後日《ごじつ》・食《しょく》後《ご》・背後《はいご》・後見《こうけん》・後退《こうたい》・後半《こうはん》・後方《こうほう》

雨後《あめのち》晴《は》れ

うしろ 後《うし》ろ姿《すがた》・後《うし》ろ向《む》き

あと 後足《あとあし》・後回《あとまわ》し

(おくれる) 流行《りゅうこう》に後《おく》れる

この字《じ》のヒミツ

◆「後《あと》」を使《つか》う言葉《ことば》に、「後片付《あとかたづ》け」「後《あと》ずさり」「後《あと》もどり」「後回《あとまわ》し」など。◆「気後《きおく》れ」は、自信《じしん》がなくてためらうことだよ。

なりたち

「彳(行《い》く)」と「幺(わずか)」と「夊(足《あし》をひきずる)」で、足《あし》をひきずって少《すこ》ししか進《すす》めず、「おくれる」ことを表《あらわ》す。

2年《ねん》

茶

9 画《かく》　⺾《くさかんむり》の部《ぶ》

音　チャ
（サ）

訓　―

紅茶《こうちゃ》・新茶《しんちゃ》・茶色《ちゃいろ》・茶室《ちゃしつ》・茶《ちゃ》の間《ま》・茶《ちゃ》わん
喫茶店《きっさてん》・茶道《さどう》

なりたち

余

もとの字《じ》は「荼」。「余（くつろぐ）」と「⺾（くさ）」で、くつろげるはたらきのある草《くさ》を表《あらわ》す。

お茶《ちゃ》をのむ

この字《じ》のヒミツ

◆日《に》本《ほん》のお茶《ちゃ》には、番《ばん》茶《ちゃ》、煎《せん》茶《ちゃ》、抹《まっ》茶《ちゃ》、どくだみ茶《ちゃ》、昆《こ》布《ぶ》茶《ちゃ》、玄《げん》米《まい》茶《ちゃ》、ほうじ茶《ちゃ》、麦《むぎ》茶《ちゃ》など、いろいろな種《しゅ》類《るい》があるよ。

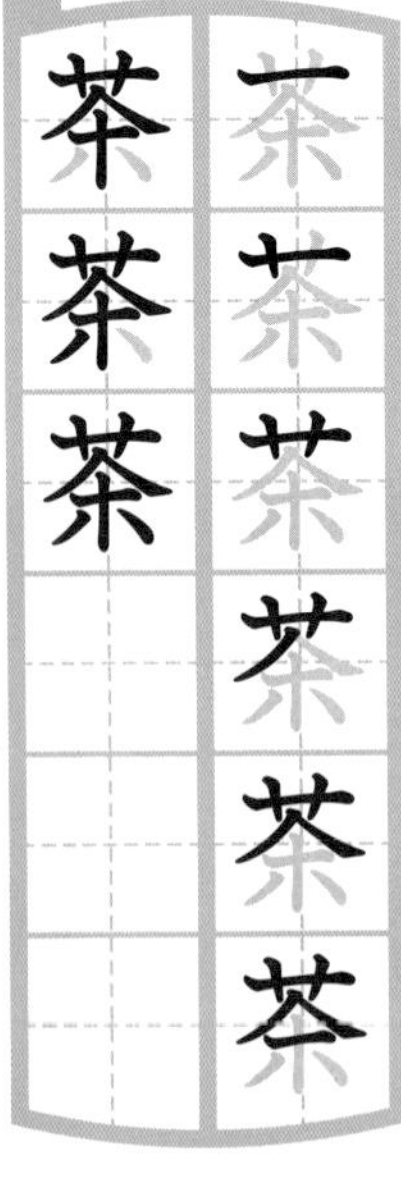

2年《ねん》

ヘビが近《ちか》づく

近

7 画《かく》 辶《しんにょう》の部《ぶ》

音 キン

訓 ちかい

近所《きんじょ》・近代《きんだい》・近年《きんねん》・最近《さいきん》・接近《せっきん》・付近《ふきん》・近頃《ちかごろ》・近道《ちかみち》・間近《まぢか》・身近《みぢか》

なりたち

斤→斤→斤

「斤《きん》」（おのを近《ちか》づけて切《き》る）」と「辶（行《い》く）」で、「ちかよる」ことを表《あらわ》す。

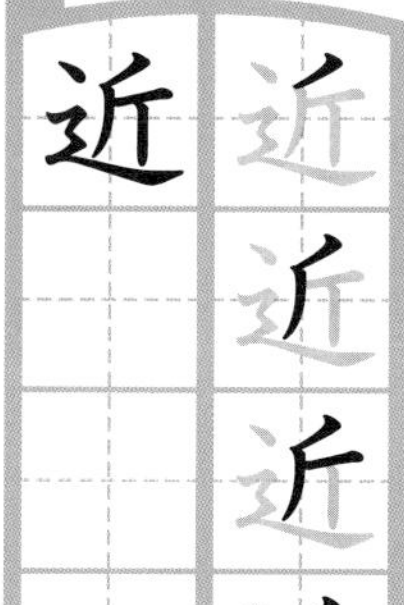

この字のヒミツ

◆「近《きん》」の反対語《はんたいご》は「遠《えん》」。近距離《きんきょり》⇔遠距離《えんきょり》、近視《きんし》⇔遠視《えんし》など。◆時間《じかん》や日《ひ》にちにも使《つか》う。「近日中《きんじつちゅう》」は「近《ちか》いうちに」の意味《いみ》だよ。

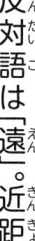

通

ロボットが通《とお》る

10画《かく》 辶《しんにょう》の部《ぶ》

音 ツウ（ツ）

訓 とおる とおす かよう

共通《きょうつう》・通学《つうがく》
通夜《つや》
家《いえ》の前《まえ》を通《とお》る
客《きゃく》を部屋《へや》に通《とお》す
心《こころ》を通《かよ》わせる

なりたち

「甬（つき抜《ぬ》ける）」と「辶（行《い》く）」で、道《みち》をつき抜《ぬ》けて行《い》く、「とおる」ことを表《あらわ》す。

この字《じ》のヒミツ

◆手紙《てがみ》を数《かぞ》えるときには「一通《いっつう》」「二通《につう》」と、「通《つう》」を使《つか》うよ。電子《でんし》メールも、インターネットの手紙《てがみ》なので、同《おな》じく「通《つう》」を使《つか》う。

2年《ねん》

週

11画《かく》 辶《しんにょう》の部《ぶ》

音 シュウ

訓 —

一週間《いっしゅうかん》・今週《こんしゅう》・週刊誌《しゅうかんし》・週末《しゅうまつ》・毎週《まいしゅう》・来週《らいしゅう》

今週《こんしゅう》はおやすみ

なりたち

周

「周《しゅう》（ぐるっと囲《かこ》む）」と「辶（行《い》く）」で、ぐるっと回《まわ》る、「ひとめぐり」することを表《あらわ》す。

わすれない
かくっ
ぴょん
ここはむずかしいね
なめらかに

この字《じ》のヒミツ

◆「今週《こんしゅう》」の前《まえ》の週《しゅう》は「先週《せんしゅう》」、その前《まえ》の週《しゅう》は「先々週《せんせんしゅう》」。「今《こん》週《しゅう》」の次《つぎ》の週《しゅう》は「来週《らいしゅう》」、その次《つぎ》の週《しゅう》は「再来週《さらいしゅう》」というよ。

2年《ねん》

道

12画《かく》 ⻌《しんにょう》の部《ぶ》

音 ドウ
（トウ）

訓 みち

道徳《どうとく》・道路《どうろ》・都道府県《とどうふけん》・歩道《ほどう》・神道《しんとう》・帰《かえ》り道《みち》・坂道《さかみち》・近道《ちかみち》・道順《みちじゅん》

なりたち

「首（ある方向《ほうこう》へのびる）」と「⻌（行《い》く）」で、ある方向《ほうこう》に向《む》かってのびる「みち」を表《あらわ》す。

道《みち》を歩《ある》く

ななめに
わすれ
ない
かたちを
よく　みてね
なめらかに

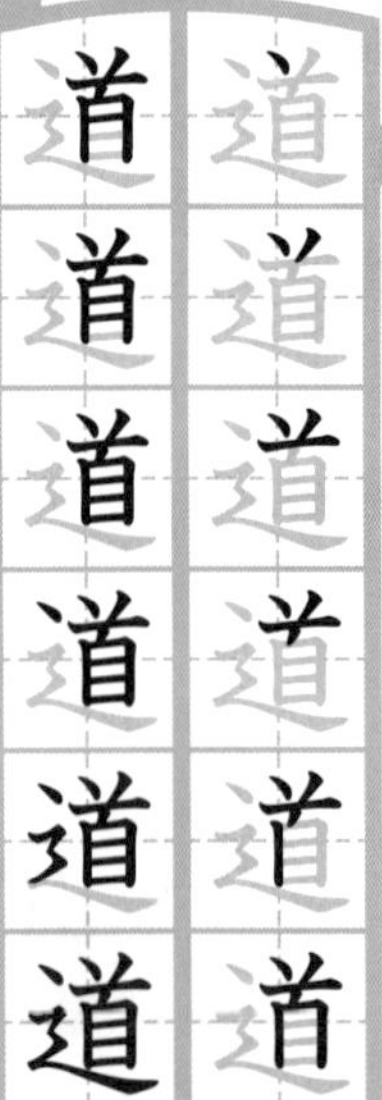

この字《じ》のヒミツ

◆「柔道《じゅうどう》」「剣道《けんどう》」などの武術《ぶじゅつ》のための場所《ばしょ》を「道場《どうじょう》」というよ。◆「道《みち》」は生《い》き方《かた》にもたとえられ、「自分《じぶん》の道《みち》を探《さが》す」などという。

2年《ねん》

遠

13画《かく》 辶《しんにょう》の部《ぶ》

音 エン （オン）

訓 とおい

永遠《えいえん》・遠近感《えんきんかん》・遠心力《えんしんりょく》・遠足《えんそく》・久遠《くおん》・遠出《とおで》・遠回《とおまわ》り・遠目《とおめ》

なりたち

↓ 袁

「袁《えん》(ゆったりした着《き》物《もの》)」と「辶(行《い》く)」で、ゆったりと「とおまわり」することを表《あらわ》す。

遠《とお》くまで行《い》く

この字《じ》のヒミツ

◆「遠《えん》」の反対語《はんたいご》は「近《きん》」。遠景《えんけい》⇔近景《きんけい》、遠海《えんかい》⇔近海《きんかい》など。◆「耳《みみ》が遠《とお》い」は、耳《みみ》の聞《き》こえが悪《わる》いことを意味《いみ》するよ。

心

4画《かく》 心《こころ》の部《ぶ》

音 シン

訓 こころ

安心《あんしん》・心臓《しんぞう》・心底《しんそこ》・心配《しんぱい》・中心《ちゅうしん》・都心《としん》・熱心《ねっしん》・本心《ほんしん》・親心《おやごころ》・心強《こころづよ》い・心細《こころぼそ》い・真心《まごころ》

なりたち

体《からだ》のすみずみまで血《ち》を行《い》きわたらせる心臓《しんぞう》をえがいた形《かたち》。

心《こころ》細《ぼそ》いよ

とくべつな読《よ》み方《かた》

心地《ここち》

この字《じ》のヒミツ

◆「心」を使《つか》う漢字《かんじ》二字《にじ》の言葉《ことば》は、とても多《おお》いよ。「安心《あんしん》」「用心《ようじん》」「感心《かんしん》」「気心《きごころ》」「男心《おとこごころ》」「親心《おやごころ》」など。

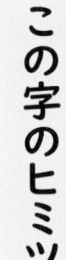

思

思《おも》い出《で》を話《はな》す

9 画《かく》 **心《こころ》の部《ぶ》**

音 **シ**

訓 **おもう**

意思《いし》・思案《しあん》・思考《しこう》・思春期《ししゅんき》・思想《しそう》

思《おも》い出《で》・思《おも》いやり・片思《かたおも》い

なりたち

 → 思

「囟（赤《あか》ん坊《ぼう》の頭《あたま》）」の変形《へんけい》の「田」と「心（こころ）」で、こまごまと「おもう」ことを表《あらわ》す。

かくっ
ちいさく
ぴょん
ぴたっ
ぐーっと
まがって
ジャンプ

思 思 思 思 思 思

思 思 思

この字《じ》のヒミツ

◆「思《おも》い」のつく言葉《ことば》は、数《かず》が多《おお》い。「思《おも》いこみ」「思《おも》い出《で》」「思《おも》いやり」「思《おも》い知《し》る」「親思《おやおも》い」「片思《かたおも》い」など。

戸《と》をたたく

戸

4 画《かく》 戸《と》の部《ぶ》

音 コ

訓 と

一戸《いっこ》建《だ》て・戸外《こがい》・戸数《こすう》・戸籍《こせき》
雨戸《あまど》・網戸《あみど》・井戸《いど》・木戸《きど》・戸口《とぐち》・戸《と》じまり・戸棚《とだな》

ぴたっ
①
②
③
④
うえにでないよ
かくっとまがる
ぴゅーっとすべろう

なりたち

戸

門《もん》の「とびら」の片方《かたほう》をえがいた形《かたち》。

にている字《じ》

友 ▶149
局 ▶311
所 ▶324
尺 ▶506

この字《じ》のヒミツ

◆「戸《と》」には、横《よこ》に開《ひら》く「引《ひ》き戸《ど》」や、わくに網《あみ》をはった「網《あみ》戸《ど》」、雨風《あめかぜ》を防《ふせ》ぐための「雨戸《あまど》」など、いろんな種類《しゅるい》があるよ。

2年《ねん》

才

❸画《かく》　扌《てへん》の部《ぶ》

音　**サイ**

英才教育《えいさいきょういく》・才覚《さいかく》・才知《さいち》・才能《さいのう》・三才児《さんさいじ》・秀才《しゅうさい》・多才《たさい》・天才《てんさい》・文才《ぶんさい》

訓　—

なりたち

川《かわ》の水《みず》をとめる「せき」をえがいた形《かたち》。「たちきる」イメージから、物事《ものごと》を処理《しょり》する力《ちから》を表《あらわ》す。

文才《ぶんさい》がある

にている字《じ》

才　十 ▶58　木 ▶86　寸 ▶504

この字《じ》のヒミツ

◆人間《にんげん》の年《とし》を表《あらわ》す「さい」の正式《せいしき》な漢字《かんじ》は「歳《さい》」。でも、「才《さい》」を使《つか》うことも多《おお》いよ。

教

11画《かく》 攵《ぼくにょう》の部《ぶ》

音 **キョウ**
教育《きょういく》・教員《きょういん》・教室《きょうしつ》・宗教《しゅうきょう》

訓 **おしえる**
教《おし》え子《ご》

おそわる
かけ算《ざん》を教《おそ》わる

なりたち

教（教）
もとの字《じ》は「敎」。「爻（交《まじ》わる）」と「子」と「攵（動作《どうさ》）」で、「おしえる」ことを表《あらわ》す。

先生《せんせい》が教《おし》える

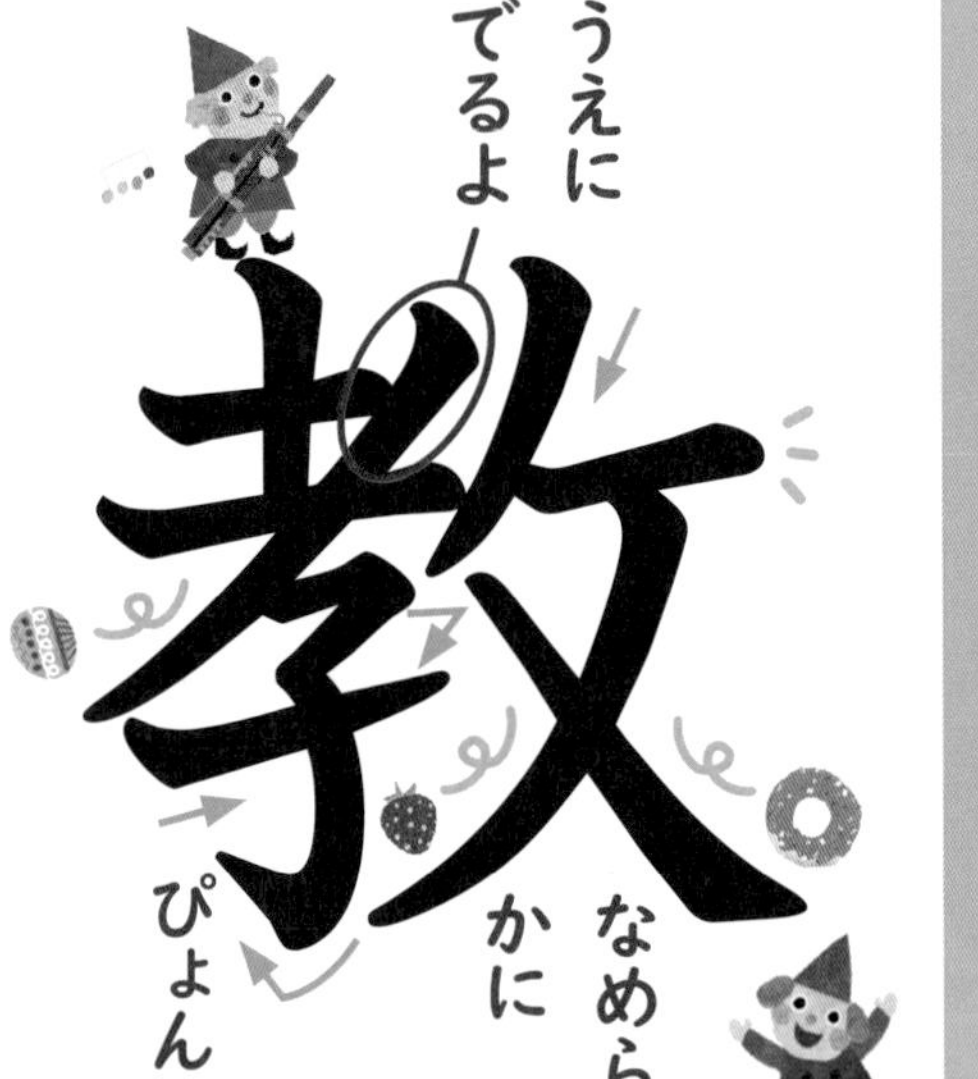

この字《じ》のヒミツ

◆送《おく》りがなに注意《ちゅうい》。「教しえる」「教そわる」ではないよ。◆「教《おそ》わる」は、教《おし》えてもらうこと。先生《せんせい》は「教《おし》える」、子《こ》どもは「教《おそ》わる」。

数

13画《かく》 攵《ぼくにょう》の部《ぶ》

数《かず》を合《あ》わせる

音 **スウ** 算数《さんすう》・数回《すうかい》・数字《すうじ》・数日《すうじつ》・数年《すうねん》

（ス） 数寄屋《すきや》

訓 **かず** 頭数《あたまかず》・口数《くちかず》

かぞえる 数《かず》を数《かぞ》える

なりたち

婁

もとの字《じ》は「數」。「婁（つながる）」と「攵（動作《どうさ》）」で、「かぞえる」ことを表《あらわ》す。

やじるしの
むきに
かこう
ぴたっ
かくっ
なめらかに

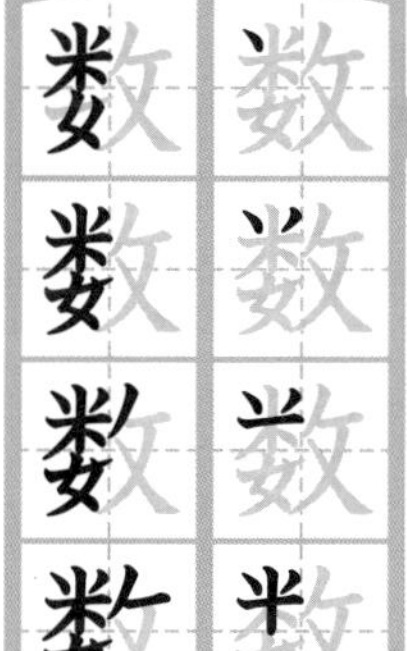

この字《じ》のヒミツ

◆「数《すう》」と「教《きょう》」は字《じ》の形《かたち》がよく似《に》ていて、まぎらわしい。見《み》わけるポイントは左側《ひだりがわ》。「数《すう》」は、「米」と「女」の組《く》み合《あ》わせだよ。

2年《ねん》

2年《ねん》

新

新《あたら》しい
マフラー

13画《かく》 斤《おのづくり》の部《ぶ》

音 シン
新記録《しんきろく》・新人《しんじん》・
新年《しんねん》・新品《しんぴん》・新緑《しんりょく》

訓 あたらしい
新《あたら》しい服《ふく》を着《き》る

あらた
気分《きぶん》を新《あら》たにする

にい
新妻《にいづま》・新盆《にいぼん》

なりたち

「亲《しん》（切《き》ったばかりの木《き》）」と「斤（おの）」で、おので切《き》ったばかりの生木《なまき》のように「あたらしい」ことを表《あらわ》す。

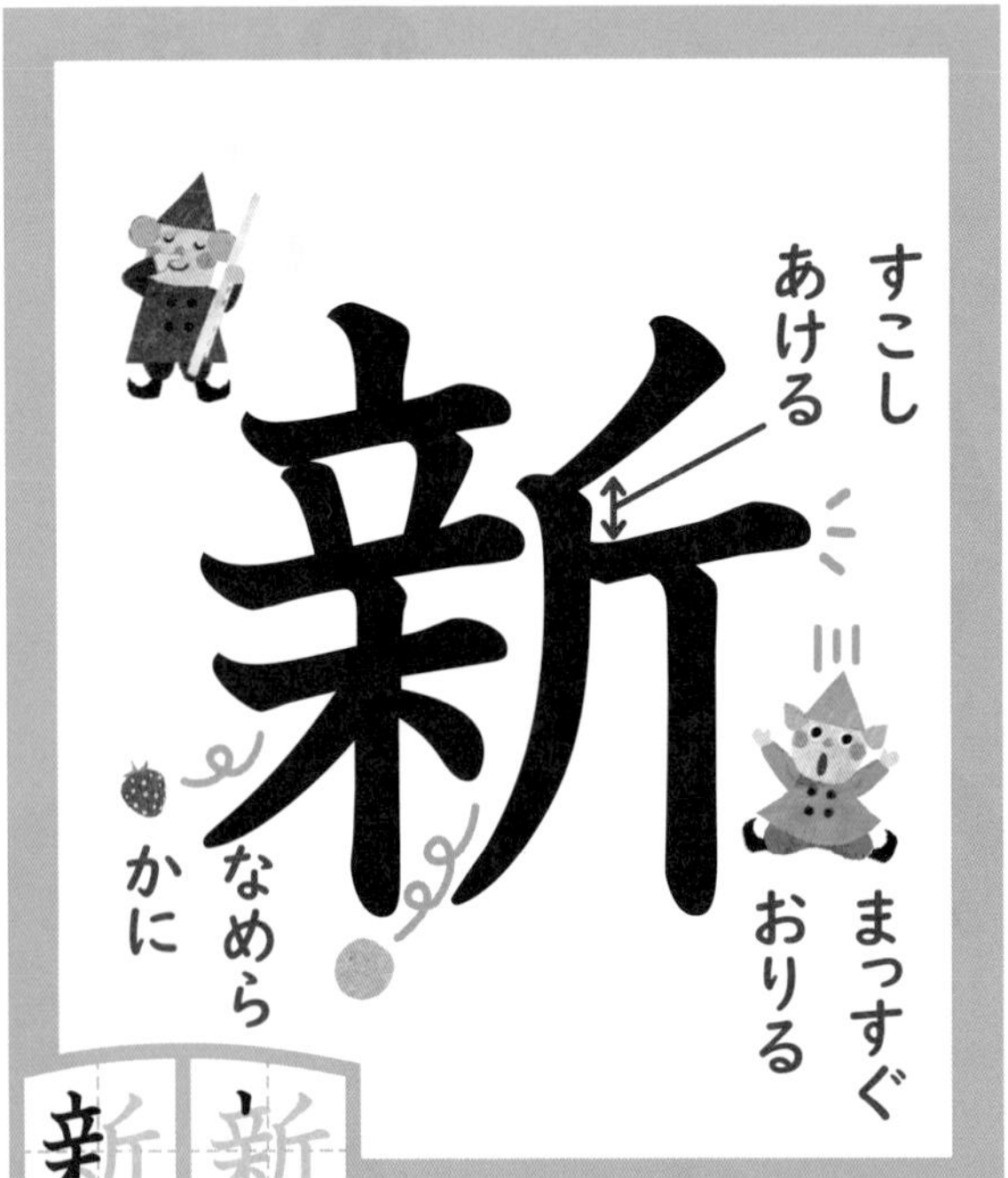
すこし
あける
まっすぐ
おりる
なめらか
に

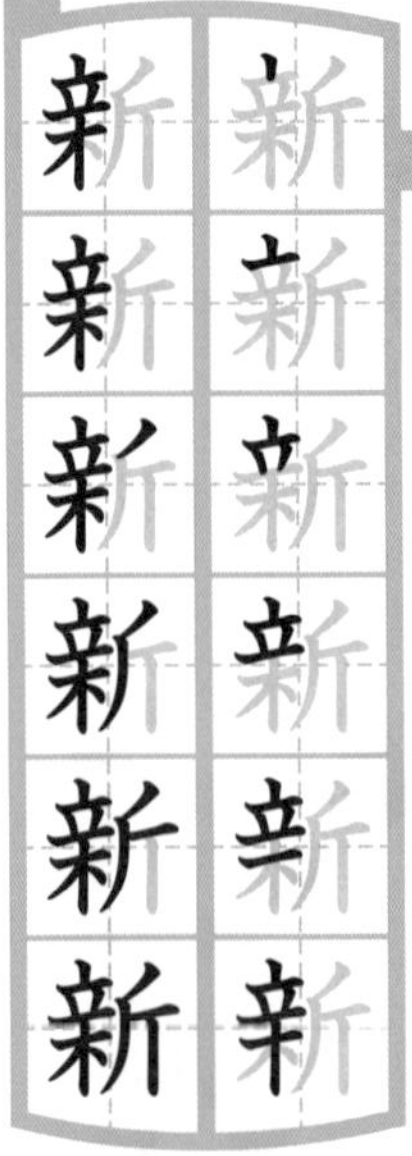

この字《じ》のヒミツ

◆「にい」と読《よ》む言葉《ことば》には、「新《にい》潟県《がたけん》」「新妻《にいづま》（結婚《けっこん》したばかりの妻《つま》）」「新盆《にいぼん》（亡《な》くなってから最初《さいしょ》のお盆《ぼん》）」などがあるよ。

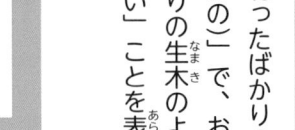

方

4 画《かく》 **方**《ほう》の部《ぶ》

音 **ホウ**

訓 **かた**

四方《しほう》・正方形《せいほうけい》・地方《ちほう》・方角《ほうがく》・方向《ほうこう》・方式《ほうしき》・裏方《うらかた》・親方《おやかた》・書《か》き方《かた》・読《よ》み方《かた》

なりたち

→ → → 方

両側《りょうがわ》に柄《え》が張《は》り出《だ》した「すき」をえがいた形《かたち》。「張《は》り出《だ》す」イメージから「むき」を表《あらわ》す。

遠《とお》くの方《ほう》を見《み》る

とくべつな読《よ》み方《かた》

行方《ゆくえ》

この字《じ》のヒミツ

◆「方々」は「かたがた」とも「ほうぼう」とも読《よ》むよ。「方々《ほうぼう》」は、あちこちの方面《ほうめん》という意味《いみ》で、「方々探《ほうぼうさが》し回《まわ》る」などと使《つか》う。

明

8 画_{かく} 日_ひの部_ぶ

音 メイ
ミョウ

訓 あかり
あかるい
あかるむ

解明_{かいめい}・説明_{せつめい}・
明暗_{めいあん}

明星_{みょうじょう}・明朝_{みょうちょう}

月明_{つきあ}かり

明_{あか}るい性格_{せいかく}

窓_{まど}の外_{そと}が明_{あか}るんで
きた

あからむ 東_{ひがし}の空_{そら}が明_{あか}らむ

あきらか 原因_{げんいん}は明_{あき}らかだ

あける 夜_よが明_あける

あく 目_めが明_あく

あくる 明_あくる日_ひ

あかす 本心_{ほんしん}を明_あかす

明_{あか}るい
せいかく

かくっ

かくっ

かくっ

ぴゅーっ

せんは 二_にほん

ぴょん

明 | 一 明
明 | 冂 明
  | 日 明
  | 日 明
  | 明 明
  | 明 明

この字_じのヒミツ

◆「明後日_{みょうごにち}」は「みょうごにち」とも「あさって」とも読_よむことができる。どちらも、明日_{あす}の次_{つぎ}の日_ひのことだよ。

なりたち

→ 明

日（太陽_{たいよう}）と「月（つき）」で、「あかるい」ことを表_{あらわ}す。

204

春

9画《かく》 日《ひ》の部《ぶ》

音 シュン

春夏秋冬《しゅんかしゅうとう》・春分《しゅんぶん》・新春《しんしゅん》・青春《せいしゅん》・早春《そうしゅん》

訓 はる

春一番《はるいちばん》・春風《はるかぜ》・春先《はるさき》・春雨《はるさめ》

なりたち

𦯧→春

「屯（植物《しょくぶつ》が根《ね》を張《は》る）」と「艸（くさ）」と「日（太陽《たいよう》）」で、季節《きせつ》の「はる」を表《あらわ》す。

春《はる》が来《く》る

この字《じ》のヒミツ

◆暦《こよみ》で春《はる》の始《はじ》まりとされる「立春《りっしゅん》」は、冬至《とうじ》（一年《いちねん》で昼《ひる》がいちばん短《みじか》い日《ひ》）と春分《しゅんぶん》（春《はる》の、昼《ひる》と夜《よる》の長《なが》さが同《おな》じ日《ひ》）のまん中《なか》にあるよ。

星

星《ほし》を見《み》る

9 画《かく》 日《ひ》の部《ぶ》

音 **セイ**（**ショウ**）

衛星《えいせい》・星座《せいざ》・北極星《ほっきょくせい》・流星《りゅうせい》

明星《みょうじょう》

訓 **ほし**

図星《ずぼし》・流《なが》れ星《ぼし》・星空《ほしぞら》・目星《めぼし》

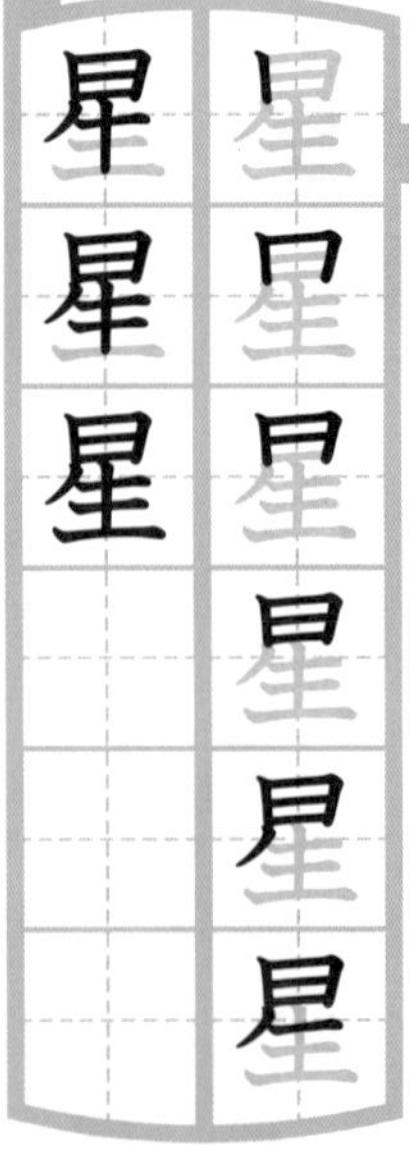

なりたち

「晶（きらきら光《ひか》る）」の変形《へんけい》「日」と「生《せい》（すがすがしい草《くさ》の芽《め》）」で、光《ひか》る「ほし」を表《あらわ》す。

この字《じ》のヒミツ

◆活《かつ》やくが目立《めだ》ち、はなやかな人《ひと》は、かがやく星《ほし》にたとえられ、「サッカー界《かい》の星《ほし》」「期待《きたい》の星《ほし》」などとよばれるよ。

2年《ねん》

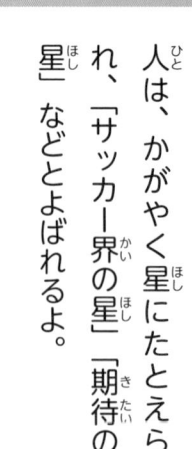

昼

9画《かく》 日《ひ》の部《ぶ》

音 チュウ

訓 ひる

昼食《ちゅうしょく》・昼夜《ちゅうや》・白昼夢《はくちゅうむ》
昼《ひる》ご飯《はん》・昼時《ひるどき》・昼間《ひるま》・昼飯《ひるめし》・昼休《ひるやす》み・真昼《まひる》

なりたち

もとの字《じ》は「晝」。「晝（区切《くぎ》る）」を略《りゃく》したものと「日」で、日《ひ》の出《で》と日《ひ》の入《い》りで区切《くぎ》られた「ひるま」を表《あらわ》す。

昼《ひる》ごはんを食《た》べる

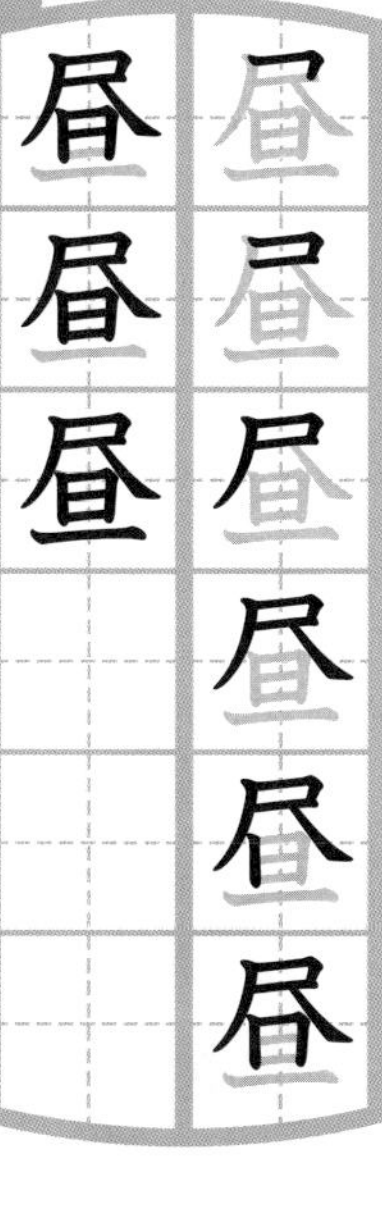

この字《じ》のヒミツ

◆「昼《ひる》」だけで、「昼《ひる》ごはん」のこともいうよ。◆「一昼夜《いっちゅうや》」は「まる一日《いちにち》」のこと。「一日中《いちにちじゅう》ずっと」の意味《いみ》で使《つか》うことが多《おお》いよ。

時

10画《かく》　日《ひ》の部《ぶ》

同時《どうじ》につかむ

音 ジ

訓 とき

時間《じかん》・時期《じき》・時刻《じこく》・時差《じさ》・時速《じそく》・時代《じだい》・時分《じぶん》・同時《どうじ》・臨時《りんじ》・書《か》き入《い》れ時《どき》・潮時《しおどき》・時折《ときおり》

なりたち

「寺《じ》（まっすぐ進《すす》む）」と「日」で、太陽《たいよう》が動《うご》いていくことを表《あらわ》す。

2年《ねん》

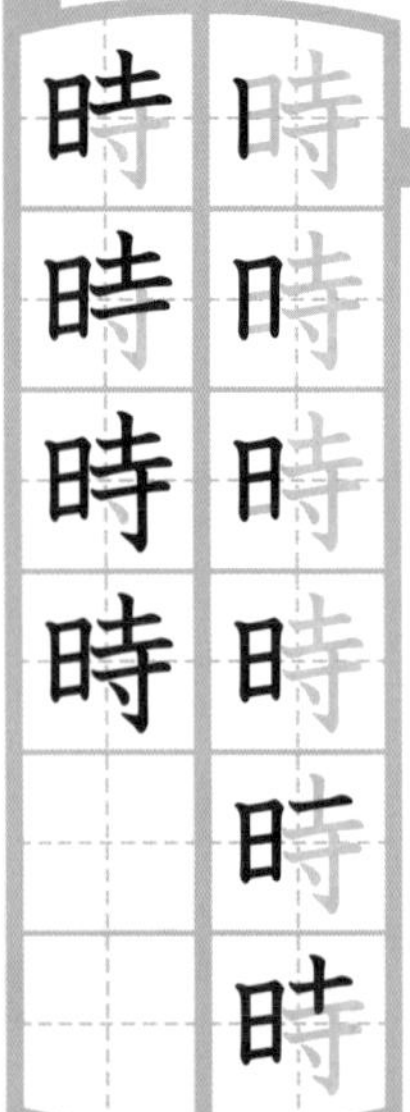

この字《じ》のヒミツ

◆特別《とくべつ》な読《よ》み方《かた》に、「時雨《しぐれ》（冬《ふゆ》のはじめの小雨《こさめ》）」「時計《とけい》」がある。◆食事《しょくじ》の時間《じかん》が近《ちか》づいて、おなかがぐうっと鳴《な》ることを、「腹時計《はらどけい》」というよ。

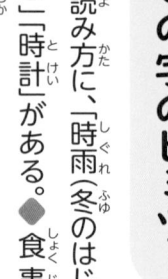

晴

12画《かく》 日《ひ》の部《ぶ》

音 **セイ**

訓 **はれる**
はらす

快晴《かいせい》・晴雨《せいう》・晴耕雨読《せいこううどく》・晴天《せいてん》
晴《は》れ間《ま》
疑《うたが》いを晴《は》らす

なりたち

もとの字《じ》は「晴」。「靑《せい》（すみ切《さ》っている）」と「日」で、太陽《たいよう》が出《で》て空《そら》が「はれている」ことを表《あらわ》す。

晴《は》れた空《そら》

この字《じ》のヒミツ

◆「晴《は》れ」には、「五月晴《さつきば》れ」「秋晴《あきば》れ」「冬晴《ふゆば》れ」「日本晴《にほんば》れ」などがあるよ。でも、「春晴《はるば》れ」「夏晴《なつば》れ」とは、ふつういわない。

2年《ねん》

曜

18画《かく》 日《ひ》の部《ぶ》

音 ヨウ

訓 —

月曜《げつよう》・火曜《かよう》・水曜《すいよう》・木曜《もくよう》・金曜《きんよう》・土曜《どよう》・日曜《にちよう》・何曜日《なんようび》

今日《きょう》は何曜日《なんようび》

かくっ
かくっ
ぴたっ
やじるしのむきをよくみてね

なりたち

翟 → 翟

「翟」は、キジが尾《お》を高《たか》く上《あ》げること。これに「日」を合《あ》わせて、光《ひかり》が高《たか》くかがやくことを表《あらわ》す。

この字《じ》のヒミツ

◆曜日《ようび》の名前《なまえ》は、星《ほし》の名前《なまえ》からきているよ。日《ひ》(太陽《たいよう》)、月《つき》、火星《かせい》、水星《すいせい》、木星《もくせい》、金星《きんせい》、土星《どせい》の七《なな》つを、まとめて「七曜《しちよう》」ともよぶ。

書

10 画《かく》 日《ひらび》の部《ぶ》

音 ショ

教科書《きょうかしょ》・辞書《じしょ》・書店《しょてん》・書類《しょるい》・清書《せいしょ》・読書《どくしょ》・図書《としょ》

訓 かく

書《か》き方《かた》・下書《したが》き・落書《らくが》き

なりたち

「者（くっつける）」を略《りゃく》した「日」と「聿（ふで）」で、筆《ふで》で「かきとめる」ことを表《あらわ》す。

字《じ》を書《か》く

書 書 書 書 書 書

書 書 書 書

この字《じ》のヒミツ

◆下《した》に「書《が》き」のつく言葉《ことば》には、「落《らく》書《が》き」「いたずら書《が》き」「手《て》書《が》き」「上《うわ》書《が》き」「下《した》書《が》き」「なぐり書《が》き」「あて名《な》書《が》き」「品《しな》書《が》き」などがあるよ。

朝

12 画《かく》　月《つき》の部《ぶ》

音 チョウ

訓 あさ

早朝《そうちょう》・朝食《ちょうしょく》・朝廷《ちょうてい》・朝礼《ちょうれい》・平安朝《へいあんちょう》

朝方《あさがた》・朝日《あさひ》・朝焼《あさや》け・毎朝《まいあさ》

なりたち

「𠦝（草《くさ》の間《あいだ》から出《で》る日《ひ》）」と「月（潮《しお》の流《なが》れ）」で、日《ひ》が出《で》るころ、潮《しお》が満《み》ちることを表《あらわ》す。

朝《あさ》から楽《たの》しい

この字《じ》のヒミツ

◆特別《とくべつ》な読《よ》み方《かた》に「今朝《けさ》」がある。「こんちょう」とはふつう読《よ》まない。でも、「明朝（明日《あす》の朝《あさ》）」は「みょうちょう」と読《よ》む。

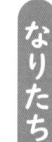

来

7 画《かく》 木《き》の部《ぶ》

音 **ライ**
以来《いらい》・未来《みらい》・来客《らいきゃく》・来月《らいげつ》・来週《らいしゅう》・来年《らいねん》

訓 **くる**
友達《ともだち》が来《く》る
(きたる)
来《きた》る七月《しちがつ》
(きたす)
支障《ししょう》を来《きた》す

なりたち

もとの字《じ》は「來(ムギ)」。昔《むかし》の中《ちゅう》国《ごく》では神《かみ》がムギをもたらすと考《かんが》えたので、「くる」ことを表《あらわ》す。

王《おう》さまが来《く》る

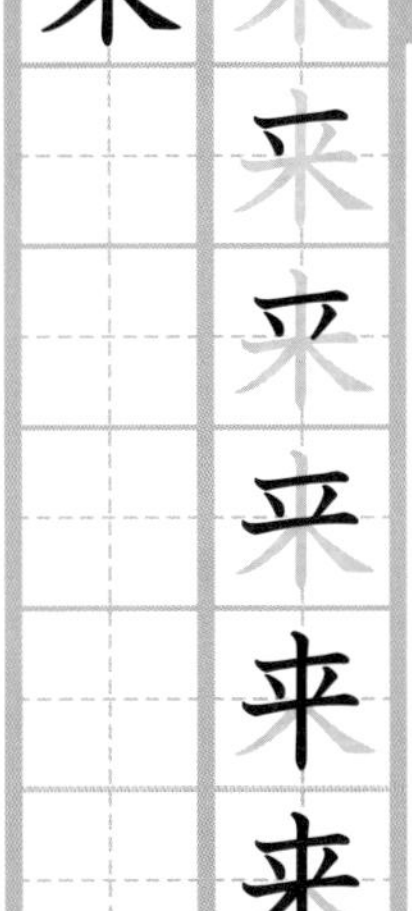

この字《じ》のヒミツ

◆「来週《らいしゅう》」「来月《らいげつ》」の「来《らい》」は昔《むかし》のことには使《つか》えない。「次《つぎ》の年《とし》に弟《おとうと》が生《う》まれた」を「来年《らいねん》弟《おとうと》が生《う》まれた」とは言《い》わないよ。

東

8 画《かく》 木《き》の部《ぶ》

音 **トウ**

訓 **ひがし**

関東地方《かんとうちほう》・中東《ちゅうとう》・東西南北《とうざいなんぼく》・東部《とうぶ》・東北《とうほく》・東洋《とうよう》

東《ひがし》の空《そら》が明《あか》るむ

なりたち

まん中《なか》に棒《ぼう》を通《とお》したふくろをえがいた形《かたち》。太陽《たいよう》がつき抜《ぬ》けて出《で》る方角《ほうがく》の「ひがし」を表《あらわ》す。

東《ひがし》の空《そら》が明《あか》るい

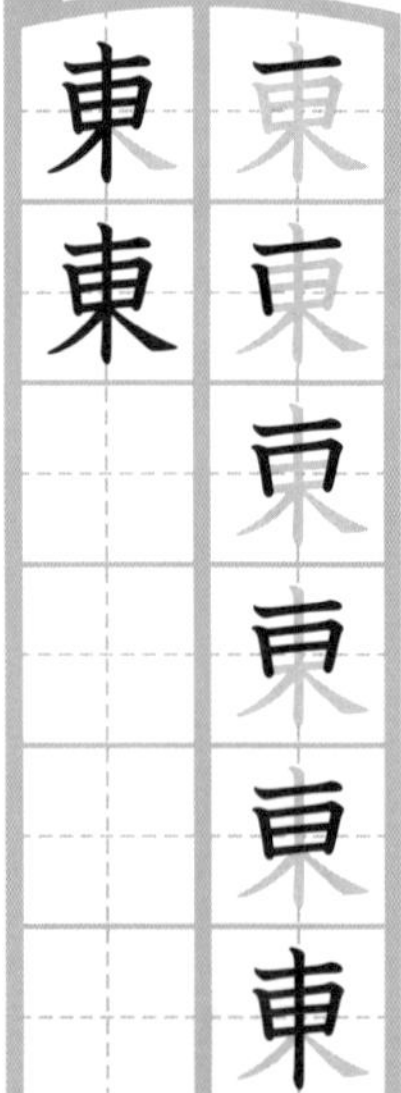

この字《じ》のヒミツ

◆「東《ひがし》」の反対語《はんたいご》は、「西《にし》」。東洋《とうよう》⇔西洋《せいよう》など。◆太陽《たいよう》は東《ひがし》からのぼり、西《にし》にしずむ。そのため東《ひがし》の地《ち》方《ほう》のほうが、日《ひ》の出《で》が早《はや》いよ。

2年《ねん》

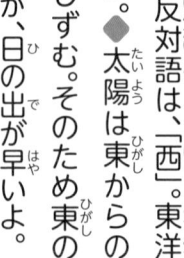

楽

13画《かく》 木《き》の部《ぶ》

楽《たの》しくおどる

音 **ガク** 音楽《おんがく》・楽団《がくだん》・楽譜《がくふ》・楽器《がっき》

ラク 気楽《きらく》・楽園《らくえん》

訓 **たのしい** 楽《たの》しい夏休《なつやす》み

たのしむ 読書《どくしょ》を楽《たの》しむ

なりたち

樂（楽）

もとの字《じ》は「樂」。丸《まる》い実《み》のなるクヌギの木《き》をえがいた形《かたち》。にぎやかな「おんがく」を表《あらわ》す。

楽	楽
楽	楽
楽	楽
楽	楽
楽	楽
楽	楽

この字《じ》のヒミツ

◆楽器《がっき》には、「打楽器《だがっき》（たたいて鳴《な》らす楽器《がっき》）」、「弦楽器《げんがっき》（強《つよ》く張《は》った糸《いと》を鳴《な》らす楽器《がっき》）」、「管楽器《かんがっき》（ふいて鳴《な》らす楽器《がっき》）」などの種類《しゅるい》がある。

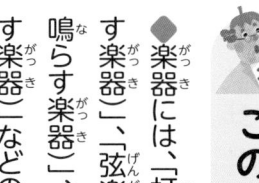

筆順《ひつじゅん》ってなあに

「筆順《ひつじゅん》」は「書《か》き順《じゅん》」ともいい、文字《もじ》を書《か》くときの順番《じゅんばん》のことです。送《おく》りがなと同《おな》じように、筆順《ひつじゅん》が何通《なんとお》りかある漢字《かんじ》もあります。もともと、どれが正《ただ》しいというものではありません。

教科書《きょうかしょ》やこの辞典《じてん》では、国《くに》が小学校《しょうがっこう》の先生向《せんせいむ》けにつくった「筆順《ひつじゅん》指導《しどう》の手引《てび》き」にのっとった筆順《ひつじゅん》をのせています。この手引《てび》きは、先生《せんせい》が漢字《かんじ》の筆《ひつ》順《じゅん》で困《こま》らないようにつくられたものです。先生《せんせい》だけでなく、子《こ》どもも筆順《ひつじゅん》の決《き》まりを覚《おぼ》えておくと、漢字学習《かんじがくしゅう》に役《やく》立《だ》ちます。

決《き》まり1 上《うえ》から下《した》

上《うえ》の部分《ぶぶん》から下《した》の部分《ぶぶん》へ書《か》いていきます。

三三三

なかま　言、工

決《き》まり2 左《ひだり》から右《みぎ》

左《ひだり》から右《みぎ》に並《なら》んでいる、縦《たて》の線《せん》や点《てん》は左《ひだり》から書《か》きます。

川川川

なかま　魚、州、学

■左右《さゆう》二《ふた》つの部分《ぶぶん》、左《ひだり》・中《なか》・右《みぎ》三《みっ》つの部分《ぶぶん》からできている漢字《かんじ》は、左《ひだり》から書《か》きます。

竹竹竹竹竹竹

なかま　林、休

決《き》まり3 横《よこ》が先《さき》

横《よこ》と縦《たて》の線《せん》が交《まじ》わる部分《ぶぶん》は、ふつう横《よこ》を先《さき》に書《か》きます。

十十

なかま　土、士

■縦《たて》の線《せん》が、横《よこ》の線《せん》に交《まじ》わってから曲《ま》がる場合《ばあい》でも、横《よこ》が先《さき》です。

七七

なかま　大、太

■前後《ぜんご》にほかの点《てん》や線《せん》がある場合《ばあい》も、横《よこ》が先《さき》です。

先先先先先先

なかま　生、牛

■横《よこ》の線《せん》が二本《にほん》または三本《さんぼん》の縦《たて》の線《せん》と交《まじ》わるときも、横《よこ》が先《さき》です。

共共共共共共

なかま　花、形

■縦《たて》の線《せん》に二本《にほん》または三本《さんぼん》の横線《よこせん》が交《まじ》わるときも、横《よこ》が先《さき》です。

用用用用用

なかま　通

注意　「横《よこ》が先《さき》」の決《き》まりは、「田《た》」「王《おう》」などにはあてはまりません。

決《き》まり4 中《なか》が先《さき》

左《ひだり》・中《なか》・右《みぎ》の三《みっ》つに分《わ》けられ、中《なか》が

縦、左右の線が一つか二つなら、中から書《か》きます。

小小小

なかま 少、京、水

注意 「火《ひ》」は、中《なか》を最後《さいご》に書《か》きます。

火火火火

なかま 秋、炭

決《き》まり❺ 外《そと》が先《さき》

外《そと》から囲《かこ》むような形《かたち》の漢字《かんじ》は、外《そと》から書《か》きます。ただし、囲《かこ》む形《かたち》の底《そこ》のようになっている横線《よこせん》は、最後《さいご》に書《か》きます。

目目目目目

なかま 国、同、日

注意 「区《く》」は、次《つぎ》のように書《か》きます。

区区区区

なかま 医

決《き》まり❻ はらいは左《ひだり》が先《さき》

左《ひだり》にはらう線《せん》と右《みぎ》にはらう線《せん》が交《まじ》わったり、接したりしている場合《ばあい》は、左《ひだり》にはらう線《せん》を先《さき》に書《か》きます。

人人

なかま 入、欠、金

決《き》まり❼ くしの縦線《たてせん》は最後《さいご》

字《じ》の全体《ぜんたい》をくしでさすように、縦《たて》に通《とお》る線《せん》は、最後《さいご》に書《か》きます。

中中中中

なかま 申、車、事、半

■縦線《たてせん》の上《うえ》か下《した》がとび出《だ》していなくても、縦線《たてせん》は最後《さいご》に書《か》きます。

平平平平平

なかま 争、洋、評

決《き》まり❽ 横《よこ》につらぬく線《せん》は最後《さいご》

字《じ》の全体《ぜんたい》を横《よこ》につらぬく横線《よこせん》は、最《さい》後《ご》に書《か》きます。

女女女

なかま 子、母、毎

決《き》まり❾ 短《みじか》いほうが先《さき》

横《よこ》の線《せん》と左《ひだり》にはらう線《せん》が交《まじ》わるときは、はらう線《せん》と横線《よこせん》の長《なが》さで筆順《ひつじゅん》が変《か》わります。

■はらう線《せん》が短《みじか》く、横線《よこせん》が長《なが》いときは、はらう線《せん》を先《さき》に書《か》きます。

右右右右右

なかま 有、布、希

■横線《よこせん》が短《みじか》く、はらう線《せん》が長《なが》いときは、横線《よこせん》を先《さき》に書《か》きます。

左左左左左

なかま 友、在、存

●とくに注意《ちゅうい》すべき筆順《ひつじゅん》

曲《ま》がる横線《よこせん》と左《ひだり》にはらう線《せん》の漢字《かんじ》では、筆順《ひつじゅん》はまちまちです。「九《きゅう》」「及《きゅう》」などでは左《ひだり》はらいが先《さき》ですが、「万《まん》」「力《ちから》」「刀《かたな》」などは、曲《ま》がる横線《よこせん》が先《さき》です。

九九

万万万

歌

14画《かく》　欠《あくび》の部《ぶ》

音　カ

訓　うた　うたう

歌詞《かし》・歌手《かしゅ》・国歌《こっか》・和歌《わか》・歌声《うたごえ》・かえ歌《うた》・鼻歌《はなうた》

校歌《こうか》を歌《うた》う

なりたち

「可《か》（のどで声《こえ》を曲《ま》げて出《だ》す）」を二《ふた》つ並《なら》べ、それに「欠（人《ひと》が口《くち》をあける）」を加《くわ》えて、ふしをつけて「うたう」ことを表《あらわ》す。

2年《ねん》

歌《うた》がうまい

この字《じ》のヒミツ

◆「歌《うた》」は三《みっ》つの漢字《かんじ》でできている。左側《ひだりがわ》には「可」が二《ふた》つ、右側《みぎがわ》には「欠」。これらの漢字《かんじ》を習《なら》うときには、「歌《うた》」を思《おも》い出《だ》してね。

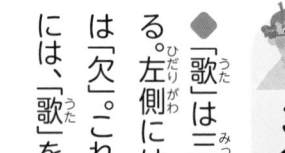

止

4 画《かく》 止《とめる》の部《ぶ》

音 シ

訓 とまる　とめる

休止《きゅうし》・禁止《きんし》・止血《しけつ》・中止《ちゅうし》・停止《ていし》・防止《ぼうし》

水道《すいどう》が止《と》まる

動《うご》きを止《と》める

なりたち

人《ひと》の足《あし》をえがいた形《かたち》。「とどまる」ことを表《あらわ》す。

けんかを止《と》める

どの
せんも
まっすぐ
ぴたっ
ぴたっ
よこに
でるよ
①
②
③
④

とくべつな読《よ》み方《かた》

波止場《はとば》

この字《じ》のヒミツ

◆「止《と》まる」「留《と》まる」「泊《と》まる」のちがいに注意《ちゅうい》。「車《くるま》が止《と》まる」「心《こころ》に留《と》まる」「宿《やど》に泊《と》まる」など使《つか》い分《わ》けるよ。

2年《ねん》

歩

8 画《かく》　止《とめる》の部《ぶ》

音
ホ
（ブ）
（フ）

訓
あるく
あゆむ

進歩《しんぽ》・徒歩《とほ》
歩合《ぶあい》
（将棋《しょうぎ》の）歩兵《ふひょう》
林《はやし》を歩《ある》く
歩《あゆ》みを止《と》める

なりたち

↓

↓
歩（步）

もとの字《じ》は「步」。左足《ひだりあし》と右足《みぎあし》を合《あ》わせた字《じ》。足《あし》を交互《こうご》に出《だ》して「あるく」ことを表《あらわ》す。

みんなで歩《ある》く

この字《じ》のヒミツ

◆「歩《ほ》」は「止」と「少」の二字《にじ》でできている。「止《と》まってから少《すこ》し歩《ある》く」と覚《おぼ》えておくと、「走《そう》（はしる）」とまちがえないよ。

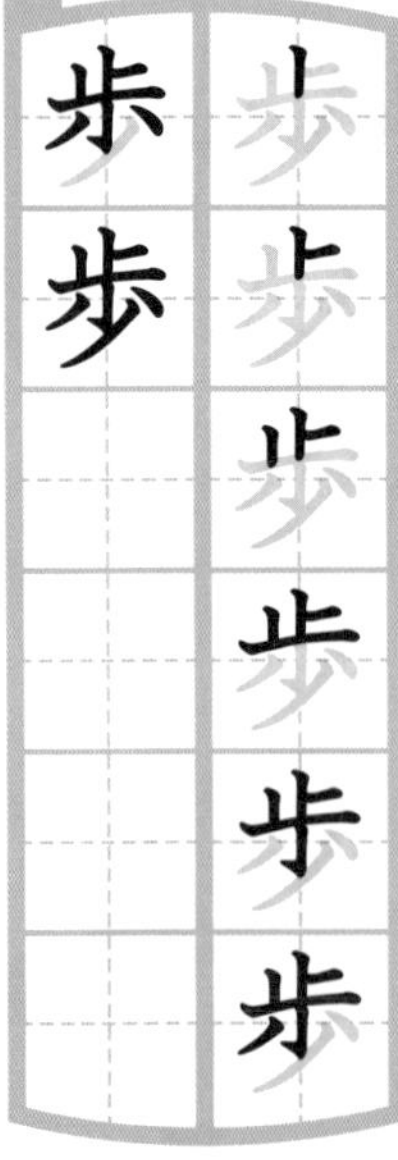

母《はは》とさんぽに行《い》く

母

5 画《かく》　母の《ははのかん》部《ぶ》

音　ボ

訓　はは

祖《そ》母《ぼ》・父《ふ》母《ぼ》・母《ぼ》音《いん》・母《ぼ》校《こう》・母《ぼ》国《こく》・母《ぼ》子《し》・母《ぼ》体《たい》・母《ぼ》乳《にゅう》
母《はは》上《うえ》・母《はは》方《かた》・必要《ひつよう》は発明《はつめい》の母《はは》

なりたち

「女」に乳房《ちぶさ》を示《しめ》す二《ふた》つの点《てん》をつけて、子《こ》どもを産《う》む「ははおや」を表《あらわ》す。

ここから
かいてね
かくっ
①
②
③
④
⑤
ぴたっ
すこし
ながい
かくっ
ぴょん

とくべつな読《よ》み方《かた》

乳母《うば》・母《かあ》さん

この字《じ》のヒミツ

◆よその人《ひと》に「うちのママが」「ぼくのお母《かあ》さんが」と言《い》うのは、子《こ》どもっぽい。大人《おとな》になったら「母《はは》が」と言《い》おう。

2年《ねん》

毎

毎《まい》日《にち》歌《うた》う

6 画《かく》 母《ははのかん》の部《ぶ》

音 マイ

訓 —

毎朝《まいあさ》・毎回《まいかい》・毎時《まいじ》・毎週《まいしゅう》・毎度《まいど》・毎年《まいとし》・毎日《まいにち》・毎晩《まいばん》

なりたち

 → 毎(每)

もとの字《じ》は「每」。「母」と「屮(草《くさ》の芽《め》)」で、「ふえる」ことや、ふえた「一《ひと》つ一《ひと》つ」を表《あらわ》す。

この字《じ》のヒミツ

◆お店《みせ》の人《ひと》がよく言《い》う「まいどあり」は、「毎度《まいど》ありがとうございます」を短《みじか》くしたもの。さらに短《みじか》く、「まいど」とだけ言《い》う人《ひと》もいるよね。

2年《ねん》

毛

4画《かく》 毛《け》の部《ぶ》

訓 け

音 モウ

羽毛《うもう》・不毛《ふもう》・毛髪《もうはつ》・毛筆《もうひつ》・毛布《もうふ》・羊毛《ようもう》・毛糸《けいと》・毛皮《けがわ》・毛玉《けだま》・毛虫《けむし》

なりたち

毛

細《ほそ》く分《わ》かれてはえている獣《けもの》の「け」をえがいた形《かたち》。

かみの毛《け》も ぬれる

さいごは ジャンプ
かく むきを よく みてね
① ② ③ ④
まるく まがる

にている字《じ》

ヒ　モ　手 ▶81　王 ▶97

この字《じ》のヒミツ

◆人間《にんげん》の体《からだ》には、「かみの毛《け》」「まつ毛《げ》」「まゆ毛《げ》」「鼻毛《はなげ》」「すね毛《げ》」などの毛《け》が生《は》えている。体《からだ》の毛《け》は「体毛《たいもう》」ともいうよ。

池

6画《かく》　氵《さんずい》の部《ぶ》

2年《ねん》

音 チ

訓 いけ

乾電池《かんでんち》・蓄電池《ちくでんち》・貯水池《ちょすいち》・遊水池《ゆうすいち》・ため池《いけ》・古池《ふるいけ》

なりたち

「也（うねうね曲《ま》がる）」と「氵（水《みず》）」で、曲《ま》がりくねった「いけ」を表《あらわ》す。

池《いけ》を見《み》る

かくっと
まがって
ぴょん
ななめに
ぴゅっ
ジャンプ！
まるく
まがる

この字《じ》のヒミツ

◆「電池《でんち》」は、水《みず》をためる池《いけ》のように電気《でんき》をためておくものという意味《いみ》で、「池《いけ》」の字《じ》を使《つか》う。「地《ち》」とまちがえやすいので、気《き》をつけよう。

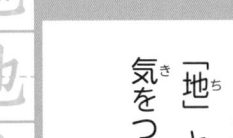

汽

7 画《かく》 氵《さんずい》の部《ぶ》

音 キ

訓 ―

汽《き》車《しゃ》・汽《き》船《せん》・汽《き》笛《てき》

なりたち

「气《き》（ガスがたちのぼる）」と「氵（水《みず》）」で、湯《ゆ》をわかしたときに出《で》る「ゆげ」を表《あらわ》す。

汽《き》車《しゃ》にのる

わすれない
かくっ
ジャンプ
すこしまあるく
ななめにぴゅっ

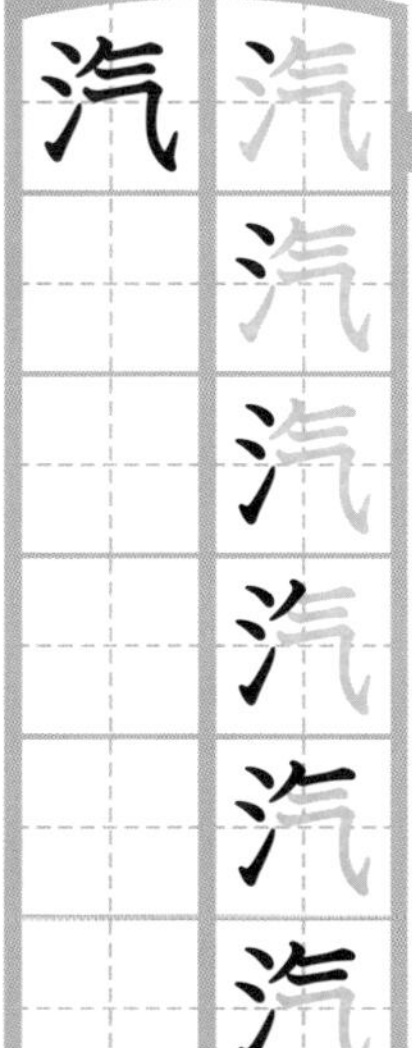

この字《じ》のヒミツ

◆「汽《き》」と「気《き》」の使《つか》い分《わ》けに気《き》をつけよう。「蒸気機関車《じょうききかんしゃ》」が先頭《せんとう》を走《はし》る列車《れっしゃ》は、「汽車《きしゃ》」。船《ふね》が鳴《な》らすのは「汽笛《きてき》」。

2年《ねん》

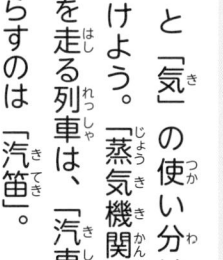

海

9 画《かく》 氵《さんずい》の部《ぶ》

音 カイ

訓 うみ

海外《かいがい》・海岸《かいがん》・海水浴《かいすいよく》・海底《かいてい》・海流《かいりゅう》・航海《こうかい》・樹海《じゅかい》・深海《しんかい》・海鳥《うみどり》・海辺《うみべ》

なりたち

もとの字《じ》は「海」。「毎（暗《くら》いところから出《で》る）」と「氵（水《みず》）」で、深《ふか》くて暗《くら》い「うみ」を表《あらわ》す。

海《うみ》であそぶ

ななめに ぴゅっ
かくっ
かくっ
ぴょん

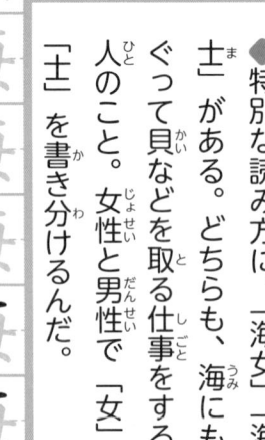

この字《じ》のヒミツ

◆特別《とくべつ》な読《よ》み方《かた》に、「海女《あま》」「海《あ》士《ま》」がある。どちらも、海《うみ》にもぐって貝《かい》などを取《と》る仕事《しごと》をする人《ひと》のこと。女性《じょせい》と男性《だんせい》で「女」「士」を書《か》き分《わ》けるんだ。

海
海
海
海
海
海
海
海
海

2年《ねん》

活

9画《かく》　氵《さんずい》の部《ぶ》

音 カツ

活気《かっき》・活字《かつじ》・活動《かつどう》・活発《かっぱつ》・活躍《かつやく》・死活《しかつ》・自活《じかつ》・生活《せいかつ》・部活動《ぶかつどう》・復活《ふっかつ》

訓 ―

活発《かっぱつ》な話《はな》し合《あ》い

なりたち

舌

「舌《かつ》（なめらかに通《とお》す）」と「氵（水《みず》）」で、水《みず》が「いきおいよく」流《なが》れることを表《あらわ》す。

活
ぴたっ
かくっ
なめらかに
ななめに
ぴゅっ

活 活 活

活 活 活 活 活 活

この字《じ》のヒミツ

◆「活《かつ》」は「話《わ》」と形《かたち》が似《に》ているので、気《き》をつけて。◆「活用《かつよう》する」の意味《いみ》で、「いかす」を「活《い》かす」と書《か》くこともあるよ。

点

9画《かく》　灬《れっか》の部《ぶ》

音　**テン**

句読点《くとうてん》・終点《しゅうてん》・頂点《ちょうてん》・点火《てんか》・点字《てんじ》・点線《てんせん》・同点《どうてん》・得点《とくてん》・満点《まんてん》

訓　—

百点《ひゃくてん》をとるぞ

なりたち

もとの字《じ》は「點」。「占（くっつく）」と「黒《くろ》（くろい）」で、黒《くろ》いしみ、「てん」を表《あらわ》す。

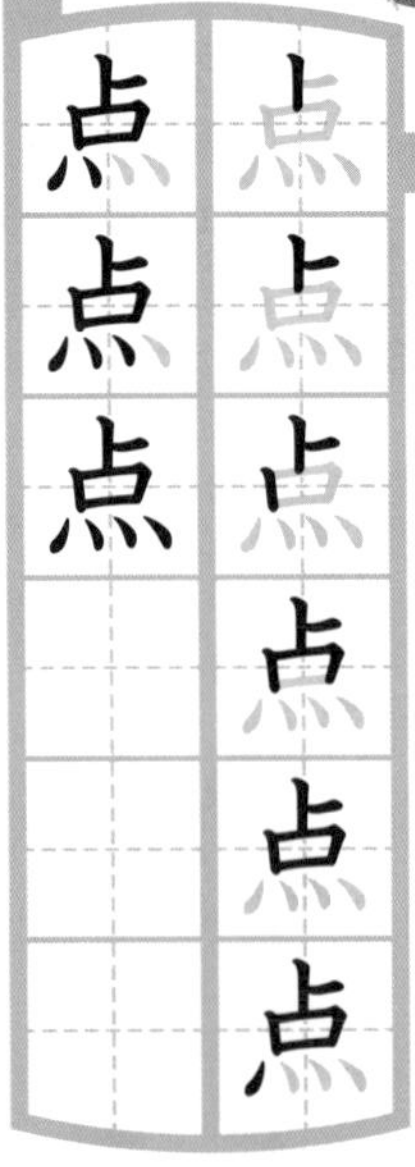

この字《じ》のヒミツ

◆かたかなの「卜」、漢字《かんじ》の「口《くち》」と四《よっ》つの点《てん》でできている。四《よっ》つの点《てん》のうち、いちばん左《ひだり》の点《てん》だけ向《む》きがちがうよ。

父

4 画《かく》 **父《ちち》の部《ぶ》**

音 **フ**

訓 **ちち**

祖父《そふ》・父兄《ふけい》・父子《ふし》・父母《ふぼ》・赤十字《せきじゅうじ》の父《ちち》・父上《ちちうえ》・父親《ちちおや》・父方《ちちかた》

なりたち

「丨（石《いし》おの）」と「又（手《て》）」を合《あ》わせた形《かたち》。おのを持《も》つ「ちち」を表《あらわ》す。

父《ちち》とあそぶ

とくべつな読《よ》み方《かた》

父《とう》さん・伯父《おじ》

この字《じ》のヒミツ

◆何《なに》かを中心《ちゅうしん》となって始《はじ》めた人《ひと》を、「父《ちち》」や「母《はは》」にたとえ、「建国《けんこく》の父《ちち》」「保護活動《ほごかつどう》の母《はは》」などとよぶよ。

2年《ねん》

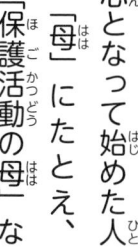

2年《ねん》

牛

4画《かく》 牛《うし》の部《ぶ》

音 ギュウ

牛舎《ぎゅうしゃ》・牛耳《ぎゅうじ》る・牛肉《ぎゅうにく》・牛乳《ぎゅうにゅう》・水牛《すいぎゅう》・闘牛《とうぎゅう》

訓 うし

親牛《おやうし》・子牛《こうし》

なりたち

↓牛

つのの生《は》えた「うし」の頭《あたま》をえがいた形《かたち》。

大《おお》きな牛《うし》

とくべつな読《よ》み方《かた》

牛車《ぎっしゃ》

この字《じ》のヒミツ

◆千年《せんねん》くらい前《まえ》の日本《にほん》では、身《み》分《ぶん》の高《たか》い人《ひと》が外出《がいしゅつ》するときに、「牛車《ぎっしゃ》」という牛《うし》に引《ひ》かせる車《くるま》を使《つか》ったんだよ。

理

料理《りょうり》をする

11画《かく》　王《おう》の部《ぶ》

音　リ

修《しゅう》理《り》・真《しん》理《り》・推《すい》理《り》・整《せい》理《り》・道《どう》理《り》・理《り》科《か》・理《り》解《かい》・理《り》想《そう》・理《り》由《ゆう》・料《りょう》理《り》・理《り》論《ろん》

訓　—

なりたち

「里《り》（縦横《たてよこ》に道《みち》を通《とお》す）」と「王（玉《たま》）」で、「すじめ」にそって玉《たま》をみがくことを表《あらわ》す。

うえにでない
よこにまっすぐ
ななめにぴゅっ
ながくかくよ

この字《じ》のヒミツ

◆三年生《さんねんせい》から始《はじ》まる「理科《りか》」は、自然《しぜん》のさまざまなはたらきや変化《へんか》を見《み》つけ、「なぜだろう」と「理由《りゆう》」を考《かんが》えることが大事《だいじ》な科目《かもく》だよ。

2年《ねん》

パーティーの用意《ようい》

用

5 画《かく》 用《もちいる》の部《ぶ》

音 **ヨウ**

応用《おうよう》・活用《かつよう》・急用《きゅうよう》・実用《じつよう》・費用《ひよう》・用意《ようい》・用具《ようぐ》・用語《ようご》・用事《ようじ》・用品《ようひん》・利用《りよう》

訓 **もち**いる

道具《どうぐ》を用《もち》いる

なりたち

用

「卜（卜形《がた》のしるし）」と「冂（つつ）」で、上《うえ》から下《した》におし通《とお》して「つかう」ことを表《あらわ》す。

にている字《じ》

田 ▶101
内 ▶139
肉 ▶252
油 ▶337

この字《じ》のヒミツ

◆「日用品《にちようひん》」は、ふだんの生活《せいかつ》に使《つか》う品々《しなじな》のこと。家《いえ》にあるものでも、お正月《しょうがつ》など特別《とくべつ》なときに使《つか》うものは「日用品《にちようひん》」ではないよ。

画

8画《かく》　田《た》の部《ぶ》

音
ガ
カク

訓
—

絵画《かいが》・画家《がか》・画像《がぞう》・画板《がばん》・画用紙《がようし》・図画《ずが》・版画《はんが》・画数《かくすう》・企画《きかく》・区画《くかく》・計画《けいかく》

なりたち

畫 ↓ 畫（画）

もとの字《じ》は「畫」。「聿（ふで）」と「田（はたけ）」と「凵（くぎる）」で、「くぎる」ことを表《あらわ》す。

みらいの計画《けいかく》

うえにでない
かくっ
かくっ
したにでない

この字《じ》のヒミツ

◆日本《にほん》には江戸時代《えどじだい》から「漫画《まんが》」があったよ。江戸時代《えどじだい》の漫画《まんが》は、言葉《ことば》はほとんどなく、絵《え》だけで見《み》る人《ひと》を楽《たの》しませるものだった。

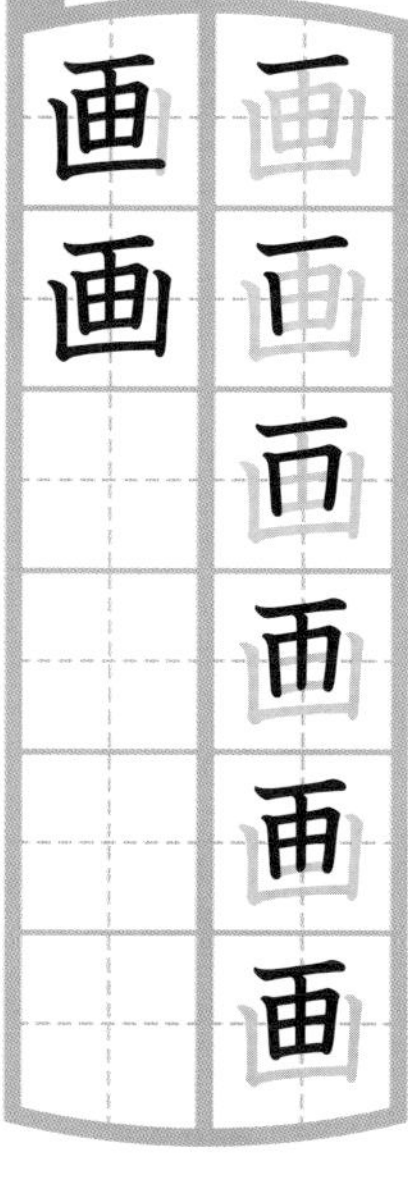

番

12画《かく》 田《た》の部《ぶ》

音 バン

一番目《いちばんめ》・交番《こうばん》・週番《しゅうばん》・当番《とうばん》・番組《ばんぐみ》・番犬《ばんけん》・番号《ばんごう》・番地《ばんち》・番人《ばんにん》・門番《もんばん》

訓 —

なりたち

→ → 番

「釆（まきちらす）」と「田（はたけ）」で、種《たね》をはたけにまくことを表《あらわ》す。

一番《いちばん》に見《み》つける

ななめに
ぴゅっ
ななめに
ぴたっ
番
「米《こめ》」と「田《た》」がかくれているよ

番 番 番 番 番 番
番 番 番 番 番 番

この字《じ》のヒミツ

◆「一番《いちばん》」がつく言葉《ことば》に、「一番星《いちばんぼし》（夕方《ゆうがた》、最初《さいしょ》に見《み》える星《ほし》）」、「一番鶏《いちばんどり》（朝《あさ》、最初《さいしょ》に鳴《な》くニワトリ）」などがあるよ。

直

こわれた たいこを 直《なお》す

8 画《かく》 目《め》の部《ぶ》

音

チョク 率直《そっちょく》・直接《ちょくせつ》・直線《ちょくせん》・直角《ちょっかく》・直結《ちょっけつ》

ジキ 直伝《じきでん》・直筆《じきひつ》・正直《しょうじき》

訓

ただちに 直《ただ》ちに出発《しゅっぱつ》する

なおす 服装《ふくそう》を直《なお》す

なおる カメラが直《なお》る

なりたち

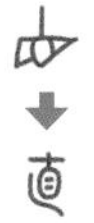

↓直

「丨(まっすぐ)」の変形《へんけい》「十」と「目(め)」と「乚(かくす)」で、「まっすぐ」の意味《いみ》を表《あらわ》す。

たてに まっすぐ
ぴたっ
まっすぐ おりて かくっ
まっすぐ はしって ぴたっ

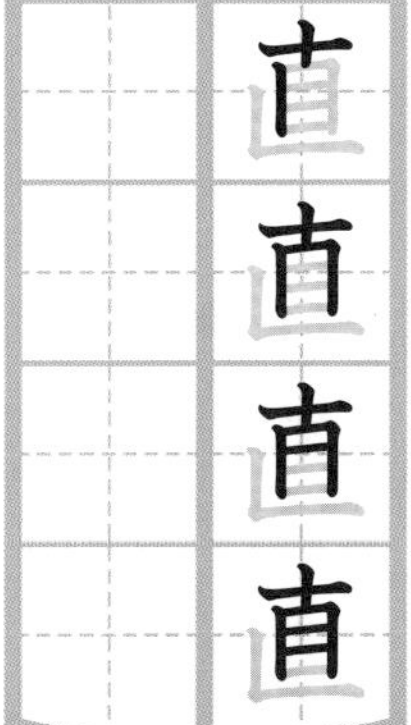

この字《じ》のヒミツ

◆「なおす」には「治」という字《じ》を使《つか》う場《ば》合《あい》もある。物《もの》を修《しゅう》理《り》するときは「直《なお》す」、お医《い》者《しゃ》さんが治《ち》療《りょう》をするのは「治《なお》す」だよ。

矢

5画《かく》 矢《や》の部《ぶ》

2年《ねん》

音 （シ）

訓 や

一矢《いっし》を報《むく》いる
毒矢《どくや》・矢面《やおもて》・
矢車《やぐるま》・矢先《やさき》・
矢印《やじるし》・矢継《やつ》ぎ早《ばや》・
弓矢《ゆみや》

なりたち

「や」のすがたをえがいた形《かたち》。

たくさんの矢《や》じるし

にている字《じ》

天 ▶67
牛 ▶230
央 ▶307
失 ▶384

この字《じ》のヒミツ

◆「一矢《いっし》を報《むく》いる」は、自分《じぶん》を攻《こう》撃《げき》する人《ひと》に対《たい》して、少《すこ》しだけ攻撃《こうげき》し返《かえ》すこと。議論《ぎろん》をたたかわせているときなどにも使《つか》う言葉《ことば》だよ。

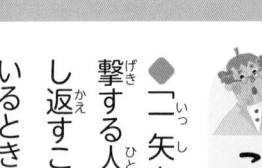

知

読《よ》み方《かた》を知《し》る

8画《かく》 矢《や》の部《ぶ》

音 チ

訓 し・る

承知《しょうち》・知識《ちしき》・知人《ちじん》・知性《ちせい》・知能《ちのう》・通知《つうち》・予知《よち》・新《あたら》しい漢字《かんじ》を知《し》る・物知《ものし》り

なりたち

「矢（まっすぐ飛《と》ぶ）」と「口（いう）」で、矢《や》のようにまっすぐずばりと「言《い》い当《あ》てる」ことを表《あらわ》す。

この字《じ》のヒミツ

◆おたがいに相手《あいて》がだれかを知《し》っている人《ひと》を「知《し》り合《あ》い」または「知人《ちじん》」というよ。「知人《ちじん》」は「友人《ゆうじん》」ほど親《した》しくはない。

王《おう》さまは社交的《しゃこうてき》

社

7画《かく》　ネ《しめすへん》の部《ぶ》

音 シャ

訓 やしろ

会社《かいしゃ》・社員《しゃいん》・社会《しゃかい》・社交《しゃこう》・社寺《しゃじ》・出社《しゅっしゃ》・神社《じんじゃ》・退社《たいしゃ》・入社《にゅうしゃ》・本社《ほんしゃ》

古《ふる》い社《やしろ》

なりたち

もとの字《じ》は「社」。「土（盛《も》り上《あ》げた土《つち》）」と「示（神《かみ》）」で、土地《とち》の神《かみ》や「やしろ」を表《あらわ》す。

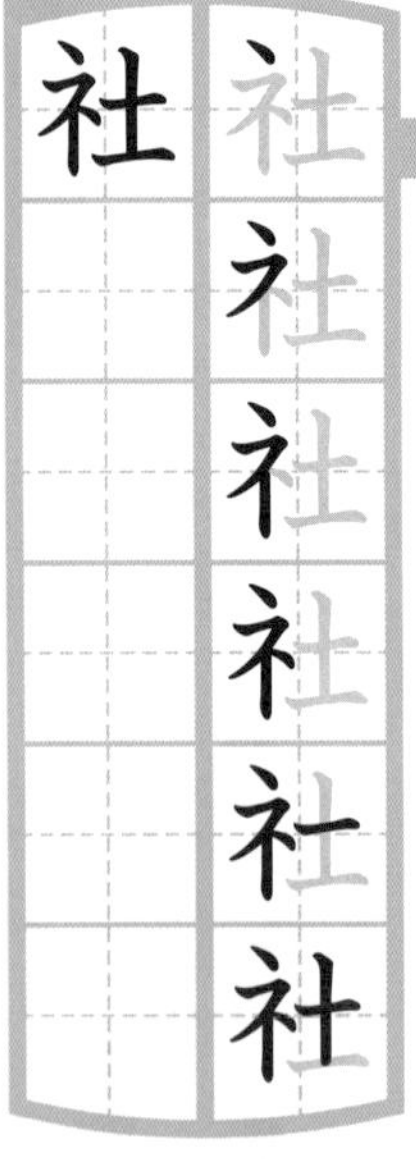

この字《じ》のヒミツ

◆「社《しゃ》」の左側《ひだりがわ》の「ネ（しめすへん）」は、神《かみ》さまに関係《かんけい》のある字《じ》によく使《つか》われるよ。「複《ふく》」や「補《ほ》」の「ネ（ころもへん）」と似《に》ているので気《き》をつけて。

2年《ねん》

科

9画《かく》　禾《のぎへん》の部《ぶ》

教科書《きょうかしょ》を読《よ》む

音　カ

科学《かがく》・学科《がっか》・科目《かもく》・教《きょう》科書《かしょ》・前科《ぜんか》・百《ひゃっ》科事典《かじてん》・理科《りか》

訓　—

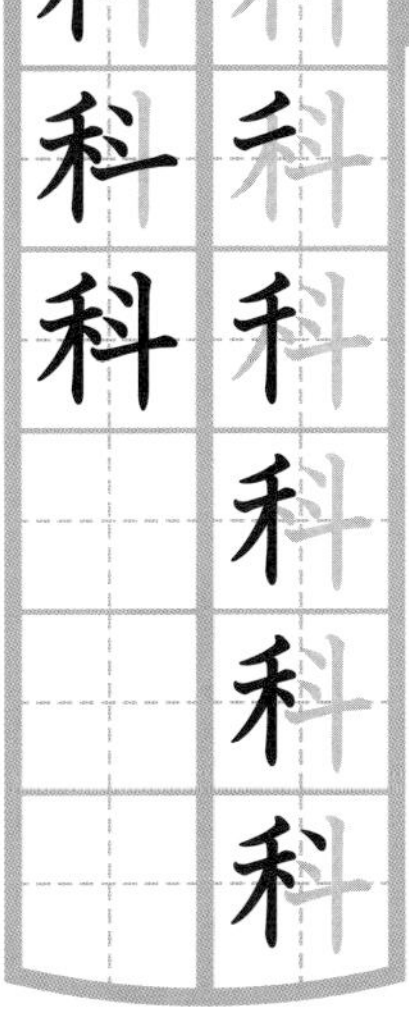

なりたち

「禾《か》（イネ）」と「斗（米《こめ》を量《はか》るます）」で、ますで検査《けんさ》し、「分類《ぶんるい》」ごとに分《わ》けることを表《あらわ》す。

この字《じ》のヒミツ

◆病院《びょういん》の「科《か》」は、何《なに》を専門《せんもん》に診察《しんさつ》するかを表《あらわ》すよ。子《こ》どもの病気《びょうき》を専門《せんもん》にみる小児科《しょうにか》、目《め》の病気《びょうき》を専門《せんもん》にみる眼科《がんか》、歯《は》を専門《せんもん》にみる歯科《しか》など。

秋

9画《かく》 禾《のぎへん》の部《ぶ》

音 シュウ

訓 あき

秋分《しゅうぶん》の日《ひ》・春《しゅん》夏《か》秋《しゅう》冬《とう》・初秋《しょしゅう》・立秋《りっしゅう》・秋風《あきかぜ》・秋口《あきぐち》・秋雨《あきさめ》・秋空《あきぞら》

なりたち

「禾（イネ）」と「火（ひ）」で、干《ほ》したイネを火《ひ》でかわかすようすを示《しめ》し、取《と》り入《い》れのときである「あき」を表《あらわ》す。

秋《あき》になる

この字のヒミツ

◆秋《あき》は天候《てんこう》がすずしく、運動《うんどう》や勉《べん》強《きょう》がしやすく、食《た》べ物《もの》がおいしい季《き》節《せつ》。そこで、「スポーツの秋《あき》」「読《どく》書《しょ》の秋《あき》」「食欲《しょくよく》の秋《あき》」などという。

答

12画《かく》 竹《たけ》の部《ぶ》

音 **トウ**

応答《おうとう》・回答《かいとう》・解答《かいとう》・答案《とうあん》・返答《へんとう》・名答《めいとう》・問答《もんどう》

訓 **こたえる**

質問《しつもん》に答《こた》える

こたえ

受《う》け答《こた》え

なりたち

「竹（たけ）」と「合（あわせる）」で、ふたがぴったりかぶさるようすを示《しめ》し、問《と》いに合《あ》わせて「こたえる」ことを表《あらわ》す。

答《こた》えを言《い》う

この字《じ》のヒミツ

◆問題《もんだい》を解《と》いてわかった答《こた》えを「解答《かいとう》」、アンケートなどの質問《しつもん》の答《こた》えを「回答《かいとう》」と、使《つか》い分《わ》けることがあるよ。

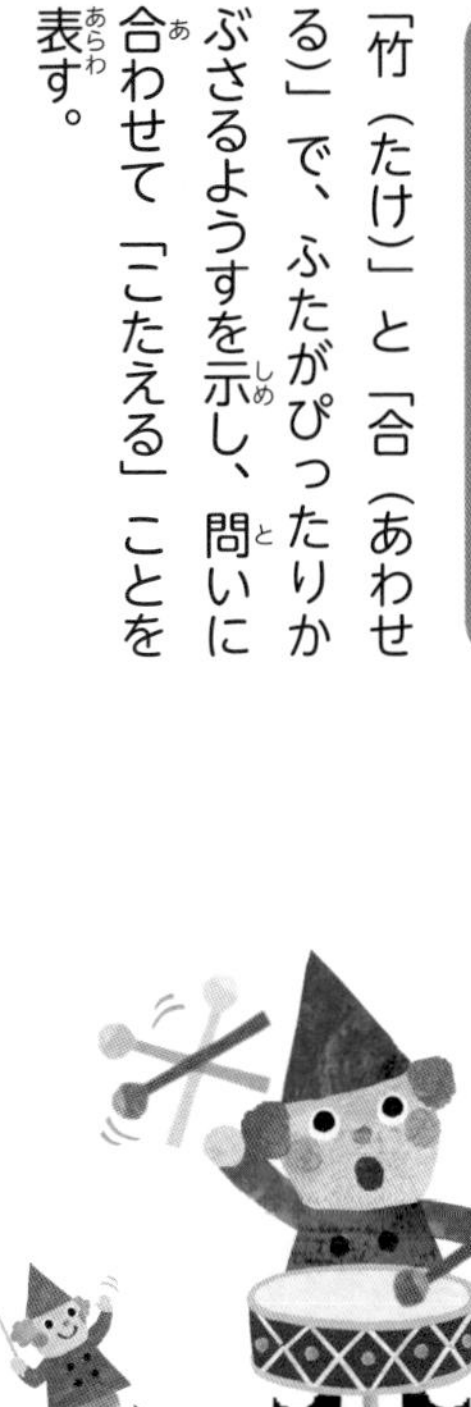

算

14画《かく》 竹《たけ》の部《ぶ》

音 サン

訓 —

暗算《あんざん》・計算《けいさん》・決算《けっさん》・誤算《ごさん》・採算《さいさん》・算出《さんしゅつ》・算数《さんすう》・勝算《しょうさん》・精算《せいさん》・打算《ださん》・通算《つうさん》・予算《よさん》

なりたち

「竹（たけ）」と「具（そろえる）」で、竹《たけ》の棒《ぼう》をそろえて「かぞえる」ことを表《あらわ》す。

9
8
5
1/3

算数《さんすう》のべんきょう

ななめに
ぴゅっ
ななめに
ぴたっ
ぴたっ
ぴたっ
なめらかに

この字のヒミツ

◆小学生《しょうがくせい》に身近《みぢか》な「算《さん》」のつく言葉《ことば》といえば、「算数《さんすう》」。二年生《にねんせい》の算数《さんすう》では「かけ算《ざん》」を学《まな》び、九九《くく》を覚《おぼ》える。三年生《さんねんせい》では「わり算《ざん》」を学《まな》ぶよ。

米

6画《かく》 米《こめ》の部《ぶ》

音 ベイ マイ

欧米《おうべい》・渡米《とべい》・日米首脳会談《にちべいしゅのうかいだん》・米国《べいこく》・米作《べいさく》・米飯《べいはん》

新米《しんまい》・精米《せいまい》・白米《はくまい》

訓 こめ

米粒《こめつぶ》・もち米《ごめ》

なりたち

「ニ」のしるしの上下《じょうげ》に、細《こま》かな米粒《こめつぶ》が点々《てんてん》と散《ち》らばっているようすをえがいた形《かたち》。

米《こめ》をはこぶ

この字《じ》のヒミツ

◆古《ふる》くはアメリカのことを「亜《あ》米《め》利《り》加《か》」と書《か》き、「亜《あ》米《め》利《り》加《か》合《がっ》衆《しゅう》国《こく》」を短《みじか》くして「米国《べいこく》」と書《か》くようになった。中国語《ちゅうごくご》では「美利堅合衆国」「美国」と書《か》くよ。

2年《ねん》

紙《かみ》に字《じ》を書《か》く

紙

10画《かく》 糸《いと》の部《ぶ》

音 シ

訓 かみ

紙上《しじょう》・紙面《しめん》・全国紙《ぜんこくし》・白紙《はくし》・表紙《ひょうし》・用紙《ようし》・和紙《わし》・折《お》り紙《がみ》・紙切《かみき》れ・ちり紙《がみ》

なりたち

「氏《し》(うすく平《たい》らなスプーン)」と「糸(いと)」で、繊維《せんい》をうすくのばした「かみ」を表《あらわ》す。

この字《じ》のヒミツ

◆テスト用紙《ようし》に答《こた》えを一《ひと》つも書《か》いていないことを「白紙《はくし》」とよぶ。もし白紙《はくし》で提出《ていしゅつ》したら、そのテストの点数《てんすう》は、もちろん0点《てん》だ。

2年《ねん》

細

11画《かく》　糸《いと》の部《ぶ》

音　サイ

訓　ほそい　ほそる　こまか　こまかい

細工《さいく》・細心《さいしん》
細《ほそ》い筆《ふで》で書《か》く
食《しょく》が細《ほそ》る
細《こま》かに話《はな》す
細《こま》かい砂《すな》

細《こま》かい字《じ》

なりたち

「囟（小《ちい》さくて細《ほそ》い）」の変形《へんけい》「田」と「糸（いと）」で、絹《きぬ》糸《いと》のように「ほそい」ことを表《あらわ》す。

細《ほそ》い
ふえを
ふくよ
かくっ
かくっ
かくっ
ぴたっ

この字《じ》のヒミツ

◆「細《ほそ》い」の反対語《はんたいご》は「太《ふと》い」。細字《ほそじ》⇔太字《ふとじ》など。◆送《おく》りがなに気《き》をつけて。「細《ほそ》い」「細《こま》かい」を、しっかり書《か》き分《わ》けよう。

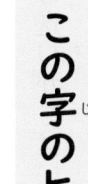

2年《ねん》

組

11画《かく》 糸《いと》の部《ぶ》

音 ソ

訓 くむ くみ

組織《そしき》・組成《そせい》
腕《うで》を組《く》む・骨組《ほねぐ》み
赤組《あかぐみ》と白組《しろぐみ》・
組合《くみあい》・組曲《くみきょく》・
三組《さんくみ》・番組《ばんぐみ》

なりたち

「且《そ》（いくつも重《かさ》ねる）」と「糸（いと）」で、糸《いと》を重《かさ》ねて編《あ》んだひもで「くむ」ことを表《あらわ》す。

二人《ふたり》一《ひと》組《くみ》になる

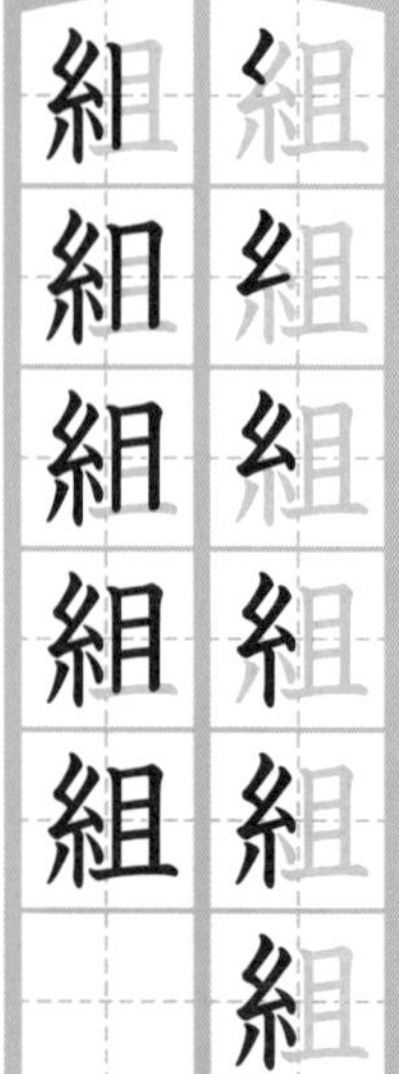

この字《じ》のヒミツ

◆「赤組《あかぐみ》」「一組《いちくみ》」など、物《もの》の名前《なまえ》のときは送《おく》りがなはいらない。「組《く》み合《あ》う」「手《て》を組《く》む」など、動《うご》きを表《あらわ》すときは送《おく》りがながいるよ。

2年《ねん》

絵《え》をかく

絵

12画《かく》 糸《いと》の部《ぶ》

音 カイ エ

訓 ―

絵画《かいが》
絵《え》日記《にっき》・絵《え》の具《ぐ》・
絵《え》葉書《はがき》・絵《え》本《ほん》・
似《に》顔《がお》絵《え》・塗《ぬ》り絵《え》

なりたち

もとの字《じ》は「繪」。「會《かい》（多《おお》くのものを集《あつ》める）」と「糸（いと）」で、色《いろ》を取《と》り合《あ》わせて描《えが》く「え」を表《あらわ》す。

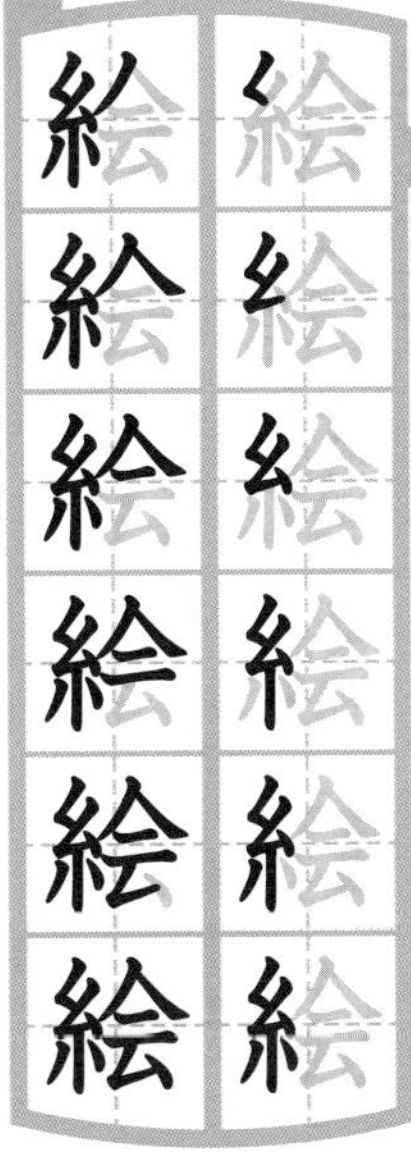

この字《じ》のヒミツ

◆「かい」の読《よ》み方《かた》は「絵画《かいが》」でしか使《つか》わない。でも、「絵画《かいが》」という言葉《ことば》はよく使《つか》うので、しっかり覚《おぼ》えておこう。

線

15画《かく》　糸《いと》の部《ぶ》

音　セン

光線《こうせん》・水平線《すいへいせん》・線香《せんこう》・線路《せんろ》・直線《ちょくせん》・鉄線《てっせん》・点線《てんせん》・電線《でんせん》・白線《はくせん》・本線《ほんせん》

訓　—

なりたち

↓泉

「泉《せん》」は、岩穴《いわあな》から出《で》る細《ほそ》い水《みず》。それに「糸（いと）」を合《あ》わせて、糸《いと》のように細《ほそ》い「せん」を表《あらわ》す。

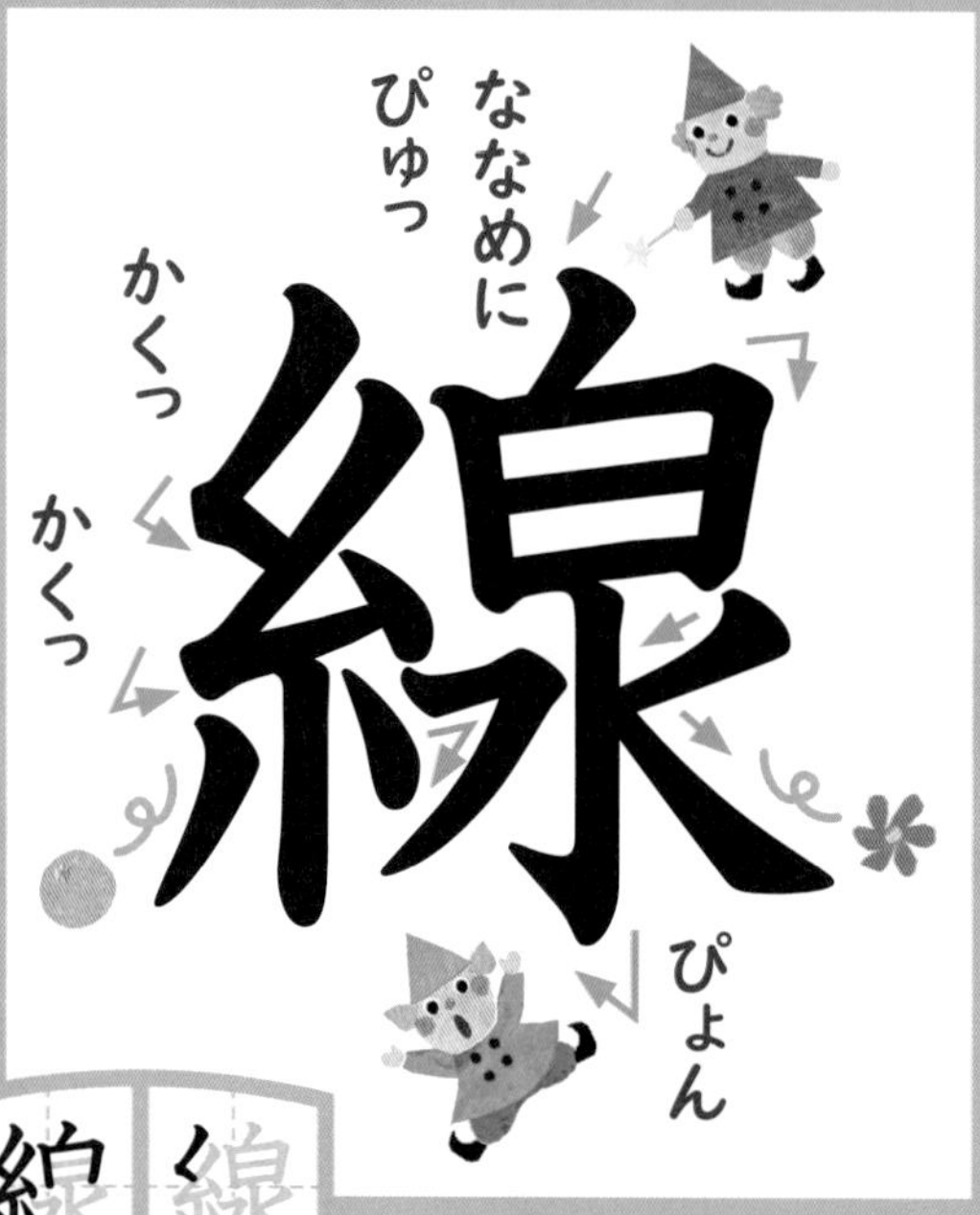

この字《じ》のヒミツ

◆えんぴつやペンで書《か》いたのではない「線《せん》」に、電線《でんせん》、新幹線《しんかんせん》、赤外線《せきがいせん》などがある。◆「綿《わた》」の字《じ》とまちがえないでね。

2年《ねん》

羽

6画《かく》 羽《はね》の部《ぶ》

音 （ウ）

訓 は はね

羽《う》毛《もう》

小鳥《ことり》十《じっ》羽《ぱ》・白《しら》羽《は》・

羽《は》音《おと》・羽《は》車《ぐるま》・

羽《は》子《ご》板《いた》・羽《は》根《ね》つき

鳥《とり》が羽《はね》を広《ひろ》げる

なりたち

↓羽

鳥《とり》の二枚《にまい》の「はね」をえがいた形《かたち》。

白《しろ》い羽《はね》のニワトリ

かくっ
ななめに
ぴたっ
ななめに
ぴゅっ
ぴょん

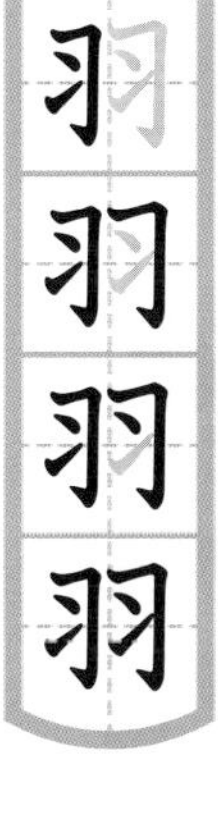

この字《じ》のヒミツ

◆鳥《とり》を数《かぞ》えるときの「羽」は、前《まえ》の数字《すうじ》によって、読《よ》み方《かた》が「わ」「ば」「ぱ」と変《か》わるよ。

◆「羽《はね》をのばす」は、のびのびと自由《じゆう》にすごすことだよ。

2年《ねん》

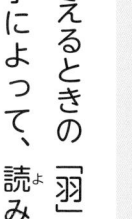

考

6画《かく》 耂《おいかんむり》の部《ぶ》

音 **コウ**

考案《こうあん》・考古学《こうこがく》・考察《こうさつ》・参考書《さんこうしょ》・思考《しこう》・選考《せんこう》・備考《びこう》

訓 **かんがえる**

何《なに》を書《か》くか考《かんが》える

なりたち

「丂《こう》（つかえる）」と「耂（年《とし》とった人《ひと》）」で、老人《ろうじん》を表《あらわ》す。のち、「かんがえる」意味《いみ》で用《もち》いた。

お金《かね》について考《かんが》える

考 考 考 考 考

この字《じ》のヒミツ

◆「思《おも》う」は心《こころ》との関係《かんけい》が深《ふか》い言葉《ことば》だけれど、「考《かんが》える」は頭《あたま》との関係《かんけい》が深《ふか》い。「深《ふか》く心《こころ》に思《おも》う」「自分《じぶん》の頭《あたま》で考《かんが》える」などと使《つか》い分《わ》けるよ。

話《はなし》を聞《き》く

聞

14画《かく》 耳《みみ》の部《ぶ》

音 ブン （モン）

訓 きく きこえる

外聞《がいぶん》・見聞《けんぶん》・新聞《しんぶん》・伝聞《でんぶん》
前代未聞《ぜんだいみもん》
人《ひと》の意見《いけん》を聞《き》く
声《こえ》が聞《き》こえる

なりたち

「門《もん》（二枚《にまい》のとびらのついたもん）」と「耳」で、へだたりを通《とお》して声《こえ》が「きこえる」事《こと》を表《あらわ》す。

この字《じ》のヒミツ

◆「聞《ぶん》」は「門」と「耳」の二字《にじ》でできている。横《よこ》ぼうの数《かず》をまちがえやすい「耳《みみ》」を正《ただ》しく覚《おぼ》えれば、「聞《ぶん》」はすぐ覚《おぼ》えられるよ。

2年《ねん》

肉《にく》を食《た》べる

肉

6画《かく》　肉《にく》の部《ぶ》

音　ニク

訓　—

果肉《かにく》・牛肉《ぎゅうにく》・筋肉《きんにく》・鳥肉《とりにく》・肉眼《にくがん》・肉食《にくしょく》・肉親《にくしん》・肉声《にくせい》・肉体《にくたい》・肉筆《にくひつ》・肉太《にくぶと》

なりたち

 → 肉

すじの入《はい》った「にく」をえがいた形《かたち》。

肉
肉
肉
肉
肉
肉

この字《じ》のヒミツ

◆「肉《にく》」には「内」と「人」の二字《にじ》の形《かたち》が入《はい》っている。「人《ひと》の内《うち》は肉《にく》」と覚《おぼ》えよう。◆「にくにくしい態度《たいど》」は、「いかにもにくたらしい感《かん》じ」という意味《いみ》で、「肉《にく》」の字《じ》は使《つか》わない。

2年《ねん》

自《じ》分《ぶん》でやってみる

自

6画《かく》　自《みずから》の部《ぶ》

音　ジ
各自《かくじ》・自主《じしゅ》・自習《じしゅう》・自身《じしん》・自動《じどう》・自分《じぶん》・自由《じゆう》・独自《どくじ》

シ
自然《しぜん》

訓　みずから
自《みずか》ら実行《じっこう》する

なりたち

人《ひと》の鼻《はな》をえがいた形《かたち》。「わたくし」というときに鼻《はな》をさすところから、「じぶん」の意味《いみ》を表《あらわ》す。

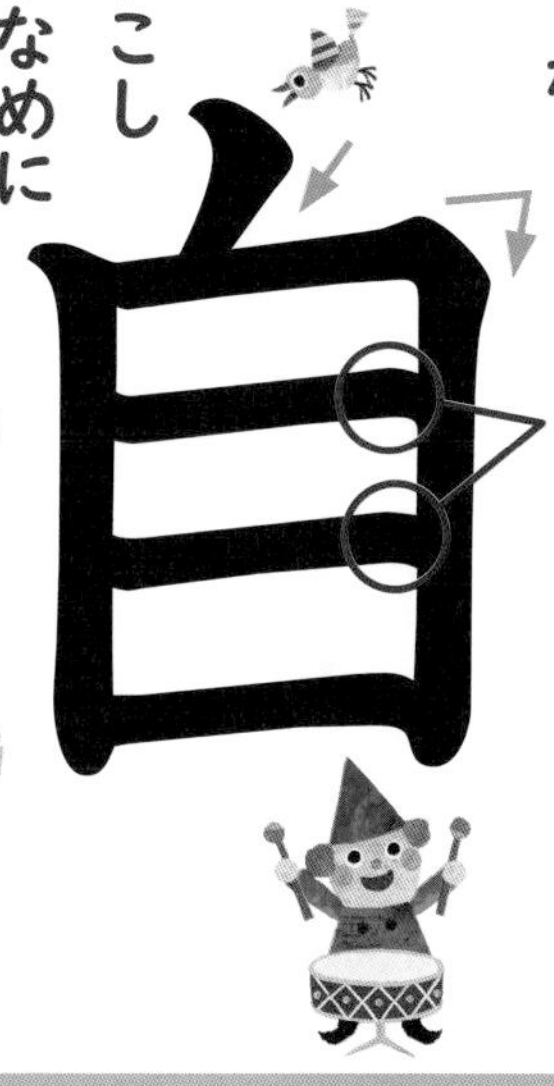
かくっ
なかの よこせんは 二《に》ほん
すこし ななめに ぴゅっ
「白《しろ》」に にてるね

自 自 自 自 自

この字《じ》のヒミツ

◆「自《じ》」に、はじめの点《てん》がないと「目《め》」になる。◆「自《じ》」は「首《くび》」「鼻《はな》」の中《なか》にもいるよ。◆「自動《じどう》」は機械《きかい》が自分《じぶん》で動《うご》くこと。「自動《じどう》ドア」「自動運転《じどううんてん》」など。

2年《ねん》

船

11画《かく》　舟《ふね》の部《ぶ》

音 セン

訓 ふね　ふな

貨物船《かもつせん》・客船《きゃくせん》・船長《せんちょう》・風船《ふうせん》

大《おお》きな船《ふね》

船旅《ふなたび》・船出《ふなで》・

船乗《ふなの》り

なりたち

「㕣（くぼみにそって水《みず》が流《なが》れる）」と「舟（ふね）」で、流《なが》れにそって進《すす》む「ふね」を表《あらわ》す。

大《おお》きな船《ふね》にのる

この字《じ》のヒミツ

◆ボートのような小《ちい》さな船《ふね》は「舟《ふね》」と書《か》いて区別《くべつ》することもある。◆「船《ふね》」の字《じ》は、「舟」「八」「口」の三《みっ》つにわけられるよ。

赤色《あかいろ》のイチゴ

色

6画《かく》 色《いろ》の部《ぶ》

音 ショク シキ

訓 いろ

気色《きしょく》・血色《けっしょく》・特色《とくしょく》・難色《なんしょく》
色彩《しきさい》
赤色《あかいろ》・色鉛筆《いろえんぴつ》・色分《いろわ》け・音色《ねいろ》

なりたち

 → 色

二人《ふたり》がよりそったようすを表《あらわ》す。のちに「いろどり」「かおいろ」の意味《いみ》で用《もち》いた。

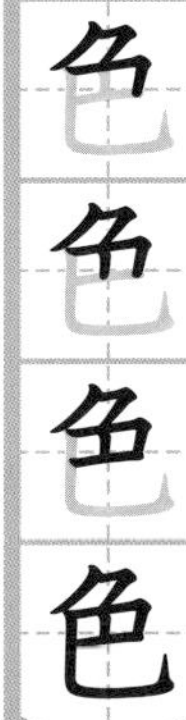

この字《じ》のヒミツ

◆「色眼鏡《いろめがね》」は二《ふた》つの意味《いみ》があることば。一《ひと》つは、サングラスのように「レンズに色《いろ》のついている眼鏡《めがね》」のこと。もう一《ひと》つは「かたよった見方《みかた》」という意味《いみ》だよ。

2年《ねん》

行

6画《かく》　行の部《ぎょうがまえ ぶ》

音

コウ

急行《きゅうこう》・行進《こうしん》・行動《こうどう》・行楽《こうらく》・通行《つうこう》・飛行機《ひこうき》

ギョウ

行事《ぎょうじ》・行列《ぎょうれつ》

（アン）

行火《あんか》・行脚《あんぎゃ》

訓

いく

買《か》い物《もの》に行《い》く

ゆく

売《う》れ行《ゆ》き・雲行《くもゆ》き・行《ゆ》く末《すえ》

おこなう

式《しき》を行《おこな》う

うちゅうへ行《い》く

なりたち

↓行

十字路《じゅうじろ》をえがいた形《かたち》で、「すすむ」ことを表《あらわ》す。

この字《じ》のヒミツ

◆「行き止まり」の読《よ》み方《かた》は、「ゆきどまり」「いきどまり」の両方《りょうほう》とも正《ただ》しいよ。

西

西《にし》の空《そら》を見《み》る

6画《かく》 西《にし》の部《ぶ》

音 **セイ**
西欧《せいおう》・西部劇《せいぶげき》・西洋《せいよう》・西暦《せいれき》

サイ
関西《かんさい》・西遊記《さいゆうき》・東西南北《とうざいなんぼく》

訓 **にし**
西日《にしび》・西向《にしむ》き

なりたち

「ざる」をえがいた形《かたち》。ざるに水《みず》を入《い》れるとなくなるところから、太陽《たいよう》のしずむ「にし」を表《あらわ》す。

よこに まっすぐ
まるく まがって くっつける
すこし まげて ぴゅっ

この字《じ》のヒミツ

◆「西暦《せいれき》」は、ヨーロッパから伝《つた》わった暦《こよみ》。日本《にほん》では「昭和《しょうわ》」「平成《へいせい》」などの元号《げんごう》と、西暦《せいれき》の両方《りょうほう》を使《つか》っているけれど、他《ほか》の国《くに》では日本《にほん》の元号《げんごう》を使《つか》わないよ。

親

16画《かく》 見《みる》の部《ぶ》

音 シン
親切《しんせつ》・親友《しんゆう》・親類《しんるい》・両親《りょうしん》

訓 おや
親子《おやこ》・親心《おやごころ》

したしい
親《した》しい友達《ともだち》

したしむ
読書《どくしょ》に親《した》しむ

なりたち
「亲《しん》（切《き》り立《た》ての生木《なまき》）」と「見（みる）」で、じかに接《せっ》するようすから、「したしい」意味《いみ》を表《あらわ》す。

この字《じ》のヒミツ

◆「親《おや》」には「立」「木」「見」の三《みっ》つの字《じ》の形《かたち》が入《はい》っているよ。

◆「親子《おやこ》どんぶり」は、鳥肉《とりにく》（親《おや》）とたまご（子《こ》）を使《つか》うことからついた名前《なまえ》だよ。

2年《ねん》

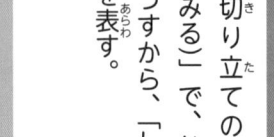

角

三角《さんかく》のぼうし

7画《かく》　角《つの》の部《ぶ》

音　カク

角材《かくざい》・角度《かくど》・三角《さんかく》・触角《しょっかく》・頭角《とうかく》・方角《ほうがく》

訓　かど　つの

曲《ま》がり角《かど》・町角《まちかど》

シカの角《つの》

なりたち

動物《どうぶつ》の「つの」をえがいた形《かたち》。

かくっ
ぴょん
なめらかに
したにでない

角

角角角角角角

この字《じ》のヒミツ

◆「角《かく》」の上《うえ》の「ク」を「マ」とまちがえないように。◆「三角《さんかく》形《けい》」は「三角形《さんかっけい》」とも読《よ》むよ。

言

7 画《かく》 言《ごんべん》の部《ぶ》

2年《ねん》

音 **ゲン**
言語《げんご》・宣言《せんげん》・発言《はつげん》・方言《ほうげん》・名言《めいげん》

ゴン
他言《たごん》・伝言《でんごん》・無言《むごん》

訓 **いう**
おはようと言《い》う

こと
言葉《ことば》・ひとり言《ごと》

なりたち

言

「辛(するどい刃物《はもの》)」と「口(くち)」を合《あ》わせた形《かたち》。一《ひと》つ一《ひと》つ意味《いみ》のある「ことば」を表《あらわ》す。

もんくを言《い》う

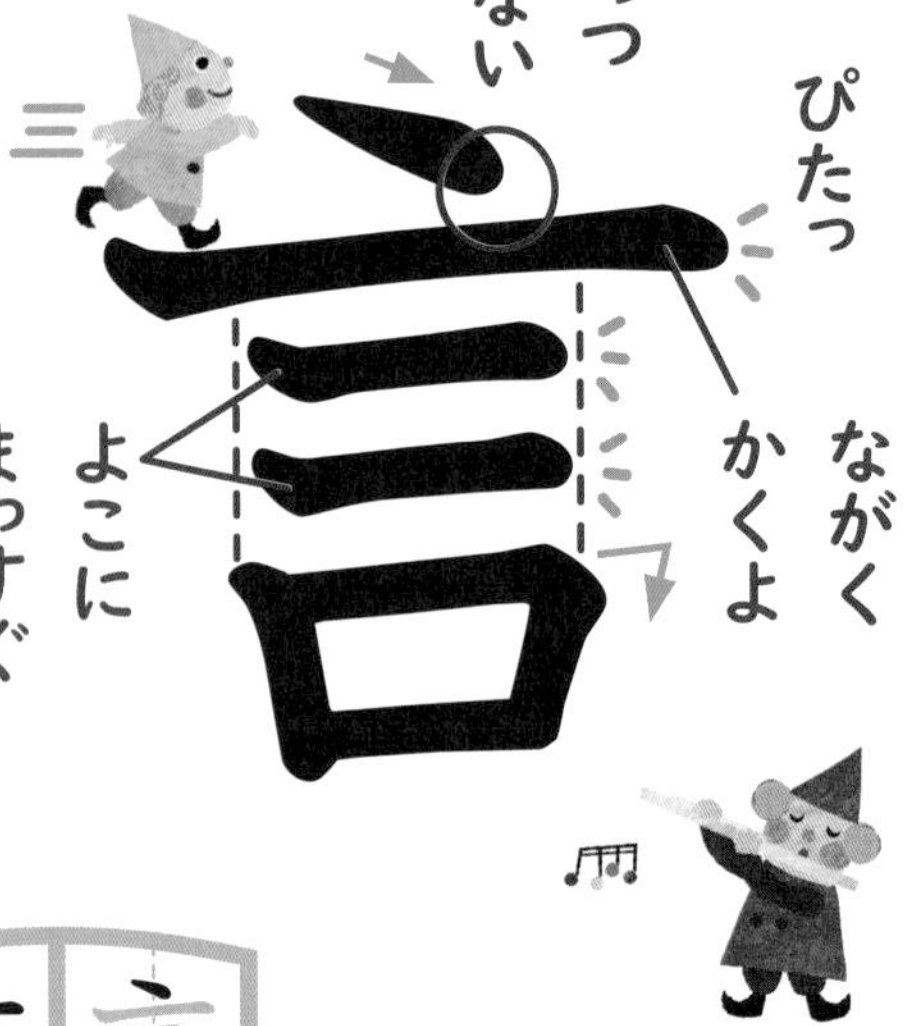

くっつかない
ぴたっ
ながくかくよ
よこにまっすぐ

言

この字《じ》のヒミツ

◆長《なが》い横《よこ》ぼうの下《した》には、短《みじか》い横《よこ》ぼうが二本《にほん》ならび、その下《した》に「口《くち》」がくる。横《よこ》ぼうの数《かず》をまちがわないように気《き》をつけよう。

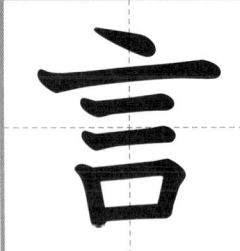

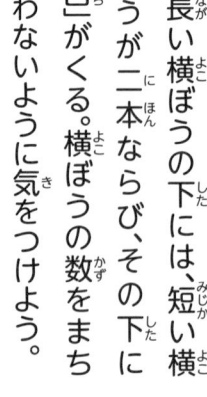

当《あ》て字《じ》のいろいろ

外国《がいこく》の名前《なまえ》を漢字《かんじ》で

当《あ》て字《じ》とは、ある言葉《ことば》に読《よ》み方《かた》の近《ちか》い漢字《かんじ》を、漢字《かんじ》の意味《いみ》とは関係《かんけい》なく当《あ》てはめることです。むかし、日本《にほん》ではものの名前《なまえ》の多くを漢字《かんじ》で表《あらわ》していました。ヨーロッパやアメリカなどとの交流《こうりゅう》がさかんになると、外国《がいこく》の国名《こくめい》や都市《とし》の名前《なまえ》なども漢字《かんじ》で表《あらわ》しました。現在《げんざい》でもよく使《つか》われる国名《こくめい》の漢字《かんじ》に、次《つぎ》のようなものがあります。

米　亜米利加（アメリカ）
仏　仏蘭西（フランス）
英　英吉利（イギリス）
伊　伊太利亜（イタリア）
独　独逸（ドイツ）
印　印度（インド）

「米国《べいこく》」「英国《えいこく》」といった言《い》い方《かた》は、当《あ》て字《じ》からきています。中国《ちゅうごく》では今《いま》も外国《がいこく》の名前《なまえ》を漢字《かんじ》で書《か》きますが、日本《にほん》とは漢字《かんじ》の当《あ》て方《かた》がちがいます。たとえば、アメリカは「美国」です。

意味《いみ》からの当《あ》て字《じ》

外国《がいこく》から入《はい》ってきた言葉《ことば》の中《なか》には、古《ふる》くからの日本語《にほんご》のように、日本《にほん》になじんでいるものもあります。「タバコ」もその一《ひと》つで、もとはポルトガルから入《はい》ってきた外来語《がいらいご》です。はじめは音《おと》に合《あ》わせて、「多葉粉」と書《か》くこともありましたが、漢字《かんじ》の意味《いみ》から、「煙草《たばこ》」と書《か》くようになりました。野菜《やさい》の「カボチャ」も、ポルトガル人《じん》が南《みなみ》の国《くに》から持《も》ちこんだ瓜《うり》という意味《いみ》で、漢字《かんじ》の読《よ》み方《かた》とは関係《かんけい》なく、「南瓜《かぼちゃ》」と書《か》きます。

日本語《にほんご》の当《あ》て字《じ》

日本人《にほんじん》は外国語《がいこくご》だけでなく、日本語《にほんご》にも漢字《かんじ》を当《あ》てています。日本料理《にほんりょうり》の代表《だいひょう》である「すし」を「寿司《すし》」と書《か》くのも当《あ》て字《じ》です。「すし」を表《あらわ》す漢字《かんじ》としては「鮨《すし》」「鮓《すし》」があるのですが、えんぎのいい漢字《かんじ》として、「寿司《すし》」が使《つか》われるようになりました。「めでたい」を「目《め》出《で》度《た》い」と書《か》くのも、さいころのいい目《め》が出《で》ることにかけた当《あ》て字《じ》です。また、お店《みせ》を開《ひら》くとき、店《みせ》の名前《なまえ》を読《よ》みから決《き》めて、漢字《かんじ》を当《あ》てるなど、当《あ》て字《じ》は名前《なまえ》の印象《いんしょう》をよくする手段《しゅだん》にもなっています。

計

9 画《かく》 言《ごんべん》の部《ぶ》

音 ケイ

訓 はかる はからう

会計《かいけい》・計画《けいかく》・計算《けいさん》・合計《ごうけい》・集計《しゅうけい》・体温計《たいおんけい》

時間《じかん》を計《はか》る

便宜《べんぎ》を計《はか》らう

お金《かね》を合計《ごうけい》する

なりたち

「言（ことば）」と「十（まとめる）」を合《あ》わせた形《かたち》。数《かず》を読《よ》みながらまとめるようすから、「かぞえる」ことを表《あらわ》す。

この字《じ》のヒミツ

◆特別《とくべつ》な読《よ》み方《かた》に「時計《とけい》」がある。◆「計《けい》」の右側《みぎがわ》は、漢数字《かんすうじ》の「十《じゅう》」より、横《よこ》ぼうを短《みじか》く、上《うえ》のほうに書《か》くのがポイント。

2年《ねん》

記

10画《かく》 言《ごんべん》の部《ぶ》

音 キ

訓 しるす

暗記《あんき》・記憶《きおく》・記号《きごう》・記事《きじ》・記入《きにゅう》・記念《きねん》・記名《きめい》・記録《きろく》・伝記《でんき》・日記《にっき》

名前《なまえ》を記《しる》す

なりたち

「己《き》（目《め》じるし）」と「言（ことば）」で、目《め》じるしとなることばを「かきとめる」ことを表《あらわ》す。

日記《にっき》を書《か》く

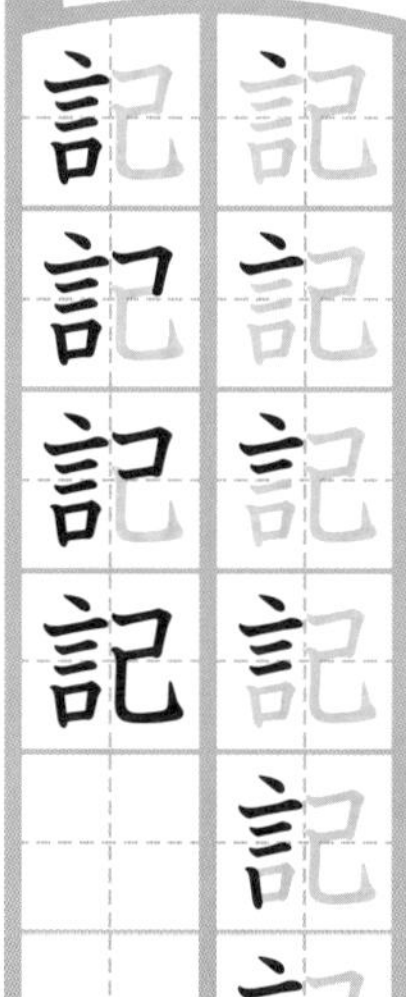

この字《じ》のヒミツ

◆「記《き》」は、「言」「己」という二《ふた》つの漢字《かんじ》でできている。◆「記《しる》す」は文字《もじ》で書《か》いて残《のこ》すことだよ。

2年《ねん》

三人《さんにん》で話《はな》す

話

13画《かく》 言《ごんべん》の部《ぶ》

音 ワ

訓 はなす　はなし

神話《しんわ》・世話《せわ》・通話《つうわ》・民話《みんわ》・話題《わだい》
友達《ともだち》と話《はな》す・話《はな》し方《かた》・話《はな》し手《て》
立《た》ち話《ばなし》・昔話《むかしばなし》

なりたち

「舌（なめらかに通《とお》す）」と「言（ことば）」で、ことばがなめらかに出《で》るようすから、「はなす」ことを表《あらわ》す。

この字《じ》のヒミツ

◆「友人《ゆうじん》に話《はな》す」など、「話《はな》す」という動《うご》きを表《あらわ》す場合《ばあい》は、送《おく》りがなをつけよう。でも「うわさ話《ばなし》」「笑《わら》い話《ばなし》」などの「話《はなし》」に送《おく》りがなはいらない。

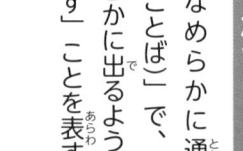

語

たくさん
語《かた》り合《あ》う

14画《かく》 言《ごんべん》の部《ぶ》

音 ゴ

訓 かたる
かたらう

英語《えいご》・外国語《がいこくご》・
言語《げんご》・語学《ごがく》・
私語《しご》・日本語《にほんご》
思《おも》い出《で》を語《かた》る
夜《よる》まで語《かた》らう

なりたち

「吾《ご》（たがいに交《まじ》わる）」と「言（ことば）」で、たがいにことばを交《まじ》えるようすから、「かたる」ことを表《あらわ》す。

この字《じ》のヒミツ

◆「語《ご》」には、「言」「五」「口」の三《みっ》つの漢字《かんじ》の形《かたち》が入《はい》っているよ。◆「語《かた》る」「語《かた》り手《て》」には送《おく》りがながいるけれど、「物語《ものがたり》」にはいらないよ。

2年《ねん》

読

14画《かく》　言《ごんべん》の部《ぶ》

音　ドク　トク　トウ

訓　よむ

音読《おんどく》・解読《かいどく》・読者《どくしゃ》・読書《どくしょ》・朗読《ろうどく》

読本《とくほん》

句読点《くとうてん》

手紙《てがみ》を読《よ》む

なりたち

もとの字《じ》は「讀」。「賣（つぎつぎと取《と》り引《ひ》きする）」と「言（ことば）」で、文《ぶん》を区切《くぎ》りながらつぎつぎに「よむ」ことを表《あらわ》す。

本《ほん》を読《よ》む

まがって
ぴゅっ
ながく
かくよ
ジャンプ
まるく
まがる

この字《じ》のヒミツ

◆「読《どく》」は「言」「売」の二字《にじ》でできているよ。◆声《こえ》に出《だ》して読《よ》むことを「音読《おんどく》」、声《こえ》に出《だ》さないで読《よ》むことを「黙読《もくどく》」という。

谷

7 画《かく》 谷《たに》の部《ぶ》

音 （コク）

訓 たに

峡谷《きょうこく》・渓谷《けいこく》・谷風《たにかぜ》・谷川《たにがわ》・谷底《たにそこ》・谷間《たにま》

なりたち

→谷

「八（分《わ》かれる）」二《ふた》つと「口（くち）」を合《あ》わせた形《かたち》。いくつにも分《わ》かれる「たに」を表《あらわ》す。

山《やま》あり 谷《たに》あり

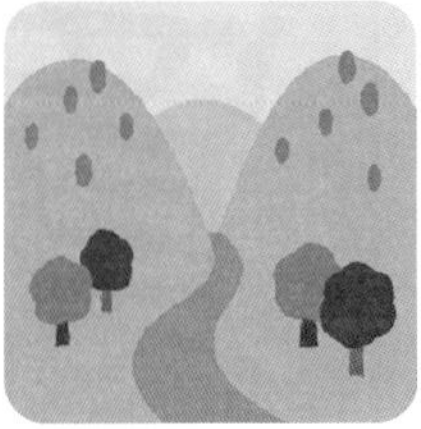

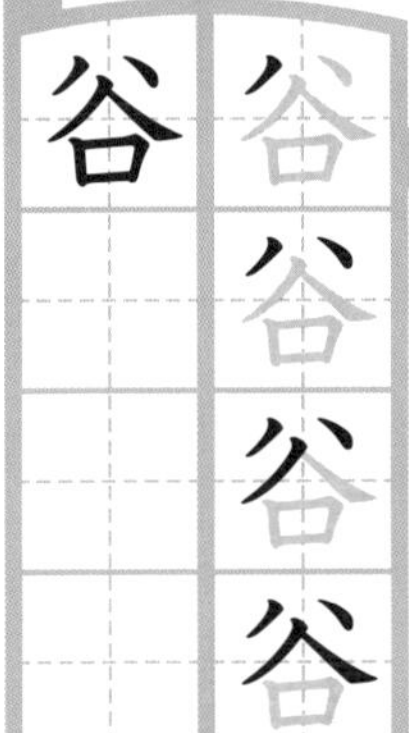

この字《じ》のヒミツ

◆線《せん》に沿《そ》って紙《かみ》を折《お》るとき、線《せん》をはさむように折《お》ることを「谷折《たにお》り」という。その反対《はんたい》に、線《せん》が上《うえ》になるように折《お》るのが「山折《やまお》り」だよ。

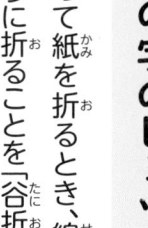

買

12画《かく》　貝《かい》の部《ぶ》

音　バイ

訓　かう

購買《こうばい》・買収《ばいしゅう》・売買《ばいばい》・不買《ふばい》・買《か》い置《お》き・買《か》い物《もの》・ノートを買《か》う

なりたち

→買

「罒（あみ）」と「貝（お金《かね》）」で、品物《しなもの》をあみですくうようすから、「かう」ことを表《あらわ》す。

いろいろなものを買《か》う

買買買買買買買買買買買買

この字《じ》のヒミツ

◆「買《か》う」の反対語《はんたいご》は「売《う》る」。買《か》い手《て》⇔売《う》り手《て》など。◆「買」の上《うえ》の部《ぶ》分《ぶん》は「四」ではない。中《なか》のたてぼうは、二本《にほん》ともまっすぐに書《か》こう。

2年《ねん》

走

7画《かく》 走《はしる》の部《ぶ》

音 **ソウ**

訓 **はしる**

完走《かんそう》・走者《そうしゃ》・徒《と》競走《きょうそう》・独走《どくそう》・暴走《ぼうそう》・力走《りきそう》・小走《こばし》り・走《はし》り高跳《たかと》び

なりたち

↓走

「天（人《ひと》がうでをふって走《はし》る）」と「止（あし）」を合《あ》わせた形《かたち》で、足早《あしばや》に「はしる」ことを表《あらわ》す。

がんばって走《はし》る

ながく
かくよ
がんばってー
すこし でる
ぴゅーっ
ぴゅーっ

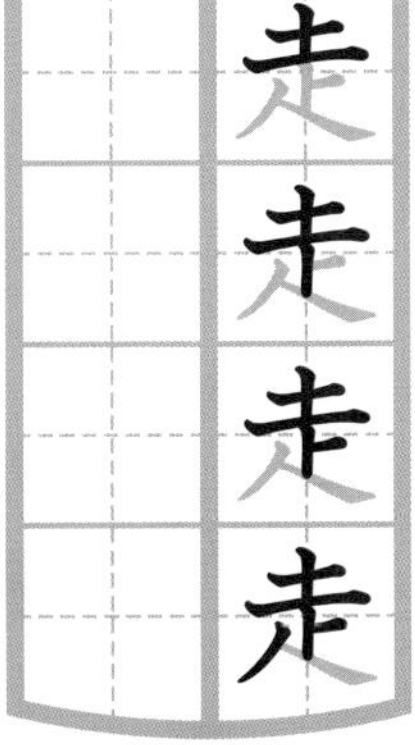

この字《じ》のヒミツ

◆「徒競走《ときょうそう》」「競走馬《きょうそうば》」は「走《そう》」を使《つか》うけれど、「生存競争《せいぞんきょうそう》」のような、走《はし》らない「きょうそう」は「争《そう》」の字《じ》を使《つか》うんだ。

2年《ねん》

里

7 画《かく》 里《さと》の部《ぶ》

音 リ

訓 さと

海里《かいり》・郷里《きょうり》・千里《せんり》
里親《さとおや》・里帰《さとがえ》り・
里心《さとごころ》・里山《さとやま》・
人里《ひとざと》・村里《むらざと》・
山里《やまざと》

なりたち

里 ↓ 里 ↓ 里

「田（あぜ道《みち》の通《とお》ったはたけ）」と「土（つち）」を合《あ》わせた形《かたち》で、人《ひと》の住《す》む「さと」を表《あらわ》す。

人里《ひとざと》はなれたところ

うえにでない
まっすぐ のばす
ぴたっ
ながくかく

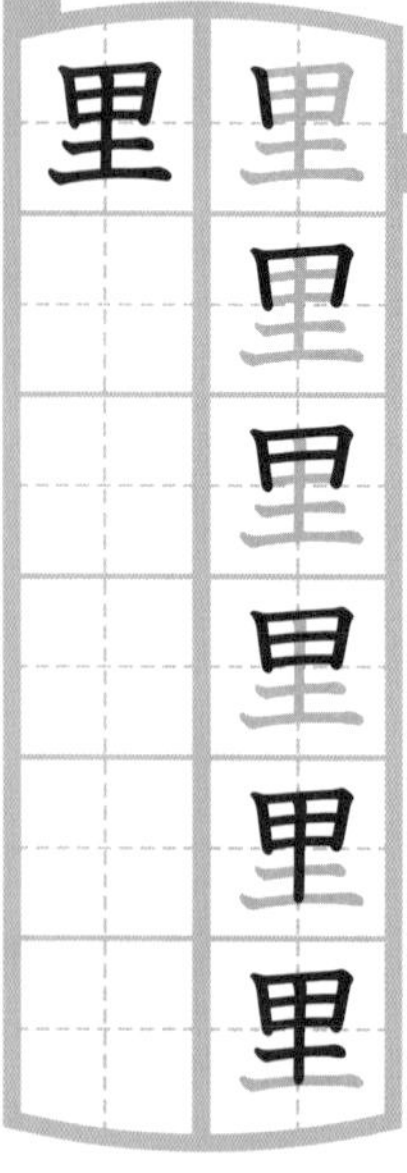

この字《じ》のヒミツ

◆昔《むかし》、「里《り》」は道《みち》のりの単位《たんい》としても使《つか》われた。「一里《いちり》」はおよそ四《よん》キロメートルで、旅行者《りょこうしゃ》が通《とお》る道《みち》には一《いち》里《り》ごとに目印《めじるし》を立《た》てていたよ。

2年《ねん》

野

11画《かく》　里《さと》の部《ぶ》

音　ヤ

訓　の

山野《さんや》・視野《しや》・分野《ぶんや》・野外《やがい》・野球《やきゅう》・野菜《やさい》・野生動物《やせいどうぶつ》・野草《やそう》・野宿《のじゅく》・野放《のばな》し・野道《のみち》・野山《のやま》

なりたち

「予（横《よこ》にのびる）」と「里（むらざと）」で、人《ひと》の住《す》むところから横《よこ》にのびて広《ひろ》がる「のはら」を表《あらわ》す。

たくさんの
野菜《やさい》

うえにでない
かくっ
ぴょん
まっすぐ　おりて
ななめに

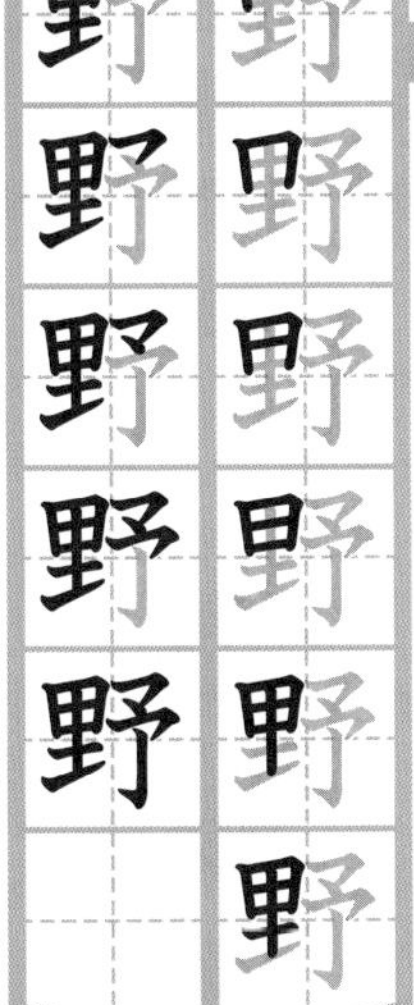

この字のヒミツ

◆「野生動物《やせいどうぶつ》」は、人間《にんげん》がかっている動物《どうぶつ》ではなく、自然《しぜん》の中《なか》で生《い》きている動物《どうぶつ》のこと。「野鳥《やちょう》」「野牛《やぎゅう》」なども、野生動物《やせいどうぶつ》の仲間《なかま》だよ。

2年《ねん》

麦

7 画《かく》 麦《むぎ》の部《ぶ》

音 （バク）

訓 むぎ

麦芽《ばくが》・麦秋《ばくしゅう》・小麦粉《こむぎこ》・冷《ひ》や麦《むぎ》・麦茶《むぎちゃ》・麦畑《むぎばたけ》・麦飯《むぎめし》・麦《むぎ》わら帽子《ぼうし》

なりたち

 → 麥 → 麥（麦）

もとの字《じ》は「麥」。「來（ムギ）」と「夊（足《あし》）」を合《あ》わせた形《かたち》で、神《かみ》がもたらした「ムギ」を表《あらわ》す。

麦《むぎ》わら
ぼうしを
かぶる

麦 麦 麦 麦 麦 麦 麦

この字《じ》のヒミツ

◆「麦《むぎ》」の上《うえ》の部分《ぶぶん》の筆順《ひつじゅん》は、横《よこ》、たて、横《よこ》、横《よこ》。「三」にたてぼう、ではない。いちばん下《した》の横《よこ》ぼうは、ほかより長《なが》く書《か》く。

2年《ねん》

長《なが》いひげ

長

8 画《かく》 長《ながい》の部《ぶ》

音 チョウ

委員長《いいんちょう》・延長《えんちょう》・校長《こうちょう》・長所《ちょうしょ》・長身《ちょうしん》・特長《とくちょう》

訓 ながい

長生《ながい》き・長《なが》い道《みち》のり

ながく
かくよ
よこに
でる
ななめに
かくっ
ぴゅーっ

なりたち

↓長

長《なが》い髪《かみ》の毛《け》の老人《ろうじん》が立《た》つようすをえがいた形《かたち》から、「ながい」「すぐれている」意味《いみ》を表《あらわ》す。

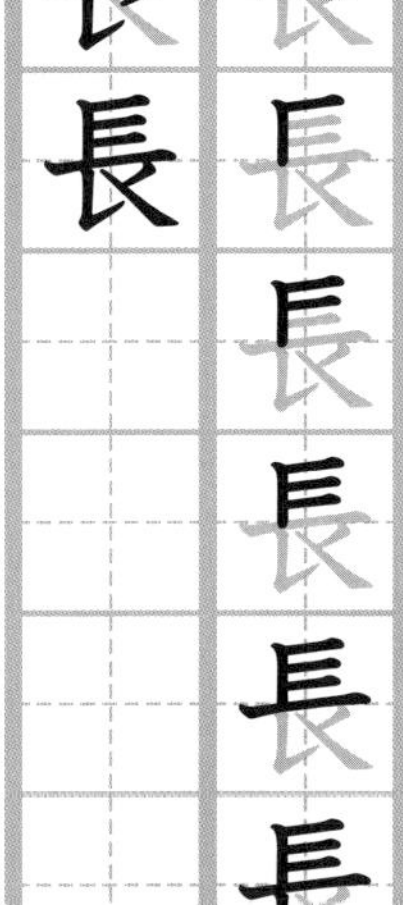

この字《じ》のヒミツ

◆「長《ちょう》」の反対語《はんたいご》は「短《たん》」。長所《ちょうしょ》⇔短所《たんしょ》など。◆身長《しんちょう》は「高《たか》い」「低《ひく》い」、胴体《どうたい》やうでは「長《なが》い」「短《みじか》い」を使《つか》うよ。

門《もん》から出《で》る

門

8 画《かく》 門《もんがまえ》の部《ぶ》

音 モン

訓 (かど)

校門《こうもん》・正門《せいもん》・専門《せんもん》・入門《にゅうもん》・部門《ぶもん》・門番《もんばん》・門口《かどぐち》・門出《かどで》・門松《かどまつ》

かくっ
かくっ
ぴょん
ぴたっ

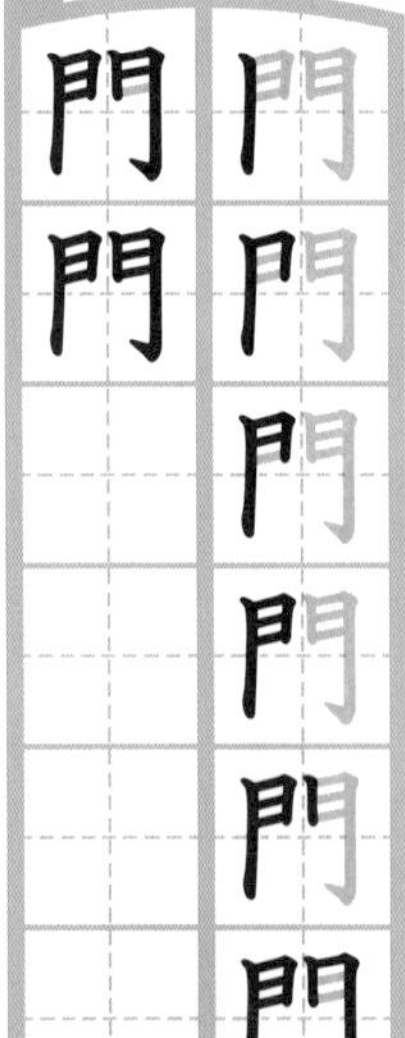

なりたち

二枚《にまい》のとびらのついた門《もん》をえがいた形《かたち》から、家《いえ》の「出入《でい》り口《ぐち》」を表《あらわ》す。

この字《じ》のヒミツ

◆寺《てら》や神社《じんじゃ》の前《まえ》の、お参《まい》りに来《く》る人《ひと》のための宿《やど》や店《みせ》が連《つら》なる町《まち》を「門前町《もんぜんまち》」という。東京《とうきょう》の浅《せん》草寺《そうじ》など、有名《ゆうめい》な寺《てら》や神社《じんじゃ》の前《まえ》に広がっているよ。

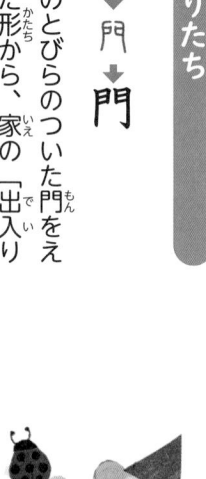

間

12画《かく》 門《もんがまえ》の部《ぶ》

音 カン ケン

訓 あいだ ま

一週間《いっしゅうかん》・期間《きかん》・空間《くうかん》・時間《じかん》・世間《せけん》・人間《にんげん》・夏休《なつやす》みの間《あいだ》・谷間《たにま》・間近《まぢか》

なりたち

もとの字《じ》は「閒」。「門（もん）」と「月（つき）」で、門《もん》のすき間《ま》から月《つき》が見《み》えるようすから、物《もの》と物《もの》の「あいだ」を表《あらわ》す。

はっぱの間《あいだ》にかくれる

この字《じ》のヒミツ

◆「間一髪《かんいっぱつ》」というのは「間《あいだ》に髪《かみ》の毛《け》一本《いっぽん》入《い》れられるくらいの、すこしのすきましかない」ということからきている「あぶないところで。あやうく」という意味《いみ》のことば。

2年《ねん》

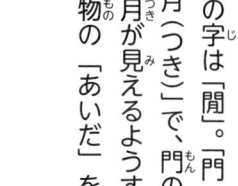

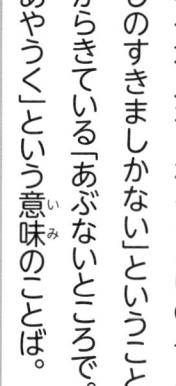

雪

11画《かく》 雨《あめ》の部《ぶ》

音 セツ

訓 ゆき

新雪《しんせつ》・積雪《せきせつ》・雪原《せつげん》・雪辱戦《せつじょくせん》・大雪《おおゆき》・粉雪《こなゆき》・初雪《はつゆき》・雪合戦《ゆきがっせん》・雪国《ゆきぐに》・雪解《ゆきど》け

かわいい 雪《ゆき》だるま

雪 雪 雪 雪 雪 雪 雪 雪 雪 雪 雪

なりたち

もとの字《じ》は「雪」。「雨（あめ）」と「彗（ほうきではき清《きよ》める）」の省略形《しょうりゃくけい》「ヨ」で、空《そら》からふってきて地上《ちじょう》を清《きよ》める「ゆき」を表《あらわ》す。

この字《じ》のヒミツ

◆特別《とくべつ》な読《よ》み方《かた》に、「吹雪《ふぶき》」「雪崩《なだれ》」があるよ。◆雪《ゆき》と雨《あめ》の間《あいだ》くらいのものを「みぞれ」、雪《ゆき》より固《かた》いつぶ状《じょう》のものを「あられ」とよぶ。

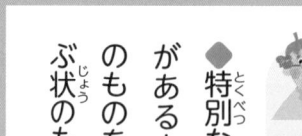

雨《あめ》をふらせる雲《くも》

雲

12画《かく》 雨《あめ》の部《ぶ》

音 ウン

訓 くも

暗雲《あんうん》・雲海《うんかい》・雲母《うんも》・星雲《せいうん》・積乱雲《せきらんうん》・風雲《ふううん》

雨雲《あまぐも》・雲間《くもま》・雲行《くもゆ》き・入道雲《にゅうどうぐも》

なりたち

 ↓  ↓ 云

「云《うん》」は、くもをえがいた形《かたち》。それに「雨（あめ）」を合《あ》わせて、「くも」を表《あらわ》す。

かくっ
ぴたっ
ながく
かくよ
かくっ
ぴたっ
雲

雲 雲 雲 雲 雲 雲
雲 雲 雲 雲 雲 雲

この字《じ》のヒミツ

◆「雲行《くもゆ》きがあやしい」は、雨《あめ》が降《ふ》りそうだという意味《いみ》。物事《ものごと》がよくない方向《ほうこう》に進《すす》みそうなことにもいう。

電《でん》気《き》でてらす

電

13画《かく》 雨《あめ》の部《ぶ》

音 デン

感電《かんでん》・電球《でんきゅう》・電光石火《でんこうせっか》・電車《でんしゃ》・電灯《でんとう》・電流《でんりゅう》・電話《でんわ》・発電所《はつでんしょ》・雷電《らいでん》

訓 —

なりたち

「申」はいなびかりをえがいた形《かたち》。それに「雨（あめ）」を合《あ》わせて、「いなびかり」を表《あらわ》す。

この字《じ》のヒミツ

◆「電《でん》」は「雷《かみなり》」という字《じ》に似《に》ているので気《き》をつけて。◆「電気《でんき》ウナギ」や「電気《でんき》ナマズ」のように、自分《じぶん》で電気《でんき》をつくる生《い》き物《もの》もいるよ。

2年《ねん》

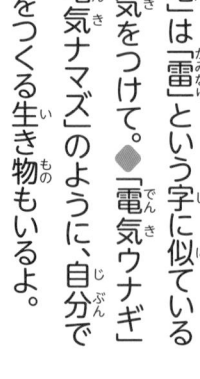

頭《あたま》のかんむりを直《なお》す

頭

16画《かく》 頁《おおがい》の部《ぶ》

音 トウ
ズ
（ト）

訓 あたま
（かしら）

先頭《せんとう》・頭部《とうぶ》
頭痛《ずつう》・頭脳《ずのう》
音頭《おんど》
石頭《いしあたま》
頭文字《かしらもじ》

なりたち

「豆《とう》（食《た》べ物《もの》を盛《も》る、あしのついた台《だい》）」と「頁（あたま）」で、体《からだ》の上《うえ》にまっすぐ立《た》つ「あたま」を表《あらわ》す。

この字《じ》のヒミツ

◆ゾウ、牛《うし》、馬《うま》、キリン、パンダ、ゴリラなど、人間《にんげん》よりも大《おお》きな動物《どうぶつ》は、「ひき」ではなく「頭《とう》」で数《かぞ》えることが多《おお》い。

顔《かお》を見《み》て話《はな》す

顔

18画《かく》　頁《おおがい》の部《ぶ》

音　ガン

訓　かお

顔面《がんめん》・顔料《がんりょう》・洗顔《せんがん》・童顔《どうがん》・笑顔《えがお》・顔色《かおいろ》・顔立《かおだ》ち・素顔《すがお》・似顔絵《にがおえ》

なりたち

もとの字《じ》は「顏」。「彥（容姿《ようし》のととのった男《おとこ》）」と「頁（あたま）」で、ととのっている「かお」を表《あらわ》す。

この字《じ》のヒミツ

◆「顔《かお》を合《あ》わせる」は、直接《ちょくせつ》会《あ》うことを意味《いみ》する。テレビ電話《でんわ》などで顔《かお》を見《み》ながら会話《かいわ》するのは、「顔《かお》を合《あ》わせる」とは言《い》わないよ。

風船《ふうせん》で
空《そら》に
うかぶ

風

9 画《かく》　風《かぜ》の部《ぶ》

音
フウ
台風《たいふう》・風景《ふうけい》・風船《ふうせん》・風鈴《ふうりん》
（フ）
風情《ふぜい》・風土記《ふどき》

訓
かぜ
風通《かぜとお》し・北風《きたかぜ》
かざ
風車《かざぐるま》・風向《かざむ》き

なりたち

↓風

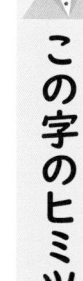

「凡（風《かぜ》をはらんだ船《ふね》の帆《ほ》）」と「虫（生《い》き物《もの》）」で、「かぜ」を表《あらわ》す。

かくっ
なめらかに
ジャンプ!
すこし
まるく
ななめに
ぴゅっ

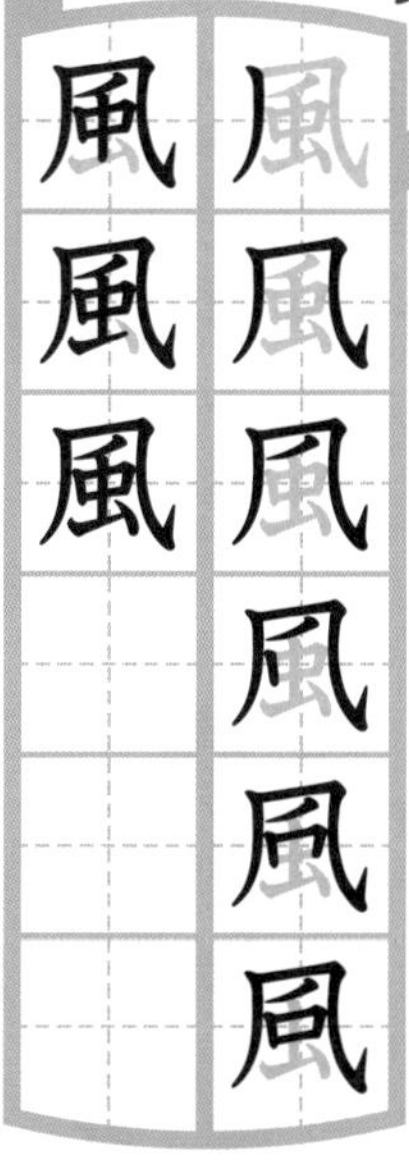

この字《じ》のヒミツ

◆特別《とくべつ》な読《よ》み方《かた》に、「風邪《かぜ》」があるよ。◆「関西風《かんさいふう》」など、地名《ちめい》のあとの「風《ふう》」は、その土地《とち》の形式《けいしき》をとり入《い》れていることを意味《いみ》するよ。

食

9 画《かく》　食《しょく》の部《ぶ》

音 **ショク** 給食《きゅうしょく》・月食《げっしょく》・食育《しょくいく》・食材《しょくざい》・食事《しょくじ》

（ジキ） 餌食《えじき》・断食《だんじき》

訓 **くう** 蚊《か》に食《く》われる

（くらう） 大目玉《おおめだま》を食《く》らう

たべる ご飯《はん》を食《た》べる

なりたち

↓食

「亼（寄《よ》せ集《あつ》める）」と「皀（食《た》べ物《もの》を器《うつわ》に盛《も》った形《かたち》）」で、「たべる」ことや「たべもの」を表《あらわ》す。

アイスを食《た》べる

なめらかに
くっつける
なめらかに
かくっとまがる
ぴゅーっ

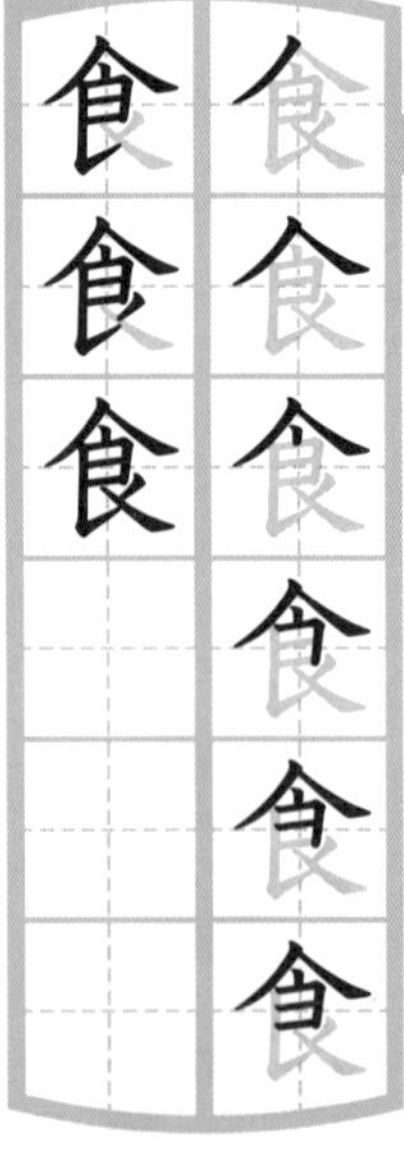

この字《じ》のヒミツ

◆「飲《いん》」「館《かん》」「飯《はん》」の左側《ひだりがわ》は「食《しょく》」ではなくて、「飠（しょくへん）」だよ。画数《かくすう》もちがうので、気《き》をつけて。

2年《ねん》

きれいな首《くび》かざり

首

9画《かく》 首《くび》の部《ぶ》

音 シュ

機首《きしゅ》・首位《しゅい》・首相《しゅしょう》・首席《しゅせき》・首都《しゅと》・党首《とうしゅ》・百人一首《ひゃくにんいっしゅ》

訓 くび

足首《あしくび》・首筋《くびすじ》・首輪《くびわ》・手首《てくび》

なりたち

首

かみの毛《け》が生《は》えている頭《あたま》をえがいた形《かたち》。「くび」や頭全体《あたまぜんたい》を表《あらわ》す。

首首首

首首首首首首

この字《じ》のヒミツ

◆和歌《わか》は、「一首《いっしゅ》、二首《にしゅ》」と「首《しゅ》」で数《かぞ》える。かるたになっている「百《ひゃく》人一首《にんいっしゅ》」は、百人《ひゃくにん》の和歌《わか》を一首《いっしゅ》ずつ集《あつ》めたものだよ。

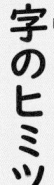

馬《うま》と友《とも》だち

馬

10画《かく》　馬《うま》の部《ぶ》

音　バ

訓　うま　ま

競馬《けいば》・乗馬《じょうば》・馬車《ばしゃ》・馬術《ばじゅつ》・馬場《ばば》・馬力《ばりき》・名馬《めいば》・木馬《もくば》・落馬《らくば》

馬跳《うまと》び・竹馬《たけうま》

絵馬《えま》・馬子《まご》

なりたち

馬

「うま」の全身《ぜんしん》をえがいた形《かたち》。

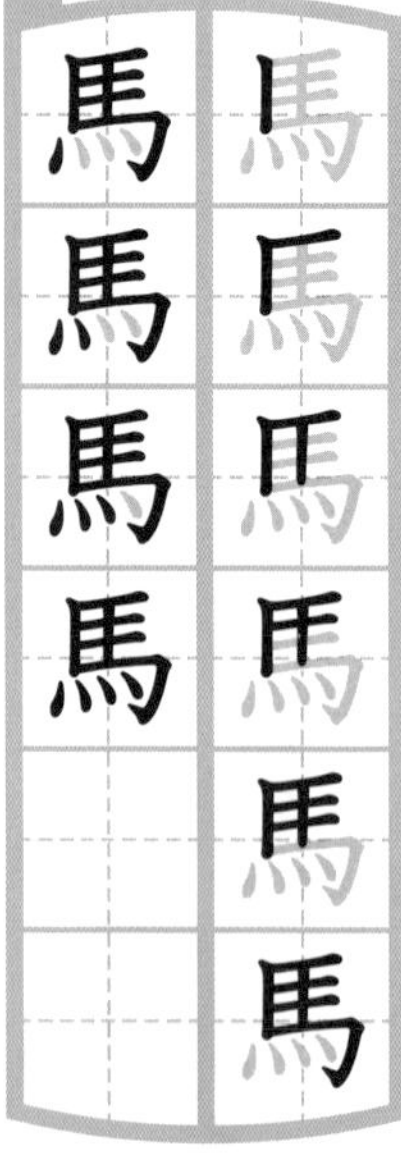

この字《じ》のヒミツ

◆日本固有《にほんこゆう》の馬《うま》は、北海道《ほっかいどう》の道産子《どさんこ》、長野県《ながのけん》の木曽馬《きそうま》、愛媛県《えひめけん》の野《の》間馬《まうま》など全部《ぜんぶ》で八種類《はちしゅるい》。どれも数《かず》が少《すく》なく、絶滅《ぜつめつ》が心配《しんぱい》されている。

高

高《たか》い台《だい》にのぼる

10 画《かく》 高《たかい》の部《ぶ》

音 **コウ**
高温《こうおん》・高級《こうきゅう》・高原《こうげん》・高校《こうこう》・高速《こうそく》・標高《ひょうこう》

訓 **たかい**
背《せ》が高《たか》い・高台《たかだい》

たか
売上高《うりあげだか》・高《たか》が知《し》れる

たかまる
気持《きも》ちが高《たか》まる

たかめる
教養《きょうよう》を高《たか》める

なりたち

高《たか》い見《み》はらし台《だい》をえがいた形《かたち》で、「たかい」意味《いみ》を表《あらわ》す。

高	高
高	高
高	高
高	高
	高
	高

この字《じ》のヒミツ

◆「高《こう》」の反対語《はんたいご》は「低《てい》」。高音《こうおん》⇕低《てい》音《おん》、高地《こうち》⇕低地《ていち》、高級《こうきゅう》⇕低級《ていきゅう》など。◆「鼻《はな》が高《たか》い」は得意《とくい》になること。どんな形《かたち》の鼻《はな》かは関係《かんけい》ないよ。

2年《ねん》

魚

11画《かく》 魚《うお》の部《ぶ》

音 ギョ

訓 うお さかな

魚類《ぎょるい》・金魚《きんぎょ》・人魚《にんぎょ》・熱帯魚《ねったいぎょ》・魚市場《うおいちば》・魚河岸《うおがし》・白魚《しらうお》・小魚《こざかな》・焼《や》き魚《ざかな》

魚《さかな》をつる

なめらかに
かくっと まがる
一《ひと》つだけ むきが ちがう

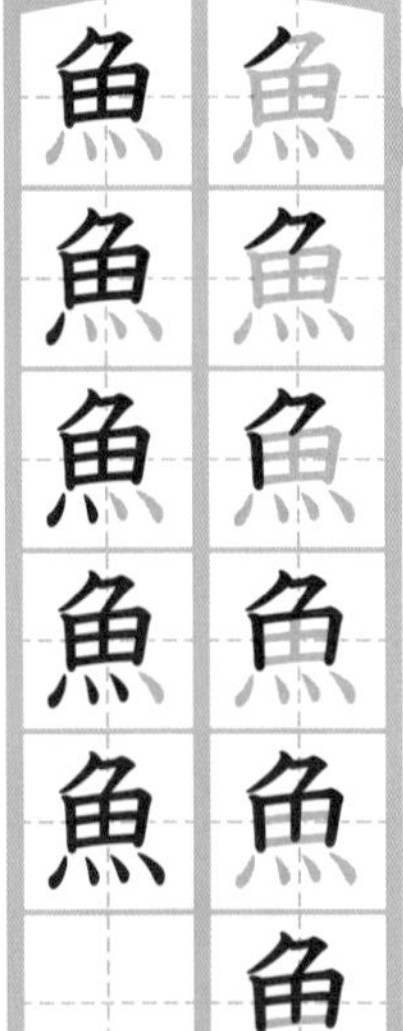

なりたち

「さかな」のすがたをえがいた形《かたち》。

この字《じ》のヒミツ

◆「魚《さかな》」は、海《うみ》にすむ「海水魚《かいすいぎょ》」と、川《かわ》や湖《みずうみ》などにすむ「淡水魚《たんすいぎょ》」に分《わ》けられる。サケは海水魚《かいすいぎょ》なのに、産卵《さんらん》のときだけ川《かわ》を上《のぼ》るよ。

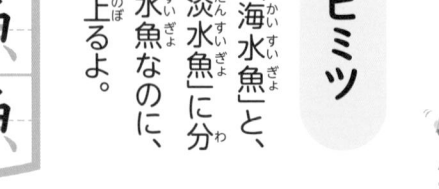

鳥

11画《かく》 鳥《とり》の部《ぶ》

音 チョウ

訓 とり

一石二鳥《いっせきにちょう》・鳥類《ちょうるい》・白鳥《はくちょう》・文鳥《ぶんちょう》・野鳥《やちょう》・小鳥《ことり》・鳥居《とりい》・鳥籠《とりかご》・渡《わた》り鳥《どり》

なりたち

尾《お》を長《なが》くたらした「とり」をえがいた形《かたち》。

鳥《とり》をたくさんかう

この字《じ》のヒミツ

◆名前《なまえ》に「鳥《ちょう》」の字《じ》のつく鳥《とり》は、白鳥《はくちょう》、七面鳥《しちめんちょう》、駝鳥《だちょう》、文鳥《ぶんちょう》など。「にわとり」は、漢字《かんじ》では、ふつう「鶏《にわとり》」と書《か》くよ。

2年《ねん》

鳴

14画《かく》 鳥《とり》の部《ぶ》

音 メイ

訓 なく なる ならす

共鳴《きょうめい》・悲鳴《ひめい》・鳴動《めいどう》・雷鳴《らいめい》

ウグイスが鳴《な》く

サイレンが鳴《な》る

指《ゆび》を鳴《な》らす

なりたち

「鳥（とり）」と「口（くち）」を合《あ》わせた形《かたち》で、鳥《とり》やけものが「なく」ことを表《あらわ》す。

鳥《とり》が鳴《な》く

鳴 鳴 鳴 鳴 鳴 鳴

鳴 鳴 鳴 鳴 鳴 鳴

この字《じ》のヒミツ

◆「鳴《な》く」は動物《どうぶつ》や鳥《とり》が鳴《な》くことを意味《いみ》し、人間《にんげん》が出《だ》す声《こえ》に「鳴《な》き声《ごえ》」は使《つか》わない。人間《にんげん》がなみだをこぼすのは「泣《な》く」だよ。

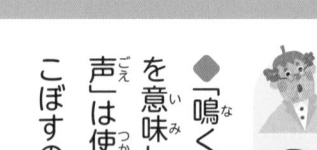

2年《ねん》

黄

11画《かく》 黄《き》の部《ぶ》

音 （コウ） オウ

訓 き （こ）

黄砂《こうさ》
黄土色《おうどいろ》・卵黄《らんおう》
黄色《きいろ》・黄《き》な粉《こ》・
黄身《きみ》・黄緑《きみどり》
黄金《こがね》

なりたち

（古い字形）→（古い字形）→（古い字形）→黄（黃）

もとの字《じ》は「黃」。動物《どうぶつ》の脂《あぶら》をつけた矢《や》が、「きいろい」色《いろ》で燃《も》えるようすをえがいた形《かたち》。

同《おな》じ 黄色《きいろ》い ふく

黄
ながく
かくよ
ぴたっ
うえに
でる
なめら
かに
ぴたっ

黄 黄 黄 黄 黄 黄
黄 黄 黄 黄 黄

この字《じ》のヒミツ

◆「くちばしが黄色《きいろ》い」は、未《み》熟《じゅく》であることを意味《いみ》するよ。◆「黄色《きいろ》い声《こえ》」は女《おんな》の子《こ》などのかん高《だか》い声《こえ》のことだよ。

黒

11 画《かく》 黒《くろ》の部《ぶ》

音 コク

訓 くろ　くろい

黒点《こくてん》・黒板《こくばん》・黒《くろ》こげ・黒字《くろじ》・黒潮《くろしお》・黒星《くろぼし》・黒幕《くろまく》・黒豆《くろまめ》・白黒《しろくろ》・黒《くろ》い服《ふく》

なりたち

→ 黑（黒）

もとの字《じ》は「黑」。「（すすけた煙突《えんとつ》）」と「炎（ほのお）」を合《あ》わせて、「くろい」意味《いみ》を表《あらわ》す。

黒《くろ》いぼうし

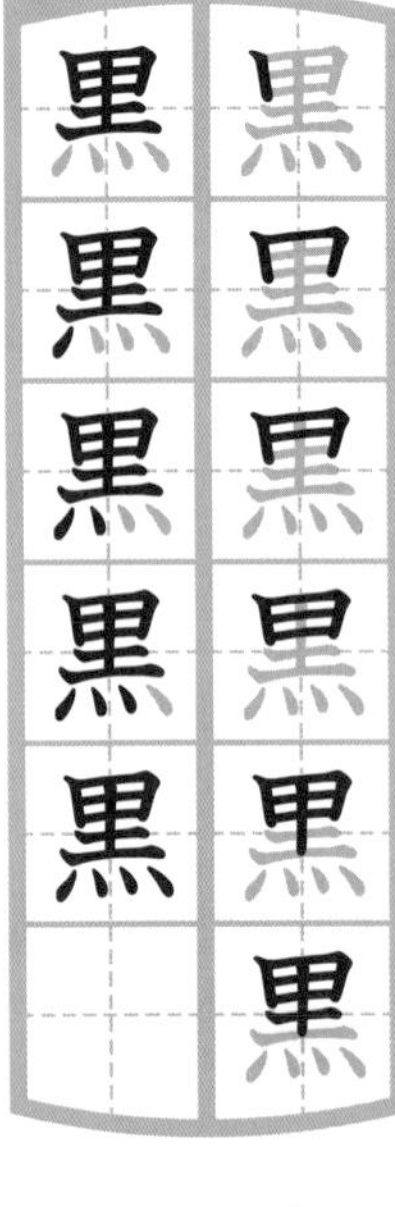

この字《じ》のヒミツ

◆黒《くろ》は、あらたまった場《ば》にふさわしい色《いろ》とされる。結婚式《けっこんしき》や葬《そう》式《しき》で着《き》る黒《くろ》い服《ふく》は、「礼服《れいふく》」とよばれる。「黒服《くろふく》」ではないよ。

2年《ねん》

3年《ねん》

3年《ねん》生《せい》で習《なら》う漢《かん》字《じ》（200字《じ》）

次	橋	横	様	業	植	根	柱	板	期	服	有	曲
334	334	334	333	333	333	332	332	332	331	331	331	330
湖	温	深	流	消	洋	油	波	注	泳	決	氷	死
339	338	338	338	337	337	337	336	336	336	335	335	335
登	発	病	畑	界	由	申	球	物	炭	漢	湯	港
343	343	342	342	342	341	341	341	340	340	340	339	339
究	秒	福	祭	神	礼	研	短	真	相	県	皿	皮
347	347	347	346	346	346	345	345	345	344	344	344	343
美	羊	練	緑	終	級	箱	筆	等	笛	第	童	章
352	351	351	351	350	350	350	349	349	349	348	348	348
路	起	負	豆	調	談	詩	表	血	育	者	習	着
356	356	356	355	355	355	354	354	354	353	353	352	352
題	面	集	開	銀	鉄	重	配	酒	農	軽	転	身
361	360	360	360	359	359	359	358	358	358	357	357	357
								鼻	歯	駅	館	飲
								362	362	362	361	361

丁

2画《かく》 一《いち》の部《ぶ》

丁《てい》ねいに
まぜる

音 チョウ
(テイ)
一丁目《いっちょうめ》・包丁《ほうちょう》・横丁《よこちょう》
甲乙丙丁《こうおつへいてい》・丁重《ていちょう》・丁寧《ていねい》

訓 ―

もっとわかる

●「丁重《ていちょう》」「丁寧《ていねい》」は、言《こと》葉《ば》づかいや動作《どうさ》に心《こころ》がこもっていて礼儀《れいぎ》正《ただ》しいこと。●のこぎりやピストルなどを数《かぞ》えるときにも「丁《ちょう》」が使《つか》われる。

なりたち

板《いた》などに打《う》ちつけた「くぎ」をえがいた形《かたち》。

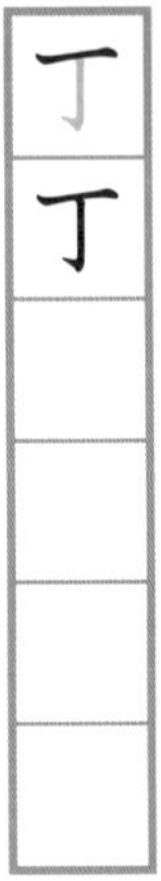

世

5画《かく》 一《いち》の部《ぶ》

牛《うし》の世《せ》話《わ》を
する

音 セイ
セ
後世《こうせい》・世紀《せいき》・中世《ちゅうせい》・二世《にせい》
出世《しゅっせ》・世界《せかい》・世間《せけん》・世代《せだい》

訓 よ
世論《よろん》・世渡《よわた》り

もっとわかる

●「世《よ》渡《わた》り」は、世《よ》の中《なか》で生活《せいかつ》していくこと。

なりたち

「十」を三《みっ》つ並《なら》べて下《した》をつないだ形《かたち》で、「さんじゅうねん」を示《しめ》す。三十年《さんじゅうねん》で親《おや》から子《こ》に引《ひ》き継《つ》がれるところから、「世《せ》代《だい》」を表《あらわ》す。

両

6画《かく》 一《いち》の部《ぶ》

両《りょう》手《て》に持《も》つ

音 リョウ
十両編成《じゅうりょうへんせい》・両替《りょうがえ》・両親《りょうしん》・
両手《りょうて》・両方《りょうほう》・両立《りょうりつ》

訓 ―

もっとわかる

●昔《むかし》、「両《りょう》」は重《おも》さやお金《かね》の単位《たんい》としても使《つか》われた。「千両《せんりょう》」は、非常《ひじょう》に価値《かち》のあること。

なりたち

もとの字《じ》は「兩」。左右《さゆう》の重《おも》さがつり合《あ》っているはかりをえがいた形《かたち》。「二《ふた》つで一組《ひとくみ》のもの」を表《あらわ》す。

3年《ねん》

主

5画《かく》　丶《てん》の部《ぶ》

くだものやさんの店主《てんしゅ》

音　シュ　主演《しゅえん》・主義《しゅぎ》・主人《しゅじん》・主人公《しゅじんこう》・主役《しゅやく》・主要《しゅよう》・主力《しゅりょく》・店主《てんしゅ》
（ス）　座主《ざす》・坊主《ぼうず》

訓　ぬし　飼《か》い主《ぬし》・地主《じぬし》・持《も》ち主《ぬし》
おも　主《おも》なニュース

もっとわかる
●「主食《しゅしょく》」は、ご飯《はん》・めん類《るい》・パンなど、食事《しょくじ》の中心《ちゅうしん》となるもの。

なりたち

炎《ほのお》が燃《も》えるすがたをえがいた形《かたち》。「じっとして動《うご》かない」ことを表《あらわ》す。

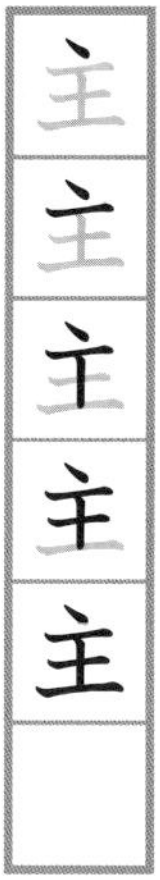

乗

9画《かく》　ノ《はらいぼう》の部《ぶ》

ゾウに乗《の》る

音　ジョウ　乗客《じょうきゃく》・乗降《じょうこう》・乗車《じょうしゃ》・乗務員《じょうむいん》

訓　のる　電車《でんしゃ》に乗《の》る
のせる　車《くるま》に乗《の》せる

もっとわかる
●「便乗《びんじょう》」は、チャンスをとらえて利用《りよう》すること。「便乗《びんじょう》値上《ねあ》げ」のように使《つか》われる。

なりたち

乘（乗）
もとの字《じ》は「乘」。人《ひと》が木《き》にのぼるようすで、「のる」ことを表《あらわ》す。

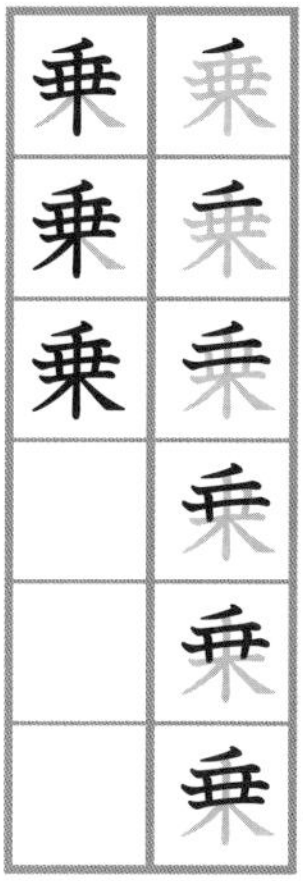

予

4画《かく》　亅《はねぼう》の部《ぶ》

天気予報《てんきよほう》が外《はず》れる

音　ヨ　予感《よかん》・予言《よげん》・予算《よさん》・予習《よしゅう》・予想《よそう》・予定《よてい》・予備《よび》・予報《よほう》・予防《よぼう》・予約《よやく》

訓　—

もっとわかる
●「猶予《ゆうよ》」は、行《おこな》う日時《にちじ》を延《の》ばすこと。

なりたち

予
機織《はたお》りで横糸《よこいと》を通《とお》す道具《どうぐ》をえがいた形《かたち》。横《よこ》にのびるというイメージから、「ゆとりをおく」ことを表《あらわ》す。

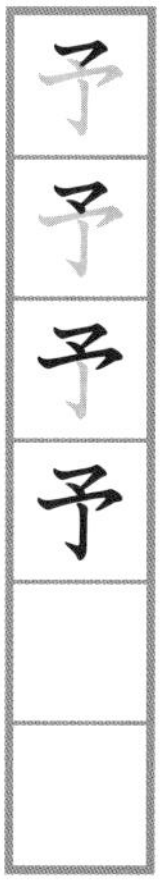

3年《ねん》

なぞなぞ？　お日《ひ》さまとお月《つき》さまがならぶと、どうなる？

（答《こた》えは次《つぎ》のページ）

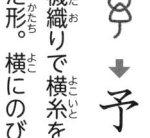

事

8 画《かく》 亅《はねぼう》の部《ぶ》

力仕事《ちからしごと》をする

音 ジ
（ズ）

家事《かじ》・行事《ぎょうじ》・事件《じけん》・事実《じじつ》・無事《ぶじ》
好事家《こうずか》

訓 こと

事細《ことこま》か・仕事《しごと》・力仕事《ちからしごと》

もっとわかる

●「ズ」という読《よ》みは、「好事家《こうずか》（変《か》わったことを好《この》む人《ひと》）」などの言葉《ことば》に使《つか》われる。

なりたち

 ↓  ↓ 事

計算《けいさん》の道具《どうぐ》を手《て》に持《も》つ形《かたち》で、「役《やく》目《め》」や「仕事《しごと》」を表《あらわ》す。

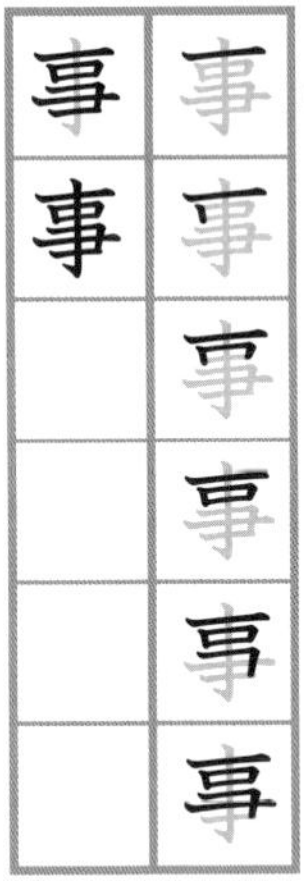

仕

5 画《かく》 亻《にんべん》の部《ぶ》

国王《こくおう》に仕《つか》える

音 シ
（ジ）

仕上《しあ》げ・仕方《しかた》・仕組《しく》み・仕業《しわざ》
給仕《きゅうじ》

訓 つかえる

王様《おうさま》に仕《つか》える

もっとわかる

●「ジ」という読《よ》みは、「給仕《きゅうじ》」などの言葉《ことば》に使《つか》われる。

なりたち

 ↓ 仕

「士《し》（まっすぐに立《た》つ）」と「亻（人《ひと》）」を合《あ》わせた形《かたち》。大切《たいせつ》な人《ひと》のそばに立《た》って「つかえる」ことを表《あらわ》す。

他

5 画《かく》 亻《にんべん》の部《ぶ》

他《ほか》の人《ひと》には言《い》わない

音 タ

自他《じた》・他校《たこう》・他国《たこく》・他人《たにん》

訓 ほか

他《ほか》の品物《しなもの》を見《み》る

もっとわかる

●「他山《たざん》の石《いし》」は、他人《たにん》のまちがった言葉《ことば》や行《おこな》いでも、自分《じぶん》をみがくのに役立《やくだ》つものという意味《いみ》。

なりたち

 ↓  ↓  ↓ 也

「也（ヘビ）」と「亻（人《ひと》）」で、人《ひと》がヘビにかまれるようすから、ふつうとは変《か》わったこと、「ほか」の意味《いみ》を表《あらわ》す。

3年《ねん》

？ 前《まえ》のページの答《こた》え→明《あか》るくなる

代

5画《かく》　イ《にんべん》の部《ぶ》

みんなの代表《だいひょう》

音
ダイ　時代《じだい》・初代《しょだい》・代金《だいきん》・代理《だいり》
タイ　兄《あに》と交代《こうたい》・新陳代謝《しんちんたいしゃ》

訓
かわる　母《はは》の代《か》わり
かえる　命《いのち》に代《か》えられない
よ　千代紙《ちよがみ》・武士《ぶし》の代《よ》
(しろ)　ぬい代《しろ》・のり代《しろ》

もっとわかる
●「千代紙《ちよがみ》」は、美《うつく》しいもようをつけた和紙《わし》のこと。

なりたち
「弋（たがいちがいに入《い》れかわる）」と「イ（人《ひと》）」で、べつのものが「入《い》れかわる」ことを表《あらわ》す。

代 代 代 代 代

全

6画《かく》　へ《ひとやね》の部《ぶ》

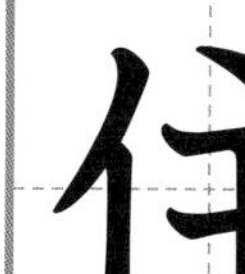

全力《ぜんりょく》で走《はし》る

音
ゼン　安全《あんぜん》・全員《ぜんいん》・全世界《ぜんせかい》・全力《ぜんりょく》

訓
まったく　全《まった》く同《おな》じ服《ふく》
すべて　宿題《しゅくだい》は全《すべ》てできた

もっとわかる
●「全身全霊《ぜんしんぜんれい》」は、持《も》っている力《ちから》のすべて。「仕事《しごと》に全身全霊《ぜんしんぜんれい》をかたむける」のように使《つか》う。

なりたち
「入（中《なか》にいれる）」と「王（玉《たま》）」を合《あ》わせて、かざりにびっしりと玉《たま》をはめこむようすを示《しめ》す。欠《か》けたところがないというイメージから、「すべて」の意味《いみ》を表《あらわ》す。

全 全 全 全 全 全

住

7画《かく》　イ《にんべん》の部《ぶ》

緑《みどり》の屋根《やね》の家《いえ》に住《す》む

音
ジュウ　衣食住《いしょくじゅう》・永住《えいじゅう》・住所《じゅうしょ》・住宅《じゅうたく》・住人《じゅうにん》・住民《じゅうみん》

訓
すむ　町中《まちなか》に住《す》む
すまう　郊外《こうがい》に住《す》まう

もっとわかる
●「住《す》めば都《みやこ》」は、どんな所《ところ》でも、住《す》んでみればそれなりによい所《ところ》だと思《おも》われること。

なりたち
「主（じっとしている）」と「イ（人《ひと》）」で、人《ひと》が一《いっ》か所《しょ》にとどまる、「すむ」ことを表《あらわ》す。

住 住 住 住 住 住 住

なぞなぞ？　門《もん》に耳《みみ》をつけて、なにをしている？

(答《こた》えは次《つぎ》のページ)

使

8画《かく》 亻《にんべん》の部《ぶ》

イチゴを
使《つか》ったケーキ

音 シ

遣唐使《けんとうし》・行使《こうし》・使者《ししゃ》・使命《しめい》・使用《しよう》・大使《たいし》・天使《てんし》

訓 つかう

えんぴつを使《つか》う

もっとわかる

● 「心《こころ》づかい」「言葉《ことば》づかい」などの場合《ばあい》は、ふつう「使」を用《もち》いない。

なりたち

「吏（役目《やくめ》を果《は》たす役人《やくにん》）」と「亻（人《ひと》）」で、さしずして人《ひと》を働《はたら》かせるイメージから、「つかう」ことを表《あらわ》す。

係

9画《かく》 亻《にんべん》の部《ぶ》

ごはんの
係《かかり》になる

音 ケイ

エンゲル係数《けいすう》・関係《かんけい》・連係《れんけい》

訓 かかる かかり

本人《ほんにん》の努力《どりょく》に係《かか》っている

係員《かかりいん》・給食係《きゅうしょくがかり》・図書係《としょがかり》

もっとわかる

● 「案内係《あんないがかり》」「給食係《きゅうしょくがかり》」など、「仕事《しごと》を受《う》け持《も》つ人《ひと》」の意味《いみ》で使《つか》われるときは「り」を送《おく》らない。

なりたち

「系《けい》（糸《いと》をひとすじにつなぐ）」と「亻（人《ひと》）」で、人《ひと》と人《ひと》がつながる、「かかわる」ことを表《あらわ》す。

倍

10画《かく》 亻《にんべん》の部《ぶ》

二《に》倍《ばい》の大《おお》きさ

音 バイ

十倍《じゅうばい》・二倍《にばい》・倍加《ばいか》・倍額《ばいがく》・倍数《ばいすう》・倍増《ばいぞう》・倍率《ばいりつ》

訓 ―

もっとわかる

● 反対語《はんたいご》…倍額《ばいがく》↔半額《はんがく》、倍増《ばいぞう》↔半減《はんげん》

なりたち

「咅《ばい》（一《ひと》つのものを二《ふた》つに分《わ》ける）」と「亻（人《ひと》）」で、二《ふた》つに分《わ》かれたものが並《なら》ぶと数《かず》が増《ふ》えるところから、「ばい」の意《い》を表《あらわ》す。

具

8画《かく》　八《はち》の部《ぶ》

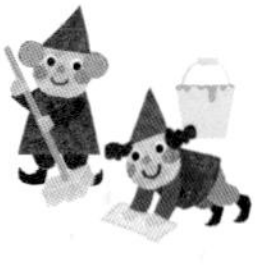

そうじの道具《どうぐ》

音 グ

雨具《あまぐ》・絵《え》の具《ぐ》・家具《かぐ》・具合《ぐあい》・具体的《ぐたいてき》・具備《ぐび》・文房具《ぶんぼうぐ》・用具《ようぐ》

訓 ―

もっとわかる

● 「敬具《けいぐ》」は、手紙《てがみ》の最《さい》後《ご》に書《か》く言葉《ことば》で、「つつしんで申《もう》し上《あ》げる」という意味《いみ》。

なりたち

↓ 具

食《た》べ物《もの》を器《うつわ》に入《い》れ、さし出《だ》すようすから、「そろえる」ことを表《あらわ》す。

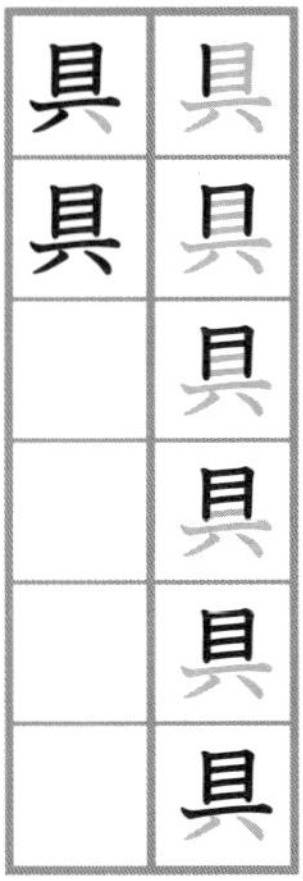

写

5画《かく》　冖《わかんむり》の部《ぶ》

ノートに書《か》き写《うつ》す

音 シャ

映写《えいしゃ》・写実《しゃじつ》・写生《しゃせい》・接写《せっしゃ》

訓 うつす　ノートに写《うつ》す

うつる　いっしょに写《うつ》った写真《しゃしん》

もっとわかる

● 「写《うつ》す」は、形《かたち》を写《うつ》し取《と》ること。「映《うつ》す」は、映像《えいぞう》としてあらわすこと。

なりたち

↓ 寫（写）

もとの字《じ》は「寫」。「舄（鳥《とり》のカササギ）」と「宀（いえ）」で、鳥《とり》が住《す》む場《ば》所《しょ》を変《か》えることから、「うつす」ことを表《あらわ》す。

列

6画《かく》　刂《りっとう》の部《ぶ》

一列《いちれつ》にならぶ

音 レツ

行列《ぎょうれつ》・参列《さんれつ》・整列《せいれつ》・前列《ぜんれつ》・列車《れっしゃ》・列島《れっとう》

訓 ―

もっとわかる

● 「列席《れっせき》」は、会場《かいじょう》や式《しき》場《じょう》の席《せき》に出《で》ること。

なりたち

↓ 列

「歹（ばらばらになった骨《ほね》）」と「刂（刀《かたな》）」を合《あ》わせた形《かたち》。骨《ほね》を切《き》り分《わ》けて「ならべる」ことを表《あらわ》す。

なぞなぞ？ 苗《なえ》（ナエ）をもっているのは、どっちの手《て》？

（答《こた》えは次《つぎ》のページ）

3年《ねん》

助

7画《かく》 力《ちから》の部《ぶ》

王様《おうさま》を助《たす》ける

音 ジョ
援助《えんじょ》・介助《かいじょ》・救助《きゅうじょ》・助言《じょげん》・助手《じょしゅ》・助走《じょそう》・補助《ほじょ》

訓 たすける　友達《ともだち》を助《たす》ける
たすかる　手伝《てつだ》ってもらって助《たす》かる
（すけ）　ねぼ助《すけ》

もっとわかる
●「助太刀《すけだち》」は、人《ひと》に力《ちから》を貸《か》すこと。

なりたち
「且（上《うえ》に加《くわ》えること）」と「力（ちから）」で、別《べつ》の力《ちから》を加《くわ》えて「たすける」ことを表《あらわ》す。

勉

10画《かく》 力《ちから》の部《ぶ》

星《ほし》の勉強《べんきょう》

音 ベン
勤勉《きんべん》・勉学《べんがく》・勉強《べんきょう》・勉励《べんれい》

訓 ―

もっとわかる
●「勉強《べんきょう》」は、商品《しょうひん》の値《ね》段《だん》を安《やす》くする、という意味《いみ》でも使《つか》われる。

なりたち

「免（出産《しゅっさん》するようす）」と「力（ちから）」で、無理《むり》に力《ちから》を出《だ》して「つとめる」ことを表《あらわ》す。

動

11画《かく》 力《ちから》の部《ぶ》

車《くるま》が動《うご》く

音 ドウ
感動《かんどう》・行動《こうどう》・動作《どうさ》・動物《どうぶつ》

訓 うごく　車《くるま》が動《うご》く
うごかす　つくえを動《うご》かす

もっとわかる
●「一挙一動《いっきょいちどう》」は、ちょっとした一《ひと》つ一《ひと》つのふるまいのこと。

なりたち

「重（地面《じめん》をつく）」と「力（ちから）」で、「うごく」ことを表《あらわ》す。

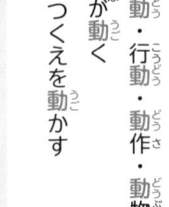

勝

12画《かく》 力《ちから》の部《ぶ》

勝《か》ってメダルをもらう

音 ショウ　勝負《しょうぶ》・勝利《しょうり》・全勝《ぜんしょう》・名勝《めいしょう》

訓 かつ　試合《しあい》に勝《か》つ

（まさる）　実力《じつりょく》において勝《まさ》る

もっとわかる

●「勝手《かって》」は、「自分勝手《じぶんかって》」「使《つか》い勝手《がって》がよい」のように使《つか》われる。

なりたち

↓

↓
朕

「朕（上《うえ》にあがる）」と「力（ちから）」で、「まさる」ことを表《あらわ》す。

化

4画《かく》 匕《ひ》の部《ぶ》

お化《ば》けになりきる

音 カ　化学《かがく》・化石《かせき》・消化《しょうか》・進化《しんか》

（ケ）　化粧《けしょう》・化身《けしん》

訓 ばける　化《ば》けの皮《かわ》・化《ば》け物《もの》

ばかす　タヌキが人《ひと》を化《ば》かす

もっとわかる

●「化身《けしん》」は、神仏《しんぶつ》が姿《すがた》を変《か》えてこの世《よ》に現《あらわ》れたもの。

なりたち

↓

↓
化

「亻（まっすぐ立《た》った人《ひと》）」と「匕（しゃがんだ人《ひと》）」で、すがたや形《かたち》が「かわる」ことを表《あらわ》す。

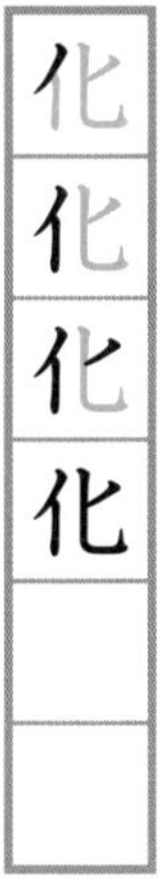

区

4画《かく》 匚《かくしがまえ》の部《ぶ》

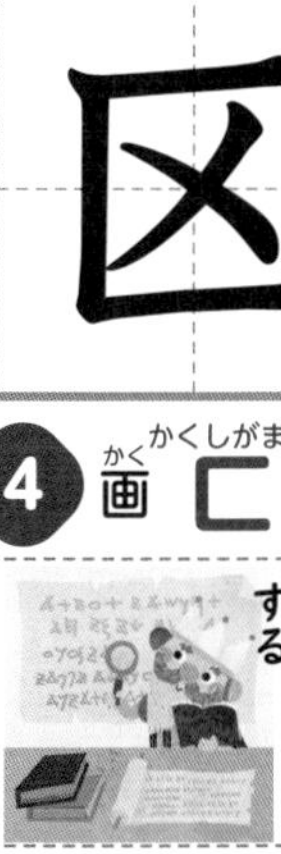
文字《もじ》を区別《くべつ》する

音 ク　区間《くかん》・区別《くべつ》・区役所《くやくしょ》・地区《ちく》

訓 ―

もっとわかる

●区《く》のある都市《とし》に、札幌《さっぽろ》・東京《とうきょう》・川崎《かわさき》・横浜《よこはま》・名古屋《なごや》・京都《きょうと》・大阪《おおさか》・神戸《こうべ》・広島《ひろしま》・福岡《ふくおか》・北九州《きたきゅうしゅう》などがある。

なりたち

↓
區（区）

もとの字《じ》は「區」。「匚（曲《ま》がったかこい）」と「品（三《みっ》つの小《ちい》さなもの）」を合《あ》わせた形《かたち》で、「くぎる」ことを表《あらわ》す。

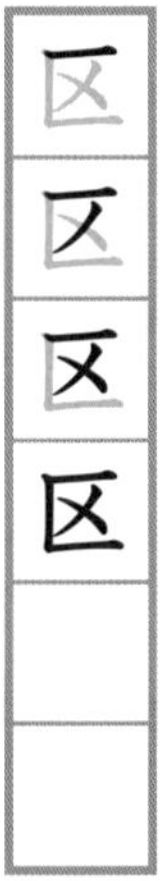

なぞなぞ？ 小《ちい》さなノートの数《かず》は、おおい？　すくない？

（答《こた》えは次《つぎ》のページ）

医

7 画《かく》 匸《かくしがまえ》の部《ぶ》

えがおのお医者《いしゃ》さん

音 イ　医学《いがく》・医師《いし》・医者《いしゃ》・校医《こうい》・名医《めいい》

訓 —

もっとわかる ●「医者《いしゃ》の不養生《ふようじょう》」は、医者自身《いしゃじしん》が、不健康《ふけんこう》な生活《せいかつ》をおくること。

なりたち

↓
醫(医)

もとの字《じ》は「醫」。「医《い》(しまう)」と「殳(動《うご》き)」と「酉(酒《さか》つぼ)」で、薬草《やくそう》で「いやす」ことを表《あらわ》す。

医 医 医 医 医 医 医

去

5 画《かく》 ム《む》の部《ぶ》

よごれを取《と》り去《さ》る

音 キョ　去年《きょねん》・消去《しょうきょ》・除去《じょきょ》・退去《たいきょ》
コ　過去《かこ》

訓 さる　その場《ば》を去《さ》る

もっとわかる ●「去《さ》る者《もの》は追《お》わず」は、去《さ》っていく人《ひと》は無理《むり》に引《ひ》き止《と》めないということ。

なりたち

↓
去

ふたつきの底《そこ》のくぼんだ食器《しょっき》をえがいた形《かたち》。くぼむ、へこむというイメージから、「さる」ことを表《あらわ》す。

去 去 去 去 去

反

4 画《かく》 又《また》の部《ぶ》

反対《はんたい》の意見《いけん》

音 ハン　反射《はんしゃ》・反則《はんそく》・反対《はんたい》・反発《はんぱつ》
(ホン)　謀反《むほん》
(タン)　減反《げんたん》・反物《たんもの》

訓 そる　板《いた》が反《そ》る
そらす　体《からだ》を反《そ》らす

もっとわかる ●「反《たん》」は、畑《はたけ》の面積《めんせき》や布《ぬの》の長《なが》さを表《あらわ》すこともある。

なりたち

↓
反

「厂(垂《た》れた布《ぬの》)」と「又(手《て》)」で、「もとにもどる」ことを表《あらわ》す。

反 反 反 反

3年《ねん》

取

8 画《かく》 又《また》の部《ぶ》

赤《あか》えんぴつを
取《と》り出《だ》す

音 シュ　取材《しゅざい》・取捨選択《しゅしゃせんたく》・取得《しゅとく》

訓 とる　百点《ひゃくてん》を取《と》る

もっとわかる

● 「取捨選択《しゅしゃせんたく》」は、よいか悪《わる》いかを判断《はんだん》して、必要《ひつよう》なものを選《えら》びとること。

なりたち

→ 取

「耳（みみ）」と「又（手《て》）」で、手《て》に「とる」ことを表《あらわ》す。

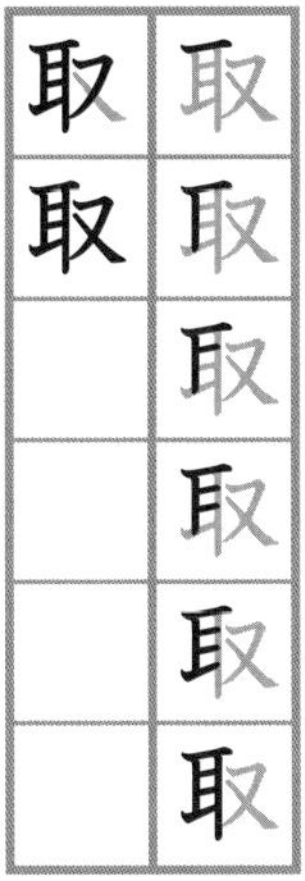

受

8 画《かく》 又《また》の部《ぶ》

質問《しつもん》を受《う》ける

音 ジュ　受験《じゅけん》・受講《じゅこう》・受信《じゅしん》・受話器《じゅわき》

訓 うける　注文《ちゅうもん》を受《う》ける

うかる　試験《しけん》に受《う》かる

もっとわかる

● 送《おく》り仮名《がな》に注意《ちゅうい》。「受《う》け取《と》る」「受《う》け付《つ》ける」「受《うけ》取《とり》（人《にん》）」「受《うけ》付《つけ》（係《がかり》）」など。

なりたち

→ 受

「舟（渡《わた》す）」と「爫（手《て》）」と「又（手《て》）」で、「うける」ことを表《あらわ》す。

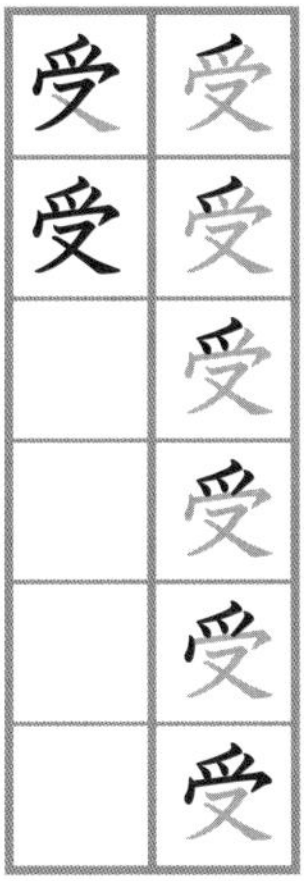

号

5 画《かく》 口《くち》の部《ぶ》

ゼッケン番号《ばんごう》
は2番《ばん》

音 ゴウ　記号《きごう》・元号《げんごう》・号外《ごうがい》・号泣《ごうきゅう》・信号《しんごう》・年号《ねんごう》・番号《ばんごう》・符号《ふごう》

訓 ―

もっとわかる

● 「のぞみ号《ごう》」「タイタニック号《ごう》」など、乗《の》り物《もの》の名《な》につけて使《つか》われることもある。 ● 「号泣《ごうきゅう》」は、大声《おおごえ》をあげて泣《な》くこと。

なりたち

「丂（折《お》れ曲《ま》がって出《で》る）」と「口（くち）」で、大《おお》きな口《くち》をあけ、声《こえ》をかすれさせて「さけぶ」「よぶ」ことを表《あらわ》す。

なぞなぞ？ 夕方《ゆうがた》、口《くち》でなにをよぶ？

（答《こた》えは次《つぎ》のページ）

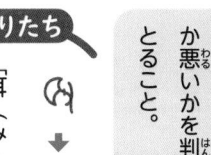

向

6画《かく》 口《くち》の部《ぶ》

音 コウ
訓 むく むける むかう むこう

意向《いこう》・傾向《けいこう》・向上心《こうじょうしん》・動向《どうこう》
上《うえ》を向《む》く
顔《かお》を左《ひだり》に向《む》ける
駅《えき》へ向《む》かう
向《む》こう岸《ぎし》

もっとわかる
「向《む》かい風《かぜ》」は前方《ぜんぽう》からふいてくる風《かぜ》。後方《こうほう》からの風《かぜ》は「追《お》い風《かぜ》」。

なりたち

建物《たてもの》の窓《まど》の形《かたち》。空気《くうき》が窓《まど》へ流《なが》れるように、「むかう」ことを表《あらわ》す。

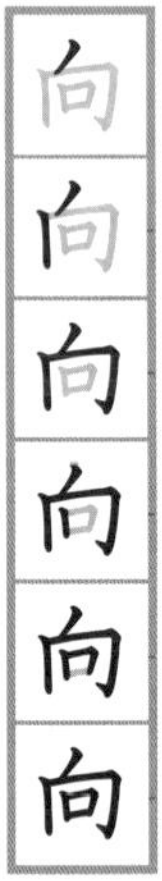

君

7画《かく》 口《くち》の部《ぶ》

音 クン
訓 きみ

君子《くんし》・君主《くんしゅ》・主君《しゅくん》・諸君《しょくん》・暴君《ぼうくん》・名君《めいくん》
君《きみ》のノート

もっとわかる
「太郎君《たろうくん》」などの「君《くん》」は、目上《めうえ》の人《ひと》に対《たい》しては使《つか》わない。

なりたち

指揮棒《しきぼう》を手《て》にするようすから、「全《ぜん》体《たい》を一《ひと》つにまとめる人《ひと》」を表《あらわ》す。

味

8画《かく》 口《くち》の部《ぶ》

音 ミ
訓 あじ あじわう

意味《いみ》・興味《きょうみ》・珍味《ちんみ》・美味《びみ》・味覚《みかく》・味方《みかた》・味読《みどく》・地味《じみ》・風味《ふうみ》
味気《あじけ》ない・味見《あじみ》
よくかんで味《あじ》わう

もっとわかる
特別《とくべつ》な読《よ》み方《かた》…三味線《しゃみせん》

なりたち
「未《み》（はっきりしない）」と「口（くち）」で、はっきりしない「あじ」を舌《した》で調《しら》べる、「あじわう」ことを表《あらわ》す。

命

8画《かく》 口《くち》の部《ぶ》

王様《おうさま》の命令《めいれい》

音 **メイ**
運命《うんめい》・宿命《しゅくめい》・生命《せいめい》・命令《めいれい》
(ミョウ)
寿命《じゅみょう》

訓 **いのち**
命《いのち》がけ・命《いのち》取《と》り・命《いのち》拾《びろ》い

もっとわかる
●「絶体絶命《ぜったいぜつめい》」は、追《お》いつめられて、どうにもならない状態《じょうたい》。

なりたち
「亼（あつめる）」と「卩（ひざまずく人《ひと》）」と「口（ことば）」で、人々《ひとびと》に考《かんが》えを伝《つた》えるようすから、「いいつける」ことを表《あらわ》す。

命命命命命命
命命

和

8画《かく》 口《くち》の部《ぶ》

和室《わしつ》でねる

音 **ワ**
平和《へいわ》・和解《わかい》・和食《わしょく》・和服《わふく》
(オ)
和尚《おしょう》

訓 **(やわらぐ)**
寒《さむ》さが和《やわ》らぐ
(やわらげる)
声《こえ》を和《やわ》らげる
(なごむ)
心《こころ》が和《なご》む
(なごやか)
和《なご》やかな雰囲気《ふんいき》

なりたち
「禾（まるくしなやかにたれ下《さ》がったイネの穂《ほ》）」と「口（くち）」で、「おだやかにまるくまとまる」ことを表《あらわ》す。

和和和和和和
和和

品

9画《かく》 口《くち》の部《ぶ》

食料品《しょくりょうひん》を買《か》う

音 **ヒン**
気品《きひん》・下品《げひん》・作品《さくひん》・商品《しょうひん》・上品《じょうひん》・食料品《しょくりょうひん》・品格《ひんかく》

訓 **しな**
品数《しなかず》・品切《しなぎ》れ・品物《しなもの》

もっとわかる
●「手《て》をかえ品《しな》をかえ」は、あれこれ方法《ほうほう》をかえてやってみること。

なりたち
「口（四角《しかく》いもの）」を三《みっ》つ並《なら》べた形《かたち》で、いろいろな「しなもの」を表《あらわ》す。

品品品品品品
品品品

なぞなぞ？ 雨《あめ》かと思《おも》ったけど、ヨく見《み》たらなんだった？

（答《こた》えは次《つぎ》のページ）

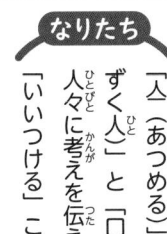

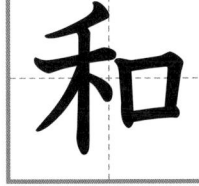

員

⑩画《かく》 口《ぐち》の部《ぶ》

音 イン 委員《いいん》・会員《かいいん》・定員《ていいん》・満員《まんいん》

訓 ――

あと一人《ひとり》で満員《まんいん》

もっとわかる

●「幅員《ふくいん》」は、道路《どうろ》や橋《はし》などのはばの広《ひろ》さ。

なりたち

↓ 員

「鼎（三本足《さんぼんあし》の器《うつわ》）」の省略形《しょうりゃくけい》「貝」と「口（丸《まる》いわく）」で、「わくに入《はい》る」ことを表《あらわ》す。

員	員
員	員
員	員
員	員
員	
員	

商

⑪画《かく》 口《くち》の部《ぶ》

音 ショウ 商店《しょうてん》・商売《しょうばい》・商品《しょうひん》

訓 （あきなう） 衣料品《いりょうひん》を商《あきな》う店《みせ》

おすすめの商品《しょうひん》はイチゴ

もっとわかる

●「商人《しょうにん》」は、古《ふる》い言《い》い方《かた》で「商人《あきんど》」ともいう。

なりたち

↓ 商

「章《しょう》（明《あか》るい）」の省略形《しょうりゃくけい》と「冏（高台《たかだい》）」で、小高《こだか》い土地《とち》に都《みやこ》を置《お》いた、昔《むかし》の中国《ちゅうごく》の国名《こくめい》。

商	商
商	商
商	商
商	商
商	商
商	

問

⑪画《かく》 口《くち》の部《ぶ》

音 モン 疑問《ぎもん》・質問《しつもん》・訪問《ほうもん》・問題《もんだい》

訓 とう 品物《しなもの》の値段《ねだん》を問《と》う
とい 問《と》いに答《こた》える
とん 問屋《とんや》

問題《もんだい》をとく

もっとわかる

●「問屋《とんや》」は、作《つく》った人《ひと》から大量《たいりょう》に商品《しょうひん》を買《か》い、一般《いっぱん》の店《みせ》に売《う》りわたす店《みせ》のこと。

なりたち

「門《もん》（閉《と》じていて中《なか》がわからない）」と「口（くち）」で、わからないことを「とう」ことを表《あらわ》す。

問	問
問	問
問	問
問	問
問	問
問	

3年《ねん》

坂

7画《かく》　土《つち》の部《ぶ》

坂《さか》を下《くだ》る

音　**(ハン)**　急坂《きゅうはん》・登坂《とうはん》

訓　**さか**　坂道《さかみち》・乃木坂《のぎざか》・上《のぼ》り坂《ざか》

もっとわかる

● 二《ふた》つある坂《さか》のうち、急《きゅう》な坂《さか》を「男坂《おとこざか》」、ゆるやかな坂《さか》を「女坂《おんなざか》」とよぶ。● 「坂東《ばんどう》」は、関東地方《かんとうちほう》の昔《むかし》のよび名《な》。

なりたち

「反《はん》（そりかえる）」と「土（つち）」で、そりかえってかたむいている土地《とち》、「さか」を表《あらわ》す。

坂　坂　坂　坂　坂　坂　坂

央

5画《かく》　大《だい》の部《ぶ》

ぶたいの中央《ちゅうおう》

音　**オウ**　県央《けんおう》・震央《しんおう》・中央《ちゅうおう》

訓　—

もっとわかる

● 「震央《しんおう》」は、震源《しんげん》（地《ち》下《か》で、地震《じしん》が起《お》こったところ）の真上《まうえ》の地表上《ちひょうじょう》の地点《ちてん》のこと。

なりたち

「大（手《て》足《あし》を広《ひろ》げて立《た》つ人《ひと》）」と「冂（わく）」を合《あ》わせた形《かたち》で、体《からだ》の中心《ちゅうしん》の首《くび》をおさえつけたようすから、「まんなか」を表《あらわ》す。

央　央　央　央　央

委

8画《かく》　女《おんな》の部《ぶ》

学級《がっきゅう》委員《いいん》になる

音　**イ**　委員《いいん》・委細《いさい》・委託《いたく》・委任《いにん》

訓　**ゆだねる**　会《かい》の日《ひ》どりを先生《せんせい》に委《ゆだ》ねる

もっとわかる

● 「委《い》」は「季《き》」と形《かたち》が似《に》ていて、まちがえやすいので注意《ちゅうい》。

なりたち

「禾（しなやかにたれ下《さ》がったイネの穂《ほ》）」と「女（おんな）」で、女性《じょせい》が人《ひと》にもたれかかるようすから、「まかせる」ことを表《あらわ》す。

委　委　委　委　委　委　委　委

なぞなぞ 日《ひ》がくれるまで寺《てら》にいたよ。なにがたった？

（答《こた》えは次《つぎ》のページ）

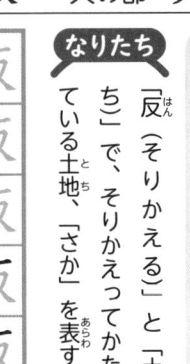

始

8 画《かく》 女《おんな》の部《ぶ》

音 **シ**　開《かい》始《し》・始《し》業《ぎょう》式《しき》・始《し》発《はつ》・終《しゅう》始《し》

訓 **はじめる**　勉《べん》強《きょう》を始《はじ》める

はじまる　試《し》合《あい》が始《はじ》まる

練《れん》習《しゅう》を始《はじ》める

もっとわかる

●「一《いち》部《ぶ》始《し》終《じゅう》」とは、物《もの》事《ごと》の最《さい》初《しょ》から最《さい》後《ご》までのくわしいいきさつのこと。

なりたち

→台

「台（動《どう》作《さ》を起《お》こす）」と「女（おんな）」で、「はじめ」を表《あらわ》す。

始 始 始 始 始 始

始 始

安

6 画《かく》 宀《うかんむり》の部《ぶ》

音 **アン**　安《あん》価《か》・安《あん》産《ざん》・安《あん》心《しん》・安《あん》定《てい》

訓 **やすい**　安《やす》売《う》り・安《やす》値《ね》・安《やす》らかな顔《かお》

ねだんが安《やす》い

もっとわかる

●「安《やす》普《ぶ》請《しん》」とは、安《やす》いお金《かね》で家《いえ》を建《た》てること。●「安《あん》産《ざん》」は、苦《くる》しみや危《き》険《けん》の少《すく》ない出《しゅっ》産《さん》。反《はん》対《たい》語《ご》は「難《なん》産《ざん》」。

なりたち

→安

「宀（いえ）」と「女（おんな）」を合《あ》わせた形《かたち》で、女《じょ》性《せい》が家《いえ》に腰《こし》を落《お》ち着《つ》けているようすから、「やすらかに落《お》ち着《つ》く」ことを表《あらわ》す。

安 安 安 安 安 安

守

6 画《かく》 宀《うかんむり》の部《ぶ》

音 **シュ**　厳《げん》守《しゅ》・死《し》守《しゅ》・守《しゅ》備《び》・保《ほ》守《しゅ》

ス　留《る》守《す》

訓 **まもる**　守《まも》り神《がみ》・約《やく》束《そく》を守《まも》る

（もり）　お守《も》り役《やく》・子《こ》守《もり》

おひめ様《さま》を守《まも》る

もっとわかる

●「守《しゅ》銭《せん》奴《ど》」とは、けちで欲《よく》深《ぶか》い人《ひと》。

なりたち

→守

「宀（屋《や》根《ね》）」と「寸（手《て》）」を合《あ》わせた形《かたち》で、屋《や》根《ね》の下《した》にかこいこみ「まもる」ことを表《あらわ》す。

守 守 守 守 守 守

3年《ねん》

実

8画《かく》 宀《うかんむり》の部《ぶ》

カキの実《み》を取《と》る

音 **ジツ**

確実《かくじつ》・果実《かじつ》・堅実《けんじつ》・現実《げんじつ》・事実《じじつ》・実験《じっけん》・実力《じつりょく》・誠実《せいじつ》・忠実《ちゅうじつ》・名実《めいじつ》・有名無実《ゆうめいむじつ》

訓 **み**

木《こ》の実《み》・実《み》入《い》り

みのる

イネが実《みの》る

なりたち

實（実）

もとの字《じ》は「實」。「宀（いえ）」と「毌（中身《なかみ》がつまる）」と「貝（宝物《ほうもつ》）」で、「みちる」ことを表《あらわ》す。

実	実
実	実
	実
	実
	実
	実

定

8画《かく》 宀《うかんむり》の部《ぶ》

予定《よてい》を決《き》める

音 **テイ**

安定《あんてい》・決定《けってい》・定員《ていいん》・予定《よてい》

ジョウ

定規《じょうぎ》・定石《じょうせき》

訓 **さだめる**

規則《きそく》を定《さだ》める

さだまる

目標《もくひょう》が定《さだ》まる

（さだか）

定《さだ》かな話《はなし》ではない

なりたち

定

「正（足《あし》）」の変《へん》形《けい》「疋」と「宀（いえ）」で、家《いえ》に足《あし》を止《と》めるようすから、「さだまる」ことを表《あらわ》す。

定	定
定	定
	定
	定
	定
	定

客

9画《かく》 宀《うかんむり》の部《ぶ》

客《きゃく》がよろこぶ

音 **キャク**

観客《かんきゃく》・観光客《かんこうきゃく》・客室《きゃくしつ》・客観的《きゃっかんてき》・乗客《じょうきゃく》・先客《せんきゃく》・来客《らいきゃく》

（カク）

刺客《しかく》・主客《しゅかく》・旅客機《りょかくき》

訓 —

なりたち

各

「各《かく》（足《あし》が止《と》まる）」と「宀（いえ）」で、他人《たにん》の家《いえ》にしばらくとどまっている人《ひと》、「きゃく」の意《い》味《み》を表《あらわ》す。

客	客
客	客
客	客
	客
	客
	客

3年《ねん》

なぞなぞ？ 糸《いと》のように白《しろ》く、水《みず》のようにまがるものは？

（答《こた》えは次《つぎ》のページ）

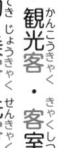

宮

10画《かく》 宀《うかんむり》の部《ぶ》

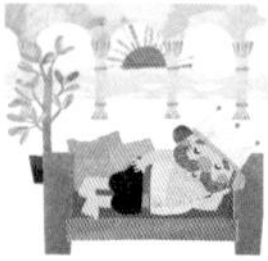
夏《なつ》の王宮《おうきゅう》

音 キュウ　王宮《おうきゅう》・宮中《きゅうちゅう》・迷宮《めいきゅう》・離宮《りきゅう》
(グウ)　宮司《ぐうじ》・神宮《じんぐう》・竜宮城《りゅうぐうじょう》
(ク)　宮内庁《くないちょう》
訓 みや　お宮参《みやまい》り・宮仕《みやづか》え

もっとわかる 「宮《きゅう》」は「官《かん》」と形《かたち》が似《に》ていて、まちがえやすいので注意《ちゅうい》。

なりたち
「宀（いえ）」と「呂（同《おな》じものが連《つら》なる）」を合《あ》わせた形《かたち》で、建物《たてもの》がいくつもある「ごてん」を表《あらわ》す。

宿

11画《かく》 宀《うかんむり》の部《ぶ》

宿《やど》にとまる

音 シュク　合宿《がっしゅく》・宿敵《しゅくてき》・宿泊《しゅくはく》・宿命《しゅくめい》
訓 やど　宿屋《やどや》
やどる　雨宿《あまやど》り・神《かみ》が宿《やど》る
やどす　昔《むかし》の面影《おもかげ》を宿《やど》す

なりたち

↓宿
「宀（屋《や》根《ね》）」と「亻（人《ひと》）」と「因（しきもの）」の変形《へんけい》「百」を合《あ》わせた形《かたち》で、人《ひと》が「やど」に泊《と》まることを表《あらわ》す。

寒

12画《かく》 宀《うかんむり》の部《ぶ》

風《かぜ》がふいて寒い

音 カン　寒気《かんき》・寒波《かんぱ》・寒冷前線《かんれいぜんせん》
訓 さむい　寒気《さむけ》・寒空《さむぞら》

もっとわかる 「寒色《かんしょく》」は、寒《さむ》そうな感《かん》じの色《いろ》。青《あお》や青《あお》に近《ちか》い色《いろ》のこと。

なりたち

↓寒
「宀（屋《や》根《ね》）」と「屮（草《くさ》）」四《よっ》つと「人（ひと）」と「冫（氷《こおり》）」で、「さむい」意味《いみ》を表《あらわ》す。

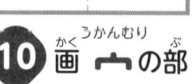

3年《ねん》

対

7画《かく》　寸《すん》の部《ぶ》

意見《いけん》が対立《たいりつ》する

音　タイ（ツイ）
対応《たいおう》・対決《たいけつ》・対等《たいとう》・反対《はんたい》
一対《いっつい》・対句《ついく》

訓　―

もっとわかる
●「対義語《たいぎご》」は、「長《なが》い」と「短《みじか》い」など、意味《いみ》が反対《はんたい》である言葉《ことば》のこと。

なりたち

↓

↓
對（対）

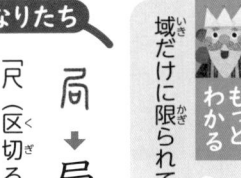

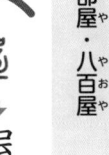

もとの字《じ》は「對」。「業（二《ふた》つ一組《ひとくみ》の楽器《がっき》の台座《だいざ》）」の省略形《しょうりゃくけい》と「寸（手《て》）」で、「むきあう」ことを表《あらわ》す。

対	対
	対
	対
	対
	対
	対

局

7画《かく》　尸《しかばね》の部《ぶ》

局地的《きょくちてき》に雨《あめ》がふる

音　キョク
局所《きょくしょ》・局面《きょくめん》・結局《けっきょく》・支局《しきょく》・
終局《しゅうきょく》・対局《たいきょく》・郵便局《ゆうびんきょく》

訓　―

もっとわかる
●「局地的《きょくちてき》」は、ある地域《ちいき》だけに限《かぎ》られているようす。

なりたち

↓
局

「尺（区切《くぎ》る）」と「口（わく）」で、「区切《くぎ》った部分《ぶぶん》」を表《あらわ》す。

局	局
	局
	局
	局
	局
	局

屋

9画《かく》　尸《しかばね》の部《ぶ》

屋根《やね》に登《のぼ》ろうとする

音　オク
屋上《おくじょう》・屋内《おくない》・家屋《かおく》

訓　や
お天気屋《てんきや》・小屋《こや》・問屋《とんや》・屋根《やね》

もっとわかる
●特別《とくべつ》な読《よ》み方《かた》…母屋《おもや》・部屋《へや》・八百屋《やおや》

なりたち

↓
屋

「尸（屋根《やね》）」と「至（おおいかくす）」を合《あ》わせた形《かたち》で、建物《たてもの》をおおいかくす「やね」を表《あらわ》す。

屋	屋
屋	屋
屋	屋
	屋
	屋
	屋

なぞなぞ？　七回《しちかい》、刀《かたな》をつかって、なにをする？

（答《こた》えは次《つぎ》のページ）

岸

8画《かく》 山《やま》の部《ぶ》

音 ガン
訓 きし

沿岸《えんがん》・海岸《かいがん》・岸壁《がんぺき》・対岸《たいがん》
川岸《かわぎし》・岸辺《きしべ》・向《む》こう岸《ぎし》

島《しま》の海岸線《かいがんせん》

もっとわかる
「対岸《たいがん》の火事《かじ》」は、自《じ》分《ぶん》には関係《かんけい》のないこととして、何《なに》もせずに見《み》ていること。

なりたち
「干（まっすぐで高《たか》い）」と「山（やま）」と「厂（がけ）」で、がけのように切《き》り立《た》った「きし」を表《あらわ》す。

島

10画《かく》 山《やま》の部《ぶ》

音 トウ
訓 しま

諸島《しょとう》・半島《はんとう》・無人島《むじんとう》・列島《れっとう》
島国《しまぐに》・離《はな》れ島《じま》

島《しま》に流《なが》れ着《つ》く

もっとわかる
「島国《しまぐに》」は、日本《にほん》やイギリスのように、まわりを海《うみ》で囲《かこ》まれた国《くに》のこと。

なりたち

↓
嶋（島）
「鳥（とり）」と「山（やま）」で、鳥《とり》が止《と》まる「しま」を表《あらわ》す。

州

6画《かく》 川《かわ》の部《ぶ》

音 シュウ
訓 （す）

欧州《おうしゅう》・九州《きゅうしゅう》・フロリダ州《しゅう》・
本州《ほんしゅう》・六大州《ろくだいしゅう》
三角州《さんかくす》・中州《なかす》

日本《にほん》の本州《ほんしゅう》

もっとわかる
「州《しゅう》」は、日本《にほん》の昔《むかし》の国《くに》のよび名《な》。山梨県《やまなしけん》の「甲州《こうしゅう》」、長野県《ながのけん》の「信《しん》州《しゅう》」など、現在《げんざい》も使《つか》われることがある。

なりたち

↓
州
川《かわ》の中《なか》に砂《すな》がたまって、島《しま》のような「なかす」ができたようすをえがいた形《かたち》。

3年《ねん》

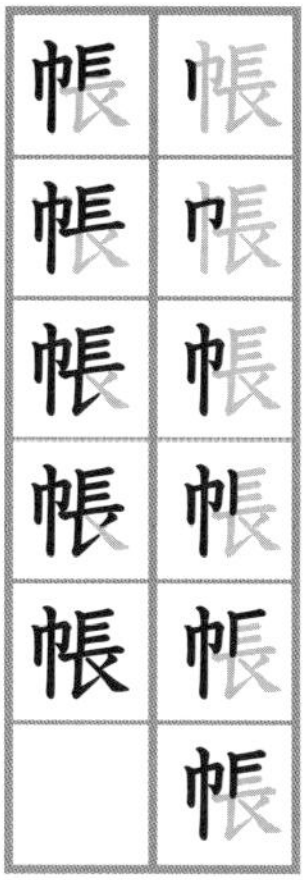

帳

11画　巾《はば》の部《ぶ》

手帳《てちょう》を見《み》る

音　**チョウ**　開帳《かいちょう》・通帳《つうちょう》・手帳《てちょう》・日記帳《にっきちょう》

訓　―

もっとわかる

●「帳消《ちょうけ》し」は、お金《かね》をはらい終《お》えて、帳面《ちょうめん》に記入《きにゅう》してある項目《こうもく》を消《け》すことから、お金《かね》や損得《そんとく》の貸《か》し借《か》りがなくなること。

なりたち

「長《ちょう》（ながくのびる）」と「巾（ぬの）」で、上《うえ》からたれ下《さ》げた長《なが》い「ぬの」を表《あらわ》す。

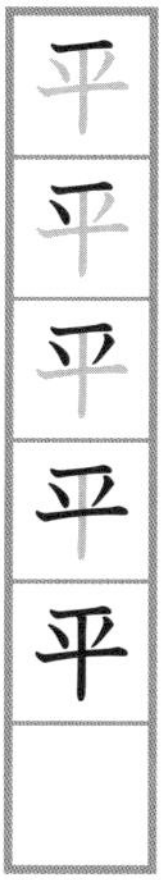

平

5画　干《かん》の部《ぶ》

平和《へいわ》な一日《いちにち》

音　**ヘイ**　公平《こうへい》・水平《すいへい》・平行《へいこう》・平日《へいじつ》

ビョウ　平等《びょうどう》

訓　**たいら**　平《たい》らな道《みち》

ひら　平泳《ひらおよ》ぎ・平手打《ひらてう》ち・平屋《ひらや》

もっとわかる

●「平穏無事《へいおんぶじ》」は、何事《なにごと》もなくおだやかなようす。●「平身低頭《へいしんていとう》」は、ひたすらあやまること。

なりたち

浮《う》き草《くさ》が水《みず》の上《うえ》に「たいら」に浮《う》かんだようすをえがいた形《かたち》。

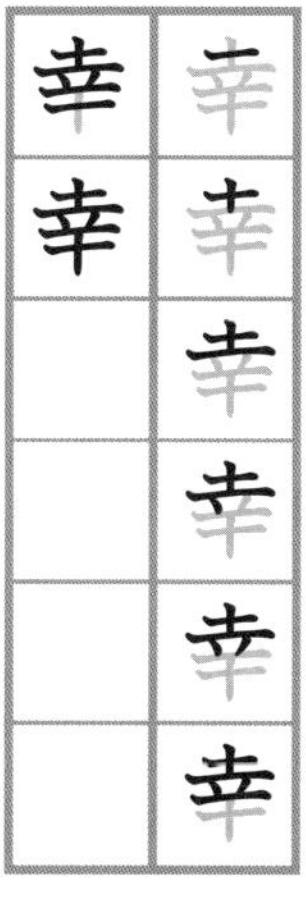

幸

8画　干《かん》の部《ぶ》

幸《しあわ》せな気持《きも》ち

音　**コウ**　幸運《こううん》・幸福《こうふく》・薄幸《はっこう》・不幸《ふこう》

訓　**さいわい**　不幸中《ふこうちゅう》の幸《さいわ》い

（さち）　海《うみ》の幸《さち》・山《やま》の幸《さち》

しあわせ　幸《しあわ》せな人《ひと》

なりたち

手首《てくび》にはめる「手《て》じょう」をえがいた形《かたち》。手《て》じょうをはめられないですむのは「さいわい」と考《かんが》えられたことから、「しあわせ」を表《あらわ》す。

3年《ねん》

なぞなぞ？　日曜日《にちようび》に生《う》まれるものは？

（答《こた》えは次《つぎ》のページ）

度

9画《かく》 广《まだれ》の部《ぶ》

一度《いちど》に話《はな》す

音 **ド**
角度《かくど》・限度《げんど》・制度《せいど》・程度《ていど》・
度合《どあ》い・度胸《どきょう》・毎度《まいど》
（ト）
ご法度《はっと》
（タク）
支度《したく》

訓 **（たび）**
見《み》る度《たび》に思《おも》い出《だ》す

なりたち

度 → 度

「广（建物《たてもの》）」と「革（けもののかわ）」と「又（手《て》）」を合《あ》わせた形《かたち》で、手《て》で「はかる」ことを表《あらわ》す。

度	度
度	度
度	度
度	
度	
度	

庫

10画《かく》 广《まだれ》の部《ぶ》

冷蔵庫《れいぞうこ》の中《なか》

音 **コ**
金庫《きんこ》・車庫《しゃこ》・倉庫《そうこ》・文庫《ぶんこ》
（ク）
庫裏《くり》

訓 —

もっとわかる
●「庫裏《くり》」は、寺《てら》の台所《だいどころ》のこと。または、住職《じゅうしょく》やその家族《かぞく》の住《す》まいのこと。

なりたち

「广（建物《たてもの》）」と「車（くるま）」を合《あ》わせた形《かたち》で、車《くるま》や物《もの》をしまっておく「くら」を表《あらわ》す。

庫	庫
庫	庫
庫	庫
庫	庫
庫	
庫	

3年《ねん》

庭

10画《かく》 广《まだれ》の部《ぶ》

庭《にわ》の水《みず》やり

音 **テイ**
家庭《かてい》・校庭《こうてい》・庭園《ていえん》・庭球《ていきゅう》

訓 **にわ**
裏庭《うらにわ》・中庭《なかにわ》・庭木《にわき》・庭先《にわさき》

もっとわかる
●「学《まな》びの庭《にわ》」は、学校《がっこう》のこと。●「庭《にわ》の訓《おし》え」は、家庭《かてい》での教育《きょういく》やしつけのこと。

なりたち

廷 → 廷

「广（建物《たてもの》）」と「王（たいら）」を合《あ》わせた形《かたち》で、「にわ」を表《あらわ》す。

庭	庭
庭	庭
庭	庭
庭	庭
庭	
庭	

? 前《まえ》のページの答《こた》え→星《ほし》

式

6画《かく》　弋《しきがまえ》の部《ぶ》

開会式《かいかいしき》を行《おこな》う

音　シキ
形式《けいしき》・公式《こうしき》・式場《しきじょう》・数式《すうしき》・正式《せいしき》・卒業式《そつぎょうしき》・洋式《ようしき》・和式《わしき》

訓　―

もっとわかる
●「入学式《にゅうがくしき》」「結婚式《けっこんしき》」などの「式《しき》」は、決《き》まった手順《てじゅん》でする儀式《ぎしき》という意味《いみ》。●「和式《わしき》」は日本風《にほんふう》、「洋式《ようしき》」は西洋風《せいようふう》の形式《けいしき》のこと。

なりたち
「弋（道具《どうぐ》）」と「工（仕事《しごと》）」で、道具《どうぐ》を使《つか》って仕事《しごと》をするようすから、仕事《しごと》のきまった「やりかた」を表《あらわ》す。

式　式　式　式　式　式

役

7画《かく》　彳《ぎょうにんべん》の部《ぶ》

姉《あね》の役《やく》に立《た》つ

音　ヤク　（エキ）
案内役《あんないやく》・主役《しゅやく》・配役《はいやく》・役員《やくいん》・役者《やくしゃ》・役所《やくしょ》・役人《やくにん》・役割《やくわり》・使役《しえき》・服役《ふくえき》

訓　―

なりたち

↓
役

「彳（行《い》く）」と「殳（武器《ぶき》を立《た》てて持《も》つ）」を合《あ》わせた形《かたち》で、遠《とお》くに行《い》って「やくめ」を果《は》たすことを表《あらわ》す。

役　役　役　役　役　役　役

待

9画《かく》　彳《ぎょうにんべん》の部《ぶ》

手紙《てがみ》を待《ま》つ

音　タイ
期待《きたい》・招待《しょうたい》・待遇《たいぐう》・待望《たいぼう》

訓　まつ
友達《ともだち》を待《ま》つ・待《ま》ち合《あ》わせ

もっとわかる
●「待《ま》てば海路《かいろ》の日和《ひより》あり」は、今《いま》はうまくいかなくても、じっと待《ま》っていれば、必《かなら》ずいい時《とき》が来《く》るということ。

なりたち
「寺（じっと止《と》まる）」と「彳（行《い》く）」で、立《た》ち止《ど》まってまつようすから、「まつ」ことを表《あらわ》す。

待　待　待　待　待　待　待　待　待

なぞなぞ？　一《いち》ど止《と》まってみた。ただしい？　まちがい？　（答《こた》えは次《つぎ》のページ）

苦

8画《かく》　艹《くさかんむり》の部《ぶ》

苦《くる》しい気持《きも》ち

音 **ク**

苦笑《くしょう》・苦情《くじょう》・苦心《くしん》・苦労《くろう》・四苦八苦《しくはっく》・病苦《びょうく》

訓 **くるしい**　苦《くる》しい言《い》いわけ

くるしむ　理解《りかい》に苦《くる》しむ

くるしめる　人民《じんみん》を苦《くる》しめる王《おう》

にがい　薬《くすり》が苦《にが》い

にがる　苦《にが》り切《き》った表情《ひょうじょう》

なりたち

「古（かたい）」と「艹（くさ）」で、舌《した》をかたくこわばらせるような、「にがい」の意味《いみ》を表《あらわ》す。

荷

10画《かく》　艹《くさかんむり》の部《ぶ》

荷物《にもつ》を持《も》つ

音 **（カ）**

荷担《かたん》・出荷《しゅっか》・入荷《にゅうか》・負荷《ふか》

訓 **に**

荷造《にづく》り・荷物《にもつ》

もっとわかる

●「荷物《にもつ》」を丁寧《ていねい》にいう「お荷物《にもつ》」は、相手《あいて》の負担《ふたん》になる人《ひと》や物《もの》の意味《いみ》でも使《つか》われる。

なりたち

「何《か》（天《てん》びんを平《たい》らにかつぐ）」と「艹（くさ）」で、花《はな》がくきの上《うえ》に平《たい》らに乗《の》っているハスや、「かつぐ」ことを表《あらわ》す。

葉

12画《かく》　艹《くさかんむり》の部《ぶ》

葉《は》っぱのかんむり

音 **ヨウ**

紅葉《こうよう》・葉脈《ようみゃく》・葉緑素《ようりょくそ》・落葉《らくよう》

訓 **は**

枯《か》れ葉《は》・葉書《はがき》・葉桜《はざくら》・若葉《わかば》

もっとわかる

●「葉桜《はざくら》」は、花《はな》がちって、若葉《わかば》が出《で》たころのサクラのこと。

なりたち

「枼《よう》（木《き》の上《うえ》に「は」が三枚《さんまい》乗《の》っているようす）」と「艹（くさ）」で、植物《しょくぶつ》の「は」を表《あらわ》す。

? 前《まえ》のページの答《こた》え→正《ただ》しい

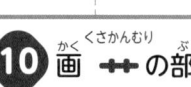

落

12画《かく》　艹《くさかんむり》の部《ぶ》

池《いけ》に落《お》ちる

音 **ラク**

集落《しゅうらく》・転落《てんらく》・落石《らくせき》・落選《らくせん》・落着《らくちゃく》・落下《らっか》

訓 **おちる**

階段《かいだん》から落《お》ちる

おとす

ボールを落《お》とす

もっとわかる

●「落書《らくが》き」は、いたずら書《が》きのこと。

なりたち

「洛《らく》（しずくが次々《つぎつぎ》と連《つら》なる）」と「艹（くさ）」で、木《こ》の葉《は》が次々《つぎつぎ》と連《つら》なって「おちる」ことを表《あらわ》す。

落	落
落	落
落	落
落	落
落	落
落	落

薬

16画《かく》　艹《くさかんむり》の部《ぶ》

薬《くすり》を飲《の》ませる

音 **ヤク**

胃腸薬《いちょうやく》・火薬《かやく》・農薬《のうやく》・薬草《やくそう》

訓 **くすり**

薬指《くすりゆび》・目薬《めぐすり》

もっとわかる

●「薬玉《くすだま》」は、お祝《いわ》いのために作《つく》るかざり玉《だま》のこと。もともとは、厄《やく》よけのために薬草《やくそう》などで作《つく》った。

なりたち

もとの字《じ》は「藥」。「樂（丸《まる》く小《ちい》さいつぶ）」と「艹（くさ）」で、病《びょう》気《き》を治《なお》すつぶ状《じょう》の「くすり」を表《あらわ》す。

薬	薬
薬	薬
薬	薬
薬	薬
薬	薬
薬	薬

返

7画《かく》　辶《しんにょう》の部《ぶ》

コップをひっくり返《かえ》す

音 **ヘン**

返金《へんきん》・返済《へんさい》・返事《へんじ》・返信《へんしん》・返答《へんとう》・返品《へんぴん》・返礼《へんれい》

訓 **かえす**

お金《かね》を返《かえ》す

かえる

かした本《ほん》が返《かえ》ってくる

もっとわかる

●「バケツをひっくり返《かえ》したような」は、はげしく雨《あめ》が降《ふ》るようすをいう。

なりたち

「反（はねかえる）」と「辶（行《い》く）」で、逆《ぎゃく》の方向《ほうこう》に「もどる」ことを表《あらわ》す。

返	返
	返
	返
	返
	返
	返

なぞなぞ？　竹《たけ》を合《あ》わせると、なにがわかる？

（答《こた》えは次《つぎ》のページ）

送

9画《かく》 ⻌《しんにょう》の部《ぶ》

手《て》紙《がみ》を送《おく》る

音 ソウ
訓 おくる

送《そう》迎《げい》・送《そう》別《べつ》・送《そう》料《りょう》・発《はっ》送《そう》
船《ふな》便《びん》で送《おく》る

もっとわかる
●「送《おく》る」は、物《もの》を相《あい》手《て》のところへ届《とど》くようにすること。「贈《おく》る」は、物《もの》を相《あい》手《て》にプレゼントすること。

なりたち

「关（物《もの》を持《も》つ）」と「⻌（行《い》く）」で、「送《おく》りとどける」ことを表《あらわ》す。

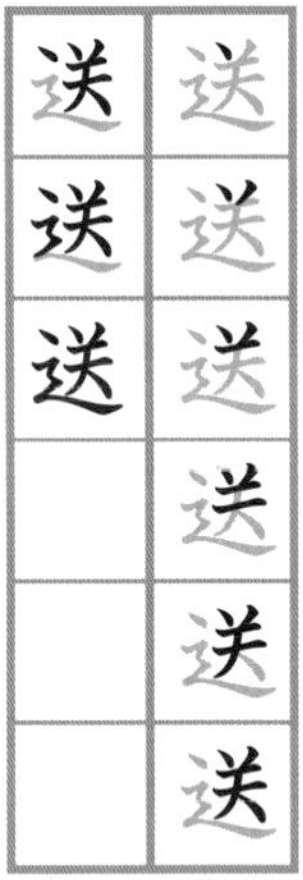

追

9画《かく》 ⻌《しんにょう》の部《ぶ》

外《そと》へ追《お》い出《だ》す

音 ツイ
訓 おう

追《つい》加《か》・追《つい》求《きゅう》・追《つい》伸《しん》・追《つい》突《とつ》
兄《あに》の後《あと》を追《お》う・追《お》っ手《て》

もっとわかる
●「追《つい》伸《しん》」は、手《て》紙《がみ》で、一《ひと》通《とお》り書《か》き終《お》えたあとに加《くわ》える文《ぶん》章《しょう》。

なりたち

「𠂤（つながる）」と「⻌（進《すす》む）」で、つながるように前《まえ》の人《ひと》のあとを「おう」ことを表《あらわ》す。

速

10画《かく》 ⻌《しんにょう》の部《ぶ》

速《はや》く走《はし》る

音 ソク
訓 はやい
はやめる
はやまる
（すみやか）

高《こう》速《そく》・時《じ》速《そく》・速《そく》達《たつ》・風《ふう》速《そく》
川《かわ》の流《なが》れが速《はや》い
足《あし》を速《はや》める
スピードが速《はや》まる
速《すみ》やかに帰《かえ》りなさい

なりたち

「束《そく》（たばねる）」と「⻌（進《すす》む）」で、たばねてすき間《ま》がないように進《すす》むことから、「はやい」を表《あらわ》す。

3年《ねん》

進

11画《かく》 辶《しんにょう》の部《ぶ》

前《まえ》へ進《すす》む

音 シン

訓 すすむ すすめる

行進《こうしん》・進学《しんがく》・進級《しんきゅう》・進出《しんしゅつ》・進入《しんにゅう》・進歩《しんぽ》・進物《しんもつ》・前進《ぜんしん》

西《にし》へ進《すす》む

時計《とけい》の針《はり》を進《すす》める

もっとわかる

●「日進月歩《にっしんげっぽ》」は、日《ひ》ごと月《つき》ごとに、どんどん進歩《しんぽ》すること。

なりたち

「辶（行《い》く）」と「隹（鳥《とり》）」を合《あ》わせた形《かたち》で、鳥《とり》がとぶように速《はや》く「すすむ」ことを表《あらわ》す。

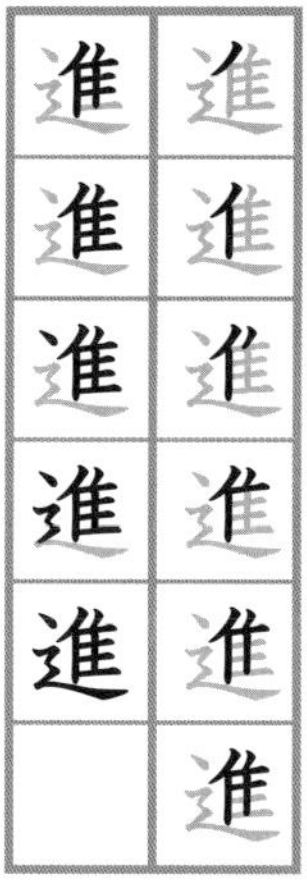

運

12画《かく》 辶《しんにょう》の部《ぶ》

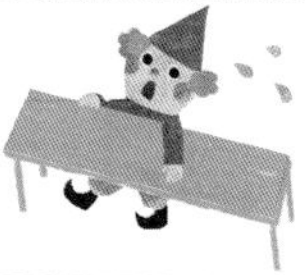

つくえを運《はこ》ぶ

音 ウン

訓 はこぶ

運送《うんそう》・運動《うんどう》・運用《うんよう》・幸運《こううん》

荷物《にもつ》を運《はこ》ぶ

もっとわかる

●「運《うん》が向《む》く」のように、「運《うん》」だけで幸運《こううん》を表《あらわ》すこともある。

なりたち

↓

軍

「軍（丸《まる》くまわる）」と「辶（行《い》く）」で、「ぐるぐるまわる」ことや「はこぶ」ことを表《あらわ》す。

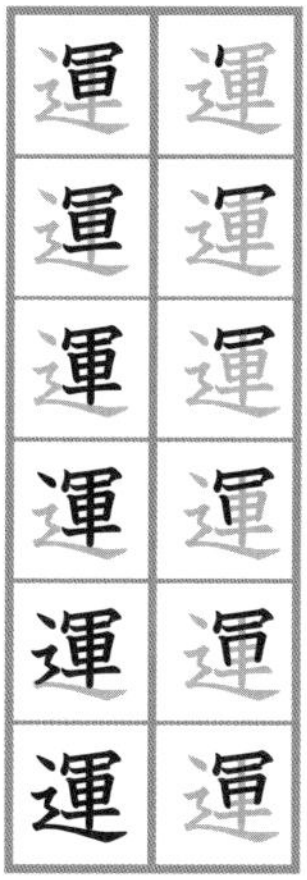

遊

12画《かく》 辶《しんにょう》の部《ぶ》

公園《こうえん》の遊具《ゆうぐ》

音 ユウ （ユ）

訓 あそぶ

周遊券《しゅうゆうけん》・遊泳《ゆうえい》・遊園地《ゆうえんち》・遊学《ゆうがく》・遊戯《ゆうぎ》・遊具《ゆうぐ》・遊説《ゆうぜい》・遊歩道《ゆうほどう》・遊覧船《ゆうらんせん》

物見遊山《ものみゆさん》

公園《こうえん》で遊《あそ》ぶ

なりたち

↓

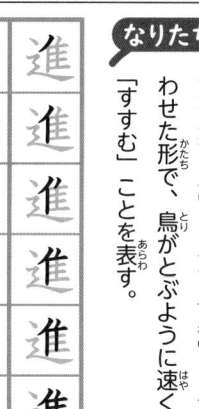

↓

斿

「斿《ゆう》（あちこち動《うご》く）」と「辶（行《い》く）」で、ぶらぶら「歩《ある》きまわる」ことを表《あらわ》す。

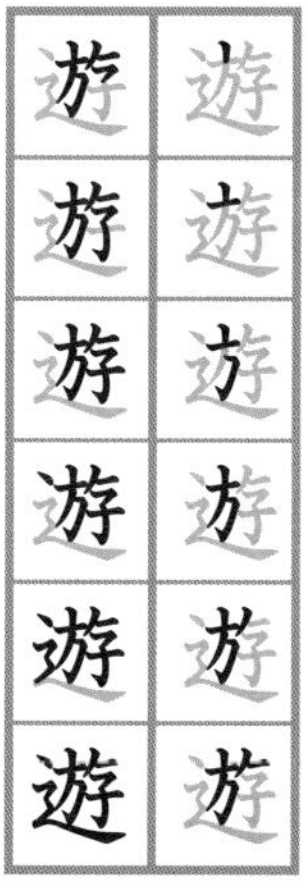

なぞなぞ？ 女《おんな》の人《ひと》が市場《いちば》にいたよ。だれ？

（答《こた》えは次《つぎ》のページ）

都

11画《かく》 阝《おおざと》の部《ぶ》

都会《とかい》のビル

音 ト
古都《こと》・首都《しゅと》・都会《とかい》・都市《とし》・
都心《としん》・都知事《とちじ》・都立《とりつ》

ツ
都合《つごう》・都度《つど》

訓 みやこ
花《はな》の都《みやこ》

もっとわかる
「都道府県《とどうふけん》」は、東京《とうきょう》都《と》・北海道《ほっかいどう》・大阪府《おおさかふ》・京都府《きょうとふ》と、四十《よんじゅう》三《さん》の県《けん》のこと。

なりたち
「者（集中《しゅうちゅう》する）」と「阝（まち）」で、人《ひと》が多《おお》く集《あつ》まる「大《おお》きな町《まち》」を表《あらわ》す。

部

11画《かく》 阝《おおざと》の部《ぶ》

部《ぶ》品《ぴん》がこわれる

音 ブ
一万部《いちまんぶ》・サッカー部《ぶ》・全部《ぜんぶ》・
内部《ないぶ》・部首《ぶしゅ》・部分《ぶぶん》・野球部《やきゅうぶ》

訓 —

もっとわかる
「部首《ぶしゅ》」は、漢字《かんじ》を分《ぶん》類《るい》するときに目印《めじるし》となる形《かたち》。「部《ぶ》」の部《ぶ》首《しゅ》は「おおざと」。

なりたち
「音（二《ふた》つに分《わ》ける）」と「阝（まち）」で、町《まち》を小《ちい》さく分《わ》けることから、区《く》分《わ》けした「ぶぶん」を表《あらわ》す。

院

10画《かく》 阝《こざとへん》の部《ぶ》

病院《びょういん》へ行《い》った

音 イン
院長《いんちょう》・寺院《じいん》・衆議院《しゅうぎいん》・病院《びょういん》

訓 —

もっとわかる
日本《にほん》の国会《こっかい》には「衆議《しゅうぎ》院《いん》」と「参議院《さんぎいん》」があり、それぞれ国《くに》の決《き》まりなどについて話《はな》し合《あ》いを行《おこな》う。

なりたち
「完（丸《まる》く取《と》り囲《かこ》む）」と「阝（盛《も》り上《あ》げた土《つち》）」で、建物《たてもの》のまわりを囲《かこ》んだへいのことから、かきねで囲《かこ》んだ「大《おお》きな家《いえ》」を表《あらわ》す。

階

12画《かく》　阝《こざとへん》の部《ぶ》

音　カイ

訓　―

階級《かいきゅう》・階段《かいだん》・段階《だんかい》・二階《にかい》

階段《かいだん》を下《お》りる

もっとわかる

●「階《かい》」は「陛《へい》」と形《かたち》が似《に》ていて、まちがえやすいので注意《ちゅうい》。

なりたち

↓ 皆

「皆《かい》（並《なら》びそろう）」と「阝（段《だん》）」で、高《たか》さをきれいにそろえた「かいだん」を表《あらわ》す。

陽

12画《かく》　阝《こざとへん》の部《ぶ》

音　ヨウ

訓　―

太陽《たいよう》・陽気《ようき》・陽光《ようこう》・陽性《ようせい》

太陽《たいよう》がのぼる

もっとわかる

●「陽《よう》」の反対《はんたい》は「陰《いん》」。陽極《ようきょく》↔陰極《いんきょく》、陽性《ようせい》↔陰性《いんせい》など。

なりたち

↓ ↓ 昜

「昜《よう》（日《ひ》が高《たか》くのぼる）」と「阝（おか）」で、日《ひ》があたるおかや、「たいよう」を表《あらわ》す。

急

9画《かく》　心《こころ》の部《ぶ》

音　キュウ

訓　いそぐ

急降下《きゅうこうか》・急変《きゅうへん》・急用《きゅうよう》・至急《しきゅう》

急《いそ》いで出発《しゅっぱつ》する

急《きゅう》に出《で》てくる

もっとわかる

●「急転直下《きゅうてんちょっか》」は、事態《じたい》が急《きゅう》に変《か》わること。

なりたち

↓ ↓ ↓ 及

「及《きゅう》（追《お》いついてつかまえる）」と「心（こころ）」で、追《お》いつこうとして「いそぐ」ことを表《あらわ》す。

なぞなぞ？ 糸《いと》をもって会《あ》いにきた人《ひと》がくれたのは、なに？

（答《こた》えは次《つぎ》のページ）

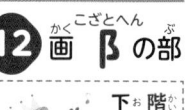

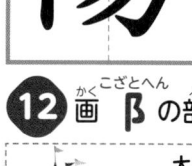

息

10画《かく》 心《こころ》の部《ぶ》

大《おお》きく息《いき》をすう

音 ソク
休息《きゅうそく》・子息《しそく》・消息《しょうそく》・生息《せいそく》

訓 いき
息切《いきぎ》れ・息《いき》づかい・ため息《いき》

もっとわかる 「鼻息《はないき》が荒《あら》い」は、強《つよ》気《き》で勢《いきお》いがあること。

なりたち

↓
息

「自（鼻《はな》）」と「心（心臓《しんぞう》）」を合《あ》わせた形《かたち》。鼻《はな》から空気《くうき》を出《だ》し入《い》れすることから、「いき」を表《あらわ》す。

悪

11画《かく》 心《こころ》の部《ぶ》

なかが悪《わる》い

音 アク
悪意《あくい》・悪事《あくじ》・悪条件《あくじょうけん》・悪筆《あくひつ》・悪魔《あくま》・悪役《あくやく》・悪友《あくゆう》・悪用《あくよう》・最悪《さいあく》・罪悪《ざいあく》・善悪《ぜんあく》

（オ）
悪寒《おかん》

訓 わるい
意地悪《いじわる》・悪口《わるくち》・悪者《わるもの》

なりたち

↓
亞

もとの字《じ》は「惡」。「亞（つかえる）」と「心（こころ）」で、気分《きぶん》が「わるい」意味《いみ》を表《あらわ》す。

悲

12画《かく》 心《こころ》の部《ぶ》

悲《かな》しい気持《きも》ち

音 ヒ
慈悲《じひ》・悲運《ひうん》・悲観的《ひかんてき》・悲喜《ひき》こもごも・悲劇《ひげき》・悲痛《ひつう》・悲報《ひほう》・悲鳴《ひめい》・悲恋《ひれん》・悲話《ひわ》

訓 かなしい
悲《かな》しい話《はなし》

かなしむ
友《とも》との別《わか》れを悲《かな》しむ

なりたち

↓
非

「非《ひ》（二《ふた》つにわれる）」と「心（こころ）」で、心《こころ》が二《ふた》つにさけそうな「かなしい」意味《いみ》を表《あらわ》す。

3年《ねん》

? 前《まえ》のページの答《こた》え→絵《え》

意

13画《かく》 心《こころ》の部《ぶ》

意見《いけん》を言《い》う

音 イ
意見《いけん》・意向《いこう》・意識《いしき》・意図《いと》・意味《いみ》・好意《こうい》・同意《どうい》

訓 ―

もっとわかる
●「意気消沈《いきしょうちん》」は、元気《げんき》をなくしたようす。●「意気揚々《いきようよう》」は、得意《とくい》そうなようす。

なりたち
「音（中《なか》にこもる）」と「心（こころ）」で、心《こころ》の中《なか》に「おもい」がこもっていることを表《あらわ》す。

意	意
意	意
意	意
意	意
意	意
意	意

感

13画《かく》 心《こころ》の部《ぶ》

感謝《かんしゃ》のプレゼント

音 カン
感心《かんしん》・感想《かんそう》・感動《かんどう》・五感《ごかん》

訓 ―

もっとわかる
●「五感《ごかん》」は、目《め》、耳《みみ》、皮膚《ひふ》、舌《した》、鼻《はな》の感覚《かんかく》のこと。

なりたち

「咸《かん》（ショックで口《くち》がふさがる）」と「心（こころ）」で、ショックで「心《こころ》が動《うご》く」ことを表《あらわ》す。

感	感
感	感
感	感
感	感
感	感
感	感

想

13画《かく》 心《こころ》の部《ぶ》

先《さき》のことを予想《よそう》する

音 ソウ
仮想《かそう》・感想《かんそう》・奇想天外《きそうてんがい》・空想《くうそう》・構想《こうそう》・思想《しそう》・想像《そうぞう》・想定《そうてい》・予想《よそう》・理想《りそう》・連想《れんそう》

（ソ）
愛想《あいそ》

訓 ―

なりたち

「相《そう》（向《む》き合《あ》う）」と「心（こころ）」で、心《こころ》で何《なに》かと向《む》き合《あ》って、「思《おも》いえがく」ことを表《あらわ》す。

想	想
想	想
想	想
想	想
想	想
想	想

なぞなぞ？ タっぷりタくさんあることを、なんという？

(答《こた》えは次《つぎ》のページ)

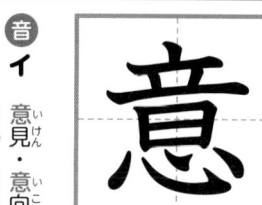

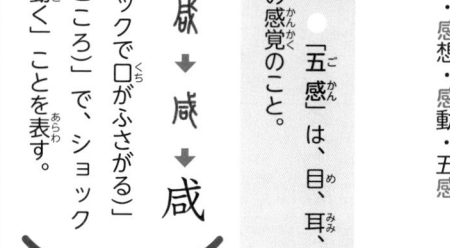

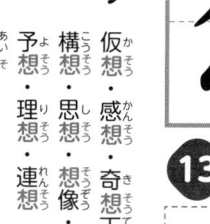

所

8 画《かく》 戸《と》の部《ぶ》

音 ショ

訓 ところ

住所《じゅうしょ》・所属《しょぞく》・所有《しょゆう》・役所《やくしょ》
居所《いどころ》・米所《こめどころ》・見所《みどころ》

もっとわかる
●「一所懸命《いっしょけんめい》」は、必死《ひっし》に物事《ものごと》をすること。「一生懸命《いっしょうけんめい》」も同《おな》じ意味《いみ》の言葉《ことば》。

なりたち
「戸（と）」と「斤（おの）」を合《あ》わせた形《かたち》。戸《と》で囲《かこ》いこむというイメージから、「ばしょ」や「ところ」を表《あらわ》す。

打

5 画《かく》 扌《てへん》の部《ぶ》

音 ダ

訓 うつ

安打《あんだ》・強打《きょうだ》・打楽器《だがっき》・打算《ださん》・打者《だしゃ》・打診《だしん》・打倒《だとう》
打《う》ち上《あ》げ花火《はなび》・打《う》ち合《あ》わせ・打《う》ち身《み》・打《う》ち水《みず》

もっとわかる
●「舌打《したう》ち」は、腹立《はらだ》たしいときなどに、舌《した》を鳴《な》らすこと。
●「打楽器《だがっき》」は、カスタネット・太鼓《たいこ》・木琴《もっきん》など、打《う》って音《おと》を出《だ》す楽器《がっき》。

なりたち
「丁（平面《へいめん》にくぎをうちこむ）」と「扌（て）」で、手《て》でとんとんと「うつ」ことを表《あらわ》す。

投

7 画《かく》 扌《てへん》の部《ぶ》

音 トウ

訓 なげる

投手《とうしゅ》・投入《とうにゅう》・投票《とうひょう》・暴投《ぼうとう》
ボールを投《な》げる

もっとわかる
●「意気投合《いきとうごう》」は、意見《いけん》などがぴったり合《あ》うこと。

なりたち

「扌（て）」と「殳（ほこを立《た》てる）」を合《あ》わせた形《かたち》で、じっと止《と》まるように「なげる」ことを表《あらわ》す。

3年《ねん》

指

9画《かく》 扌《てへん》の部《ぶ》

光《ひか》る指輪《ゆびわ》

音 シ

訓 ゆび　さす

指揮《しき》・指示《しじ》・指定《してい》・指導《しどう》

親指《おやゆび》・小指《こゆび》・指先《ゆびさき》・指輪《ゆびわ》

東《ひがし》の方向《ほうこう》を指《さ》す

もっとわかる

●「指折《ゆびお》り」は、指《ゆび》を折《お》って数《かぞ》えること。また、指《ゆび》を折《お》って数《かぞ》えられるほど特《とく》にすぐれていることやもの、人《ひと》をいう。

なりたち

↓
旨

「旨《し》（まっすぐ示《しめ》す）」と「扌（て）」で、指《ゆび》で「さし示《しめ》す」ことを表《あらわ》す。

持

9画《かく》 扌《てへん》の部《ぶ》

はしごを持《も》つ

音 ジ

訓 もつ

持久走《じきゅうそう》・持参《じさん》・持続《じぞく》・所持品《しょじひん》

力持《ちからも》ち・持《も》ち主《ぬし》・持《も》ち物《もの》

もっとわかる

●「持《も》ちつ持《も》たれつ」は、助《たす》けたり助《たす》けられたりするようす。

●「持《も》ち回《まわ》り」は、役目《やくめ》などを仲間《なかま》の間《あいだ》で順番《じゅんばん》に受《う》け持《も》つこと。

なりたち

「寺《じ》（じっと止《と》まる）」と「扌（て）」で、動《うご》かないように手《て》に「もつ」ことを表《あらわ》す。

拾

9画《かく》 扌《てへん》の部《ぶ》

葉《は》っぱを拾《ひろ》う

音 （シュウ）（ジュウ）

訓 ひろう

収拾《しゅうしゅう》・拾得《しゅうとく》

金五拾万円《きんごじゅうまんえん》

命拾《いのちびろ》い・拾《ひろ》い物《もの》

もっとわかる

●金額《きんがく》を示《しめ》すとき、「拾《じゅう》」を「十《じゅう》」のかわりとして使《つか》うことがある。

なりたち

「扌（て）」と「合（集《あつ》める）」を合《あ》わせた形《かたち》で、散《ち》らばったものを集《あつ》めるようすから、「ひろう」ことを表《あらわ》す。

なぞなぞ？ 山《やま》にある大《おお》きな石《いし》は、なんという？

（答《こた》えは328ページ）

字《じ》体《たい》と書《しょ》体《たい》

字《じ》体《たい》がいろいろある漢《かん》字《じ》

「字《じ》体《たい》」とは、字《じ》の形《かたち》のことをいいます。漢《かん》字《じ》には、読《よ》み方《かた》も意《い》味《み》も同《おな》じで、字《じ》体《たい》がちがっているものがあります。たとえば、「峰」「峯」「嶺」は、すべて「みね」と読《よ》み、山《やま》の頂上《ちょうじょう》を意《い》味《み》します。そのため、文章《ぶんしょう》の中《なか》で「山《やま》のみね」という言葉《ことば》を使《つか》いたいとき、どの漢《かん》字《じ》を使《つか》えばいいか、まよってしまいます。

漢《かん》字《じ》でまようことが多《おお》いと不便《ふべん》なので、国《くに》は「常用漢字表《じょうようかんじひょう》」というものをつくっています。この表《ひょう》は、日本人《にほんじん》が今《いま》の時代《じだい》によく使《つか》う漢字《かんじ》の字体《じたい》や読《よ》みを選《えら》んでまとめたものです。「どの字《じ》体《たい》の漢字《かんじ》を使《つか》うべきか」となやんだときは、「常用漢字表《じょうようかんじひょう》」が参考《さんこう》になります。

ちなみに、「峰・峯・嶺」のうち、常用漢字《じょうようかんじ》とされているのは、「峰」です。「峯」「嶺」は、人《ひと》の名前《なまえ》や土地《とち》の名前《なまえ》に使《つか》われますが、文章《ぶんしょう》の中《なか》では「峰」を使《つか》う人《ひと》が多《おお》いのです。

新《しん》字《じ》体《たい》と旧《きゅう》字《じ》体《たい》

「常用漢字表《じょうようかんじひょう》」の内容《ないよう》は、時代《じだい》によって移《うつ》り変《か》わっています。大正時代《たいしょうじだい》の常用漢字《じょうようかんじ》は現在《げんざい》とはかなりちがいます。そのころは「旧字体《きゅうじたい》」という、画《かく》数《すう》の多《おお》い字体《じたい》が使《つか》われていました。「旧字体《きゅうじたい》」は、漢字《かんじ》のなりたちがわかりやすいのですが、画数《かくすう》が多《おお》くて書《か》くのに手間《てま》がかかります。そのために、二十世紀半《にじっせいきなか》ばに今使《いまつか》われている「新字《しんじ》体《たい》」が常用漢字《じょうようかんじ》となりました。新字体《しんじたい》は、旧字体《きゅうじたい》を部分的《ぶぶんてき》に簡単《かんたん》にしたものです。意味《いみ》や読《よ》みは変《か》わりません。歴史《れきし》の古《ふる》い学校《がっこう》の名前《なまえ》などでは、今《いま》も旧字体《きゅうじたい》が使《つか》われます。また、詩歌《しいか》や小説《しょうせつ》に、あえて旧字体《きゅうじたい》を使《つか》う書《か》き手《て》もいます。

新字体《しんじたい》	旧字体《きゅうじたい》	新字体《しんじたい》	旧字体《きゅうじたい》
会	會	芸	藝
学	學	楽	樂
円	圓	駅	驛

書《しょ》体《たい》のいろいろ

同《おな》じ字体《じたい》の漢字《かんじ》でも、書《か》き方《かた》がちがうときがあります。たとえば、絵本《えほん》や看板《かんばん》などで、「この字《じ》は教科書《きょうかしょ》とちがって、はねていない」など、字《じ》の書《か》き

方のちがいが気《き》になることはありませんか。

文字《もじ》の書《か》き方《かた》のことを「書体《しょたい》」といいます。本《ほん》や新聞《しんぶん》を印刷《いんさつ》するための書《しょ》体《たい》には、たくさんの種類《しゅるい》があります。その多《おお》くは、きれいに印刷《いんさつ》できるように工夫《くふう》され、むかしから手《て》で書《か》かれてきた文字《もじ》の形《かたち》とはちがっています。そのため、教科書《きょうかしょ》には、手書《てが》きの書体《しょたい》に近《ちか》い「教科書体《きょうかしょたい》」という書体《しょたい》が使《つか》われます。

この辞典《じてん》では、教科書《きょうかしょ》と同《おな》じ「教科《きょうか》書体《しょたい》」の書《か》き方《かた》を説明《せつめい》しています。もし、おうちの方《かた》が「自分《じぶん》の書《か》き方《かた》とちがう」と感《かん》じたときは、インターネットなどで文化庁《ぶんかちょう》「常用漢字表《じょうようかんじひょう》」を確《かく》認《にん》してください。「常用漢字表《じょうようかんじひょう》」では、次《つぎ》のような書《か》き方《かた》も、字《じ》としては同《おな》じであると説明《せつめい》しています。

長《なが》くても短《みじか》くてもよい

雨　雨　雨

横線《よこせん》が短《みじか》くてもいいよ

戸　戸　戸　戸

ななめでもいいよ

無　無　無

両《りょう》はしが外《そと》に出《で》ていることがポイント

向《む》きがちがってもいいよ

ネ　ネ　ネ

どっち向《む》きも正《ただ》しい

糸　糸　糸

三《みっ》つ同《おな》じ向《む》きでもいいよ

言　言　言　言

まっすぐでもいいよ

つけても、はなしてもよい

文　文　文

はなれすぎないでね

はらいでも、とめてもよい

保　保　保

木《き》もホも正《ただ》しい

公　公　公

とめてもいいよ

はねても、とめてもよい

木　木　木

はねてもいいよ

来　来　来

はねてもいいよ

これも同《おな》じ字《じ》

令　令　令

マでもいいよ

外　外　外　外

長《なが》さより、なめ下向《したむ》きがポイント

女　女　女

上《うえ》に出《で》てもいいよ

放

8画《かく》　攵《ぼくにょう》の部《ぶ》

鳥《とり》をかごから放《はな》す

音　**ホウ**　解放《かいほう》・放水《ほうすい》・放送《ほうそう》・放置《ほうち》

訓　**はなす**　小鳥《ことり》をかごから放《はな》す

はなつ　矢《や》を放《はな》つ

はなれる　馬《うま》が綱《つな》から放《はな》れる

ほうる　ボールを放《ほう》る

もっとわかる

「放課後《ほうかご》」は、学校《がっこう》でその日《ひ》の授業《じゅぎょう》が終《お》わった後《あと》のこと。

なりたち

「方《ほう》（四方《しほう》に広《ひろ》がる）」と「攵（動《どう》作《さ》）」で、四方《しほう》にぱっと広《ひろ》がるようすから、「はなつ」ことを表《あらわ》す。

整

16画《かく》　攵《ぼくにょう》の部《ぶ》

本《ほん》を整理《せいり》する

音　**セイ**　整然《せいぜん》・整理《せいり》・整列《せいれつ》・調整《ちょうせい》

訓　**ととのえる**　列《れつ》を整《ととの》える

ととのう　足《あし》なみが整《ととの》う

もっとわかる

「理路整然《りろせいぜん》」は、話《はなし》や文《ぶん》章《しょう》などのすじ道《みち》が通《とお》っているようす。

なりたち

「正《せい》（まっすぐ）」と「敕（ひきしめる）」で、乱《みだ》れたものをきちんとそろえるようすから、「ととのえる」ことを表《あらわ》す。

旅

10画《かく》　方《ほう》の部《ぶ》

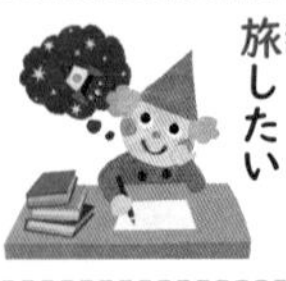
うちゅうを旅《たび》したい

音　**リョ**　旅館《りょかん》・旅券《りょけん》・旅行《りょこう》・旅費《りょひ》

訓　**たび**　旅先《たびさき》・旅人《たびびと》・長旅《ながたび》・一人旅《ひとりたび》

もっとわかる

「旅券《りょけん》」は、パスポートのこと。国籍《こくせき》・身分《みぶん》を証明《しょうめい》する手帳《てちょう》。

なりたち

「㫃（旗《はた》）」と「从（人《ひと》が並《なら》ぶ）」を合《あ》わせた形《かたち》で、人《ひと》が列《れつ》をくんで「たび」をすることを表《あらわ》す。

？325ページの答《こた》え→岩《いわ》

3年《ねん》

族

11画《かく》　方《ほう》の部《ぶ》

家族《かぞく》で山登《やまのぼ》り

音　ゾク
訓　—

家族《かぞく》・親族《しんぞく》・水族館《すいぞくかん》・民族《みんぞく》

もっとわかる
●「核家族《かくかぞく》」は、一組《ひとくみ》の夫婦《ふうふ》と、その子《こ》どもだけで構成《こうせい》される家族《かぞく》のこと。

なりたち
「㫃（旗《はた》）」と「矢（や）」を合《あ》わせた形《かたち》で、旗《はた》の下《した》に矢《や》を集《あつ》めるようすから、「血《ち》のつながっている人《ひと》の集《あつ》まり」の意味《いみ》を表《あらわ》す。

昔

8画《かく》　日《ひ》の部《ぶ》

昔《むかし》の写真《しゃしん》

音　（セキ）（シャク）
訓　むかし

昔日《せきじつ》・昔年《せきねん》
今昔《こんじゃく》
大昔《おおむかし》・昔《むかし》かたぎ・昔《むかし》なじみ・昔話《むかしばなし》

なりたち

昔

「龷（重《かさ》なる）」と「日（ひ）」を合《あ》わせた形《かたち》。日数《にっすう》がたくさん重《かさ》なるようすから、「むかし」の意味《いみ》を表《あらわ》す。

昭

9画《かく》　日《ひ》の部《ぶ》

昭和《しょうわ》の黒電話《くろでんわ》

音　ショウ
訓　—

昭和《しょうわ》・昭和生《しょうわう》まれ

もっとわかる
●「昭和《しょうわ》」は、「世《よ》の中《なか》が明《あか》るく平和《へいわ》である」という意味《いみ》の年号《ねんごう》。

なりたち

召

「召《しょう》（はね返《かえ》る）」と「日（ひ）」で、光《ひかり》が反射《はんしゃ》して「明《あか》るくかがやく」ことを表《あらわ》す。

なぞなぞ？　八《やっ》つのとうふを、刀《かたな》でどうする？
（答《こた》えは次《つぎ》のページ）

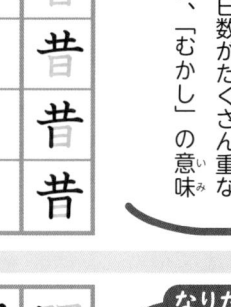

暑

12画《かく》 日の部《ぶ》

音 ショ　残暑《ざんしょ》・暑気《しょき》・暑中《しょちゅう》見舞《みま》い

訓 あつい　暑《あつ》い日《ひ》

夏《なつ》は暑《あつ》い

もっとわかる
「暑《あつ》い」は気温《きおん》が高《たか》いこと。「熱《あつ》い」は物《もの》の温度《おんど》が高《たか》いこと。「厚《あつ》い」は布《ぬの》や紙《かみ》などにあつみがあること。

なりたち
もとの字《じ》は「暑」。「者（多《おお》くの物《もの》が集中《しゅうちゅう》する）」と「日（ひ）」で、太陽《たいよう》の光《ひかり》があたって「あつい」の意味《いみ》を表《あらわ》す。

暗

13画《かく》 日《ひ》の部《ぶ》

音 アン　暗雲《あんうん》・暗記《あんき》・暗号《あんごう》・暗黒《あんこく》・暗算《あんざん》・暗証番号《あんしょうばんごう》・明暗《めいあん》

訓 くらい　道《みち》が暗《くら》い

教科書《きょうかしょ》を暗記《あんき》する

もっとわかる
「暗中模索《あんちゅうもさく》」は、暗《くら》やみの中《なか》を手《て》さぐりでさがすように、手《て》がかりもないまま、あれこれさぐること。

なりたち
「音（中《なか》にこもる）」と「日（ひ）」で、太陽《たいよう》の光《ひかり》がふさがれて「くらい」の意味《いみ》を表《あらわ》す。

曲

6画《かく》 日《ひらび》の部《ぶ》

音 キョク　曲芸《きょくげい》・曲線《きょくせん》・曲面《きょくめん》・曲解《きょっかい》・組曲《くみきょく》・行進曲《こうしんきょく》・作曲《さっきょく》・名曲《めいきょく》

訓 まがる　左《ひだり》へ曲《ま》がる
まげる　体《からだ》を前《まえ》に曲《ま》げる

むずかしい曲《きょく》をふく

もっとわかる
「曲解《きょっかい》」は、相手《あいて》の言動《げん》をねじ曲《ま》げて解釈《かいしゃく》すること。

なりたち

↓
曲
L形《がた》にまがったものさしをえがいた形《かたち》。入《い》り組《く》んで「おれまがる」の意味《いみ》を表《あらわ》す。

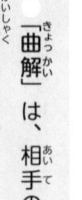

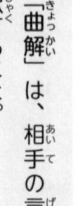

3年《ねん》

有

6画《かく》 月《つき》の部《ぶ》

有名《ゆうめい》な人《ひと》

音 ユウ （ウ）

所有《しょゆう》・有害《ゆうがい》・有権者《ゆうけんしゃ》・有効《ゆうこう》
有象無象《うぞうむぞう》・有頂天《うちょうてん》・有無《うむ》

訓 ある

おやつの有《あ》り無《な》し

もっとわかる

●「有象無象《うぞうむぞう》」は、数《かず》ばかり多《おお》くて価値《かち》のないもの。●「有言実行《ゆうげんじっこう》」は、言《い》ったことを実行《じっこう》すること。

なりたち

↓有

「又《ゆう》（右手《みぎて》）」と「月（肉《にく》）」を合《あ》わせた形《かたち》。物《もの》を囲《かこ》い込《こ》むこと、囲《かこ》みの中《なか》に「ある」ことを表《あらわ》す。

服

8画《かく》 月《つき》の部《ぶ》

服《ふく》を着《き》ていない

音 フク

一服《いっぷく》・衣服《いふく》・敬服《けいふく》・克服《こくふく》・
制服《せいふく》・内服《ないふく》・服従《ふくじゅう》・服飾《ふくしょく》・
服装《ふくそう》・服用《ふくよう》・洋服《ようふく》・和服《わふく》

訓 —

なりたち

↓服

「𠬝《ふく》（ぴったりつける）」と「舟（ふね）」の変形《へんけい》「月」で、船《ふな》べりに板《いた》を添《そ》えるようすから、体《からだ》にぴったりつく「きもの」を表《あらわ》す。

期

12画《かく》 月《つき》の部《ぶ》

期待《きたい》にこたえる

音 キ （ゴ）

学期《がっき》・期待《きたい》・短期《たんき》・予期《よき》
最期《さいご》・末期《まつご》

訓 —

もっとわかる

●「ゴ」という読《よ》みは、「この期《ご》（この大事《だいじ》なとき）におよんで」「一期《いちご》（一生《いっしょう》のこと）」などに使《つか》われる。

なりたち

↓其

「其《き》（区切《くぎ》る）」と「月（つき）」で、「区切《くぎ》られた時間《じかん》」を表《あらわ》す。

なぞなぞ？ 木《き》と、木《き》と、木《き》があったよ。どこ？

（答《こた》えは次《つぎ》のページ）

板

8画《かく》 木《き》の部《ぶ》

音 ハン バン

合板《ごうはん》・鉄板《てっぱん》
看板《かんばん》・黒板《こくばん》・登板《とうばん》・平板《へいばん》

訓 いた

板《いた》の間《ま》・板前《いたまえ》・天井板《てんじょういた》・戸板《といた》・胸板《むないた》

とてもかたい板《いた》

もっとわかる

●「板《いた》につく」は、しぐさがその地位《ちい》や仕事《しごと》などにふさわしくなるということ。

なりたち

「反《はん》（そりかえる）」と「木（き）」で、そりかえるほどうすい木《き》の「いた」を表《あらわ》す。

板 板 板 板 板 板 板 板

柱

9画《かく》 木《き》の部《ぶ》

音 チュウ

円柱《えんちゅう》・支柱《しちゅう》・電柱《でんちゅう》

訓 はしら

霜柱《しもばしら》・大黒柱《だいこくばしら》・茶柱《ちゃばしら》・柱時計《はしらどけい》・火柱《ひばしら》

柱《はしら》があるへや

もっとわかる

●「茶柱《ちゃばしら》が立《た》つ」は、注《そそ》いだお茶《ちゃ》の中《なか》で、茎《くき》が縦《たて》にうかぶこと。縁起《えんぎ》がよいとされる。

なりたち

「主（じっと立《た》っている）」と「木（き）」で、じっと立《た》って建物《たてもの》を支《ささ》えている「はしら」を表《あらわ》す。

柱 柱 柱 柱 柱 柱 柱 柱 柱

根

10画《かく》 木《き》の部《ぶ》

音 コン

球根《きゅうこん》・根気《こんき》・根性《こんじょう》・根底《こんてい》

訓 ね

根付《ねづ》く・根深《ねぶか》い・根元《ねもと》

木《き》の根元《ねもと》にネコがいる

もっとわかる

●「根《ね》も葉《は》もない」は、なんの根拠《こんきょ》もないということ。

なりたち

「艮《こん》（傷《きず》が残《のこ》る）」と「木（き）」で、いつまでも残《のこ》るというイメージから、木《き》の「ね」を表《あらわ》す。

根 根 根 根 根 根 根 根 根 根

3年《ねん》

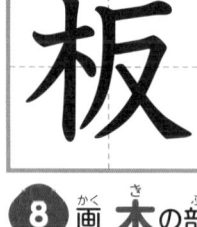

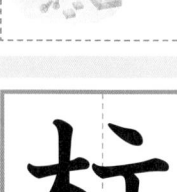

植

12 画《かく》 木《き》の部《ぶ》

植物《しょくぶつ》を育《そだ》てる

音 ショク
移植《いしょく》・植物《しょくぶつ》・植民地《しょくみんち》・植林《しょくりん》・入植《にゅうしょく》

訓 うえる
苗《なえ》を植《う》える

うわる
庭《にわ》に植《う》わっている木《き》

もっとわかる
●「植物《しょくぶつ》」は、アサガオやサクラのほかに、コケやワカメなど、花《はな》がさかないものもある。

なりたち
「直（まっすぐ）」と「木（き）」で、木《き》の苗《なえ》をまっすぐに「うえる」ことを表《あらわ》す。

植	植
植	植
植	植
植	植
植	植
植	植

業

13 画《かく》 木《き》の部《ぶ》

丁《てい》ねいに作業《さぎょう》する

音 ギョウ
営業《えいぎょう》・業績《ぎょうせき》・業務《ぎょうむ》・漁業《ぎょぎょう》・授業《じゅぎょう》・商業《しょうぎょう》・職業《しょくぎょう》

（ゴウ）
悪業《あくごう》・業火《ごうか》・業苦《ごうく》

訓 （わざ）
仕業《しわざ》・離《はな》れ業《わざ》

なりたち

↓
業
楽器《がっき》をつるす台《だい》をえがいた形《かたち》。ぎざぎざの歯《は》がついているところから、はかどらない「しごと」を表《あらわ》す。

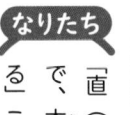

業	業
業	業
業	業
業	業
業	業
業	業

3年《ねん》

様

14 画《かく》 木《き》の部《ぶ》

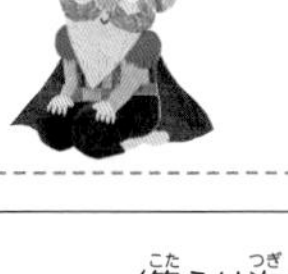

やさしい王様《おうさま》

音 ヨウ
異様《いよう》・仕様《しよう》・多様《たよう》・同様《どうよう》・模様《もよう》・様式《ようしき》・様子《ようす》・様相《ようそう》

訓 さま
奥様《おくさま》・様変《さまが》わり・山田様《やまださま》

もっとわかる
●「山田様《やまださま》」などの「様《さま》」は、相手《あいて》を尊敬《そんけい》する気持《きも》ちを表《あらわ》す。

なりたち
もとの字《じ》は「樣」。「羕《よう》（形《かたち》がはっきりしている）」と「木（き）」で、基準《きじゅん》となるような「きまったかたち」の意味《いみ》を表《あらわ》す。

様	様
様	様
様	様
様	様
様	様
様	様

なぞなぞ？ タくさんあるトをあけて、どこへいく？

（答《こた》えは次《つぎ》のページ）

横

15 画《かく》 木《さ》の部《ぶ》

横《よこ》にすわる

音 オウ
訓 よこ

横行《おうこう》・横断《おうだん》・横転《おうてん》・横暴《おうぼう》
横顔《よこがお》・横車《よこぐるま》・横目《よこめ》・横文字《よこもじ》

もっとわかる

● 「横槍《よこやり》を入《い》れる」は、関係《かんけい》のない人《ひと》が文句《もんく》を言《い》うこと。

● 反対《はんたい》語《ご》…横《よこ》↔縦《たて》、横断《おうだん》↔縦断《じゅうだん》

なりたち

もとの字《じ》は「橫」。「黄《おう》（光《ひかり》が四方《しほう》に広《ひろ》がる）」と「木（き）」で、「よこ」に広《ひろ》がるわくを組《く》み立《た》てる木《き》を表《あらわ》す。

橋

16 画《かく》 木《き》の部《ぶ》

石橋《いしばし》をわたる

音 キョウ
訓 はし

鉄橋《てっきょう》・歩道橋《ほどうきょう》・陸橋《りっきょう》
石橋《いしばし》・つり橋《ばし》・丸木橋《まるきばし》

もっとわかる

● 「橋渡《はしわた》しをする」など、「橋《はし》」には、人《ひと》と人《ひと》の間《あいだ》をつなぐという意味《いみ》もある。

なりたち

喬 ↓ 喬

「喬《きょう》（高《たか》くて曲《ま》がっている）」と「木（き）」で、川《かわ》の上《うえ》に高《たか》くかけた「はし」を表《あらわ》す。

次

6 画《かく》 欠《あくび》の部《ぶ》

次《つぎ》はぼくだよ！

音 ジ
（シ）
訓 つぐ
つぎ

次回《じかい》・次女《じじょ》・順次《じゅんじ》・二次試験《にじしけん》
次第《しだい》
梅《うめ》に次《つ》いで桜《さくら》がさいた
次《つぎ》のバスを待《ま》つ

もっとわかる

● 「次《つ》ぐ」は、すぐ後《あと》に続《つづ》くこと。「接《つ》ぐ」は、切《き》れめなどをつなぐこと。

なりたち

「二（並《なら》ぶ）」と「欠（人《ひと》があくびする）」を合《あ》わせた形《かたち》。並《なら》んだまま、止《と》まって一休《ひとやす》みするようすから、「つぎつぎに」の意味《いみ》を表《あらわ》す。

3年《ねん》

3年《ねん》

死

6画《かく》　歹《かばねへん》の部《ぶ》

必《ひっ》死《し》でにげる

音　シ

訓　しぬ

死《し》守《しゅ》・死《し》力《りょく》・生《せい》死《し》・必《ひっ》死《し》

魚《さかな》が死《し》ぬ

もっとわかる

●「起《き》死《し》回《かい》生《せい》」は、絶《ぜつ》望《ぼう》的《てき》な状《じょう》態《たい》を立《た》て直《なお》すこと。●「不《ふ》老《ろう》不《ふ》死《し》」は、年《とし》をとらず、永《えい》遠《えん》に生《い》き続《つづ》けること。

なりたち

死

「歹（ばらばらになった骨《ほね》）」と「匕（人《ひと》）」を合《あ》わせた形《かたち》。人《ひと》がばらばらの骨《ほね》になるようすから、「しぬ」ことを表《あらわ》す。

氷

5画《かく》　水《みず》の部《ぶ》

かき氷《ごおり》を作《つく》る

音　ヒョウ

訓　こおり　（ひ）

氷《ひょう》河《が》・氷《ひょう》雪《せつ》・氷《ひょう》点《てん》・流《りゅう》氷《ひょう》

かき氷《ごおり》・氷《こおり》砂《ざ》糖《とう》・氷《こおり》水《みず》

氷《ひ》雨《さめ》・氷《ひ》室《むろ》

もっとわかる

●「氷《ひょう》山《ざん》の一《いっ》角《かく》」は、わかったことが大《おお》きな物《もの》事《ごと》のほんの一《いち》部《ぶ》にすぎないこと。

なりたち

氷

もとの字《じ》は「冰」。「冫（こおりの割《わ》れ目《め》）」と「水（みず）」を合《あ》わせた形《かたち》で、「こおり」を表《あらわ》す。

決

7画《かく》　氵《さんずい》の部《ぶ》

強《つよ》い決《けつ》意《い》

音　ケツ

訓　きめる　きまる

決《けっ》行《こう》・決《けっ》心《しん》・決《けつ》裂《れつ》・対《たい》決《けつ》

学《がっ》級《きゅう》委《い》員《いん》を決《き》める

勝《しょう》敗《はい》が決《き》まる

もっとわかる

●「即《そく》断《だん》即《そっ》決《けつ》」は、その場《ば》ですぐに決《き》めること。

なりたち

決

「夬（えぐる）」と「氵（みず）」で、二《ふた》つに切《き》って「わける」ことを表《あらわ》す。

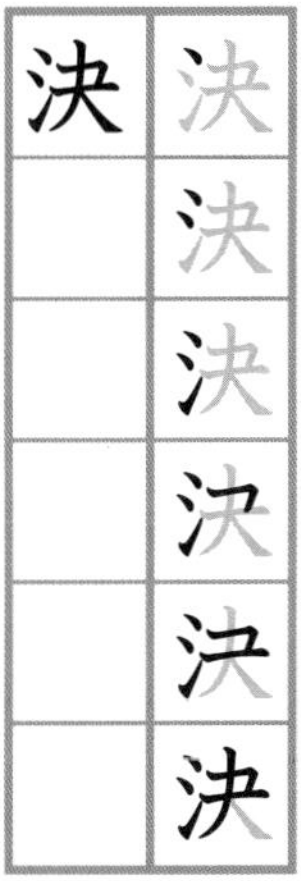

なぞなぞ？　口《くち》ばしをつかって、鳥《とり》がなにをしている？

（答《こた》えは次《つぎ》のページ）

泳

8画《かく》 氵《さんずい》の部《ぶ》

魚《さかな》と泳《およ》ぐ

音 エイ

訓 およぐ

競泳《きょうえい》・水泳《すいえい》・背泳《はいえい》・遊泳《ゆうえい》

立《た》ち泳《およ》ぎ・平泳《ひらおよ》ぎ

もっとわかる

●世《よ》の中《なか》を海《うみ》にたとえ、「政界《せいかい》を泳《およ》ぐ」などと使《つか》われることもある。

なりたち

↓永

「永《えい》（いつまでも続《つづ》く）」と「氵（みず）」で、長《なが》く続《つづ》けて水《みず》に浮《う》かぶこと、「およぐ」ことを表《あらわ》す。

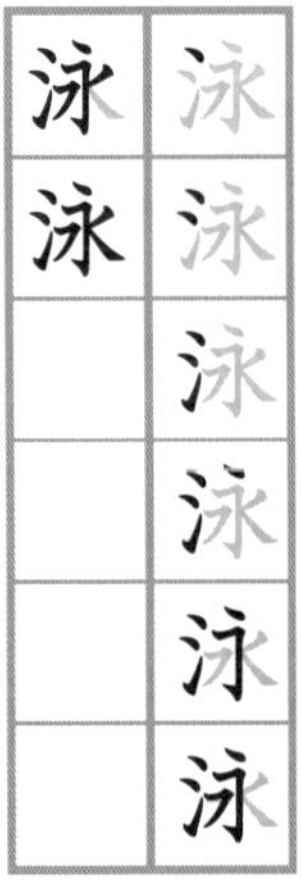

注

8画《かく》 氵《さんずい》の部《ぶ》

注文《ちゅうもん》したものがとどく

音 チュウ

訓 そそぐ

注意《ちゅうい》・注記《ちゅうき》・注射《ちゅうしゃ》・注文《ちゅうもん》

牛乳《ぎゅうにゅう》を注《そそ》ぐ

もっとわかる

●「注文《ちゅうもん》をつける」は、あれこれ条件《じょうけん》や希望《きぼう》などを言《い》うこと。「注ぐ」は、「つぐ」と読《よ》むこともある。

なりたち

「主（じっと立《た》って動《うご》かない）」と「氵（みず）」で、水《みず》を一《いっ》か所《しょ》に動《うご》かないように「そそぎいれる」ことを表《あらわ》す。

波

8画《かく》 氵《さんずい》の部《ぶ》

大《おお》きな波《なみ》

音 ハ

訓 なみ

寒波《かんぱ》・電波《でんぱ》・波長《はちょう》・余波《よは》

津波《つなみ》・波打《なみう》ち際《ぎわ》・波間《なみま》

もっとわかる

●「波《なみ》に乗《の》る」は、時《とき》の流《なが》れや勢《いきお》いに乗《の》る意味《いみ》でも使《つか》われる。

なりたち

↓皮

「皮（斜《なな》めにかぶる）」と「氵（みず）」で、斜《なな》めに傾《かたむ》いてかぶさってくる水《みず》、「なみ」を表《あらわ》す。

油

8画《かく》 氵《さんずい》の部《ぶ》

油《あぶら》であげる

音 ユ

肝油《かんゆ》・給油《きゅうゆ》・醤油《しょうゆ》・石油《せきゆ》・油性《ゆせい》・油断《ゆだん》・油田《ゆでん》

訓 あぶら

油揚《あぶらあ》げ・油絵《あぶらえ》・油紙《あぶらがみ》・油粘土《あぶらねんど》・ごま油《あぶら》

もっとわかる ●「油《あぶら》」は、液体《えきたい》のあぶら。「脂《あぶら》」は、動物《どうぶつ》などの固体《こたい》のあぶら。

なりたち

「由《ゆ》（通《とお》り抜《ぬ》けて出《で》る）」と「氵（みず）」で、するするとなめらかな「あぶら」を表《あらわ》す。

洋

9画《かく》 氵《さんずい》の部《ぶ》

広《ひろ》い太平洋《たいへいよう》

音 ヨウ

太平洋《たいへいよう》・東洋《とうよう》・洋画《ようが》・洋服《ようふく》

訓 ―

もっとわかる ●「前途洋々《ぜんとようよう》」は、前方《ぜんぽう》に明《あか》るい未来《みらい》が広《ひろ》がっていること。

なりたち

↓
羊
↓
羊

「羊《よう》（大《おお》きく広《ひろ》がる）」と「氵（みず）」で、ひろびろと広《ひろ》がる「おおきなうみ」を表《あらわ》す。

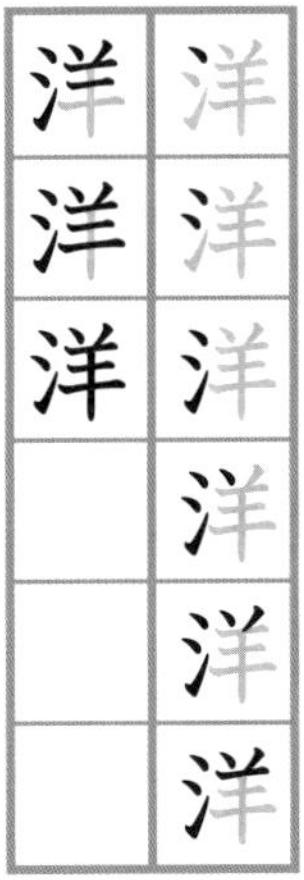

消

10画《かく》 氵《さんずい》の部《ぶ》

消《け》しゴムも入《い》れる

音 ショウ

解消《かいしょう》・消火《しょうか》・消化《しょうか》・消去《しょうきょ》・消極的《しょうきょくてき》・消費《しょうひ》

訓 きえる

火《ひ》が消《き》える

けす

消印《けしいん》・テレビを消《け》す

もっとわかる ●「消印《けしいん》」は、郵便切手《ゆうびんきって》などに使用《しよう》ずみの印《しるし》としておすはんこ。

なりたち

↓
肖

「肖《しょう》（小《ちい》さくなる）」と「氵（みず）」で、「きえる」ことを表《あらわ》す。

なぞなぞ ？ 一《いち》ばんえらくて土《つち》の上《うえ》にいる人《ひと》は、だれ？

（答《こた》えは次《つぎ》のページ）

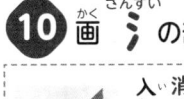

流

10画《かく》 氵《さんずい》の部《ぶ》

なみだを流《なが》す

音 **リュウ**
合流《ごうりゅう》・自己流《じこりゅう》・電流《でんりゅう》・流行《りゅうこう》・流出《りゅうしゅつ》・流星《りゅうせい》・流通《りゅうつう》・流動的《りゅうどうてき》・流氷《りゅうひょう》
(ル)
流転《るてん》・流布《るふ》

訓 **ながれる**
水《みず》が流《なが》れる
ながす
汗《あせ》を流《なが》す

なりたち

↓流

「㐬《りゅう》（ながれる）」と「氵（みず）」で、水《みず》が「ながれる」ことを表《あらわ》す。

深

11画《かく》 氵《さんずい》の部《ぶ》

深刻《しんこく》な顔《かお》

音 **シン**
深海《しんかい》・深紅《しんく》・深呼吸《しんこきゅう》・深刻《しんこく》・深度《しんど》・深夜《しんや》・水深《すいしん》

訓 **ふかい**
深《ふか》い海《うみ》
ふかまる
秋《あき》が深《ふか》まる
ふかめる
信用《しんよう》を深《ふか》める

なりたち

↓深

「罙（穴《あな》の奥《おく》に手《て》を入《い》れて火《ひ》をさぐる）」と「氵（みず）」で、水《みず》が「ふかい」意味《いみ》を表《あらわ》す。

温

12画《かく》 氵《さんずい》の部《ぶ》

ふろで温《あたた》まる

音 **オン**
温室《おんしつ》・温和《おんわ》・気温《きおん》・体温《たいおん》

訓 **あたたか**
温《あたた》かな家庭《かてい》
あたたかい
温《あたた》かいお茶《ちゃ》
あたたまる
心温《こころあたた》まる話《はなし》
あたためる
スープを温《あたた》める

なりたち

↓温

もとの字《じ》は「溫」。「𥁕《おん》（ふたをして熱《ねつ》を逃《に》がさない）」と「氵（みず）」で、「あたたかい」を表《あらわ》す。

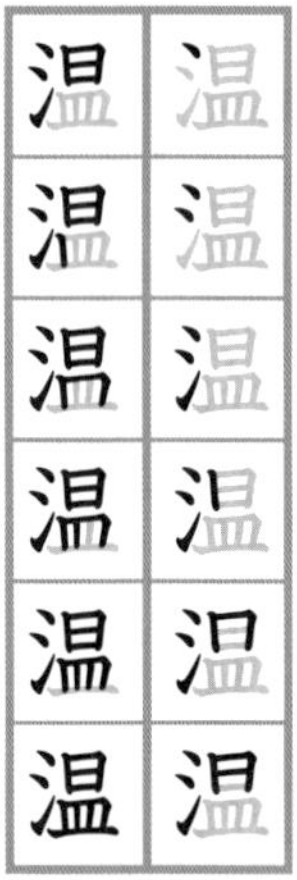

3年《ねん》

3年《ねん》

湖

12画《かく》 氵《さんずい》の部《ぶ》

湖《みずうみ》で遊《あそ》ぶ

音 コ　火口湖《かこうこ》・湖岸《こがん》・湖上《こじょう》・湖水《こすい》

訓 みずうみ　美《うつく》しい湖《みずうみ》

もっとわかる

●「みずうみ」は「水海《みずうみ》」という意味《いみ》で、池《いけ》や沼《ぬま》よりも大《おお》きくて深《ふか》いもののこと。

なりたち

「胡《こ》（おおいかぶさる）」と「氵（みず）」で、地面《じめん》へおおいかぶさるような大《おお》きなみずたまり、「みずうみ」を表《あらわ》す。

港

12画《かく》 氵《さんずい》の部《ぶ》

港《みなと》に向《む》かう

音 コウ　開港《かいこう》・漁港《ぎょこう》・空港《くうこう》・出港《しゅっこう》・入港《にゅうこう》・貿易港《ぼうえきこう》

訓 みなと　港江《みなとえ》・港町《みなとまち》

もっとわかる

●「港江《みなとえ》」は、港《みなと》のある入《い》り江《え》。●「不凍港《ふとうこう》」は、一年中《いちねんじゅう》こおることのない港《みなと》。

なりたち

「巷《こう》（村《むら》の道《みち》）」と「氵（みず）」で、船《ふね》が出入《でい》りする道《みち》のある「みなと」を表《あらわ》す。

湯

12画《かく》 氵《さんずい》の部《ぶ》

湯気《ゆげ》が見《み》える

音 トウ　銭湯《せんとう》・湯治《とうじ》・熱湯《ねっとう》・薬湯《やくとう》

訓 ゆ　茶《ちゃ》の湯《ゆ》・湯気《ゆげ》・湯冷《ゆざ》め・湯船《ゆぶね》

もっとわかる

●「湯桶読《ゆとうよ》み」は、熟語《じゅくご》の読《よ》み方《かた》の一《ひと》つ。上《うえ》を訓読《くんよ》み、下《した》を音読《おんよ》みにする。「手本《てほん》（てホン）」「荷物《にもつ》（にモツ）」など。逆《ぎゃく》は「重箱読《じゅうばこよ》み」という。

なりたち

「昜（太陽《たいよう》が高《たか》く上《あ》がる）」と「氵（みず）」で、ゆげがいきおいよく上《あ》がる「ゆ」を表《あらわ》す。

なぞなぞ？ お日《ひ》さまがでて、空《そら》が青《あお》いときの天気《てんき》は？

（答《こた》えは次《つぎ》のページ）

漢

13画《かく》　氵《さんずい》の部《ぶ》

漢字《かんじ》を書《か》いてみる

音　カン

訓　―

漢字《かんじ》・漢文《かんぶん》・好漢《こうかん》・熱血漢《ねっけつかん》

もっとわかる

●「漢字《かんじ》」「漢文《かんぶん》」などの「漢《かん》」は、中国《ちゅうごく》に関《かん》することを表《あらわ》す。

なりたち

→菓

もとの字《じ》は「漢」。「菓《かん》(かわく)」と「氵(みず)」で、水《みず》のない「天《あま》の川《がわ》」を表《あらわ》す。のち、国《くに》の名《な》となった。

漢 漢 漢 漢 漢 漢 漢 漢 漢 漢 漢 漢

炭

9画《かく》　火《ひ》の部《ぶ》

炭火《すみび》でやく

音　タン

訓　すみ

石炭《せきたん》・炭鉱《たんこう》・炭酸水《たんさんすい》・木炭《もくたん》

炭俵《すみだわら》・炭火《すみび》・炭焼《すみや》き

もっとわかる

●「炭鉱《たんこう》」は石炭《せきたん》をほり出《だ》す鉱山《こうざん》。それが連《つら》なる地域《ちいき》を「炭田《たんでん》」という。

なりたち

「山(やま)」と「厂(石《いし》)」と「火(ひ)」を合《あ》わせた形《かたち》で、山《やま》から掘《ほ》り出《だ》した石《いし》のようにかたい「せきたん」を表《あらわ》す。

炭 炭 炭 炭 炭 炭 炭 炭 炭

物

8画《かく》　牛《うし》の部《ぶ》

植物《しょくぶつ》に水《みず》をやる

音　ブツ

事物《じぶつ》・植物《しょくぶつ》・人物《じんぶつ》・生物《せいぶつ》・

動物《どうぶつ》・物価《ぶっか》・物質《ぶっしつ》・物体《ぶったい》

モツ

貨物《かもつ》・食物《しょくもつ》・書物《しょもつ》・荷物《にもつ》

訓　もの

本物《ほんもの》・物語《ものがたり》・物知《ものし》り

なりたち

→勿

「勿《ぶつ》(はっきりしない)」と「牛(うし)」で、色《いろ》が交《ま》じって目立《めだ》たない牛《うし》のイメージから、特別《とくべつ》ではない、いろいろな「もの」を表《あらわ》す。

物 物 物 物 物 物 物 物

3年《ねん》

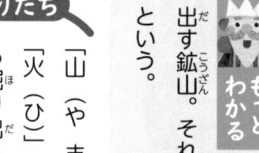

球

11画《かく》　王《おう》の部《ぶ》

音 キュウ

訓 たま

球根《きゅうこん》・球場《きゅうじょう》・地球《ちきゅう》・電球《でんきゅう》

球《たま》を投《な》げる

もっとわかる

● 球技《きゅうぎ》は、「野球《やきゅう》」「庭球《ていきゅう》（テニス）」「卓球《たっきゅう》」など、「球《きゅう》」で表《あらわ》すことがある。

なりたち

↓
求

「求《きゅう》（引《ひ》きしめる）」と「王（玉《たま》）」で、丸《まる》くひきしまった「たま」を表《あらわ》す。

申

5画《かく》　田《た》の部《ぶ》

音 （シン）

訓 もうす

申告《しんこく》・答申《とうしん》・内申書《ないしんしょ》

申《もう》し込《こ》み・申《もう》し訳《わけ》ない

もっとわかる

● 「申《しん》」は十二支《じゅうにし》の九番目《きゅうばんめ》。動物《どうぶつ》では「さる」にあてる。● 「申《もう》す」は、話《はな》すことをへりくだっていう言葉《ことば》。

なりたち

↓
申

尾《お》を引《ひ》いてのびるいなずまをえがいた形《かたち》で、「長《なが》くのびる」というイメージから、「のべる」ことを表《あらわ》す。

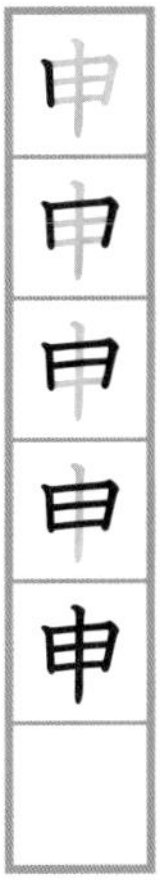

由

5画《かく》　田《た》の部《ぶ》

音 ユ　ユウ　（ユイ）

訓 （よし）

経由《けいゆ》・由々《ゆゆ》しい・由来《ゆらい》

自由《じゆう》・事由《じゆう》・理由《りゆう》

由緒正《ゆいしょただ》しい

知《し》る由《よし》もない

もっとわかる

● 「知《し》る由《よし》もない」の「由《よし》」は、手段《しゅだん》や方法《ほうほう》の意味《いみ》。

なりたち

↓
由

口《くち》の細《ほそ》いつぼをえがいた形《かたち》で、口《くち》から液体《えきたい》が出《で》てくるイメージから、物事《ものごと》が生《しょう》じる「わけ」を表《あらわ》す。

なぞなぞ？ 十《とお》の日《ひ》と十《とお》の月《つき》がしずむと、なにがくる？

（答《こた》えは次《つぎ》のページ）

界

9画《かく》 田《た》の部《ぶ》

がまんの限界《げんかい》

音 カイ

訓 ―

境界《きょうかい》・限界《げんかい》・視界《しかい》・世界《せかい》

もっとわかる

「他界《たかい》」は、死後《しご》の世《せ》界《かい》のこと。人《ひと》が死《し》ぬことを遠回《とおまわ》しにいう言葉《ことば》。

なりたち

「介《かい》（両側《りょうがわ》に分《わ》ける）」と「田（はたけ）」で、「さかい目《め》」を表《あらわ》す。

畑

9画《かく》 田《た》の部《ぶ》

ニンジンの畑《はたけ》

音 ―

訓 はた　はたけ

田畑《たはた》・畑作《はたさく》
段々畑《だんだんばたけ》・畑仕事《はたけしごと》・花畑《はなばたけ》

もっとわかる

「畑違《はたけちが》い」は、専門《せんもん》の分野《ぶんや》でないこと。

なりたち

「火（ひ）」と「田（はたけ）」を合《あ》わせた形《かたち》で、雑草《ざっそう》を焼《や》いて肥料《ひりょう》とする「はたけ」を表《あらわ》す。日本《にっぽん》でつくられた字《じ》。

病

10画《かく》 疒《やまいだれ》の部《ぶ》

病気《びょうき》がなおる

音 ビョウ　（ヘイ）

看病《かんびょう》・急病《きゅうびょう》・仮病《けびょう》・病院《びょういん》
疾病《しっぺい》

訓 （やむ）　やまい

病《や》み上《あ》がり・病《や》みつき
病《やまい》に倒《たお》れる

なりたち

「丙《へい》（ぴんと開《ひら》いた足《あし》）」と「疒（やまい）」で、体《からだ》がかたくなって動《うご》かなくなるようすから、「やまい」を表《あらわ》す。

発

9画　癶《はつがしら》の部《ぶ》

金《きん》を発見《はっけん》する

音　ハッ　（ホッ）

開発《かいはつ》・活発《かっぱつ》・出発《しゅっぱつ》・東京発《とうきょうはつ》・発育《はついく》・発音《はつおん》・発揮《はっき》・発見《はっけん》・発言《はつげん》・発表《はっぴょう》・発明《はつめい》・連発《れんぱつ》・発起《ほっき》・発作《ほっさ》・発心《ほっしん》・発足《ほっそく》

訓　—

なりたち

↓ 発

もとの字《じ》は「發」。「癶《はつ》（開《ひら》く）」と「殳（動作《どうさ》）」と「弓（ゆみ）」で、矢《や》をぱっと「はなつ」ことを表《あらわ》す。

発 発 発 発 発 発 発 発 発

登

12画　癶《はつがしら》の部《ぶ》

元気《げんき》に登校《とうこう》する

音　トウ　ト

登校《とうこう》・登場《とうじょう》・登頂《とうちょう》・登録《とうろく》

登山《とざん》

訓　のぼる

山《やま》に登《のぼ》る

もっとわかる

「登竜門《とうりゅうもん》」は、出世《しゅっせ》のために通《とお》らなければならない難所《なんしょ》のこと。

なりたち

↓ ↓ 登

「豆《とう》（足《あし》のついた器《うつわ》）」と「癶（体《からだ》を上《あ》げる）」で、「のぼる」ことを表《あらわ》す。

登 登 登 登 登 登 登 登 登 登 登 登

皮

5画　皮《けがわ》の部《ぶ》

バナナの皮《かわ》をむく

音　ヒ

樹皮《じゅひ》・脱皮《だっぴ》・皮下《ひか》・皮革《ひかく》・皮肉《ひにく》・皮膚《ひふ》・表皮《ひょうひ》

訓　かわ

皮切《かわき》り・皮算用《かわざんよう》・毛皮《けがわ》

もっとわかる

「皮肉《ひにく》」は、遠回《とおまわ》しに相手《あいて》のいやがることを言《い》うこと。

なりたち

↓ ↓ 皮

頭《あたま》のついた毛《け》がわをえがいた形《かたち》と「又（手《て》）」を合《あ》わせた形《かたち》で、体《からだ》に毛《け》がわを斜《なな》めにかぶせるようすを表《あらわ》す。

皮 皮 皮 皮 皮

3年《ねん》

なぞなぞ？　ロ＋玉＋言＋五＋ロ＝？

（答《こた》えは次《つぎ》のページ）

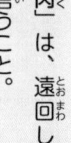

皿

5画《かく》　皿《さら》の部《ぶ》

音　―

訓　さら

受《う》け皿《ざら》・上皿《うわざら》・大皿《おおざら》・小皿《こざら》

皿《さら》がわれる

もっとわかる

「目《め》を皿《さら》にする」は、目《め》を皿《さら》のように丸《まる》く見開《みひら》くこと。おどろいたり探《さが》しものをしたりするときの目《め》つき。

「灰皿《はいざら》」のように、食《た》べ物《もの》を盛《も》る「さら」に似《に》た形《かたち》のものをさすこともある。

なりたち

→皿

食《た》べ物《もの》を盛《も》る「さら」をえがいた形《かたち》。

県

9画《かく》　目《め》の部《ぶ》

音　ケン

県営《けんえい》・県花《けんか》・県議会《けんぎかい》・県知事《けんちじ》・県庁《けんちょう》・県道《けんどう》・県内《けんない》・県民《けんみん》・県立《けんりつ》・全県《ぜんけん》・都道府県《とどうふけん》

訓　―

いろいろな県花《けんか》

なりたち

→縣(県)

もとの字《じ》は「縣」。「県（ぶらさがる）」と「系（ひもでつなぐ）」を合《あ》わせた形《かたち》。政《せい》府《ふ》の下《した》にある「区《く》」を表《あらわ》す。

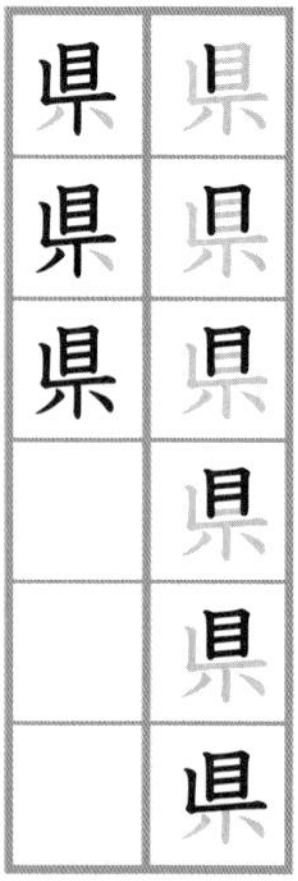

相

9画《かく》　目《め》の部《ぶ》

音　ソウ

真相《しんそう》・相談《そうだん》・手相《てそう》・人相《にんそう》

（ショウ）

外相《がいしょう》・首相《しゅしょう》

訓　あい

相性《あいしょう》・相席《あいせき》・相手《あいて》・相棒《あいぼう》

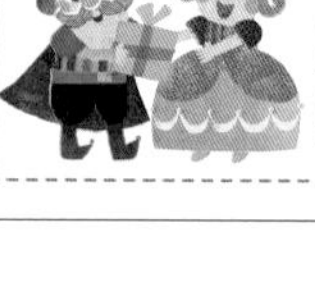
相手《あいて》にわたす

もっとわかる

特別《とくべつ》な読《よ》み方《かた》…相撲《すもう》

なりたち

→相

「木（き）」と「目（め）」を合《あ》わせた形《かたち》。木《き》を目《め》で見《み》ることから、「たがいに向《む》き合《あ》う」ようすを表《あらわ》す。

3年《ねん》

真

10画《かく》　目《め》の部《ぶ》

真《ま》っ青《さお》になる

音 シン
写真《しゃしん》・純真《じゅんしん》・真意《しんい》・真紅《しんく》・真実《しんじつ》・真相《しんそう》・真理《しんり》
真一文字《まいちもんじ》・真心《まごころ》・真夏《まなつ》

訓 ま

もっとわかる
●特別《とくべつ》な読《よ》み方《かた》…真《ま》面《じ》目《め》・真《ま》っ赤《か》・真《ま》っ青《さお》

なりたち
↓
↓
真
もとの字《じ》は「眞」。器《うつわ》に料理《りょうり》がつまっているようすから、「まこと」の意味《いみ》を表《あらわ》す。

短

12画《かく》　矢《や》の部《ぶ》

長《なが》いぼうしと短《みじか》いぼうし

音 タン
短気《たんき》・短時間《たんじかん》・短所《たんしょ》・短文《たんぶん》

訓 みじかい
短《みじか》い休《やす》み時間《じかん》

もっとわかる
●「一長一短《いっちょういったん》」は、よいところも悪《わる》いところもあること。長所《ちょうしょ》もあるが短所《たんしょ》もあるということ。

なりたち
「矢（や）」と「豆（足《あし》のついた器《うつわ》）」を合《あ》わせた形《かたち》で、矢《や》や器《うつわ》のように寸法《すんぽう》が「みじかい」ことを表《あらわ》す。

研

9画《かく》　石《いし》の部《ぶ》

じっくり研究《けんきゅう》する

音 ケン
研究《けんきゅう》・研修《けんしゅう》・研磨《けんま》

訓 （とぐ）
包丁《ほうちょう》を研《と》ぐ

もっとわかる
●「研磨《けんま》」は、よくみがくこと。「研摩《けんま》」とも書《か》く。

なりたち
↓
研
「幵《けん》（高《たか》さを平《たい》らにそろえる）」と「石（いし）」で、平《たい》らにするために石《いし》で「みがく」ことを表《あらわ》す。

なぞなぞ？ 日曜日《にちようび》の十時《じゅうじ》に行《い》くよ。はやい？　おそい？
（答《こた》えは次《つぎ》のページ）

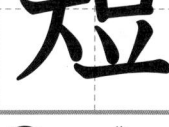

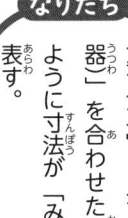

礼

5画《かく》　ネ《しめすへん》の部《ぶ》

お礼《れい》の手《て》紙《がみ》

音　**レイ**　**(ライ)**

敬礼《けいれい》・無礼《ぶれい》・礼状《れいじょう》・礼服《れいふく》
礼賛《らいさん》・礼拝《らいはい》

訓　—

もっとわかる

●「礼拝」は、仏教《ぶっきょう》では「れいはい」、キリスト教《きょう》では「らいはい」と読《よ》む。

なりたち

豊 → 豊

もとの字《じ》は「禮」。「示(神《かみ》)」と「豊《れい》(ととのう)」を合《あ》わせた形《かたち》で、神《かみ》の前《まえ》で行《おこな》う、ととのった「やり方《かた》」を表《あらわ》す。

礼 礼 礼 礼 礼

神

9画《かく》　ネ《しめすへん》の部《ぶ》

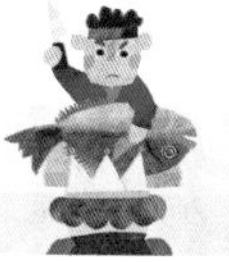

精《せい》神《しん》を集《しゅう》中《ちゅう》する

音　**シン**　**ジン**

神聖《しんせい》・神話《しんわ》・精神《せいしん》・阪神《はんしん》
神社《じんじゃ》

訓　**かみ**　**(かん)**　**(こう)**

神風《かみかぜ》・神様《かみさま》・神頼《かみだの》み・神業《かみわざ》
神主《かんぬし》
神々《こうごう》しい

もっとわかる

●特別《とくべつ》な読《よ》み方《かた》…お神《み》酒《き》・神楽《かぐら》・神奈川県《かながわけん》

なりたち

「申《しん》(いなずま)」と「ネ(神《かみ》)」で、いなずまを起《お》こすような「ふしぎな力《ちから》」を表《あらわ》す。

神 神 神 神 神 神 神 神 神

3年《ねん》

祭

11画《かく》　示《しめす》の部《ぶ》

祭《まつ》りでおどる

音　**サイ**

記念祭《きねんさい》・芸術祭《げいじゅつさい》・祭日《さいじつ》・祭典《さいてん》・祭礼《さいれい》・祝祭《しゅくさい》・前夜祭《ぜんやさい》・文化祭《ぶんかさい》

訓　**まつる**　**まつり**

神《かみ》を祭《まつ》る・祭《まつ》り上《あ》げる
ひな祭《まつ》り・雪祭《ゆきまつ》り

なりたち

祭 → 祭

「夕(肉《にく》)」と「又(手《て》)」と「示(神《かみ》)」を合《あ》わせた形《かたち》で、神《かみ》を「まつる」ことを表《あらわ》す。

祭 祭 祭 祭 祭 祭 祭 祭 祭 祭 祭

福

13画《かく》 ネ《しめすへん》の部《ぶ》

幸福《こうふく》な気持《きも》ち

音 **フク**

幸福《こうふく》・七福神《しちふくじん》・至福《しふく》・祝福《しゅくふく》・福運《ふくうん》・福祉《ふくし》・福《ふく》の神《かみ》・福袋《ふくぶくろ》・福笑《ふくわら》い・裕福《ゆうふく》

訓 ―

なりたち

「畐（酒《さけ》でふくらんだとっくり）」と「ネ（神《かみ》）」で、いっぱいにみちるというイメージから、「神《かみ》のめぐみ」を表《あらわ》す。

秒

9画《かく》 禾《のぎへん》の部《ぶ》

秒《びょう》きざみで知《し》らせる

音 **ビョウ**

一分一秒《いっぷんいちびょう》・秒針《びょうしん》・秒速《びょうそく》

訓 ―

もっとわかる

●「秒読《びょうよ》み」は、時間《じかん》を秒《びょう》単位《たんい》で数《かぞ》えること。また、差《さ》しせまった状態《じょうたい》のこと。

なりたち

「禾（イネ）」と「少（すくない）」を合《あ》わせた形《かたち》で、イネの穂先《ほさき》のかすかな毛《け》を表《あらわ》す。のち、小《ちい》さな時《じ》間《かん》の単位《たんい》として用《もち》いた。

究

7画《かく》 穴《あな》の部《ぶ》

研究《けんきゅう》をする

音 **キュウ**

究極《きゅうきょく》・究明《きゅうめい》・研究《けんきゅう》・探究《たんきゅう》・追究《ついきゅう》

訓 **（きわめる）**

学問《がくもん》を究《きわ》める

もっとわかる

●「究《きわ》める」は、深《ふか》く研《けん》究《きゅう》して明《あき》らかにすること。「極《きわ》める」は、これ以上《いじょう》ないところに達《たっ》すること。

なりたち

「九《きゅう》（行《ゆ》き止《ど》まり）」と「穴（あな）」で、これ以上《いじょう》進《すす》めないところまで「しらべる」ことを表《あらわ》す。

なぞなぞ？ 立《た》って木《き》を見《み》ているのは、だれ？

（答《こた》えは次《つぎ》のページ）

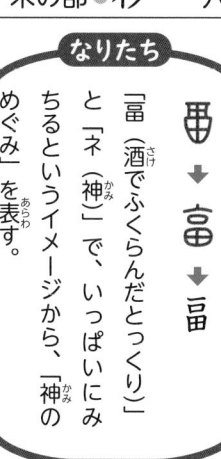

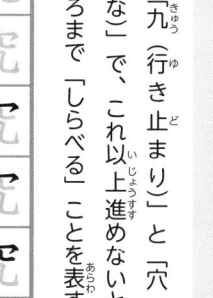

章

11画《かく》　立《たつ》の部《ぶ》

第《だい》一《いち》楽《がく》章《しょう》をひく

音　ショウ

楽章《がくしょう》・勲章《くんしょう》・憲章《けんしょう》・校章《こうしょう》・章節《しょうせつ》・序章《じょしょう》・第一章《だいいっしょう》・文章《ぶんしょう》・腕章《わんしょう》

訓　—

なりたち

章

「辛（刃物《はもの》）」と「日（もよう）」を合《あ》わせた形《かたち》。刃物《はもの》でもようをつけることから、はっきりと現《あらわ》れた「しるし」を表《あらわ》す。

童

12画《かく》　立《たつ》の部《ぶ》

児《じ》童《どう》が登《と》校《こう》する

音　ドウ

悪童《あくどう》・学童《がくどう》・児童《じどう》・神童《しんどう》・童顔《どうがん》・童女《どうじょ》・童心《どうしん》・童謡《どうよう》・童話《どうわ》・牧童《ぼくどう》

訓　（わらべ）

童歌《わらべうた》

なりたち

童

「重（つき通《とお》す）」と「辛（刃物《はもの》）」で、刃物《はもの》でいれずみをした「めし使《つか》い」を表《あらわ》す。のち、「子《こ》ども」の意味《いみ》で用《もち》いた。

3年《ねん》

第

11画《かく》　竹《たけ》の部《ぶ》

第《だい》一《いっ》巻《かん》を読《よ》む

音　ダイ

第一位《だいいちい》・第一印象《だいいちいんしょう》・第三者《だいさんしゃ》・手当《てあ》たり次第《しだい》・落第《らくだい》

訓　—

もっとわかる

「第六感《だいろっかん》」は、「かん」や「ひらめき」のような感覚《かんかく》のこと。

なりたち

「第《だい》（だんだんとたれ下《さ》がる）」と「竹（タケ）」で、タケの節《ふし》のように、上《うえ》から下《した》に「順序《じゅんじょ》」よく並《なら》ぶことを表《あらわ》す。

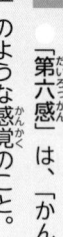

3年《ねん》

笛

11画《かく》 竹《たけ》の部《ぶ》

横笛《よこぶえ》をふく

音 テキ
訓 ふえ

汽笛《きてき》・警笛《けいてき》・鼓笛隊《こてきたい》
草笛《くさぶえ》・口笛《くちぶえ》・縦笛《たてぶえ》・横笛《よこぶえ》

もっとわかる
●「警笛《けいてき》」は、相手《あいて》に危険《きけん》を知《し》らせ、注意《ちゅうい》をうながすために鳴《な》らす笛《ふえ》や、らっぱ。自動車《じどうしゃ》や列車《れっしゃ》についている。

なりたち
「由（通《とお》り抜《ぬ》ける）」と「竹（タケ）」で、タケの筒《つつ》から音《おと》が抜《ぬ》け出《で》てくる楽器《がっき》「ふえ」を表《あらわ》す。

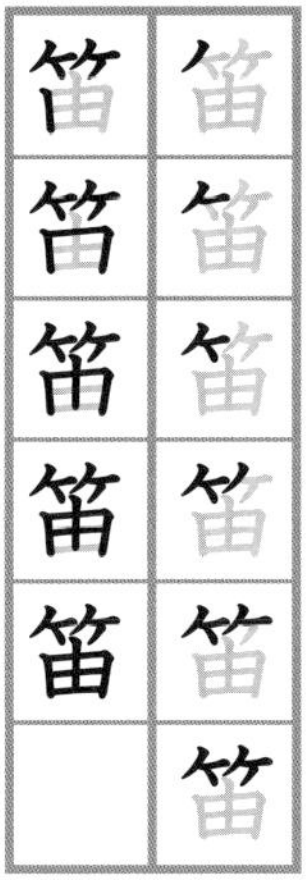

等

12画《かく》 竹《たけ》の部《ぶ》

等分《とうぶん》に分《わ》ける

音 トウ
訓 ひとしい

上等《じょうとう》・対等《たいとう》・等級《とうきゅう》・平等《びょうどう》
なわの長《なが》さが等《ひと》しい

もっとわかる
●「等《とう》」には、「犬等《いぬとう》の動物《どうぶつ》」のように、ほかにも同《おな》じようなものがあるという意味《いみ》もある。

なりたち
「寺（じっと手《て》に持《も》つ）」と「竹（タケ）」で、何本《なんぼん》かの竹札《たけふだ》をそろえて手《て》に持《も》つようすから、そろっていて「ひとしい」意味《いみ》を表《あらわ》す。

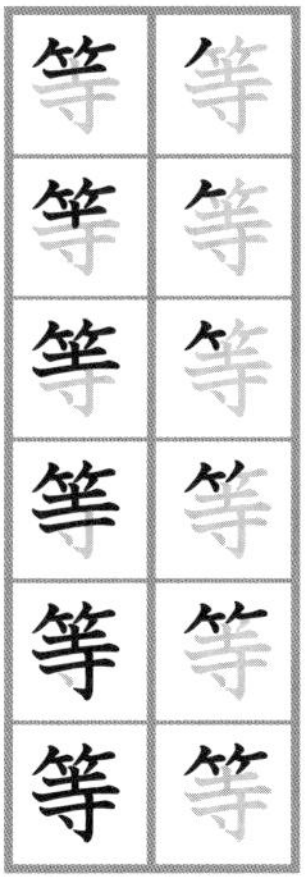

筆

12画《かく》 竹《たけ》の部《ぶ》

えん筆《ぴつ》で書《か》く

音 ヒツ
訓 ふで

悪筆《あくひつ》・肉筆《にくひつ》・筆記《ひっき》・筆順《ひつじゅん》
筆先《ふでさき》・筆箱《ふでばこ》

もっとわかる
●「筆《ふで》を折《お》る」は、作家《さっか》などが文章《ぶんしょう》を書《か》くのをやめること。

なりたち

「竹（タケ）」と「聿（ふでを手《て》に持《も》つ）」を合《あ》わせた形《かたち》。竹《たけ》の「ふで」を表《あらわ》す。

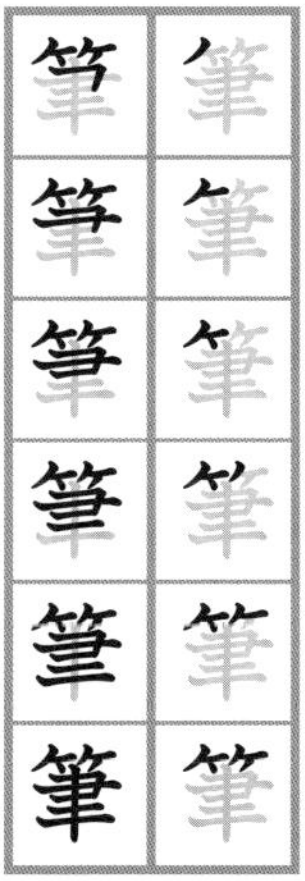

なぞなぞ？ 一年生《いちねんせい》の白《しろ》いぼうし。いくつあるかな？

(答《こた》えは次《つぎ》のページ)

箱

15画《かく》　竹《たけ》の部《ぶ》

箱《はこ》を開《あ》ける

音　―

訓　**はこ**

木箱《きばこ》・箱代《はこだい》・筆箱《ふでばこ》・弁当箱《べんとうばこ》

もっとわかる

「箱入《はこい》り」は、「箱入《はこい》り娘《むすめ》」のように、人目《ひとめ》にふれさせず大切《たいせつ》にする意味《いみ》でも使《つか》われる。

なりたち

「相（二《ふた》つが向《む》かい合《あ》う）」と「竹（タケ）」で、車《くるま》の両側《りょうがわ》につけた竹《たけ》のかごを示《しめ》し、物《もの》を入《い》れてしまっておく「はこ」を表《あらわ》す。

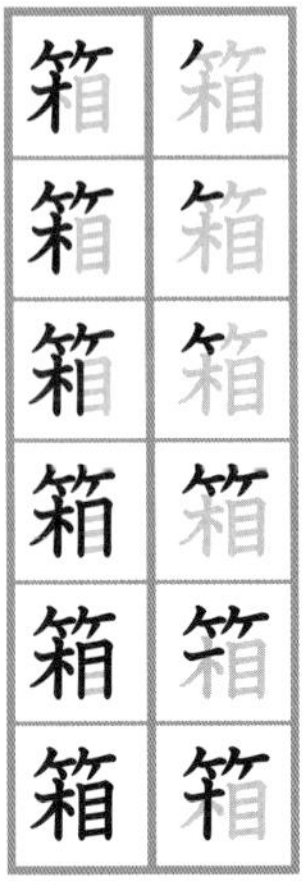

級

9画《かく》　糸《いと》の部《ぶ》

学級《がっきゅう》のたんにん

音　**キュウ**

訓　―

階級《かいきゅう》・学級《がっきゅう》・級友《きゅうゆう》・高級《こうきゅう》・上級《じょうきゅう》・同級生《どうきゅうせい》

もっとわかる

「一級品《いっきゅうひん》」は、非常《ひじょう》にすぐれているもの。

なりたち

「及《きゅう》（点々《てんてん》とつながる）」と「糸（いと）」で、前《まえ》の糸《いと》に後《あと》の糸《いと》が続《つづ》くようすから、順《じゅん》を追《お》って設《もう》けた「だんかい」を表《あらわ》す。

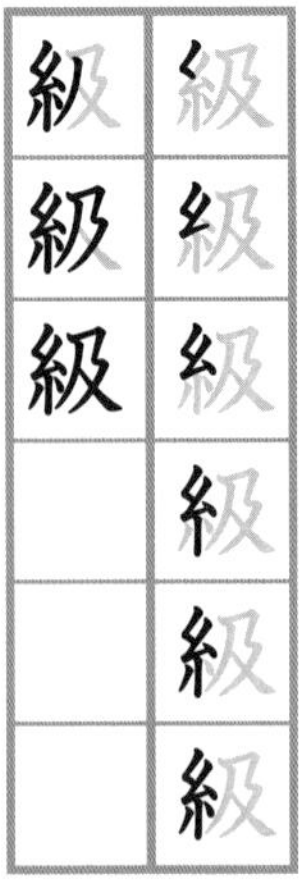

終

11画《かく》　糸《いと》の部《ぶ》

ゲームが終《お》わった

音　**シュウ**

訓　**おわる**
おえる

最終《さいしゅう》・終日《しゅうじつ》・終電《しゅうでん》・終了《しゅうりょう》

試合《しあい》が終《お》わる

仕事《しごと》を終《お》える

もっとわかる

「終始一貫《しゅうしいっかん》」は、態度《たいど》や言動《げんどう》が最初《さいしょ》から最後《さいご》までずっと変《か》わらないこと。

なりたち

「冬（いっぱいにたくわえる）」と「糸（いと）」で、糸巻《いとま》きに糸《いと》をいっぱいに巻《ま》き付《つ》けたようすから、物事《ものごと》が「おわる」ことを表《あらわ》す。

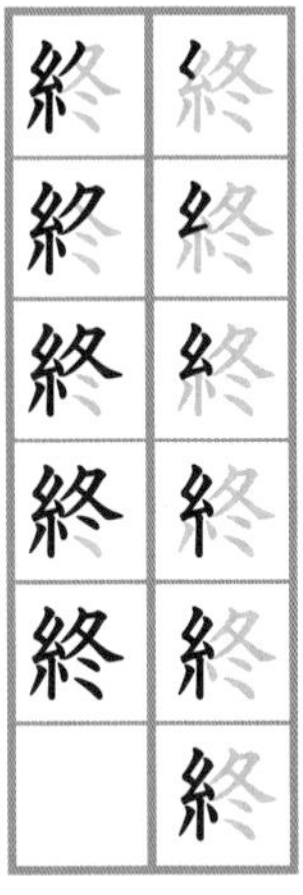

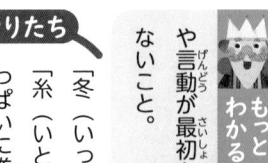

緑

14画《かく》　糸《いと》の部《ぶ》

緑色《みどりいろ》のお茶《ちゃ》

音 **リョク**

常緑樹《じょうりょくじゅ》・新緑《しんりょく》・万緑《ばんりょく》・緑《りょく》黄色野菜《おうしょくやさい》・緑地帯《りょくちたい》・緑《りょく》茶《ちゃ》・緑化運動《りょっかうんどう》

（ロク）

緑青《ろくしょう》

訓 **みどり**

黄緑《きみどり》

なりたち

もとの字《じ》は「綠」。「彔《ろく》（はぎ取《と》る）」と「糸（いと）」で、皮《かわ》をはいだ青竹《あおだけ》の「みどり」色《いろ》を表《あらわ》す。

練

14画《かく》　糸《いと》の部《ぶ》

音楽会《おんがくかい》の練習《れんしゅう》をする

音 **レン**

朝練《あされん》・訓練《くんれん》・熟練《じゅくれん》・試練《しれん》・未練《みれん》・練習《れんしゅう》・練乳《れんにゅう》

訓 **ねる**

粉《こな》を練《ね》る

なりたち

もとの字《じ》は「練」。「柬（より分《わ》ける）」と「糸（いと）」で、生糸《きいと》を煮《に》て、いらないものをより分《わ》け、よいものに「ねりあげる」ことを表《あらわ》す。

羊

6画《かく》　羊《ひつじ》の部《ぶ》

一頭《いっとう》の羊《ひつじ》

音 **ヨウ**

牧羊《ぼくよう》・綿羊《めんよう》・羊皮紙《ようひし》・羊毛《ようもう》

訓 **ひつじ**

子羊《こひつじ》・羊雲《ひつじぐも》

もっとわかる

●「羊頭狗肉《ようとうくにく》」は、見《み》かけはりっぱだが、中身《なかみ》がともなわないこと。ヒツジの頭《あたま》を看板《かんばん》にかけて、実際《じっさい》は安《やす》い犬《いぬ》の肉《にく》を売《う》ったという話《はなし》から。「狗《く》肉《にく》」は、犬《いぬ》の肉《にく》のこと。

なりたち

大《おお》きな角《つの》のついた「ひつじ」の頭《あたま》をえがいた形《かたち》。

なぞなぞ　王《おう》さまに点《てん》（丶）がつくと、なにになる？

（答《こた》えは次《つぎ》のページ）

美

9 画《かく》 羊《ひつじ》の部《ぶ》

美《うつく》しい鳴《な》き声《ごえ》

音 **ビ**　美術《びじゅつ》・美談《びだん》・美味《びみ》・優美《ゆうび》

訓 **うつくしい**　美《うつく》しい花《はな》

もっとわかる 「美辞麗句《びじれいく》」は、うわべだけを美《うつく》しくかざりたてた言葉《ことば》。

なりたち

「羊（形《かたち》がよい）」と「大（たっぷりしている）」を合《あ》わせた形《かたち》で、「うつくしい」意《い》味《み》を表《あらわ》す。

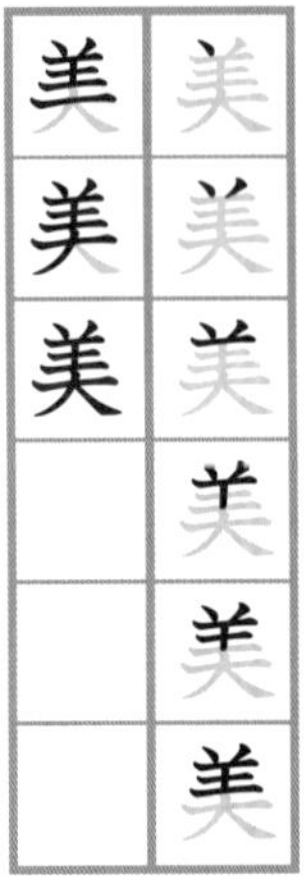

着

12 画《かく》 羊《ひつじ》の部《ぶ》

着《き》物《もの》でおどる

音 **チャク（ジャク）**　決着《けっちゃく》・着色《ちゃくしょく》・着用《ちゃくよう》・定着《ていちゃく》　頓着《とんじゃく》

訓 **きる**　服《ふく》を着《き》る
きせる　人形《にんぎょう》に服《ふく》を着《き》せる
つく　席《せき》に着《つ》く
つける　シャツを身《み》に着《つ》ける

なりたち

もとの字《じ》は「著《ちょ》」で、「着《ちゃく》」はそれをくずした字《じ》。「著《ちょ》」を「あらわす」ことに、「着《ちゃく》」を「つける」「きる」ことに使《つか》い分《わ》ける。

習

11 画《かく》 羽《はね》の部《ぶ》

おんぷについて習《なら》う

音 **シュウ**　学習《がくしゅう》・習慣《しゅうかん》・風習《ふうしゅう》・練習《れんしゅう》

訓 **ならう**　ピアノを習《なら》う

もっとわかる 「風習《ふうしゅう》」は、その土地《とち》に伝《つた》わる生活《せいかつ》や行事《ぎょうじ》などのきまりごと。

なりたち

「羽（二《に》枚《まい》のはね）」と「白（動《どう》作《さ》）」を合《あ》わせた形《かたち》で、何《なん》度《ど》もくり返《かえ》して「ならう」ことを表《あらわ》す。

? 前《まえ》のページの答《こた》え→玉《たま》

者

8 画《かく》 耂《おいかんむり》の部《ぶ》

みんなの人気者《にんきもの》

音 シャ　学者《がくしゃ》・記者《きしゃ》・作者《さくしゃ》・前者《ぜんしゃ》

訓 もの　人気者《にんきもの》・若者《わかもの》・悪者《わるもの》

もっとわかる
「二者択一《にしゃたくいつ》」は、二《ふた》つのうち、どちらか一《ひと》つを選《えら》ぶこと。

なりたち

→ 者

もとの字《じ》は「者」。たきぎを積《つ》んで燃《も》やすようすをえがいた形《かたち》。のち、「…する人《ひと》」の意味《いみ》で用《もち》いた。

者 者 者 者 者 者

者 者

育

8 画《かく》 月《にくづき》の部《ぶ》

リンゴの実《み》が育《そだ》つ

音 イク　育児《いくじ》・教育《きょういく》・体育《たいいく》・発育《はついく》

訓 そだつ　子犬《こいぬ》が育《そだ》つ

そだてる　子《こ》どもを育《そだ》てる

はぐくむ　夢《ゆめ》を育《はぐく》む

なりたち

→ 育

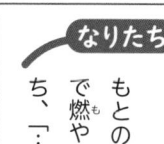

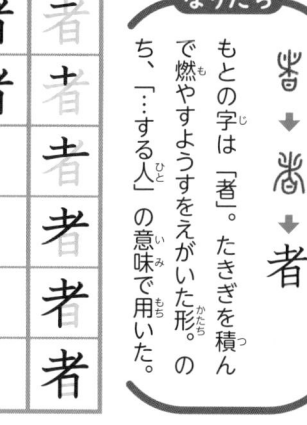

「𠫓（生《う》まれたばかりの赤《あか》んぼう）」と「月（にく）」を合《あ》わせた形《かたち》で、赤《あか》んぼうに肉《にく》がついて「そだつ」ことを表《あらわ》す。

育 育 育 育 育 育

育 育

魚《さかな》の漢字《かんじ》①

中国《ちゅうごく》では意味《いみ》のちがう魚《さかな》の漢字《かんじ》

魚《さかな》の名前《なまえ》を表《あらわ》す漢字《かんじ》には、中国《ちゅうごく》から日本《にほん》に伝《つた》わって、ちがう魚《さかな》を意味《いみ》するようになったものもあります。その代《だい》表《ひょう》が、「鰹」です。日本《にほん》ではカツオと読《よ》みますが、中国《ちゅうごく》ではウナギのことでした。「鰹」がカツオになった理由《りゆう》は、日本人《にほんじん》の食事《しょくじ》にあります。日本人《にほんじん》は大《おお》むかしから、カツオを堅《かた》くなるまで乾《かん》燥《そう》させ、料理《りょうり》の味《あじ》つけに使《つか》っていたのです。それが、今《いま》の「かつお節《ぶし》」のもとになっています。

また、「鮎《あゆ》」は、中国《ちゅうごく》ではナマズのことでした。日本《にほん》では神功皇后《じんぐうこうごう》という、古代《こだい》の天皇《てんのう》のおきさきさまが、戦《たたか》いの前《まえ》に魚《さかな》つりで占《うらな》いをしたらアユがつれたという伝説《でんせつ》から、「魚《さかな》」と「占《うらなう》」でアユのことになったといわれます。

なぞなぞ？ 王＋里＋禾＋斗＝？

(答《こた》えは次《つぎ》のページ)

3年《ねん》

血

6画《かく》 血《ち》の部《ぶ》

頭《あたま》に血《ち》が上《のぼ》る

音 **ケツ**

血圧《けつあつ》・血液《けつえき》・血縁《けつえん》・血税《けつぜい》・出血《しゅっけつ》・熱血《ねっけつ》・冷血《れいけつ》

訓 **ち**

血筋《ちすじ》・血《ち》の気《け》・鼻血《はなぢ》

もっとわかる

「血《ち》が通《かよ》う」は、思《おも》いやりがあること。「血《ち》がさわぐ」は、気持《きも》ちが高《たか》ぶること。「血《ち》も涙《なみだ》もない」は、人間《にんげん》らしい思《おも》いやりがないこと。

なりたち

↓ 血

丸《まる》い皿《さら》に、いけにえの「ち」を入《い》れたようすをえがいた形《かたち》。

表

8画《かく》 衣《ころも》の部《ぶ》

けっかを発表《はっぴょう》する

音 **ヒョウ**

時刻表《じこくひょう》・表現《ひょうげん》・表紙《ひょうし》・表面《ひょうめん》

訓 **おもて**

ふうとうの表《おもて》

あらわす

北《きた》を表《あらわ》す記号《きごう》

あらわれる

喜《よろこ》びが顔《かお》に表《あらわ》れる

なりたち

↓ 表

「衣（ころも）」と「毛（動物《どうぶつ》のけ）」を合《あ》わせた形《かたち》。毛《け》のある部《ぶ》分《ぶん》を衣《ころも》の外側《そとがわ》にすることを示《しめ》して、「おもて」の意味《いみ》を表《あらわ》す。

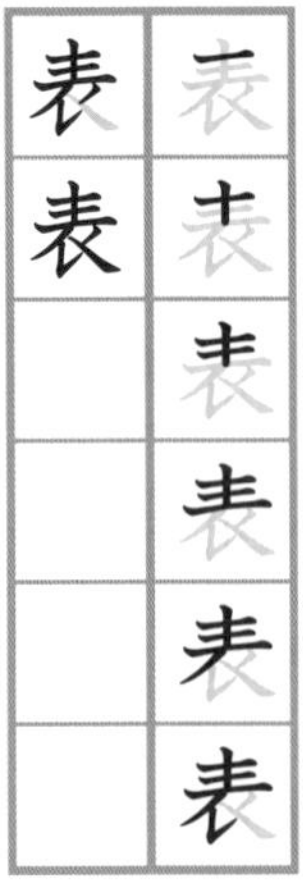

詩

13画《かく》 言《ごんべん》の部《ぶ》

詩集《ししゅう》を読《よ》む

音 **シ**

漢詩《かんし》・詩作《しさく》・詩集《ししゅう》・詩人《しじん》・自由詩《じゆうし》

訓 ―

もっとわかる

「詩歌」は、「しか」とも読《よ》むが、ふつうは「しいか」と読《よ》む。「作詩《さくし》」は、詩《し》を作《つく》ること。「作詞《さくし》」は、曲《きょく》の歌詞《かし》を作《つく》ること。

なりたち

「寺（まっすぐ進《すす》む）」と「言（いう）」で、心《こころ》をまっすぐに表現《ひょうげん》した「ことば」や「うた」を表《あらわ》す。

談

15画《かく》　言《ごんべん》の部《ぶ》

友《とも》だちに相談《そうだん》をする

音 ダン

会談《かいだん》・懇談会《こんだんかい》・相談《そうだん》・対談《たいだん》・談笑《だんしょう》・美談《びだん》・面談《めんだん》

訓 ——

もっとわかる ●「談笑《だんしょう》」は、なごやかに、笑《わら》いをまじえながら、楽《たの》しく語《かた》り合《あ》うこと。

なりたち
「炎（火《ひ》がさかんに燃《も》える）」と「言（いう）」で、舌《した》をさかんに動《うご》かして「はなす」ことを表《あらわ》す。

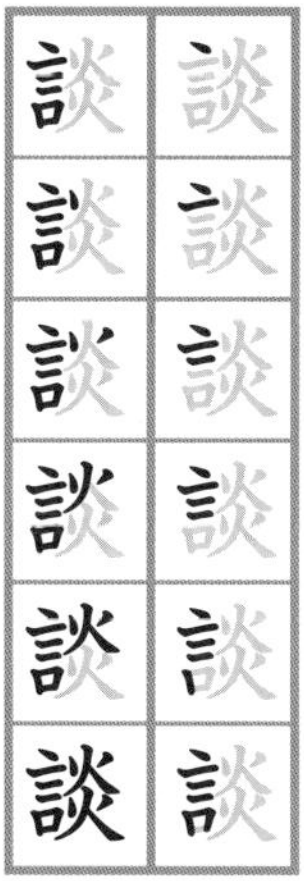

調

15画《かく》　言《ごんべん》の部《ぶ》

理由《りゆう》を調《しら》べる

音 チョウ

口調《くちょう》・七五調《しちごちょう》・体調《たいちょう》・短調《たんちょう》・調査《ちょうさ》・調子《ちょうし》・調整《ちょうせい》・調達《ちょうたつ》・調味料《ちょうみりょう》・調理室《ちょうりしつ》

訓 しらべる　（ととのう）　（ととのえる）

原因《げんいん》を調《しら》べる
準備《じゅんび》が調《ととの》う
煮物《にもの》の味《あじ》を調《ととの》える

なりたち
「周（ゆきわたる）」と「言（いう）」で、ことばをすみずみまでゆきわたらせるようすから、「ととのえる」ことを表《あらわ》す。

豆

7画《かく》　豆《まめ》の部《ぶ》

豆《まめ》をまく

音 トウ　ズ

豆乳《とうにゅう》・豆腐《とうふ》・納豆《なっとう》・大豆《だいず》

訓 まめ

枝豆《えだまめ》・黒豆《くろまめ》・空豆《そらまめ》・豆知識《まめちしき》・豆電球《まめでんきゅう》・蜜豆《みつまめ》

なりたち

昔《むかし》、中国《ちゅうごく》で使《つか》われた、食《た》べ物《もの》を盛《も》る、足《あし》のついた器《うつわ》をえがいた形《かたち》。頭《あたま》の部分《ぶぶん》が丸《まる》いことから、穀物《こくもつ》の「まめ」の意味《いみ》で用《もち》いた。

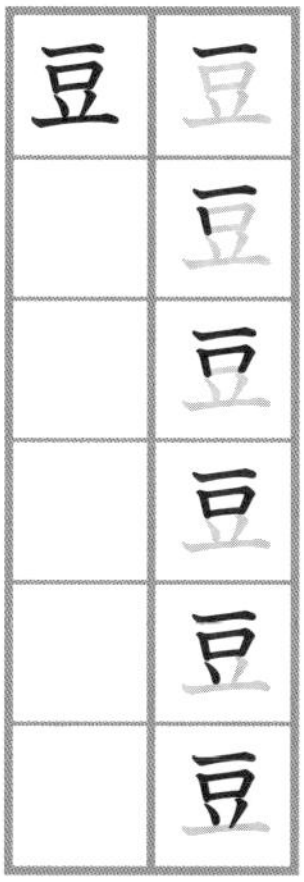

3年《ねん》

なぞなぞ？ 止《と》まったあとに少《すこ》しすることは、なに？　（答《こた》えは次《つぎ》のページ）

負

9画　貝《かい》の部《ぶ》

勝負《しょうぶ》する

音　フ
自負《じふ》・勝負《しょうぶ》・負荷《ふか》・負傷《ふしょう》・負数《ふすう》・負担《ふたん》

訓　まける
一回戦《いっかいせん》で負《ま》ける

まかす
ゲームで兄《あに》を負《ま》かす

おう
荷物《にもつ》を背負《せお》う

なりたち

↓
負

「⺈（かがんだ人《ひと》）」と「貝（お金《かね》や品物《しなもの》）」を合《あ》わせた形《かたち》で、人《ひと》が財産《ざいさん》を「せおう」ことを表《あらわ》す。

起

10画　走《はしる》の部《ぶ》

おどろいて起《お》きる

音　キ
起案《きあん》・起源《きげん》・起立《きりつ》・発起人《ほっきにん》

訓　おきる
七時《しちじ》に起《お》きる

おこる
やる気《き》が起《お》こる

おこす
体《からだ》を起《お》こす

もっとわかる
「一念発起《いちねんほっき》」は、あることをやろうと決意《けつい》すること。

なりたち
「己《き》（頭《あたま》を上《あ》げておき上《あ》がる）」と「走（足《あし》の動《うご》き）」で、横《よこ》になっていたものが「おき上《あ》がる」ことを表《あらわ》す。

路

13画　⻊《あし》の部《ぶ》

道路《どうろ》をわたる

音　ロ
経路《けいろ》・線路《せんろ》・通路《つうろ》・道路《どうろ》・路上《ろじょう》・路線《ろせん》・路面電車《ろめんでんしゃ》

訓　じ
家路《いえじ》・旅路《たびじ》

もっとわかる
「真実一路《しんじついちろ》」は、ひたすら誠実《せいじつ》をつらぬき通《とお》すこと。
「T字《ティーじ》路《ろ》」は、T《ティー》の形《かたち》をした道路《どうろ》のこと。

なりたち
「各（つながる）」と「足（あし）」で、二《ふた》つの点《てん》をつなぐ「みち」を表《あらわ》す。

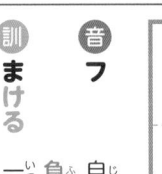

3年《ねん》

身

7画《かく》 身《み》の部《ぶ》

身《み》をかくす

音 シン 献身的《けんしんてき》・身体《しんたい》・全身《ぜんしん》・保身《ほしん》

訓 み 黄身《きみ》・身勝手《みがって》・身軽《みがる》・身元《みもと》

もっとわかる 「身《み》から出《で》たさび」は、自分《じぶん》のしたことで、自分《じぶん》が苦《くる》しむこと。

なりたち

子《こ》どもを身《み》ごもり、おなかの大《おお》きい女性《じょせい》をえがいた形《かたち》で、中身《なかみ》がいっぱいつまった「からだ」を表《あらわ》す。

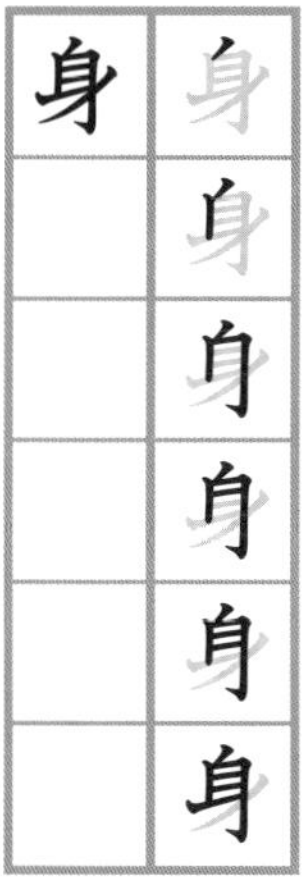

転

11画《かく》 車《くるま》の部《ぶ》

つまずいて転《ころ》ぶ

音 テン 回転《かいてん》・自転車《じてんしゃ》・転校《てんこう》・転落《てんらく》

訓 ころがる ボールが転《ころ》がる

ころげる 坂《さか》を転《ころ》げ落《お》ちる

ころがす たるを転《ころ》がす

ころぶ 校庭《こうてい》で転《ころ》ぶ

なりたち

もとの字《じ》は「轉」。「專（ぐるぐる回《まわ》る）」と「車（くるま）」で、「ころがる」ことを表《あらわ》す。

軽

12画《かく》 車《くるま》の部《ぶ》

軽食《けいしょく》をとる

音 ケイ 軽快《けいかい》・軽症《けいしょう》・軽傷《けいしょう》・軽食《けいしょく》・軽装《けいそう》・軽率《けいそつ》・軽量《けいりょう》

訓 かるい 軽石《かるいし》・軽口《かるくち》・軽業《かるわざ》

（かろやか） 軽《かろ》やかにおどる

なりたち

もとの字《じ》は「輕」。「巠《けい》（まっすぐ）」と「車（くるま）」で、まっすぐ走《はし》る身《み》がるな車《くるま》のことから、「かるい」意味《いみ》を表《あらわ》す。

なぞなぞ 立＋日＋言＋売＝？

（答《こた》えは次《つぎ》のページ）

農

13画《かく》　辰《しんのたつ》の部《ぶ》

農作業《のうさぎょう》をする

音　ノウ

農園《のうえん》・農家《のうか》・農作物《のうさくぶつ》・農地《のうち》

訓　――

もっとわかる

●「農林水産省《のうりんすいさんしょう》」は、農業《のうぎょう》・林業《りんぎょう》・畜産業《ちくさんぎょう》・水産業《すいさんぎょう》を担当《たんとう》する役所《やくしょ》。

なりたち

→農

「曲（やわらかくする）」と「辰（農具《のうぐ》）」を合《あ》わせた形《かたち》で、「たがやして作物《さくもつ》を作《つく》る」ことを表《あらわ》す。

酒

10画《かく》　酉《とり》の部《ぶ》

酒《さけ》を飲《の》む

音　シュ

飲酒《いんしゅ》・酒席《しゅせき》・酒蔵《しゅぞう》・日本酒《にほんしゅ》

訓　さけ

甘酒《あまざけ》・酒飲《さけの》み・地酒《じざけ》

訓　さか

酒場《さかば》

もっとわかる

●特別《とくべつ》な読《よ》み方《かた》…お神酒《みき》

なりたち

→→→酉

「酉（さかつぼ）」と「氵（みず）」を合《あ》わせた形《かたち》。さかつぼに入《はい》った「さけ」を表《あらわ》す。

配

10画《かく》　酉《とり》の部《ぶ》

デザートを配《くば》る

音　ハイ

集配《しゅうはい》・心配《しんぱい》・配給《はいきゅう》・配合《はいごう》・配色《はいしょく》・配信《はいしん》・配線《はいせん》・配達《はいたつ》・配役《はいやく》・配列《はいれつ》・分配《ぶんぱい》

訓　くばる

お菓子《かし》を配《くば》る

なりたち

→→配

「酉（さかつぼ）」と「己（ひざまずく人《ひと》）」を合《あ》わせた形《かたち》。さかつぼに人《ひと》がよりそうようすから、「ならぶ」ことを表《あらわ》す。

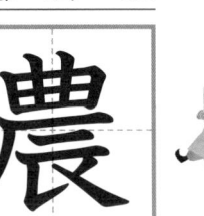

重

9画《かく》 里《さと》の部《ぶ》

はしごが重《おも》い

音 ジュウ　チョウ

重心《じゅうしん》・重大《じゅうだい》・重箱《じゅうばこ》・重病《じゅうびょう》
貴重《きちょう》・重複《ちょうふく》

訓 え　おもい　かさねる　かさなる

八重桜《やえざくら》
重《おも》い荷物《にもつ》
本《ほん》を重《かさ》ねる
紙《かみ》が重《かさ》なる

なりたち

「東（つきぬける）」と人《ひと》のすがたと「土（つち）」を合《あ》わせた形《かたち》。人《ひと》が足《あし》で重《おも》みをかけるようすから、「おもい」意味《いみ》を表《あらわ》す。

鉄

13画《かく》 金《かね》の部《ぶ》

鉄道《てつどう》に乗《の》る

音 テツ

製鉄《せいてつ》・地下鉄《ちかてつ》・鉄橋《てっきょう》・鉄道《てつどう》

訓 —

もっとわかる

- 「鉄面皮《てつめんぴ》」は、はじ知《し》らずで、ずうずうしいこと。
- 「地下鉄《ちかてつ》」の「鉄《てつ》」は、鉄道《てつどう》のこと。

なりたち

もとの字《じ》は「鐵」。「戈（ほこ）」と「呈（まっすぐ）」と「金（金《きん》属《ぞく》）」を合《あ》わせた形《かたち》で、よく切《き》れてつき通《とお》る金属《きんぞく》「てつ」を表《あらわ》す。

銀

14画《かく》 金《かね》の部《ぶ》

金《きん》や銀《ぎん》のたからもの

音 ギン

銀貨《ぎんか》・銀河《ぎんが》・銀行《ぎんこう》・銀世界《ぎんせかい》・銀幕《ぎんまく》・銀《ぎん》メダル・水銀《すいぎん》

訓 —

もっとわかる

- 「銀幕《ぎんまく》」は、映画《えいが》のこと。
- 「銀世界《ぎんせかい》」は、雪《ゆき》が一面《いちめん》に降《ふ》り積《つ》もった景色《けしき》のこと。

なりたち

「良（いつまでも残《のこ》る）」と「金（金属《きんぞく》）」で、いつまでも腐《くさ》らずに残《のこ》る金属《きんぞく》「ぎん」を表《あらわ》す。

なぞなぞ？ 田《た》んぼで、心《こころ》をつかってするのは？

（答《こた》えは次《つぎ》のページ）

開

12画《かく》 門《もんがまえ》の部《ぶ》

えんそうを開始《かいし》する

音　カイ

訓　ひらく　ひらける　あく　あける

開運《かいうん》・開店《かいてん》・開発《かいはつ》・満開《まんかい》

本《ほん》を開《ひら》く

運《うん》が開《ひら》ける

ドアが開《あ》く

窓《まど》を開《あ》ける

なりたち

「門（もん）」と「廾（両手《りょうて》）」と「一（かんぬき）」で、かんぬきを外《はず》して「あける」ことを表《あらわ》す。

集

12画《かく》 隹《ふるとり》の部《ぶ》

注目《ちゅうもく》を集《あつ》める

音　シュウ

訓　あつまる　あつめる　（つどう）

採集《さいしゅう》・集会《しゅうかい》・集金《しゅうきん》・集合《しゅうごう》・集中《しゅうちゅう》・全集《ぜんしゅう》・特集《とくしゅう》・文集《ぶんしゅう》

同情《どうじょう》が集《あつ》まる

全校生徒《ぜんこうせいと》を集《あつ》める

居間《いま》に集《つど》う

なりたち

「隹（とり）」と「木（き）」を合《あ》わせた形《かたち》。木《き》の上《うえ》に鳥《とり》が「あつまる」ようすを表《あらわ》す。

面

9画《かく》 面《めん》の部《ぶ》

正面《しょうめん》からつつかれる

音　メン

訓　（おも）　（おもて）　（つら）

仮面《かめん》・正面《しょうめん》・面会《めんかい》・面積《めんせき》

面立《おもだ》ち・面長《おもなが》・面持《おもも》ち

矢面《やおもて》に立《た》つ

面構《つらがま》え・ひげ面《づら》

もっとわかる

特別《とくべつ》な読《よ》み方《かた》…真面目《まじめ》

なりたち

「頁（かお）」を線《せん》で囲《かこ》んだ形《かたち》。ある方向《ほうこう》に向《む》ける「かお」を表《あらわ》す。

3年《ねん》

？ 前《まえ》のページの答《こた》え→思《おも》う

題

18画《かく》　頁《おおがい》の部《ぶ》

宿題《しゅくだい》を持《も》っていく

音　ダイ

課題《かだい》・宿題《しゅくだい》・主題《しゅだい》・題材《だいざい》・題字《だいじ》・題名《だいめい》・食《た》べ放題《ほうだい》・問題《もんだい》・例題《れいだい》・話題《わだい》

訓　――

なりたち

「是（まっすぐ）」と「頁（あたま）」で、「まっすぐ」を示《しめ》し、ひたいは前面《ぜんめん》にあるところから、「見出《みだ》し」を表《あらわ》す。

飲

12画《かく》　𩙿《しょくへん》の部《ぶ》

ジュースを飲《の》む

音　イン

飲酒《いんしゅ》・飲食《いんしょく》・飲料水《いんりょうすい》

訓　のむ

水《みず》を飲《の》む

もっとわかる

●「暴飲暴食《ぼういんぼうしょく》」は、度《ど》を越《こ》えて飲《の》み食《く》いすること。

●「牛飲馬食《ぎゅういんばしょく》」は、大量《たいりょう》に飲《の》み食《く》いすること。

なりたち

「𩙿（たべる）」と「欠（口《くち》をあけた人《ひと》）」を合《あ》わせた形《かたち》で、おなかをすかせた人《ひと》が、口《くち》をあけてものを「のみこむ」ことを表《あらわ》す。

館

16画《かく》　𩙿《しょくへん》の部《ぶ》

体育館《たいいくかん》で運動《うんどう》をする

音　カン

館長《かんちょう》・体育館《たいいくかん》・図書館《としょかん》・旅館《りょかん》

訓　やかた

貴族《きぞく》の館《やかた》

もっとわかる

●「洋館《ようかん》」は、西洋風《せいようふう》にたてた家《いえ》のこと。

なりたち

「官《かん》（人《ひと》が集《あつ》まるやしき）」と「𩙿（たべもの）」で、食《た》べ物《もの》を出《だ》して人《ひと》をもてなす「やかた」を表《あらわ》す。

なぞなぞ？　糸《いと》を田《た》んぼでみつけたよ。どんな糸《いと》？

（答《こた》えは次《つぎ》のページ）

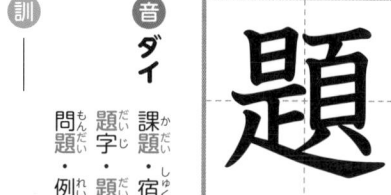

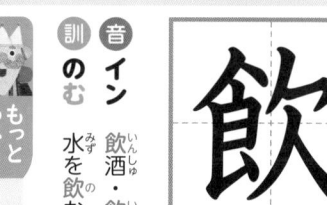

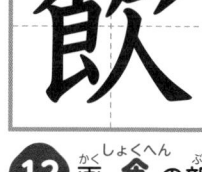

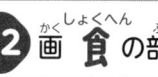

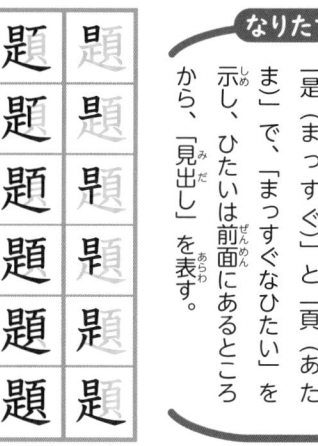

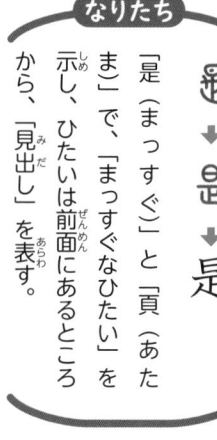

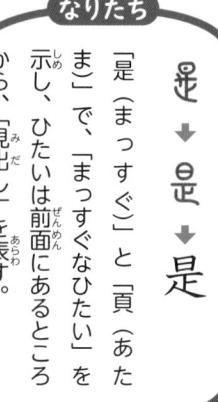

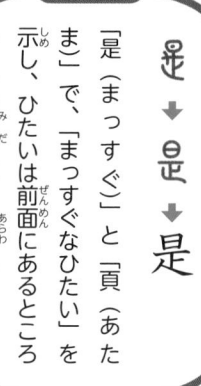

駅

音 エキ
訓 ―

駅員《えきいん》・駅長《えきちょう》・駅前《えきまえ》・停車駅《ていしゃえき》

14 画《かく》 馬《うま》の部《ぶ》

駅《えき》に着《つ》く

もっとわかる
●「駅伝《えきでん》」は、昔《むかし》、人《ひと》や物《もの》をのせた馬《うま》が宿場《しゅくば》の間《あいだ》を走《はし》ることだった。

なりたち

↓ 睪

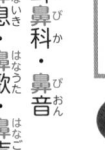

もとの字《じ》は「驛」。「睪《えき》（つながる）」と「馬（うま）」で、次々《つぎつぎ》と乗《の》り物《もの》でつながる「えき」を表《あらわ》す。

歯

音 シ
訓 は

永久歯《えいきゅうし》・歯科《しか》・乳歯《にゅうし》
奥歯《おくば》・歯茎《はぐき》・歯車《はぐるま》・歯並《はなら》び・虫歯《むしば》

12 画《かく》 歯《は》の部《ぶ》

歯《は》が見《み》える

もっとわかる
●「歯《は》に衣着《きぬき》せぬ」は、遠慮《えんりょ》せずに思《おも》ったことを言《い》うこと。

なりたち

↓ 歯

もとの字《じ》は「齒」。「止《し》（とめる）」と前歯《まえば》をえがいた形《かたち》で、物《もの》をかんで止《と》める「は」を表《あらわ》す。

鼻

音 （ビ）
訓 はな

耳鼻科《じびか》・鼻音《びおん》
鼻息《はないき》・鼻歌《はなうた》・鼻声《はなごえ》・鼻血《はなぢ》

14 画《かく》 鼻《はな》の部《ぶ》

鼻《はな》がむずむずする

もっとわかる
●「鼻《はな》を折《お》る」は、いい気《き》になっている人《ひと》の心《こころ》をくじくこと。

なりたち

↓ 鼻（鼻）

もとの字《じ》は「鼻」。「畀《び》（液体《えきたい》をしぼり出《だ》す）」と「自（はなの形《かたち》）」で、人《ひと》の「はな」を表《あらわ》す。

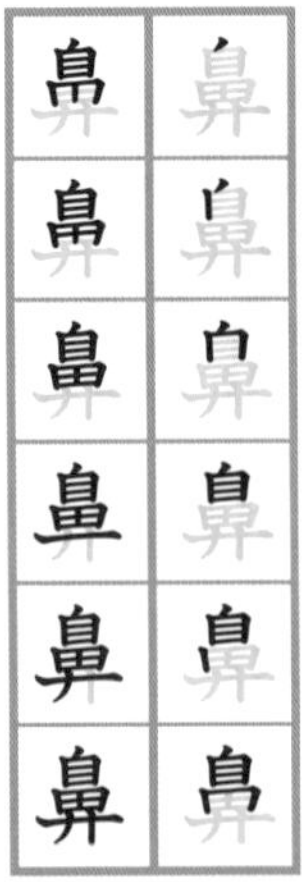

3年《ねん》

4年《ねん》

4年《ねん》生《せい》で習《なら》う漢《かん》字《じ》（202字《じ》）

信	例	低	佐	位	伝	仲	令	付	以	井	争	不
370	369	369	369	368	368	368	367	367	367	366	366	366
典	兵	共	児	兆	億	働	側	健	倉	借	候	便
374	374	373	373	373	372	372	372	371	371	371	370	370
協	包	勇	労	努	功	加	副	刷	利	別	初	冷
378	378	378	377	377	377	376	376	376	375	375	375	374
塩	埼	城	固	器	唱	周	各	司	参	印	博	卒
383	382	382	382	381	381	381	380	380	380	379	379	379
察	富	害	官	完	孫	季	媛	好	奈	失	夫	変
387	387	386	386	386	385	385	385	384	384	384	383	383
徒	径	建	康	府	底	帯	席	希	差	崎	岡	岐
391	391	391	390	390	390	389	389	389	388	388	388	387
郡	選	達	連	辺	菜	茨	芽	英	芸	巣	単	徳
398	397	397	397	396	396	396	393	393	393	392	392	392
敗	改	挙	折	戦	成	愛	念	必	隊	陸	阪	阜
402	402	401	401	401	400	400	400	399	399	399	398	398

不

4画《かく》　一《いち》の部《ぶ》

不思議《ふしぎ》な生《い》き物《もの》

音 フ　不安《ふあん》・不可能《ふかのう》・不足《ふそく》・不便《ふべん》・不満《ふまん》
ブ　不気味《ぶきみ》・不器用《ぶきよう》

訓 ―

もっとわかる
●「不言実行《ふげんじっこう》」は、あれこれ言《い》わずにすべきことを行《おこな》うこと。

なりたち

花《はな》のがく（花《はな》びらを囲《かこ》む部分《ぶぶん》）をえがいた形《かたち》。何《なに》かを打《う》ち消《け》すときの丸《まる》い口《くち》の形《かたち》が、がくに似《に》ているところから、「…ない」を表《あらわ》す。

争

6画《かく》　亅《はねぼう》の部《ぶ》

言《い》い争《あらそ》う

音 ソウ　競争《きょうそう》・戦争《せんそう》・争点《そうてん》・論争《ろんそう》

訓 あらそう　ポジションを争《あらそ》う

もっとわかる
●「争奪戦《そうだつせん》」は、数《かず》に限《かぎ》りのあるものを自分《じぶん》が取《と》ろうとして、あらそうこと。

なりたち

もとの字《じ》は「爭」。「爫（下《した》を向《む》いた手《て》）」と「丿（引《ひ》っぱる）」と「又（上《うえ》を向《む》いた手《て》）」を合《あ》わせた形《かたち》で、「あらそう」ことを表《あらわ》す。

井

4画《かく》　二《に》の部《ぶ》

井戸《いど》をほる

音 （セイ）　市井《しせい》
（ショウ）　青天井《あおてんじょう》・天井《てんじょう》

訓 い　井戸《いど》・井戸《いど》ばた・福井《ふくい》

もっとわかる
●県名《けんめい》の「福井県《ふくいけん》」で使《つか》う。県庁所在地《けんちょうしょざいち》は福井市《ふくいし》。●「井戸《いど》ばた会議《かいぎ》」とは、女《おんな》の人《ひと》たちが集《あつ》まって、おしゃべりを楽《たの》しむこと。

なりたち

「いげた」をえがいた形《かたち》。「いど」や「人《ひと》が集《あつ》まるところ」を表《あらわ》す。

以

5 画《かく》 人《ひと》の部《ぶ》

以前《いぜん》も来《き》た場所《ばしょ》

音　イ

以下《いか》・以外《いがい》・以降《いこう》・以上《いじょう》・以心伝心《いしんでんしん》・以前《いぜん》・以内《いない》・以来《いらい》

訓　—

もっとわかる

●「以下《いか》」と「未満《みまん》」は、ともに「ある基準《きじゅん》より下《した》」を指《さ》す。「以下《いか》」はその数字《すうじ》をふくみ、「未満《みまん》」はふくまない。

なりたち

「ム（畑《はたけ》を耕《たがや》す道具《どうぐ》）」と「人」を合《あ》わせた形《かたち》。道具《どうぐ》を使《つか》うことから、「…を用《もち》いて」を表《あらわ》す。

付

5 画《かく》 亻《にんべん》の部《ぶ》

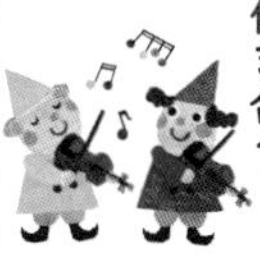

練習《れんしゅう》に付《つ》き合《あ》う

音　フ

寄付《きふ》・交付《こうふ》・付近《ふきん》・付属《ふぞく》・付着《ふちゃく》・付録《ふろく》

訓　つける　つく

名札《なふだ》を付《つ》ける

勉強《べんきょう》が身《み》に付《つ》く

もっとわかる

●「付和雷同《ふわらいどう》」は、自分《じぶん》の考《かんが》えをもたず、すぐ人《ひと》の意見《いけん》に同調《どうちょう》すること。

なりたち

「亻（人《ひと》）」と「寸（手《て》）」を合《あ》わせた形《かたち》で、人《ひと》の方《ほう》へ手《て》を近《ちか》づけるようすから、「くっつく」ことを表《あらわ》す。

令

5 画《かく》 𠆢《ひとやね》の部《ぶ》

思《おも》いつきで命令《めいれい》する

音　レイ

号令《ごうれい》・司令《しれい》・命令《めいれい》・令状《れいじょう》・令嬢《れいじょう》・令息《れいそく》・令和《れいわ》

訓　—

もっとわかる

●「年齢《ねんれい》」のかわりに、「年令《ねんれい》」も使《つか》われる。

なりたち

「亼（集《あつ》める）」と「卩（ひざまずく人《ひと》）」を合《あ》わせた形《かたち》で、集《あつ》めた人《ひと》に何《なに》かを言《い》いつけるようすから、「言《い》いつけ」の意味《いみ》を表《あらわ》す。

4年《ねん》

なぞなぞ？ 大《おお》きな点《てん》（丶）のある動物《どうぶつ》は、なに？

（答《こた》えは次《つぎ》のページ）

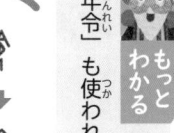

仲

6画《かく》 イ《にんべん》の部《ぶ》

仲《なか》のいい友達《ともだち》

音 （チュウ） 仲介《ちゅうかい》・仲裁《ちゅうさい》・仲秋《ちゅうしゅう》・仲春《ちゅうしゅん》

訓 なか 仲立《なかだ》ち・仲直《なかなお》り・仲間《なかま》

もっとわかる 「仲春《ちゅうしゅん》」は、春《はる》の中《なか》ごろの意味《いみ》で、陰暦《いんれき》二《に》月《がつ》（今《いま》の三月《さんがつ》ごろ）のこと。「仲秋《ちゅうしゅう》」は、秋《あき》の中《なか》ごろの意味《いみ》で、陰暦八月《いんれきはちがつ》（今《いま》の九月《くがつ》ごろ）のこと。

なりたち 「中《ちゅう》（まん中《なか》）」と「イ（人《ひと》）」で、兄弟《きょうだい》の「まん中《なか》の子《こ》」を表《あらわ》す。のち、「人《ひと》と人《ひと》との間《あいだ》に立《た》つ」意味《いみ》で用《もち》いた。

仲 仲 仲 仲 仲 仲

伝

6画《かく》 イ《にんべん》の部《ぶ》

こっそり伝《つた》える

音 デン 宣伝《せんでん》・伝記《でんき》・伝言《でんごん》・伝統《でんとう》

訓 つたわる 気持《きも》ちが伝《つた》わる話《はな》し方《かた》
つたえる うそを伝《つた》える
つたう 窓《まど》を伝《つた》う雨《あめ》

もっとわかる 特別《とくべつ》な読《よ》み方《かた》…手伝《てつだ》う・伝馬船《てんません》

なりたち

↓
専

もとの字《じ》は「傳」。「専（ぐるぐる回《まわ》る）」と「イ（人《ひと》）」で、人《ひと》から人《ひと》へ「つたえる」ことを表《あらわ》す。

伝 伝 伝 伝 伝 伝

位

7画《かく》 イ《にんべん》の部《ぶ》

王《おう》の位《くらい》につく

音 イ 位置《いち》・首位《しゅい》・上位《じょうい》・方位《ほうい》

訓 くらい 十《じゅう》の位《くらい》

もっとわかる 「三位一体《さんみいったい》」は、三《みっ》つのものが本質的《ほんしつてき》に同《おな》じであること。また、三《みっ》つのものが一体《いったい》となること。

なりたち 「イ（人《ひと》）」と「立（立《た》ち並《なら》ぶ）」を合《あ》わせた形《かたち》。王《おう》のそばに家来《けらい》が並《なら》ぶようすから、人《ひと》や物《もの》のあるべき場所《ばしょ》、「くらい」の意味《いみ》を表《あらわ》す。

位 位 位 位 位 位 位

? 前《まえ》のページの答《こた》え→犬《いぬ》

佐

7画《かく》 イ《にんべん》の部《ぶ》

音 サ　佐賀《さが》・佐幕《さばく》・大佐《たいさ》・補佐《ほさ》

訓 ―

王様《おうさま》の補佐《ほさ》をする

もっとわかる

●県名《けんめい》の「佐賀県《さがけん》」で使《つか》う。県庁所在地《けんちょうしょざいち》は佐賀市《さがし》。

●「補佐《ほさ》」とは仕事《しごと》を助《たす》けること。また、その役目《やくめ》の人《ひと》。

なりたち

「左《さ》（ささえる）」と「イ（人）」で、「ささえてたすける」ことを表《あらわ》す。

佐 佐 佐 佐 佐 佐 佐

低

7画《かく》 イ《にんべん》の部《ぶ》

音 テイ　高低《こうてい》・低温《ていおん》・低下《ていか》・低気圧《ていきあつ》

訓 **ひくい**　低《ひく》い声《こえ》

ひくめる　背《せ》を低《ひく》めてくぐる

ひくまる　低《ひく》まった土地《とち》

身長《しんちょう》が低《ひく》い

もっとわかる

●「平身低頭《へいしんていとう》」は、頭《あたま》を下《さ》げて、ひたすら謝《あやま》ること。

なりたち

 → 氏

「氏《てい》（物《もの》の下《した》のほう）」と「イ（人《ひと》）」で、「ひくい」の意味《いみ》を表《あらわ》す。

低 低 低 低 低 低 低

例

8画《かく》 イ《にんべん》の部《ぶ》

音 レイ　月例《げつれい》・比例《ひれい》・例外《れいがい》・例文《れいぶん》

訓 **たとえる**　人生《じんせい》を船旅《ふなたび》に例《たと》える

例題《れいだい》をとく

もっとわかる

●「例《れい》によって例《れい》のごとし」は、いつも通《どお》りのありさまだということ。

なりたち

「列（いくつにも分《わ》ける）」と「イ（人《ひと》）」で、同《おな》じようなものが並《なら》ぶというイメージから、「同《おな》じような事柄《ことがら》」の意味《いみ》を表《あらわ》す。

例 例 例 例 例 例 例 例

4年《ねん》

なぞなぞ？ 田《た》んぼで力仕事《ちからしごと》をしているのは、だれ？

（答《こた》えは次《つぎ》のページ）

信

9画《かく》 亻《にんべん》の部《ぶ》

自信《じしん》を持《も》って話《はな》す

音 シン　自信《じしん》・信義《しんぎ》・信号《しんごう》・信用《しんよう》

訓 ——

もっとわかる　「信賞必罰《しんしょうひつばつ》」は、よい行《おこな》いには必《かなら》ずほうびを、悪《わる》い行《おこな》いには必《かなら》ず罰《ばつ》をあたえること。

なりたち　「亻（人《ひと》）」と「言（はっきりいう）」を合《あ》わせた形《かたち》で、内容《ないよう》が確《たし》かではっきりしている「まこと」の意《い》を表《あらわ》す。

信　信　信　信　信　信　信　信　信

便

9画《かく》 亻《にんべん》の部《ぶ》

便利《べんり》な乗《の》り物《もの》

音 ベン　不便《ふべん》・便所《べんじょ》・便秘《べんぴ》・便利《べんり》

ビン　航空便《こうくうびん》・便乗《びんじょう》・船便《ふなびん》・郵便《ゆうびん》

訓 たより　便《たよ》りが届《とど》く

もっとわかる　「うそも方便《ほうべん》」は、うそが必要《ひつよう》な場合《ばあい》もあるということ。

なりたち

→更

「亻（人《ひと》）」と「更（たやすい）」で、何《なに》かするのに「都合《つごう》よい」の意味《いみ》をあらわす。

便　便　便　便　便　便　便　便　便

候

10画《かく》 亻《にんべん》の部《ぶ》

天候《てんこう》が変《か》わる

音 コウ　気候《きこう》・候補《こうほ》・時候《じこう》・兆候《ちょうこう》・天候《てんこう》

訓 （そうろう）　居候《いそうろう》・候文《そうろうぶん》

もっとわかる　「そうろう」は、今《いま》の「ございます」「あります」にあたる古《ふる》い言葉《ことば》。

なりたち

→侯

「侯《こう》（さぐる）」と「亻（人《ひと》）」で、ようすを「うかがう」ことを表《あらわ》す。

候　候　候　候　候　候　候　候　候　候

4年《ねん》

4年

371

イの部● 借　への部● 倉　イの部● 健

借

10画 イの部

友達から借りた本

音 シャク

訓 かりる

借家・借金・拝借
友達の自転車を借りる

もっとわかる
●「借」の反対は「貸」。

なりたち

𥫗 → 㫺 → 昔

「昔（重ねて加える）」と「イ（人）」で、お金や物が足りないときに、人から加えてもらうこと、「かりる」ことを表す。

借	借
借	借
借	借
借	借
	借
	借

倉

10画 への部

倉庫に運ぶ

音 ソウ

訓 くら

穀倉地帯・船倉・倉庫
田畑の近くにある倉

もっとわかる
●「倉」は、おもに穀物を、「蔵」は、大切なものをしまっておく建物。

なりたち

倉 → 倉

「食」の省略形と「口（四角い囲い）」で、穀物をしまう「くら」を表す。

倉	倉
倉	倉
倉	倉
倉	含
	含
	含

健

11画 イの部

健康な体

音 ケン

訓 （すこやか）

健康・健全・健闘・保健
健やかに育つ

もっとわかる
●「質実剛健」は、かざり気がなく、強くてたくましいこと。

なりたち

建 → 建

「建（まっすぐ立つ）」と「イ（人）」で、背を伸ばして立つイメージから、「すこやか」の意味を表す。

健	健
健	健
健	健
健	健
健	健
	健

なぞなぞ❓ 木が公園にあるよ。なんの木？

（答えは次のページ）

側

11画《かく》 イ《にんべん》の部《ぶ》

音 **ソク** 側壁《そくへき》・側面《そくめん》・側近《そっきん》

訓 **がわ** 表側《おもてがわ》・左側《ひだりがわ》・右側《みぎがわ》・両側《りょうがわ》

内側《うちがわ》の球《たま》と外側《そとがわ》の球《たま》

もっとわかる

「側近《そっきん》」は、身分《みぶん》の高《たか》い人《ひと》のそばに仕《つか》える人《ひと》。

なりたち

則

「則《そく》（そばにくっつく）」と「イ（人《ひと》）」で、左右《さゆう》にくっついている部分《ぶぶん》、本体《ほんたい》の「そば」を表《あらわ》す。

働

13画《かく》 イ《にんべん》の部《ぶ》

音 **ドウ** 実働《じつどう》・労働時間《ろうどうじかん》

訓 **はたらく** 働《はたら》き者《もの》

レストランで働《はたら》く

もっとわかる

日本《にほん》で作《つく》られた漢字《かんじ》。のち、中国《ちゅうごく》でも使《つか》われるようになった。

「働《はたら》く」には、作用《さよう》する（〔例〕引力《いんりょく》が働《はたら》く）、精神《せいしん》が活動《かつどう》する（〔例〕勘《かん》が働《はたら》く）などの意味《いみ》もある。

なりたち

「イ（人《ひと》）」と「動（うごく）」を合《あ》わせた形《かたち》で、人《ひと》が「はたらく」ことを表《あらわ》す。

億

15画《かく》 イ《にんべん》の部《ぶ》

音 **オク** 一億円《いちおくえん》・一億人《いちおくにん》・億万長者《おくまんちょうじゃ》・巨億《きょおく》

訓 —

億万長者《おくまんちょうじゃ》になる

もっとわかる

「億《おく》」は、一万《いちまん》の一万《いちまん》倍《ばい》。また、数《かず》がとても多《おお》いこと。

「億《おく》万長者《まんちょうじゃ》」は、大金持《おおがねも》ちのこと。

なりたち

「意（いっぱいになる）」と「イ（人《ひと》）」で、いっぱいで数《かぞ》えきれないほどの数《かず》、「おく」を表《あらわ》す。

兆

6画《かく》　儿《ひとあし》の部《ぶ》

春《はる》が来《く》る兆候《ちょうこう》

音 チョウ　一兆円《いっちょうえん》・吉兆《きっちょう》・十兆円《じっちょうえん》・前兆《ぜんちょう》・兆候《ちょうこう》

訓 （きざす）　木《こ》の芽《め》が兆《きざ》す
（きざし）　回復《かいふく》の兆《きざ》し

もっとわかる　「兆候《ちょうこう》」は、物事《ものごと》が起《お》こる前《まえ》ぶれという意味《いみ》。

なりたち　→兆
昔《むかし》、中国《ちゅうごく》で占《うらな》いのために、亀《かめ》のこうらを焼《や》いたときの割《わ》れ目《め》をえがいた形《かたち》。「きざし」を表《あらわ》す。

兆　兆　兆　兆　兆　兆

児

7画《かく》　儿《ひとあし》の部《ぶ》

幼児《ようじ》の手《て》を引《ひ》く

音 ジ　育児《いくじ》・児童《じどう》・風雲児《ふううんじ》・幼児《ようじ》
（ニ）　小児科《しょうにか》

訓 —

もっとわかる　「風雲児《ふううんじ》」は、世《よ》の中《なか》が大《おお》きく変《か》わるとき、流《なが》れに乗《の》り活躍《かつやく》する人《ひと》。特別《とくべつ》な読《よ》み方《かた》に「鹿児島《かごしま》」がある。

なりたち　→→→兒（児）
もとの字《じ》は「兒」。頭《ず》がい骨《こつ》がまだ固《かた》まっていない「子《こ》ども」の形《かたち》。

児　児　児　児　児　児　児

共

6画《かく》　八《はち》の部《ぶ》

話《はなし》に共感《きょうかん》する

音 キョウ　共学《きょうがく》・共感《きょうかん》・共通《きょうつう》・共同《きょうどう》・共有《きょうゆう》・共和国《きょうわこく》・公共《こうきょう》

訓 とも　共《とも》に喜《よろこ》ぶ

もっとわかる　「共学《きょうがく》」は、男女《だんじょ》が同《おな》じ学校《がっこう》で学《まな》ぶこと。

なりたち　→→共
「廾（両手《りょうて》）」と「廿（物《もの》）」を合《あ》わせた形《かたち》で、両手《りょうて》をそろえてささげ持《も》つようすから、「ともに」の意味《いみ》を表《あらわ》す。

共　共　共　共　共　共

なぞなぞ？　三人《さんにん》で日《ひ》なたぼっこをする季節《きせつ》は、いつ？　（答《こた》えは次《つぎ》のページ）

兵

7 画《かく》 八《はち》の部《ぶ》

兵隊《へいたい》をひきいる

音 **ヘイ** **ヒョウ**

水兵《すいへい》・敵兵《てきへい》・兵器《へいき》・兵隊《へいたい》
兵具《ひょうぐ》・兵糧《ひょうろう》

訓 ―

もっとわかる

「兵」を「つわもの」と読《よ》むことがある。

なりたち

兵

「斤（おの）」と「廾（両手《りょうて》）」を合《あ》わせた形《かたち》で、「武器《ぶき》」を表《あらわ》す。

兵 兵 兵 兵 兵 兵 兵

典

8 画《かく》 八《はち》の部《ぶ》

大《おお》きな辞典《じてん》

音 **テン**

古典《こてん》・式典《しきてん》・辞典《じてん》・典型《てんけい》

訓 ―

もっとわかる

「事典《じてん》」は物事《ものごと》や事《こと》がら、「辞典《じてん》」は言葉《ことば》について説明《せつめい》した書物《しょもつ》。

なりたち

典

「冊（書物《しょもつ》）」と「丌（足《あし》のついた台《だい》）」を合《あ》わせた形《かたち》で、本《ほん》を台《だい》の上《うえ》に置《お》いたようすから、「大切《たいせつ》な書物《しょもつ》」を表《あらわ》す。

典 典 典 典 典 典 典 典

冷

7 画《かく》 冫《にすい》の部《ぶ》

冷《つめ》たい氷《こおり》

音 **レイ**

冷害《れいがい》・冷水《れいすい》・冷静《れいせい》・冷蔵庫《れいぞうこ》・冷凍《れいとう》・冷房《れいぼう》

訓

つめたい　水《みず》が冷《つめ》たい
ひえる　秋《あき》の夜《よる》は冷《ひ》える
ひや　冷《ひ》や汗《あせ》・冷《ひ》ややか
ひやす　スイカを冷《ひ》やす
ひやかす　店《みせ》を冷《ひ》やかして回《まわ》る
さめる　風呂《ふろ》のお湯《ゆ》が冷《さ》める
さます　熱《ねつ》を冷《さ》ます

なりたち

「令《れい》（きよらかな神《かみ》のお告《つ》げ）」と「冫（氷《こおり》）」で、氷《こおり》のようにすみきって「つめたい」の意味《いみ》を表《あらわ》す。

冷 冷 冷 冷 冷 冷 冷

? 前《まえ》のページの答《こた》え→春《はる》

初

7画《かく》　刀《かたな》の部《ぶ》

初物《はつもの》のイチゴ

音 **ショ**　最初《さいしょ》・初夏《しょか》・初級《しょきゅう》・初対面《しょたいめん》・初日《しょにち》・初歩《しょほ》

訓 **はじめ**　年《とし》の初《はじ》めから終《お》わりまで

はじめて　初《はじ》めての海外留学《かいがいりゅうがく》

はつ　初恋《はつこい》・初耳《はつみみ》・初雪《はつゆき》

(うい)　初産《ういざん》・初陣《ういじん》・初々《ういうい》しい

(そめる)　書《か》き初《ぞ》め

なりたち

↓
初

「衤（衣《ころも》）」と「刀」を合《あ》わせた形《かたち》。衣服《いふく》を作《つく》るには、まず布《ぬの》を切《き》るところから、「はじめ」を表《あらわ》す。

初

別

7画《かく》　刂《りっとう》の部《ぶ》

別人《べつじん》になりきる

音 **ベツ**　差別《さべつ》・性別《せいべつ》・送別会《そうべつかい》・別人《べつじん》

訓 **わかれる**　曲《ま》がり角《かど》で別《わか》れる

もっとわかる

●「千差万別《せんさばんべつ》」は、種類《しゅるい》がいろいろあり、みなそれぞれちがうこと。

なりたち

↓
別

「冎（関節《かんせつ》の骨《ほね》）」の変形《へんけい》と「刂（刀《かたな》）」で、骨《ほね》をばらばらに切《き》るようすから、「わける」ことを表《あらわ》す。

別

利

7画《かく》　刂《りっとう》の部《ぶ》

便利《べんり》な台車《だいしゃ》

音 **リ**　権利《けんり》・便利《べんり》・利益《りえき》・利子《りし》

訓 **(きく)**　気《き》が利《き》く人《ひと》

もっとわかる

●「百害《ひゃくがい》あって一利《いちり》なし」は、悪《わる》いことばかりでよいことが一《ひと》つもないという意味《いみ》。

なりたち

「禾（イネ）」と「刂（刀《かたな》）」を合《あ》わせた形《かたち》。農具《のうぐ》でイネを刈《か》るようすから、刃物《はもの》が「よく切《き》れる」意《い》を表《あらわ》す。

利

なぞなぞ？　木＋直＋牛＋勿＝？

（答《こた》えは次《つぎ》のページ）

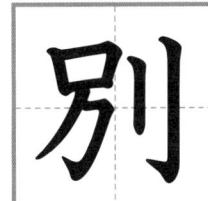

刷

8 画《かく》 リ《りっとう》の部《ぶ》

お知《し》らせを
刷《す》る

音　サッ

訓　する

印刷《いんさつ》・刷新《さっしん》・縮刷《しゅくさつ》・増刷《ぞうさつ》

版画《はんが》を刷《す》る

もっとわかる

「刷新《さっしん》」は、悪《わる》いところを取《と》りのぞいて、新《あたら》しくすること。

なりたち

↓
刷

「戸（しり）」と「巾（布《ぬの》）」と「リ（刀《かたな》）」で、よごれを「こすりとる」ことを表《あらわ》す。

副

11 画《かく》 リ《りっとう》の部《ぶ》

副作用《ふくさよう》を
心配《しんぱい》する

音　フク

訓　――

副作用《ふくさよう》・副社長《ふくしゃちょう》・副題《ふくだい》・副本《ふくほん》

もっとわかる

「副作用《ふくさよう》」は、薬《くすり》の本来《ほんらい》のききめとは別《べつ》に起《お》こる、悪《わる》い働《はたら》きのこと。

なりたち

↓

↓
畐

「畐《ふく》（器《うつわ》）」と「リ（刀《かたな》）」で、二《ふた》つに切《き》った片方《かたほう》を示《しめ》して、「ひかえ」の意味《いみ》を表《あらわ》す。

加

5 画《かく》 力《ちから》の部《ぶ》

食料《しょくりょう》を
追加《ついか》する

音　カ

訓　くわえる
くわわる

加工《かこう》・加算《かさん》・加熱《かねつ》・追加《ついか》

塩《しお》を加《くわ》える

仲間《なかま》に加《くわ》わる

もっとわかる

「加減乗除《かげんじょうじょ》」は、足《た》し算《ざん》（加《か》）・引《ひ》き算《ざん》（減《げん》）・かけ算《ざん》（乗《じょう》）・割《わ》り算《ざん》（除《じょ》）の、四《よっ》つの計算方法《けいさんほうほう》のこと。

なりたち

↓

↓
加

「力」と「口（くち）」で、手《て》のほかに口《くち》まで使《つか》って、いきおいを「くわえる」ことを表《あらわ》す。

4年《ねん》

功

5画《かく》 力《ちから》の部《ぶ》

わざが成功《せいこう》する

音 **コウ** 功績《こうせき》・功名《こうみょう》・成功《せいこう》・年《とし》の功《こう》・文化功労者《ぶんかこうろうしゃ》

(ク) 功徳《くどく》

訓 ―

もっとわかる ●「功名《こうみょう》」は、人《ひと》からほめられる立派《りっぱ》な働《はたら》きのこと。●「けがの功名《こうみょう》」は、失敗《しっぱい》だと思《おも》ったことがよい結《けっ》果《か》になること。

なりたち

「工《こう》（仕事《しごと》）」と「力」で、工夫《くふう》をこらして仕上《しあ》げた立派《りっぱ》な仕事《しごと》、「てがら」の意味《いみ》を表《あらわ》す。

努

7画《かく》 力《ちから》の部《ぶ》

毎日《まいにち》努力《どりょく》する

音 **ド** 努力《どりょく》

訓 **つとめる** 勉強《べんきょう》に努《つと》める

もっとわかる ●「努《つと》める」は、力《ちから》いっぱいやる。「務《つと》める」は、役目《やくめ》につく。

なりたち

↓

奴

「奴（がまん強《づよ》い女《おんな》どれい）」と「力」で、ねばり強《づよ》く「つとめる」ことを表《あらわ》す。

労

7画《かく》 力《ちから》の部《ぶ》

労《ろう》をおしまず働《はたら》く

音 **ロウ** 過労《かろう》・苦労《くろう》・疲労《ひろう》・労働《ろうどう》

訓 ―

もっとわかる ●「労作《ろうさく》」は、苦心《くしん》して作《つく》った作品《さくひん》のこと。

なりたち

↓

勞（労）

もとの字《じ》は「勞」。「𤇾（はげしく燃《も》える火《ひ》）」と「力」で、「けんめいに働《はたら》く」ことを表《あらわ》す。

4年《ねん》

なぞなぞ？ カレーにロースハムをどうするとおいしい？

（答《こた》えは次《つぎ》のページ）

勇

9画《かく》 力《ちから》の部《ぶ》

音 ユウ

訓 いさむ

武勇伝《ぶゆうでん》・勇気《ゆうき》・勇士《ゆうし》・勇者《ゆうしゃ》

勇《いさ》んで飛《と》び出《だ》す

勇《いさ》ましい人《ひと》

もっとわかる

「勇《いさ》み足《あし》」は、力《ちから》を出《だ》しすぎて失敗《しっぱい》すること。もともとは、相撲《すもう》の言葉《ことば》。

なりたち

「甬（突《つ》き通《とお》す）」と「力」で、地《じ》面《めん》を突《つ》き通《とお》すように足踏《あしぶ》みして、奮《ふる》い立《た》つようすから、「いさましい」の意味《いみ》を表《あらわ》す。

包

5画《かく》 勹《つつみがまえ》の部《ぶ》

音 ホウ

訓 つつむ

内包《ないほう》・分包《ぶんぽう》・包囲《ほうい》・包装紙《ほうそうし》・包帯《ほうたい》

包《つつ》み紙《がみ》・ハンカチで包《つつ》む

いろいろな包《つつ》み紙《がみ》

もっとわかる

「包容力《ほうようりょく》」は、広《ひろ》い心《こころ》で相手《あいて》をつつみこむ力《ちから》。

なりたち

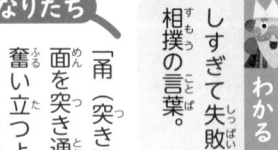

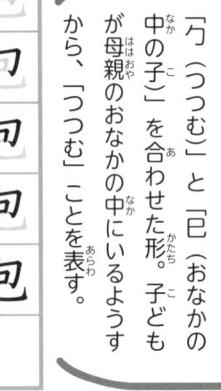

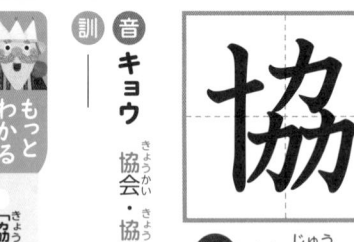

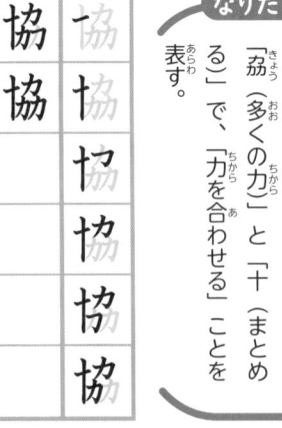

↓包

「勹（つつむ）」と「巳（おなかの中《なか》の子《こ》）」を合《あ》わせた形《かたち》。子《こ》どもが母親《ははおや》のおなかの中《なか》にいるようすから、「つつむ」ことを表《あらわ》す。

協

8画《かく》 十《じゅう》の部《ぶ》

音 キョウ

訓 ―

協会《きょうかい》・協議《きょうぎ》・協同《きょうどう》・協力《きょうりょく》

協力《きょうりょく》しておどろかせる

もっとわかる

「協会《きょうかい》」は、同《おな》じ目的《もくてき》をもつ人々《ひとびと》が集《あつ》まって作《つく》っている会《かい》のこと。

なりたち

↓協

「劦《きょう》（多《おお》くの力《ちから》）」と「十（まとめる）」で、「力《ちから》を合《あ》わせる」ことを表《あらわ》す。

4年《ねん》

卒

8画《かく》　十《じゅう》の部《ぶ》

音　ソツ

新卒《しんそつ》・卒園《そつえん》・卒業《そつぎょう》・卒倒《そっとう》

訓　―

もっとわかる

●「新卒《しんそつ》」は、その年《とし》に新《あたら》しく卒業《そつぎょう》した人《ひと》。

なりたち

もとの字《じ》は「衣」と「ノ（しるし）」を合《あ》わせた形《かたち》で、そろいの服《ふく》を着《き》た「位《くらい》の低《ひく》い兵士《へいし》」を表《あらわ》す。

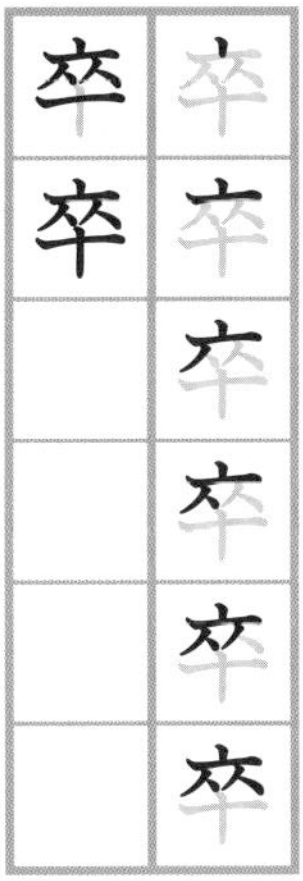

博

12画《かく》　十《じゅう》の部《ぶ》

音　ハク（バク）

博愛《はくあい》・博士《はくし》・博識《はくしき》・博物館《はくぶつかん》
博打《ばくち》・博徒《ばくと》

訓　―

もっとわかる

●特別《とくべつ》な読《よ》み方《かた》…博士《はかせ》

なりたち

もとの字《じ》は「博」。「尃（行《い》きわたる）」と「十（多《おお》くそろえる）」で、「広《ひろ》く行《い》きわたる」ことを表《あらわ》す。

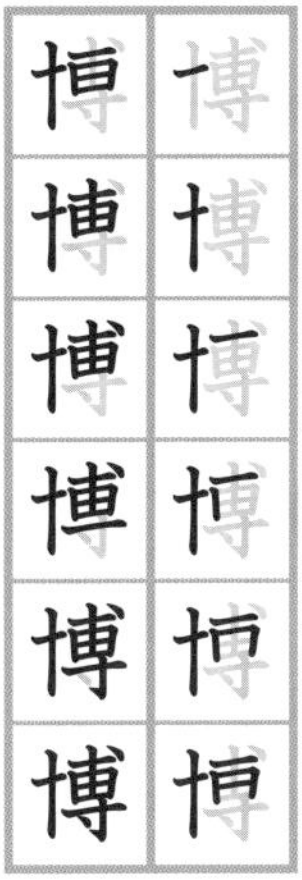

印

6画《かく》　卩《ふしづくり》の部《ぶ》

音　イン

印刷《いんさつ》・印象《いんしょう》・消印《けしいん》・実印《じついん》

訓　しるし

目印《めじるし》・矢印《やじるし》

もっとわかる

●インドを「印度《いんど》」と書《か》いたことから、「印《いん》」をインドの意味《いみ》で使《つか》うことがある。

なりたち

「爪（下向《したむ》きの手《て》）」と「卩（ひざまずく人《ひと》）」を合《あ》わせた形《かたち》。人《ひと》を上《うえ》からおさえつけるようすから、「はんこをおす」ことを表《あらわ》す。

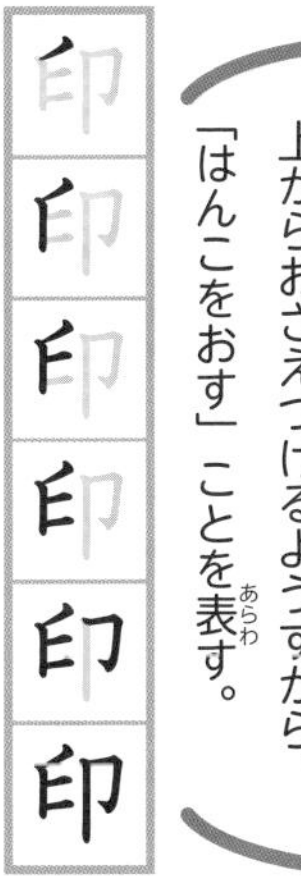

なぞなぞ？　糸＋東＋羽＋白＝？

（答《こた》えは次《つぎ》のページ）

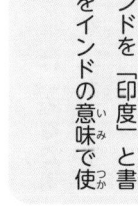

参

8画《かく》　ム《む》の部《ぶ》

スケートに参加《さんか》する

音　サン
訓　まいる

参加《さんか》・参観《さんかん》・参考《さんこう》・参道《さんどう》
墓参《はかまい》り・宮参《みやまい》り

もっとわかる
金額《きんがく》を示《しめ》すときなど、「三《さん》」のかわりに使《つか》われることがある。

なりたち

↓ 參（参）

もとの字《じ》は「參」。頭《あたま》にかんざしを三本《さんぼん》つけた女性《じょせい》の形《かたち》で、いくつも「入《い》り交《ま》じる」ことを表《あらわ》す。

司

5画《かく》　口《くち》の部《ぶ》

会議《かいぎ》の司会《しかい》をする

音　シ
訓　―

行司《ぎょうじ》・宮司《ぐうじ》・司会《しかい》・司書《ししょ》・司法《しほう》・上司《じょうし》・司令《しれい》

もっとわかる
「行司《ぎょうじ》」は、相撲《すもう》の勝《か》ち負《ま》けを決《き》める人《ひと》。

なりたち

↓ 司

「𠃌（左《ひだり》を向《む》いた人《ひと》）」と「口（あな）」を合《あ》わせた形《かたち》。小《ちい》さい穴《あな》からのぞくようすから、せまい範囲《はんい》の「役目《やくめ》を受《う》け持《も》つ」ことを表《あらわ》す。

各

6画《かく》　口《くち》の部《ぶ》

各自《かくじ》の主張《しゅちょう》

音　カク
訓　（おのおの）

各学校《かくがっこう》・各地《かくち》・各部《かくぶ》・各国《かっこく》
各《おのおの》が別行動《べつこうどう》をする

もっとわかる
「各位《かくい》」は「みなさまがた」の意味《いみ》で、多《おお》くの人《ひと》にあてる手紙《てがみ》などに用《もち》いる言葉《ことば》。

なりたち

↓ 各

「夂（足《あし》）」と「口（石《いし》ころ）」で、足《あし》が石《いし》ころ一《ひと》つ一《ひと》つにぶつかるようすから、「それぞれ」の意《い》を表《あらわ》す。

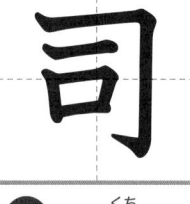

周

8画《かく》 口《くち》の部《ぶ》

周《しゅう》辺《へん》をさがす

音 シュウ　円《えん》周《しゅう》・周《しゅう》囲《い》・周《しゅう》到《とう》・周《しゅう》辺《へん》

訓 まわり　池《いけ》の周《まわ》り

もっとわかる 「用《よう》意《い》周《しゅう》到《とう》」は、用《よう》意《い》が十《じゅう》分《ぶん》に行《い》き届《とど》いていること。

なりたち

「田（苗《なえ》をすきまなく植《う》えた畑《はたけ》）」と「口（かこい）」で、すみずみまで「行《い》きわたる」ことを表《あらわ》す。

唱

11画《かく》 口《くち》の部《ぶ》

歌《うた》を熱《ねっ》唱《しょう》する

音 ショウ　暗《あん》唱《しょう》・合《がっ》唱《しょう》・提《てい》唱《しょう》・独《どく》唱《しょう》

訓 となえる　念《ねん》仏《ぶつ》を唱《とな》える

もっとわかる 「万《ばん》歳《ざい》三《さん》唱《しょう》」は、祝《しゅく》福《ふく》するために「万《ばん》歳《ざい》」と三《さん》回《かい》言《い》うこと。

なりたち

「昌（明《あか》るくはっきり言《い》う）」と「口（くち）」で、声《こえ》高《たか》く述《の》べる、「となえる」「うたう」ことを表《あらわ》す。

器

15画《かく》 口《くち》の部《ぶ》

食《しょっ》器《き》をあらう

音 キ　器《き》官《かん》・器《き》用《よう》・器《き》量《りょう》・食《しょっ》器《き》

訓 （うつわ）　器《うつわ》に盛《も》る・人《ひと》としての器《うつわ》

もっとわかる 「大《たい》器《き》晩《ばん》成《せい》」は、大《だい》人《じん》物《ぶつ》は年《とし》とともに力《ちから》をつけるということ。

なりたち

もとの字《じ》は「器」。「口（入《い》れ物《もの》の口《くち》）」四《よっ》つと「犬（食《しょく》用《よう》のイヌ）」で、食《た》べ物《もの》の「うつわ」を表《あらわ》す。

なぞなぞ？ 人《ひと》に分《わ》けてあげて貝《かい》がないのは、どんな人《ひと》？

（答《こた》えは次《つぎ》のページ）

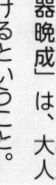

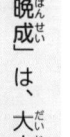

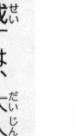

固

8画《かく》 囗《くにがまえ》の部《ぶ》

ゼリーが固《かた》まる

音 コ
強固《きょうこ》・固形《こけい》・固定《こてい》・固有《こゆう》

訓 かためる
決意《けつい》を固《かた》める

かたまる
雨降《あめふ》って地固《じかた》まる

かたい
固《かた》い約束《やくそく》

もっとわかる
「頑固一徹《がんこいってつ》」は、自分《じぶん》の考《かんが》えや態度《たいど》を、最後《さいご》まで変《か》えようとしないようす。

なりたち
「古《こ》（かたい）」と「囗（かこむ）」で、まわりをかこんで「うごかない」の意味《いみ》を表《あらわ》す。

固 固 固 固 固 固
固 固

城

9画《かく》 土《つち》の部《ぶ》

城《しろ》から月《つき》を見《み》る

音 ジョウ
王城《おうじょう》・居城《きょじょう》・古城《こじょう》・城《じょう》下町《かまち》・城主《じょうしゅ》・城門《じょうもん》・築城《ちくじょう》・名城《めいじょう》・落城《らくじょう》

訓 しろ
城跡《しろあと》・出城《でじろ》・山城《やまじろ》

もっとわかる
県名《けんめい》の「茨城県《いばらきけん》」「宮《みや》城県《ぎけん》」で使《つか》う。「落城《らくじょう》」とは敵《てき》に城《しろ》を攻《せ》め落《お》とされること。

なりたち
「成（仕上《しあ》げる）」と「土」で、土《つち》の壁《かべ》でかためた「しろ」を表《あらわ》す。

城 城 城 城 城 城
城 城 城

埼

11画《かく》 土《つち》の部《ぶ》

埼京線《さいきょうせん》の電車《でんしゃ》

音 ―

訓 さい
埼京線《さいきょうせん》・埼玉《さいたま》スタジアム2002《にまるまるに》（埼《さい》スタ）

もっとわかる
県名《けんめい》の「埼玉県《さいたまけん》」で使《つか》う。「埼京線《さいきょうせん》」は埼玉県《さいたまけん》と東京都《とうきょうと》を結《むす》ぶ鉄道《てつどう》。「みさき」を表《あらわ》す地名《ちめい》（「犬吠埼《いぬぼうさき》」など）にも使《つか》われる。

なりたち
「奇《き》（まがる）」と「土」で、「山《やま》のはし」や「みさき」を表《あらわ》す。

埼 埼 埼 埼 埼 埼
埼 埼 埼 埼 埼

4年《ねん》

? 前《まえ》のページの答《こた》え→貧《まず》しい

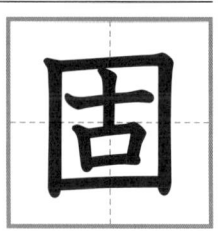

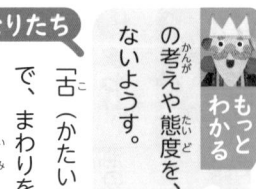

塩

13画《かく》　土《つち》の部《ぶ》

塩《しお》を加《くわ》える

音　**エン**

塩田《えんでん》・塩分《えんぶん》・岩塩《がんえん》・食塩《しょくえん》

訓　**しお**

塩辛《しおから》・塩漬《しおづ》け

もっとわかる

●「青菜《あおな》に塩《しお》」は、急《きゅう》に元気《げんき》がなくなるようす。青菜《あおな》に塩《しお》をかけると、しおれることから。

なりたち

もとの字《じ》は「鹽」。「監（わくに収《おさ》める」と「鹵（しお）」で、塩田《えんでん》に海水《かいすい》を入《い》れて作《つく》る「しお」を表《あらわ》す。

変

9画《かく》　夂《ふゆがしら》の部《ぶ》

予定《よてい》が変《か》わる

音　**ヘン**

異変《いへん》・変化《へんか》・変換《へんかん》・変化《へんげ》・変形《へんけい》・変色《へんしょく》・変身《へんしん》・変声期《へんせいき》・変装《へんそう》・変則《へんそく》

訓　**かわる**　**かえる**

気《き》が変《か》わる

チャンネルを変《か》える

なりたち

もとの字《じ》は「變」。「䜌（もつれる）」と「攵（動作《どうさ》）」で、もつれて状態《じょうたい》が「かわる」ことを表《あらわ》す。

夫

4画《かく》　大《だい》の部《ぶ》

夫《おっと》と妻《つま》

音　**フ**　**（フウ）**

漁夫《ぎょふ》・水夫《すいふ》・大統領夫人《だいとうりょうふじん》・農夫《のうふ》・夫妻《ふさい》・工夫《くふう》・夫婦《ふうふ》

訓　**おっと**

姉《あね》の夫《おっと》

もっとわかる

●「創意工夫《そういくふう》」は、新《あたら》しい考《かんが》え方《かた》でいろいろやってみること。

なりたち

かんむりをつけて、大《だい》の字《じ》に立《た》った人《ひと》をえがいた形《かたち》。成年《せいねん》に達《たっ》した「一人前《いちにんまえ》の男子《だんし》」を表《あらわ》す。

なぞなぞ？草《くさ》（艹）が化《ば》けると、なにになる？

（答《こた》えは次《つぎ》のページ）

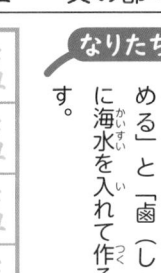

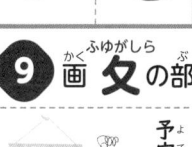

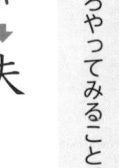

失

5画《かく》 大《だい》の部《ぶ》

皿《さら》をわる失敗《しっぱい》

音 **シツ**
過失《かしつ》・失意《しつい》・失格《しっかく》・失速《しっそく》・失点《しってん》・失敗《しっぱい》・失礼《しつれい》

訓 **うしなう**
信用《しんよう》を失《うしな》う

もっとわかる
「茫然自失《ぼうぜんじしつ》」は、あっけに取《と》られて、自分《じぶん》を見失《みうしな》うこと。

なりたち

↓
失

「手（て）」と「乁（横《よこ》にぬける）」を合《あ》わせた形《かたち》。手《て》にしたものがするりと抜《ぬ》けるようすから、「うしなう」ことを表《あらわ》す。

奈

8画《かく》 大《だい》の部《ぶ》

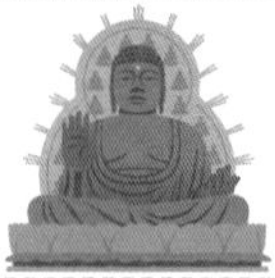
奈良《なら》の大仏《だいぶつ》

音 **ナ**
神奈川《かながわ》・奈良《なら》・奈落《ならく》

訓 ——

もっとわかる
県名《けんめい》の「神奈川県《かながわけん》」「奈良県《ならけん》」で使《つか》う。
「奈落の底《ならくのそこ》」とは、ものごとのどん底《そこ》のこと。

なりたち
もとの字《じ》は「柰」。「木（き）」と「示（祭《さい》だん）」で、「神《かみ》に供《そな》える果物《くだもの》」を表《あらわ》す。のち、疑問《ぎもん》の意《い》を表《あらわ》す語《ご》として用《もち》いた。

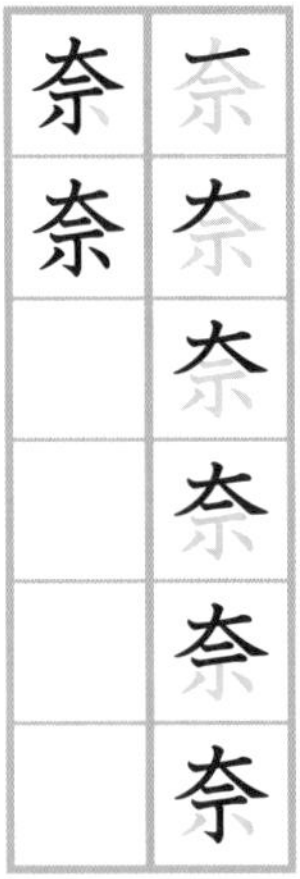

好

6画《かく》 女《おんな》の部《ぶ》

好《す》きなぼうし

音 **コウ**
好意《こうい》・好調《こうちょう》・好物《こうぶつ》・友好関係《ゆうこうかんけい》・良好《りょうこう》

訓 **このむ**
静《しず》かな場所《ばしょ》を好《この》む

すく
好《す》きな本《ほん》を読《よ》む

もっとわかる
「好事魔多《こうじまおお》し」は、よいことにはじゃまが入《はい》りやすいということ。

なりたち
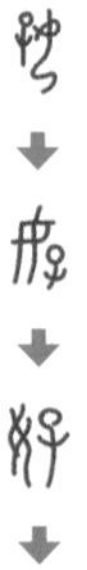
↓
好

「女」と「子」を合《あ》わせた形《かたち》。女《じょ》性《せい》が子《こ》どもをかわいがるようすから、「大切《たいせつ》にする」ことを表《あらわ》す。

媛

12画《かく》 女《おんな》の部《ぶ》

愛媛《えひめ》のミカン

音 （エン）

訓 ―

才媛《さいえん》

もっとわかる

● 県名《けんめい》の「愛媛県《えひめけん》」で使《つか》う。● 愛媛県《えひめけん》の県庁所在地《けんちょうしょざいち》・松山市《まつやまし》は夏目漱石《なつめそうせき》『坊《ぼ》っちゃん』の舞台《ぶたい》として有名《ゆうめい》。● 「才媛《さいえん》」は才能《さいのう》や教養《きょうよう》がある女性《じょせい》。

なりたち

「爰《えん》（ゆったりしている）」と「女」で、「美《うつく》しい女性《じょせい》」や「ひめ」の意《い》を表《あらわ》す。

季

8画《かく》 子《こ》の部《ぶ》

寒《さむ》い季節《きせつ》

音 キ

訓 ―

夏季《かき》・季語《きご》・季節《きせつ》・四季《しき》

もっとわかる

● 「年季《ねんき》が入《はい》る」は、長《なが》い間《あいだ》修練《しゅうれん》を積《つ》んでいるという意味《いみ》。

なりたち

「禾（イネ）」と「子（たね）」で、イネが実《みの》って取《と》り入《い》れる「時期《じき》」を表《あらわ》す。

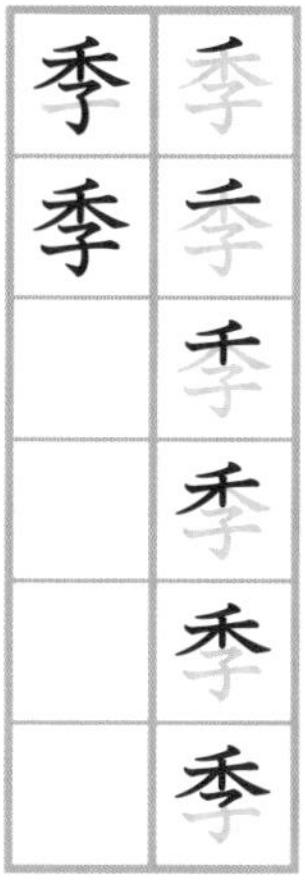

孫

10画《かく》 子《こ》の部《ぶ》

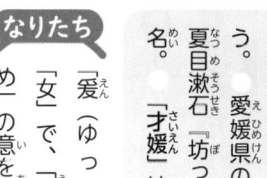

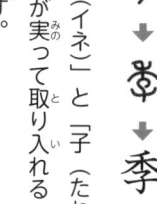

孫《まご》の写真《しゃしん》

音 ソン

訓 まご

子孫《しそん》

初孫《ういまご》（初孫《はつまご》）・孫弟子《まごでし》・孫《まご》の手《て》・孫娘《まごむすめ》

もっとわかる

● 「子々孫々《ししそんそん》」は、「子孫《しそん》」を強調《きょうちょう》していう言葉《ことば》。

なりたち

「子」と「系（つながり）」で、血《ち》のつながった「まご」を表《あらわ》す。

4年《ねん》

なぞなぞ？ 千人《せんにん》の口《くち》の中《なか》にあるものは？

（答《こた》えは次《つぎ》のページ）

完

7画《かく》 宀《うかんむり》の部《ぶ》

音 カン

完勝《かんしょう》・完成《かんせい》・完全《かんぜん》・完投《かんとう》・完売《かんばい》・完了《かんりょう》・未完《みかん》

訓 ―

もっとわかる

「完全無欠《かんぜんむけつ》」は、完全《かんぜん》で欠点《けってん》のないようす。完《かん》ぺきなこと。

なりたち

「元（まるい）」と「宀（屋根《やね》）」で、まわりをまるく囲《かこ》ったようすから、「欠《か》けたところがない」意味《いみ》を表《あらわ》す。

官

8画《かく》 宀《うかんむり》の部《ぶ》

音 カン

外交官《がいこうかん》・官庁《かんちょう》・器官《きかん》・警官《けいかん》

訓 ―

もっとわかる

「官《かん》」は「宮《きゅう》」と形《かたち》が似《に》ていて、まちがえやすいので注意《ちゅうい》。

なりたち

↓官

「宀（いえ）」と「𠂤（集《あつ》まり）」で、大勢《おおぜい》の人《ひと》が集《あつ》まる建物《たてもの》、「役所《やくしょ》」や、そこで働《はたら》く「役人《やくにん》」を表《あらわ》す。

害

10画《かく》 宀《うかんむり》の部《ぶ》

音 ガイ

害虫《がいちゅう》・災害《さいがい》・障害《しょうがい》・被害《ひがい》

訓 ―

もっとわかる

「一利一害《いちりいちがい》」は、よい面《めん》もあるが、悪《わる》い面《めん》もあるということ。

なりたち

↓害

「宀（おおい）」と「丯（さえぎる）」と「口（くち）」で、人《ひと》の発言《はつげん》を「じゃまする」ことを表《あらわ》す。

4年《ねん》

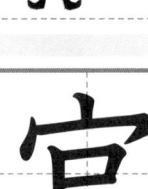

富

12画《かく》　宀《うかんむり》の部《ぶ》

豊富《ほうふ》な資料《しりょう》

音　フ　（フウ）

大富豪《だいふごう》・貧富《ひんぷ》・富国《ふこく》・豊富《ほうふ》

富貴《ふうき》

訓　とむ　とみ

変化《へんか》に富《と》む

巨万《きょまん》の富《とみ》

もっとわかる

● 県名《けんめい》の「富山県《とやまけん》」で使《つか》う。県庁所在地《けんちょうしょざいち》は富山市《とやまし》。

なりたち

「畐（満《み》ちる）」と「宀（いえ）」で、家《いえ》に「お金《かね》や品物《しなもの》がたくさんある」意《い》を表《あらわ》す。

察

14画《かく》　宀《うかんむり》の部《ぶ》

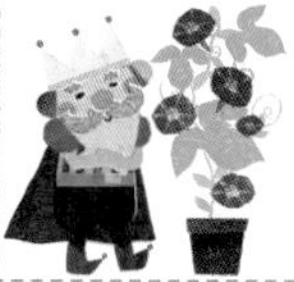
朝顔《あさがお》の観察《かんさつ》

音　サツ

観察《かんさつ》・警察《けいさつ》・考察《こうさつ》・察知《さっち》

訓　―

もっとわかる

● 「推察《すいさつ》」は、他人《たにん》の事《じ》情《じょう》や気持《きも》ちをおしはかること。

なりたち

↓祭

「祭（清《きよ》める）」と「宀（いえ）」で、家《いえ》のすみずみまで清《きよ》めることを示《しめ》し、「よく調《しら》べる」ことを表《あらわ》す。

岐

7画《かく》　山《やま》の部《ぶ》

岐路《きろ》に立《た》つ

音　（キ）

岐路《きろ》・讃岐《さぬき》うどん・多岐《たき》・分岐《ぶんき》

訓　―

もっとわかる

● 県名《けんめい》の「岐阜県《ぎふけん》」で使《つか》う。県庁所在地《けんちょうしょざいち》は岐阜市《ぎふし》。

● 「人生《じんせい》の岐路《きろ》に立《た》つ」とは、その後《ご》の人生《じんせい》を左右《さゆう》する重大《じゅうだい》な決断《けつだん》をしなければならない状《じょう》況《きょう》をいう。

なりたち

「支（枝分《えだわ》かれする）」と「山」で、「分《わ》かれる」意《い》や「分《わ》かれた所《ところ》」を表《あらわ》す。

4年《ねん》

なぞなぞ？　女《おんな》の子《こ》が台《だい》の横《よこ》にいるよ。どうなる？

（答《こた》えは次《つぎ》のページ）

岡

8画《かく》 山《やま》の部《ぶ》

音 ――

訓 おか

岡山《おかやま》・静岡《しずおか》・福岡《ふくおか》

岡《おか》に登《のぼ》る

もっとわかる

県名《けんめい》の「岡山県《おかやまけん》」「静《しず》岡《おか》県」「福岡県《ふくおかけん》」で使《つか》う。

なりたち

↓ 岡

「网（まっすぐ）」と「山」を合《あ》わせた形《かたち》。「小高《こだか》い所《ところ》」を表《あらわ》す。

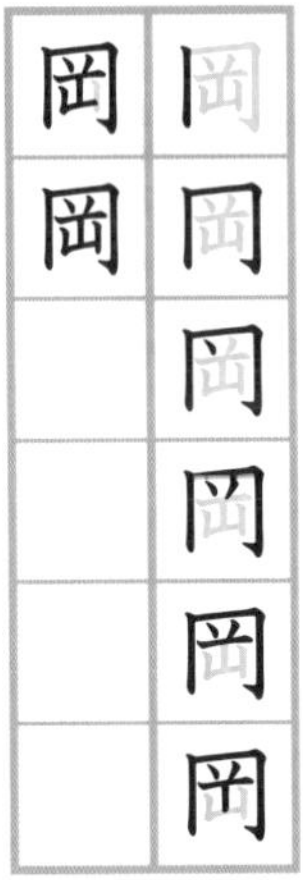

崎

11画《かく》 山《やま》の部《ぶ》

音 ――

訓 さき

長崎《ながさき》・宮崎《みやざき》

長崎《ながさき》の軍《ぐん》かん島《じま》

もっとわかる

県名《けんめい》の「長崎県《ながさきけん》」「宮《みや》崎県《ざきけん》」で使《つか》う。長崎県《ながさきけん》の県庁所在地《けんちょうしょざいち》は長崎市《ながさきし》、宮崎県《みやざきけん》の県庁所在地《けんちょうしょざいち》は宮崎市《みやざきし》。

「崎」は地名《ちめい》や人名《じんめい》で使《つか》われることが多《おお》い漢字《かんじ》。

なりたち

「奇《き》（まがる）」と「山」で、「けわしい」意《い》や「みさき」を表《あらわ》す。

差

10画《かく》 工《たくみ》の部《ぶ》

音 サ

訓 さす

格差《かくさ》・誤差《ごさ》・差額《さがく》・差別《さべつ》・時差《じさ》

光《ひかり》が差《さ》す・指差《ゆびさ》す

差出人《さしだしにん》は王様《おうさま》

もっとわかる

「時差《じさ》」とは、時刻《じこく》の差《さ》。国内《こくない》に時差《じさ》がある国《くに》もある。

なりたち

↓ 差

「左《さ》（形《かたち》がそろわない）」と植物《しょくぶつ》の枝葉《えだは》がたれ下《さ》がる形《かたち》で、「ちがい」の意味《いみ》を表《あらわ》す。

4年《ねん》

? 前《まえ》のページの答《こた》え→始《はじ》まる

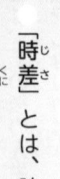

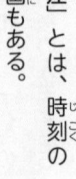

希

7画《かく》 巾《はば》の部《ぶ》

希《き》少《しょう》価《か》値《ち》がある

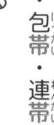

音 キ
希求《ききゅう》・希《き》少《しょう》価《か》値《ち》・希薄《きはく》・希望《きぼう》・古希《こき》

訓 ―

もっとわかる
●「古希《こき》」は、七〇歳《さい》の長寿《ちょうじゅ》（長生《ながい》き）の祝《いわ》いの一《ひと》つ。

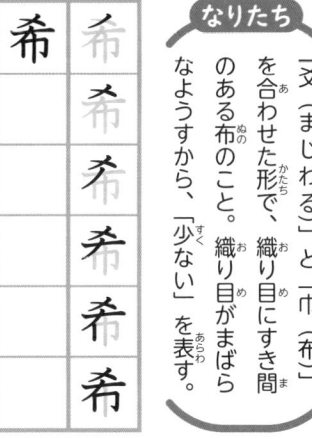

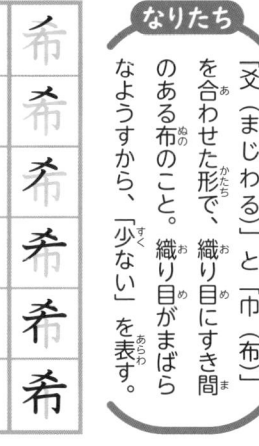

なりたち
「爻（まじわる）」と「巾（布《ぬの》）」を合《あ》わせた形《かたち》で、織《お》り目《め》にすき間《ま》のある布《ぬの》のこと。織《お》り目《め》がまばらなようすから、「少《すく》ない」を表《あらわ》す。

席

10画《かく》 巾《はば》の部《ぶ》

席《せき》でねる

音 セキ
会席《かいせき》・客席《きゃくせき》・席次《せきじ》・満席《まんせき》

訓 ―

もっとわかる
●特別《とくべつ》な読《よ》み方《かた》…寄席《よせ》

なりたち
席 → 席
「广（建物《たてもの》）」と「廿（けものの革《かわ》）」と「巾（布《ぬの》）」を合《あ》わせた形《かたち》。けものの革《かわ》や布《ぬの》で作《つく》った「しきもの」「座《すわ》るところ」を表《あらわ》す。

帯

10画《かく》 巾《はば》の部《ぶ》

包帯《ほうたい》をまく

音 タイ
温帯《おんたい》・所帯《しょたい》・包帯《ほうたい》・連帯《れんたい》

訓 おびる
赤《あか》みを帯《お》びる

訓 おび
帯状《おびじょう》・黒帯《くろおび》

もっとわかる
●「帯《おび》に短《みじか》したすきに長《なが》し」は、中途半端《ちゅうとはんぱ》で役《やく》に立《た》たないこと。

なりたち
帯 → 帯（帶）
もとの字《じ》は「帶」。腰《こし》につける「おび」をえがいた形《かたち》。

4年《ねん》

なぞなぞ？ 人《ひと》（亻）の言《い》うことは、どうするのがいい？
（答《こた》えは次《つぎ》のページ）

底

音 テイ

海底《かいてい》・地底《ちてい》・底辺《ていへん》・底面積《ていめんせき》・底流《ていりゅう》・徹底的《てっていてき》

訓 そこ

上《あ》げ底《ぞこ》・底意地《そこいじ》・底力《そこぢから》・底《そこ》ぬけ・底値《そこね》・底光《そこびか》り・谷底《たにぞこ》

8画《かく》 广《まだれ》の部《ぶ》

箱《はこ》の底《そこ》を見《み》る

もっとわかる 「底《そこ》をつく」は、たくわえが全部《ぜんぶ》なくなること。

なりたち 「氐《てい》（いちばん下《した》）」と「广（建《たて》物《もの》）」で、建物《たてもの》のいちばん下《した》を示《しめ》して、「そこ」の意味《いみ》を表《あらわ》す。

府

音 フ

政府《せいふ》・幕府《ばくふ》・府民《ふみん》

訓 ―

8画《かく》 广《まだれ》の部《ぶ》

都道府県《とどうふけん》を覚《おぼ》える

もっとわかる 都道府県《とどうふけん》の「府《ふ》」には、大阪府《おおさかふ》と京都府《きょうとふ》がある。昔《むかし》は、東《とう》京《きょう》も府《ふ》だった。

なりたち 「付《ふ》（くっつく）」と「广（建物《たてもの》）」で、物《もの》をぴったりとくっつけて入《い》れておく「くら」を示《しめ》し、人《ひと》が集《あつ》まる「役所《やくしょ》」を表《あらわ》す。

康

音 コウ

健康《けんこう》・小康《しょうこう》・不健康《ふけんこう》

訓 ―

11画《かく》 广《まだれ》の部《ぶ》

健康的《けんこうてき》に遊《あそ》ぶ

もっとわかる 「小康《しょうこう》を保《たも》つ」は、状《じょう》態《たい》がおさまり、安定《あんてい》していること。

なりたち

↓
庚

「庚（かたい）」と「米」で、かたいもみ殻《がら》のようすから、「体《からだ》がじょうぶだ」の意味《いみ》を表《あらわ》す。

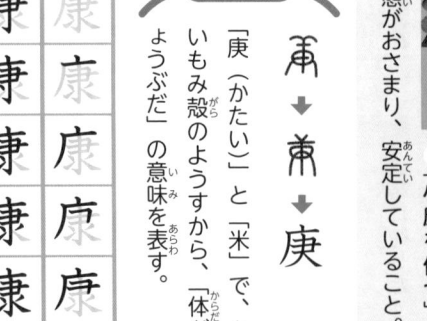

建

9画《かく》 廴《えんにょう》の部《ぶ》

古《ふる》い建物《たてもの》

音 ケン　建議《けんぎ》・建国《けんこく》・建設《けんせつ》・建築《けんちく》
（コン）　建立《こんりゅう》

訓 たてる　家《いえ》を建《た》てかえる
たつ　ビルが建《た》つ

もっとわかる 「建立《こんりゅう》」は、寺《てら》のお堂《どう》や塔《とう》などをたてること。

なりたち 「廴（のばす）」と「聿（筆《ふで》を立《た》てる）」を合《あ》わせた形《かたち》。まっすぐのばすようすから、しっかり「たてる」ことを表《あらわ》す。

建 建 建

径

8画《かく》 彳《ぎょうにんべん》の部《ぶ》

皿《さら》の直径《ちょっけい》をはかる

音 ケイ　径路《けいろ》・小径《しょうけい》・直径《ちょっけい》・半径《はんけい》

訓 ―

もっとわかる 「直情径行《ちょくじょうけいこう》」は、まわりを考《かんが》えず、思《おも》う通《とお》りに言《い》ったり動《うご》いたりすること。

なりたち もとの字《じ》は「徑」。「巠《けい》（縦《たて》にまっすぐ通《とお》る）」と「彳（行《い》く）」で、いちばん近《ちか》い道《みち》を行《い》くようすから、「ちかみち」の意味《いみ》を表《あらわ》す。

径 径

徒

10画《かく》 彳《ぎょうにんべん》の部《ぶ》

徒歩《とほ》で向《む》かう

音 ト　教徒《きょうと》・生徒《せいと》・徒競走《ときょうそう》・徒手《としゅ》・徒弟《とてい》・徒党《ととう》・徒歩《とほ》・徒労《とろう》

訓 ―

もっとわかる 「徒党《ととう》を組《く》む」は、何《なに》かをするために仲間《なかま》が集《あつ》まること。悪《わる》いことをする場合《ばあい》が多《おお》い。

なりたち 「土《と》（つち）」と「彳（行《い》く）」と「止（足《あし》）」で、乗《の》り物《もの》に乗《の》らずに「あるく」ことを表《あらわ》す。

徒 徒 徒 徒

4年《ねん》

なぞなぞ？ 立＋日＋心＋口＋未＝？

（答《こた》えは次《つぎ》のページ）

徳

14画《かく》　彳《ぎょうにんべん》の部《ぶ》

徳《とく》の高《たか》いおぼうさん

音　トク

人徳《じんとく》・道徳《どうとく》・徳育《とくいく》・徳島《とくしま》・徳用《とくよう》・美徳《びとく》・不徳《ふとく》

訓　――

もっとわかる

県名《けんめい》の「徳島県《とくしまけん》」で使《つか》う。

なりたち

→徳（徳）

もとの字《じ》は「德」。「悳《とく》（まっすぐな心《こころ》）」の変形《へんけい》と「彳」で、「正《ただ》しい行《おこな》い」を表《あらわ》す。

単

9画《かく》　⺍《つかんむり》の部《ぶ》

単《たん》調《ちょう》なリズム

音　タン

簡単《かんたん》・単位《たんい》・単純《たんじゅん》・単独《たんどく》

訓　――

もっとわかる

「単刀直入《たんとうちょくにゅう》」は、前置《まえお》きをせず、すぐに本題《ほんだい》に入《はい》ること。

なりたち

→單→單（単）

もとの字《じ》は「單」。平《ひら》べったいはたきの形《かたち》。平《たい》らなイメージから、「こみ入《い》っていない」意味《いみ》を表《あらわ》す。

巣

11画《かく》　⺍《つかんむり》の部《ぶ》

ツバメの巣《す》

音　（ソウ）

巣窟《そうくつ》・病巣《びょうそう》・巣作《すづく》り・巣箱《すばこ》・古巣《ふるす》

訓　す

もっとわかる

「空《あ》き巣《す》」は、留守《るす》の家《いえ》をねらって入《はい》るどろぼう。

なりたち

→巢（巣）

もとの字《じ》は「巢」。「巛（三《みっ》つ並《なら》ぶ）」と「臼（すの形《かたち》）」と「木」で、木《き》の上《うえ》にある鳥《とり》の「す」を表《あらわ》す。

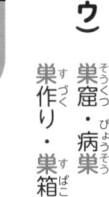

芸

7画《かく》　艹《くさかんむり》の部《ぶ》

音　ゲイ

学芸《がくげい》・曲芸《きょくげい》・芸術《げいじゅつ》・手芸《しゅげい》

訓　—

芸術《げいじゅつ》を愛《あい》する

もっとわかる

●「芸《げい》は身《み》を助《たす》ける」は、身《み》につけた芸《げい》は、いざというときに役《やく》に立《た》つということ。

なりたち

もとの字《じ》は「藝」。「埶《げい》（草木《くさき》の手《て》入《い》れをする）」と「艹（くさ）」と「云（もやもや漂《ただよ》う）」で、「草《くさ》や木《き》を植《う》える」ことを表《あらわ》す。

英

8画《かく》　艹《くさかんむり》の部《ぶ》

音　エイ

英気《えいき》・英語《えいご》・英国《えいこく》・英才《えいさい》

訓　—

英語《えいご》を話《はな》す

もっとわかる

●「英気《えいき》」は、物事《ものごと》に立《た》ち向《む》かう気力《きりょく》。「英気《えいき》を養《やしな》う」のように使《つか》われる。

●「英国《えいこく》」は、イギリスのこと。

なりたち

「央（くっきりと区切《くぎ》る）」と「艹（くさ）」で、植物《しょくぶつ》の体《からだ》の中《なか》でくっきりと目立《めだ》つ部分《ぶぶん》である「はな」を表《あらわ》す。

芽

8画《かく》　艹《くさかんむり》の部《ぶ》

音　ガ

麦芽《ばくが》・発芽《はつが》

訓　め

新芽《しんめ》・芽生《めば》え・若芽《わかめ》

種《たね》が芽《め》を出《だ》す

もっとわかる

●「芽《め》が出《で》る」は、幸運《こううん》や成功《せいこう》のきざしがみえること。

なりたち

「牙《が》（上下《じょうげ》にかみ合《あ》う）」と「艹（くさ）」で、植物《しょくぶつ》の茎《くき》からかみ合《あ》うように出《で》てくる「め」を表《あらわ》す。

なぞなぞ？　糸《いと》を工場《こうじょう》でつくったよ。どんな色《いろ》だった？

（答《こた》えは396ページ）

47の都《と》道《どう》府《ふ》県《けん》を漢《かん》字《じ》で書《か》いてみよう

日本《にほん》にある47の都道府県《とどうふけん》は、すべて4年生《ねんせい》までに習《なら》う漢字《かんじ》で書《か》くことができます。自分《じぶん》の住《す》んでいる都道府県名《とどうふけんめい》や、家族《かぞく》や知《し》り合《あ》いの出身地《しゅっしんち》を漢字《かんじ》で書《か》けるように練習《れんしゅう》しましょう。

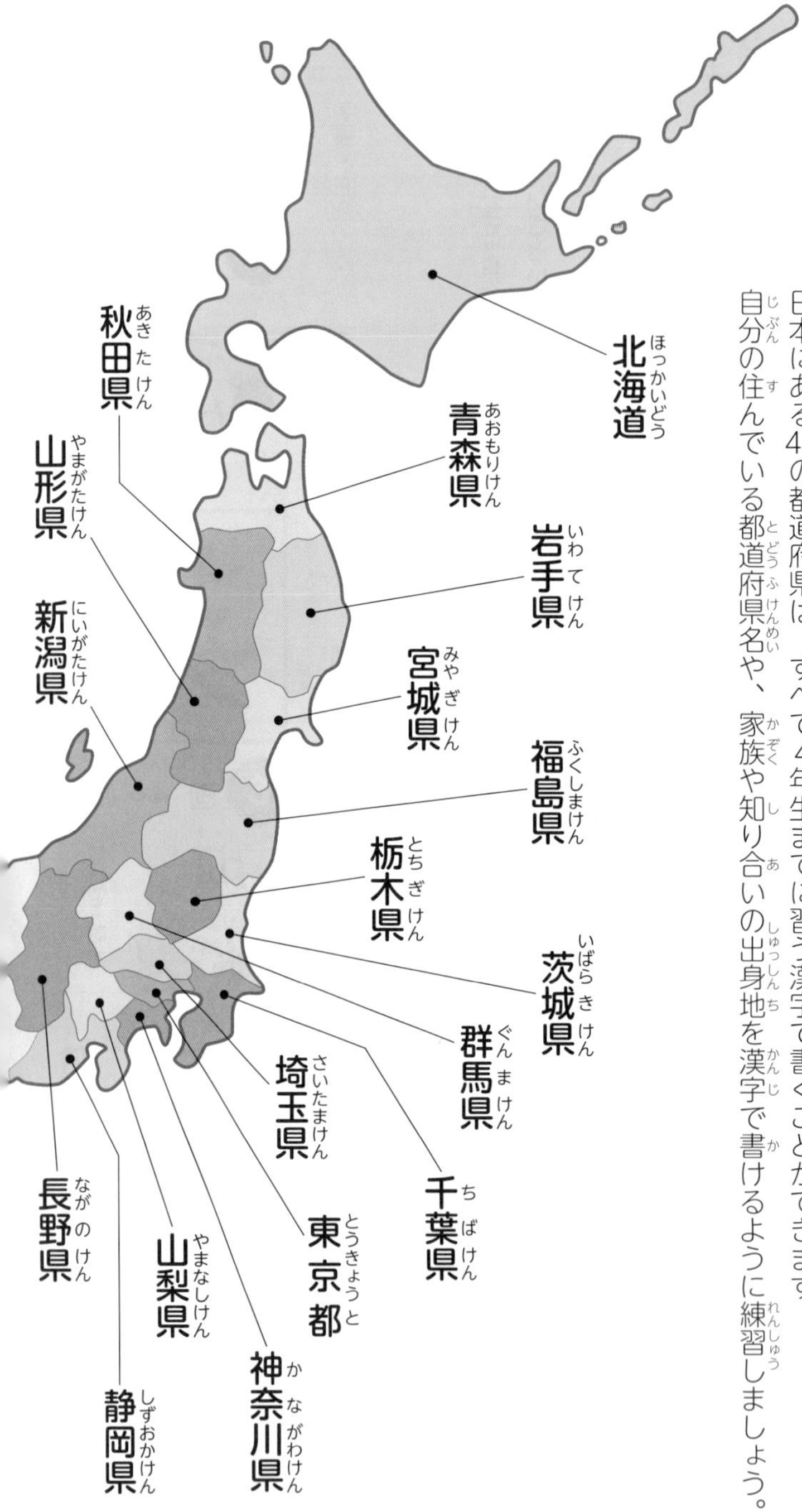
北海道《ほっかいどう》
青森県《あおもりけん》
岩手県《いわてけん》
宮城県《みやぎけん》
秋田県《あきたけん》
山形県《やまがたけん》
福島県《ふくしまけん》
茨城県《いばらきけん》
栃木県《とちぎけん》
群馬県《ぐんまけん》
新潟県《にいがたけん》
埼玉県《さいたまけん》
千葉県《ちばけん》
東京都《とうきょうと》
神奈川県《かながわけん》
山梨県《やまなしけん》
長野県《ながのけん》
静岡県《しずおかけん》

4
年《ねん》

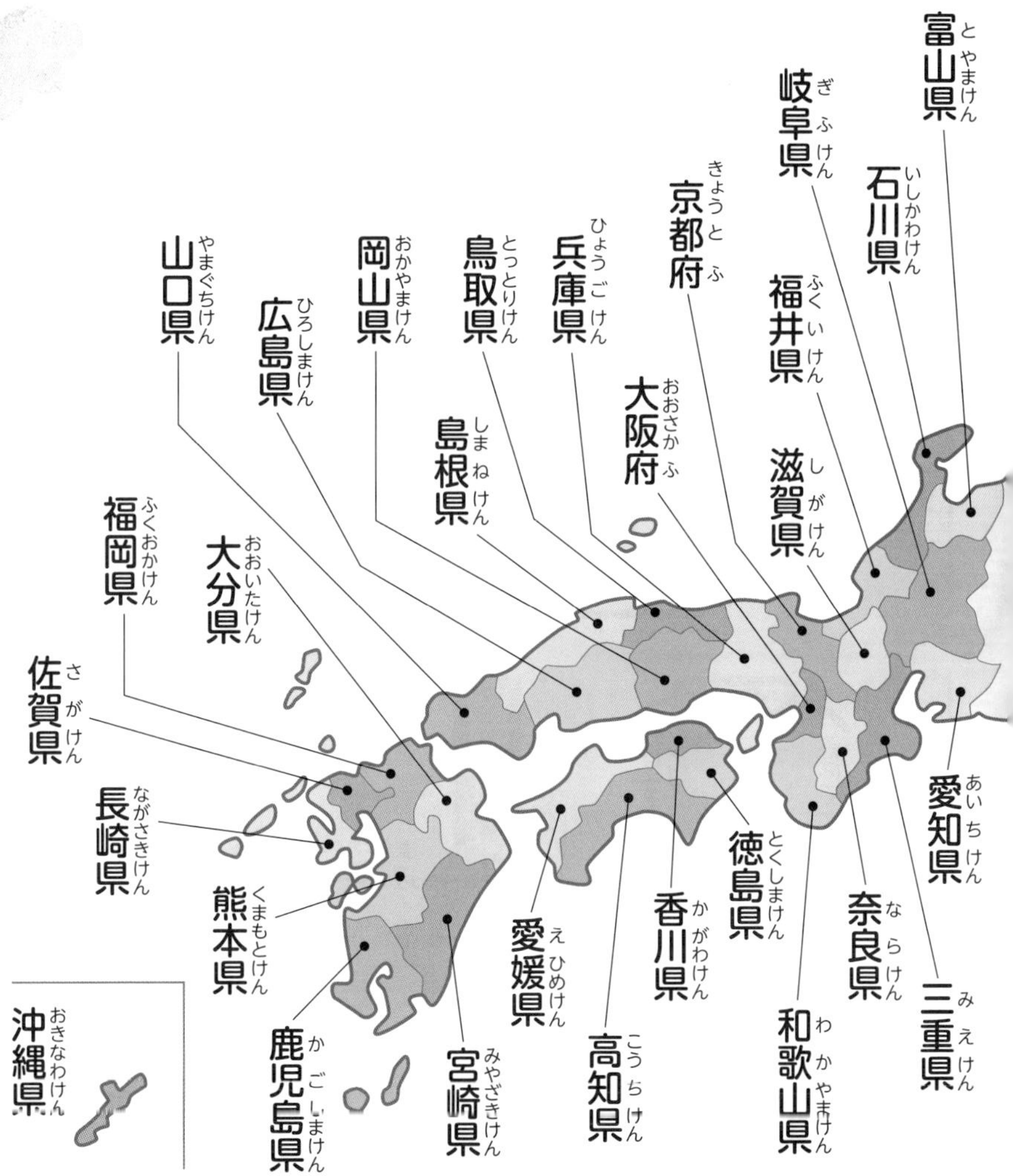

富山県《とやまけん》
岐阜県《ぎふけん》
石川県《いしかわけん》
京都府《きょうとふ》
福井県《ふくいけん》
兵庫県《ひょうごけん》
鳥取県《とっとりけん》
岡山県《おかやまけん》
広島県《ひろしまけん》
山口県《やまぐちけん》
大阪府《おおさかふ》
滋賀県《しがけん》
島根県《しまねけん》
大分県《おおいたけん》
福岡県《ふくおかけん》
佐賀県《さがけん》
長崎県《ながさきけん》
熊本県《くまもとけん》
沖縄県《おきなわけん》
鹿児島県《かごしまけん》
宮崎県《みやざきけん》
愛媛県《えひめけん》
高知県《こうちけん》
香川県《かがわけん》
徳島県《とくしまけん》
和歌山県《わかやまけん》
奈良県《ならけん》
三重県《みえけん》
愛知県《あいちけん》

茨

9画《かく》 艹《くさかんむり》の部《ぶ》

音 ——

訓 いばら　茨城《いばらき》・茨《いばら》の道《みち》

もっとわかる　「茨《いばら》」はバラなどのトゲのある木《き》。「茨《いばら》の道《みち》」とは苦難《くなん》の多《おお》い人生《じんせい》のたとえ。県名《けんめい》の「茨城県《いばらきけん》」で使《つか》う。「いばらき」と読《よ》むのが正《ただ》しく、「いばらぎ」と読《よ》むのはまちがい。

なりたち　「次（ならぶ）」と「艹（くさ）」で、「とげのある植物《しょくぶつ》」を表《あらわ》す。

菜

11画《かく》 艹《くさかんむり》の部《ぶ》

音 サイ　菜食《さいしょく》・山菜《さんさい》・前菜《ぜんさい》・野菜《やさい》

訓 な　青菜《あおな》・菜種《なたね》・水菜《みずな》

もっとわかる　「一汁一菜《いちじゅういっさい》」は、質素《しっそ》な食事《しょくじ》のこと。

なりたち

↓
采（采）

「采《さい》（木《き》の芽《め》をつみ取《と》る）」と「艹（くさ）」で、食《た》べるためにつみ取《と》る「な」を表《あらわ》す。

辺

5画《かく》 辶《しんにょう》の部《ぶ》

音 ヘン　周辺《しゅうへん》・底辺《ていへん》・平行四辺形《へいこうしへんけい》・辺境《へんきょう》・辺地《へんち》

訓 あたり　辺《あた》り一面《いちめん》・来週辺《らいしゅうあた》り
べ　岸辺《きしべ》・水辺《みずべ》

もっとわかる　「水辺《みずべ》」は、川《かわ》や海《うみ》、湖《みずうみ》、池《いけ》などの水《みず》の近《ちか》くのこと。

なりたち

↓
邊（辺）

もとの字《じ》は「邊」。「臱（鼻《はな》のはじっこ）」と「辶（行《い》く）」で、国《くに》の「はて」の意味《いみ》を表《あらわ》す。

4年《ねん》

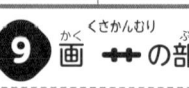

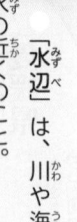

？ 393ページの答《こた》え→紅《べに》

連

10画《かく》 辶《しんにょう》の部《ぶ》

連《つ》れ立《だ》って
行《い》く

音 レン
連休《れんきゅう》・連日《れんじつ》・連勝《れんしょう》・連絡《れんらく》

訓 つらなる
家々《いえいえ》が連《つら》なる
つらねる
名簿《めいぼ》に名《な》を連《つら》ねる
つれる
弟《おとうと》を連《つ》れて行《い》く

もっとわかる
●「常連《じょうれん》」は、飲食店《いんしょくてん》などにいつも来《く》る客《きゃく》。●「国際連合《こくさいれんごう》」は、世界《せかい》の平和《へいわ》や安全《あんぜん》を守《まも》るための組織《そしき》。

なりたち
「車」と「辶（行《い》く）」で、車《くるま》が「つらなる」ことを表《あらわ》す。

達

12画《かく》 辶《しんにょう》の部《ぶ》

わざが上達《じょうたつ》
する

音 タツ
上達《じょうたつ》・速達《そくたつ》・達人《たつじん》・達成《たっせい》・達筆《たっぴつ》・伝達《でんたつ》・到達《とうたつ》・配達《はいたつ》

訓 ―

もっとわかる
●特別《とくべつ》な読《よ》み方《かた》…友達《ともだち》

なりたち

↓
達
「幸《たつ》（ゆとりがある）」と「辶（行《い》く）」で、「すらすらととおる」ことを表《あらわ》す。

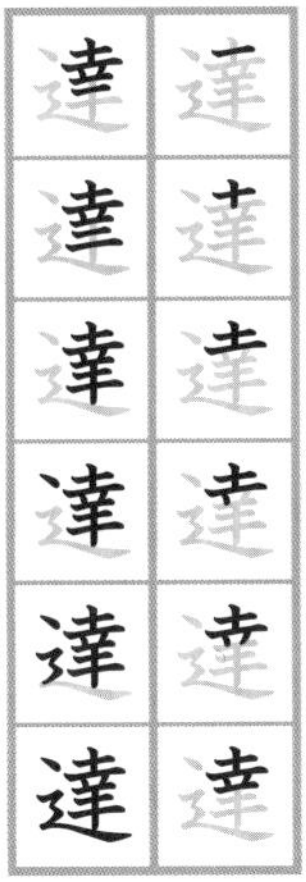

選

15画《かく》 辶《しんにょう》の部《ぶ》

タンバリンを
選《えら》ぶ

音 セン
選挙《せんきょ》・選曲《せんきょく》・選考《せんこう》・選手《せんしゅ》・選出《せんしゅつ》・選択《せんたく》・選抜《せんばつ》・選別《せんべつ》・入選《にゅうせん》・名作選《めいさくせん》

訓 えらぶ
班長《はんちょう》を選《えら》ぶ

なりたち

↓
巽
「巽（そろえて並《なら》べる）」と「辶（行《い》く）」で、いろいろなものをそろえて送《おく》るようすから、「よいものをより分《わ》ける」ことを表《あらわ》す。

なぞなぞ？ 天気《てんき》のいい日《ひ》にでる虫《むし》は、どんな虫《むし》？
（答《こた》えは次《つぎ》のページ）

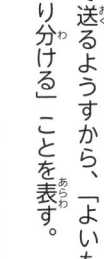

郡

10画《かく》 阝《おおざと》の部《ぶ》

郡《ぐん》にふくまれる町《まち》と村《むら》

音 グン　郡部《ぐんぶ》

訓 ―

もっとわかる　「郡《ぐん》」は「群《ぐん》」と形《かたち》が似《に》ていて、まちがえやすいので注意《ちゅうい》。「郡《ぐん》」は、市《し》・区《く》以外《いがい》で町村《ちょうそん》をふくむ地域《ちいき》。

なりたち　「君（全体《ぜんたい》をまとめる）」と「阝（村《むら》）」で、多《おお》くの村《むら》や町《まち》を集《あつ》めた地域《ちいき》を示《しめ》して、行政区画《ぎょうせいくかく》の「ぐん」を表《あらわ》す。

阜

8画《かく》 阜《おか》の部《ぶ》

岐阜《ぎふ》ちょうちん

音 フ　岐阜《ぎふ》

訓 ―

もっとわかる　県名《けんめい》の「岐阜県《ぎふけん》」で使《つか》う。「阜《おか》」は部首《ぶしゅ》の一《ひと》つ。これが漢字《かんじ》の左側《ひだりがわ》につくとこざとへん（阝）になる。

なりたち

↓阜

土《つち》が積《つ》み重《かさ》なって盛《も》り上《あ》がった形《かたち》。「おか」の意《い》を表《あらわ》す。

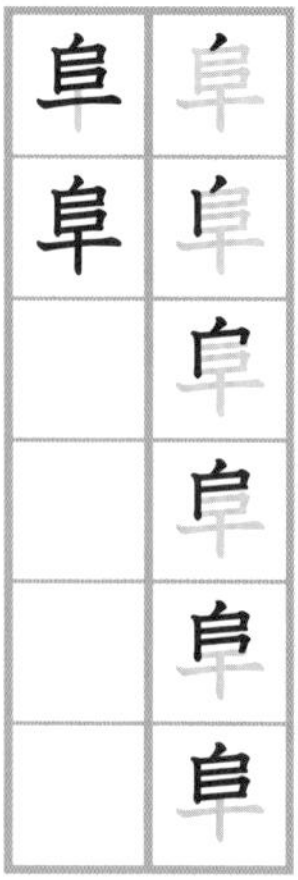

阪

7画《かく》 阝《こざとへん》の部《ぶ》

大阪《おおさか》名物《めいぶつ》たこ焼《や》き

音 （ハン）　帰阪《きはん》・京阪《けいはん》・阪神《はんしん》

訓 ―

もっとわかる　府《ふ》の名前《なまえ》の「大阪府《おおさかふ》」で使《つか》う。「京阪《けいはん》」は京都《きょうと》と大阪《おおさか》。「阪《はん》神《しん》」は大阪《おおさか》と神戸《こうべ》。地名《ちめい》の大阪《おおさか》は、古《ふる》くは大坂《おおさか》と書《か》いた。

なりたち　「反《はん》（そりかえる）」と「阝（おか）」で、「さか」や「けわしい」意《い》を表《あらわ》す。

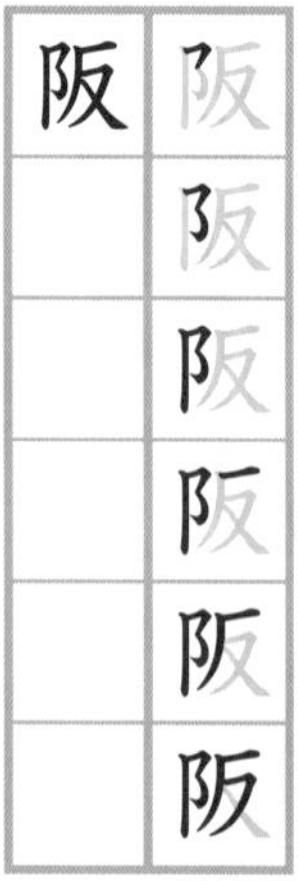

4年《ねん》

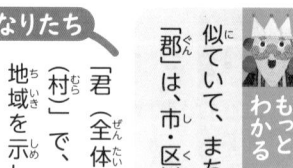

陸

11 画《かく》 阝《こざとへん》の部《ぶ》

陸地《りくち》を
見《み》つける

音 **リク**
上陸《じょうりく》・大陸《たいりく》・陸上《りくじょう》・陸地《りくち》

訓 ―

もっとわかる
●「陸路《りくろ》」は、道路《どうろ》や鉄《てつ》道《どう》など、陸《りく》にある交通路《こうつうろ》のこと。

なりたち
坴 ↓ 坴
「坴《りく》（土《つち》が高《たか》くつもる）」と「阝（おか）」で、「小《こ》高《だか》い丘《おか》が続《つづ》く広《ひろ》い土《ど》地《ち》」を表《あらわ》す。

隊

12 画《かく》 阝《こざとへん》の部《ぶ》

国《くに》を守《まも》る軍隊《ぐんたい》

音 **タイ**
楽隊《がくたい》・鼓笛隊《こてきたい》・聖歌隊《せいかたい》・隊員《たいいん》・隊形《たいけい》・隊長《たいちょう》・隊列《たいれつ》・探検隊《たんけんたい》・レスキュー隊《たい》

訓 ―

なりたち
隊 ↓ 隊
もとの字《じ》は「隊」。「豖《すい》（ブタが集《あつ》まる）」と「阝（おか）」で、土《つち》を集《あつ》めた丘《おか》のように、人《ひと》がひしめいている「集団《しゅうだん》」を表《あらわ》す。

必

5 画《かく》 心《こころ》の部《ぶ》

赤《あか》いイチゴを
必死《ひっし》にさがす

音 **ヒッ**
必死《ひっし》・必需品《ひつじゅひん》・必勝《ひっしょう》・必然《ひつぜん》

訓 **かならず**
必《かなら》ず連絡《れんらく》します

もっとわかる
●「先手必勝《せんてひっしょう》」は、相手《あいて》に先《さき》んじて攻《せ》めれば、必《かなら》ず勝《か》てるということ。

なりたち

「弋（二《ふた》またの棒《ぼう》）」と「八（はさむ）」を合《あ》わせた形《かたち》。棒《ぼう》をはさんで動《うご》かないようにするようすから、「かならず」の意味《いみ》を表《あらわ》す。

なぞなぞ？ 言＋正＋日＋月＝？

（答《こた》えは次《つぎ》のページ）

念

8 画《かく》 心《こころ》の部《ぶ》

残《ざん》念《ねん》な気《き》持《も》ち

音 ネン

残《ざん》念《ねん》・信《しん》念《ねん》・入《にゅう》念《ねん》・念《ねん》入《い》り・念《ねん》願《がん》・念《ねん》仏《ぶつ》・念《ねん》力《りき》

訓 ―

もっとわかる 「一《いち》念《ねん》発《ほっ》起《き》」は、あることを必《かなら》ず成《な》しとげようと強《つよ》く決《けっ》心《しん》すること。

なりたち 「今《きん》(中《なか》に閉《と》じこめる)」と「心」で、心《こころ》に思《おも》いをふくむようすから、「心《こころ》にかける」「思《おも》う」ことを表《あらわ》す。

念 念 念 念 念 念 念 念

愛

13 画《かく》 心《こころ》の部《ぶ》

家《か》族《ぞく》に愛《あい》される

音 アイ

愛《あい》犬《けん》・愛《あい》好《こう》家《か》・愛《あい》情《じょう》・愛《あい》読《どく》・愛《あい》用《よう》・最《さい》愛《あい》・自《じ》愛《あい》・親《しん》愛《あい》・友《ゆう》愛《あい》

訓 ―

なりたち

↓
㤅

「旡《き》(胸《むね》がつまる)」と「心」と「夂(足《あし》を引《ひ》きずる)」で、せつなくて胸《むね》がいっぱいになるようすから、「いとしく思《おも》う」ことを表《あらわ》す。

愛 愛 愛 愛 愛 愛 愛 愛 愛 愛 愛 愛

4年《ねん》

成

6 画《かく》 戈《ほこがまえ》の部《ぶ》

芽《め》が成《せい》長《ちょう》する

音 セイ

成《せい》功《こう》・成《せい》績《せき》・成《せい》長《ちょう》・成《せい》分《ぶん》

(ジョウ)

成《じょう》就《じゅ》・成《じょう》仏《ぶつ》

訓 なる　成《な》り立《た》つ

なす　メダカが群《む》れを成《な》す

もっとわかる 「成《じょう》就《じゅ》」は、何《なに》かを成《な》しとげること。

なりたち

↓
成

「丁《てい》(打《う》ちかためる)」と「戈(道《どう》具《ぐ》)」で、土《つち》を打《う》って固《かた》めるようすから、「なしとげる」ことを表《あらわ》す。

成 成 成 成 成 成 成 成 成 成 成 成

？ 前《まえ》のページの答《こた》え→証明《しょうめい》

戦

13画《かく》　戈《ほこがまえ》の部《ぶ》

全力《ぜんりょく》で戦《たたか》う

音　セン

訓　（いくさ）　たたかう

苦戦《くせん》・作戦《さくせん》・戦争《せんそう》・戦力《せんりょく》

負《ま》け戦《いくさ》

敵《てき》と戦《たたか》う

もっとわかる

「戦々恐々《せんせんきょうきょう》」は、おそろしくてびくびくするようす。

なりたち

もとの字《じ》は「戰」。「單（ふるえ動《うご》く）」と「戈（武器《ぶき》）」で、武器《ぶき》を手《て》にして身《み》ぶるいするようすから、「たたかう」ことを表《あらわ》す。

折

7画《かく》　扌《てへん》の部《ぶ》

枝《えだ》を折《お》らないでね

音　セツ

訓　おる　おり　おれる

右折《うせつ》・骨折《こっせつ》・左折《させつ》・折半《せっぱん》・和洋折衷《わようせっちゅう》

紙《かみ》を半分《はんぶん》に折《お》る・筆《ふで》を折《お》る

折々《おりおり》・折節《おりふし》・時折《ときおり》

枝《えだ》が折《お》れる・道《みち》が折《お》れ曲《ま》がる

なりたち

↓

折

「扌（木《き》を二《ふた》つに切《き》る）」と「斤（おの）」で、「おれる」ことを表《あらわ》す。

挙

10画《かく》　手《て》の部《ぶ》

手《て》を挙《あ》げる

音　キョ

訓　あげる　あがる

快挙《かいきょ》・挙式《きょしき》・挙手《きょしゅ》・挙動《きょどう》・選挙《せんきょ》・列挙《れっきょ》

例《れい》を挙《あ》げる

犯人《はんにん》が挙《あ》がる

なりたち

↓

與

もとの字《じ》は「擧」。「與（いっしょに手《て》を組《く》む）」と「手」で、持《も》ち上《あ》げるようすから、「上《あ》げる」ことを表《あらわ》す。

なぞなぞ？　木《き》の花《はな》を一《ひと》ツ、女《おんな》の人《ひと》がもってたよ。なんの木《き》？　（答《こた》えは次《つぎ》のページ）

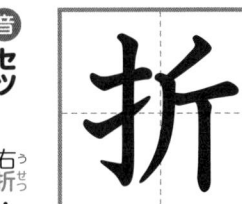

改

7画《かく》 攵《ぼくにょう》の部《ぶ》

音 **カイ** 改革《かいかく》・改札《かいさつ》・改正《かいせい》・改築《かいちく》

訓 **あらためる** 態度《たいど》を改《あらた》める

あらたまる 年《とし》が改《あらた》まる

たいこを改《かい》良《りょう》する

もっとわかる

●「朝令暮改《ちょうれいぼかい》」は、一度《いちど》出《だ》された命令《めいれい》が、すぐに変更《へんこう》されること。

なりたち

「己（起《お》き上《あ》がる）」と「攵（動《どう》作《さ》）」で、古《ふる》くなったものを新《あたら》しく立《た》て直《なお》すようすから、「あらためる」ことを表《あらわ》す。

敗

11画《かく》 攵《ぼくにょう》の部《ぶ》

音 **ハイ** 失敗《しっぱい》・敗因《はいいん》・敗者《はいしゃ》・敗退《はいたい》

訓 **やぶれる** 敵《てき》に敗《やぶ》れる

失《しっ》敗《ぱい》ばかりしている

もっとわかる

●「敗《やぶ》れる」は、戦《たたか》って負《ま》けること。「破《やぶ》れる」は、穴《あな》があいたりさけたりして形《かたち》がこわれること。

なりたち

「貝（二《ふた》つに割《わ》れる）」と「攵（動《どう》作《さ》）」で、物《もの》がこわれて二《ふた》つに割《わ》れるようすから、「だめになる」「やぶれる」ことを表《あらわ》す。

散

12画《かく》 攵《ぼくにょう》の部《ぶ》

音 **サン** 解散《かいさん》・散髪《さんぱつ》・散文《さんぶん》・散歩《さんぽ》・退散《たいさん》・発散《はっさん》・分散《ぶんさん》

訓 **ちる** 気《き》が散《ち》る・桜《さくら》が散《ち》る

ちらす 火花《ひばな》を散《ち》らす

ちらかす 部屋《へや》を散《ち》らかす

ちらかる おもちゃが散《ち》らかる

近《きん》所《じょ》を散《さん》歩《ぽ》する

なりたち

↓
散

「㪔（皮《かわ》をはぐ）」と「攵（動《どう》作《さ》）」で、「ばらばらになる」ことを表《あらわ》す。

4年《ねん》

料

10画《かく》 斗《とます》の部《ぶ》

料理《りょうり》が好《す》きだ

音 リョウ

訓 ―

材料《ざいりょう》・食料《しょくりょう》・資料《しりょう》・調味料《ちょうみりょう》・燃料《ねんりょう》・肥料《ひりょう》・有料《ゆうりょう》・料金《りょうきん》・料理《りょうり》

もっとわかる

●「料《りょう》」は、そのことに支払《しはら》うお金《かね》のこと。「入場料《にゅうじょうりょう》」など。

なりたち

「米」と「斗（ものをはかるます）」を合《あ》わせた形《かたち》で、ますで米《こめ》の量《りょう》を「はかる」ことを表《あらわ》す。

旗

14画《かく》 方《ほう》の部《ぶ》

旗《はた》をふる

音 キ

訓 はた

旗手《きしゅ》・校旗《こうき》・国旗《こっき》・星条旗《せいじょうき》

旗揚《はたあ》げ・旗色《はたいろ》・旗本《はたもと》

もっとわかる

●「旗色《はたいろ》」は、物事《ものごと》のなりゆきのこと。●「旗揚《はたあ》げ」は、新《あたら》しい組織《そしき》やチームを作《つく》ること。●「白旗《しろはた》をあげる」は、降参《こうさん》すること。●「星条旗《せいじょうき》」は、アメリカ合衆国《がっしゅうこく》の国旗《こっき》。

なりたち

「其《き》（四角《しかく》い）」と「㫃（はた）」で、四角《しかく》い形《かたち》の「はた」を表《あらわ》す。

4年《ねん》

昨

9画《かく》 日《ひ》の部《ぶ》

昨日《きのう》より
たくさんの石《いし》
を運《はこ》ぶ

音 サク

訓 ―

昨日《さくじつ》・昨年《さくねん》・昨晩《さくばん》・昨夜《さくや》

もっとわかる

●特別《とくべつ》な読《よ》み方《かた》…昨日《きのう》 ●「一昨日《いっさくじつ》」は、きのうの前日《ぜんじつ》のこと。おととい。

なりたち

「乍（刻《きざ》んで切《き》れ目《め》をつける）」と「日」で、時《とき》が刻《きざ》まれて積《つ》み重《かさ》なるイメージから、今日《きょう》の前《まえ》の日《ひ》、「きのう」を表《あらわ》す。

なぞなぞ？ 木《き》を反《そ》らすと、なにになる？ （答《こた》えは次《つぎ》のページ）

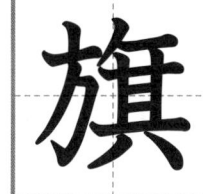

景

12画《かく》　日《ひ》の部《ぶ》

音 ケイ
景気《けいき》・光景《こうけい》・殺風景《さっぷうけい》・絶景《ぜっけい》・風景《ふうけい》・夜景《やけい》

訓 ―

初《はじ》めて見《み》る光景《こうけい》

もっとわかる
特別《とくべつ》な読《よ》み方《かた》…景色《けしき》

なりたち
↓景
「京《けい》（明《あか》るい）」と「日《ひ》」で、明《あか》るい日《ひ》の光《ひかり》を示《しめ》し、「ながめ」「けしき」の意味《いみ》を表《あらわ》す。

景 景 景 景 景 景 景 景 景 景 景 景

最

12画《かく》　日《ひらび》の部《ぶ》

音 サイ
最近《さいきん》・最後《さいご》・最高《さいこう》・最初《さいしょ》

訓 もっとも
日本《にほん》で最《もっと》も長《なが》いトンネル

最高級《さいこうきゅう》の品質《ひんしつ》

もっとわかる
特別《とくべつ》な読《よ》み方《かた》…最寄《もよ》り

なりたち
↓最
「日（かぶせる）」と「取（とる）」を合《あ》わせた形《かたち》。少量《しょうりょう》を指《ゆび》でつまみ取《と》るようすから、「この上《うえ》なく」「もっとも」の意味《いみ》を表《あらわ》す。

最 最 最 最 最 最 最 最 最 最 最 最

望

11画《かく》　月《つき》の部《ぶ》

音 ボウ　（モウ）
希望《きぼう》・人望《じんぼう》・望遠鏡《ぼうえんきょう》・野望《やぼう》
所望《しょもう》・本望《ほんもう》

訓 のぞむ
平和《へいわ》を望《のぞ》む

望遠鏡《ぼうえんきょう》をもらう

もっとわかる
「野望《やぼう》」は、分不相応《ぶんふそうおう》なほど大《おお》きな望《のぞ》みのこと。

なりたち
「亡《ぼう》（見《み》えない）」と「月」と「壬（人《ひと》が背伸《せの》びする）」で、月《つき》が出《で》るのを待《ま》ちわびるようすから、「のぞむ」ことを表《あらわ》す。

望 望 望 望 望 望 望 望 望 望 望

4年《ねん》

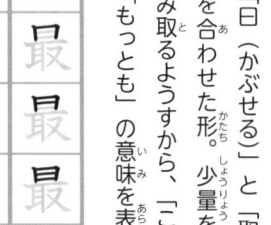

札

5画《かく》　木《き》の部《ぶ》

お札《さつ》ではらう

音　**サツ**
改札口《かいさつぐち》・札束《さつたば》・新札《しんさつ》・表札《ひょうさつ》・落札《らくさつ》

訓　**ふだ**
切《き》り札《ふだ》・席札《せきふだ》・名札《なふだ》・値札《ねふだ》・花札《はなふだ》

もっとわかる
●「切《き》り札《ふだ》」は、トランプで最強《さいきょう》の札《ふだ》。また、最後《さいご》のとっておきの方法《ほうほう》。

なりたち
「木」と「乚(おさえる)」を合《あ》わせた形《かたち》。書《か》いたものを張《は》り出《だ》すために、おさえて止《と》めておくようすから、「ふだ」を表《あらわ》す。

末

5画《かく》　木《き》の部《ぶ》

結末《けつまつ》が気《き》になる

音　**マツ**　**(バツ)**
結末《けつまつ》・月末《げつまつ》・粗末《そまつ》・粉末《ふんまつ》・末子《ばっし》

訓　**すえ**
末《すえ》っ子《こ》・行《ゆ》く末《すえ》

もっとわかる
●「本末転倒《ほんまつてんとう》」は、重要《じゅうよう》なことを放《ほう》っておいて、どうでもいいことを大事《だいじ》にすること。

なりたち

↓末
「木」の上《うえ》に「一(しるし)」をつけた形《かたち》。こずえの先《さき》を示《しめ》して、「いちばんはし」「すえ」を表《あらわ》す。

未

5画《かく》　木《き》の部《ぶ》

未知《みち》の国《くに》

音　**ミ**
未解決《みかいけつ》・未完成《みかんせい》・未熟《みじゅく》・未成年《みせいねん》・未知《みち》・未定《みてい》・未来《みらい》・未練《みれん》

訓　―

もっとわかる
●「前代未聞《ぜんだいみもん》」は、これまでに聞《き》いたこともない、珍《めずら》しいこと。「末《まつ》」とまちがえないように注意《ちゅうい》。

なりたち

↓未
「木」の上《うえ》に細《ほそ》い小枝《こえだ》をつけた形《かたち》。まだ伸《の》びきらないようすから、「まだ…ない」を表《あらわ》す。

4年《ねん》

なぞなぞ? 水《みず》(氵)をつかって、先生《せんせい》がすることは?

(答《こた》えは次《つぎ》のページ)

材

7画《かく》 木《き》の部《ぶ》

材料《ざいりょう》はイチゴ

音 ザイ

訓 ―

教材《きょうざい》・材料《ざいりょう》・取材《しゅざい》・人材《じんざい》

もっとわかる

「適材適所《てきざいてきしょ》」は、その人《ひと》の能力《のうりょく》に合《あ》った役目《やくめ》や仕事《しごと》を与《あた》えること。

なりたち

「才（断《た》ち切《き》る）」と「木」で、ほどよい大《おお》きさに断《た》ち切《き》るというイメージから、建築《けんちく》などの「もととなる木《き》」を表《あらわ》す。

材

束

7画《かく》 木《き》の部《ぶ》

お札《さつ》の束《たば》

音 ソク

訓 たば

結束《けっそく》・装束《しょうぞく》・束縛《そくばく》・約束《やくそく》

札束《さつたば》・花束《はなたば》・一束《ひとたば》

もっとわかる

「二束三文《にそくさんもん》」は、とても安《やす》い値段《ねだん》のこと。

なりたち

↓
束

「木」と「○（丸《まる》くたばねる）」を合《あ》わせた形《かたち》。集《あつ》めたものをひもで「たばねる」ことを表《あらわ》す。

束

果

8画《かく》 木《き》の部《ぶ》

果物《くだもの》を食《た》べる

音 カ

訓 はたす はてる はて

果実《かじつ》・果汁《かじゅう》・結果《けっか》・効果《こうか》

使《つか》い果《は》たす

困《こま》り果《は》てる

最果《さいは》ての地《ち》

もっとわかる

特別《とくべつ》な読《よ》み方《かた》…果物《くだもの》

なりたち

↓
果

「木」と丸《まる》い木《こ》の実《み》のしるしをえがいた形《かたち》で、「くだもの」を表《あらわ》す。

果

4年《ねん》

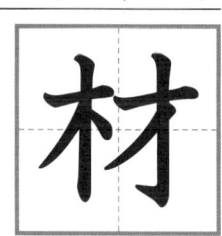

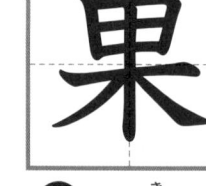

松

8画《かく》 木《き》の部《ぶ》

音 **ショウ**

訓 **まつ**

松竹梅《しょうちくばい》
門松《かどまつ》・松並木《まつなみき》・松葉《まつば》・松林《まつばやし》・
松《まつ》ぼっくり

松《まつ》のぼんさい

もっとわかる
●「松竹梅《しょうちくばい》」は、めでたいとされる三《みっ》つの植物《しょくぶつ》で、マツ・タケ・ウメのこと。祝《いわ》いのかざりや図《ず》がらに使《つか》う。

なりたち
「公（すけて見《み》える）」と「木」で、葉《は》と葉《は》の間《あいだ》にすきまがあいている木《き》、「まつ」を表《あらわ》す。

松 松 松 松 松 松 松 松

栄

9画《かく》 木《き》の部《ぶ》

音 **エイ**

訓 **さかえる**
（はえ）
（はえる）

栄華《えいが》・栄冠《えいかん》・栄光《えいこう》・光栄《こうえい》
町《まち》が栄《さか》える
見栄《みば》えのする料理《りょうり》
勝利《しょうり》に栄《は》える

国《くに》が栄《さか》える

なりたち

↓
榮（栄）

もとの字《じ》は「榮」。「𤇾（とりまく）」の省略形《しょうりゃくけい》と「木」で、木《き》をとりまいて花《はな》が咲《さ》くようすから、「さかえる」ことを表《あらわ》す。

栄 栄 栄 栄 栄 栄 栄 栄 栄

栃

9画《かく》 木《き》の部《ぶ》

音 ——

訓 **とち**

栃木《とちぎ》・栃《とち》の木《き》・栃《とち》もち

栃《とち》の実《み》

もっとわかる
●「栃《とち》の木《き》」はトチノキ科《か》の落葉高木《らくようこうぼく》。
●県名《けんめい》の「栃木県《とちぎけん》」で使《つか》う。県庁所在地《けんちょうしょざいち》は宇都宮市《うつのみやし》。

なりたち
もとの字《じ》は「杤」。「万《まん》（十《と》と千《ち》をかけると万《まん》になる）」と「木《き》」を合《あ》わせた形《かたち》。「とち」という木《き》の名《な》を表《あらわ》す。日本《にほん》でできた漢字《かんじ》。

栃 栃 栃 栃 栃 栃 栃 栃 栃

4年《ねん》

なぞなぞ？ 木《き》を毎日《まいにち》見《み》にいくよ。なんの木《き》？
（答《こた》えは次《つぎ》のページ）

案

10画《かく》　木《き》の部《ぶ》

先《さき》のことを思案《しあん》する

音　アン
案外《あんがい》・案内《あんない》・原案《げんあん》・思案《しあん》・図案《ずあん》・提案《ていあん》・答案《とうあん》・法案《ほうあん》

訓　—

もっとわかる
「案《あん》の定《じょう》」は、思《おも》った通《とお》りということ。

なりたち
「安《あん》（おちつく）」と「木」で、体《からだ》をおちつかせる「つくえ」を表《あらわ》す。のち、「かんがえる」意味《いみ》に用《もち》いた。

梅

10画《かく》　木《き》の部《ぶ》

梅《うめ》の花《はな》がさく

音　バイ
紅梅《こうばい》・松竹梅《しょうちくばい》・入梅《にゅうばい》・梅雨《ばいう》・梅園《ばいえん》・梅林《ばいりん》・白梅《はくばい》

訓　うめ
梅酒《うめしゅ》・梅干《うめぼ》し・梅見《うめみ》

もっとわかる
「梅雨《つゆ》」は、梅《うめ》の実《み》がなるころに降《ふ》る雨《あめ》ということ。「ばいう」とも読《よ》む。

なりたち
「毎（次々《つぎつぎ》と子《こ》を産《う》む）」と「木」で、安産《あんざん》のために実《み》を食《た》べるとよいとされた「うめ」を表《あらわ》す。

械

11画《かく》　木《き》の部《ぶ》

機械《きかい》を動《うご》かす

音　カイ
器械《きかい》・機械《きかい》

訓　—

もっとわかる
「器械《きかい》」は、動力《どうりょく》をもつ「機械《きかい》」よりも仕組《しく》みがかんたんな道具《どうぐ》。

なりたち

↓
戒

「戒《かい》（引《ひ》きしめる）」と「木」で、手《て》にはめる「手《て》かせ」を表《あらわ》す。のち、「しかけ」の意味《いみ》で用《もち》いた。

4年《ねん》

梨

11画《かく》 木《き》の部《ぶ》

梨《なし》の皮《かわ》をむく

音 ―

訓 **なし** 梨《なし》のつぶて・山梨《やまなし》・洋梨《ようなし》

もっとわかる

●梨《なし》はバラ科《か》の落葉高木《らくようこうぼく》。実《み》は食用《しょくよう》で甘《あま》い。●「梨《なし》のつぶて」は「梨《なし》」を「無《な》し」にかけた言葉《ことば》で、おとさたのないこと。●県名《けんめい》の「山梨県《やまなしけん》」で使《つか》う。山梨県《やまなしけん》の県庁所在地《けんちょうしょざいち》は甲府市《こうふし》。

なりたち

「利《り》（よく切《き》れる）」と「木《き》」で、サクサクと歯切《はぎ》れのよい果物《くだもの》の「なし」を表《あらわ》す。

極

12画《かく》 木《き》の部《ぶ》

極力《きょくりょく》静《しず》かにする

音 **キョク** 究極《きゅうきょく》・極力《きょくりょく》・南極《なんきょく》・北極《ほっきょく》

（ゴク） 極悪《ごくあく》・極上《ごくじょう》・極楽《ごくらく》・極寒《ごっかん》

訓 **（きわめる）** 頂点《ちょうてん》を極《きわ》める

（きわまる） 感極《かんきわ》まって泣《な》く

（きわみ） 喜《よろこ》びの極《きわ》み

なりたち

極 ↓ 極

「亟《きょく》（ぴんと張《は》る）」と「木」で、張《は》り渡《わた》した柱《はしら》を示《しめ》して、「端《はし》まで行《い》く」「きわめる」を表《あらわ》す。

標

15画《かく》 木《き》の部《ぶ》

目標《もくひょう》を話《はな》し合《あ》う

音 **ヒョウ** 標語《ひょうご》・標準《ひょうじゅん》・標本《ひょうほん》・目標《もくひょう》

訓 ―

もっとわかる

●「標高《ひょうこう》」は、海面《かいめん》から測《はか》ったときの高《たか》さ。富士山《ふじさん》の山頂《さんちょう》は標高《ひょうこう》三七七六メートル。

なりたち

「票《ひょう》（高《たか》く上《あ》がる）」と「木」で、木《き》の高《たか》いところにある「こずえ」を表《あらわ》す。のち、高《たか》く上《うえ》にかかげた「しるし」の意味《いみ》に用《もち》いた。

4年《ねん》

なぞなぞ？ 手+口+口+口=？

（答《こた》えは次《つぎ》のページ）

機

16画《かく》 木《き》の部《ぶ》

機械《きかい》がこわれる

音 キ

訓 （はた）

機会《きかい》・機械《きかい》・機転《きてん》・旅客機《りょかっき》

機織《はたお》り

もっとわかる

「機会《きかい》」は、何《なに》かをするのにちょうどよいときのこと。

なりたち

 → 幾

「幾《き》（細《こま》かい）」と「木」で、細《こま》かい仕組《しく》みで動《うご》く、はたおりの「しかけ」を表《あらわ》す。

欠

4画《かく》 欠《あくび》の部《ぶ》

玉《たま》が欠《か》ける

音 ケツ

訓 かける かく

欠場《けつじょう》・欠席《けっせき》・出欠《しゅっけつ》・補欠《ほけつ》

コップが欠《か》ける

注意力《ちゅういりょく》を欠《か》く

もっとわかる

「欠席裁判《けっせきさいばん》」は、本人《ほんにん》がいないところで、その人《ひと》に不利《ふり》な決定《けってい》をすること。

なりたち

 →  → 欠

口《くち》をあけ、体《からだ》をかがめた人《ひと》の形《かたち》で、「あくび」を表《あらわ》す。音《おん》は「ケン」。のち、「缺《けつ》」の代《か》わりに用《もち》いた。

残

10画《かく》 歹《かばねへん》の部《ぶ》

残念《ざんねん》に思《おも》う

音 ザン

訓 のこる のこす

残額《ざんがく》・残暑《ざんしょ》・残念《ざんねん》・無残《むざん》

足跡《あしあと》が残《のこ》る

財産《ざいさん》を残《のこ》す

もっとわかる

特別《とくべつ》な読《よ》み方《かた》…名残《なごり》

なりたち

 → 殘（残）

もとの字《じ》は「殘」。「戔（けずって小《ちい》さくする）」と「歹（骨《ほね》）」で、けずった骨《ほね》の「のこり」を表《あらわ》す。

4年《ねん》

氏

4画《かく》　**氏**《うじ》**の部**《ぶ》

氏名《しめい》を書《か》く

音　**シ**

訓　**（うじ）**

氏族《しぞく》・氏名《しめい》・徳川氏《とくがわし》・両氏《りょうし》
氏神《うじがみ》・氏子《うじこ》

もっとわかる
●「氏《うじ》より育《そだ》ち」は、血《ち》筋《すじ》よりも育《そだ》てられ方《かた》のほうが大事《だいじ》だということ。

なりたち

先《さき》のとがったスプーンをえがいた形《かたち》。食《た》べ物《もの》を取《と》り分《わ》けるというイメージから、同《おな》じ一族《いちぞく》から「血《ち》を分《わ》けた仲間《なかま》」の意味《いみ》を表《あらわ》す。

民

5画《かく》　**氏**《うじ》**の部**《ぶ》

国民《こくみん》の声《こえ》を聞《き》く

音　**ミン**

訓　**（たみ）**

国民《こくみん》・市民《しみん》・住民《じゅうみん》・民間《みんかん》・民衆《みんしゅう》・民話《みんわ》
民《たみ》の声《こえ》

もっとわかる
●「民主主義《みんしゅしゅぎ》」は、国民《こくみん》が主《しゅ》となって、国民《こくみん》の幸《しあわ》せのために国《くに》を治《おさ》めるという考《かんが》え方《かた》。

なりたち

目《め》に針《はり》をさして見《み》えなくさせたどれいをえがいた形《かたち》。ものの道理《どうり》が見《み》えない「たみ」を表《あらわ》す。

求

7画《かく》　**氺**《したみず》**の部**《ぶ》

助《たす》けを求《もと》める

音　**キュウ**

訓　**もとめる**

求職《きゅうしょく》・求人《きゅうじん》・要求《ようきゅう》・欲求《よっきゅう》
協力《きょうりょく》を求《もと》める

もっとわかる
●「欲求不満《よっきゅうふまん》」は、自分《じぶん》の思《おも》う通《とお》りにならず、いらいらすること。

なりたち

毛皮《けがわ》の衣《ころも》の形《かたち》。体《からだ》をしめつけるというイメージから、手《て》もとに引《ひ》き寄《よ》せて「もとめる」ことを表《あらわ》す。

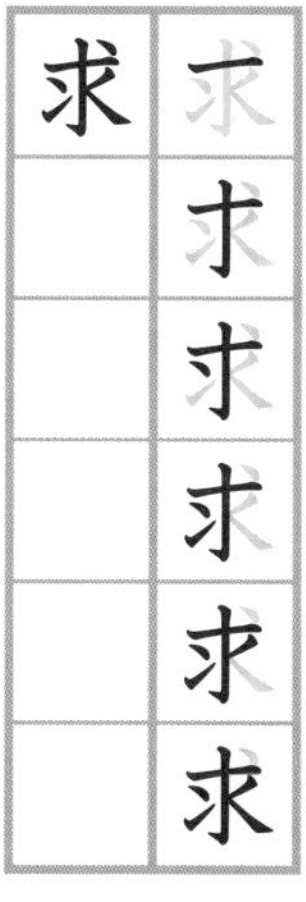

なぞなぞ？　金貨十《きんかじゅう》まいで買《か》えるものは、なに？

（答《こた》えは次《つぎ》のページ）

沖

7画《かく》 氵《さんずい》の部《ぶ》

沖《おき》で遊《あそ》ぶ

音 （チュウ） 沖《ちゅう》積《せき》層《そう》

訓 おき 沖《おき》合《あ》い・沖《おき》縄《なわ》・沖《おき》ノ《の》鳥《とり》島《しま》

もっとわかる 「沖《おき》」は岸《きし》から離《はな》れた海《うみ》のこと。県名《けんめい》の「沖縄県《おきなわけん》」で使《つか》う。沖縄県《おきなわけん》の県庁所在地《けんちょうしょざいち》は那覇市《なはし》。「沖《おき》ノ鳥島《のとりしま》」は日本最南《にほんさいなん》たんの島《しま》。

なりたち 「中《ちゅう》（高《たか》くあがる）」と「氵（水《みず》）」で、「とぶ」意《い》や海《うみ》などの「おき」を表《あらわ》す。

沖

泣

8画《かく》 氵《さんずい》の部《ぶ》

もらい泣《な》きをする

音 （キュウ） 感泣《かんきゅう》・号泣《ごうきゅう》

訓 なく 泣《な》き声《ごえ》

もっとわかる 「泣《な》く子《こ》もだまる」は、泣《な》いている子《こ》が泣《な》きやむくらい、こわいこと。

なりたち 「氵（水《みず》）」と「粒（つぶ）」の省《しょう》略《りゃく》形《けい》「立」を合《あ》わせた形《かたち》で、粒《つぶ》のようななみだを流《なが》すようすから、「なく」ことを表《あらわ》す。

泣

治

8画《かく》 氵《さんずい》の部《ぶ》

いたみが治《おさ》まらない

音 ジ 政治《せいじ》・退治《たいじ》・湯治《とうじ》

チ 自治《じち》・全治《ぜんち》・治安《ちあん》・統治《とうち》

訓 おさめる 国《くに》を治《おさ》める

おさまる 痛《いた》みが治《おさ》まる

なおる 病気《びょうき》が治《なお》る

なおす けがを治《なお》す

なりたち 「台（手《て》を加《くわ》える）」と「氵（水《みず》）」で、川《かわ》の水《みず》があふれないように手《て》を加《くわ》えて調整《ちょうせい》するようすから、「おさめる」ことを表《あらわ》す。

治

4年《ねん》

法

8画《かく》　氵《さんずい》の部《ぶ》

方法《ほうほう》を考《かんが》える

音　ホウ　作法《さほう》・法事《ほうじ》・方法《ほうほう》・法律《ほうりつ》
（ハッ）　ご法度《はっと》・法被《はっぴ》
（ホッ）　法華《ほっけ》

訓　―

なりたち

→法

もとの字《じ》は「灋」。「氵（水《みず》）」と「廌（空想上《くうそうじょう》の動物《どうぶつ》）」と「去（ひっこめる）」で、「わく」を示《しめ》す。「法」はその省略形《しょうりゃくけい》で、「おきて」「きまり」を表《あらわ》す。

法 法 法 法 法 法 法 法

浅

9画《かく》　氵《さんずい》の部《ぶ》

浅《あさ》い池《いけ》に落《お》ちそう！

音　（セン）　深浅《しんせん》・浅学《せんがく》

訓　あさい　浅黒《あさぐろ》い・浅瀬《あさせ》・浅《あさ》はか

もっとわかる

●「浅黒《あさぐろ》い」は、少《すこ》し黒《くろ》いこと。特《とく》に日焼《ひや》けなどではだの色《いろ》が少《すこ》し茶色《ちゃいろ》くなっているようす。●「浅《あさ》はか」は、考《かんが》えが足《た》りないようす。軽率《けいそつ》なこと。

なりたち

もとの字《じ》は「淺」。「戔《せん》（小《ちい》さい）」と「氵（水《みず》）」で、水《みず》が少《すく》なくて「あさい」意味《いみ》を表《あらわ》す。

浅 浅 浅 浅 浅 浅 浅 浅 浅

浴

10画《かく》　氵《さんずい》の部《ぶ》

海水浴《かいすいよく》に来《き》た

音　ヨク　森林浴《しんりんよく》・日光浴《にっこうよく》・入浴《にゅうよく》・浴室《よくしつ》・浴場《よくじょう》

訓　あびる　シャワーを浴《あ》びる
あびせる　質問《しつもん》を浴《あ》びせる

もっとわかる

●特別《とくべつ》な読《よ》み方《かた》…浴衣《ゆかた》

なりたち

「谷（くぼんだ穴《あな》）」と「氵（水《みず》）」で、水《みず》のたまったところにつかって体《からだ》を洗《あら》うようすから、「あびる」ことを表《あらわ》す。

浴 浴 浴 浴 浴 浴 浴 浴 浴 浴

4年《ねん》

なぞなぞ？　貝＋才＋宀＋玉＝？

（答《こた》えは次《つぎ》のページ）

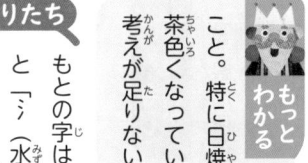

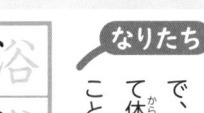

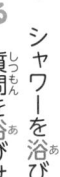

清

11画《かく》　氵《さんずい》の部《ぶ》

部屋《へや》を清潔《せいけつ》にする

音 **セイ**
清音《せいおん》・清潔《せいけつ》・清算《せいさん》・清書《せいしょ》・清掃《せいそう》・清流《せいりゅう》・清涼飲料《せいりょういんりょう》

（ショウ）　清浄《しょうじょう》

訓 **きよい**　清《きよ》い心《こころ》を持《も》つ
きよまる　心《こころ》の清《きよ》まる思《おも》い
きよめる　身《み》を清《きよ》める

もっとわかる
● 特別《とくべつ》な読《よ》み方《かた》…清水《しみず》

なりたち
もとの字《じ》は「淸」。「靑《せい》（すみきっている）」と「氵（水《みず》）」で、「けがれがない」意味《いみ》を表《あらわ》す。

清	清
清	清
清	清
清	清
清	清
清	

滋

12画《かく》　氵《さんずい》の部《ぶ》

滋養《じよう》のつく食《た》べ物《もの》

音 **（ジ）**
滋雨《じう》・滋味《じみ》・滋養《じよう》

訓 ―

もっとわかる
● 県名《けんめい》の「滋賀県《しがけん》」で使《つか》う。県庁所在地《けんちょうしょざいち》は大津市《おおつし》。

なりたち

↓
滋

「茲（ふえる）」と「氵（水《みず》）」で、「草木《くさき》がしげる」意《い》や「うるおう」意《い》を表《あらわ》す。

滋	滋
滋	滋
滋	滋
滋	滋
滋	滋
滋	滋

満

12画《かく》　氵《さんずい》の部《ぶ》

たくさん食《た》べて満足《まんぞく》する

音 **マン**
円満《えんまん》・肥満《ひまん》・不満《ふまん》・満員《まんいん》・満月《まんげつ》・満十歳《まんじっさい》・満足《まんぞく》・満点《まんてん》・満腹《まんぷく》・満面《まんめん》

訓 **みちる**　希望《きぼう》に満《み》ちる
みたす　心《こころ》が満《み》たされる

なりたち

↓
㒼

もとの字《じ》は「滿」。「㒼《まん》（一面《いちめん》におおう）」と「氵（水《みず》）」で、水《みず》が「いっぱいになる」ことを表《あらわ》す。

満	満
満	満
満	満
満	満
満	満
満	満

4年《ねん》

漁

14画《かく》 氵《さんずい》の部《ぶ》

漁《りょう》を楽《たの》しむ

音 ギョ　リョウ

漁港《ぎょこう》・漁場《ぎょじょう》・漁船《ぎょせん》・漁村《ぎょそん》
禁漁区《きんりょうく》・出漁《しゅつりょう》・大漁《たいりょう》・
密漁《みつりょう》・漁師《りょうし》

訓 ―

もっとわかる ●「漁夫《ぎょふ》の利《り》」は、ある物《もの》を得《え》ようと二者《にしゃ》が争《あらそ》っているすきに、関係《かんけい》のない者《もの》が現《あらわ》れて横取《よこど》りすること。

なりたち 「氵（水《みず》）」と「魚」を合《あ》わせた形《かたち》で、水《みず》の中《なか》にいる「魚《さかな》をとる」ことを表《あらわ》す。

漁 漁 漁 漁 漁 漁
漁 漁 漁 漁 漁 漁

潟

15画《かく》 氵《さんずい》の部《ぶ》

新潟県《にいがたけん》は
米《こめ》どころ

音 ―

訓 かた

新潟《にいがた》・干潟《ひがた》

もっとわかる ●「潟《かた》」は潮《しお》が満《み》ちるとかくれ、引《ひ》くとあらわれる場所《ばしょ》。●県名《けんめい》の「新潟県《にいがたけん》」で使《つか》う。新潟県《にいがたけん》の県庁所《けんちょうしょ》在地《ざいち》は新潟市《にいがたし》。

なりたち 「舄《せき》（水《みず》が引《ひ》く）」と「氵（水《みず》）」で、海水《かいすい》が引《ひ》いた「塩《しお》を含《ふく》んだ土《と》地《ち》」や「ひがた」「湖《みずうみ》」を表《あらわ》す。

潟 潟 潟 潟 潟 潟
潟 潟 潟 潟 潟 潟

灯

6画《かく》 火《ひ》の部《ぶ》

灯台《とうだい》を
見《み》つける

音 トウ

懐中電灯《かいちゅうでんとう》・消灯《しょうとう》・点灯《てんとう》・
電灯《でんとう》・灯台《とうだい》・灯油《とうゆ》

訓 （ひ）

町《まち》の灯《ひ》

もっとわかる ●「灯台下暗《とうだいもとくら》し」とは、身近《みぢか》すぎるために、かえって気《き》がつかないということ。このことわざでいう「灯《とう》台《だい》」は、昔《むかし》、部屋《へや》の中《なか》で使《つか》った明《あ》かりのこと。

なりたち もとの字《じ》は「燈」。「登《とう》（上《あ》がる）」と「火」で、高《たか》く上《あ》げてまわりを照《て》らす「あかり」を表《あらわ》す。

灯 灯 灯 灯 灯 灯
灯 灯 灯 灯 灯 灯

4年《ねん》

なぞなぞ？ 人《ひと》（亻）が木《き》のそばで、なにをしている？

(答《こた》えは次《つぎ》のページ)

焼

12 画《かく》　火《ひ》の部《ぶ》

肉《にく》が焼《や》ける

音 （ショウ）　焼却《しょうきゃく》・焼失《しょうしつ》・全焼《ぜんしょう》・燃焼《ねんしょう》・半焼《はんしょう》

訓 やく　魚《さかな》を焼《や》く・焼《や》きそば

やける　焼《や》け野原《のはら》

なりたち

↓
堯

もとの字は「燒」。「堯（上《あ》がる）」と「火」で、煙《けむり》や火《ひ》の粉《こ》が高《たか》く上《あ》がり燃《も》えるようすから、「やく」ことを表《あらわ》す。

然

12 画《かく》　灬《れっか》の部《ぶ》

自然《しぜん》の中《なか》の生《い》き物《もの》

音 ゼン　公然《こうぜん》・自然《しぜん》・当然《とうぜん》・同然《どうぜん》・必然《ひつぜん》・平然《へいぜん》

ネン　天然《てんねん》

訓 ——

なりたち

↓
然

「肰《ぜん》（イヌの肉《にく》）」と「灬（火《ひ》）」で、火《ひ》で「もやす」ことを表《あらわ》す。のち、「その通《とお》り」の意《い》味《み》で用《もち》いた。

無

12 画《かく》　灬《れっか》の部《ぶ》

なにも無《な》い！

音 ム　有無《うむ》・無医村《むいそん》・無意味《むいみ》・無効《むこう》・無心《むしん》・無責任《むせきにん》・無名《むめい》

ブ　無事《ぶじ》・無礼《ぶれい》

訓 ない　お金《かね》が無《な》い・人気《にんき》が無《な》い

なりたち

↓

↓

↓
無

人《ひと》がかざりを手《て》に持《も》って舞《ま》う形《かたち》。神《かみ》の前《まえ》で「無《な》いもの」を求《もと》めて舞《ま》ったところから、「ない」意《い》味《み》を表《あらわ》す。

4年《ねん》

照

13画《かく》 灬《れっか》の部《ぶ》

月《つき》が夜空《よぞら》を照《て》らす

音 ショウ

訓 てる てらす てれる

参照《さんしょう》・照明《しょうめい》・対照《たいしょう》・日照《にっしょう》

日《ひ》が照《て》る

舞台《ぶたい》を照《て》らす

大《おお》げさにほめられて照《て》れる

もっとわかる ●「対照《たいしょう》」は、二《ふた》つのものを見《み》くらべること。

なりたち 「昭《しょう》（明《あか》るい）」と「灬（火《ひ》）」で、火《ひ》が明《あか》るくかがやくようすから、「てる」「てらす」ことを表《あらわ》す。

熊

14画《かく》 灬《れっか》の部《ぶ》

茶色《ちゃいろ》い熊《くま》

音 ——

訓 くま

熊手《くまで》・熊本《くまもと》・白熊《しろくま》・北極熊《ほっきょくぐま》

もっとわかる ●県名《けんめい》の「熊本県《くまもとけん》」で使《つか》う。県庁所在地《けんちょうしょざいち》は熊本市《くまもとし》。

なりたち

 → 熊

「能（動物《どうぶつ》のくま）」と「火《ひ》（火《ひ》のように勢《いきお》いがある）」を合《あ》わせた形《かたち》。力《ちから》の強《つよ》い「くま」を表《あらわ》す。

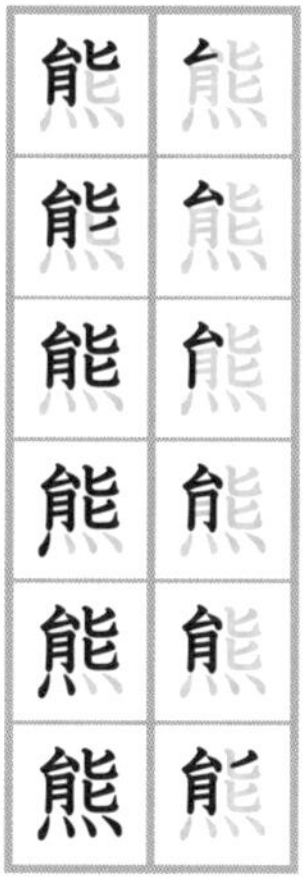

熱

15画《かく》 灬《れっか》の部《ぶ》

紅茶《こうちゃ》が熱《あつ》い

音 ネツ

訓 あつい

加熱《かねつ》・高熱《こうねつ》・熱意《ねつい》・熱演《ねつえん》・熱気《ねっき》・熱血《ねっけつ》・熱戦《ねっせん》・熱湯《ねっとう》・熱量《ねつりょう》・発熱《はつねつ》

熱《あつ》いお茶《ちゃ》

もっとわかる ●「頭寒足熱《ずかんそくねつ》」は、頭《あたま》を冷《ひ》やして足《あし》をあたためるという健康法《けんこうほう》。

なりたち 「埶（エネルギーが生《う》み出《だ》される）」と「灬（火《ひ》）」で、温度《おんど》が高《たか》くて「あつい」意味《いみ》を表《あらわ》す。

なぞなぞ？ 日《ひ》のしずむ音《おと》がしたら、どうなる？

（答《こた》えは次《つぎ》のページ）

牧

8画《かく》 牛《うし》の部《ぶ》

音 ボク
訓 (まき)

放牧《ほうぼく》・牧師《ぼくし》・牧草《ぼくそう》・遊牧民《ゆうぼくみん》
牧場《まきば》

牧場《ぼくじょう》の牛《うし》

もっとわかる
「牧師《ぼくし》」は、キリスト教《きょう》の新教《しんきょう》(プロテスタント)で信者《しんじゃ》を教《おし》え導《みちび》く人《ひと》。

なりたち

↓

牧

「牛」と「攵(動作《どうさ》)」で、牛《うし》などを「飼《か》う」ことを表《あらわ》す。

特

10画《かく》 牛《うし》の部《ぶ》

音 トク
訓 —

特技《とくぎ》・特産《とくさん》・特色《とくしょく》・特製《とくせい》・特大《とくだい》・独特《どくとく》・特別《とくべつ》

特技《とくぎ》はさか上《あ》がり

もっとわかる
「特長《とくちょう》」は、ほかよりすぐれている点《てん》。「特徴《とくちょう》」は、ほかとちがっている点《てん》。

なりたち

「寺(じっとする)」と「牛」で、じっと立《た》って目立《めだ》っている牛《うし》を示《しめ》し、「とりわけ」の意味《いみ》を表《あらわ》す。

産

11画《かく》 生《うまれる》の部《ぶ》

音 サン
訓 うむ
うまれる
(うぶ)

財産《ざいさん》・産地《さんち》・出産《しゅっさん》・生産《せいさん》
ふた子《ご》を産《う》む
子犬《こいぬ》が産《う》まれる
産着《うぶぎ》・産声《うぶごえ》・産湯《うぶゆ》

たまごを産《う》む

もっとわかる
特別《とくべつ》な読《よ》み方《かた》…土産《みやげ》

なりたち

もとの字《じ》は「產」。「彦(整《ととの》う)」の省略形《しょうりゃくけい》と「生(うむ)」で、子《こ》をうむと女性《じょせい》の腹《はら》がすっきりするところから、「うむ」ことを表《あらわ》す。

4年《ねん》

的

8画《かく》 白《しろ》の部《ぶ》

的《まと》をねらう

音 **テキ** 具体的《ぐたいてき》・私的《してき》・的中《てきちゅう》・目的《もくてき》

訓 **まと** 注目《ちゅうもく》の的《まと》・的外《まとはず》れ

もっとわかる
●「文学的《ぶんがくてき》」「芸術的《げいじゅつてき》」などの「的《てき》」は、そのような性質《せいしつ》を持《も》っていることを表《あらわ》す。

なりたち
（古い字形）→勺
「勺（目立《めだ》つ）」と「白」で、くっきりと目立《めだ》つ白《しろ》い「まと」を表《あらわ》す。

省

9画《かく》 目《め》の部《ぶ》

むだを省《はぶ》く

音 **セイ** 自省《じせい》・内省《ないせい》・反省《はんせい》
ショウ 外務省《がいむしょう》・省略《しょうりゃく》・省力《しょうりょく》

訓 **（かえりみる）** 行動《こうどう》を省《かえり》みる
はぶく 説明《せつめい》を省《はぶ》く

もっとわかる
●「省《しょう》」は、国《くに》の仕事《しごと》をする役所《やくしょ》。文部科学省《もんぶかがくしょう》などがある。

なりたち
「少《しょう》（小《ちい》さくする）」と「目」で、目《め》を細《ほそ》めてよく見《み》るようすから、「ふりかえって考《かんが》える」ことを表《あらわ》す。

祝

9画《かく》 ネ《しめすへん》の部《ぶ》

お祝《いわ》いをする

音 **シュク** 祝日《しゅくじつ》・祝勝会《しゅくしょうかい》・祝典《しゅくてん》・祝電《しゅくでん》・祝福《しゅくふく》・祝砲《しゅくほう》
（シュウ） ご祝儀《しゅうぎ》

訓 **いわう** 誕生日《たんじょうび》を祝《いわ》う

なりたち
（古い字形）→（古い字形）→祝（祝）
もとの字《じ》は「祝」。「示（神《かみ》）」と「兄（ひざまずいた人《ひと》）」をあわせた形《かたち》。神《かみ》に「いのる」ことを表《あらわ》す。

なぞなぞ？ 青空《あおぞら》の下《した》、争《あらそ》いがなくなると、どうなる？

（答《こた》えは次《つぎ》のページ）

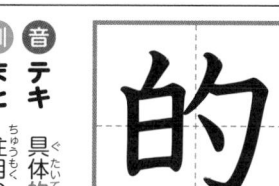

票

11画《かく》 示《しめす》の部《ぶ》

伝票《でんぴょう》を見《み》せる

音 **ヒョウ**

訓 ―

伝票《でんぴょう》・投票《とうひょう》・白票《はくひょう》・票決《ひょうけつ》

もっとわかる

「票決《ひょうけつ》」は投票《とうひょう》で決《き》めること。「表決《ひょうけつ》」は賛成《さんせい》か反対《はんたい》かを表《あらわ》すこと。

なりたち

「䙴（浮《う》き上《あ》がる）」と「示（火《ひ》）」で、火《ひ》の粉《こ》が舞《ま》うようすから、ひらひらした「小《ち》さな紙《かみ》」を表《あらわ》す。

種

14画《かく》 禾《のぎへん》の部《ぶ》

植物《しょくぶつ》の種《たね》をまく

音 **シュ**

訓 **たね**

種子《しゅし》・種類《しゅるい》・職種《しょくしゅ》・品種《ひんしゅ》

種《たね》まき・手品《てじな》の種《たね》明《あ》かし

もっとわかる

「ものごとの種《たね》」のように、何《なに》かが生《う》まれる原因《げんいん》の意味《いみ》でも使《つか》われる。

なりたち

「重（重《おも》みをかける）」と「禾（イネ）」で、作物《さくもつ》を「植《う》える」ことを表《あらわ》す。のち、「たね」の意味《いみ》で用《もち》いた。

4年《ねん》

積

16画《かく》 禾《のぎへん》の部《ぶ》

本《ほん》をたくさん積《つ》み上《あ》げる

音 **セキ**

訓 **つむ**

つもる

積雪《せきせつ》・積極的《せっきょくてき》・体積《たいせき》・面積《めんせき》

経験《けいけん》を積《つ》む・荷物《にもつ》を積《つ》む

雪《ゆき》が積《つ》もる

もっとわかる

「積乱雲《せきらんうん》」は、山《やま》のように盛《も》り上《あ》がった雲《くも》。「入道雲《にゅうどうぐも》」「雷雲《かみなりぐも》」とも。

なりたち

「責《せき》（ギザギザと重《かさ》なる）」と「禾（イネ）」で、刈《か》りとったイネをつみ上《あ》げたようすから、「つみかさなる」ことを表《あらわ》す。

? 前《まえ》のページの答《こた》え→静《しず》かになる

競

20画《かく》 立《たつ》の部《ぶ》

競走《きょうそう》する

音 キョウ

ケイ

競泳《きょうえい》・競技《きょうぎ》・競争《きょうそう》・競走《きょうそう》

競馬《けいば》・競輪《けいりん》

訓 (きそう)

得点《とくてん》を競《きそ》う

(せる)

ゴール前《まえ》で激《はげ》しく競《せ》り合《あ》う

なりたち

「言（いう）」と「儿（人《ひと》）」を合《あ》わせた形《かたち》を二《ふた》つ並《なら》べたもの。二人《ふたり》が言《い》い合《あ》うようすから、「きそう」ことを表《あらわ》す。

置

13画《かく》 罒《あみがしら》の部《ぶ》

かたに手《て》を置《お》く

音 チ

位置《いち》・処置《しょち》・設置《せっち》・配置《はいち》

訓 おく

置《お》き手紙《てがみ》・置物《おきもの》・物置《ものおき》

もっとわかる

「置《お》いてきぼり」は、人《ひと》をその場《ば》に残《のこ》したまま、行《い》ってしまうこと。

なりたち

「直（まっすぐ）」と「罒（あみ）」で、鳥《とり》を捕《と》らえるあみをまっすぐに立《た》てておくようすから、「おく」ことを表《あらわ》す。

笑

10画《かく》 竹《たけ》の部《ぶ》

大笑《おおわら》いをする

音 (ショウ)

苦笑《くしょう》・大爆笑《だいばくしょう》・談笑《だんしょう》

訓 わらう

大笑《おおわら》い・福笑《ふくわら》い・笑《わら》い声《ごえ》・笑《わら》い話《ばなし》・笑《わら》い者《もの》

(えむ)

ほほ笑《え》み

もっとわかる

特別《とくべつ》な読《よ》み方《かた》…笑顔《えがお》

なりたち

もとの字《じ》は「咲」で、のちに「笑」に変《か》わった。「笑」は、「竹」と「夭（か細《ぼそ》い）」を合《あ》わせた形《かたち》で、口《くち》をすぼめて「わらう」ことを表《あらわ》す。

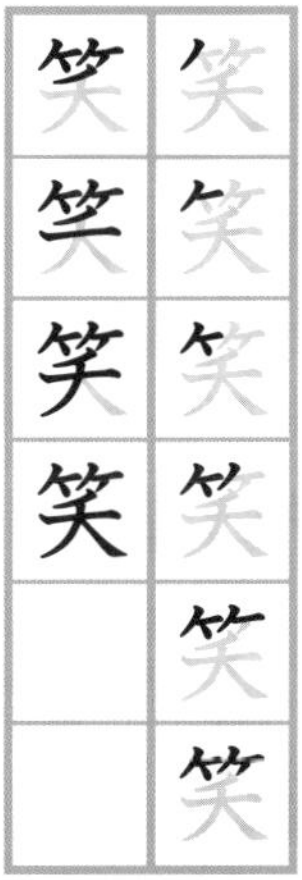

なぞなぞ？ 水《みず》（氵）を九回《きゅうかい》、木《き》にかけると、どうなる？

(答《こた》えは次《つぎ》のページ)

節

13画《かく》 **竹《たけ》の部《ぶ》**

リンゴのとれる季節《きせつ》

音 **セツ**

関節《かんせつ》・季節《きせつ》・節句《せっく》・節水《せっすい》・節税《せつぜい》・節電《せつでん》・節度《せつど》・節分《せつぶん》・節約《せつやく》・礼節《れいせつ》

（セチ）

お節料理《せちりょうり》

訓 **ふし**

節回《ふしまわ》し・節目《ふしめ》

なりたち

もとの字《じ》は「節」。「即（ごちそうのそばにひざまずく）」と「竹」で、ひざまずくと足《あし》が区切《くぎ》れるように、一段《いちだん》ずつ区切《くぎ》れたタケの「ふし」を表《あらわ》す。

管

14画《かく》 **竹《たけ》の部《ぶ》**

管楽器《かんがっき》をふく

音 **カン**

管楽器《かんがっき》・管弦楽《かんげんがく》・管制官《かんせいかん》・管理《かんり》・気管《きかん》・試験管《しけんかん》・水道管《すいどうかん》・土管《どかん》・保管《ほかん》

訓 **くだ**

竹《たけ》の管《くだ》

もっとわかる

「管《かん》」は、「菅《かん》」に形《かたち》が似《に》ていて、まちがえやすいので注意《ちゅうい》。

なりたち

「官《かん》（丸《まる》くとりまく）」と「竹」で、回《まわ》りを丸《まる》く囲《かこ》まれた竹《たけ》の「くだ」を表《あらわ》す。

約

9画《かく》 **糸《いと》の部《ぶ》**

勉強《べんきょう》をする約束《やくそく》

音 **ヤク**

契約《けいやく》・公約《こうやく》・婚約《こんやく》・条約《じょうやく》・約束《やくそく》・約百人《やくひゃくにん》・約分《やくぶん》・予約《よやく》

訓 ―

もっとわかる

「要約《ようやく》」は、大切《たいせつ》なところだけを短《みじか》くまとめること。

なりたち

「勺（めだつ）」と「糸」で、めだたせるよう糸《いと》に結《むす》び目《め》を作《つく》ることを表《あらわ》す。のち、「取《と》り決《き》める」「ちぢめる」意味《いみ》に用《もち》いた。

4年《ねん》

給

12画《かく》 糸《いと》の部《ぶ》

給食《きゅうしょく》の時間《じかん》

音 キュウ

給食《きゅうしょく》・給水《きゅうすい》・給油《きゅうゆ》・給料《きゅうりょう》・月給《げっきゅう》・補給《ほきゅう》

訓 —

もっとわかる
「自給自足《じきゅうじそく》」は、生活《せいかつ》に必要《ひつよう》なものを、自分《じぶん》で作《つく》って使《つか》うこと。

なりたち
「合（ぴったり合《あ》う）」と「糸」で、ほかの糸《いと》を継《つ》ぎ足《た》してぴったり合《あ》わせるようすから、「おぎなう」「たす」ことを表《あらわ》す。

結

12画《かく》 糸《いと》の部《ぶ》

結《けっ》こん式《しき》を挙《あ》げる

音 ケツ

完結《かんけつ》・結果《けっか》・結合《けつごう》・団結《だんけつ》

訓 むすぶ

条約《じょうやく》を結《むす》ぶ・ひもを結《むす》ぶ

（ゆう） 帯《おび》を結《ゆ》う

（ゆわえる） 髪《かみ》の毛《け》を結《ゆ》わえる

なりたち

↓ 吉

「吉（ふさぐ）」と「糸」で、袋《ふくろ》に物《もの》を入《い》れて、口《くち》を「むすぶ」ことを表《あらわ》す。のち、「一《ひと》つにかたまる」意味《いみ》に用《もち》いた。

続

13画《かく》 糸《いと》の部《ぶ》

えんそうを続《つづ》ける

音 ゾク

接続《せつぞく》・続出《ぞくしゅつ》・続報《ぞくほう》・連続《れんぞく》

訓 つづく

行列《ぎょうれつ》が続《つづ》く

つづける

話《はな》し続《つづ》ける

もっとわかる
「続々《ぞくぞく》」は、つぎからつぎへと続《つづ》くようす。

なりたち
もとの字《じ》は「續」。「賣（つながる）」と「糸」で、着物《きもの》を縫《ぬ》うとき、針《はり》と糸《いと》で布《ぬの》をつなぐようすから、「つづく」ことを表《あらわ》す。

4年《ねん》

なぞなぞ？ 矢《や》が豆《まめ》にささっているよ。どんな矢《や》？

（答《こた》えは次《つぎ》のページ）

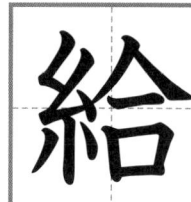

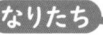

縄

15画《かく》　糸《いと》の部《ぶ》

縄《なわ》とびをする

音　（ジョウ）　縄文時代《じょうもんじだい》

訓　なわ　沖縄《おきなわ》・縄飛《なわと》び・縄張《なわば》り

もっとわかる

● 県名《けんめい》の「沖縄県《おきなわけん》」で使《つか》う。沖縄県《おきなわけん》の県庁所在地《けんちょうしょざいち》は那覇市《なはし》。

● 「縄《なわ》張《ば》り」とは勢力《せいりょく》のおよぶはん囲《い》のこと。

なりたち

↓

縄

もとの字《じ》は「繩」。「蝿《はえ》（よじれるように飛《と》ぶはえ）」を略《りゃく》した形《かたち》と「糸《いと》」で、「なわ」を表《あらわ》す。

群

13画《かく》　羊《ひつじ》の部《ぶ》

魚《さかな》の群《む》れ

音　グン　魚群《ぎょぐん》・群衆《ぐんしゅう》・群島《ぐんとう》・群馬《ぐんま》・大群《たいぐん》・抜群《ばつぐん》

訓　むれる　カモが群《む》れる
むれ　ハトの群《む》れ
むら　ハチが群《むら》がる・群雲《むらくも》

もっとわかる

● 県名《けんめい》の「群馬県《ぐんまけん》」で使《つか》う。群馬県《ぐんまけん》の県庁所在地《けんちょうしょざいち》は前橋市《まえばしし》。

なりたち

「君（一《ひと》つにする）」と「羊」で、羊《ひつじ》がまとまっているようすから、「むらがる」意《い》を表《あらわ》す。

老

6画《かく》　耂《おいかんむり》の部《ぶ》

長老《ちょうろう》にほめられる

音　ロウ　敬老《けいろう》・長老《ちょうろう》・老化《ろうか》・老眼《ろうがん》・老人《ろうじん》・老練《ろうれん》

訓　おいる　年老《としお》いた犬《いぬ》
（ふける）　年《とし》より老《ふ》けて見《み》える

もっとわかる

● 「老若男女《ろうにゃくなんにょ》」は、年《とし》よりも若者《わかもの》も男《おとこ》も女《おんな》もみんなということ。

なりたち

↓

↓

老

腰《こし》の曲《ま》がった人《ひと》がつえをついて歩《ある》くようすをえがいた形《かたち》で、「としより」を表《あらわ》す。

良

7 画《かく》 良《こんづくり》の部《ぶ》

音 リョウ
改良《かいりょう》・最良《さいりょう》・良好《りょうこう》・良心《りょうしん》

訓 よい
仲《なか》が良《よ》い

もっとわかる
● 「良」と反対《はんたい》の意味《いみ》をもつ漢字《かんじ》は「悪」。良質《りょうしつ》↔悪質《あくしつ》など。

なりたち

↓ 良
穀物《こくもつ》の粒《つぶ》を水《みず》で洗《あら》い、きれいにするようすをえがいた形《かたち》で、汚《よご》れがなく「すぐれている」意味《いみ》を表《あらわ》す。

街

12 画《かく》 行《ぎょうがまえ》の部《ぶ》

音 ガイ（カイ）
街灯《がいとう》・街頭《がいとう》・市街地《しがいち》
街道《かいどう》

訓 まち
おしゃれな街並《まちな》み

もっとわかる
● 「街道《かいどう》」は、中央《ちゅうおう》と地《ち》方《ほう》をむすぶ、大切《たいせつ》な道《みち》のこと。

なりたち
圭 ↓ 圭
「圭（区切《くぎ》る）」と「行（道《みち》）」で、道《みち》で区切《くぎ》られた「まち」を表《あらわ》す。

魚《さかな》の漢字《かんじ》②

日本《にほん》でつくられた魚《さかな》の漢字《かんじ》

魚《さかな》の名前《なまえ》の漢字《かんじ》には、日本《にほん》でつくられたものもあります。たとえば、イワシは中国《ちゅうごく》でもとれる魚《さかな》ですが、中国《ちゅうごく》には「鰯」の漢字《かんじ》がありません。日本人《にほんじん》が「魚」と「弱」でイワシとした理由《りゆう》は、「ほかの魚《さかな》に食《た》べられる弱《よわ》い魚《さかな》だから」、「うろこが弱《よわ》く、腐《くさ》りやすいから」などといわれます。

一方《いっぽう》、キスの場合《ばあい》は、キの音《おと》をもつ「喜」と「魚」を組《く》み合《あ》わせて「鱚」の字《じ》がつくられました。同《おな》じ音《おん》の漢字《かんじ》に「季」「器」「寄」「己」などがある中《なか》で「喜」が選《えら》ばれたのは、「よろこぶ」という読《よ》みがあり、イメージがよいためでしょう。

今《いま》の日本《にほん》には多《おお》くの外国《がいこく》の魚《さかな》も入《はい》ってきています。外国《がいこく》の魚《さかな》に新《あたら》しい魚《さかな》の漢字《かんじ》を考《かんが》えてみるのも楽《たの》しいですね。

なぞなぞ？ 羽＋白＋宀＋子＝？

（答《こた》えは次《つぎ》のページ）

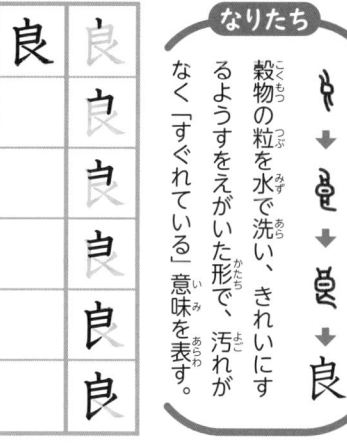

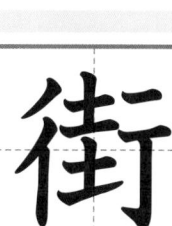

衣

6画《かく》 衣《ころも》の部《ぶ》

白衣《はくい》を着《き》た
お医者《いしゃ》さん

音 イ　衣装《いしょう》・衣食住《いしょくじゅう》・衣服《いふく》・衣類《いるい》・
着衣《ちゃくい》・白衣《はくい》

訓 （ころも）　衣替《ころもが》え・羽衣《はごろも》

もっとわかる

● 特別《とくべつ》な読《よ》み方《かた》…浴衣《ゆかた》

● 「衣食住《いしょくじゅう》」は、生活《せいかつ》の中《なか》でもっとも大《たい》切《せつ》な三《みっ》つのもの。衣服《いふく》・食物《しょくもつ》・住居《じゅうきょ》のこと。

なりたち

↓ 衣

着物《きもの》のえりをえがいた形《かたち》で、体《からだ》にまとう「ころも」を表《あらわ》す。

要

9画《かく》 西《にし》の部《ぶ》

たくさんの
要望書《ようぼうしょ》

音 ヨウ　重要《じゅうよう》・必要《ひつよう》・要求《ようきゅう》・要所《ようしょ》・
要人《ようじん》・要素《ようそ》・要点《ようてん》

訓 かなめ　チームの要《かなめ》

（いる）　水《みず》が要《い》る

なりたち

↓ 要

女性《じょせい》が両手《りょうて》で「こし」をしめつけるようす。「こし」は胴《どう》と足《あし》をつなぐ大事《だいじ》な部分《ぶぶん》なので、「かなめ」の意味《いみ》を表《あらわ》す。

覚

12画《かく》 見《みる》の部《ぶ》

目《め》が覚《さ》める

音 カク　覚悟《かくご》・覚醒《かくせい》・感覚《かんかく》・幻覚《げんかく》・
錯覚《さっかく》・自覚《じかく》・知覚《ちかく》・発覚《はっかく》・
不覚《ふかく》・味覚《みかく》

訓 おぼえる　顔《かお》と名前《なまえ》を覚《おぼ》える

さます　赤《あか》ちゃんが目《め》を覚《さ》ます

さめる　迷《まよ》いから覚《さ》める・目《め》が覚《さ》める

なりたち

もとの字《じ》は「覺」。「學（交《まじ》わる）」の省略形《しょうりゃくけい》と「見」で、見《み》たり聞《き》いたりしたことが心《こころ》の中《なか》でまとまり、「さとる」ことを表《あらわ》す。

4年《ねん》

観

18画《かく》　見《みる》の部《ぶ》

ようすを観察《かんさつ》する

音　カン
外観《がいかん》・観客《かんきゃく》・観光《かんこう》・観察《かんさつ》・観賞《かんしょう》・観覧車《かんらんしゃ》・楽観《らっかん》

訓　—

もっとわかる
「外観《がいかん》」は、見《み》かけのこと。

なりたち

↓
雚
もとの字《じ》は「觀」。「雚《かん》（口《くち》をそろえる）」と「見」で、全体《ぜんたい》をそろえて「みわたす」ことを表《あらわ》す。

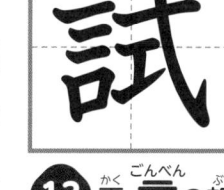

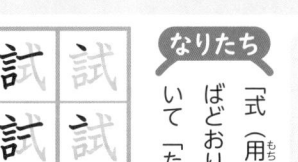

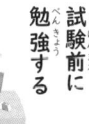

訓

10画《かく》　言《ごんべん》の部《ぶ》

音読《おんよ》みと訓読《くんよ》み

音　クン
音訓《おんくん》・家訓《かくん》・訓読《くんよ》み・訓練《くんれん》

訓　—

もっとわかる
「訓読《くんよ》み」は、漢字《かんじ》に、日本語《にほんご》の意味《いみ》を当《あ》てはめて読《よ》むこと。「訓読《くんどく》」ともいう。

なりたち
「川（つらぬいて流《なが》れる）」と「言」で、物事《ものごと》をきちんとすじを通《とお》して「おしえる」ことを表《あらわ》す。のち、「漢字《かんじ》の日本語読《にほんごよ》み」の意味《いみ》で用《もち》いた。

試

13画《かく》　言《ごんべん》の部《ぶ》

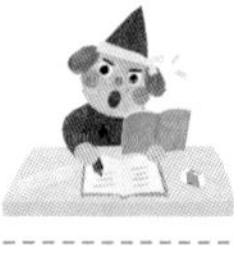
試験前《しけんまえ》に勉強《べんきょう》する

音　シ
試合《しあい》・試作《しさく》・試写会《ししゃかい》・試食《ししょく》・試練《しれん》・入試《にゅうし》

訓　こころみる
実験《じっけん》を試《こころ》みる
（ためす）
試《ため》しに使《つか》ってみる

もっとわかる
「試供品《しきょうひん》」は、ためしに使《つか》ってもらう品《しな》のこと。

なりたち
「式（用《もち》いる）」と「言」で、ことばどおりかどうかを、その人《ひと》を用《もち》いて「ためす」ことを表《あらわ》す。

なぞなぞ？ 君《きみ》がみた羊《ひつじ》は、どんな羊《ひつじ》だった？
（答《こた》えは次《つぎ》のページ）

説

14画《かく》 言《ごんべん》の部《ぶ》

作《つく》り方《かた》を説明《せつめい》する

音 セツ （ゼイ）

解説《かいせつ》・仮説《かせつ》・小説《しょうせつ》・説明《せつめい》・伝説《でんせつ》・力説《りきせつ》

遊説《ゆうぜい》

訓 とく

教《おし》えを説《と》く

なりたち

↓ 兌

もとの字《じ》は「說」。「兌（中身《なかみ》を抜《ぬ》き取《と》る）」と「言」で、わからないことばを抜《ぬ》き出《だ》して、「ときほぐしてわからせる」ことを表《あらわ》す。

説	説
説	説
説	説
説	説
説	説
説	説

課

15画《かく》 言《ごんべん》の部《ぶ》

課題《かだい》について調《しら》べる

音 カ

課外活動《かがいかつどう》・課税《かぜい》・課題《かだい》・課長《かちょう》・日課《にっか》・放課後《ほうかご》

訓 —

もっとわかる

「課程《かてい》」は、学校《がっこう》で一《いっ》定期間《ていきかん》に勉強《べんきょう》する学習内容《がくしゅうないよう》。「小学校《しょうがっこう》の課程《かてい》を修了《しゅうりょう》する」などと使《つか》う。

なりたち

「果《か》（実《み》をむすぶ）」と「言」で、結果《けっか》がどうなるかを見《み》るために、仕事《しごと》を「わりあてる」ことを表《あらわ》す。

課	課
課	課
課	課
課	課
課	課
課	課

4年《ねん》

議

20画《かく》 言《ごんべん》の部《ぶ》

みんなで議論《ぎろん》をする

音 ギ

異議《いぎ》・会議《かいぎ》・議員《ぎいん》・議会《ぎかい》・議事録《ぎじろく》・議論《ぎろん》・抗議《こうぎ》

訓 —

もっとわかる

「議論百出《ぎろんひゃくしゅつ》」は、多《おお》くの意見《いけん》が活発《かっぱつ》にかわされること。

なりたち

「義《ぎ》（形《かたち》がきちんと整《ととの》っている）」と「言」を合《あ》わせた形《かたち》で、筋道《すじみち》をきちんと立《た》てて「はなしあう」ことを表《あらわ》す。

議	議
議	議
議	議
議	議
議	議
議	議

? 前《まえ》のページの答《こた》え→群《む》れ

貨

11画《かく》　貝《かい》の部《ぶ》

金貨《きんか》をもらう

音 カ
貨幣《かへい》・貨物《かもつ》・金貨《きんか》・硬貨《こうか》・雑貨《ざっか》・通貨《つうか》・百貨店《ひゃっかてん》

訓 —

もっとわかる
● 「貨《か》」は「貸《たい》」と形《かたち》が似《に》ていて、まちがえやすいので注意《ちゅうい》。

なりたち
「化《か》（すがたを変《か》える）」と「貝（お金《かね》や品物《しなもの》）」で、交換《こうかん》していろいろなものに姿《すがた》を変《か》えられる「金《きん》銭《せん》」を表《あらわ》す。

賀

12画《かく》　貝《かい》の部《ぶ》

祝賀会《しゅくがかい》のお知《し》らせ

音 ガ
賀春《がしゅん》・賀正《がしょう》・参賀《さんが》・滋賀《しが》・祝賀会《しゅくがかい》・年賀状《ねんがじょう》

訓 —

もっとわかる
● 県名《けんめい》の「佐《さ》賀《が》県《けん》」「滋《し》賀《が》県《けん》」で使《つか》う。

なりたち
「加（上《うえ》にのせる）」と「貝（お金《かね》や品《しな》物《もの》）」で、お金《かね》や品物《しなもの》を積《つ》み上《あ》げるようすから、お金《かね》や品物《しなもの》を贈《おく》って「いわう」意《い》を表《あらわ》す。

軍

9画《かく》　車《くるま》の部《ぶ》

軍《ぐん》が門《もん》を守《まも》る

音 グン
一軍《いちぐん》・軍事《ぐんじ》・軍人《ぐんじん》・大軍《たいぐん》

訓 —

もっとわかる
● 「孤軍奮闘《こぐんふんとう》」は、助《たす》けのない中《なか》、たった一人《ひとり》で立《た》ち向《む》かうこと。

なりたち

↓
軍
「冖（丸《まる》く取《と》り囲《かこ》む）」と「車」で、戦車《せんしゃ》のまわりを取《と》り囲《かこ》む「兵《へい》士《し》の集《あつ》まり」を表《あらわ》す。

4年《ねん》

なぞなぞ　金＋失＋木＋反＝？
(答《こた》えは次《つぎ》のページ)

輪

15画《かく》　車《くるま》の部《ぶ》

車輪《しゃりん》つきの台車《だいしゃ》

音　リン　一輪車《いちりんしゃ》・車輪《しゃりん》・輪唱《りんしょう》・輪番《りんばん》

訓　わ　首輪《くびわ》・指輪《ゆびわ》・輪投《わな》げ

もっとわかる　「五輪《ごりん》」は、オリンピックのこと。五《いつ》つの輪《わ》は五大陸《ごたいりく》を表《あらわ》す。

なりたち

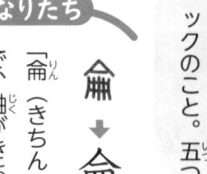

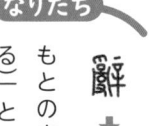

↓侖

「侖《りん》（きちんとそろう）」と「車」で、軸《じく》がきちんと並《なら》んでいる車《くるま》の「わ」を表《あらわ》す。

辞

13画《かく》　辛《からい》の部《ぶ》

お世辞《せじ》を言《い》う

音　ジ　辞書《じしょ》・辞退《じたい》・辞表《じひょう》・祝辞《しゅくじ》

訓　（やめる）　社長《しゃちょう》を辞《や》める

もっとわかる　「辞退《じたい》」は、自分《じぶん》から遠慮《えんりょ》して断《ことわ》ること。

なりたち

↓辭（辞）

もとの字《じ》は「辭」。「𤔔（もつれる）」と「辛（刃物《はもの》）」で、乱《みだ》れた事態《じたい》を裁《さば》く「ことば」を表《あらわ》す。

量

12画《かく》　里《さと》の部《ぶ》

大量《たいりょう》に食《た》べる

音　リョウ　雨量《うりょう》・裁量《さいりょう》・力量《りきりょう》・量産《りょうさん》

訓　はかる　体重《たいじゅう》を量《はか》る

もっとわかる　「量産《りょうさん》」は、同《おな》じ型《かた》の物《もの》を大量《たいりょう》に作《つく》ること。

なりたち

↓量

「良《りょう》（穀物《こくもつ》をきれいに洗《あら》う）」の省《しょう》略形《りゃくけい》と「重」の省略形《しょうりゃくけい》で、穀物《こくもつ》の重《おも》さを「はかる」ことを表《あらわ》す。

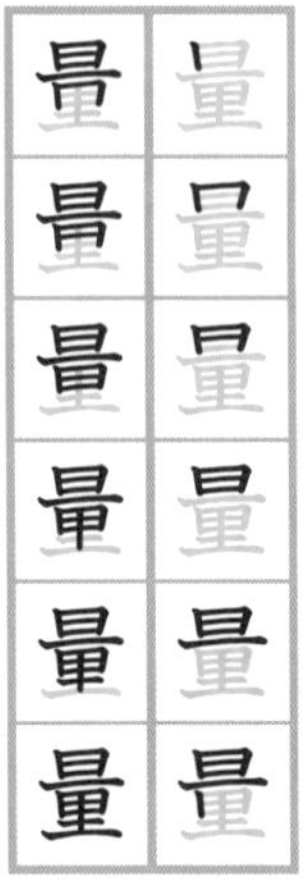

4年《ねん》

臣

7 画《かく》 **臣《しん》**の部《ぶ》

家臣《かしん》のほうこく

音 **シン**　**ジン**
家臣《かしん》・重臣《じゅうしん》・臣下《しんか》
大臣《だいじん》

訓 ―

もっとわかる
「大臣《だいじん》」は、国《くに》の政治《せいじ》を行《おこな》う役目《やくめ》の人《ひと》。

なりたち

大《おお》きく目《め》を見開《みひら》いた人《ひと》の形《かたち》。主人《しゅじん》の前《まえ》でかしこまる「けらい」を表《あらわ》す。

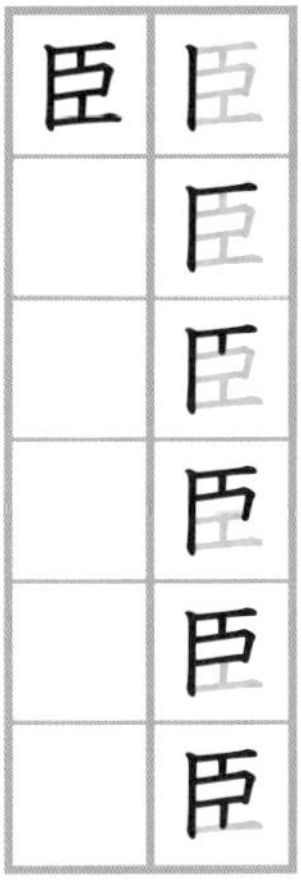

録

16 画《かく》 **金《かね》**の部《ぶ》

未来《みらい》のゆめを記録《きろく》する

音 **ロク**
議事録《ぎじろく》・記録《きろく》・語録《ごろく》・登録《とうろく》・
備忘録《びぼうろく》・目録《もくろく》・録音《ろくおん》

訓 ―

もっとわかる
「備忘録《びぼうろく》」は、忘《わす》れたときのために書《か》きとめておくノート。

なりたち
もとの字《じ》は「錄」。「彔《ろく》（はぎ取《と》る）」と「金（金属《きんぞく》）」で、金属《きんぞく》の表《ひょう》面《めん》を削《けず》って文字《もじ》をほりこむようすから、「記録《きろく》する」ことを表《あらわ》す。

鏡

19 画《かく》 **金《かね》**の部《ぶ》

けんび鏡《きょう》で見《み》る

音 **キョウ**
鏡台《きょうだい》・三面鏡《さんめんきょう》・望遠鏡《ぼうえんきょう》

訓 **かがみ**
鏡餅《かがみもち》・手鏡《てかがみ》

もっとわかる
特別《とくべつ》な読《よ》み方《かた》…眼鏡《めがね》
「鏡餅《かがみもち》」は、神《かみ》にそなえるためのまるく平《ひら》たい餅《もち》。

なりたち
「竟《きょう》（くっきりと区切《くぎ》る）」と「金（金属《きんぞく》）」で、光《ひかり》と陰《かげ》の境目《さかいめ》をくっきりと映《うつ》し出《だ》す、金属《きんぞく》をみがいて作《つく》った「かがみ」を表《あらわ》す。

4年《ねん》

なぞなぞ　門《もん》に口《くち》をあてて、なにをする？

（答《こた》えは次《つぎ》のページ）

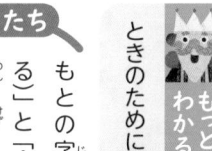

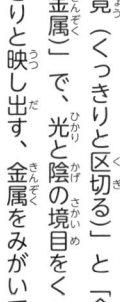

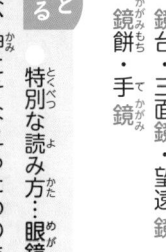

関

14画《かく》 門《もんがまえ》の部《ぶ》

うでの関節《かんせつ》を曲《ま》げる

音 **カン** 関係《かんけい》・関心《かんしん》・関節《かんせつ》・関連《かんれん》・機関《きかん》・玄関《げんかん》・難関《なんかん》・大関《おおぜき》・関所《せきしょ》・関取《せきとり》

訓 **せき**
かかわる 映画《えいが》に関《かか》わる仕事《しごと》

なりたち

關→關(関)

もとの字は「關」。「𢇇《かん》(つらぬき通《とお》す)」と「門」で、門《もん》にかんぬきを通《とお》して「とじる」ことを表《あらわ》す。

静

14画《かく》 青《あお》の部《ぶ》

静《しず》かに待《ま》つ

音 **セイ** 安静《あんせい》・静止《せいし》・静寂《せいじゃく》・冷静《れいせい》
(ジョウ) 静脈《じょうみゃく》

訓 **しず** 静々《しずしず》と歩《ある》く
しずか 静《しず》かに話《はなし》を聞《き》く
しずまる 風《かぜ》が静《しず》まる
しずめる 心《こころ》を静《しず》める

なりたち

もとの字《じ》は「靜」。「靑《せい》(じっと動《うご》かない)」と「爭(はり合《あ》う)」で、引《ひ》き合《あ》う力《ちから》がつり合《あ》い、「落《お》ち着《つ》いて動《うご》かない」意味《いみ》を表《あらわ》す。

4年《ねん》

順

12画《かく》 頁《おおがい》の部《ぶ》

順番《じゅんばん》にわたる

音 **ジュン** 順位《じゅんい》・順調《じゅんちょう》・順応《じゅんのう》・道順《みちじゅん》

訓 —

もっとわかる

●「順風《じゅんぷう》」は、進《すす》む方向《ほうこう》にふく風《かぜ》。追《お》い風《かぜ》。
●「順風満帆《じゅんぷうまんぱん》」は、物事《ものごと》が順調《じゅんちょう》に進《すす》んでいるようす。

なりたち

「川(道《みち》すじにしたがう)」と「頁(あたま)」で、頭《あたま》を道《みち》すじのほうに向《む》けて、「さからわずにしたがう」ことを表《あらわ》す。

類

18画《かく》　頁《おおがい》の部《ぶ》

書類《しょるい》を作《つく》る

音　ルイ

訓　たぐい

種類《しゅるい》・親類《しんるい》・人類《じんるい》・同類《どうるい》・分類《ぶんるい》・類似《るいじ》

お菓子《かし》の類《たぐ》い・類《たぐ》いまれな才能《さいのう》の持《も》ち主《ぬし》

なりたち

↓
類（類）

もとの字《じ》は「類」。「頪（似《に》ている）」と「犬」を合《あ》わせた形《かたち》で、イヌはたがいに似《に》ていることから、「似《に》たものの集《あつ》まり」を表《あらわ》す。

願

19画《かく》　頁《おおがい》の部《ぶ》

念願《ねんがん》のコンサートに行《い》く

音　ガン

訓　ねがう

願望《がんぼう》・志願《しがん》・念願《ねんがん》・悲願《ひがん》

願《ねが》いをかなえる

もっとわかる

「悲願《ひがん》」は、ぜひとも成《な》しとげたいと思《おも》う心《こころ》の底《そこ》からの願《ねが》いのこと。

なりたち

「原（丸《まる》い）」と「頁（あたま）」で、丸《まる》い大《おお》きな頭《あたま》の人《ひと》がまじめに思《おも》いつめるようすから、「ねがう」ことを表《あらわ》す。

飛

9画《かく》　飛《とぶ》の部《ぶ》

飛《と》び上《あ》がっておどろく

音　ヒ

訓　とぶ　とばす

飛脚《ひきゃく》・飛球《ひきゅう》・飛距離《ひきょり》・飛行機《ひこうき》・飛散《ひさん》・飛来《ひらい》

鳥《とり》が飛《と》ぶ

気球《ききゅう》を飛《と》ばす

もっとわかる

「飛《と》ぶ鳥《とり》を落《お》とす勢《いきお》い」は、非常《ひじょう》に勢《いきお》いに乗《の》っているようす。

なりたち

↓
飛

鳥《とり》がつばさを左右《さゆう》に広《ひろ》げて「とぶ」ようすをえがいた形《かたち》。

4年《ねん》

なぞなぞ？　女《おんな》の人《ひと》は子《こ》ねこがすき？　きらい？　（答《こた》えは次《つぎ》のページ）

飯

12画《かく》 飠《しょくへん》の部《ぶ》

ご飯《はん》を作《つく》る

音 **ハン**
残飯《ざんぱん》・赤飯《せきはん》・飯台《はんだい》・夕飯《ゆうはん》

訓 **めし**
朝飯《あさめし》・昼飯《ひるめし》・焼《や》き飯《めし》

もっとわかる
「朝飯前《あさめしまえ》」は、朝飯《あさめし》を食《た》べる前《まえ》にすんでしまうほど、簡単《かんたん》にできるようす。

なりたち
「反《はん》（向《む》きを変《か》える）」と「食」で、はしが食《た》べ物《もの》と口《くち》の間《あいだ》を行《い》ったり来《き》たりするようすから、「めし」の意味《いみ》を表《あらわ》す。

養

15画《かく》 食《しょく》の部《ぶ》

植物《しょくぶつ》が養分《ようぶん》をとりこむ

音 **ヨウ**
栄養《えいよう》・教養《きょうよう》・供養《くよう》・保養《ほよう》・養育《よういく》・養殖《ようしょく》・養分《ようぶん》

訓 **やしなう**
家族《かぞく》を養《やしな》う

もっとわかる
「一般教養《いっぱんきょうよう》」は、広《ひろ》く人間《にんげん》として、身《み》につけておきたい知識《ちしき》などのこと。

なりたち
「羊《よう》（おいしい肉《にく》）」と「食」で、おいしいものを食《た》べて、「体《からだ》に力《ちから》をつける」ことを表《あらわ》す。

香

9画《かく》 香《かおり》の部《ぶ》

花《はな》の香《かお》り

音 **（コウ）（キョウ）**
香水《こうすい》・線香《せんこう》・香車《きょうしゃ》

訓 **か　かおり　かおる**
移《うつ》り香《が》・香川《かがわ》・花《はな》の香《か》
いい香《かお》り
花《はな》が香《かお》る

もっとわかる
県名《けんめい》の「香川県《かがわけん》」で使《つか》う。

なりたち

↓香
「黍（きび）」を略《りゃく》した形《かたち》と「甘（うまい）」の変形《へんけい》を合《あ》わせた形《かたち》。「かおる」意《い》を表《あらわ》す。

4年《ねん》

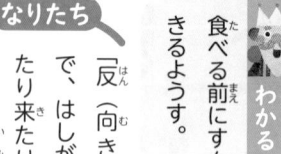

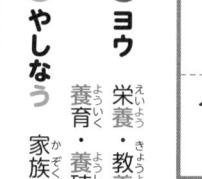

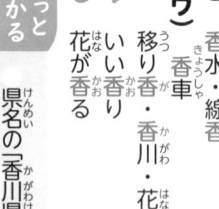

験

18画《かく》　馬《うま》の部《ぶ》

はじめての体験《たいけん》

音　ケン
（ゲン）

経験《けいけん》・試験《しけん》・実験《じっけん》・受験《じゅけん》・体験《たいけん》・治験《ちけん》
験《げん》をかつぐ・霊験《れいげん》

訓　―

なりたち

もとの字《じ》は「驗」。「僉《せん》（集《あつ》める）」と「馬」で、馬《うま》を一《いっ》か所《しょ》に集《あつ》めてよしあしを「たしかめる」ことを表《あらわ》す。

鹿

11画《かく》　鹿《しか》の部《ぶ》

鹿《しか》の大《おお》きなつの

音　―

訓　しか
か

子鹿《こじか》
鹿毛《かげ》・鹿児島《かごしま》・鹿《か》の子《こ》

もっとわかる
●県名《けんめい》の「鹿児島県《かごしまけん》」で使《つか》う。鹿児島県《かごしまけん》の県庁所在地《けんちょうしょざいち》は鹿児島市《かごしまし》。

なりたち

角《つの》の生《は》えた「しか」をえがいた形《かたち》。動物《どうぶつ》の「しか」を表《あらわ》す。

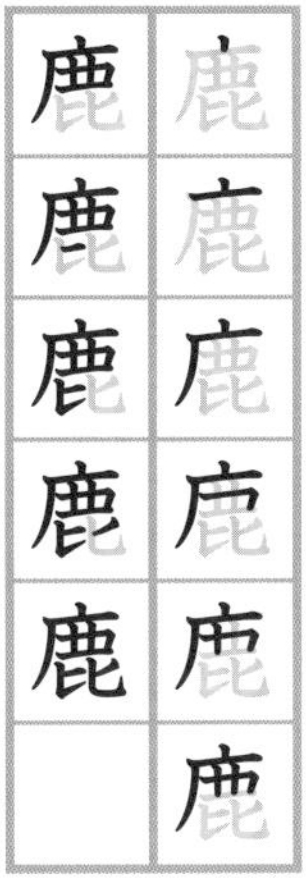

数《かぞ》えるときに使《つか》う漢字《かんじ》を覚《おぼ》えよう

ものを数《かぞ》えるときに使《つか》う漢字《かんじ》をいくつ知《し》っていますか？

ごぼうや大根《だいこん》など細長《ほそなが》いものを数《かぞ》えるとき、「本《ほん》」を使《つか》いますね。「一本」のときは「いっぽん」、「二本」のときは「にほん」と読《よ》み方《かた》が変《か》わるのが最《さい》初《しょ》は難《むずか》しいかもしれませんが、慣《な》れると自然《しぜん》に口《くち》にすることができるようになります。

車《くるま》や自転車《じてんしゃ》は「一台、二台《だい》」を使《つか》います。牛《うし》や馬《うま》など大《おお》きい動物《どうぶつ》は「一頭《とう》、二頭《とう》」と数《かぞ》えることが多《おお》いです。

そのほかリンゴを数《かぞ》える「個《こ》」や、お皿《さら》などの「枚《まい》」などの漢字《かんじ》は、ふだんの生活《せいかつ》でよく使《つか》うので、学校《がっこう》で学《まな》ぶ前《まえ》に知《し》っている漢字《かんじ》かもしれませんね。

日本《にほん》で使《つか》われている漢字《かんじ》はいくつ？

漢字《かんじ》の数《かず》は5万《まん》字《じ》以上《いじょう》

漢字全体《かんじぜんたい》の数《かず》は、はっきりとはわかりません。日本《にほん》では使《つか》わない漢字《かんじ》や、同《おな》じ漢字《かんじ》で字形《じけい》の異《こと》なるものなども含《ふく》めると、何万《なんまん》もの漢字《かんじ》があります。

書店《しょてん》にある、大人《おとな》向《む》けの漢和辞典《かんわじてん》ではふつう1万《まん》～1万《まん》5000字程度《じていど》の漢字《かんじ》を解説《かいせつ》していますが、日本《にほん》でもっとも大《おお》きい漢和辞典《かんわじてん》には約《やく》5万《まん》の漢字《かんじ》が並《なら》んでいます。また、日本語《にほんご》のパソコンは約《やく》1万字《まんじ》の漢字《かんじ》が入力《にゅうりょく》できるようになっています。

小学校《しょうがっこう》で学《まな》ぶのは1026字《じ》

ふだんの生活《せいかつ》では大人《おとな》でもそれほど多《おお》くの漢字《かんじ》を使《つか》っているわけではありません。そこで、文部科学省《もんぶかがくしょう》は「常用《じょうよう》漢字《かんじ》」として、日常生活《にちじょうせいかつ》で用《もち》いられる漢字《かんじ》の範囲《はんい》のめやすを示《しめ》しています。常用漢字《じょうようかんじ》の数《かず》は2136字《じ》です。

小学校《しょうがっこう》の国語《こくご》では、常用漢字《じょうようかんじ》の中《なか》でもとくによく用《もち》いられる漢字《かんじ》を学習《がくしゅう》します。小学校《しょうがっこう》で学《まな》ぶ漢字《かんじ》のことを、「学習漢字《がくしゅうかんじ》」とも「教育漢字《きょういくかんじ》」ともいい、その数《かず》は1026字《じ》です。

国《くに》は日本《にほん》の子《こ》どもたちが中学校《ちゅうがっこう》の卒《そつ》業《ぎょう》までにすべての学習漢字《がくしゅうかんじ》を自由《じゆう》に読《よ》み書《か》きできるようになり、さらに高《こう》校卒業《こうそつぎょう》までに常用漢字《じょうようかんじ》をすべて読《よ》めるようになることを目指《めざ》しています。

人名用漢字《じんめいようかんじ》は863字《じ》

第二次大戦後《だいにじたいせんご》の一時期《いちじき》、子《こ》どもの名《な》前《まえ》として役所《やくしょ》に登録《とうろく》できる文字《もじ》は常用《じょうよう》漢字《かんじ》に限《かぎ》られていました（当時《とうじ》は当用《とうよう》漢字《かんじ》と呼《よ》ばれていました）。その制限《せいげん》のために親《おや》の名前《なまえ》の漢字《かんじ》を子《こ》どもの名《な》前《まえ》に使《つか》えないなどの問題《もんだい》がありました。そこで国《くに》は制度《せいど》を改《あらた》め、常用漢字《じょうようかんじ》ではなくても名前《なまえ》に使《つか》える漢字《かんじ》として「人名用漢字《じんめいようかんじ》」を定《さだ》めました。その数《かず》ははじめ92字《じ》でしたが、だんだん増《ふ》えていき、二〇一七年《ねん》には863字《じ》になりました。現代《げんだい》の名前《なまえ》で人気《にんき》がある「翔」「遼」「雛」「萌」なども人名用漢《じんめいようかん》字《じ》です。

みなさんの名前《なまえ》にも人名用漢字《じんめいようかんじ》が使《つか》われているかもしれませんね。

5年《ねん》

5年《ねん》生《せい》で習《なら》う漢字《かんじ》（193字《じ》）

停	修	個	保	舎	価	余	似	任	件	仮	仏	久
443	442	442	442	442	441	441	441	441	440	440	440	440
句	可	厚	勢	務	効	則	制	判	刊	再	像	備
446	446	445	445	445	445	444	444	444	444	443	443	443
報	堂	基	型	均	在	圧	囲	団	因	喜	告	史
449	449	449	448	448	448	448	447	447	447	447	446	446
布	属	居	導	寄	容	婦	妻	夢	士	増	境	墓
452	452	452	452	451	451	451	451	450	450	450	450	449
迷	逆	述	営	復	得	往	張	弁	序	幹	常	師
456	456	455	455	455	454	454	454	454	453	453	453	453
態	情	性	快	志	応	際	険	限	防	適	過	造
459	459	459	458	458	458	458	457	457	457	457	456	456
断	救	政	故	支	損	提	接	授	採	招	技	慣
464	464	464	464	461	461	461	461	460	460	460	460	459
殺	歴	武	構	検	格	桜	査	枝	条	暴	易	旧
468	467	467	467	467	466	466	466	466	465	465	465	465

燃	災	潔	演	準	測	減	混	液	河	永	比	毒
471	471	470	470	470	470	469	469	469	469	468	468	468
示	確	破	眼	益	略	留	現	率	独	状	犯	版
475	474	474	474	474	473	473	473	473	472	472	472	472
絶	経	素	紀	精	粉	築	罪	程	税	移	禁	祖
478	478	477	477	477	477	476	476	476	476	475	475	475
興	脈	能	肥	職	耕	義	織	績	編	綿	総	統
481	481	481	480	480	480	480	479	479	479	479	478	478
謝	講	評	証	設	許	解	規	複	製	衛	術	航
484	484	484	484	483	483	483	483	482	482	482	482	481
賛	資	貿	費	貯	貸	貧	責	財	象	豊	護	識
488	487	487	487	487	486	486	486	486	485	485	485	485
		飼	額	領	非	雑	銅	鉱	酸	輸	賞	質
		490	490	490	490	489	489	489	489	488	488	488

久

3画《かく》　ノ《はらいぼう》の部《ぶ》

音　キュウ　（ク）

永久《えいきゅう》・恒久《こうきゅう》・持久力《じきゅうりょく》・耐久《たいきゅう》・悠久《ゆうきゅう》

久遠《くおん》

訓　ひさしい

久《ひさ》しぶり

久《ひさ》しぶりに会《あ》う

なりたち

久↓久

背中《せなか》の曲《ま》がった老人《ろうじん》の背《せ》の部分《ぶぶん》に「丶（しるし）」をつけた形《かたち》。背《せ》中《なか》が曲《ま》がるほど「長《なが》い時間《じかん》がたつ」意《い》を表《あらわ》す。

久 久 久

仏

4画《かく》　イ《にんべん》の部《ぶ》

音　ブツ

成仏《じょうぶつ》・大仏《だいぶつ》・念仏《ねんぶつ》・仏教《ぶっきょう》・仏具《ぶつぐ》・仏事《ぶつじ》・仏前《ぶつぜん》・仏像《ぶつぞう》・仏壇《ぶつだん》・仏門《ぶつもん》

訓　ほとけ

のど仏《ぼとけ》・仏様《ほとけさま》

大《おお》きな仏像《ぶつぞう》

なりたち

もとの字《じ》は「佛」。「弗（分散《ぶんさん》する）」と「イ（人《ひと》）」で、人《ひと》の姿《すがた》が「おぼろげである」ことを表《あらわ》す。のち、「ほとけ」の意《い》に用《もち》いた。

仏 仏 仏 仏

仮

6画《かく》　イ《にんべん》の部《ぶ》

音　カ　（ケ）

仮設《かせつ》・仮説《かせつ》・仮装《かそう》・仮想《かそう》・仮定《かてい》・仮面《かめん》

仮病《けびょう》

訓　かり

仮縫《かりぬ》い・仮免許《かりめんきょ》

映画《えいが》の主役《しゅやく》の仮装《かそう》をする

なりたち

叚↓叚↓叚

もとの字《じ》は「假」。「叚《か》（かめんをかぶる）」と「イ（人《ひと》）」で、「みせかけ」「にせ」の意《い》を表《あらわ》す。

仮 仮 仮 仮 仮 仮

件

6画《かく》　イ《にんべん》の部《ぶ》

音　ケン

一件落着《いっけんらくちゃく》・件数《けんすう》・三件《さんけん》の相談《そうだん》・事件《じけん》・条件《じょうけん》・人件費《じんけんひ》・物件《ぶっけん》・用件《ようけん》・要件《ようけん》

訓　―

要件《ようけん》を手紙《てがみ》に書《か》く

なりたち

「イ（人《ひと》）」と「牛」を合《あ》わせた形《かたち》で、人《ひと》や牛《うし》のように、一《ひと》つずつ数《かぞ》えられる具体的《ぐたいてき》なものを表《あらわ》す。

件 件 件 件 件 件

5年《ねん》

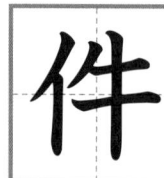

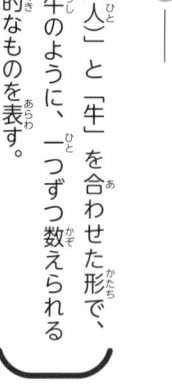

任

おつかいを任《まか》せる

6 画《かく》　亻《にんべん》の部《ぶ》

音　**ニン**

一任《いちにん》・辞任《じにん》・責任《せきにん》・任意《にんい》・
任期《にんき》・任務《にんむ》・任命《にんめい》・放任《ほうにん》

訓　**まかせる**

店《みせ》を任《まか》せる

まかす

仕事《しごと》を任《まか》す

なりたち

Ɪ → 王 → 壬

「壬《にん》(まん中《なか》がふくらむ)」と「亻(人《ひと》)」で、荷《に》物《もつ》をかかえるようすから、「役目《やくめ》」を表《あらわ》す。

似

よく似《に》た二人《ふたり》

7 画《かく》　亻《にんべん》の部《ぶ》

音　**(ジ)**

擬似《ぎじ》・近似値《きんじち》・酷似《こくじ》・相似《そうじ》・
類似《るいじ》

訓　**にる**

似合《にあ》う・似顔絵《にがおえ》・似通《にかよ》う・
似《に》たり寄《よ》ったり

なりたち

ᘓ → 㠯 → 以

「以(手《て》を加《くわ》える)」と「亻(人《ひと》)」で、うまく手《て》を加《くわ》えてそっくりに「にせる」意《い》を表《あらわ》す。

余

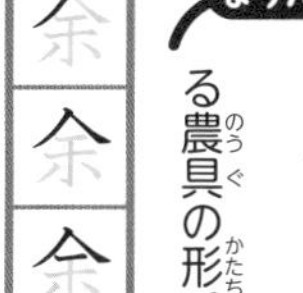

時間《じかん》をもて余《あま》す

7 画《かく》　へ《ひとやね》の部《ぶ》

音　**ヨ**

余計《よけい》・余生《よせい》・余談《よだん》・余地《よち》・
余白《よはく》・余分《よぶん》・余裕《ようゆう》・余力《よりょく》

訓　**あまる**

予算《よさん》が余《あま》る

あます

暇《ひま》をもて余《あま》す

なりたち

余 → 余 → 余 → 余

土《つち》をおしのばして、平《たい》らにする農具《のうぐ》の形《かたち》。「ゆとりがある」意《い》を表《あらわ》す。

価

高価《こうか》な指輪《ゆびわ》

8 画《かく》　亻《にんべん》の部《ぶ》

音　**カ**

価格《かかく》・価値《かち》・原価《げんか》・高価《こうか》・時価《じか》・
代価《だいか》・地価《ちか》・定価《ていか》・特価《とっか》・評価《ひょうか》・
物価《ぶっか》

訓　**(あたい)**

商品《しょうひん》に価《あたい》をつける

なりたち

賈 → 賈

もとの字《じ》は「價」。「賈《か》(品物《しなもの》をたくわえる)」と「亻(人《ひと》)」で、商品《しょうひん》につける「ねだん」を表《あらわ》す。

なぞなぞ？ 言葉《ことば》をあつめて寺《てら》でつくるのは、なに？

(答《こた》えは次《つぎ》のページ)

舎

新《あたら》しい校舎《こうしゃ》

8画《かく》　へ《ひとやね》の部《ぶ》

音 **シャ**

駅舎《えきしゃ》・寄宿舎《きしゅくしゃ》・牛舎《ぎゅうしゃ》・校舎《こうしゃ》・宿舎《しゅくしゃ》・庁舎《ちょうしゃ》

訓 —

なりたち

舎

もとの字は「舍」。「余（ゆったり広《ひろ》げる）」の省《しょう》略形《りゃくけい》と「口（場所《ばしょ》）」で、「すまい」を表《あらわ》す。

保

冷蔵庫《れいぞうこ》に保存《ほぞん》する

9画《かく》　イ《にんべん》の部《ぶ》

音 **ホ**

確保《かくほ》・保安《ほあん》・保育園《ほいくえん》・保温《ほおん》・保健《ほけん》・保険《ほけん》・保守《ほしゅ》・保証《ほしょう》・保存《ほぞん》

訓 **たもつ**

健康《けんこう》を保《たも》つ

なりたち

保

「呆（赤《あか》ちゃんをおむつで包《つつ》む）」と「イ（人《ひと》）」で、「まもる」意《い》を表《あらわ》す。

個

一個《いっこ》ちょうだい！

10画《かく》　イ《にんべん》の部《ぶ》

音 **コ**

一個《いっこ》・個室《こしつ》・個人《こじん》・個性《こせい》・個体《こたい》・個展《こてん》・個別《こべつ》・数個《すうこ》

訓 —

なりたち

「固《こ》（かたい）」と「イ（人《ひと》）」で、形《かたち》のあるものを「数《かぞ》えることば」の意《い》を表《あらわ》す。

修

たいこを修理《しゅうり》する

10画《かく》　イ《にんべん》の部《ぶ》

音 **シュウ**（**シュ**）

修学《しゅうがく》・修飾《しゅうしょく》・修理《しゅうり》・必修《ひっしゅう》・修行《しゅぎょう》・修業《しゅぎょう》

訓 **おさめる**　**おさまる**

学問《がくもん》を修《おさ》める

素行《そこう》が修《おさ》まる

なりたち

攸

「攸（ほっそりしている）」と「彡（模様《もよう》）」で、「形《かたち》を整《ととの》える」意《い》を表《あらわ》す。

5年《ねん》

停

思考《しこう》が停止《ていし》する

11画《かく》　亻《にんべん》の部《ぶ》

音　**テイ**

停学《ていがく》・停止《ていし》・停車《ていしゃ》・停戦《ていせん》・停電《ていでん》・停留所《ていりゅうじょ》

訓　—

なりたち

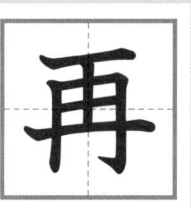

↓亭

「亭《てい》(じっと止《と》まる)」と「亻(人《ひと》)」で、人《ひと》が「とどまる」ことを表《あらわ》す。

備

デザートの準備《じゅんび》

12画《かく》　亻《にんべん》の部《ぶ》

音　**ビ**

完備《かんび》・警備《けいび》・守備《しゅび》・準備《じゅんび》・整備《せいび》・設備《せつび》・備品《びひん》・予備《よび》

訓　**そなえる**　地震《じしん》に備《そな》える

そなわる　気品《きひん》が備《そな》わる

なりたち

↓備

「𤰈《び》(矢《や》を入《い》れる道《どう》具《ぐ》)」と「亻(人《ひと》)」で、「そなえる」意《い》を表《あらわ》す。

像

花《はな》がさくのを想像《そうぞう》する

14画《かく》　亻《にんべん》の部《ぶ》

音　**ゾウ**

映像《えいぞう》・画像《がぞう》・現像《げんぞう》・自画像《じがぞう》・実像《じつぞう》・肖像《しょうぞう》・石像《せきぞう》・雪像《せつぞう》・想像《そうぞう》・銅像《どうぞう》・仏像《ぶつぞう》

訓　—

なりたち

「象《ぞう》(大《おお》きくてめだつ)」と「亻(人《ひと》)」で、人《ひと》やものをかたどった「すがた」「かたち」の意《い》を表《あらわ》す。

再

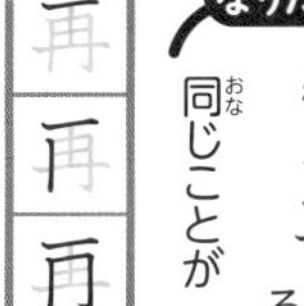

久《ひさ》しぶりの再会《さいかい》

6画《かく》　冂《どうがまえ》の部《ぶ》

音　**サイ**

再開《さいかい》・再建《さいけん》・再現《さいげん》・再考《さいこう》・再生《さいせい》・再度《さいど》・再発《さいはつ》・再来《さいらい》

サ　再来年《さらいねん》

訓　**ふたたび**　再《ふたた》び会《あ》う

なりたち

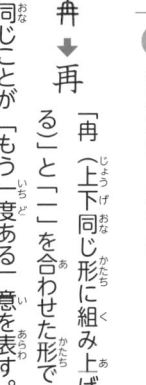

↓再

「冉(上下《じょうげ》同《おな》じ形《かたち》に組《く》み上《あ》げる)」と「一」を合《あ》わせた形《かたち》で、同《おな》じことが「もう一度《いちど》ある」意《い》を表《あらわ》す。

5年《ねん》

なぞなぞ？人《ひと》(亻)がムずかしい話《はなし》をすると、なにになる？

(答《こた》えは次《つぎ》のページ)

刊

本《ほん》が刊行《かんこう》される

5画《かく》 刂《りっとう》の部《ぶ》

音 カン

刊行《かんこう》・休刊《きゅうかん》・月刊《げっかん》・週刊《しゅうかん》・創刊《そうかん》・続刊《ぞっかん》・朝刊《ちょうかん》・日刊《にっかん》・発刊《はっかん》・復刊《ふっかん》・夕刊《ゆうかん》

訓 ―

なりたち

「干《かん》(無理《むり》に突《つ》く)」と「刂(刀《かたな》)」で、「けずる」意《い》を表《あらわ》す。のち、「出版《しゅっぱん》する」意《い》で用《もち》いた。

判

判断《はんだん》にこまる

7画《かく》 刂《りっとう》の部《ぶ》

音 ハン バン

判決《はんけつ》・判断《はんだん》・判定《はんてい》・判読《はんどく》・判別《はんべつ》・批判《ひはん》・小判《こばん》・裁判《さいばん》

訓 ―

なりたち

「半《はん》(二《ふた》つに分《わ》ける)」と「刂(刀《かたな》)」で、刃物《はもの》で切《き》り分《わ》けるようすから、物事《ものごと》のよしあしを「みわける」「さばく」意《い》を表《あらわ》す。

制

急《いそ》いで制止《せいし》する

8画《かく》 刂《りっとう》の部《ぶ》

音 セイ

強制《きょうせい》・制圧《せいあつ》・制裁《せいさい》・制作《せいさく》・制止《せいし》・制定《せいてい》・制度《せいど》・制約《せいやく》・統制《とうせい》・編制《へんせい》

訓 ―

なりたち

「未(のびた枝《えだ》)」と「刂(刀《かたな》)」で、よけいな部分《ぶぶん》を切《き》るようすから、「おさえる」意《い》を表《あらわ》す。

則

おんぷの規則《きそく》

9画《かく》 刂《りっとう》の部《ぶ》

音 ソク

会則《かいそく》・規則《きそく》・教則《きょうそく》・禁則《きんそく》・原則《げんそく》・校則《こうそく》・総則《そうそく》・鉄則《てっそく》・罰則《ばっそく》・反則《はんそく》・法則《ほうそく》

訓 ―

なりたち

「鼎(器《うつわ》)」の省略形《しょうりゃくけい》と「刂(刀《かたな》)」で、そばを離《はな》れないようすから、従《したが》うべき「きまり」を表《あらわ》す。

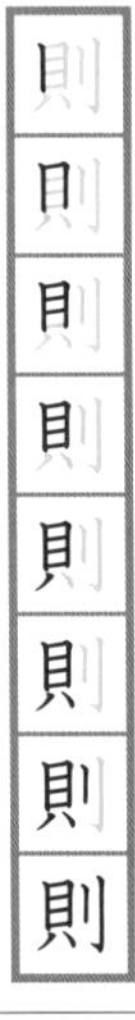

5年《ねん》

効

薬《くすり》が効《き》く

8画《かく》　力《ちから》の部《ぶ》

音　コウ

効果《こうか》・効能《こうのう》・効用《こうよう》・効率《こうりつ》・効力《こうりょく》・時効《じこう》・即効性《そっこうせい》・特効薬《とっこうやく》・無効《むこう》・有効《ゆうこう》

訓　きく

薬《くすり》が効《き》く

なりたち

↓交

「交《こう》(しぼる)」と「力」で、「力《ちから》いっぱいしぼり出《だ》す」意《い》を表《あらわ》す。のち、「ききめ」の意《い》で用《もち》いた。

務

大役《たいやく》を務《つと》める

11画《かく》　力《ちから》の部《ぶ》

音　ム

医務室《いむしつ》・業務《ぎょうむ》・勤務《きんむ》・事務《じむ》・職務《しょくむ》・任務《にんむ》・用務員《ようむいん》

訓　つとめる　つとまる

司会《しかい》を務《つと》める　役目《やくめ》が務《つと》まる

なりたち

↓矛

「矛《む》(無理《むり》につき進《すす》む)」と「夂(動《どう》作《さ》)」と「力」で、危険《きけん》をおかして「つとめる」意《い》を表《あらわ》す。

勢

勢《いきお》いよく転《ころ》ぶ

13画《かく》　力《ちから》の部《ぶ》

音　セイ

威勢《いせい》・運勢《うんせい》・大勢《おおぜい》・軍勢《ぐんぜい》・形勢《けいせい》・権勢《けんせい》・姿勢《しせい》・情勢《じょうせい》・勢力《せいりょく》・優勢《ゆうせい》

訓　いきおい

勢《いきお》いのある字《じ》

なりたち

「埶（草木《くさき》をととのえる)」と「力」で、力《ちから》を加《くわ》えてあやつるようすから、ほかのものを押《お》さえつける「いきおい」を表《あらわ》す。

厚

厚《あつ》みのある本《ほん》

9画《かく》　厂《がんだれ》の部《ぶ》

音　（コウ）

温厚《おんこう》・厚意《こうい》・厚情《こうじょう》・厚生労働省《こうせいろうどうしょう》・厚紙《あつがみ》・厚着《あつぎ》・厚手《あつで》

訓　あつい

なりたち

↓厚

「𠪚《こう》(通《とお》らない)」と「厂(がけ下《した》の土《つち》)」で、土《つち》がたまったようすから、「ぶあつい」意《い》を表《あらわ》す。

5年《ねん》

なぞなぞ？　立＋里＋言＋舌＝？

(答《こた》えは次《つぎ》のページ)

可

快《こころよ》く許可《きょか》する

5画《かく》 口《くち》の部《ぶ》

音 カ

可決《かけつ》・可視《かし》・可動式《かどうしき》・可燃性《かねんせい》・可能性《かのうせい》・可否《かひ》・可変《かへん》・許可《きょか》・認可《にんか》・不可《ふか》

訓 ―

なりたち

「丁（曲《ま》げる）」と「口（くち）」で、声《こえ》がかすれるようすから、「まあ、よし」の意《い》を表《あらわ》す。

可 可 可 可 可

句

文句《もんく》を言《い》う

5画《かく》 口《くち》の部《ぶ》

音 ク

禁句《きんく》・句会《くかい》・句集《くしゅう》・句点《くてん》・句読点《くとうてん》・語句《ごく》・字句《じく》・節句《せっく》・俳句《はいく》・名句《めいく》・文句《もんく》

訓 ―

なりたち

「勹（小《ちい》さく区切《くぎ》る）」と「口（ことば）」で、「ことばや文《ぶん》のひとまとまり」の意《い》を表《あらわ》す。

句 句 句 句 句

史

歴史《れきし》ある祭《まつ》り

5画《かく》 口《くち》の部《ぶ》

音 シ

史学《しがく》・史実《しじつ》・史上初《しじょうはつ》・史跡《しせき》・史料《しりょう》・世界史《せかいし》・日本史《にほんし》・歴史《れきし》

訓 ―

なりたち

「中（筆《ふで》を入《い》れた器《うつわ》）」と「又（手《て》）」を合《あ》わせた形《かたち》で、筆《ふで》を持《も》って「出来事《できごと》を記録《きろく》する役人《やくにん》」を表《あらわ》す。

史 史 史 史 史

告

鳥《とり》が朝《あさ》を告《つ》げる

7画《かく》 口《くち》の部《ぶ》

音 コク

広告《こうこく》・告示《こくじ》・告白《こくはく》・告発《こくはつ》・被告《ひこく》・報告《ほうこく》・予告《よこく》

訓 つげる

試合《しあい》の開始《かいし》を告《つ》げる

なりたち

もとの字《じ》は「吿」。「牛」と「口（わく）」で、牛《うし》をしばるようすから、危険《きけん》を「つげる」ことを表《あらわ》す。

告 告 告 告 告 告 告

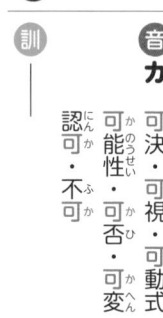

喜

お金持《かねも》ちになって喜《よろこ》ぶ

12画《かく》　口《くち》の部《ぶ》

音　キ
歓喜《かんき》・喜劇《きげき》・喜色満面《きしょくまんめん》・喜怒哀楽《きどあいらく》・悲喜《ひき》こもごも

訓　よろこぶ
合格《ごうかく》を喜《よろこ》ぶ

なりたち

喜

「壴（太鼓《たいこ》を立《た》てた形《かたち》）」と「口（くち）」で、にぎやかに「よろこぶ」ことを表《あらわ》す。

因

問題《もんだい》の原因《げんいん》を調《しら》べる

6画《かく》　囗《くにがまえ》の部《ぶ》

音　イン
因果《いんが》・因習《いんしゅう》・因縁《いんねん》・起因《きいん》・原因《げんいん》・勝因《しょういん》・敗因《はいいん》・病因《びょういん》・要因《よういん》

訓　（よる）
不注意《ふちゅうい》に因《よ》る事故《じこ》

なりたち

因

「口（しきもの）」と「大（手足《てあし》を広《ひろ》げた人《ひと》）」で、「物事《ものごと》が起《お》こる下地《したじ》」を表《あらわ》す。

団

団子《だんご》を食《た》べる

6画《かく》　囗《くにがまえ》の部《ぶ》

音　ダン　（トン）
球団《きゅうだん》・劇団《げきだん》・集団《しゅうだん》・団結《だんけつ》・団子《だんご》・団体《だんたい》・団長《だんちょう》・入団《にゅうだん》
布団《ふとん》

訓　―

なりたち

もとの字《じ》は「團」。「專（丸《まる》く回《まわ》る）」と「口（かこい）」で、「丸《まる》いもの」や「丸《まる》くまとまっているもの」を表《あらわ》す。

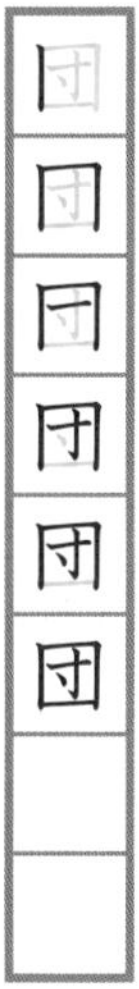

囲

柱《はしら》に囲《かこ》まれた部屋《へや》

7画《かく》　囗《くにがまえ》の部《ぶ》

音　イ
胸囲《きょうい》・周囲《しゅうい》・包囲《ほうい》

訓　かこむ　かこう
城《しろ》の周《まわ》りを囲《かこ》む
塀《へい》で囲《かこ》う

なりたち

韋

もとの字《じ》は「圍」。「韋《い》（まわりを回《まわ》る）」と「口（かこむ）」で、まわりを「かこむ」ことを表《あらわ》す。

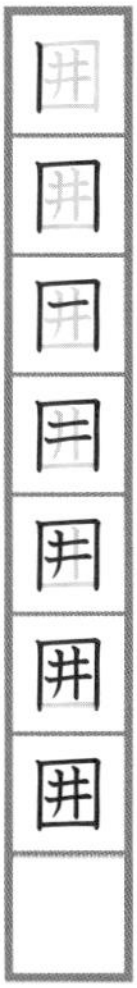

5年《ねん》

なぞなぞ？　草《くさ》（艹）が古《ふる》くなると、どんな味《あじ》になる？
（答《こた》えは次《つぎ》のページ）

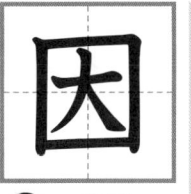

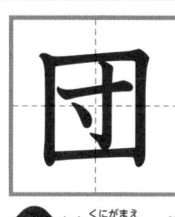

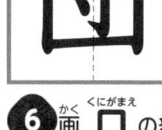

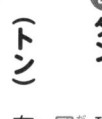

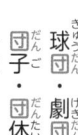

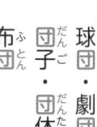

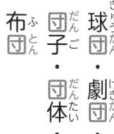

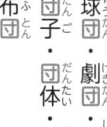

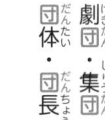

圧

試合《しあい》に圧勝《あっしょう》する

5画《かく》 土《つち》の部《ぶ》

音 **アツ**

圧延《あつえん》・圧巻《あっかん》・圧縮《あっしゅく》・圧勝《あっしょう》・圧倒《あっとう》・圧迫《あっぱく》・圧力《あつりょく》・気圧《きあつ》・血圧《けつあつ》・重圧《じゅうあつ》・水圧《すいあつ》

訓 ―

なりたち

↓

厭

もとの字は「壓」。「厭（押《お》さえつける）」と「土」で、土《つち》をかぶせて「押《お》さえつける」意《い》を表《あらわ》す。

在

存在《そんざい》にまだ気《き》づかない

6画《かく》 土《つち》の部《ぶ》

音 **ザイ**

近在《きんざい》・健在《けんざい》・在位《ざいい》・在学《ざいがく》・在庫《ざいこ》・在校生《ざいこうせい》・在宅《ざいたく》・所在《しょざい》・存在《そんざい》・不在《ふざい》

訓 **ある**

市長《しちょう》の職《しょく》に在《あ》る

なりたち

「才（じっと止《と》まる）」と「土」で、その場《ば》にじっとしているようすから、そこに「ある」「いる」意《い》を表《あらわ》す。

均

均等《きんとう》に分《わ》ける

7画《かく》 土《つち》の部《ぶ》

音 **キン**

均一《きんいつ》・均質《きんしつ》・均整《きんせい》・均等《きんとう》・均分《きんぶん》・平均《へいきん》

訓 ―

なりたち

↓

匀

「匀（そろえる）」と「土」で、土《つち》を平《たい》らにならすようすから、「ひとしい」の意《い》を表《あらわ》す。

型

ブラックホールの模型《もけい》

9画《かく》 土《つち》の部《ぶ》

音 **ケイ**

原型《げんけい》・体型《たいけい》・典型《てんけい》・模型《もけい》・流線型《りゅうせんけい》・類型《るいけい》

訓 **かた**

足型《あしがた》・A型《エーがた》・大型《おおがた》・型紙《かたがみ》・型破《かたやぶ》り・新型《しんがた》

なりたち

↓

型

「刑《けい》（わくにはめる）」と「土」で、土《つち》で作《つく》った「かた」を表《あらわ》す。

5年《ねん》

？前《まえ》のページの答《こた》え→苦《にが》い

基

基本《きほん》を学《まな》ぶ

11画《かく》 土《つち》の部《ぶ》

音 **キ**

基準《きじゅん》・基礎《きそ》・基地《きち》・基調《きちょう》・基点《きてん》・基本《きほん》

訓 **（もと）** **（もとい）**

実験《じっけん》に基《もと》づく予測《よそく》

国《くに》の基《もとい》

なりたち

→ → 其

「其《き》（台《だい》）」と「土」で、建《たて》物《もの》の「どだい」を表《あらわ》す。

堂

堂々《どうどう》とした態度《たいど》

11画《かく》 土《つち》の部《ぶ》

音 **ドウ**

公会堂《こうかいどう》・講堂《こうどう》・金堂《こんどう》・食堂《しょくどう》・堂々《どうどう》・本堂《ほんどう》

訓 ―

なりたち

→ → 尚

「尚（高《たか》く上《あ》がる）」と「土」で、高《たか》い土《ど》台《だい》の上《うえ》に建《た》てた「広《ひろ》い建物《たてもの》」を表《あらわ》す。

報

王様《おうさま》に報告《ほうこく》する

12画《かく》 土《つち》の部《ぶ》

音 **ホウ**

因果《いんが》応報《おうほう》・会報《かいほう》・吉報《きっぽう》・警報《けいほう》・公報《こうほう》・情報《じょうほう》・速報《そくほう》・報告《ほうこく》・報道《ほうどう》・報復《ほうふく》・予報《よほう》

訓 **（むくいる）**

恩《おん》に報《むく》いる

なりたち

→ → 報

「幸（手錠《てじょう》）」と「𠬝（離《はな》さない）」を合《あ》わせた形《かたち》。人《ひと》をとらえて「仕返《しかえ》しをする」意《い》を表《あらわ》す。

墓

墓穴《ぼけつ》をほる

13画《かく》 土《つち》の部《ぶ》

音 **ボ**

墓穴《ぼけつ》・墓石《ぼせき》・墓地《ぼち》・墓標《ぼひょう》

訓 **はか**

墓場《はかば》・墓参《はかまい》り

なりたち

「莫（見《み》えなくなる）」と「土」で、人《ひと》の死体《したい》を埋《う》めて見《み》えなくする所《ところ》、「はか」を表《あらわ》す。

なぞなぞ？ 木＋黄＋竹＋由＝？

（答《こた》えは次《つぎ》のページ）

境

国境《こっきょう》をこえる

14画《かく》　土《つち》の部《ぶ》

音　**キョウ**
（ケイ）
環境《かんきょう》・逆境《ぎゃっきょう》・境界《きょうかい》・苦境《くきょう》・心境《しんきょう》・秘境《ひきょう》・辺境《へんきょう》
境内《けいだい》

訓　**さかい**
境目《さかいめ》

なりたち
「竟《きょう》（区切《くぎ》る）」と「土」で、土地《とち》や国《くに》の区切《くぎ》り目《め》、「さかい」の意《い》を表《あらわ》す。

増

イチゴの数《かず》を増《ふ》やす

14画《かく》　土《つち》の部《ぶ》

音　**ゾウ**
急増《きゅうぞう》・増加《ぞうか》・増減《ぞうげん》・増産《ぞうさん》

訓　**ます**
ふえる
ふやす
食欲《しょくよく》が増《ま》す
財産《ざいさん》が増《ふ》える
数《かず》を増《ふ》やす

なりたち

もとの字《じ》は「增」。「曾（重《かさ》なる）」と「土」で、「ふえる」意《い》を表《あらわ》す。

士

兵士《へいし》を集《あつ》める

3画《かく》　士《さむらい》の部《ぶ》

音　**シ**
運転士《うんてんし》・士気《しき》・博士《はくし》・武士《ぶし》・弁護士《べんごし》・名士《めいし》・力士《りきし》

訓　—

なりたち

まっすぐつき立《た》ったようすをえがいた形《かたち》で、「一人前《いちにんまえ》の男子《だんし》」を表《あらわ》す。

夢

夢《ゆめ》が現実《げんじつ》になる

13画《かく》　夕《ゆうべ》の部《ぶ》

音　**ム**
悪夢《あくむ》・夢想《むそう》・夢中《むちゅう》

訓　**ゆめ**
初夢《はつゆめ》・正夢《まさゆめ》・夢心地《ゆめごこち》・夢物語《ゆめものがたり》

なりたち

「苜（見《み》えない）」と「冖（おおい）」と「夕（夜《よる》）」で、「暗《くら》い」意《い》を表《あらわ》し、のち、「ゆめ」の意《い》で用《もち》いた。

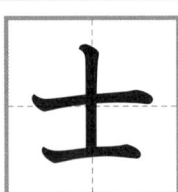

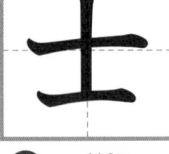

妻

妻《つま》と話《はな》す

8画《かく》　**女**《おんな》の部《ぶ》

音　**サイ**

愛妻家《あいさいか》・妻子《さいし》・妻女《さいじょ》・妻帯者《さいたいしゃ》・夫妻《ふさい》

訓　**つま**

新妻《にいづま》

なりたち

↓妻

「屮（かざり）」と「又（手《て》）」と「女」で、頭《あたま》にかざりをつけた結婚《けっこん》している女性《じょせい》、「つま」を表《あらわ》す。

妻　妻　妻　妻　妻　妻　妻　妻

婦

むらさき色《いろ》の婦《ふ》人《じん》服《ふく》

11画《かく》　**女**《おんな》の部《ぶ》

音　**フ**

主婦《しゅふ》・新郎新婦《しんろうしんぷ》・夫婦《ふうふ》・婦人《ふじん》・婦人科医《ふじんかい》

訓　—

なりたち

↓婦

「女」と「帚（ほうき）」を合《あ》わせた形《かたち》で、ほうきを手《て》にした「女性《じょせい》」を表《あらわ》す。

婦　婦　婦　婦　婦　婦　婦　婦

容

容《よう》器《き》からこぼれる

10画《かく》　**宀**《うかんむり》の部《ぶ》

音　**ヨウ**

許容《きょよう》・収容《しゅうよう》・内容《ないよう》・美容《びよう》・容易《ようい》・容器《ようき》・容疑《ようぎ》・容姿《ようし》・容積《ようせき》・容体《ようだい》・容認《ようにん》・理容《りよう》

訓　—

なりたち

「谷（くぼみ）」と「宀（家《いえ》）」で、「中《なか》に入《い》れる」「中身《なかみ》」の意《い》を表《あらわ》す。

容　容　容　容　容　容　容　容　容　容

寄

船《ふね》が寄《き》港《こう》する

11画《かく》　**宀**《うかんむり》の部《ぶ》

音　**キ**

寄港《きこう》・寄宿《きしゅく》・寄進《きしん》・寄生《きせい》・寄付《きふ》

訓　**よる**　**よせる**

持《も》ち寄《よ》る・寄《よ》り道《みち》・客寄《きゃくよ》せ・寄《よ》せ書《が》き

なりたち

↓奇

「奇《き》（よりかかる）」と「宀（家《いえ》）」で、「たちよる」意《い》を表《あらわ》す。

寄　寄　寄　寄　寄　寄　寄　寄　寄　寄　寄

なぞなぞ？ 石《いし》を皮《かわ》にむかってなげたら、どうなる？

（答《こた》えは次《つぎ》のページ）

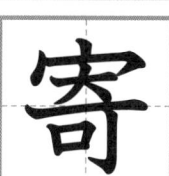

導

きびしい指導《しどう》

15画《かく》　寸《すん》の部《ぶ》

音　**ドウ**

指導《しどう》・主導《しゅどう》・先導《せんどう》・伝導《でんどう》・導火線《どうかせん》・導線《どうせん》・導体《どうたい》・導入《どうにゅう》・補導《ほどう》・誘導《ゆうどう》

訓　**みちびく**

後輩《こうはい》を導《みちび》く

なりたち

「道《どう》（ある方向《ほうこう》に進《すす》む）」と「寸（手《て》）」で、手《て》で引《ひ》っ張《ぱ》って「みちびく」意《い》を表《あらわ》す。

居

勉強中《べんきょうちゅう》に居《い》ねむりをする

8画《かく》　尸《しかばね》の部《ぶ》

音　**キョ**

隠居《いんきょ》・居住《きょじゅう》・居留《きょりゅう》・皇居《こうきょ》・雑居《ざっきょ》・住居《じゅうきょ》・新居《しんきょ》・転居《てんきょ》・同居《どうきょ》・入居《にゅうきょ》・別居《べっきょ》

訓　**いる**

居《い》ねむり・居残《いのこ》り

なりたち

「古（かたい）」と「尸（しり）」で、かたい物《もの》の上《うえ》にしりを乗《の》せているようすから、「こしをすえる」「すむ」意《い》を表《あらわ》す。

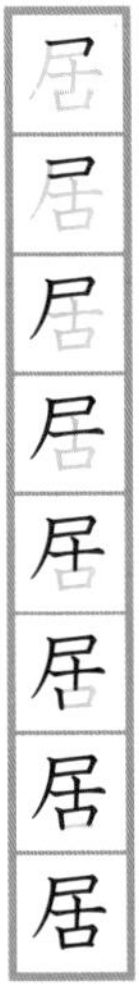

属

金属《きんぞく》の板《いた》

12画《かく》　尸《しかばね》の部《ぶ》

音　**ゾク**

金属《きんぞく》・従属《じゅうぞく》・所属《しょぞく》・専属《せんぞく》・尊属《そんぞく》・直属《ちょくぞく》・配属《はいぞく》・付属《ふぞく》

訓　—

なりたち

↓蜀

もとの字《じ》は「屬」。「蜀（くっつく）」と「尾（しっぽ）」の省略形《しょうりゃくけい》で、「つき従《したが》う」意《い》を表《あらわ》す。

布

布《ぬの》をぬう

5画《かく》　巾《はば》の部《ぶ》

音　**フ**

公布《こうふ》・布教《ふきょう》・布告《ふこく》・布石《ふせき》・毛布《もうふ》・流布《るふ》

訓　**ぬの**

布地《ぬのじ》・布目《ぬのめ》

なりたち

↓布

「父《ふ》（平《たい》らに広《ひろ》がる）」と「巾（ぬの）」で、平《たい》らにのびて広《ひろ》がる「ぬの」を表《あらわ》す。

5年《ねん》

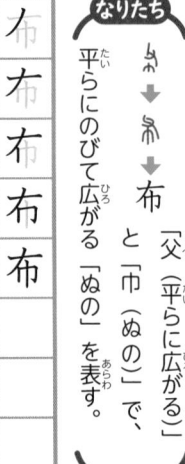

師

よい医師《いし》になりたい

10画《かく》 巾《はば》の部《ぶ》

音 **シ**

医師《いし》・恩師《おんし》・看護師《かんごし》・技師《ぎし》・教師《きょうし》・講師《こうし》・師事《しじ》・師匠《ししょう》・師弟《してい》・師範《しはん》・美容師《びようし》

訓 —

なりたち

𠂤 → 師 → 師

「𠂤（集《あつ》まる）」と「帀（取《と》り巻《ま》く）」で、「人《ひと》の集《あつ》まり」を表《あらわ》す。のち、「教《おし》える人《ひと》」の意《い》で用《もち》いた。

常

おだやかな日常《にちじょう》

11画《かく》 巾《はば》の部《ぶ》

音 **ジョウ**

常温《じょうおん》・常識《じょうしき》・常習《じょうしゅう》・正常《せいじょう》・日常《にちじょう》・非常《ひじょう》・平常《へいじょう》

訓 **つね**

常《つね》に努力《どりょく》する

（とこ）

常夏《とこなつ》

なりたち

「尚（長《なが》い）」と「巾（ぬの）」で、長《なが》い布《ぬの》を示《しめ》し、「時間的《じかんてき》に長《なが》い」意《い》を表《あらわ》す。

幹

新幹線《しんかんせん》に乗《の》る

13画《かく》 干《かん》の部《ぶ》

音 **カン**

幹事《かんじ》・幹部《かんぶ》・根幹《こんかん》・主幹《しゅかん》・新幹線《しんかんせん》

訓 **みき**

木《き》の幹《みき》

なりたち

𠦝 → 倝 → 倝

「干《かん》（木《き》の棒《ぼう》）」と「倝（高《たか》く上《あ》がる）」で、上《うえ》にまっすぐのびる木《き》の「みき」を表《あらわ》す。

序

序曲《じょきょく》を指揮《しき》する

7画《かく》 广《まだれ》の部《ぶ》

音 **ジョ**

順序《じゅんじょ》・序曲《じょきょく》・序言《じょげん》・序数詞《じょすうし》・序説《じょせつ》・序奏《じょそう》・序の口《じょのくち》・序盤《じょばん》・序文《じょぶん》・年功序列《ねんこうじょれつ》

訓 —

なりたち

「予（横《よこ》にのびる）」と「广（建物《たてもの》）」で、母屋《おもや》の左右《さゆう》にのび出《で》た建物《たてもの》を表《あらわ》す。のち、「順番《じゅんばん》」の意《い》で用《もち》いた。

5年《ねん》

なぞなぞ？ 言＋周＋木＋且＝？

（答《こた》えは次《つぎ》のページ）

弁

弁解《べんかい》できない失敗《しっぱい》

5画《かく》 廾《にじゅうあし》の部《ぶ》

音 ベン

駅弁《えきべん》・花弁《かべん》・関西弁《かんさいべん》・熱弁《ねつべん》・弁解《べんかい》・弁護士《べんごし》・弁証《べんしょう》・弁当《べんとう》・弁明《べんめい》・弁論《べんろん》

訓 —

なりたち

↓ 弁

「ム(かんむり)」と「廾(両手《りょうて》)」で、かんむりを表《あらわ》す。のち、発音《はつおん》が同《おな》じ「辯」「辨」「瓣」の代《か》わりにも用《もち》いた。

弁 弁 弁 弁 弁

張

意見《いけん》を主張《しゅちょう》する

11画《かく》 弓《ゆみ》の部《ぶ》

音 チョウ

拡張《かくちょう》・緊張《きんちょう》・主張《しゅちょう》・張力《ちょうりょく》

訓 はる

張《は》り子《こ》・見張《みは》り

なりたち

「長《ちょう》(ながくのばす)」と「弓」で、弓《ゆみ》の弦《つる》を「ぴんとはり渡《わた》す」意《い》を表《あらわ》す。

張 張 張 張 張 張 張 張 張 張 張

往

学校《がっこう》への往復《おうふく》

8画《かく》 彳《ぎょうにんべん》の部《ぶ》

音 オウ

往時《おうじ》・往診《おうしん》・往年《おうねん》・往復《おうふく》・往来《おうらい》・往路《おうろ》

訓 —

なりたち

↓ ↓ 往

「㞷《おう》(どんどん進《すす》む)」の変形《へんけい》「主」と「彳(行《い》く)」で、「前《まえ》に進《すす》む」意《い》を表《あらわ》す。

往 往 往 往 往 往 往 往

得

得意《とくい》な曲《きょく》

11画《かく》 彳《ぎょうにんべん》の部《ぶ》

音 トク

所得《しょとく》・損得《そんとく》・得意《とくい》・得点《とくてん》

訓 える(うる)

名声《めいせい》を得《え》る

有《あ》り得《う》る

なりたち

↓ 得

「彳(行《い》く)」と「貝(お金《かね》や品物《しなもの》)」と「寸(手《て》)」で、出《で》かけていって「手《て》に入《い》れる」ことを表《あらわ》す。

得 得 得 得 得 得 得 得

復

答《こた》えを復唱《ふくしょう》する

12画《かく》　彳《ぎょうにんべん》の部《ぶ》

音　**フク**

回復《かいふく》・反復《はんぷく》・復縁《ふくえん》・復学《ふくがく》・復元《ふくげん》・復習《ふくしゅう》・復唱《ふくしょう》・復調《ふくちょう》・復路《ふくろ》・復活《ふっかつ》・復帰《ふっき》

訓　―

なりたち

𢔦→復

「复《ふく》（重《かさ》なる）」と「彳（行《い》く）」で、同《おな》じ道《みち》を重《かさ》ねて行《い》くようすから、「もとへ戻《もど》る」意《い》を表《あらわ》す。

復 復 復 復 復 復 復 復

営

店《みせ》を営《いとな》む

12画《かく》　⺍《つかんむり》の部《ぶ》

音　**エイ**

運営《うんえい》・営業《えいぎょう》・営利《えいり》・営林《えいりん》・経営《けいえい》・国営《こくえい》・私営《しえい》・設営《せつえい》・造営《ぞうえい》・直営《ちょくえい》・野営《やえい》

訓　**いとなむ**

農業《のうぎょう》を営《いとな》む

なりたち

もとの字《じ》は「營」。「熒（とりまく）」と「呂（連《つら》なる）」で、「軍隊《ぐんたい》の建物《たてもの》」を表《あらわ》す。のち、「いとなむ」意《い》に用《もち》いた。

営 営 営 営 営 営 営 営

述

考《かんが》えを述《の》べる

8画《かく》　辶《しんにょう》の部《ぶ》

音　**ジュツ**

記述《きじゅつ》・口述《こうじゅつ》・述語《じゅつご》・前述《ぜんじゅつ》・著述家《ちょじゅつか》

訓　**のべる**

意見《いけん》を述《の》べる

なりたち

𧺆→朮

「朮《じゅつ》（くっつく）」と「辶（行《い》く）」で、「コースから離《はな》れずに行《い》く」意《い》を表《あらわ》す。のち、「のべる」意《い》に用《もち》いた。

述 述 述 述 述 述 述 述

船《ふね》で見《み》る漢字《かんじ》「丸《まる》」のヒミツ

日本《にほん》では船《ふね》によく「○○丸《まる》」という名前《なまえ》をつけます。この「丸《まる》」は、大《おお》むかしの日《に》本人《ほんじん》の名前《なまえ》につけられていた「麻呂《まろ》」から変化《へんか》したものだといわれます。武士《ぶし》の時代《じだい》には、子《こ》どもに「牛若丸《うしわかまる》」「日吉《ひよし》丸《まる》」といった名前《なまえ》がつけられました。また、お気《き》に入《い》りの馬《うま》や刀《かたな》に「○丸《まる》」という名前《なまえ》をつける人《ひと》もいました。船《ふね》に「丸《まる》」をつけるようになったのも、船《ふね》を大事《だいじ》に思《おも》う気持《きも》ちからと考《かんが》えられます。

なぞなぞ？ 武士《ぶし》がもっている心《こころ》を、なんという？

（答《こた》えは次《つぎ》のページ）

逆

逆上《さかあ》がりをする

9画《かく》 辶《しんにょう》の部《ぶ》

音 **ギャク**
逆効果《ぎゃくこうか》・逆算《ぎゃくさん》・逆接《ぎゃくせつ》・逆説《ぎゃくせつ》・逆転《ぎゃくてん》・逆流《ぎゃくりゅう》・逆境《ぎゃっきょう》・反逆《はんぎゃく》

訓 **さか**
逆上《さかあ》がり・逆《さか》さま

さからう
流《なが》れに逆《さか》らう

なりたち
→ → 屰
「屰《ぎゃく》（さかさ）」と「辶（行《い》く）」で、「さからう」意《い》を表《あらわ》す。

迷

判断《はんだん》に迷《まよ》う

9画《かく》 辶《しんにょう》の部《ぶ》

音 **（メイ）**
低迷《ていめい》・迷宮《めいきゅう》・迷信《めいしん》・迷路《めいろ》・迷惑《めいわく》

訓 **まよう**
道《みち》に迷《まよ》う

なりたち
「米（散《ち》らばる）」と「辶（行《い》く）」で、道《みち》が分《わ》かれていて「まよう」意《い》を表《あらわ》す。

造

荷造《にづく》りをして出《で》かける

10画《かく》 辶《しんにょう》の部《ぶ》

音 **ゾウ**
改造《かいぞう》・構造《こうぞう》・造営《ぞうえい》・造園《ぞうえん》・造花《ぞうか》・造形《ぞうけい》・造設《ぞうせつ》・造船《ぞうせん》・創造《そうぞう》・木造《もくぞう》

訓 **つくる**
荷造《にづく》り

なりたち
→ → 造
古《ふる》い形《かたち》は、「舟」と「告（しばる）」で、橋《はし》を「つくる」意《い》。のち、「舟」が「辶（行《い》く）」に変《か》わった。

過

ロボットが通《とお》り過《す》ぎる

12画《かく》 辶《しんにょう》の部《ぶ》

音 **カ**
過激《かげき》・過去《かこ》・過失《かしつ》・過労《かろう》

訓 **すぎる**
年月《ねんげつ》が過《す》ぎる

すごす
家族《かぞく》いっしょに過《す》ごす

（あやまつ）
過《あやま》たず的《まと》を射《い》る

（あやまち）
過《あやま》ちを改《あらた》める

なりたち
咼 → 咼
「咼《か》（なめらか）」と「辶（行《い》く）」で、「通《とお》りすぎる」意《い》を表《あらわ》す。

5年《ねん》

？前《まえ》のページの答《こた》え→ 志《こころざし》

適

快適《かいてき》な状態《じょうたい》

14画《かく》　辶《しんにょう》の部《ぶ》

音　テキ

快適《かいてき》・最適《さいてき》・適応《てきおう》・適温《てきおん》・適合《てきごう》・適性《てきせい》・適度《てきど》・適当《てきとう》・適任《てきにん》・適量《てきりょう》

訓　—

なりたち

↓
啇

「啇《てき》(まっすぐ)」と「辶(行《い》く)」で、「まっすぐ進《すす》む」意《い》を表《あらわ》す。のち、「ふさわしい」の意《い》で用《もち》いた。

防

てきを防《ふせ》ぐ

7画《かく》　阝《こざとへん》の部《ぶ》

音　ボウ

消防《しょうぼう》・堤防《ていぼう》・防衛《ぼうえい》・防音《ぼうおん》・防火《ぼうか》・防寒《ぼうかん》・防止《ぼうし》・防水《ぼうすい》・防戦《ぼうせん》・予防《よぼう》

訓　ふせぐ

災害《さいがい》を防《ふせ》ぐ

なりたち

「方(はり出《だ》す)」と「阝(盛《も》り土《つち》)」で、あふれた水《みず》をふせぐ盛《も》り土《つち》、「土《ど》手《て》」を表《あらわ》す。

限

限定品《げんていひん》の織物《おりもの》

9画《かく》　阝《こざとへん》の部《ぶ》

音　ゲン

下限《かげん》・限界《げんかい》・権限《けんげん》・限定《げんてい》・限度《げんど》・上限《じょうげん》・制限《せいげん》・年限《ねんげん》・無限《むげん》・門限《もんげん》

訓　かぎる

限《かぎ》りある資源《しげん》

なりたち

「艮(いつまでも残《のこ》る)」と「阝(盛《も》り土《つち》)」で、いつまでも残《のこ》る境界線《きょうかいせん》を作《つく》ることから、「区切《くぎ》りをつける」意《い》を表《あらわ》す。

険

危険《きけん》な状態《じょうたい》

11画《かく》　阝《こざとへん》の部《ぶ》

音　ケン

危険《きけん》・険悪《けんあく》・険《けん》のある目《め》つき・険路《けんろ》・冒険《ぼうけん》・保険《ほけん》

訓　けわしい

険《けわ》しい山道《やまみち》

なりたち

もとの字《じ》は「險」。「僉(集《あつ》める)」と「阝(おか)」で、山《やま》の四面《しめん》が頂上《ちょうじょう》で集《あつ》まり、切《き》り立《た》つようすから、「けわしい」意《い》を表《あらわ》す。

5年《ねん》

なぞなぞ？　口《くち》の中《なか》に木《き》が入《はい》ったら、どうなる？

(答《こた》えは次《つぎ》のページ)

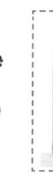

際

14画《かく》 ⻖《こざとへん》の部《ぶ》

音 **サイ**

交際《こうさい》・国際《こくさい》・際限《さいげん》・実際《じっさい》

訓 **（きわ）**

際立《きわだ》つ・手際《てぎわ》・窓際《まどぎわ》・水際《みずぎわ》

実際《じっさい》に乗《の》ってみる

なりたち

「祭《さい》（こする）」と「⻖（盛《も》り土《つち》）」で、土《つち》の壁《かべ》と壁《かべ》がこすれ合《あ》うほど近《ちか》づいている所《ところ》、「合《あ》わせ目《め》」「きわ」の意《い》を表《あらわ》す。

応

7画《かく》 心《こころ》の部《ぶ》

音 **オウ**

一応《いちおう》・応援《おうえん》・応急《おうきゅう》・応接室《おうせつしつ》・応戦《おうせん》・応募《おうぼ》・応用《おうよう》・相応《そうおう》・対応《たいおう》・適応《てきおう》

訓 **こたえる**

期待《きたい》に応《こた》える

問題《もんだい》に対応《たいおう》する

なりたち

もとの字《じ》は「應」。「雁（タカを受《う》け止《と》める）」と「心」で、心《こころ》でしっかり「受《う》け止《と》める」意《い》を表《あらわ》す。

志

7画《かく》 心《こころ》の部《ぶ》

音 **シ**

意志《いし》・志願《しがん》・志向《しこう》・志望《しぼう》・初志《しょし》・大志《たいし》・有志《ゆうし》・立志《りっし》

訓 **こころざす**

学問《がくもん》の道《みち》を志《こころざ》す

こころざし

志《こころざし》を高《たか》く持《も》つ

代打《だいだ》を志願《しがん》する

なりたち

「士《し》（まっすぐ）」と「心」で、心《こころ》がまっすぐ進《すす》むようすから、「こころざし」を表《あらわ》す。

快

7画《かく》 忄《りっしんべん》の部《ぶ》

音 **カイ**

快活《かいかつ》・快感《かいかん》・快晴《かいせい》・快走《かいそう》・快足《かいそく》・快速《かいそく》・快調《かいちょう》・快適《かいてき》・軽快《けいかい》・痛快《つうかい》

訓 **こころよい**

快《こころよ》く引《ひ》き受《う》ける

春《はる》の日《ひ》ざしが快《こころよ》い

なりたち

「夬《かい》（えぐり取《と》る）」と「忄（心《こころ》）」で、いやな気分《きぶん》を捨《す》て去《さ》って、「さわやかな気分《きぶん》」になる意《い》を表《あらわ》す。

5年《ねん》

? 前《まえ》のページの答《こた》え→困《こま》る

性

明《あか》るい性格《せいかく》

8画《かく》　忄《りっしんべん》の部《ぶ》

音 **セイ**

安全性《あんぜんせい》・異性《いせい》・習性《しゅうせい》・性格《せいかく》・性能《せいのう》・性別《せいべつ》・知性《ちせい》・理性《りせい》

（ショウ）

相性《あいしょう》・気性《きしょう》・根性《こんじょう》・性分《しょうぶん》

訓 ―

なりたち

「生《せい》（うまれる）」と「忄（心《こころ》）」を合《あ》わせた形《かたち》で、人《ひと》が「うまれつきもっているもの」を表《あらわ》す。

情

大切《たいせつ》な情報《じょうほう》

11画《かく》　忄《りっしんべん》の部《ぶ》

音 **ジョウ**

愛情《あいじょう》・感情《かんじょう》・事情《じじょう》・情熱《じょうねつ》・情報《じょうほう》・同情《どうじょう》・人情《にんじょう》・友情《ゆうじょう》

（セイ）

風情《ふぜい》

訓 **なさけ**

情《なさ》け深《ぶか》い

なりたち

もとの字《じ》は「情」。「青（すんでいる）」と「忄（心《こころ》）」で、いつわりのない「心《こころ》」を表《あらわ》す。

態

完成間近《かんせいまぢか》な状態《じょうたい》

14画《かく》　心《こころ》の部《ぶ》

音 **タイ**

悪態《あくたい》・形態《けいたい》・事態《じたい》・失態《しったい》・実態《じったい》・生態《せいたい》・態勢《たいせい》・態度《たいど》

訓 ―

なりたち

「能（力《ちから》をもっている）」と「心」で、もとからもっている心《こころ》のようす、「ありさま」「ふるまい」を表《あらわ》す。

慣

昼《ひる》ねの習慣《しゅうかん》

14画《かく》　忄《りっしんべん》の部《ぶ》

音 **カン**

慣行《かんこう》・慣習《かんしゅう》・慣性《かんせい》・慣用《かんよう》・慣例《かんれい》・習慣《しゅうかん》

訓 **なれる**

運転《うんてん》に慣《な》れる

ならす

体《からだ》を慣《な》らす

なりたち

↓

貫

「貫（つらぬいて変《か》わらない）」と「忄（心《こころ》）」で、「なれる」意《い》を表《あらわ》す。

5

年《ねん》

なぞなぞ？　宀＋元＋糸＋吉＝？

(答《こた》えは次《つぎ》のページ)

技

特技《とくぎ》は古文書《こもんじょ》の解読《かいどく》

7画《かく》　扌《てへん》の部《ぶ》

音　ギ

訓　（わざ）

演技《えんぎ》・技師《ぎし》・技術《ぎじゅつ》・技能《ぎのう》・技法《ぎほう》・競技《きょうぎ》・技量《ぎりょう》・実技《じつぎ》・特技《とくぎ》

大技《おおわざ》・小技《こわざ》・得意技《とくいわざ》

なりたち

「支（こまかく分《わ》ける）」と「扌（手《て》の動《うご》き）」で、こまかい手《て》わざ、「うでまえ」を表《あらわ》す。

技技技技技技技

招

夕食《ゆうしょく》に招《まね》かれる

8画《かく》　扌《てへん》の部《ぶ》

音　ショウ

訓　まねく

招集《しょうしゅう》・招待《しょうたい》・招致《しょうち》・招来《しょうらい》

客《きゃく》を招《まね》く・手招《てまね》き・招《まね》き猫《ねこ》

なりたち

↓

↓

召

「召《しょう》」は、呼《よ》びよせるようす。それに「扌（手《て》）」を合《あ》わせて、手《て》まねきして人《ひと》を「よぶ」意《い》を表《あらわ》す。

招招招招招招招招

採

こん虫《ちゅう》採集《さいしゅう》をする

11画《かく》　扌《てへん》の部《ぶ》

音　サイ

訓　とる

採血《さいけつ》・採決《さいけつ》・採光《さいこう》・採鉱《さいこう》・採算《さいさん》・採取《さいしゅ》・採集《さいしゅう》・採寸《さいすん》・採択《さいたく》・採否《さいひ》・採用《さいよう》

きのこを採《と》る

なりたち

↓

采（采）

「采《さい》」は、木《き》の芽《め》をつみとるようす。それに「扌（手《て》）」を合《あ》わせて、「とる」意《い》を表《あらわ》す。

採採採採採採採採

授

算数《さんすう》の授業《じゅぎょう》

11画《かく》　扌《てへん》の部《ぶ》

音　ジュ

訓　（さずける）（さずかる）

教授《きょうじゅ》・授業《じゅぎょう》・授受《じゅじゅ》・授賞《じゅしょう》・授乳《じゅにゅう》・伝授《でんじゅ》

秘伝《ひでん》を授《さず》ける

知恵《ちえ》を授《さず》かる

なりたち

「受《じゅ》（うけとる）」と「扌（手《て》）」で、手《て》渡《わた》して「さずける」意《い》を表《あらわ》す。

授授授授授授授授授授授

5年《ねん》

接

接戦《せっせん》になる

11画《かく》　扌《てへん》の部《ぶ》

音　**セツ**

応接《おうせつ》・接骨《せっこつ》・接戦《せっせん》・接続《せつぞく》・接待《せったい》・接着《せっちゃく》・接点《せってん》・密接《みっせつ》・面接《めんせつ》

訓　**（つぐ）**

接《つ》ぎ木《き》

なりたち

↓

↓

妾

「妾」は、くっつくようす。それに「扌（手《て》）」を合《あ》わせて、「つながる」意《い》を表《あらわ》す。

提

曲順《きょくじゅん》について提案《ていあん》する

12画《かく》　扌《てへん》の部《ぶ》

音　**テイ**

前提《ぜんてい》・提案《ていあん》・提起《ていき》・提供《ていきょう》・提携《ていけい》・提言《ていげん》・提示《ていじ》・提出《ていしゅつ》・提唱《ていしょう》・提訴《ていそ》

訓　**（さげる）**

手提《てさ》げかばん

なりたち

「是（まっすぐ）」と「扌（手《て》）」で、のばした手《て》で「物《もの》をさげて持《も》つ」意《い》を表《あらわ》す。

損

損《そん》したくない！

13画《かく》　扌《てへん》の部《ぶ》

音　**ソン**

欠損《けっそん》・損益《そんえき》・損害《そんがい》・損失《そんしつ》・損傷《そんしょう》・損得《そんとく》・破損《はそん》

訓　**（そこなう）（そこねる）**

健康《けんこう》を損《そこ》なう

機嫌《きげん》を損《そこ》ねる

なりたち

「員（丸《まる》い穴《あな》）」と「扌（手《て》）」で、丸《まる》い穴《あな》があいて「こわれる」意《い》を表《あらわ》す。

支

収支《しゅうし》の報告《ほうこく》

4画《かく》　支《しにょう》の部《ぶ》

音　**シ**

支援《しえん》・支給《しきゅう》・支局《しきょく》・支持《しじ》・支社《ししゃ》・支出《ししゅつ》・支店《してん》・支点《してん》・支配《しはい》・収支《しゅうし》・十二支《じゅうにし》

訓　**ささえる**

天井《てんじょう》を支《ささ》える柱《はしら》

なりたち

↓

支

タケの枝《えだ》と「又（手《て》）」を合《あ》わせた形《かたち》。タケの枝《えだ》のように「枝分《えだわ》かれする」意《い》を表《あらわ》す。

5年《ねん》

なぞなぞ？　石《いし》が少《すこ》しこわれたら、なにになる？

（答《こた》えは464ページ）

とくべつな読《よ》み方《かた》をする漢字《かんじ》

「父さん」は「ちちさん」？

漢字《かんじ》には、音読《おんよ》みとも訓読《くんよ》みともちがう、とくべつな読《よ》み方《かた》をするものがあります。けれどもよく使《つか》われているので、「とくべつ」という感《かん》じがしないかもしれません。

その代表《だいひょう》が、家族《かぞく》を呼《よ》ぶときの「父《とう》さん」「母《かあ》さん」「兄《にい》さん」「姉《ねえ》さん」です。どこがとくべつなのか「父《とう》さん」を例《れい》に説明《せつめい》すると、「父」は音読《おんよ》みでは「フ」、訓読《くんよ》みでは「ちち」です。「とう」は「父《とう》さん」「父《とう》ちゃん」といった呼《よ》び方《かた》のときだけです。家族《かぞく》関係《かんけい》を表《あらわ》す言葉《ことば》にはほかにも従兄弟《いとこ》などとくべつな読《よ》み方《かた》があります。親《しん》せきの顔《かお》を思《おも》いうかべながら探《さが》してみてください。

熟字《じゅくじ》訓《くん》って知《し》ってますか？

二文字《ふたもじ》以上《いじょう》の漢字《かんじ》をまとめ、とくべつな読《よ》み方《かた》をするものを「熟字訓《じゅくじくん》」ともいいます。

熟字訓《じゅくじくん》には、数《かず》に関《かん》するものが多《おお》くあります。その理由《りゆう》は日本語《にほんご》には「いち、に、さん…」以外《いがい》に、「ひ、ふ、み…」という数《かぞ》え方《かた》があったり、物《もの》によってとくべつな数《かぞ》え方《かた》があったりするためです。「一日」は、月《つき》のはじめの日《ひ》を意味《いみ》するときは熟字訓《じゅくじくん》で「ついたち」、時間《じかん》の長《なが》さを意味《いみ》するときは「いちにち」と使《つか》い分《わ》けます。

また、十二月《じゅうにがつ》をいう「師走《しわす》」は、十《じゅう》二月《にがつ》は寺《てら》の僧《そう》（師《し》）が走《はし》り回《まわ》るほど忙《いそが》しいので「師走《しわす》」と呼《よ》んだといわれる熟字訓《じゅくじくん》です。

例《れい》

二日 ふつか　　二十日 はつか
二十歳 はたち　　五月 さつき
七夕 たなばた

読《よ》み方《かた》で意味《いみ》がちがうことも

複数《ふくすう》の読《よ》み方《かた》がある熟語《じゅくご》では「昨日（さくじつ・きのう）」「今日（こんにち・きょう）」「明日（みょうにち・あす）」のようにとくべつな読《よ》み方《かた》をしても意味《いみ》が同《おな》じものと、「上手（うわて・かみて・じょうず）」「下手（したて・しもて・へた）」のようにちがう意味《み》になるものがあります。前後《ぜんご》の文章《ぶんしょう》にふさわしい読《よ》み方《かた》を選《えら》びましょう。

大人《おとな》がよくやる正《ただ》しくない使《つか》い方《かた》

（笑《わらい》）は作文《さくぶん》に使《つか》わない

雑誌《ざっし》のインタビューの記事《きじ》などで、文章《ぶんしょう》の終《お》わりに「（笑）」とあるのは、その人《ひと》がそこで声《こえ》を出《だ》して笑《わら》ったことを示《しめ》します。しかし、これは正式《せいしき》な書《か》き方《かた》ではありません。文学作品《ぶんがくさくひん》や新聞《しんぶん》ではふつう使《つか》いません。国語《こくご》の作文《さくぶん》でも（笑）を使《つか》うことはやめましょう。

一方《いっぽう》、親《した》しい人同士《ひとどうし》のインターネットのメールのやりとりで、（笑）が用《もち》いられる場合《ばあい》は、「それはおもしろいね」という感想《かんそう》を意味《いみ》します。「爆笑《ばくしょう》するほどおもしろい」ことを意味《いみ》する「（爆）」は、場合《ばあい》によっては、怒《いか》りが爆発《ばくはつ》したことを意味《いみ》します。

このように漢字一字《かんじいちじ》だけで友達《ともだち》に気《き》持《も》ちを伝《つた》えられるのは、メールならではの楽《たの》しみといえます。その反面《はんめん》、漢《かん》字一字《じいちじ》が原因《げんいん》で、友達《ともだち》に誤解《ごかい》されてしまうこともあるでしょう。

「時間《じかん》」は「とき」と読《よ》まない

アイドルなどの歌《うた》う楽曲《がっきょく》の歌詞《かし》では、「時間《じかん》」と書《か》いて「とき」と歌《うた》うことがあります。しかし、「時間《じかん》」に「とき」という読《よ》み方《かた》はなく、当《あ》て字《じ》です。テレビの歌番組《うたばんぐみ》の歌詞《かし》に注目《ちゅうもく》していると、そのほかにも「瞬間」「歳月」「時代」など、さまざまな「とき」を見《み》つけることができるでしょう。

こうした当《あ》て字《じ》は文学作品《ぶんがくさくひん》にも少《すく》なくありません。「あの娘」を「あのこ」、「運命」を「さだめ」と読《よ》ませたりもします。しかし、有名《ゆうめい》な作家《さっか》がやっているからといって、作文《さくぶん》で「うちの母」と書いて、「うちのママ」と読《よ》ませるのはやめましょう。

難《むずか》しい漢字《かんじ》を多用《たよう》する

パソコンやスマートフォンを使《つか》うと、書《か》くことのできない漢字《かんじ》やよく覚《おぼ》えていない漢字《かんじ》でも、漢字変換《かんじへんかん》によって簡単《かんたん》に入力《にゅうりょく》することができます。その機能《きのう》を利用《りよう》して、難《むずか》しい漢字《かんじ》をたくさん使《つか》うと、相手《あいて》が読《よ》みにくい文章《ぶんしょう》になってしまいます。

また難《むずか》しい漢字《かんじ》を使《つか》っていながら小《しょう》学校《がっこう》で習《なら》った同音異義語《どうおんいぎご》などをまちがえると、よけいにはずかしいものです。

故

大通《おおどお》りで事故《じこ》にあう

9画《かく》 攵《ぼくにょう》の部《ぶ》

音 コ

縁故《えんこ》・故意《こい》・故郷《こきょう》・故国《ここく》・故事成語《こじせいご》・故障《こしょう》・故人《こじん》・事故《じこ》・物故《ぶっこ》

訓 （ゆえ）

故《ゆえ》あって話《はな》せません

なりたち

「古《こ》（ひからびてかたい）」と「攵（動《どう》作《さ》）」で、「古《ふる》くなる」意《い》を表《あらわ》す。

政

王様《おうさま》は政治家《せいじか》

9画《かく》 攵《ぼくにょう》の部《ぶ》

音 セイ

家政《かせい》・行政《ぎょうせい》・国政《こくせい》・財政《ざいせい》・政界《せいかい》・政治《せいじ》・政党《せいとう》・内政《ないせい》

（ショウ）

摂政《せっしょう》

訓 （まつりごと）

国《くに》の政《まつりごと》を行《おこな》う

なりたち

「正《せい》（まっすぐ）」と「攵（動《どう》作《さ》）」で、正《ただ》しくととのえて「おさめる」意《い》を表《あらわ》す。

救

親友《しんゆう》を救《すく》いに行《い》く

11画《かく》 攵《ぼくにょう》の部《ぶ》

音 キュウ

救護《きゅうご》・救出《きゅうしゅつ》・救助《きゅうじょ》・救命具《きゅうめいぐ》

訓 すくう

命《いのち》を救《すく》う

なりたち

↓

↓

求

「求《きゅう》（引《ひ》きしめる）」と「攵（動《どう》作《さ》）」で、引《ひ》き寄《よ》せて助《たす》けるようすから、「すくう」ことを表《あらわ》す。

断

たのみを断《ことわ》る

11画《かく》 斤《おのづくり》の部《ぶ》

音 ダン

決断《けつだん》・切断《せつだん》・断言《だんげん》・断水《だんすい》・断念《だんねん》・断面《だんめん》・無断《むだん》・油断《ゆだん》

訓 （たつ）

交際《こうさい》を断《た》つ

ことわる

誘《さそ》いを断《ことわ》る

なりたち

↓

断

もとの字《じ》は「斷」。「㡭（いと）」四《よっ》つと「刀」と「斤（おの）」で、「断《た》ち切《き》る」意《い》を表《あらわ》す。

5年《ねん》

旧

二人《ふたり》は旧友《きゅうゆう》だ

5画《かく》 日《ひ》の部《ぶ》

音 キュウ

旧家《きゅうか》・旧館《きゅうかん》・旧式《きゅうしき》・旧正月《きゅうしょうがつ》・旧道《きゅうどう》・旧友《きゅうゆう》・旧来《きゅうらい》・復旧《ふっきゅう》

訓 ―

なりたち

↓舊（旧）

もとの字《じ》は「舊」。「臼《きゅう》（曲《ま》がる）」と「隹（ミミズク）」で、「ふるい」意《い》を表《あらわ》す。

易

容易《ようい》に解決《かいけつ》する

8画《かく》 日《ひ》の部《ぶ》

音 エキ イ

易学《えきがく》・易者《えきしゃ》・交易《こうえき》・貿易《ぼうえき》・安易《あんい》・簡易《かんい》・難易度《なんいど》・平易《へいい》・容易《ようい》

訓 やさしい

易《やさ》しい問題《もんだい》

なりたち

↓易↓易

トカゲをえがいた形《かたち》。光線《こうせん》によって皮《ひ》ふの色《いろ》が変《か》わるので、「かわる」意《い》を表《あらわ》す。

暴

暴風雨《ぼうふうう》にあう

15画《かく》 日《ひ》の部《ぶ》

音 ボウ （バク）

暴飲暴食《ぼういんぼうしょく》・暴落《ぼうらく》・乱暴《らんぼう》・暴露《ばくろ》

訓 （あばく） あばれる

不正《ふせい》を暴《あば》く

魚《さかな》が暴《あば》れる

なりたち

↓↓暴

いけにえの動物《どうぶつ》を手《て》に持《も》って、日《ひ》にさらすようす。「むきだしにする」意《い》を表《あらわ》す。

条

条件《じょうけん》を書《か》く

7画《かく》 木《き》の部《ぶ》

音 ジョウ

条規《じょうき》・条件《じょうけん》・条文《じょうぶん》・条約《じょうやく》・条例《じょうれい》・信条《しんじょう》

訓 ―

なりたち

もとの字《じ》は「條」。「攸（細長《ほそなが》い）」と「木」で、「細長《ほそなが》い枝《えだ》」を示《しめ》し、「細長《ほそなが》いすじ」「すじ道《みち》」の意《い》を表《あらわ》す。

なぞなぞ？ 土《つち》が反《そ》ったところを、なんという？

（答《こた》えは次《つぎ》のページ）

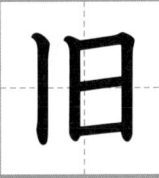

枝

枝《えだ》ぶりがいい

8画《かく》 **木**《き》の部《ぶ》

音 **(シ)**
訓 **えだ**

枝葉末節《しようまっせつ》
枝葉《えだは》・枝豆《えだまめ》・枝道《えだみち》・小枝《こえだ》

なりたち
「支《し》（こまかく分《わ》ける）」と「木」を合《あ》わせた形《かたち》で、幹《みき》からこまかく分《わ》かれた「えだ」を表《あらわ》す。

査

橋《はし》を調《ちょう》査《さ》する

9画《かく》 **木**《き》の部《ぶ》

音 **サ**
訓 —

検査《けんさ》・考査《こうさ》・査察《ささつ》・査定《さてい》・探査《たんさ》・調査《ちょうさ》

なりたち
「且（ふぞろい）」と「木」で、ふぞろいの木《き》を組《く》んで作《つく》った「いかだ」を表《あらわ》す。のち、「しらべる」意《い》に用《もち》いた。

桜

桜《さくら》がさく

10画《かく》 **木**《き》の部《ぶ》

音 **(オウ)**
訓 **さくら**

桜花《おうか》・桜桃《おうとう》
桜前線《さくらぜんせん》・桜草《さくらそう》・葉桜《はざくら》・
八重桜《やえざくら》・山桜《やまざくら》・夜桜《よざくら》

なりたち
もとの字《じ》は「櫻」。「嬰（赤《あか》ちゃん）」と「木」で、赤《あか》ちゃんの唇《くちびる》のようなサクランボのなる木《き》を表《あらわ》す。日本《にほん》では、サクラに用《もち》いる。

格

価格《かかく》が上《あ》がる

10画《かく》 **木**《き》の部《ぶ》

音 **カク**
(コウ)
訓 —

価格《かかく》・格差《かくさ》・格式《かくしき》・格調《かくちょう》・
合格《ごうかく》・性格《せいかく》・体格《たいかく》・品格《ひんかく》
格子《こうし》

なりたち
「各《かく》（足《あし》がつかえる）」と「木」で、人《ひと》の通行《つうこう》を止《と》める「さく」を表《あらわ》す。のち、動《うご》きを制限《せいげん》する「きまり」の意《い》に用《もち》いた。

5年《ねん》

検

体《からだ》を検査《けんさ》する

12画《かく》 木《き》の部《ぶ》

音 ケン

検印《けんいん》・検挙《けんきょ》・検査《けんさ》・検事《けんじ》・検証《けんしょう》・検定《けんてい》・検討《けんとう》・検問《けんもん》・探検《たんけん》・点検《てんけん》

訓 ―

なりたち

もとの字《じ》は「檢」。「僉（集《あつ》める）」と「木」で、木《き》の札《ふだ》を集《あつ》めて「しらべる」意《い》を表《あらわ》す。

検 検 検 検 検 検 検 検 検 検 検 検

構

絵《え》の構図《こうず》を考《かんが》える

14画《かく》 木《き》の部《ぶ》

音 コウ

機構《きこう》・構外《こうがい》・構図《こうず》・構成《こうせい》・構想《こうそう》・構造《こうぞう》・構築《こうちく》・構内《こうない》

訓 かまえる　一家《いっか》を構《かま》える

かまう　なりふり構《かま》わず働《はたら》く

なりたち

↓ 冓 ↓ 冓

「冓《こう》（組《く》み合《あ》わせる）」と「木」で、「組《く》み立《た》てる」意《い》を表《あらわ》す。

構 構 構 構 構 構 構 構

武

強《つよ》そうな武士《ぶし》

8画《かく》 止《とめる》の部《ぶ》

音 ブ

武運《ぶうん》・武器《ぶき》・武士《ぶし》・武装《ぶそう》・武名《ぶめい》・武勇《ぶゆう》・武力《ぶりょく》

ム

武者震《むしゃぶる》い

訓 ―

なりたち

↓ ↓ ↓ 武

「戈（ほこ）」と「止（足《あし》）」で、武器《ぶき》を持《も》って進《すす》むようすから、「いくさ」を表《あらわ》す。

武 武 武 武 武 武 武 武

歴

歴史《れきし》ある町並《まちな》み

14画《かく》 止《とめる》の部《ぶ》

音 レキ

経歴《けいれき》・歴史《れきし》・歴然《れきぜん》・歴代《れきだい》

訓 ―

なりたち

↓ 歷（歴）

もとの字《じ》は「歷」。「厤《れき》（つぎつぎに並《なら》ぶ）」と「止（足《あし》）」で、「つぎつぎと通《とお》り過《す》ぎる」ことを表《あらわ》す。

歴 歴 歴 歴 歴 歴 歴 歴

なぞなぞ？ 白《しろ》い水《みず》のあるところは、どこ？

（答《こた》えは次《つぎ》のページ）

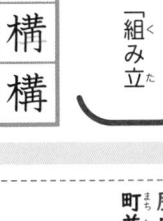

殺

殺虫《さっちゅう》ざいを使《つか》う

10画《かく》　殳《るまた》の部《ぶ》

音　サツ　（サイ）　（セツ）

殺害《さつがい》・殺虫剤《さっちゅうざい》・殺風景《さっぷうけい》
相殺《そうさい》
殺生《せっしょう》

訓　ころす

息《いき》を殺《ころ》す

なりたち

↓殺（殺）

もとの字《じ》は「殺」。「乂（刈《か》りとる）」と「朮（穀物《こくもつ》）」と「殳（動作《どうさ》）」で、茎《くき》の皮《かわ》をそぎ取《と》るようすから、「ころす」ことを表《あらわ》す。

毒

毒《どく》のあるキノコ

8画《かく》　母《ははのかん》の部《ぶ》

音　ドク

解毒《げどく》・消毒《しょうどく》・毒舌《どくぜつ》・毒草《どくそう》・毒物《どくぶつ》・毒味《どくみ》・毒薬《どくやく》

訓　——

なりたち

↓毒

「生（生命《せいめい》）」と「母（無《な》い）」で、生命《せいめい》を奪《うば》う「どく」を表《あらわ》す。

比

背《せ》の高《たか》さを比《くら》べる

4画《かく》　比《ならびひ》の部《ぶ》

音　ヒ

対比《たいひ》・等比《とうひ》・比較《ひかく》・比重《ひじゅう》・比率《ひりつ》・比類《ひるい》・比例《ひれい》

訓　くらべる

力比《ちからくら》べ

なりたち

↓↓比

「匕（人《ひと》）」を二《ふた》つえがいた形《かたち》。同《おな》じ方向《ほうこう》に「ならぶ」意《い》を表《あらわ》す。

永

永遠《えいえん》に聞《き》いていたい

5画《かく》　水《みず》の部《ぶ》

音　エイ

永遠《えいえん》・永久《えいきゅう》・永住《えいじゅう》・永世《えいせい》・永続《えいぞく》・永年《えいねん》

訓　ながい

末永《すえなが》くお幸《しあわ》せに

なりたち

↓↓永

水《みず》の流《なが》れが細《ほそ》く分《わ》かれて、どこまでも続《つづ》くようすをえがいた形《かたち》。「ながく続《つづ》く」意《い》を表《あらわ》す。

5年《ねん》

河

河川《かせん》でつりをする

8画《かく》　氵《さんずい》の部《ぶ》

音 **カ**

訓 **かわ**

運河《うんが》・河口《かこう》・河川《かせん》・銀河《ぎんが》・山河《さんが》・大河《たいが》・氷河《ひょうが》

河岸《かわぎし》・河床《かわどこ》

なりたち

「可《か》（「形《がた》に曲《ま》がる）」と「氵（水《みず》）」で、何度《なんど》も「形《がた》に曲《ま》がって流《なが》れる中国《ちゅうごく》の黄河《こうが》を表《あらわ》す。のち、広《ひろ》く「かわ」の意《い》に用《もち》いた。

液

液体《えきたい》がこぼれる

11画《かく》　氵《さんずい》の部《ぶ》

音 **エキ**

胃液《いえき》・液化《えきか》・液晶《えきしょう》・液状《えきじょう》・液体《えきたい》・血液《けつえき》・原液《げんえき》・樹液《じゅえき》・乳液《にゅうえき》・粘液《ねんえき》・溶液《ようえき》

訓 ―

なりたち

「夜（同《おな》じものが続《つづ》く）」と「氵（水《みず》）」で、点々《てんてん》としたたり落《お》ちる「しる」を表《あらわ》す。

混

むずかしくて混乱《こんらん》する

11画《かく》　氵《さんずい》の部《ぶ》

音 **コン**

訓 **まじる**　**まざる**　**まぜる**　**こむ**

混合《こんごう》・混雑《こんざつ》・混同《こんどう》・混乱《こんらん》

水《みず》にどろが混《ま》じる

砂糖《さとう》に塩《しお》が混《ま》ざる

白色《しろいろ》に赤色《あかいろ》を混《ま》ぜる

電車《でんしゃ》が混《こ》む

なりたち

↓

昆

「昆《こん》（集《あつ》まる）」と「氵（水《みず》）」で、水《みず》の中《なか》に「まじる」意《い》を表《あらわ》す。

減

おなかが減《へ》る

12画《かく》　氵《さんずい》の部《ぶ》

音 **ゲン**

減額《げんがく》・減算《げんさん》・減少《げんしょう》・減税《げんぜい》・減点《げんてん》・減量《げんりょう》・増減《ぞうげん》・半減《はんげん》

訓 **へる**　**へらす**

水《みず》かさが減《へ》る

ごみを減《へ》らす

なりたち

「咸（ふさぐ）」と「氵（水《みず》）」で、水源《すいげん》がふさがれて水《みず》の量《りょう》が「へる」意《い》を表《あらわ》す。

5年《ねん》

なぞなぞ？ 人《ひと》（亻）が表《おもて》にでて、かつぐものはなに？

（答《こた》えは次《つぎ》のページ）

不測《ふそく》の事態《じたい》

測

12画《かく》 氵《さんずい》の部《ぶ》

音 ソク
憶測《おくそく》・観測《かんそく》・計測《けいそく》・推測《すいそく》・測定《そくてい》・測量《そくりょう》・測候所《そっこうじょ》・不測《ふそく》・目測《もくそく》・予測《よそく》

訓 はかる
身長《しんちょう》を測《はか》る

なりたち
「則《そく》（そばにくっつく）」と「氵（水《みず》）」で、ものさしなどをくっつけて、水《みず》の深《ふか》さを「はかる」意《い》を表《あらわ》す。

明日《あす》の準《じゅん》備《び》をする

準

13画《かく》 氵《さんずい》の部《ぶ》

音 ジュン
基準《きじゅん》・準決勝《じゅんけっしょう》・準備《じゅんび》・準優勝《じゅんゆうしょう》・水準《すいじゅん》・標準《ひょうじゅん》

訓 ―

なりたち

↓
隼
「隼《じゅん》（平《たい》ら）」と「氵（水《みず》）」で、水面《すいめん》のように平《たい》らなようすから、「水平《すいへい》をはかる道具《どうぐ》」を表《あらわ》す。

演奏会《えんそうかい》に出《で》る

演

14画《かく》 氵《さんずい》の部《ぶ》

音 エン
演技《えんぎ》・演劇《えんげき》・演算《えんざん》・演習《えんしゅう》・演出《えんしゅつ》・演説《えんぜつ》・演奏《えんそう》・開演《かいえん》・講演《こうえん》・終演《しゅうえん》・出演《しゅつえん》・上演《じょうえん》

訓 ―

なりたち

↓

↓
寅
「寅(長《なが》くのばす)」と「氵(水《みず》)」で、水《みず》が長《なが》くのびて流《なが》れるようすから、「のびる」意《い》を表《あらわ》す。

手《て》を清潔《せいけつ》に保《たも》つ

潔

15画《かく》 氵《さんずい》の部《ぶ》

音 ケツ
簡潔《かんけつ》・潔白《けっぱく》・潔癖《けっぺき》・高潔《こうけつ》・純潔《じゅんけつ》・清潔《せいけつ》・不潔《ふけつ》

訓 （いさぎよい）
潔《いさぎよ》くあきらめる

なりたち
「絜《けつ》（よごれを落《お》とす）」と「氵（水《みず》）」で、水《みず》でよごれを洗《あら》い落《お》とすようすから、「けがれがない」の意《い》を表《あらわ》す。

5年《ねん》

災

災害《さいがい》がおこる

7画《かく》 **火《ひ》**の部《ぶ》

音 **サイ**
火災《かさい》・災害《さいがい》・災難《さいなん》・震災《しんさい》・人災《じんさい》・戦災《せんさい》・天災《てんさい》・被災《ひさい》・防災《ぼうさい》・労災《ろうさい》

訓 **（わざわい）**
口《くち》は災《わざわ》いの元《もと》

なりたち
巛火→災
「巛（さえぎる）」と「火」で、順調《じゅんちょう》な生活《せいかつ》をさえぎる、山火事《やまかじ》のような「わざわい」を表《あらわ》す。

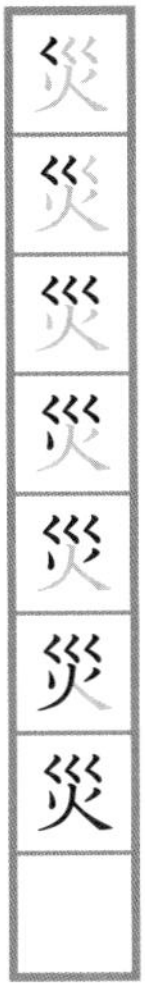

燃

炭《すみ》を燃《も》やす

16画《かく》 **火《ひ》**の部《ぶ》

音 **ネン**
燃焼《ねんしょう》・燃費《ねんぴ》・燃料《ねんりょう》・不燃物《ふねんぶつ》

訓 **もえる**
火《ひ》が燃《も》える

もやす
情熱《じょうねつ》を燃《も》やす

もす
紙《かみ》くずを燃《も》す

なりたち
「然《ねん》（もえる）」と「灬（火《ひ》）」で、「もえる」「もやす」意《い》を表《あらわ》す。

大《おお》きい数《かず》の漢字《かんじ》

小学校《しょうがっこう》の算数《さんすう》では、四年生《よねんせい》で「億《おく》」「兆《ちょう》」という大《おお》きい数《かず》を学習《がくしゅう》します。一億《いちおく》は一万《いちまん》の一万倍《いちまんばい》、一兆《いっちょう》は一億《いちおく》の一万倍《いちまんばい》にあたります。一万倍《いちまんばい》ごとに単位《たんい》が変《か》わるのが、大《おお》きな数《かず》の特徴《とくちょう》です。

小学校《しょうがっこう》では習《なら》いませんが、兆《ちょう》よりも大《おお》きな数《かず》も紹介《しょうかい》しましょう。

兆《ちょう》の一万倍《いちまんばい》を「京《けい》」、
京《けい》の一万倍《いちまんばい》を「垓《がい》」、
垓《がい》の一万倍《いちまんばい》を「秭《じょ》」、
秭《じょ》の一万倍《いちまんばい》を「穣《じょう》」、
穣《じょう》の一万倍《いちまんばい》を「溝《こう》」、
溝《こう》の一万倍《いちまんばい》を「澗《かん》」、
澗《かん》の一万倍《いちまんばい》を「正《せい》」、
正《せい》の一万倍《いちまんばい》を「載《さい》」、
載《さい》の一万倍《いちまんばい》を「極《ごく》」、
極《ごく》の一万倍《いちまんばい》を「恒河沙《ごうがしゃ》」、
その一万倍《いちまんばい》を「阿僧祇《あそうぎ》」、
その一万倍《いちまんばい》を「那由他《なゆた》」、
その一万倍《いちまんばい》を「不可思議《ふかしぎ》」、
その一万倍《いちまんばい》を「無量大数《むりょうたいすう》」

といいます。「極《ごく》」までは古代中国《こだいちゅうごく》に由来《ゆらい》し、その先《さき》はインドの仏教《ぶっきょう》に由来《ゆらい》する言葉《ことば》となっています。

不可思議
極
京
垓
正
兆
億

5年《ねん》

なぞなぞ？ 言＋方＋門＋口＝？

（答《こた》えは次《つぎ》のページ）

版

本《ほん》を出版《しゅっぱん》する

8画《かく》　片《かた》の部《ぶ》

音　ハン

活版《かっぱん》・再版《さいはん》・出版《しゅっぱん》・初版《しょはん》・新版《しんぱん》・図版《ずはん》・絶版《ぜっぱん》・版画《はんが》・版木《はんぎ》・版権《はんけん》・木版《もくはん》

訓　—

なりたち

「反《はん》(うすくて平《たい》ら)」と「片(木《き》の切《き》れはし)」で、「うすくて平《ひら》たい板《いた》」を表《あらわ》す。

犯

防犯《ぼうはん》パトロール

5画《かく》　犭《けものへん》の部《ぶ》

音　ハン

共犯《きょうはん》・現行犯《げんこうはん》・再犯《さいはん》・主犯《しゅはん》・常習犯《じょうしゅうはん》・侵犯《しんぱん》・犯行《はんこう》・犯罪《はんざい》・犯人《はんにん》・防犯《ぼうはん》

訓　(おかす)

罪《つみ》を犯《おか》す

なりたち

犯

「㔾(はみ出《で》る)」と「犭(イヌ)」で、わくからはみ出《で》て、法《ほう》やルールをやぶる、「おかす」意《い》を表《あらわ》す。

状

お礼状《れいじょう》を送《おく》る

7画《かく》　犬《いぬ》の部《ぶ》

音　ジョウ

液状《えきじょう》・球状《きゅうじょう》・現状《げんじょう》・実状《じつじょう》・賞状《しょうじょう》・状態《じょうたい》・年賀状《ねんがじょう》・白状《はくじょう》・病状《びょうじょう》

訓　—

なりたち

爿(丬)　もとの字《じ》は「狀」。「爿(細《ほそ》長《なが》い)」と「犬」で、イヌの姿《すがた》から「かたち」を表《あらわ》した。

独

独学《どくがく》で勉強《べんきょう》する

9画《かく》　犭《けものへん》の部《ぶ》

音　ドク

独学《どくがく》・独裁《どくさい》・独自《どくじ》・独身《どくしん》・独走《どくそう》・独文学《どくぶんがく》・独立《どくりつ》・独和辞典《どくわじてん》

訓　ひとり

独《ひと》り言《ごと》・独《ひと》り占《じ》め

なりたち

もとの字《じ》は「獨」。「蜀(離《はな》れない)」と「犭(イヌ)」で、イヌが一《いっ》か所《しょ》にとどまるようすから、「ただひとり」の意《い》を表《あらわ》す。

5年《ねん》

? 前《まえ》のページの答《こた》え→訪問《ほうもん》

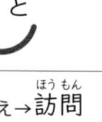

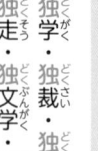

率

兵《へい》を率《ひき》いる

11画《かく》　玄《げん》の部《ぶ》

音 （ソツ）
引率《いんそつ》・軽率《けいそつ》・率先《そっせん》・率直《そっちょく》・統率《とうそつ》

リツ
勝率《しょうりつ》・百分率《ひゃくぶんりつ》・比率《ひりつ》

訓 ひきいる
家来《けらい》を率《ひき》いる

なりたち

↓
率
「玄（垂《た》れた糸《いと》）」と「氺（はらいのける）」と「十（まとめる）」で、「まとめる」意《い》を表《あらわ》す。

現

月《つき》が現《あらわ》れる

11画《かく》　王《おう》の部《ぶ》

音 ゲン
現金《げんきん》・現在《げんざい》・現実《げんじつ》・現象《げんしょう》・現代《げんだい》・実現《じつげん》・出現《しゅつげん》・表現《ひょうげん》

訓 あらわれる
成果《せいか》が現《あらわ》れる

あらわす
正体《しょうたい》を現《あらわ》す

なりたち

「見（みえる）」と「王（玉《たま》）」で、玉《たま》の光《ひかり》が「はっきりあらわれる」意《い》を表《あらわ》す。

留

家《いえ》を留守《るす》にする

10画《かく》　田《た》の部《ぶ》

音 リュウ
停留所《ていりゅうじょ》・留意《りゅうい》・留学《りゅうがく》

ル
留守番《るすばん》

訓 とめる
心《こころ》に留《と》める

とまる
目《め》に留《と》まる

なりたち

↓
↓
卯
「卯（すべってとまる）」と「田」で、「止《と》まって動《うご》かない」意《い》を表《あらわ》す。

略

計略《けいりゃく》にかかる

11画《かく》　田《た》の部《ぶ》

音 リャク
簡略《かんりゃく》・計略《けいりゃく》・攻略《こうりゃく》・策略《さくりゃく》・省略《しょうりゃく》・戦略《せんりゃく》・略字《りゃくじ》・略式《りゃくしき》・略図《りゃくず》

訓 —

なりたち

「各（横切《よこぎ》る小道《こみち》を作《つく》る）」と「田」で、土地《とち》に境界《きょうかい》をつけるようすから、「事《こと》をはかる」意《い》を表《あらわ》す。

なぞなぞ？ 水《みず》に点《てん》（丶）がついたら、なにになる？
（答《こた》えは次《つぎ》のページ）

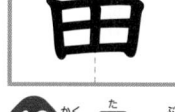

益

大《おお》きな利益《りえき》を得《え》る

10画《かく》　皿《さら》の部《ぶ》

音 **エキ**
益虫《えきちゅう》・国益《こくえき》・実益《じつえき》・収益《しゅうえき》・増益《ぞうえき》・無益《むえき》・有益《ゆうえき》・利益《りえき》
（ヤク）
御利益《ごりやく》

訓 ―

なりたち
↓益
もとの字は「益」。「水」を横《よこ》にした形《かたち》と「皿」で、皿《さら》に水《みず》がいっぱいのようすから、「もうけ」を表《あらわ》す。

眼

眼力《がんりき》がある

11画《かく》　目《め》の部《ぶ》

音 **ガン**
眼科《がんか》・眼帯《がんたい》・眼中《がんちゅう》・眼力《がんりき》・近眼《きんがん》・主眼《しゅがん》・着眼点《ちゃくがんてん》・肉眼《にくがん》
（ゲン）
大仏開眼《だいぶつかいげん》

訓 **（まなこ）**
寝《ね》ぼけ眼《まなこ》・血眼《ちまなこ》

なりたち
「良（いつまでも残《のこ》る穴《あな》）」と「目」で、目玉《めだま》の入《はい》る穴《あな》を示《しめ》し、「め」を表《あらわ》す。

破

約束《やくそく》を破《やぶ》る

10画《かく》　石《いし》の部《ぶ》

音 **ハ**
大破《たいは》・打破《だは》・読破《どくは》・突破《とっぱ》・破格《はかく》・破産《はさん》・破損《はそん》・破片《はへん》

訓 **やぶる**
約束《やくそく》を破《やぶ》る
やぶれる
紙《かみ》が破《やぶ》れる

なりたち
「皮（傾《かたむ》く）」と「石」で、石《いし》が割《わ》れて傾《かたむ》くようすから、「こわれる」意《い》を表《あらわ》す。

確

正確《せいかく》に歌《うた》いたい

15画《かく》　石《いし》の部《ぶ》

音 **カク**
確実《かくじつ》・確信《かくしん》・確定《かくてい》・確認《かくにん》・確立《かくりつ》・確率《かくりつ》・正確《せいかく》・明確《めいかく》

訓 **たしか**
腕《うで》の確《たし》かな医者《いしゃ》
たしかめる
答《こた》えを確《たし》かめる

なりたち
↓隺
「隺《かく》（かたい）」と「石」で、石《いし》のようにかたくて、「しっかりしている」の意《い》を表《あらわ》す。

5年《ねん》

示

王《おう》かんを展示《てんじ》する

5画《かく》　示《しめす》の部《ぶ》

音 ジ（シ）

訓 しめす

暗示《あんじ》・教示《きょうじ》・指示《しじ》・示談《じだん》・提示《ていじ》・展示《てんじ》・表示《ひょうじ》・明示《めいじ》・示唆《しさ》・図示《ずし》

方向《ほうこう》を示《しめ》す

なりたち

神《かみ》をまつる、足《あし》の付《つ》いた祭壇《さいだん》の形《かたち》。そこに神《かみ》の心《こころ》が示《しめ》されるので、「しめす」意《い》を表《あらわ》す。

祖

元祖《がんそ》！発明王《はつめいおう》

9画《かく》　ネ《しめすへん》の部《ぶ》

音 ソ

訓 ―

開祖《かいそ》・元祖《がんそ》・先祖《せんぞ》・祖国《そこく》・祖先《そせん》・祖父《そふ》・祖母《そぼ》・父祖《ふそ》

なりたち

もとの形《かたち》は「祖」。「且（重《かさ》なる）」と「示（祭壇《さいだん》）」で、何代《なんだい》も重《かさ》なる「血《ち》すじのおおもとの人《ひと》」を表《あらわ》す。

禁

漁《りょう》が解禁《かいきん》になる

13画《かく》　示《しめす》の部《ぶ》

音 キン

訓 ―

解禁《かいきん》・監禁《かんきん》・禁泳《きんえい》・禁句《きんく》・禁止《きんし》・禁制《きんせい》・禁断《きんだん》・禁物《きんもつ》・禁漁《きんりょう》・厳禁《げんきん》

なりたち

「林」と「示（祭壇《さいだん》）」を合《あ》わせた形《かたち》。神《かみ》を祭《まつ》った場所《ばしょ》の周囲《しゅうい》に木《き》をめぐらせ、中《なか》に入《はい》るのを「やめさせる」意《い》を表《あらわ》す。

移

急《いそ》いで移動《いどう》する

11画《かく》　禾《のぎへん》の部《ぶ》

音 イ

訓 うつる　うつす

移行《いこう》・移植《いしょく》・移送《いそう》・移転《いてん》・移動《いどう》・移入《いにゅう》・推移《すいい》・転移《てんい》

席《せき》を移《うつ》る

住居《じゅうきょ》を移《うつ》す

なりたち

「多（重《かさ》なる）」と「禾（イネ）」で、イネのほが風《かぜ》で横《よこ》になびくようすから、「うつる」意《い》を表《あらわ》す。

なぞなぞ？　束＋攵＋正＋王＋里＝？

（答《こた》えは次《つぎ》のページ）

税

税金《ぜいきん》について勉強《べんきょう》する

12画《かく》　禾《のぎへん》の部《ぶ》

音 **ゼイ**

課税《かぜい》・減税《げんぜい》・消費税《しょうひぜい》・税関《ぜいかん》・税金《ぜいきん》・税収《ぜいしゅう》・税務署《ぜいむしょ》・増税《ぞうぜい》・脱税《だつぜい》・納税《のうぜい》

訓 ―

なりたち

もとの字《じ》は「稅」。「兌（抜《ぬ》き取《と》る）」と「禾（イネ）」で、穀物《こくもつ》の一部《いちぶ》を抜《ぬ》き取《と》るようすから、「ぜい」の意《い》を表《あらわ》す。

程

過程《かてい》を見守《みまも》る

12画《かく》　禾《のぎへん》の部《ぶ》

音 **テイ**

音程《おんてい》・過程《かてい》・課程《かてい》・規程《きてい》・行程《こうてい》・程度《ていど》・道程《どうてい》・日程《にってい》・旅程《りょてい》

訓 **（ほど）**

程《ほど》よい温度《おんど》

なりたち

↓
呈

「呈《てい》（まっすぐな線《せん》）」と「禾（イネ）」で、イネのほの長《なが》さを示《しめ》し、「基準《きじゅん》」「度合《どあ》い」を表《あらわ》す。

罪

罪悪感《ざいあくかん》でいっぱい

13画《かく》　罒《あみがしら》の部《ぶ》

音 **ザイ**

功罪《こうざい》・罪悪感《ざいあくかん》・罪状《ざいじょう》・罪人《ざいにん》・謝罪《しゃざい》・重罪《じゅうざい》・同罪《どうざい》・犯罪《はんざい》・無罪《むざい》・有罪《ゆうざい》

訓 **つみ**

罪《つみ》ほろぼし

なりたち

↓
罪

「罒（あみ）」と「非（道《みち》にそむく）」で、悪《わる》い人《ひと》に法《ほう》のあみをかぶせるようすから、「つみ」の意《い》を表《あらわ》す。

築

最古《さいこ》の木造建築《もくぞうけんちく》

16画《かく》　竹《たけ》の部《ぶ》

音 **チク**

移築《いちく》・改築《かいちく》・建築《けんちく》・構築《こうちく》・再築《さいちく》・新築《しんちく》・増築《ぞうちく》・築城《ちくじょう》・築造《ちくぞう》・築港《ちっこう》

訓 **きずく**

城《しろ》を築《きず》く

なりたち

↓
築

「竹《ちく》（かたい）」と「筑（つき通《とお》す）」と「木」で、木《き》のわくに土《つち》をつめてつき固《かた》め、「土台《どだい》を作《つく》る」意《い》を表《あらわ》す。

5年《ねん》

粉

こしょうの粉《こな》

10画《かく》　米《こめ》の部《ぶ》

音　フン

訓　こ
こな

花粉《かふん》・製粉《せいふん》・粉砕《ふんさい》・粉末《ふんまつ》
黄《き》な粉《こ》・小麦粉《こむぎこ》・パン粉《こ》
粉薬《こなぐすり》・粉《こな》みじん・粉雪《こなゆき》

なりたち
「分《ふん》（ばらばらにわける）」と「米」で、米《こめ》を細《こま》かくくだいた「こな」を表《あらわ》す。

精

精神《せいしん》を集中《しゅうちゅう》する

14画《かく》　米《こめ》の部《ぶ》

音　セイ
（ショウ）

訓　―

精気《せいき》・精神《せいしん》・精選《せいせん》・精度《せいど》・
精米《せいまい》・精密《せいみつ》・精力《せいりょく》
精進《しょうじん》

なりたち
もとの字《じ》は「精」。「靑《せい》（けがれがない）」と「米」で、「ぬかを取《と》った白《しろ》い米《こめ》」を表《あらわ》す。

紀

クラスの風紀委員《ふうきいいん》

9画《かく》　糸《いと》の部《ぶ》

音　キ

訓　―

紀元《きげん》・紀行文《きこうぶん》・世紀末《せいきまつ》・21世紀《せいき》・
風紀委員《ふうきいいん》

なりたち
「己《き》（めじるし）」と「糸」で、もつれた糸《いと》をほぐすときの「いとぐち」を表《あらわ》す。のち、「物事《ものごと》を順序立《じゅんじょだ》てて記録《きろく》する」意味《いみ》に用《もち》いた。

素

音楽家《おんがくか》の素質《そしつ》がある

10画《かく》　糸《いと》の部《ぶ》

音　ソ
（ス）

訓　―

簡素《かんそ》・質素《しっそ》・素行《そこう》・素材《そざい》・
素質《そしつ》・平素《へいそ》・要素《ようそ》
素足《すあし》・素顔《すがお》・素手《すで》

なりたち

↓
素

「垂（たれる）」の省略形《しょうりゃくけい》と「糸」で、まゆから垂《た》れ下《さ》がった絹糸《きぬいと》を示《しめ》し、手《て》を加《くわ》えない「白《しろ》い絹《きぬ》」を表《あらわ》す。

5年《ねん》

なぞなぞ？　弓《ゆみ》をムネにかかえている虫《おし》は、どんな虫《むし》？
（答《こた》えは次《つぎ》のページ）

経

すてきな経験《けいけん》

11画《かく》 糸《いと》の部《ぶ》

音 **ケイ**
経営《けいえい》・経過《けいか》・経験《けいけん》・経済《けいざい》・経線《けいせん》・経度《けいど》・経由《けいゆ》・経路《けいろ》

（キョウ）
経典《きょうてん》・経文《きょうもん》

訓 **へる**
年月《ねんげつ》を経《へ》る

なりたち
もとの字《じ》は「經」。「巠《けい》（たてに通《とお》る）」と「糸」で、織物《おりもの》の「たて糸《いと》」を表《あらわ》す。

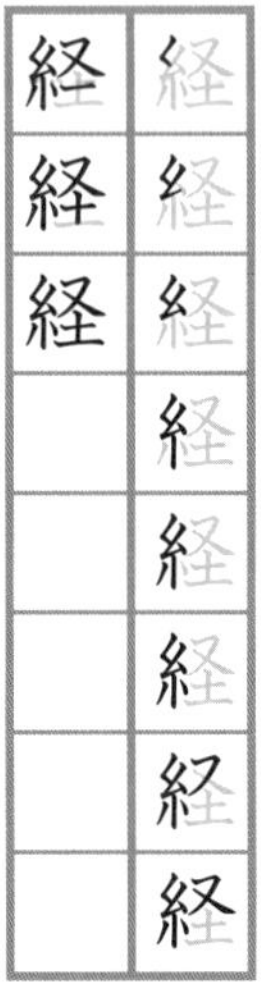

絶

絶体絶命《ぜったいぜつめい》の大事件《だいじけん》

12画《かく》 糸《いと》の部《ぶ》

音 **ゼツ**
絶交《ぜっこう》・絶大《ぜつだい》・絶望《ぜつぼう》・断絶《だんぜつ》

訓 **たえる**
連絡《れんらく》が絶《た》える

たやす
害虫《がいちゅう》を絶《た》やす

たつ
望《のぞ》みが絶《た》たれる

なりたち
↓絶
もとの字《じ》は「絕」。「刀」と「巴（切《き》れ目《め》）」と「糸」で、「断《た》ち切《き》る」意《い》を表《あらわ》す。

統

意見《いけん》を統一《とういつ》する

12画《かく》 糸《いと》の部《ぶ》

音 **トウ**
系統《けいとう》・血統《けっとう》・正統《せいとう》・大統領《だいとうりょう》・伝統《でんとう》・統一《とういつ》・統計《とうけい》・統合《とうごう》・統制《とうせい》・統率《とうそつ》

訓 **（すべる）**
王《おう》が国《くに》を統《す》べる

なりたち
↓充
「充（いっぱいになる）」と「糸」で、まゆから糸《いと》を引《ひ》き出《だ》すようすから、「まとめる」意《い》を表《あらわ》す。

総

観客《かんきゃく》が総立《そうだ》ちになる

14画《かく》 糸《いと》の部《ぶ》

音 **ソウ**
総会《そうかい》・総画数《そうかくすう》・総合《そうごう》・総裁《そうさい》・総数《そうすう》・総勢《そうぜい》・総立《そうだ》ち・総動員《そうどういん》・総理大臣《そうりだいじん》・総力《そうりょく》

訓 —

なりたち
もとの字《じ》は「總」。「悤《そう》（まとめる）」と「糸」で、糸《いと》をまとめて「一《ひと》つにする」意《い》を表《あらわ》す。のち、「すべて」の意《い》で用《もち》いた。

? 前《まえ》のページの答《こた》え→強《つよ》い

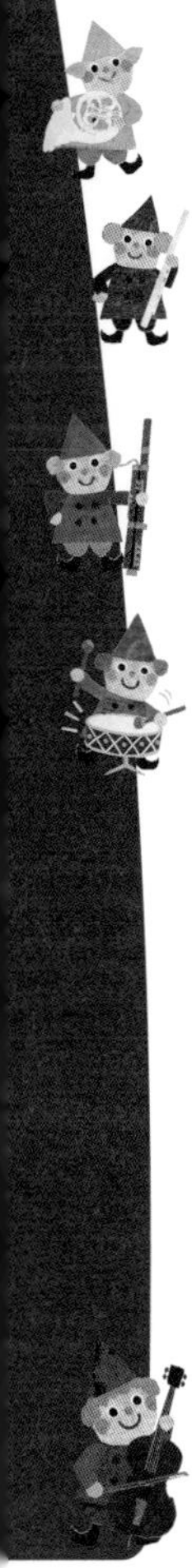

綿

綿《めん》の布《ぬの》を切《き》る

14画《かく》 糸《いと》の部《ぶ》

音 メン
綿糸《めんし》・綿布《めんぷ》・綿棒《めんぼう》・綿密《めんみつ》・綿綿《めんめん》（綿々《めんめん》）・木綿《もめん》・連綿《れんめん》

訓 わた
真綿《まわた》・綿毛《わたげ》・綿雪《わたゆき》

なりたち
もとの字は「緜」。「帛（織物《おりもの》）」と「系（つながる）」で、織物《おりもの》をつくる「わた」を表《あらわ》す。

編

編曲《へんきょく》をする

15画《かく》 糸《いと》の部《ぶ》

音 ヘン
後編《こうへん》・前編《ぜんぺん》・続編《ぞくへん》・短編《たんぺん》・長編《ちょうへん》・編曲《へんきょく》・編者《へんじゃ》・編集《へんしゅう》・編成《へんせい》・編入《へんにゅう》

訓 あむ
編《あ》み物《もの》

なりたち

↓
扁
「扁《へん》（平《ひら》たい）」と「糸」で、文字《もじ》を書《か》いた板《いた》をひもでとじて、「書物《しょもつ》にまとめる」意《い》を表《あらわ》す。

績

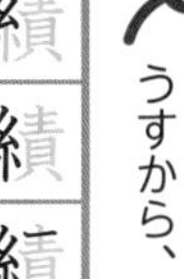
すばらしい成績《せいせき》

17画《かく》 糸《いと》の部《ぶ》

音 セキ
業績《ぎょうせき》・功績《こうせき》・実績《じっせき》・成績《せいせき》・戦績《せんせき》・紡績《ぼうせき》

訓 ―

なりたち
「責《せき》（積《つ》み重《かさ》ねる）」と「糸」で、植物《しょくぶつ》のせんいをより合《あ》わせて、糸《いと》にするようすから、「つむぐ」意《い》を表《あらわ》す。

織

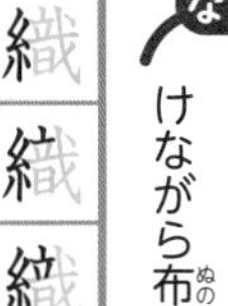
立派《りっぱ》な羽織《はおり》

18画《かく》 糸《いと》の部《ぶ》

音 （ショク）
織機《しょっき》・染織《せんしょく》・紡織《ぼうしょく》
シキ
組織《そしき》

訓 おる
織物《おりもの》・手織《てお》り・羽織《はおり》

なりたち

↓

↓
戠
「戠《しょく》（見《み》分《わ》ける）」と「糸」で、模様《もよう》を見分《みわ》けながら布《ぬの》を「おる」意《い》を表《あらわ》す。

なぞなぞ？ 土《つち》をほって完成《かんせい》したよ。なにができた？
（答《こた》えは次《つぎ》のページ）

義

宿題《しゅくだい》はすぐやる主義《しゅぎ》

13画《かく》　羊《ひつじ》の部《ぶ》

音　ギ
意義《いぎ》・奥義《おうぎ》・恩義《おんぎ》・義務《ぎむ》・義理《ぎり》・語義《ごぎ》・主義《しゅぎ》・仁義《じんぎ》・正義《せいぎ》・談義《だんぎ》・道義《どうぎ》・同義《どうぎ》

訓　―

なりたち
𦎫→義
「我（きちんとしている）」と「羊（美《うつく》しい）」で、きちんとすじが通《とお》っていて「正《ただ》しい」意《い》を表《あらわ》す。

耕

畑《はたけ》を耕《たがや》す

10画《かく》　耒《すきへん》の部《ぶ》

音　コウ
耕耘機《こううんき》・耕具《こうぐ》・耕作《こうさく》・耕地《こうち》・農耕民族《のうこうみんぞく》

訓　たがやす
畑《はたけ》を耕《たがや》す

なりたち
「井（四角《しかく》いわく）」と「耒（すき）」で、畑《はたけ》をすきでほり起《お》こして、「たがやす」意《い》を表《あらわ》す。

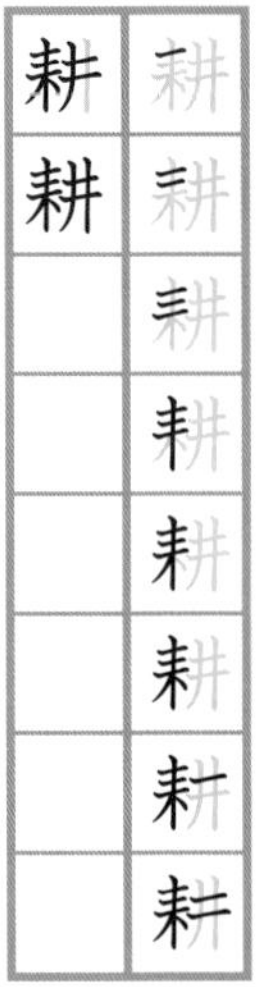

職

職業《しょくぎょう》は指揮者《しきしゃ》

18画《かく》　耳《みみ》の部《ぶ》

音　ショク
休職《きゅうしょく》・教職《きょうしょく》・辞職《じしょく》・就職《しゅうしょく》・職員《しょくいん》・職業《しょくぎょう》・職人《しょくにん》・職場《しょくば》・退職《たいしょく》・天職《てんしょく》・本職《ほんしょく》

訓　―

なりたち
「戠《しょく》（見分《みわ》ける）」と「耳」で、耳《みみ》で聞《き》いて見分《みわ》けることを示《しめ》し、よく心得《こころえ》ている「仕事《しごと》」や「受《う》け持《も》ち」の意《い》を表《あらわ》す。

肥

肥満状態《ひまんじょうたい》

8画《かく》　月《にくづき》の部《ぶ》

音　ヒ
肥大《ひだい》・肥満《ひまん》・肥沃《ひよく》・肥料《ひりょう》

訓　こえる
ブタがよく肥《こ》える

こえ
肥《こえ》だめ

こやす
田畑《たはた》を肥《こ》やす

こやし
肥《こ》やしをまく

なりたち
「配（くっつく）」の省略形《しょうりゃくけい》と「月（にく）」で、体《からだ》に肉《にく》がついて、「ふとる」意《い》を表《あらわ》す。

5年《ねん》

能

スケートの才能《さいのう》がある

10画《かく》 **月**《にくづき》の部《ぶ》

音 **ノウ**

可能《かのう》・機能《きのう》・技能《ぎのう》・効能《こうのう》・才能《さいのう》・能弁《のうべん》・能力《のうりょく》・万能《ばんのう》・不能《ふのう》・本能《ほんのう》

訓 ―

なりたち

↓ ↓ 能

動物《どうぶつ》のクマをえがいた形《かたち》。クマは力《ちから》が強《つよ》いところから、「…できる」意《い》を表《あらわ》す。

脈

金《きん》の鉱脈《こうみゃく》を見《み》つける

10画《かく》 **月**《にくづき》の部《ぶ》

音 **ミャク**

山脈《さんみゃく》・静脈《じょうみゃく》・水脈《すいみゃく》・動脈《どうみゃく》・文脈《ぶんみゃく》・脈《みゃく》を打《う》つ

訓 ―

なりたち

↓ 𠂢

「𠂢（枝分《えだわ》かれした川《かわ》）」と「月（肉《にく》）」で、体《からだ》の中《なか》で枝分《えだわ》かれしている「血《ち》の流《なが》れるすじ」を表《あらわ》す。

興

なんにでも興味《きょうみ》を持《も》つ

16画《かく》 **臼**《うす》の部《ぶ》

音 **コウ**
キョウ

興行《こうぎょう》・興業《こうぎょう》・興奮《こうふん》・復興《ふっこう》・興味《きょうみ》・即興《そっきょう》・余興《よきょう》

訓 **（おこる）**
（おこす）

産業《さんぎょう》が興《おこ》る
事業《じぎょう》を興《おこ》す

なりたち

↓ 興

「舁（持《も》ち上《あ》げる）」と「同（いっしょにそろう）」で、いっせいに「おこす」意《い》を表《あらわ》す。

航

航空機《こうくうき》に乗《の》る

10画《かく》 **舟**《ふね》の部《ぶ》

音 **コウ**

運航《うんこう》・欠航《けっこう》・航海《こうかい》・航空機《こうくうき》・航行《こうこう》・航路《こうろ》・就航《しゅうこう》

訓 ―

なりたち

亢 ←

「亢《こう》（まっすぐのびる）」と「舟」で、水《みず》の上《うえ》を舟《ふね》が「まっすぐ進《すす》む」ことを表《あらわ》す。

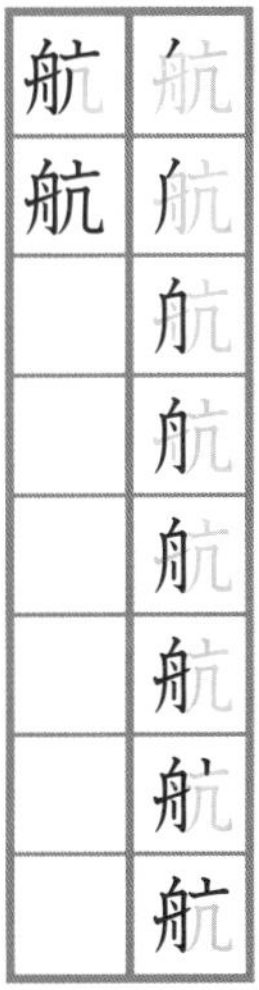

5年《ねん》

なぞなぞ？ 口+口+車+云=？

（答《こた》えは次《つぎ》のページ）

術

たくみな話術《わじゅつ》

11画《かく》　**行**《ぎょうがまえ》の部《ぶ》

音　**ジュツ**

医術《いじゅつ》・技術《ぎじゅつ》・芸術《げいじゅつ》・手術《しゅじゅつ》・術中《じゅっちゅう》・戦術《せんじゅつ》・美術《びじゅつ》・魔術《まじゅつ》・話術《わじゅつ》

訓　—

なりたち

「朮《じゅつ》（はずれない）」と「行（道《みち》）」で、決《き》められた道《みち》すじに従《したが》うことを示《しめ》し、「決《き》まったやり方《かた》」の意《い》を表《あらわ》す。

衛

おひめ様《さま》を護衛《ごえい》する

16画《かく》　**行**《ぎょうがまえ》の部《ぶ》

音　**エイ**

衛生《えいせい》・衛星《えいせい》・衛兵《えいへい》・後衛《こうえい》・護衛《ごえい》・自衛隊《じえいたい》・守衛《しゅえい》・親衛隊《しんえいたい》・前衛《ぜんえい》・防衛《ぼうえい》

訓　—

なりたち

もとの字《じ》は「衞」。「韋（回《まわ》る）」と「帀（めぐる）」と「行（道《みち》）」で、周囲《しゅうい》をぐるぐる回《まわ》って「まもる」意《い》を表《あらわ》す。

製

自家製《じかせい》のケーキ

14画《かく》　**衣**《ころも》の部《ぶ》

音　**セイ**

既製品《きせいひん》・自家製《じかせい》・製作《せいさく》・製図《せいず》・製造《せいぞう》・製品《せいひん》・製本《せいほん》・手製《てせい》・特製《とくせい》・日本製《にほんせい》

訓　—

なりたち

「制《せい》（切《き》りとる）」と「衣」で、布《ぬの》をたち切《き》って衣服《いふく》をつくるようすから、広《ひろ》く「つくる」意《い》を表《あらわ》す。

複

複数《ふくすう》の提案書《ていあんしょ》

14画《かく》　**ネ**《ころもへん》の部《ぶ》

音　**フク**

重複《ちょうふく》・複眼《ふくがん》・複合《ふくごう》・複雑《ふくざつ》・複式《ふくしき》・複写《ふくしゃ》・複数《ふくすう》・複製《ふくせい》・複線《ふくせん》

訓　—

なりたち

「复《ふく》（重《かさ》なる）」と「ネ（衣《ころも》）」で、裏地《うらじ》をつけた「あわせ」の衣服《いふく》を示《しめ》し、「重《かさ》なる」を表《あらわ》す。

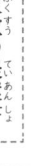

規

規則的《きそくてき》なリズム

11画《かく》　**見**《みる》の部《ぶ》

音　**キ**

規格《きかく》・規制《きせい》・規則《きそく》・規定《きてい》・規範《きはん》・規模《きぼ》・規約《きやく》・規律《きりつ》・定規《じょうぎ》・新規《しんき》・正規《せいき》・法規《ほうき》

訓　―

なりたち

「夫（棒《ぼう》）」と「見（姿《すがた》を現《あらわ》す）」で、棒《ぼう》で円《えん》をえがくようすから、「コンパス」の意《い》を表《あらわ》す。のち、「きまり」の意《い》に用《もち》いた。

解

内容《ないよう》を理解《りかい》する

13画《かく》　**角**《つの》の部《ぶ》

音　**カイ**　**（ゲ）**

解決《かいけつ》・解放《かいほう》・分解《ぶんかい》・理解《りかい》

解毒《げどく》・解熱《げねつ》

訓　**とく**　**とかす**　**とける**

問題《もんだい》を解《と》く

氷《こおり》を解《と》かす

靴《くつ》ひもが解《と》ける

なりたち

「角（つの）」と「刀」と「牛」で、牛《うし》をばらばらにするようすから、「とく」意《い》を表《あらわ》す。

許

心《こころ》を許《ゆる》さない

11画《かく》　**言**《ごんべん》の部《ぶ》

音　**キョ**

許可《きょか》・許容《きょよう》・特許《とっきょ》・免許《めんきょ》

訓　**ゆるす**

時間《じかん》が許《ゆる》す限《かぎ》り

なりたち

「午（交差《こうさ》する）」と「言（いう）」で、相手《あいて》の意見《いけん》を聞《き》き入《い》れるようすから、「ゆるす」意《い》を表《あらわ》す。

設

駅《えき》を新設《しんせつ》する

11画《かく》　**言**《ごんべん》の部《ぶ》

音　**セツ**

建設《けんせつ》・施設《しせつ》・新設《しんせつ》・設営《せつえい》・設計《せっけい》・設置《せっち》・設定《せってい》・設備《せつび》・設問《せつもん》・設立《せつりつ》・増設《ぞうせつ》・特設《とくせつ》

訓　**もうける**

口実《こうじつ》を設《もう》ける

なりたち

殳

「殳（立《た》てる）」と「言（ことば）」で、ことばを組《く》み立《た》てるようすから、「そなえつける」意《い》を表《あらわ》す。

5年《ねん》

なぞなぞ？　竹《たけ》を切《き》った理由《りゆう》は、なにをつくるため？　（答《こた》えは次《つぎ》のページ）

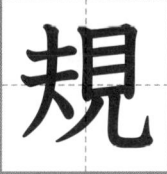

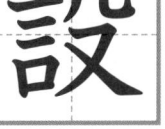

証

事件《じけん》について証言《しょうげん》をする

12画《かく》　言《ごんべん》の部《ぶ》

音　ショウ

暗証番号《あんしょうばんごう》・学生証《がくせいしょう》・許可証《きょかしょう》・証言《しょうげん》・証拠《しょうこ》・証書《しょうしょ》・証人《しょうにん》・証明《しょうめい》・免許証《めんきょしょう》

訓　―

なりたち

もとの字《じ》は「證」。「登（上《うえ》に上《あ》げる）」と「言（いう）」で、上役《うわやく》に申《もう》し出《で》て、身《み》の「あかし」を立《た》てる意《い》を表《あらわ》す。

証　証　証　証　証　証　証　証

評

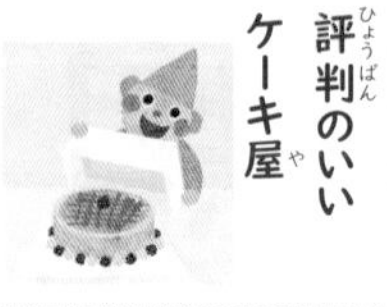

評判《ひょうばん》のいいケーキ屋《や》

12画《かく》　言《ごんべん》の部《ぶ》

音　ヒョウ

好評《こうひょう》・書評《しょひょう》・批評《ひひょう》・評価《ひょうか》・評議《ひょうぎ》・評決《ひょうけつ》・評判《ひょうばん》・品評会《ひんぴょうかい》

訓　―

なりたち

「平（平《たい》らにそろう）」と「言（ことば）」で、ことばをぶつけ合《あ》って、「よしあしを決《き》める」意《い》を表《あらわ》す。

評　評　評　評　評　評　評　評

講

講義《こうぎ》をする

17画《かく》　言《ごんべん》の部《ぶ》

音　コウ

開講《かいこう》・休講《きゅうこう》・講演《こうえん》・講義《こうぎ》・講座《こうざ》・講師《こうし》・講習《こうしゅう》・講和《こうわ》・受講《じゅこう》・補講《ほこう》

訓　―

なりたち

「冓《こう》（バランスよく組《く》み立《た》てる）」と「言（ことば）」で、相手《あいて》と自分《じぶん》がわかり合《あ》うように「とく」意《い》を表《あらわ》す。

講　講　講　講　講　講　講　講

謝

感謝《かんしゃ》の気持《きも》ちを伝《つた》える

17画《かく》　言《ごんべん》の部《ぶ》

音　シャ

感謝《かんしゃ》・月謝《げっしゃ》・謝意《しゃい》・謝罪《しゃざい》・謝礼《しゃれい》・面会謝絶《めんかいしゃぜつ》

訓　（あやまる）

遅刻《ちこく》したことを謝《あやま》る

なりたち

「射《しゃ》（ゆるめる）」と「言（ことば）」で、張《は》りつめていた気持《きも》ちを楽《らく》にするように、ことばで「あやまる」意《い》を表《あらわ》す。

謝　謝　謝　謝　謝　謝　謝　謝

識

意識《いしき》がもうろうとする

19画《かく》　言《ごんべん》の部《ぶ》

音　**シキ**
意識《いしき》・見識《けんしき》・識別《しきべつ》・常識《じょうしき》・知識《ちしき》・認識《にんしき》・標識《ひょうしき》・面識《めんしき》

訓　―

なりたち
「戠（見分《みわ》ける）」と「言（ことば）」で、名前《なまえ》をつけて、ものを「区別《くべつ》する」意《い》を表《あらわ》す。

護

楽器《がっき》を保護《ほご》する

20画《かく》　言《ごんべん》の部《ぶ》

音　**ゴ**
愛護《あいご》・介護《かいご》・看護《かんご》・救護《きゅうご》・警護《けいご》・護衛《ごえい》・護岸《ごがん》・護身《ごしん》・護送《ごそう》・守護《しゅご》・保護《ほご》・養護《ようご》

訓　―

なりたち

↓
蒦

「蒦（わくに入《い》れる）」と「言（ことば）」で、ことばをかけて、大事《だいじ》に「まもる」意《い》を表《あらわ》す。

豊

豊富《ほうふ》な食料《しょくりょう》

13画《かく》　豆《まめ》の部《ぶ》

音　**ホウ**
豊作《ほうさく》・豊年《ほうねん》・豊富《ほうふ》・豊満《ほうまん》

訓　**ゆたか**
豊《ゆた》かな海《うみ》

なりたち
豐
↓
豐（豊）

もとの字《じ》は「豐」。「丰《はう》（盛《も》り上《あ》がる）」二《ふた》つと「豆（器《うつわ》）」と「山」で、「たくさんある」意《い》を表《あらわ》す。

象

象《ぞう》に乗《の》る

12画《かく》　家《いのこ》の部《ぶ》

音　**ショウ**
印象《いんしょう》・気象《きしょう》・現象《げんしょう》・象徴《しょうちょう》・森羅万象《しんらばんしょう》・対象《たいしょう》

ゾウ
インド象《ぞう》・巨象《きょぞう》・象牙《ぞうげ》

訓　―

なりたち

象

ゾウをえがいた形《かたち》。ゾウは大《おお》きなすがたをしたものの代表《だいひょう》なので、「すがた」の意味《いみ》に用《もち》いた。

5年《ねん》

なぞなぞ？　敬＋言＋宀＋祭＝？

(答《こた》えは次《つぎ》のページ)

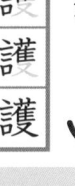

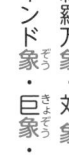

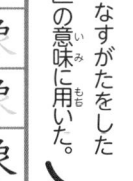

財

財宝《ざいほう》を見《み》つける

10画《かく》 貝《かい》の部《ぶ》

音 ザイ
家財《かざい》・財産《ざいさん》・財政《ざいせい》・財宝《ざいほう》・
文化財《ぶんかざい》

（サイ）
財布《さいふ》

訓 ―

なりたち
「才（役《やく》に立《た》つ）」と「貝（お金《かね》や品《しな》物《もの》）」で、「値《ね》打《う》ちのあるもの」を表《あらわ》す。

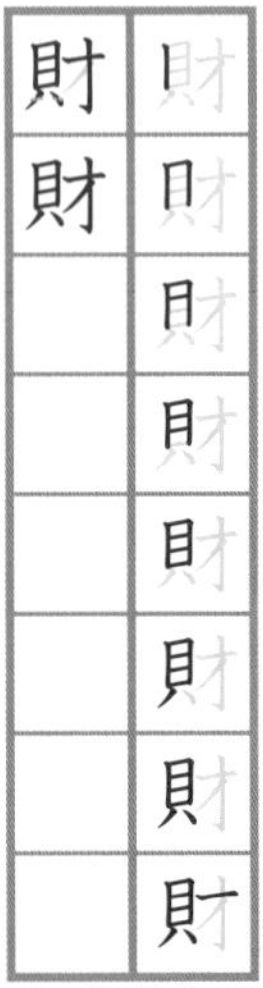

責

たがいに責《せ》める

11画《かく》 貝《かい》の部《ぶ》

音 セキ
引責《いんせき》・自責《じせき》・重責《じゅうせき》・職責《しょくせき》・
責任《せきにん》・責務《せきむ》・文責《ぶんせき》・免責《めんせき》・
問責《もんせき》

訓 せめる
失敗《しっぱい》を責《せ》める

なりたち

責

「朿（木《き》のとげ）」と「貝（お金《かね》や品物《しなもの》）」で、お金《かね》を返《かえ》すように、ちくちくと「せめる」意《い》を表《あらわ》す。

貧

想像力《そうぞうりょく》が貧《まず》しい

11画《かく》 貝《かい》の部《ぶ》

音 （ヒン）
清貧《せいひん》・赤貧《せきひん》・貧血《ひんけつ》・貧困《ひんこん》・
貧弱《ひんじゃく》・貧相《ひんそう》・貧富《ひんぷ》・貧民《ひんみん》

ビン
貧乏《びんぼう》

訓 まずしい
貧《まず》しい生活《せいかつ》

なりたち
「分（散《ち》らばる）」と「貝（お金《かね》や品物《しなもの》）」で、お金《かね》が散《ち》らばって「まずしい」意《い》を表《あらわ》す。

貸

本《ほん》を貸《か》し出《だ》す

12画《かく》 貝《かい》の部《ぶ》

音 （タイ）
貸借《たいしゃく》・貸与《たいよ》・賃貸《ちんたい》

訓 かす
貸《か》し借《か》り・貸《か》し出《だ》し・貸家《かしや》

なりたち
「代《たい》（入《い》れかわる）」と「貝（お金《かね》や品《しな》物《もの》）」で、お金《かね》を与《あた》えると持《も》ち主《ぬし》が入《い》れかわることから、「かす」意《い》を表《あらわ》す。

5年《ねん》

? 前《まえ》のページの答《こた》え→警察《けいさつ》

貯

貯金《ちょきん》で買《か》ったネックレス

12画《かく》　貝《かい》の部《ぶ》

音　チョ

貯金《ちょきん》・貯金箱《ちょきんばこ》・貯水池《ちょすいち》・貯蔵《ちょぞう》・貯蓄《ちょちく》・郵貯《ゆうちょ》

訓　―

なりたち

↓宁

「宁《ちょ》(四《し》角《かく》い箱《はこ》)」と「貝(お金《かね》や品物《しなもの》)」で、箱《はこ》の中《なか》にお金《かね》や品物《しなもの》を「たくわえる」ことを表《あらわ》す。

費

出費《しゅっぴ》を計算《けいさん》する

12画《かく》　貝《かい》の部《ぶ》

音　ヒ

会費《かいひ》・学費《がくひ》・給食費《きゅうしょくひ》・経費《けいひ》・交通費《こうつうひ》・出費《しゅっぴ》・消費《しょうひ》・食費《しょくひ》・費用《ひよう》

訓　(ついやす)　時間《じかん》を費《つい》やす

(ついえる)　たくわえが費《つい》える

なりたち

↓弗↓弗

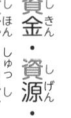

「弗(分散《ぶんさん》する)」と「貝(お金《かね》や品物《しなもの》)」で、お金《かね》を「使《つか》って減《へ》らす」ことを表《あらわ》す。

貿

他国《たこく》と貿易《ぼうえき》する

12画《かく》　貝《かい》の部《ぶ》

音　ボウ

自由貿易《じゆうぼうえき》・貿易商《ぼうえきしょう》・貿易風《ぼうえきふう》・密貿易《みつぼうえき》

訓　―

なりたち

「卯《ぼう》(開《ひら》く)」と「貝(お金《かね》や品物《しなもの》)」で、倉庫《そうこ》を開《ひら》いて品物《しなもの》を売《う》り買《か》いするようすから、「取引《とりひき》する」意《い》を表《あらわ》す。

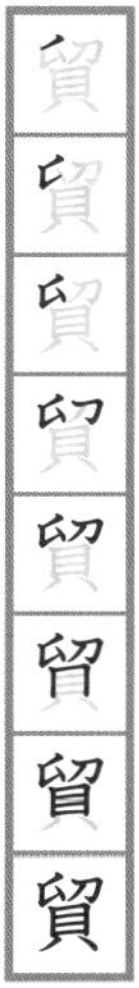

資

資料《しりょう》を集《あつ》めて読《よ》む

13画《かく》　貝《かい》の部《ぶ》

音　シ

外資《がいし》・学資《がくし》・資格《しかく》・資金《しきん》・資源《しげん》・資材《しざい》・資産《しさん》・資質《ししつ》・資本《しほん》・出資《しゅっし》・資料《しりょう》・投資《とうし》・物資《ぶっし》

訓　―

なりたち

「次《し》(並《なら》べる)」と「貝(お金《かね》や品物《しなもの》)」で、何《なに》かに役立《やくだ》てるために、手《て》もとに並《なら》べて用意《ようい》しておく「もとで」を表《あらわ》す。

なぞなぞ？　糸《いと》を売《う》る仕事《しごと》は、つづける？　やめる？

(答《こた》えは次《つぎ》のページ)

賛

提案《ていあん》に賛成《さんせい》する

15画《かく》　貝《かい》の部《ぶ》

音 **サン**

協賛《きょうさん》・賛辞《さんじ》・賛助《さんじょ》・賛成《さんせい》・賛同《さんどう》・賛否《さんぴ》・賛美歌《さんびか》・賞賛《しょうさん》・絶賛《ぜっさん》

訓 —

なりたち

↓賛（贊）

もとの字は「贊」。両手《りょうて》でお金《かね》や品物《しなもの》を差《さ》し出《だ》すようすから、「たすける」意《い》を表《あらわ》す。

質

質《しつ》のいいイチゴ

15画《かく》　貝《かい》の部《ぶ》

音 **シツ**　**（シチ）**　**（チ）**

質問《しつもん》・質量《しつりょう》・素質《そしつ》・品質《ひんしつ》・質屋《しちや》・人質《ひとじち》・言質《げんち》

訓 —

なりたち

↓質

「斦（つり合《あ》う）」と「貝（お金《かね》や品物《しなもの》）」で、あるものと「同《おな》じ値打《ねう》ちがあるもの」の意《い》を表《あらわ》す。

賞

一等《いっとう》を受賞《じゅしょう》する

15画《かく》　貝《かい》の部《ぶ》

音 **ショウ**

受賞《じゅしょう》・賞金《しょうきん》・賞状《しょうじょう》・賞品《しょうひん》・賞味期限《しょうみきげん》・入賞《にゅうしょう》

訓 —

なりたち

「尚《しょう》（ぴたりと合《あ》う）」と「貝（お金《かね》や品物《しなもの》）」で、手柄《てがら》にぴたりと当《あ》てはまる「ほうび」を表《あらわ》す。

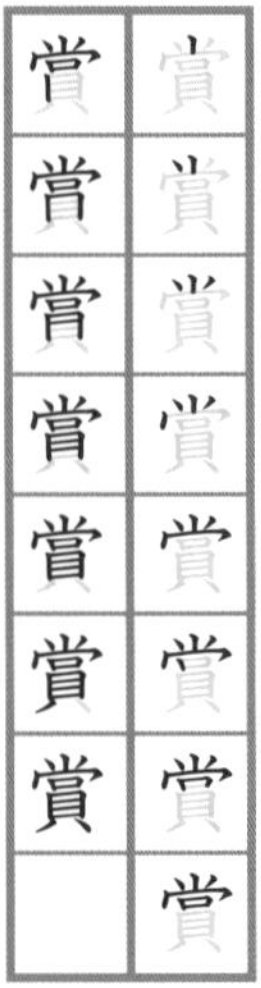

輸

船《ふね》で輸送《ゆそう》する

16画《かく》　車《くるま》の部《ぶ》

音 **ユ**

運輸《うんゆ》・空輸《くうゆ》・密輸《みつゆ》・輸血《ゆけつ》・輸出《ゆしゅつ》・輸送《ゆそう》・輸入《ゆにゅう》

訓 —

なりたち

↓兪↓兪

「兪」は、「移《うつ》す」意《い》。それと「車」で、車《くるま》でほかの場所《ばしょ》にものを「はこぶ」意《い》を表《あらわ》す。

5年《ねん》

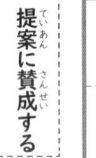

酸

酸《さん》素《そ》ボンベをせおう

14画《かく》　酉《とり》の部《ぶ》

音 サン

胃酸《いさん》・塩酸《えんさん》・酸化《さんか》・酸欠《さんけつ》・酸性《さんせい》・酸素《さんそ》・酸味《さんみ》・炭酸《たんさん》・二酸化炭素《にさんかたんそ》

訓 （すい）

酸《す》っぱいミカン

なりたち

夋（篆書）↓夋

「夋（細《ほそ》い）」と「酉（酒《さか》つぼ）」で、口《くち》がすぼまるほどすっぱい液体《えきたい》、「す」を表《あらわ》す。

鉱

美《うつく》しい鉱物《こうぶつ》

13画《かく》　金《かね》の部《ぶ》

音 コウ

金鉱《きんこう》・鉱業《こうぎょう》・鉱山《こうざん》・鉱産物《こうさんぶつ》・鉱石《こうせき》・鉱泉《こうせん》・鉱脈《こうみゃく》・採鉱《さいこう》・炭鉱《たんこう》・鉄鉱石《てっこうせき》

訓 ―

なりたち

もとの字《じ》は「鑛」。さらに古《ふる》くは「黃《こう》（きいろ）」と「石」で、金属《きんぞく》を含《ふく》み黄《き》色《いろ》く光《ひか》る石《いし》、「あらがね」を表《あらわ》した。

銅

金銀銅《きんぎんどう》のメダル

14画《かく》　金《かね》の部《ぶ》

音 ドウ

金銅《こんどう》・赤銅色《しゃくどういろ》・青銅《せいどう》・銅貨《どうか》・銅山《どうざん》・銅線《どうせん》・銅像《どうぞう》・銅板《どうばん》・銅《どう》メダル

訓 ―

なりたち

「同《どう》（穴《あな》をあける）」と「金（金《きん》属《ぞく》）」で、穴《あな》をあけやすい金属《きんぞく》、「どう」を表《あらわ》す。

雑

雑《ざつ》に引《ひ》っ張《ぱ》る

14画《かく》　隹《ふるとり》の部《ぶ》

音 ザツ　ゾウ

雑音《ざつおん》・雑貨《ざっか》・雑種《ざっしゅ》・雑草《ざっそう》・雑談《ざつだん》・雑務《ざつむ》・雑用《ざつよう》・粗雑《そざつ》・複雑《ふくざつ》・雑木林《ぞうきばやし》・雑巾《ぞうきん》・雑言《ぞうごん》・雑煮《ぞうに》

訓 ―

なりたち

もとの字《じ》は「雜」。「衣（ころも）」の変《へん》形《けい》と「集（あつまる）」で、いろいろなものが「まじる」意《い》を表《あらわ》す。

なぞなぞ？　糸＋公＋心＋王＋里＝？

（答《こた》えは次《つぎ》のページ）

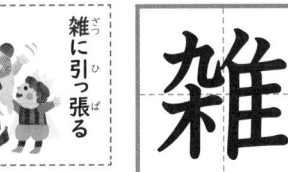

非

非常食《ひじょうしょく》を用意《ようい》する

8画《かく》　非《あらず》の部《ぶ》

音　ヒ

非行《ひこう》・非公開《ひこうかい》・非常《ひじょう》・非情《ひじょう》・非道《ひどう》・非難《ひなん》・非売品《ひばいひん》・非暴力《ひぼうりょく》・非力《ひりき》・非礼《ひれい》

訓　—

なりたち

非 ↓ 非 ↓ 非

二枚《にまい》の鳥《とり》の羽《はね》が、逆《ぎゃく》の方向《ほうこう》を向《む》いている形《かたち》。そむき合《あ》うようすから、「…でない」の意《い》を表《あらわ》す。

領

要領《ようりょう》のいい人《ひと》

14画《かく》　頁《おおがい》の部《ぶ》

音　リョウ

受領《じゅりょう》・大統領《だいとうりょう》・頭領《とうりょう》・本領《ほんりょう》・要領《ようりょう》・領域《りょういき》・領収《りょうしゅう》・領地《りょうち》・領土《りょうど》

訓　—

なりたち

「令（つながる）」と「頁（あたま）」で、頭《あたま》と体《からだ》をつなぐ部分《ぶぶん》、「くび」を表《あらわ》す。のち、「首《くび》のように大事《だいじ》な部分《ぶぶん》」の意《い》に用《もち》いた。

額

額《ひたい》で結《むす》ぶ

18画《かく》　頁《おおがい》の部《ぶ》

音　ガク

額縁《がくぶち》・額面《がくめん》・金額《きんがく》・高額《こうがく》・差額《さがく》・小額《しょうがく》・少額《しょうがく》・全額《ぜんがく》・総額《そうがく》・多額《たがく》・半額《はんがく》

訓　ひたい

猫《ねこ》の額《ひたい》

なりたち

「客（かたい）」と「頁（あたま）」で、頭部《とうぶ》のかたい部分《ぶぶん》、「ひたい」を表《あらわ》す。

飼

犬《いぬ》を飼《か》う

13画《かく》　食《しょくへん》の部《ぶ》

音　シ

飼育《しいく》・飼料《しりょう》

訓　かう

飼《か》い犬《いぬ》・飼《か》い主《ぬし》・放《はな》し飼《が》い・羊飼《ひつじか》い

なりたち

「司《し》（小《ちい》さい穴《あな》）」と「食」で、小《ちい》さい穴《あな》から動物《どうぶつ》にえさを与《あた》えるようすを示《しめ》し、「やしないそだてる」「かう」意《い》を表《あらわ》す。

5年《ねん》

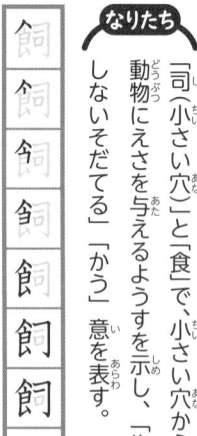

6年《ねん》

6年生《ねんせい》で習《なら》う漢字《かんじ》（191字《じ》）

冊	党	優	傷	俵	俳	値	供	仁	亡	乳	乱	並
497	496	496	496	496	495	495	495	495	494	494	494	494
否	后	吸	収	卵	危	勤	劇	創	割	刻	券	処
500	500	499	499	499	499	498	498	498	498	497	497	497
宗	宅	宇	孝	存	姿	奮	奏	域	垂	困	善	呼
503	503	503	502	502	502	502	501	501	501	501	500	500
展	届	尺	就	尊	将	射	専	寸	密	宣	宝	宙
506	506	506	506	505	505	505	505	504	504	504	504	503
若	厳	従	律	延	座	庁	幼	干	幕	巻	己	層
510	510	510	509	509	509	509	508	508	508	508	507	507
忠	忘	障	陛	除	降	郵	郷	遺	退	蔵	蒸	著
513	513	513	513	512	512	512	512	511	511	511	511	510
操	揮	探	推	捨	拝	担	拡	批	承	我	憲	恩
517	516	516	516	516	515	515	515	515	514	514	514	514
模	棒	株	染	枚	机	朗	暮	暖	晩	映	敵	敬
520	520	519	519	519	519	518	518	518	518	517	517	517

並

きれいに並《なら》べる

8画《かく》　一《いち》の部《ぶ》

音 **（ヘイ）**　並行《へいこう》・並立《へいりつ》・並列《へいれつ》

訓 **なみ**　足並《あしな》み・並木《なみき》・並製《なみせい》・並大抵《なみたいてい》

ならべる　本《ほん》を並《なら》べる

ならぶ　行列《ぎょうれつ》に並《なら》ぶ

ならびに　氏名《しめい》並《なら》びに年齢《ねんれい》

なりたち

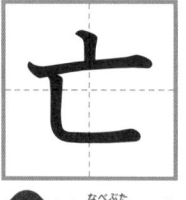

↓

並

もとの字《じ》は「竝」。「立（立《た》つ人《ひと》）」二《ふた》つで、「ならぶ」意《い》を表《あらわ》す。

乱

難《むずか》しくて混乱《こんらん》する

7画《かく》　乚《おつ》の部《ぶ》

音 **ラン**　混乱《こんらん》・戦乱《せんらん》・反乱《はんらん》・乱発《らんぱつ》・乱筆《らんぴつ》・乱暴《らんぼう》・乱用《らんよう》

訓 **みだれる**　呼吸《こきゅう》が乱《みだ》れる

みだす　列《れつ》を乱《みだ》す

なりたち

↓

亂（乱）

もとの字《じ》は「亂」。「みだれる」意《い》を表《あらわ》す。

乳

牛乳《ぎゅうにゅう》を注《そそ》ぐ

8画《かく》　乚《おつ》の部《ぶ》

音 **ニュウ**　牛乳《ぎゅうにゅう》・授乳《じゅにゅう》・乳歯《にゅうし》・乳児《にゅうじ》・乳製品《にゅうせいひん》・乳白色《にゅうはくしょく》・母乳《ぼにゅう》

訓 **ちち**　牛《うし》の乳《ちち》しぼり

（ち）　乳首《ちくび》・乳飲《ちの》み子《ご》

なりたち

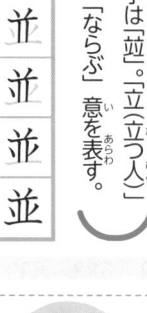

↓

乳

「孚（かばう）」と「乚（大《だい》事《じ》に育《そだ》てる）」で、子《こ》どもに「ちち」を飲《の》ませて育《そだ》てる意《い》を表《あらわ》す。

亡

国家存亡《こっかそんぼう》の機《き》

3画《かく》　亠《なべぶた》の部《ぶ》

音 **ボウ**　興亡《こうぼう》・死亡《しぼう》・存亡《そんぼう》・亡国《ぼうこく》・亡命《ぼうめい》・亡霊《ぼうれい》

（モウ）　亡者《もうじゃ》

訓 **（ない）**　亡《な》くなった祖父《そふ》

なりたち

↓

亡

人《ひと》をおおいでかくすようすをえがいた形《かたち》。「なくなる」意《い》を表《あらわ》す。

仁

仁徳《じんとく》あふれるえがお

4画《かく》 イ《にんべん》の部《ぶ》

音 ジン

仁愛《じんあい》・仁義《じんぎ》・仁術《じんじゅつ》・仁政《じんせい》・仁徳《じんとく》

（ニ）

仁王像《におうぞう》・仁王立《におうだ》ち

訓 —

なりたち

「二（ふたつ）」と「イ（人《ひと》）」で、二人《ふたり》が「仲《なか》よくする」意《い》を表《あらわ》す。のち、「いつくしむ心《こころ》」の意《い》で用《もち》いた。

供

情報《じょうほう》を提供《ていきょう》する

8画《かく》 イ《にんべん》の部《ぶ》

音 キョウ

供給《きょうきゅう》・供述《きょうじゅつ》・自供《じきょう》・提供《ていきょう》

（ク）

供物《くもつ》・供養《くよう》

訓 そなえる

墓《はか》に花《はな》を供《そな》える

とも

父《ちち》のお供《とも》で街《まち》に出《で》る

なりたち

「共《きょう》（両《りょう》手《て》でささげ持《も》つ）」と「イ（人《ひと》）」を合《あ》わせた形《かたち》で、人《ひと》に物《もの》を「差《さ》し出《だ》す」意《い》を表《あらわ》す。

値

値段《ねだん》が高《たか》い

10画《かく》 イ《にんべん》の部《ぶ》

音 チ

価値《かち》・近似値《きんじち》・数値《すうち》・絶対値《ぜったいち》・平均値《へいきんち》・偏差値《へんさち》

訓 ね

高値《たかね》・値下《ねさ》げ・値段《ねだん》・値札《ねふだ》

（あたい）

ほめるに値《あたい》する行《おこな》い

なりたち

「直（ぴったり合《あ》う）」と「イ（人《ひと》）」で、物《もの》のねうちにぴったり合《あ》う「ねだん」の意《い》を表《あらわ》す。

俳

俳句《はいく》を作《つく》る

10画《かく》 イ《にんべん》の部《ぶ》

音 ハイ

俳諧《はいかい》・俳句《はいく》・俳号《はいごう》・俳人《はいじん》・俳壇《はいだん》・俳優《はいゆう》

訓 —

なりたち

「非（左右《さゆう》に分《わ》かれる）」と「イ（人《ひと》）」で、左右《さゆう》に向《む》き合《あ》っておもしろい芸《げい》をする人《ひと》、「役者《やくしゃ》」の意《い》を表《あらわ》す。

なぞなぞ？ 水《みず》（氵）と日《ひ》を比《くら》べたら、どうなる？

（答《こた》えは次《つぎ》のページ）

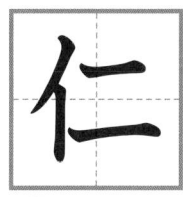

俵

新米《しんまい》を俵《たわら》につめる

10画《かく》　イ《にんべん》の部《ぶ》

音　ヒョウ　米一俵《こめいっぴょう》・土俵《どひょう》

訓　たわら　米俵《こめだわら》・炭俵《すみだわら》

なりたち

「表《ひょう》（おもてに出《だ》す）」と「イ（人《ひと》）」で、中《なか》の物《もの》を外《そと》に出《だ》して「分《わ》け与《あた》える」ことを表《あらわ》す。日本《にほん》では「たわら」の意《い》で用《もち》いる。

傷

重傷《じゅうしょう》を負《お》った

13画《かく》　イ《にんべん》の部《ぶ》

音　ショウ　感傷《かんしょう》・軽傷《けいしょう》・傷心《しょうしん》・負傷《ふしょう》

訓　きず　傷口《きずぐち》・古傷《ふるきず》

（いたむ）　リンゴが傷《いた》む

（いためる）　本《ほん》を傷《いた》める

なりたち

「昜（高《たか》く上《あ》がる）」と「矢」の省略形《しょうりゃくけい》と「イ（人《ひと》）」で、矢《や》が飛《と》んできて「きずつける」意《い》を表《あらわ》す。

優

全国大会《ぜんこくたいかい》で優勝《ゆうしょう》する

17画《かく》　イ《にんべん》の部《ぶ》

音　ユウ　俳優《はいゆう》・名優《めいゆう》・優位《ゆうい》・優秀《ゆうしゅう》・優勝《ゆうしょう》・優先《ゆうせん》・優待《ゆうたい》・優美《ゆうび》・優良《ゆうりょう》

訓　（やさしい）　優《やさ》しい声《こえ》

（すぐれる）　優《すぐ》れた技術《ぎじゅつ》

なりたち

↓
夒

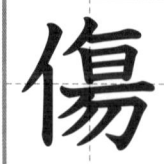

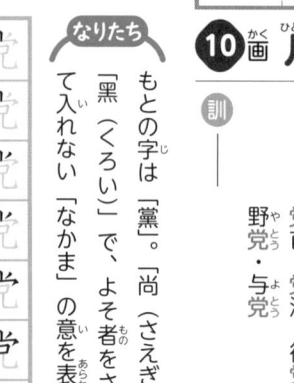

「夒《ゆう》（しずか）」と「イ（人《ひと》）」で、しなやかなしぐさの「役者《やくしゃ》」の意《い》。

党

徒党《ととう》を組《く》む

10画《かく》　儿《ひとあし》の部《ぶ》

音　トウ　悪党《あくとう》・甘党《あまとう》・政党《せいとう》・党員《とういん》・党首《とうしゅ》・党派《とうは》・徒党《ととう》・入党《にゅうとう》・野党《やとう》・与党《よとう》

訓　—

なりたち

もとの字《じ》は「黨」。「尚（さえぎる）」と「黑（くろい）」で、よそ者《もの》をさえぎって入《い》れない「なかま」の意《い》を表《あらわ》す。

6年《ねん》

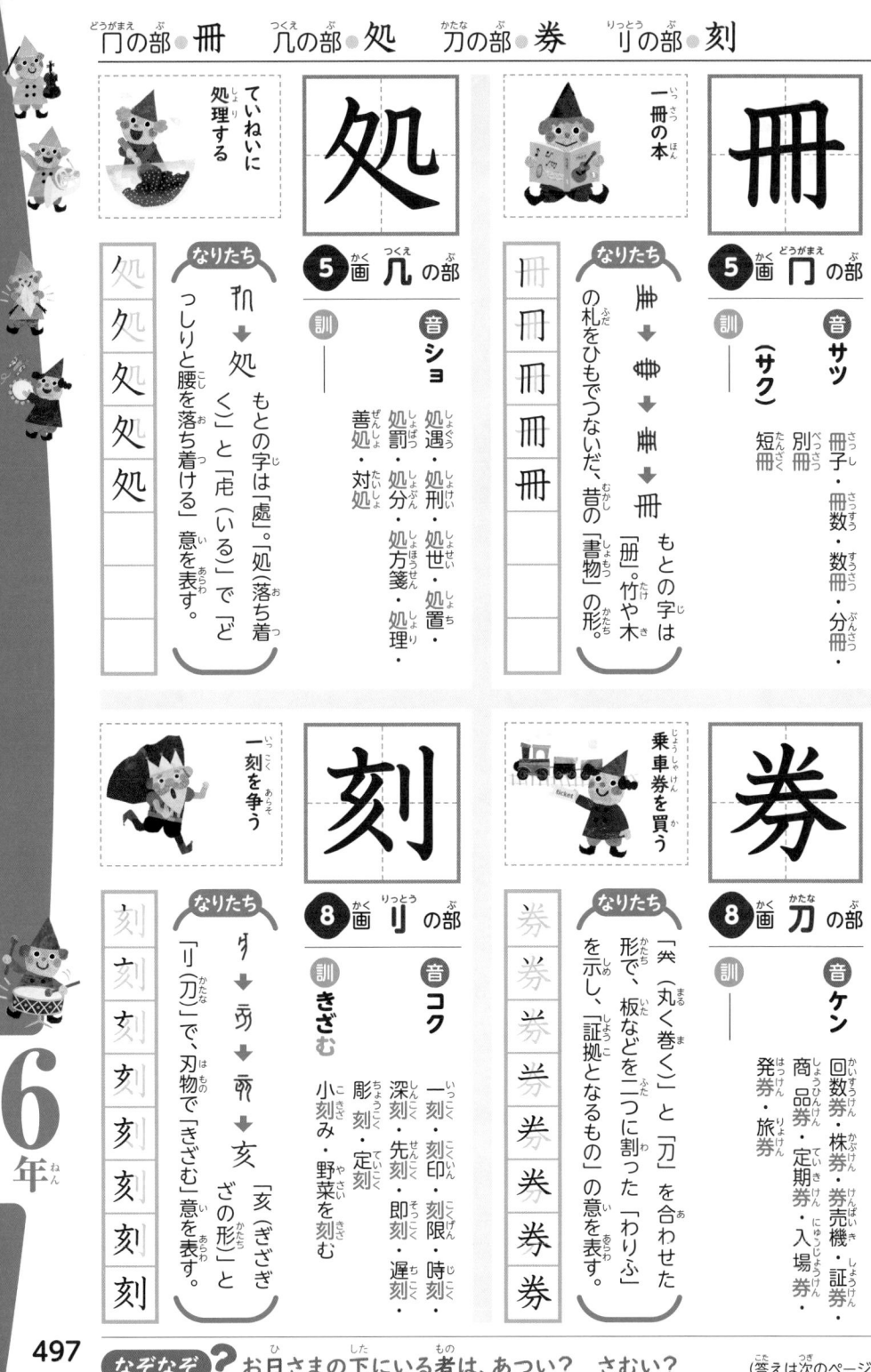

冊

一冊《いっさつ》の本《ほん》

5画《かく》 冂《どうがまえ》の部《ぶ》

音　サツ　（サク）

冊子《さっし》・冊数《さっすう》・数冊《すうさつ》・分冊《ぶんさつ》・別冊《べっさつ》・短冊《たんざく》

訓　—

なりたち

もとの字《じ》は「册」。竹《たけ》や木《き》の札《ふだ》をひもでつないだ、昔《むかし》の「書物《しょもつ》」の形《かたち》。

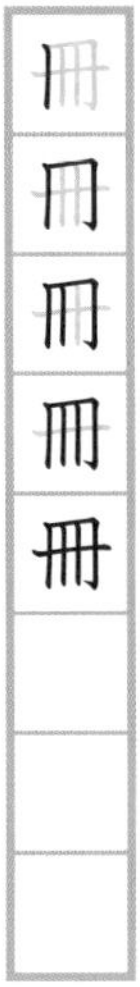

処

ていねいに処理《しょり》する

5画《かく》 几《つくえ》の部《ぶ》

音　ショ

処遇《しょぐう》・処刑《しょけい》・処世《しょせい》・処置《しょち》・処罰《しょばつ》・処分《しょぶん》・処方箋《しょほうせん》・処理《しょり》・善処《ぜんしょ》・対処《たいしょ》

訓　—

なりたち

もとの字《じ》は「處」。「処（落《お》ち着《つ》く）」と「虍（いる）」で「どっしりと腰《こし》を落《お》ち着《つ》ける」意《い》を表《あらわ》す。

券

乗車券《じょうしゃけん》を買《か》う

8画《かく》 刀《かたな》の部《ぶ》

音　ケン

回数券《かいすうけん》・株券《かぶけん》・券売機《けんばいき》・証券《しょうけん》・商品券《しょうひんけん》・定期券《ていきけん》・入場券《にゅうじょうけん》・発券《はっけん》・旅券《りょけん》

訓　—

なりたち

「龹（丸《まる》く巻《ま》く）」と「刀」を合《あ》わせた形《かたち》で、板《いた》などを二《ふた》つに割《わ》った「わりふ」を示《しめ》し、「証拠《しょうこ》となるもの」の意《い》を表《あらわ》す。

刻

一刻《いっこく》を争《あらそ》う

8画《かく》 刂《りっとう》の部《ぶ》

音　コク

一刻《いっこく》・刻印《こくいん》・刻限《こくげん》・時刻《じこく》・深刻《しんこく》・先刻《せんこく》・即刻《そっこく》・遅刻《ちこく》・彫刻《ちょうこく》・定刻《ていこく》

訓　きざむ

小刻《こきざ》み・野菜《やさい》を刻《きざ》む

なりたち

「亥（ぎざぎざの形《かたち》）」と「刂（刀《かたな》）」で、刃物《はもの》で「きざむ」意《い》を表《あらわ》す。

なぞなぞ？　お日《ひ》さまの下《した》にいる者《もの》は、あつい？　さむい？　（答《こた》えは次《つぎ》のページ）

割

氷《こおり》を割《わ》る

12画《かく》　刂《りっとう》の部《ぶ》

音　(カツ)

訓　わる　わり　われる　(さく)

割愛《かつあい》・割《かっ》ぽう着《ぎ》・分割《ぶんかつ》

くす玉《だま》を割《わ》る

役割《やくわり》・割合《わりあい》・割高《わりだか》・割引《わりびき》

意見《いけん》が割《わ》れる

時間《じかん》を割《さ》いて医者《いしゃ》に行《い》く

なりたち

「害（途中《とちゅう》で切《き》る）」と「刂（刀《かたな》）」で、「わる」「さく」意《い》を表《あらわ》す。

創

独創的《どくそうてき》な曲《きょく》

12画《かく》　刂《りっとう》の部《ぶ》

音　ソウ

訓　つくる

創意工夫《そういくふう》・創刊《そうかん》・創業《そうぎょう》・創作《そうさく》・創出《そうしゅつ》・創傷《そうしょう》・創設《そうせつ》・創造《そうぞう》・創立《そうりつ》・独創的《どくそうてき》

新《あたら》しい文化《ぶんか》を創《つく》る

なりたち

「倉《そう》（細《ほそ》長《なが》い）」と「刂（刀《かたな》）」で、材《ざい》料《りょう》に細長《ほそなが》い切《き》れ目《め》をいれるようすから、「物事《ものごと》をはじめる」意《い》を表《あらわ》す。

劇

悲劇《ひげき》がおきる

15画《かく》　刂《りっとう》の部《ぶ》

音　ゲキ

訓　―

演劇《えんげき》・活劇《かつげき》・喜劇《きげき》・劇作家《げきさっか》・劇場《げきじょう》・劇団《げきだん》・劇的《げきてき》・劇薬《げきやく》・寸劇《すんげき》・人形劇《にんぎょうげき》・悲劇《ひげき》

なりたち

「豦（はげしい）」と「刂（刀《かたな》）」で、「はげしい」を表《あらわ》す。のち、「しばい」の意《い》に用《もち》いた。

勤

レストランに勤《つと》める

12画《かく》　力《ちから》の部《ぶ》

音　キン　(ゴン)

訓　つとめる　つとまる

勤続《きんぞく》・勤勉《きんべん》・勤務《きんむ》・転勤《てんきん》・勤行《ごんぎょう》

銀行《ぎんこう》に勤《つと》める

君《きみ》にも勤《つと》まる職場《しょくば》だ

なりたち

もとの字《じ》は「勤」。「堇（つきる）」と「力」で、「力《ちから》をつくして働《はたら》く」意《い》を表《あらわ》す。

6年《ねん》

危

危《あぶ》ない目《め》にあう

6画《かく》 卩《ふしづくり》 の部《ぶ》

音 **キ**

危害《きがい》・危機《きき》・危急《ききゅう》・危険《きけん》

訓 **あぶない**

危《あぶ》ない山道《やまみち》

（あやうい）

命《いのち》が危《あや》うい

（あやぶむ）

完成《かんせい》が危《あや》ぶまれる

なりたち

↓危

「⺈（人《ひと》）」と「厂（がけ）」と「卩（かがむ）」で、「あやうい」「あぶない」意《い》を表《あらわ》す。

卵

産《う》みたての卵《たまご》

7画《かく》 卩《ふしづくり》 の部《ぶ》

音 **（ラン）**

産卵《さんらん》・卵黄《らんおう》・卵子《らんし》・卵白《らんぱく》

訓 **たまご**

医者《いしゃ》の卵《たまご》・卵焼《たまごや》き・生卵《なまたまご》・ゆで卵《たまご》

なりたち

↓卵

いくつもつながっている、鳥《とり》、魚《さかな》や虫《むし》のまるい「たまご」をえがいた形《かたち》。

収

収支《しゅうし》をグラフにする

4画《かく》 又《また》 の部《ぶ》

音 **シュウ**

回収《かいしゅう》・吸収《きゅうしゅう》・収集《しゅうしゅう》・収縮《しゅうしゅく》・収入《しゅうにゅう》・収納《しゅうのう》・収録《しゅうろく》

訓 **おさめる**

成功《せいこう》を収《おさ》める

おさまる

争《あらそ》いが収《おさ》まる

なりたち

↓丩

もとの字《じ》は「收」。「丩《しゅう》（引《ひ》きしめる）」と「攵（手《て》）」で、取《と》り込《こ》むようすから、「おさめる」意《い》を表《あらわ》す。

吸

ストローで吸《す》う

6画《かく》 口《くち》 の部《ぶ》

音 **キュウ**

吸引《きゅういん》・吸気《きゅうき》・吸収《きゅうしゅう》・吸着《きゅうちゃく》・吸入《きゅうにゅう》・吸盤《きゅうばん》・呼吸《こきゅう》

訓 **すう**

吸《す》い物《もの》・深《ふか》く息《いき》を吸《す》う

なりたち

「及《きゅう》（追《お》いついて届《とど》く）」と「口（くち）」で、水《みず》や空気《くうき》が口《くち》に届《とど》くようすから、「すう」意《い》を表《あらわ》す。

なぞなぞ？ 重《おも》いものでも、力持《ちからも》ちの人《ひと》なら、どうできる？

（答《こた》えは次《つぎ》のページ）

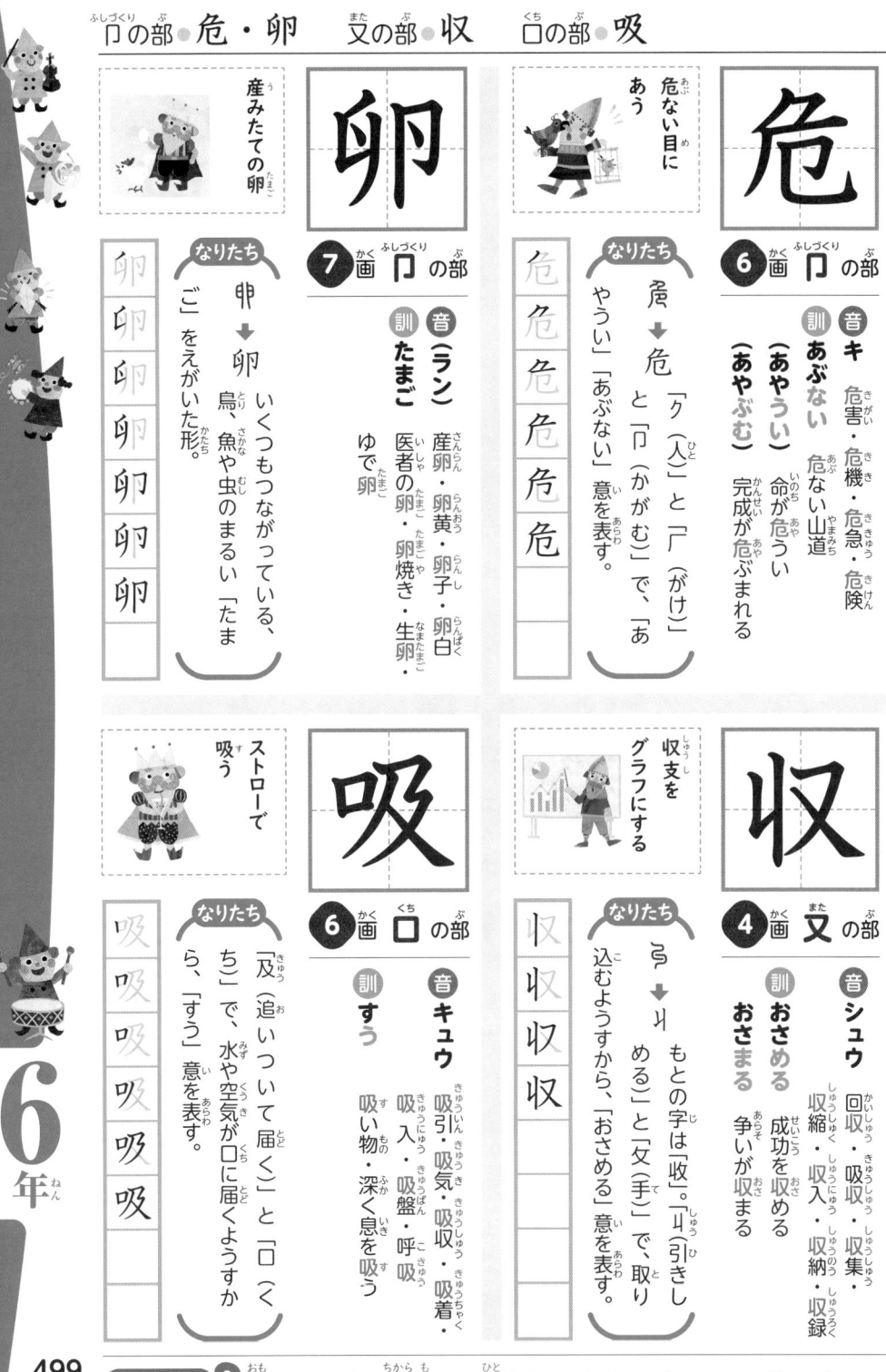

后

皇后《こうごう》に選《えら》ばれる

6画《かく》 口《くち》の部《ぶ》

音 コウ

皇后《こうごう》・皇太后《こうたいごう》

訓 ―

后后后后后后

なりたち

↓ 后 ↓ 后

「⼫（人《ひと》）」と「口（穴《あな》）」で、「うしろ」を表《あらわ》す。のち、「きさき」の意《い》に用《もち》いた。

否

強《つよ》く否定《ひてい》する

7画《かく》 口《くち》の部《ぶ》

音 ヒ

安否《あんぴ》・可否《かひ》・拒否《きょひ》・合否《ごうひ》・賛否《さんぴ》・成否《せいひ》・当否《とうひ》・否決《ひけつ》・否定《ひてい》・否認《ひにん》

訓 （いな）

否《いな》めない事実《じじつ》

否否否否否否否

なりたち

「不（…でない）」と「口」を合《あ》わせた形《かたち》で、「…でない」と打《う》ち消《け》すことばを表《あらわ》す。

呼

草原《そうげん》で深呼吸《しんこきゅう》する

8画《かく》 口《くち》の部《ぶ》

音 コ

呼応《こおう》・呼気《こき》・呼吸《こきゅう》・呼称《こしょう》・点呼《てんこ》・連呼《れんこ》

訓 よぶ

名前《なまえ》を呼《よ》ぶ

呼呼呼呼呼呼呼呼

なりたち

↓ ↓ 乎

「乎《こ》（分《わ》かれて出《で》る）」と「口」で、「口《くち》から息《いき》が出《で》る」ようすを示《しめ》し、「よぶ」意《い》を表《あらわ》す。

善

オセロで善戦《ぜんせん》する

12画《かく》 口《くち》の部《ぶ》

音 ゼン

改善《かいぜん》・最善《さいぜん》・親善《しんぜん》・善悪《ぜんあく》・善意《ぜんい》・善後策《ぜんごさく》・善戦《ぜんせん》・善玉《ぜんだま》・善人《ぜんにん》・善良《ぜんりょう》

訓 よい

善《よ》い行《おこな》い

善善善善善善善善

なりたち

↓ ↓ 善

もとの字《じ》は「譱」。「おいしい」意《い》を表《あらわ》す。のち、「正《ただ》しい」意《い》に用《もち》いた。

6年《ねん》

?前《まえ》のページの答《こた》え→動《うご》かせる

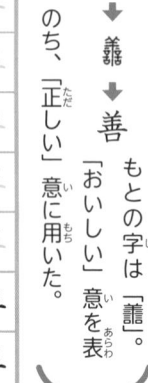

困

困《こん》難《なん》な要《よう》望《ぼう》

7 画《かく》 口《くにがまえ》 の部《ぶ》

音 **コン**

訓 **こまる**

困《こん》苦《く》・困《こん》難《なん》・困《こん》惑《わく》・貧《ひん》困《こん》

扱《あつか》いに困《こま》る

なりたち

「口（取《と》りまく）」と「木」で、木《き》をしばるようすから、「身《み》動《うご》きできずにこまる」意《い》を表《あらわ》す。

垂

鼻《はな》水《みず》が垂《た》れる

8 画《かく》 土《つち》 の部《ぶ》

音 **スイ**

訓 **たれる**　**たらす**

垂《すい》線《せん》・垂《すい》直《ちょく》

雨《あま》雲《ぐも》が低《ひく》く垂《た》れこめる

釣《つ》り糸《いと》を垂《た》らす

なりたち

𠂹 → 垂

植《しょく》物《ぶつ》の枝《えだ》や葉《は》がたれた形《かたち》と「土」で、「たれる」意《い》を表《あらわ》す。

域

無《む》重《じゅう》力《りょく》の領《りょう》域《いき》

11 画《かく》 土《つち》 の部《ぶ》

音 **イキ**

訓 —

域《いき》内《ない》・音《おん》域《いき》・海《かい》域《いき》・区《く》域《いき》・神《しん》域《いき》・水《すい》域《いき》・聖《せい》域《いき》・全《ぜん》域《いき》・地《ち》域《いき》・流《りゅう》域《いき》・領《りょう》域《いき》

なりたち

「或（区《く》切《ぎ》る）」と「土」で、「区《く》切《ぎ》られたところ」を表《あらわ》す。

奏

演《えん》奏《そう》会《かい》に参《さん》加《か》する

9 画《かく》 大《だい》 の部《ぶ》

音 **ソウ**

訓 **（かなでる）**

演《えん》奏《そう》・合《がっ》奏《そう》・間《かん》奏《そう》・四《し》重《じゅう》奏《そう》・吹《すい》奏《そう》楽《がく》・前《ぜん》奏《そう》・奏《そう》功《こう》・奏《そう》効《こう》・独《どく》奏《そう》・伴《ばん》奏《そう》

ピアノを奏《かな》でる

なりたち

 → 奏

玉《たま》串《ぐし》に両《りょう》手《て》を添《そ》えた形《かたち》で、「すすめる」「申《もう》しあげる」意《い》を表《あらわ》す。

6年《ねん》

なぞなぞ？ 糸《いと》を宿《やど》屋《や》においておくと、どうなる？

（答《こた》えは次《つぎ》のページ）

奮

気持《きも》ちを奮《ふる》い立《た》たせる

16画《かく》 **大**《だい》の部《ぶ》

音　**フン**

興奮《こうふん》・発奮《はっぷん》・奮起《ふんき》・奮戦《ふんせん》・奮闘《ふんとう》・奮発《ふんぱつ》

訓　**ふるう**

気力《きりょく》を奮《ふる》う

なりたち

 ↓ 奮

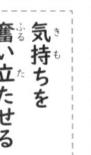

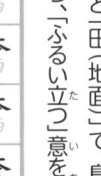

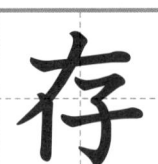

「大（手《て》を広《ひろ》げる）」と「隹（とり）」と「田（地面《じめん》）」で、鳥《とり》がはばたくようすから、「ふるい立《た》つ」意《い》を表《あらわ》す。

姿

晴《は》れ姿《すがた》を見《み》る

9画《かく》 **女**《おんな》の部《ぶ》

音　**シ**

姿勢《しせい》・勇姿《ゆうし》・容姿《ようし》

訓　**すがた**

後《うし》ろ姿《すがた》・姿見《すがたみ》・晴《は》れ姿《すがた》

なりたち

「次（そろう）」と「女」で、女性《じょせい》が身《み》なりを整《ととの》えるようすから、「すがた」の意《い》を表《あらわ》す。

存

おばけの存在《そんざい》

6画《かく》 **子**《こ》の部《ぶ》

音　**ソン**　**ゾン**

存在《そんざい》・存続《そんぞく》・一存《いちぞん》・温存《おんぞん》・実存《じつぞん》・所存《しょぞん》・生存《せいぞん》・存分《ぞんぶん》・存命《ぞんめい》・保存《ほぞん》

訓　―

なりたち

「在（とどまる）」の省略形《しょうりゃくけい》と「子」で、子《こ》どもを大切《たいせつ》にとどめておくようすから、「ある」「生《い》きている」意《い》を表《あらわ》す。

孝

親孝行《おやこうこう》な子《こ》

7画《かく》 **子**《こ》の部《ぶ》

音　**コウ**

親不孝《おやふこう》・孝行《こうこう》・孝心《こうしん》・忠孝《ちゅうこう》

訓　―

なりたち

 ↓  ↓ 孝

「老（年《とし》とった親《おや》）」の省略形《しょうりゃくけい》と「子」で、子《こ》が「親《おや》を大切《たいせつ》にする」意《い》を表《あらわ》す。

宇

6画《かく》　宀《うかんむり》の部《ぶ》

音　ウ

宇宙《うちゅう》・宇宙人《うちゅうじん》・宇宙船《うちゅうせん》・宇宙遊泳《うちゅうゆうえい》・気宇壮大《きうそうだい》

訓　—

宇宙《うちゅう》飛行士《ひこうし》になる

なりたち

「于《う》（大《おお》きく曲《ま》がる）」と「宀（屋根《やね》）」で、「大《おお》きな屋根《やね》」を表《あらわ》す。のち、「大空《おおぞら》」の意《い》に用《もち》いた。

宅

6画《かく》　宀《うかんむり》の部《ぶ》

音　タク

帰宅《きたく》・在宅《ざいたく》・自宅《じたく》・社宅《しゃたく》・住宅《じゅうたく》・宅地《たくち》・宅配便《たくはいびん》・別宅《べったく》・来宅《らいたく》・留守宅《るすたく》

訓　—

自宅《じたく》から登校《とうこう》する

なりたち

「乇《たく》（草《くさ》が根《ね》をおろす）」と「宀（家《いえ》）」で、身《み》をあずけておちつけるところ、「家《いえ》」を表《あらわ》す。

宗

8画《かく》　宀《うかんむり》の部《ぶ》

音　シュウ（ソウ）

改宗《かいしゅう》・宗教《しゅうきょう》・宗旨《しゅうし》・宗徒《しゅうと》・宗派《しゅうは》・宗家《そうけ》・宗主《そうしゅ》

訓　—

宗教《しゅうきょう》のぎ式《しき》

なりたち

「示（祭壇《さいだん》）」と「宀（家《いえ》）」で、血《ち》のつながった祖先《そせん》を祭《まつ》る「本家《ほんけ》」を表《あらわ》す。

宙

8画《かく》　宀《うかんむり》の部《ぶ》

音　チュウ

宇宙《うちゅう》・宙返《ちゅうがえ》り・宙《ちゅう》づり・宙《ちゅう》ぶらりん

訓　—

宙返《ちゅうがえ》りをする

なりたち

「由（通《とお》り抜《ぬ》ける）」と「宀（屋根《やね》）」で、屋根《やね》の端《はし》から端《はし》まで通《とお》り抜《ぬ》ける「棟木《むなぎ》」を表《あらわ》す。のち、「大空《おおぞら》」の意《い》に用《もち》いた。

なぞなぞ？　水《みず》（氵）を台《だい》でおさえると、どうなる？

（答《こた》えは次《つぎ》のページ）

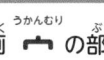

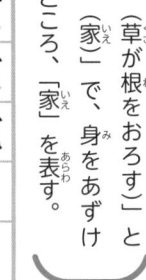

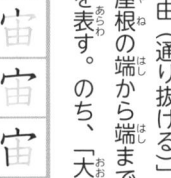

宝

宝箱《たからばこ》を発見《はっけん》する

8 画《かく》　宀《うかんむり》の部《ぶ》

音 ホウ

訓 たから

家宝《かほう》・国宝《こくほう》・財宝《ざいほう》・宝庫《ほうこ》・宝石《ほうせき》・宝典《ほうてん》・宝刀《ほうとう》・宝物《ほうもつ》・子宝《こだから》・宝船《たからぶね》・宝物《たからもの》

なりたち

↓ 寶（宝）

もとの字《じ》は「寶」。「宀（屋《や》根《ね》）」と「玉」と「缶（土《ど》器《き》）」と「貝（お金《かね》や品物《しなもの》）」で、「たから」の意《い》。

宣

開会《かいかい》を宣言《せんげん》する

9 画《かく》　宀《うかんむり》の部《ぶ》

音 セン

訓 ―

宣教師《せんきょうし》・宣言《せんげん》・宣告《せんこく》・宣誓《せんせい》・宣伝《せんでん》

なりたち

↓ 亘

「亘《せん》（取《と》りまく）」と「宀（いえ）」で、建物《たてもの》のまわりを取《と》りまくようすから、「広《ひろ》く行《い》き渡《わた》る」意《い》を表《あらわ》す。

密

秘密《ひみつ》の暗号《あんごう》

11 画《かく》　宀《うかんむり》の部《ぶ》

音 ミツ

訓 ―

機密《きみつ》・内密《ないみつ》・秘密《ひみつ》・密航《みっこう》・密告《みっこく》・密室《みっしつ》・密接《みっせつ》・密度《みつど》・密売《みつばい》・密輸《みつゆ》・密林《みつりん》

なりたち

「宓《みつ》（すきまがない）」と「山」で、山《やま》が見《み》えないほど木《き》で「びっしり」おおわれている意《い》を表《あらわ》す。

寸

けんかになる寸前《すんぜん》

3 画《かく》　寸《すん》の部《ぶ》

音 スン

訓 ―

一寸《いっすん》・原寸大《げんすんだい》・採寸《さいすん》・寸劇《すんげき》・寸志《すんし》・寸前《すんぜん》・寸断《すんだん》・寸評《すんぴょう》・寸分《すんぶん》・寸法《すんぽう》

なりたち

↓ 寸

「又（手《て》）」と「一（指《ゆび》一《いっ》本《ぽん》のしるし）」を合《あ》わせた形《かたち》。昔《むかし》の中国《ちゅうごく》で、指一本分《ゆびいっぽんぶん》の幅《はば》を表《あらわ》した。

6年《ねん》

？前《まえ》のページの答《こた》え→治《おさ》まる

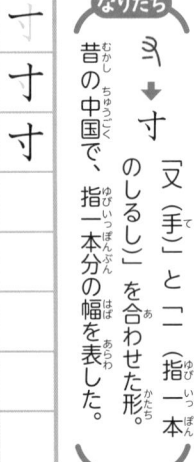

専

チーム専属《せんぞく》の選手《せんしゅ》

9画《かく》 寸《すん》の部《ぶ》

音 **セン**

専横《せんおう》・専業《せんぎょう》・専属《せんぞく》・専任《せんにん》・専念《せんねん》・専売特許《せんばいとっきょ》・専門《せんもん》・専有《せんゆう》・専用《せんよう》

訓 **（もっぱら）**

雨《あめ》の日《ひ》は専《もっぱ》ら読書《どくしょ》をする

なりたち

もとの字《じ》は「專」。「叀（糸巻《いとま》き）」と「寸（手《て》）」で、糸《いと》をまとめるようすから、「ひたすら」の意《い》を表《あらわ》す。

射

矢《や》を射《い》る

10画《かく》 寸《すん》の部《ぶ》

音 **シャ**

射撃《しゃげき》・射手《しゃしゅ》・注射《ちゅうしゃ》・直射日光《ちょくしゃにっこう》・熱射病《ねっしゃびょう》・発射《はっしゃ》・反射《はんしゃ》・放射線《ほうしゃせん》・乱射《らんしゃ》

訓 **いる**

矢《や》を射《い》る

なりたち

射

「弓」の変形《へんけい》である「身」と「寸（手《て》）」で、「弓《ゆみ》で矢《や》をいる」意《い》を表《あらわ》す。

将

軍《ぐん》の大将《たいしょう》

10画《かく》 寸《すん》の部《ぶ》

音 **ショウ**

王将《おうしょう》・主将《しゅしょう》・将棋《しょうぎ》・将軍《しょうぐん》・将来《しょうらい》・大将《たいしょう》・副将《ふくしょう》・武将《ぶしょう》・名将《めいしょう》

訓 ―

なりたち

もとの字《じ》は「將」。「爿《しょう》（細長《ほそなが》い）」と「夕（肉《にく》）」と「寸（手《て》）」で、「中指《なかゆび》」を表《あらわ》す。のち、「ひきいる」意《い》に用《もち》いた。

尊

人《ひと》の意見《いけん》を尊重《そんちょう》する

12画《かく》 寸《すん》の部《ぶ》

音 **ソン**

自尊心《じそんしん》・尊敬《そんけい》・尊厳《そんげん》・尊重《そんちょう》

訓 **たっとい**

尊《たっと》い教《おし》え

とうとい

尊《とうと》い命《いのち》

たっとぶ

神仏《しんぶつ》を尊《たっと》ぶ

とうとぶ

お年寄《としよ》りを尊《とうと》ぶ

なりたち

「酋（酒《さか》つぼ）」と「寸（手《て》）」で、「重々《おもおも》しい」意《い》を表《あらわ》す。

6年《ねん》

なぞなぞ？ 人《ひと》（亻）が動《うご》いて、なにをしている？

（答《こた》えは次《つぎ》のページ）

就

指揮者《しきしゃ》に就任《しゅうにん》する

12画《かく》 **尢**《だいのまげあし》 の部《ぶ》

音 **シュウ**
就学《しゅうがく》・就業《しゅうぎょう》・就職《しゅうしょく》・就任《しゅうにん》

（ジュ）
成就《じょうじゅ》

訓 **（つく）**
仕事《しごと》に就《つ》く

（つける）
大臣《だいじん》の位《くらい》に就《つ》ける

なりたち

→ 就

「京（高《たか》い台地《だいち》）」と「尤（集《あつ》まる）」で、人々《ひとびと》が集《あつ》まって住《す》むようすから、「つく」意《い》を表《あらわ》す。

尺

縮尺《しゅくしゃく》が五万分《ごまんぶん》の一《いち》の地図《ちず》

4画《かく》 **尸**《しかばね》 の部《ぶ》

音 **シャク**
尺度《しゃくど》・尺八《しゃくはち》・尺貫法《しゃっかんほう》・縮尺《しゅくしゃく》・巻《ま》き尺《じゃく》

訓 ―

なりたち

→ 尺

指《ゆび》で長《なが》さをはかるようすをえがいた形《かたち》。長《なが》さの単位《たんい》「しゃく」を表《あらわ》す。

届

贈《おく》り物《もの》を届《とど》ける

8画《かく》 **尸**《しかばね》 の部《ぶ》

音 ―

訓 **とどける**
休暇《きゅうか》の届《とど》けを出《だ》す・品物《しなもの》を届《とど》ける・出生届《しゅっしょうとどけ》・届《とど》け先《さき》・無届《むとど》け

とどく
手紙《てがみ》が届《とど》く

なりたち

「由（つかえる）」と「尸（しり）」で、「とどまる」を表《あらわ》す。日本《にほん》では「とどく」意《い》に用《もち》いる。

展

厳《きび》しい展開《てんかい》

10画《かく》 **尸**《しかばね》 の部《ぶ》

音 **テン**
個展《こてん》・出展《しゅってん》・進展《しんてん》・親展《しんてん》・展開《てんかい》・展示《てんじ》・展望《てんぼう》・展覧会《てんらんかい》・発展《はってん》・美術展《びじゅつてん》

訓 ―

なりたち

→ 展

もとの字《じ》は、「尸（しり）」と重石《おもし》の形《かたち》と「衣」。衣《ころも》のしわをのばすようすから、「広《ひろ》げる」意《い》を表《あらわ》す。

6年《ねん》

？前《まえ》のページの答《こた》え→ 働《はたら》く

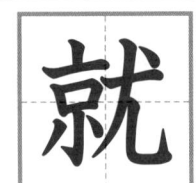

層

高層《こうそう》ビルが立《た》ち並《なら》ぶ

14画《かく》　尸《しかばね》の部《ぶ》

音　**ソウ**

オゾン層《そう》・階層《かいそう》・下層《かそう》・客層《きゃくそう》・高層《こうそう》・若年層《じゃくねんそう》・上層部《じょうそうぶ》・断層《だんそう》・地層《ちそう》・表層《ひょうそう》

訓　―

なりたち

もとの字《じ》は「層」。「曾《そう》（重《かさ》なる）」と「尸（屋《や》根《ね》）」で、何重《なんじゅう》にも「積《つ》み重《かさ》なる」意《い》を表《あらわ》す。

己

自己《じこ》しょうかいをする

3画《かく》　己《おのれ》の部《ぶ》

音　**コ**

自己《じこ》紹介《しょうかい》・利己《りこ》

（キ）

克己心《こっきしん》・知己《ちき》

訓　**（おのれ）**

己《おのれ》を知《し》る

なりたち

→→→己

呼《よ》ばれると、返事《へんじ》をして起《お》き上《あ》がるようすから、「自分《じぶん》」を表《あらわ》す。

小《ちい》さい数《かず》の漢字《かんじ》

大《おお》きい数《かず》と同《おな》じように、一《いち》よりも小《ちい》さい数《かず》を表《あらわ》す漢字《かんじ》もあります。

まず、一《いち》の十分《じゅうぶん》の一《いち》を「分《ぶ》」、分《ぶ》の十分《じゅうぶん》の一《いち》（一《いち》の百分《ひゃくぶん》の一《いち》）を「厘《りん》」といいます。小《しょう》学校《がっこう》の算数《さんすう》では学習《がくしゅう》しませんが、これらの小《ちい》さい数《かず》は野《や》球《きゅう》選手《せんしゅ》の打率《だりつ》などに使《つか》われているので、耳《みみ》にすることもあるでしょう。大《おお》きい数《かず》では一万倍《いちまんばい》ごとに単位《たんい》が変《か》わりましたが、小《ちい》さい数《かず》では十分《じゅうぶん》の一小《いちちい》さくなるごとに単位《たんい》が変《か》わります。

「厘《りん》」よりもさらに小《ちい》さい数《かず》は、「毛《もう》」、「糸《し》」、「忽《こつ》」、「微《び》」、「繊《せん》」、「沙《しゃ》」、「塵《じん》」、「埃《あい》」、「渺《びょう》」、「漠《ばく》」、「模糊《もこ》」、「逡巡《しゅんじゅん》」、「須臾《しゅゆ》」、「瞬息《しゅんそく》」、「弾指《だんし》」、「刹那《せつな》」、「六《りっ》徳《とく》」…となります。

6年《ねん》

なぞなぞ？　木＋目＋言＋火＋火＝？

（答《こた》えは次《つぎ》のページ）

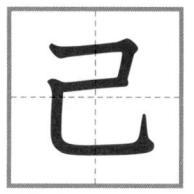

巻

巻《ま》き貝《がい》を拾《ひろ》う

9 画《かく》 **己**《おのれ》 の部《ぶ》

音 **カン**
圧巻《あっかん》・巻頭《かんとう》・巻末《かんまつ》・下巻《げかん》・上巻《じょうかん》・全巻《ぜんかん》

訓 **まく**
ねじを巻《ま》く

まき
絵巻《えまき》・竜巻《たつまき》・腹巻《はらまき》・巻物《まきもの》

なりたち
↓ 巻（卷） もとの字は「卷」。「𠔉（散《ち》らばる）」と「㔾（背《せ》を丸《まる》める人《ひと》）」で、「まとめる」ことを表《あらわ》す。

幕

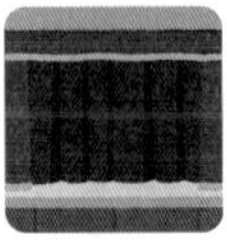
幕《まく》を閉《と》じる

13 画《かく》 **巾**《はば》 の部《ぶ》

音 **マク**
暗幕《あんまく》・開幕《かいまく》・黒幕《くろまく》・字幕《じまく》・閉幕《へいまく》・幕下《まくした》・幕《まく》の内弁当《うちべんとう》

バク
討幕《とうばく》・幕府《ばくふ》・幕末《ばくまつ》

訓 —

なりたち
「莫《ばく》（かくれて見《み》えない）」と「巾（布《ぬの》）」で、物《もの》をおおいかくす「まく」を表《あらわ》す。

干

茶《ちゃ》を飲《の》み干《ほ》す

3 画《かく》 **干**《かん》 の部《ぶ》

音 **カン**
干害《かんがい》・干渉《かんしょう》・干潮《かんちょう》・干満《かんまん》・

訓 **ほす**
梅干《うめぼ》し・洗《せん》たく物《もの》を干《ほ》す

（ひる）
潮干狩《しおひが》り・干菓子《ひがし》・干潟《ひがた》・干物《ひもの》・満《み》ち干《ひ》

なりたち
↓ ↓ 干 先《さき》が二《ふた》またの棒《ぼう》の形《かたち》。敵《てき》をついたり防《ふせ》いだりするところから、「かかわる」意《い》を表《あらわ》す。

幼

幼《おさな》い子《こ》がかくれる

5 画《かく》 **幺**《いとがしら》 の部《ぶ》

音 **ヨウ**
幼児《ようじ》・幼女《ようじょ》・幼少《ようしょう》・幼稚園《ようちえん》・幼虫《ようちゅう》・幼年《ようねん》

訓 **おさない**
幼《おさな》い弟《おとうと》・幼子《おさなご》・幼《おさな》なじみ

なりたち
↓ ↓ 幺 「幺《よう》（細《ほそ》く小《ちい》さい）」と「力」で、小《ちい》さくて力《ちから》が弱《よわ》いようすから、「おさない」意《い》を表《あらわ》す。

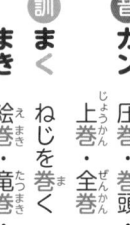

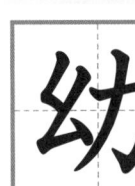

庁

東京都庁《とうきょうとちょう》を見学《けんがく》する

5画《かく》 广《まだれ》の部《ぶ》

音 **チョウ**

官庁《かんちょう》・気象庁《きしょうちょう》・県庁《けんちょう》・退庁《たいちょう》・庁舎《ちょうしゃ》・登庁《とうちょう》・都庁《とちょう》・文化庁《ぶんかちょう》

訓 ―

なりたち

もとの字《じ》は「廳」。「聽《ちょう》（聞《き》き取《と》る）」と「广（建物《たてもの》）」で、うったえを聞《き》くところ、「役所《やくしょ》」を表《あらわ》す。

庁 庁 庁 庁 庁

座

正座《せいざ》をする

10画《かく》 广《まだれ》の部《ぶ》

音 **ザ**

一座《いちざ》・王座《おうざ》・講座《こうざ》・座高《ざこう》・座敷《ざしき》・座席《ざせき》・座談会《ざだんかい》・座長《ざちょう》・座布団《ざぶとん》・正座《せいざ》・星座《せいざ》

訓 **（すわる）** いすに座《すわ》る

なりたち

坐 → 坐 「坐《ざ》」は、二人《ふたり》が土《つち》の上《うえ》にすわるようす。それに「广（建物《たてもの》）」で、「すわる」「すわる場所《ばしょ》」を表《あらわ》す。

座 座 座 座 座 座 座 座

延

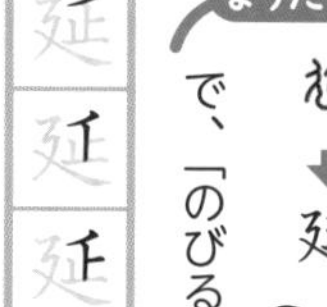

延長戦《えんちょうせん》になる

8画《かく》 廴《えんにょう》の部《ぶ》

音 **エン**

延期《えんき》・延長《えんちょう》・延命《えんめい》・順延《じゅんえん》

訓 **のびる** **のべる** **のばす**

寿命《じゅみょう》が延《の》びる

金《きん》の延《の》べ棒《ぼう》

期限《きげん》を延《の》ばす

なりたち

延 → 延 「丿（横《よこ》にずれる）」と「止（足《あし》）」と「廴（のびる）」で、「のびる」「のばす」意《い》を表《あらわ》す。

延 延 延 延 延 延 延 延

律

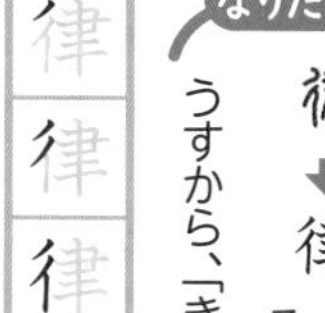

法律《ほうりつ》を守《まも》る

9画《かく》 彳《ぎょうにんべん》の部《ぶ》

音 **リツ** **（リチ）**

一律《いちりつ》・規律《きりつ》・自律神経《じりつしんけい》・調律《ちょうりつ》・不文律《ふぶんりつ》・法律《ほうりつ》・律動《りつどう》・律儀《りちぎ》

訓 ―

なりたち

律 → 律 「彳（行《おこな》い）」と「聿（筆《ふで》を立《た》てる）」で、行《おこな》いを書《か》きとめるようすから、「きまり」「おきて」の意《い》を表《あらわ》す。

律 律 律 律 律 律 律 律 律

なぞなぞ？ 火《ひ》で田《た》んぼをかわかしたら、なにになる？

（答《こた》えは次《つぎ》のページ）

従

王様《おうさま》に従《したが》う

10画《かく》 亻《ぎょうにんべん》の部《ぶ》

音 **ジュウ** 従事《じゅうじ》・従順《じゅうじゅん》・従来《じゅうらい》・服従《ふくじゅう》
（ショウ） 従容《しょうよう》
（ジュ） 従二位《じゅにい》

訓 **したがう** 命令《めいれい》に従《したが》う
したがえる 武力《ぶりょく》で従《したが》える

なりたち
もとの字《じ》は「從」。「从（ついて行《い》く）」と「彳（道《みち》）」と「止（あし）」で、「したがう」意《い》を表《あらわ》す。

従 従 従 従 従 従 従 従

厳

厳《きび》しくしかる

17画《かく》 ⺍《つかんむり》の部《ぶ》

音 **ゲン** 厳禁《げんきん》・厳正《げんせい》・厳密《げんみつ》・尊厳《そんげん》
（ゴン） 荘厳《そうごん》

訓 **（おごそか）** 厳《おごそ》かな式典《しきてん》
きびしい 暑《あつ》さが厳《きび》しい

なりたち
もとの字《じ》は「嚴」。「厳（ごつごつしている）」と「口」二《ふた》つで、きつく言《い》うようすから、「きびしい」意《い》を表《あらわ》す。

厳 厳 厳 厳 厳 厳 厳 厳

若

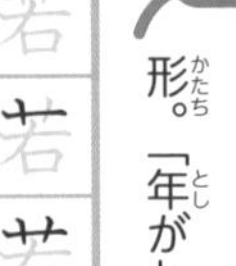

若者《わかもの》がおどる

8画《かく》 艹《くさかんむり》の部《ぶ》

音 **（ジャク）** 若年《じゃくねん》・若干《じゃっかん》
（ニャク） 老若男女《ろうにゃくなんにょ》

訓 **わかい** 若返《わかがえ》る・若草《わかくさ》・若葉《わかば》
（もしくは） メール若《も》しくは電話《でんわ》

なりたち

若
女性《じょせい》がやわらかい髪《かみ》をとかしている形《かたち》。「年《とし》がわかい」意《い》を表《あらわ》す。

若 若 若 若 若 若 若 若

著

本《ほん》の著者《ちょしゃ》

11画《かく》 艹《くさかんむり》の部《ぶ》

音 **チョ** 共著《きょうちょ》・著作《ちょさく》・著者《ちょしゃ》・著述《ちょじゅつ》・著名《ちょめい》・名著《めいちょ》

訓 **（あらわす）** 書物《しょもつ》を著《あらわ》す
（いちじるしい） 著《いちじる》しい変化《へんか》

なりたち
「者（くっつける）」と「艹（くさ）」で、「本《ほん》を書《か》きあらわす」意《い》を表《あらわ》す。

著 著 著 著 著 著 著 著 著 著 著

6年《ねん》

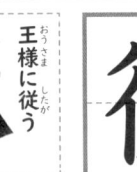

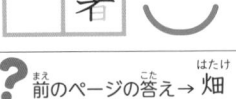

蒸

液体《えきたい》を蒸留《じょうりゅう》する

13画《かく》　艹《くさかんむり》の部《ぶ》

音 **ジョウ**　蒸気《じょうき》・蒸発《じょうはつ》・水蒸気《すいじょうき》

訓 **(むす)**　魚《さかな》を蒸《む》す
(むれる)　足《あし》が蒸《む》れる
(むらす)　ご飯《はん》を蒸《む》らす

なりたち

「烝《じょう》(火《ひ》があがる)」と「艹(くさ)」で、「水《みず》が気体《きたい》になって立《た》ちのぼる」意《い》を表《あらわ》す。

蒸 蒸 蒸 蒸 蒸 蒸 蒸 蒸 蒸 蒸 蒸 蒸 蒸

蔵

大量《たいりょう》の蔵書《ぞうしょ》

15画《かく》　艹《くさかんむり》の部《ぶ》

音 **ゾウ**　愛蔵《あいぞう》・地蔵《じぞう》・所蔵《しょぞう》・蔵書《ぞうしょ》・貯蔵《ちょぞう》・土蔵《どぞう》・内蔵《ないぞう》・秘蔵《ひぞう》・埋蔵《まいぞう》・冷蔵庫《れいぞうこ》・穴蔵《あなぐら》・酒蔵《さかぐら》

訓 **(くら)**

なりたち

臧
↓
臧

もとの字《じ》は「藏」。「臧《ぞう》」は、「細《ほそ》長《なが》い」意《い》。それに「艹(くさ)」で、作物《さくもつ》をしまう「くら」を表《あらわ》す。

蔵 蔵 蔵 蔵 蔵 蔵 蔵 蔵

退

すぐに退場《たいじょう》する

9画《かく》　辶《しんにょう》の部《ぶ》

音 **タイ**　引退《いんたい》・減退《げんたい》・後退《こうたい》・退化《たいか》・退室《たいしつ》・退場《たいじょう》・退路《たいろ》・敗退《はいたい》

訓 **しりぞく**　一歩《いっぽ》退《しりぞ》く
しりぞける　要求《ようきゅう》を退《しりぞ》ける

なりたち

㣥
↓
退

古《ふる》い形《かたち》は、「日《ひ》が西《にし》に落《お》ちる」意《い》を表《あらわ》す。のち、「引《ひ》き下《さ》がる」意《い》で用《もち》いた。

退 退 退 退 退 退 退 退

遺

世界遺産《せかいいさん》を見《み》る

15画《かく》　辶《しんにょう》の部《ぶ》

音 **イ**　遺業《いぎょう》・遺骨《いこつ》・遺作《いさく》・遺産《いさん》・遺失物《いしつぶつ》・遺跡《いせき》・遺伝《いでん》・遺品《いひん》
(ユイ)　遺言《ゆいごん》

訓 ―

なりたち

「貴(からっぽ)」と「辶(行《い》く)」で、忘《わす》れてその場《ば》から去《さ》るようすから、「わすれる」「なくす」意《い》を表《あらわ》す。

遺 遺 遺 遺 遺 遺 遺 遺

6年《ねん》

なぞなぞ？ 竹《たけ》やぶで相手《あいて》にわたすものは、なに？

(答《こた》えは次《つぎ》のページ)

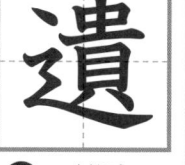

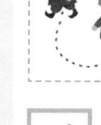

郷

理想郷《りそうきょう》のような場所《ばしょ》

11画《かく》　阝《おおざと》の部《ぶ》

音　キョウ
（ゴウ）

温泉郷《おんせんきょう》・帰郷《ききょう》・郷土《きょうど》・郷里《きょうり》・故郷《こきょう》・理想郷《りそうきょう》
郷《ごう》に入《い》っては郷《ごう》に従《したが》え

訓　―

なりたち

↓郷

もとの字《じ》は「郷」。人《ひと》が向《む》き合《あ》うようすと「阝（むら）」で、「村《むら》」を表《あらわ》す。

郵

郵便《ゆうびん》ポストに手紙《てがみ》を入《い》れる

11画《かく》　阝《おおざと》の部《ぶ》

音　ユウ

郵送《ゆうそう》・郵便局《ゆうびんきょく》

訓　―

なりたち

「垂（下《した》にたれる）」と「阝（村《むら》や町《まち》）」で、中央《ちゅうおう》から地方《ちほう》へ命令《めいれい》を伝《つた》える「中継《なかつ》ぎ地点《ちてん》」を表《あらわ》す。のち、「ゆうびん」の意《い》で用《もち》いた。

降

激《はげ》しい雨《あめ》が降《ふ》る

10画《かく》　阝《こざとへん》の部《ぶ》

音　コウ

降下《こうか》・降参《こうさん》・降車口《こうしゃぐち》・投降《とうこう》

訓　おりる　おろす　ふる

主役《しゅやく》を降《お》りる
駅《えき》で乗客《じょうきゃく》を降《お》ろす
雨《あめ》が降《ふ》る

なりたち

↓降

「夅《こう》（下向《したむ》きの足《あし》）」と「阝（おか）」で、「おりる」意《い》を表《あらわ》す。

除

よごれを除去《じょきょ》する

10画《かく》　阝《こざとへん》の部《ぶ》

音　ジョ
（ジ）

解除《かいじょ》・除外《じょがい》・除数《じょすう》・除名《じょめい》・免除《めんじょ》
除目《じもく》・掃除《そうじ》

訓　のぞく

ごみを取《と》り除《のぞ》く

なりたち

「余（平《たい》らにのばす）」と「阝（盛《も》り土《つち》）」で、「おしのける」「のぞく」意《い》を表《あらわ》す。

6年《ねん》

陛

国王陛下《こくおうへいか》が登場《とうじょう》する

10画《かく》　阝《こざとへん》の部《ぶ》

音　**ヘイ**
皇后陛下《こうごうへいか》・天皇陛下《てんのうへいか》・陛下《へいか》

訓　―

なりたち
「坒《へい》（土《つち》の段《だん》が並《なら》ぶ）」と「阝（段々《だんだん》）」で、階段《かいだん》が順序《じゅんじょ》よく並《なら》んでいるようすから、「天子《てんし》が住《す》んでいる建物《たてもの》の階段《かいだん》」を表《あらわ》す。

障

機械《きかい》が故障《こしょう》する

14画《かく》　阝《こざとへん》の部《ぶ》

音　**ショウ**
故障《こしょう》・支障《ししょう》・障害《しょうがい》・障子《しょうじ》・保障《ほしょう》

訓　**（さわる）**
体《からだ》に障《さわ》る・耳障《みみざわ》りな音《おと》

なりたち
「章《しょう》（おしあてて ふさぐ）」と「阝（盛《も》り土《つち》）」で、土《つち》の壁《かべ》をおしあてて通行《つうこう》を「さえぎる」意《い》を表《あらわ》す。

忘

目的《もくてき》を忘《わす》れる

7画《かく》　心《こころ》の部《ぶ》

音　**（ボウ）**
忘却《ぼうきゃく》・忘年会《ぼうねんかい》

訓　**わすれる**
年忘《としわす》れ・度忘《どわす》れ・ぼうしを忘《わす》れる・物忘《ものわす》れ・忘《わす》れ物《もの》

なりたち
「亡《ぼう》（消《き》えてなくなる）」と「心」で、心《こころ》の中《なか》から消《き》えてなくなるようすから、「わすれる」意《い》を表《あらわ》す。

忠

親友《しんゆう》に忠告《ちゅうこく》をする

8画《かく》　心《こころ》の部《ぶ》

音　**チュウ**
忠義《ちゅうぎ》・忠勤《ちゅうきん》・忠犬《ちゅうけん》・忠言《ちゅうげん》・忠告《ちゅうこく》・忠実《ちゅうじつ》・忠臣《ちゅうしん》・忠誠《ちゅうせい》

訓　―

なりたち
「中《ちゅう》（かたよらない）」と「心」で、かたよらずにいつわりがない心《こころ》、「まごころ」を表《あらわ》す。

6年《ねん》

なぞなぞ？　木《き》の上《うえ》の巣《す》を支《ささ》えているものはなに？
（答《こた》えは次《つぎ》のページ）

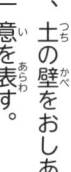

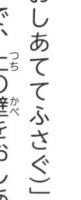

恩

恩返《おんがえ》しをする

10画《かく》 **心《こころ》**の部《ぶ》

音 **オン**

恩義《おんぎ》・恩恵《おんけい》・恩師《おんし》・恩情《おんじょう》・恩知《おんし》らず・恩人《おんじん》・恩《おん》に着《き》せる・謝恩会《しゃおんかい》・報恩《ほうおん》

訓 ―

なりたち

「因（上《うえ》に重《かさ》なる）」と「心」で、人《ひと》の心《こころ》に思《おも》いやりを重《かさ》ねてのせるようすから、「めぐみ」を表《あらわ》す。

憲

今日《きょう》は
憲法《けんぽう》記念日《きねんび》だ

16画《かく》 **心《こころ》**の部《ぶ》

音 **ケン**

違憲《いけん》・憲章《けんしょう》・憲法《けんぽう》・憲法記念日《けんぽうきねんび》・合憲《ごうけん》・立憲《りっけん》

訓 ―

なりたち

↓ 憲

「害（とめる）」の省略形《しょうりゃくけい》と「罒（目《め》）」と「心」で、人《ひと》の行動《こうどう》をおさえる枠《わく》、「おきて」を表《あらわ》す。

我

我《われ》らの王様《おうさま》

7画《かく》 **戈《ほこがまえ》**の部《ぶ》

音 **（ガ）**

訓 **われ**
（わ）

我意《がい》・我流《がりゅう》・自我《じが》・無我夢中《むがむちゅう》
我《われ》らの母校《ぼこう》
我《わ》が物顔《ものがお》・我《わ》が家《や》

なりたち

↓ ↓ ↓ 我

刃《は》がぎざぎざした、柄《え》のついた武器《ぶき》の形《かたち》。のち「自分《じぶん》」の意《い》で用《もち》いた。

承

快《こころよ》く承知《しょうち》する

8画《かく》 **手《て》**の部《ぶ》

音 **ショウ**

継承《けいしょう》・承知《しょうち》・承認《しょうにん》・伝承《でんしょう》・了承《りょうしょう》

訓 **（うけたまわる）**

意見《いけん》を承《うけたまわ》る

なりたち

↓ ↓ 丞

「丞」は、両手《りょうて》で持《も》ち上《あ》げるようす。それに「手」を合《あ》わせて、うやうやしく「受《う》ける」を表《あらわ》す。

？前《まえ》のページの答《こた》え→枝《えだ》

批

7画《かく》　扌《てへん》の部《ぶ》

音 ヒ

批准《ひじゅん》・批正《ひせい》・批判《ひはん》・批評《ひひょう》

訓 ―

批判《ひはん》を受《う》け付《つ》けない

なりたち

「比《ひ》（並《なら》べる）」と「扌（手《て》）」を合《あ》わせた形《かたち》で、二《ふた》つを並《なら》べて、「よしあしを決《き》める」意《い》を表《あらわ》す。

拡

8画《かく》　扌《てへん》の部《ぶ》

音 カク

拡散《かくさん》・拡充《かくじゅう》・拡声器《かくせいき》・拡大《かくだい》・拡張《かくちょう》

訓 ―

イチゴを拡大《かくだい》してみる

なりたち

もとの字《じ》は「擴」。「廣（ひろい）」と「扌（手《て》）」を合《あ》わせた形《かたち》で、「ひろげる」意《い》を表《あらわ》す。

担

8画《かく》　扌《てへん》の部《ぶ》

音 タン

加担《かたん》・荷担《かたん》・担当《たんとう》・担任《たんにん》・負担《ふたん》・分担《ぶんたん》

訓 （かつぐ）（になう）

荷物《にもつ》を担《かつ》ぐ

役割《やくわり》を担《にな》う

担任《たんにん》の先生《せんせい》

なりたち

詹

もとの字《じ》は「擔」。「詹」は、「重《おも》くのしかかる」意《い》。それと「扌（手《て》）」で、「かつぐ」「になう」を表《あらわ》す。

拝

8画《かく》　扌《てへん》の部《ぶ》

音 ハイ

参拝《さんぱい》・崇拝《すうはい》・拝観《はいかん》・拝啓《はいけい》・拝見《はいけん》・拝借《はいしゃく》・拝殿《はいでん》・拝読《はいどく》・拝礼《はいれい》・礼拝《れいはい》

訓 おがむ

初日《はつひ》を拝《おが》む

資料《しりょう》を拝見《はいけん》する

なりたち

拜（拝）

もとの字《じ》は「拜」。「丰（玉《たま》串《ぐし》）」と「手（て）」で、「頭《あたま》を下《さ》げる」意《い》を表《あらわ》す。

なぞなぞ？ 手《て》（扌）で刀《かたな》をもって、口《くち》でなにをする？

（答《こた》えは次《つぎ》のページ）

ごみを捨《す》てる

捨

11画《かく》 扌《てへん》の部《ぶ》

音 シャ

訓 すてる

喜捨《きしゃ》・四捨五入《ししゃごにゅう》・取捨《しゅしゃ》

切《き》り捨《す》てる・捨《す》て石《いし》・

捨《す》て身《み》・呼《よ》び捨《す》て

なりたち

「舎《しゃ》（広《ひろ》げてのばす）」と「扌（手《て》）」で、手《て》ににぎっているものを手放《てばな》すようすから、「すてる」意《い》を表《あらわ》す。

犯人《はんにん》を推測《すいそく》する

推

11画《かく》 扌《てへん》の部《ぶ》

音 スイ

訓 （おす）

推移《すいい》・推挙《すいきょ》・推察《すいさつ》・推進《すいしん》・

推測《すいそく》・推定《すいてい》・推理《すいり》・推量《すいりょう》・

推論《すいろん》・類推《るいすい》

会長《かいちょう》に推《お》す

なりたち

隹

「隹《すい》（ずっしりと重《おも》い）」と「扌（手《て》）」で、手《て》で重《おも》みをかけて「おす」意《い》を表《あらわ》す。

足《あし》あとから探《さが》す

探

11画《かく》 扌《てへん》の部《ぶ》

音 タン

訓 （さぐる） さがす

探究《たんきゅう》・探求《たんきゅう》・探検《たんけん》・探索《たんさく》・

探知《たんち》・探偵《たんてい》・探訪《たんぼう》

ポケットを探《さぐ》る

海辺《うみべ》で貝《かい》がらを探《さが》す

なりたち

「罙（奥深《おくふか》く求《もと》める）」と「扌（手《て》）」で、奥深《おくふか》く手《て》を入《い》れて「さぐる」意《い》を表《あらわ》す。

人気《にんき》の指揮者《しきしゃ》

揮

12画《かく》 扌《てへん》の部《ぶ》

音 キ

訓 ―

揮発《きはつ》・指揮《しき》・発揮《はっき》

なりたち

「軍（丸《まる》くかこむ）」と「扌（手《て》）」で、手《て》をぐるぐると「ふりまわす」意《い》を表《あらわ》す。

6年《ねん》

操

機械《きかい》を操作《そうさ》する

16画《かく》　扌《てへん》の部《ぶ》

音　**ソウ**

節操《せっそう》・操業《そうぎょう》・操作《そうさ》・操車場《そうしゃじょう》・操縦《そうじゅう》・体操《たいそう》

訓　**(みさお)**

操《みさお》を守《まも》る

(あやつる)

操《あやつ》り人形《にんぎょう》

なりたち

「喿《そう》(せわしない)」と「扌(手《て》)」で、「あやつる」意《い》。

敬

国民《こくみん》に尊敬《そんけい》される王《おう》

12画《かく》　攵《ぼくにょう》の部《ぶ》

音　**ケイ**

敬意《けいい》・敬遠《けいえん》・敬語《けいご》・敬礼《けいれい》・敬老《けいろう》・失敬《しっけい》・尊敬《そんけい》

訓　**うやまう**

年長者《ねんちょうしゃ》を敬《うやま》う

なりたち

「苟（身《み》を引《ひ》きしめる）」と「攵（動作《どうさ》）」で、かしこまって「うやまう」意《い》を表《あらわ》す。

敵

相手《あいて》を敵視《てきし》する

15画《かく》　攵《ぼくにょう》の部《ぶ》

音　**テキ**

敵意《てきい》・敵軍《てきぐん》・敵視《てきし》・敵対《てきたい》・敵兵《てきへい》・天敵《てんてき》・無敵《むてき》

訓　**(かたき)**

敵討《かたきう》ち・敵役《かたきやく》

なりたち

「啇《てき》（向《む》き合《あ》う）」と「攵（動作《どうさ》）」で、面《めん》と向《む》かって「はりあう」意《い》を表《あらわ》す。

映

水《みず》に顔《かお》が映《うつ》る

9画《かく》　日《ひ》の部《ぶ》

音　**エイ**

映画《えいが》・映像《えいぞう》・上映《じょうえい》・放映《ほうえい》

訓　**うつる**

鏡《かがみ》に映《うつ》る

うつす

映画《えいが》を映《うつ》す

(はえる)

夕日《ゆうひ》に山《やま》が映《は》える

なりたち

「央（くっきり分《わ》かれる）」と「日」で、姿《すがた》がくっきりと「うつる」意《い》を表《あらわ》す。

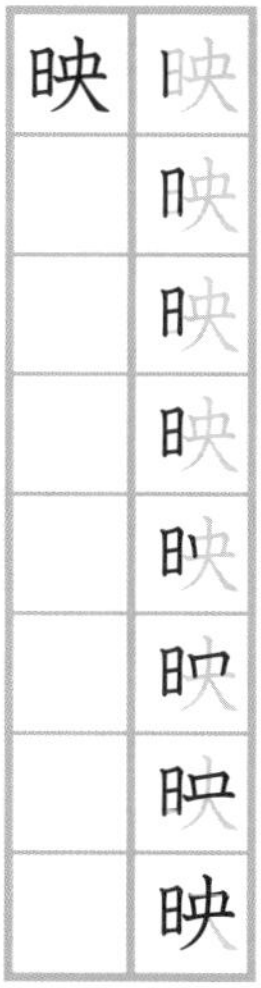

6年《ねん》

なぞなぞ　草《くさ》(艹)を右手《みぎて》にもっているのは、どんな人《ひと》?

(答《こた》えは次《つぎ》のページ)

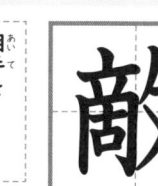

晩

晩《ばん》ご飯《はん》を食《た》べる

12画《かく》　**日**《ひ》の部《ぶ》

音　**バン**

朝晩《あさばん》・今晩《こんばん》・昨晩《さくばん》・大器晩成《たいきばんせい》・晩夏《ばんか》・晩《ばん》ご飯《はん》・晩秋《ばんしゅう》・晩春《ばんしゅん》・晩冬《ばんとう》・晩年《ばんねん》・毎晩《まいばん》

訓　—

なりたち

「免(やっと通《とお》る)」と「日」で、物《もの》がやっとのことで見《み》える「日《ひ》ぐれ時《どき》」を表《あらわ》す。

暖

暖《あたた》かい服装《ふくそう》

13画《かく》　**日**《ひ》の部《ぶ》

音　**ダン**　温暖《おんだん》・暖冬《だんとう》・暖流《だんりゅう》

訓　**あたたか**　暖《あたた》かな日《ひ》

あたたかい　暖《あたた》かい地方《ちほう》

あたたまる　ストーブで暖《あたた》まる

あたためる　部屋《へや》を暖《あたた》める

なりたち

↓

↓
爰

「爰(行《い》き渡《わた》る)」と「日」で、「あたたかい」意《い》。

暮

年《とし》の暮《く》れの大《おお》そうじ

14画《かく》　**日**《ひ》の部《ぶ》

音　**(ボ)**　お歳暮《せいぼ》・暮秋《ぼしゅう》・暮色《ぼしょく》

訓　**くれる**　日《ひ》が暮《く》れる

くらす　都会《とかい》で暮《く》らす

なりたち

↓

↓
莫

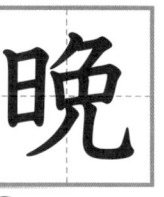

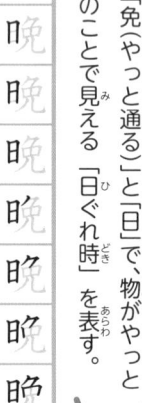

「莫(かくれて見《み》えない)」と「日」で、日《ひ》が沈《しず》むこと、「くれる」意《い》を表《あらわ》す。

朗

朗報《ろうほう》が届《とど》いて喜《よろこ》ぶ

10画《かく》　**月**《つき》の部《ぶ》

音　**ロウ**　晴朗《せいろう》・明朗《めいろう》・朗唱《ろうしょう》・朗読《ろうどく》・朗報《ろうほう》

訓　**(ほがらか)**　朗《ほが》らかな声《こえ》

なりたち

「良(すんでいる)」と「月」で、月《つき》の光《ひかり》がすんでいるようすから、「明《あか》るい」意《い》を表《あらわ》す。

6年《ねん》

? 前《まえ》のページの答《こた》え→若《わか》い

机

机《つくえ》を運《はこ》ぶ

6画《かく》 木《き》の部《ぶ》

音 （キ）

訓 つくえ

机下《きか》・机上《きじょう》の空論《くうろん》

勉強机《べんきょうづくえ》

なりたち

↓ 几

「几《き》（物《もの》を置《お》く台《だい》）」と「木」で、木《き》で作《つく》った「つくえ」を表《あらわ》す。

枚

二《に》枚《まい》の皿《さら》

8画《かく》 木《き》の部《ぶ》

音 マイ

紙一枚《かみいちまい》・皿十枚《さらじゅうまい》・大枚《たいまい》・二枚貝《にまいがい》・二枚舌《にまいじた》・二枚目《にまいめ》・枚数《まいすう》

訓 ―

なりたち

↓ 攴（攵）

「攵（棒《ぼう》を持《も》つ）」と「木」で、板《いた》を数《かぞ》えるようすから、「平《ひら》たいものを数《かぞ》えることば」を表《あらわ》す。

染

ほおを赤《あか》く染《そ》める

9画《かく》 木《き》の部《ぶ》

音 （セン）

感染《かんせん》・染色《せんしょく》・染料《せんりょう》・伝染《でんせん》

訓 そめる

布《ぬの》を染《そ》める

そまる

悪《あく》に染《そ》まる

（しみる）

心《こころ》に染《し》みる話《はなし》

（しみ）

洋服《ようふく》に染《し》みがつく

なりたち

「氵（水《みず》）」と「九（何度《なんど》も）」と「木」で、色《いろ》のついた水《みず》につけて「そめる」意《い》を表《あらわ》す。

株

切《き》り株《かぶ》に座《すわ》る

10画《かく》 木《き》の部《ぶ》

音 ―

訓 かぶ

頭株《あたまかぶ》・株価《かぶか》・株式会社《かぶしきがいしゃ》・株主《かぶぬし》・株分《かぶわ》け・切《き》り株《かぶ》・古株《ふるかぶ》・持《も》ち株《かぶ》

なりたち

↓

↓ 朱

「朱（上下《じょうげ》に切《き》る）」と「木」で、切《さ》り離《はな》して下《した》に残《のこ》った「きりかぶ」を表《あらわ》す。

6年《ねん》

なぞなぞ？ 日＋京＋口＋口＋口＝？

（答《こた》えは次《つぎ》のページ）

棒

たよれる相棒《あいぼう》

12画《かく》　木《き》の部《ぶ》

音　ボウ

相棒《あいぼう》・金棒《かなぼう》・鉄棒《てつぼう》・平行棒《へいこうぼう》・棒暗記《ぼうあんき》・棒《ぼう》グラフ・棒立《ぼうだ》ち・棒読《ぼうよ》み・横棒《よこぼう》

訓　—

なりたち

↓

奉

「奉（ささげ持《も》つ）」と「木」で、両手《りょうて》で持《も》つ「木《き》のぼう」を表《あらわ》す。

模

ブラックホールの模型《もけい》

14画《かく》　木《き》の部《ぶ》

音　モ　ボ

暗中模索《あんちゅうもさく》・模擬店《もぎてん》・模型《もけい》・模写《もしゃ》・模範《もはん》・模様《もよう》

規模《きぼ》

訓　—

なりたち

「莫（無《な》いものをもとめる）」と「木」で、ものを作《つく》る型《かた》を示《しめ》して、「もとになる型《かた》」を表《あらわ》す。

権

権利《けんり》を主張《しゅちょう》する

15画《かく》　木《き》の部《ぶ》

音　ケン　（ゴン）

権限《けんげん》・権利《けんり》・権力《けんりょく》・実権《じっけん》・人権《じんけん》・政権《せいけん》・選挙権《せんきょけん》

悪《あく》の権化《ごんげ》

訓　—

なりたち

もとの字《じ》は「權」。「雚（バランスがとれる）」と「木」で、「はかり」を表《あらわ》す。のち、「人《ひと》を支配《しはい》する力《ちから》」の意《い》で用《もち》いた。

樹

花《はな》の美《うつく》しい樹木《じゅもく》

16画《かく》　木《き》の部《ぶ》

音　ジュ

果樹《かじゅ》・広葉樹《こうようじゅ》・樹海《じゅかい》・樹氷《じゅひょう》・樹木《じゅもく》・樹立《じゅりつ》・植樹《しょくじゅ》・針葉樹《しんようじゅ》・大樹《たいじゅ》

訓　—

なりたち

↓

樹

「壴（立《た》てる）」と「寸（手《て》）」と「木」で、「立《た》ち木《き》」を表《あらわ》す。

6年《ねん》

欲

食欲《しょくよく》をそそる

11画《かく》 欠《あくび》の部《ぶ》

音 **ヨク**

意欲《いよく》・食欲《しょくよく》・物欲《ぶつよく》・無欲《むよく》・欲望《よくぼう》・欲目《よくめ》・欲求《よっきゅう》

訓 **（ほっする）** 平和《へいわ》を欲《ほっ》する

（ほしい） カメラが欲《ほ》しい

なりたち

「谷（くぼみ）」と「欠（口《くち》を開《あ》けた人《ひと》）」で、「ほしいと思《おも》う」意《い》を表《あらわ》す。

欲 欲 欲 欲 欲 欲 欲 欲 欲 欲 欲

段

階段《かいだん》で歌《うた》う

9画《かく》 殳《るまた》の部《ぶ》

音 **ダン**

石段《いしだん》・階段《かいだん》・格段《かくだん》・手段《しゅだん》・初段《しょだん》・段階《だんかい》・段差《だんさ》・段取《だんど》り・段落《だんらく》・値段《ねだん》

訓 ―

なりたち

「厂（がけ）」と「殳（たたく）」で、上《のぼ》り下《くだ》りのためにつけた切《き》れ目《め》、「だん」を表《あらわ》す。

段 段 段 段 段 段 段 段

沿

線《せん》に沿《そ》って歩《ある》く

8画《かく》 氵《さんずい》の部《ぶ》

音 **エン**

沿海《えんかい》・沿革《えんかく》・沿岸《えんがん》・沿線《えんせん》・沿道《えんどう》

訓 **そう**

川《かわ》に沿《そ》う・道沿《みちぞ》い

なりたち

「㕣《えん》（道《みち》すじにしたがう）」と「氵（水《みず》）」で、「流《なが》れや道《みち》すじにそう」意《い》を表《あらわ》す。

沿 沿 沿 沿 沿 沿 沿 沿

東《ひがし》アジアと漢字《かんじ》

古《ふる》くは中国《ちゅうごく》以外《いがい》の東《ひがし》アジアでも漢字《かんじ》が使《つか》われていました。しかし、韓国《かんこく》や北朝鮮《きたちょうせん》では音《おと》を表《あらわ》す文字《もじ》「ハングル」を使《つか》うようになり、ベトナムではアルファベットをもとにした「クオック・グー」が国《くに》の文字《もじ》になりました。日《に》本《ほん》でも漢字《かんじ》の使用《しよう》をやめようという声《こえ》はありましたが、全《ぜん》部《ぶ》ひらがなやカタカナでは文《ぶん》章《しょう》が読《よ》みにくいなどの理由《りゆう》で残《のこ》されました。

今《いま》も漢字《かんじ》を使《つか》うのは、中《ちゅう》国《ごく》、台湾《たいわん》、日本《にほん》などです。

なぞなぞ？ 言《い》いわけを正午《しょうご》にしたら、どうしてくれた？

（答《こた》えは次《つぎ》のページ）

泉

温泉《おんせん》に入《はい》る

9画《かく》 水《みず》の部《ぶ》

音 セン

温泉《おんせん》・間欠泉《かんけつせん》・源泉《げんせん》・鉱泉《こうせん》・冷泉《れいせん》

訓 いずみ

泉《いずみ》がわく

なりたち

↓ 泉

丸《まる》い岩穴《いわあな》から水《みず》がわき出《で》るようすをえがいた形《かたち》。

泉 泉 泉 泉 泉 泉 泉 泉 泉

洗

皿《さら》を洗《あら》う

9画《かく》 氵《さんずい》の部《ぶ》

音 セン

水洗《すいせん》・洗顔《せんがん》・洗剤《せんざい》・洗車《せんしゃ》・洗浄《せんじょう》・洗濯《せんたく》・洗脳《せんのう》・洗面所《せんめんじょ》・洗練《せんれん》

訓 あらう

手《て》を洗《あら》う・水洗《みずあら》い

なりたち

「先《せん》(足先《あしさき》)」と「氵(水《みず》)」で、足《あし》の指《ゆび》の間《あいだ》をきれいにするようすから、「あらう」意《い》を表《あらわ》す。

洗 洗 洗 洗 洗 洗 洗 洗 洗

派

海外《かいがい》に派兵《はへい》する

9画《かく》 氵《さんずい》の部《ぶ》

音 ハ

一派《いっぱ》・党派《とうは》・特派員《とくはいん》・派出所《はしゅつじょ》・派生《はせい》・流派《りゅうは》

訓 ―

なりたち

「𠂢《は》(枝分《えだわ》かれする)」と「氵(水《みず》)」で、本流《ほんりゅう》から細《ほそ》い流《なが》れが分《わ》かれ出《で》るようすから、「分《わ》かれ出《で》たもの」の意《い》を表《あらわ》す。

派 派 派 派 派 派 派 派

済

経済《けいざい》の勉強《べんきょう》

11画《かく》 氵《さんずい》の部《ぶ》

音 サイ

救済《きゅうさい》・共済《きょうさい》・経済《けいざい》・決済《けっさい》・返済《へんさい》・未済《みさい》

訓 すむ　すます

食事《しょくじ》が済《す》む

用事《ようじ》を済《す》ます

なりたち

↓

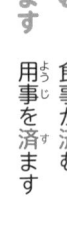

↓ 齊

もとの字《じ》は「濟」。水量《すいりょう》を調整《ちょうせい》するようすから、「すくう」意《い》を表《あらわ》す。

済 済 済 済 済 済 済 済

6年《ねん》

? 前《まえ》のページの答《こた》え→許《ゆる》してくれた

源

文字《もじ》の起源《きげん》を調《しら》べる

13画《かく》　氵《さんずい》の部《ぶ》

音 **ゲン**

音源《おんげん》・起源《きげん》・源泉《げんせん》・源流《げんりゅう》・語源《ごげん》・財源《ざいげん》・資源《しげん》・震源《しんげん》・水源《すいげん》・電源《でんげん》・熱源《ねつげん》

訓 **みなもと**

川《かわ》の源《みなもと》

なりたち

「原《げん》（みなもと）」と「氵（水《みず》）」で、「みなもと」「物事《ものごと》のはじめ」の意《い》を表《あらわ》す。

潮

気持《きも》ちいい潮風《しおかぜ》

15画《かく》　氵《さんずい》の部《ぶ》

音 **チョウ**

干潮《かんちょう》・思潮《しちょう》・潮位《ちょうい》・潮流《ちょうりゅう》・風潮《ふうちょう》・満潮《まんちょう》

訓 **しお**

親潮《おやしお》・黒潮《くろしお》・潮風《しおかぜ》・潮時《しおどき》・潮干狩《しおひが》り・引《ひ》き潮《しお》・満《み》ち潮《しお》

なりたち

「朝《ちょう》（あさ）」と「氵（水《みず》）」で、朝《あさ》、満《み》ちてくる海《うみ》の水《みず》、「あさしお」のことから、広《ひろ》く「うしお」の意《い》を表《あらわ》す。

激

激《はげ》しい雨《あめ》が降《ふ》る

16画《かく》　氵《さんずい》の部《ぶ》

音 **ゲキ**

過激《かげき》・感激《かんげき》・急激《きゅうげき》・激化《げきか》・激戦《げきせん》・激痛《げきつう》・激動《げきどう》・激変《げきへん》・激務《げきむ》

訓 **はげしい**

激《はげ》しい痛《いた》み

なりたち

↓

激

「敫（水《みず》しぶきをあげる）」と「氵（水《みず》）」で、「はげしい」意《い》を表《あらわ》す。

灰

火山灰《かざんばい》が降《ふ》ってくる

6画《かく》　火《ひ》の部《ぶ》

音 **（カイ）**

灰白色《かいはくしょく》・石灰《せっかい》

訓 **はい**

火山灰《かざんばい》・灰色《はいいろ》・灰皿《はいざら》

なりたち

「厂（手《て》）」と「火」で、燃《も》えがらの火《ひ》をかき回《まわ》すようすから、燃《も》えたあとに残《のこ》った「はい」を表《あらわ》す。

6年《ねん》

なぞなぞ？ お金《かね》を失《うしな》うかわりに、もらえたものはなに？

（答《こた》えは次《つぎ》のページ）

熟

熟練《じゅくれん》の演奏《えんそう》

15画《かく》 灬《れっか》の部《ぶ》

音 ジュク

円熟《えんじゅく》・完熟《かんじゅく》・習熟《しゅうじゅく》・熟成《じゅくせい》・熟達《じゅくたつ》・熟練《じゅくれん》・熟考《じゅっこう》・半熟《はんじゅく》・未熟《みじゅく》

訓 （うれる）

トマトが熟《う》れる

なりたち

↓
孰

「孰《じゅく》（火《ひ》を通《とお》す）」と「灬（火《ひ》）」で、物《もの》を「にる」意《い》を表《あらわ》す。

片

片手《かたて》を挙《あ》げる

4画《かく》 片《かた》の部《ぶ》

音 （ヘン）

一片《いっぺん》・紙片《しへん》・断片《だんぺん》・破片《はへん》

訓 かた

片側《かたがわ》・片付《かたづ》け・片手《かたて》・片手間《かたてま》・片時《かたとき》・片道《かたみち》

なりたち

↓
片

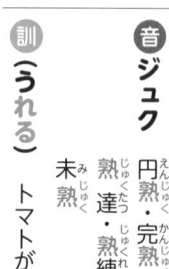

木《き》を二《ふた》つに割《わ》って、右半分《みぎはんぶん》だけをえがいた形《かたち》。木《き》の「切《き》れはし」を表《あらわ》す。

班

班《はん》で登校《とうこう》する

10画《かく》 王《おう》の部《ぶ》

音 ハン

班行動《はんこうどう》・班長《はんちょう》・班別《はんべつ》

訓 ―

なりたち

↓
班

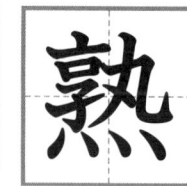

「王（玉《たま》）」と「刂（刀《かたな》）」と「王（玉《たま》）」で、玉《たま》を二《ふた》つに分《わ》けるようすから、「分《わ》けたもの」の意《い》を表《あらわ》す。

異

異変《いへん》に気《き》づく

11画《かく》 田《た》の部《ぶ》

音 イ

異議《いぎ》・異国《いこく》・異常《いじょう》・異色《いしょく》・異性《いせい》・異物《いぶつ》・異変《いへん》・異様《いよう》・異論《いろん》・特異《とくい》

訓 こと

異《こと》なる意見《いけん》

なりたち

↓
異

両手《りょうて》をあげた形《かたち》。一方《いっぽう》の手《て》もあげるところから、「別《べつ》の」の意《い》を表《あらわ》す。

疑

疑《うたが》われる

14画《かく》　疋《ひき》の部《ぶ》

音　**ギ**
疑念《ぎねん》・疑問《ぎもん》・疑惑《ぎわく》・質疑応答《しつぎおうとう》・半信半疑《はんしんはんぎ》・容疑《ようぎ》

訓　**うたがう**
疑《うたが》い深《ぶか》い

なりたち
（古い字形）→疑
「𠤕（ふり返《かえ》る）」と「子」と「止（足《あし》）」で、ふり返《かえ》って立《た》ち止《ど》まるようすから、「うたがう」意《い》を表《あらわ》す。

痛

転《ころ》んで痛《いた》い

12画《かく》　疒《やまいだれ》の部《ぶ》

音　**ツウ**
心痛《しんつう》・痛快《つうかい》・痛感《つうかん》・頭痛《ずつう》

訓　**いたい**
足《あし》が痛《いた》い
いたむ
胸《むね》が痛《いた》む
いためる
腰《こし》を痛《いた》める

なりたち
「甬（つき抜《ぬ》ける）」と「疒（やまい）」で、病気《びょうき》で体《からだ》が「いたむ」意《い》を表《あらわ》す。

皇

皇子《おうじ》が生《う》まれる

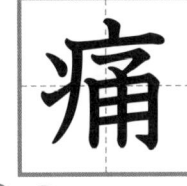

9画《かく》　白《しろ》の部《ぶ》

音　**コウ**
皇位《こうい》・皇居《こうきょ》・皇后《こうごう》・皇室《こうしつ》・皇族《こうぞく》・皇太子《こうたいし》・上皇《じょうこう》
オウ
皇子《おうじ》・皇女《おうじょ》・法皇《ほうおう》

訓　—

なりたち
（古い字形）→皇
「白（先《せん》頭《とう》）」と「王」で、人《ひと》の先頭《せんとう》に立《た》つ「王《おう》」を表《あらわ》す。

盛

曲《きょく》を盛《も》り上《あ》げる

11画《かく》　皿《さら》の部《ぶ》

音　**（セイ）**
最盛期《さいせいき》・盛夏《せいか》・盛大《せいだい》・全盛《ぜんせい》
（ジョウ）
繁盛《はんじょう》

訓　**もる**
目盛《めも》り・盛《も》り上《あ》がる・山盛《やまも》り
（さかる）
火《ひ》が燃《も》え盛《さか》る
（さかん）
農業《のうぎょう》が盛《さか》んだ

なりたち
「成《せい》（まとめる）」と「皿」で、器《うつわ》に物《もの》をまとめて「もる」意《い》を表《あらわ》す。

なぞなぞ？　お日《ひ》さまが池《いけ》の中央《ちゅうおう》に、どうなっている？
（答《こた》えは次《つぎ》のページ）

盟

同盟国《どうめいこく》の王様《おうさま》

13画《かく》 皿《さら》の部《ぶ》

音 **メイ**

加盟《かめい》・同盟《どうめい》・盟主《めいしゅ》・盟約《めいやく》・盟友《めいゆう》・連盟《れんめい》

訓 ―

なりたち

「明《めい》（見分《みわ》ける）」と「血《ち》」の変形《へんけい》「皿」で、血《ち》をすすって胸《むね》のうちを明《あき》らかにするようすから、「ちかう」意《い》を表《あらわ》す。

盟 盟 盟 盟 盟 盟 盟 盟

看

病人《びょうにん》を看護《かんご》する

9画《かく》 目《め》の部《ぶ》

音 **カン**

看過《かんか》・看護師《かんごし》・看守《かんしゅ》・看破《かんぱ》・看板《かんばん》・看病《かんびょう》

訓 ―

なりたち

看 ↓ 看

「手」と「目」で、手《て》をかざして「よく見《み》る」意《い》を表《あらわ》す。

看 看 看 看 看 看 看 看 看

砂

砂《すな》はまで遊《あそ》ぶ

9画《かく》 石《いし》の部《ぶ》

音 **サ**

砂丘《さきゅう》・砂金《さきん》・砂州《さす》・砂鉄《さてつ》・砂糖《さとう》・砂防林《さぼうりん》

（シャ）

土砂《どしゃ》

訓 **すな**

砂時計《すなどけい》・砂場《すなば》・砂浜《すなはま》

なりたち

もとの字《じ》は「沙」。「氵（水《みず》）」と「少（小《ちい》さい）」で、水《みず》に洗《あら》われ小《ちい》さくなった石《いし》、「すな」の意。

砂 砂 砂 砂 砂 砂 砂 砂 砂

磁

強力《きょうりょく》な磁石《じしゃく》

14画《かく》 石《いし》の部《ぶ》

音 **ジ**

磁気《じき》・磁器《じき》・磁極《じきょく》・磁石《じしゃく》・磁場《じば》・磁力《じりょく》・青磁《せいじ》・陶磁器《とうじき》・白磁《はくじ》・方位磁針《ほういじしん》

訓 ―

なりたち

茲 ↓ 茲

「茲《じ》（ふえる）」と「石」で、「鉄《てつ》をひきつける鉱石《こうせき》」を表《あらわ》す。

磁 磁 磁 磁 磁 磁 磁 磁 磁 磁 磁 磁 磁 磁

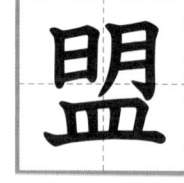

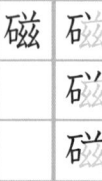

私

王様《おうさま》の私生活《しせいかつ》

7画《かく》 **禾**《のぎへん》の部《ぶ》

音 **シ**
公私《こうし》・私語《しご》・私情《しじょう》・私生活《しせいかつ》・私服《しふく》・私物《しぶつ》・私用《しよう》・私立《しりつ》

訓 **わたくし**
私《わたくし》事《しごと》

わたし
私《わたし》は六年生《ろくねんせい》です

なりたち

↓
ム
「ム《し》（囲《かこ》いこむ）」と「禾（イネ）」で、イネを自分《じぶん》のものにするようすから、「わたくし」を表《あらわ》す。

秘

秘密《ひみつ》の特訓《とっくん》をする

10画《かく》 **禾**《のぎへん》の部《ぶ》

音 **ヒ**
極秘《ごくひ》・神秘《しんぴ》・秘境《ひきょう》・秘策《ひさく》・秘伝《ひでん》・秘法《ひほう》・秘宝《ひほう》・秘密《ひみつ》・秘話《ひわ》・便秘《べんぴ》・黙秘《もくひ》

訓 **（ひめる）**
思《おも》いを秘《ひ》める

なりたち
もとの字《じ》は「祕」。「必（しめつける）」と「示（神《かみ》）」で、神殿《しんでん》のとびらを閉《し》めるようすから、「かくす」意《い》を表《あらわ》す。

穀

穀物《こくもつ》をたくわえる

14画《かく》 **禾**《のぎへん》の部《ぶ》

音 **コク**
穀倉《こくそう》・穀物《こくもつ》・穀類《こくるい》・五穀《ごこく》・雑穀《ざっこく》・脱穀《だっこく》

訓 —

なりたち

↓
㱿
もとの字《じ》は「㱿」。「㱿《こく》（かたいから）」と「禾（イネ）」で、かたいからをかぶった「こくもつ」を表《あらわ》す。

穴

穴《あな》をほる

5画《かく》 **穴**《あな》の部《ぶ》

音 **（ケツ）**
洞穴《どうけつ》・墓穴《ぼけつ》

訓 **あな**
穴埋《あなう》め・穴蔵《あなぐら》・穴場《あなば》・大穴《おおあな》・落《お》とし穴《あな》・風穴《かざあな》・節穴《ふしあな》・洞穴《ほらあな》

なりたち

↓
穴
土《つち》をほって作《つく》った、人《ひと》がすむための「ほらあな」をえがいた形《かたち》。

6年《ねん》

なぞなぞ？ タ+ロ+宀+女+木=？

（答《こた》えは次《つぎ》のページ）

窓

窓《まど》から外《そと》を見《み》る

11画《かく》　穴《あな》の部《ぶ》

音　ソウ

訓　まど

車窓《しゃそう》・深窓《しんそう》・同窓会《どうそうかい》
天窓《てんまど》・窓《まど》ガラス・窓際《まどぎわ》・窓口《まどぐち》・
窓辺《まどべ》・丸窓《まるまど》

なりたち

↓
窓

もとの字《じ》は「窻」。「囱《そう》（通《とお》り抜《ぬ》ける）」と「穴」で、風《かぜ》を通《とお》すためにあけた穴《あな》、「まど」を表《あらわ》す。

署

書類《しょるい》に署名《しょめい》する

13画《かく》　罒《あみがしら》の部《ぶ》

音　ショ

訓　―

警察署《けいさつしょ》・自署《じしょ》・署員《しょいん》・消防署《しょうぼうしょ》・
署長《しょちょう》・署名《しょめい》・税務署《ぜいむしょ》・部署《ぶしょ》・
本署《ほんしょ》

なりたち

「者（ひと所《ところ》に集《あつ》める）」と「罒（あみ）」で、「役《やく》わり」を表《あらわ》す。

筋

筋肉《きんにく》がつく

12画《かく》　竹《たけ》の部《ぶ》

音　キン

訓　すじ

筋骨《きんこつ》・筋肉《きんにく》・筋力《きんりょく》・鉄筋《てっきん》・
背筋《はいきん》・腹筋《ふっきん》
青筋《あおすじ》・大筋《おおすじ》・筋書《すじが》き・筋道《すじみち》・
背筋《せすじ》・血筋《ちすじ》・本筋《ほんすじ》・道筋《みちすじ》

なりたち

↓
筋

「竹」と「月（肉《にく》）」と「力」で、「すじ」のあるものを表《あらわ》す。

策

対策《たいさく》を考《かんが》える

12画《かく》　竹《たけ》の部《ぶ》

音　サク

訓　―

画策《かくさく》・策士《さくし》・策略《さくりゃく》・散策《さんさく》・
政策《せいさく》・対策《たいさく》・得策《とくさく》・万策《ばんさく》・
秘策《ひさく》・方策《ほうさく》

なりたち

「朿（とげの出《で》た形《かたち》）」と「竹」で、先《さき》がぎざぎざした「竹《たけ》のつえ」を表《あらわ》す。のち、大小《だいしょう》ふぞろいな「竹《たけ》の札《ふだ》」の意《い》で用《もち》いた。

？前《まえ》のページの答《こた》え→名案《めいあん》

箇

書簡《しょかん》を受《う》け取《と》る

18画《かく》 **竹**《たけ》の部《ぶ》

音 **カン**

簡易《かんい》・簡潔《かんけつ》・簡素《かんそ》・簡単《かんたん》・簡便《かんべん》・簡約《かんやく》・簡略《かんりゃく》・書簡《しょかん》

訓 ―

なりたち

「間《かん》（すきまがある）」と「竹」で、竹《たけ》のふだをひもで結《むす》ぶようすから、文字《もじ》をかきつける「札《ふだ》」を表《あらわ》す。

箇 箇 箇 箇 箇 箇 箇 箇

糖

砂糖《さとう》入《い》りのあまいお茶《ちゃ》

16画《かく》 **米**《こめ》の部《ぶ》

音 **トウ**

果糖《かとう》・黒糖《こくとう》・砂糖《さとう》・精糖《せいとう》・製糖《せいとう》・糖化《とうか》・糖分《とうぶん》・糖蜜《とうみつ》・麦芽糖《ばくがとう》・無糖《むとう》

訓 ―

なりたち

↓
唐

「唐《とう》（煮《に》たてる）」と「米」で、米《こめ》や麦《むぎ》を煮《に》た「あめ」を表《あらわ》す。

糖 糖 糖 糖 糖 糖 糖 糖
糖 糖 糖 糖 糖 糖 糖 糖

系

同《おな》じ系統《けいとう》の色《いろ》

7画《かく》 **糸**《いと》の部《ぶ》

音 **ケイ**

家系《かけい》・銀河系《ぎんがけい》・系図《けいず》・系統《けいとう》・系列《けいれつ》・山系《さんけい》・大系《たいけい》・体系《たいけい》・直系《ちょっけい》・日系《にっけい》・父系《ふけい》・母系《ぼけい》

訓 ―

なりたち

↓
系

「丿（のばして引《ひ》く）」と「糸」を合《あ》わせた形《かたち》。糸《いと》を一本《いっぽん》につなぐようすから、「つなぐ」「つながる」の意《い》を表《あらわ》す。

系 系 系 系 系 系 系 系

紅

木《こ》の葉《は》が紅葉《こうよう》する

9画《かく》 **糸**《いと》の部《ぶ》

音 **コウ**

紅顔《こうがん》・紅茶《こうちゃ》・紅梅《こうばい》・紅白《こうはく》

（ク）

深紅《しんく》

訓 **べに**

口紅《くちべに》

（くれない）

紅色《くれないいろ》

なりたち

「工《こう》（つき通《とお》す）」と「糸」で、白《しろ》い糸《いと》を深《ふか》く染《そ》めた「くれない」色《いろ》を表《あらわ》す。

紅
紅 紅 紅 紅 紅 紅 紅 紅

6年《ねん》

なぞなぞ？ ネがいを申《もう》し上《あ》げる相手《あいて》は、だれ？

（答《こた》えは次《つぎ》のページ）

純

純金《じゅんきん》を手《て》に入《い》れる

10画《かく》 糸《いと》の部《ぶ》

音 ジュン
純愛《じゅんあい》・純金《じゅんきん》・純情《じゅんじょう》・純真《じゅんしん》・純粋《じゅんすい》・純正《じゅんせい》・純度《じゅんど》・純白《じゅんぱく》・清純《せいじゅん》・単純《たんじゅん》

訓 ―

なりたち

屯
「屯(重《おも》い)」と「糸」で、ずっしりと重《おも》いカイコの糸《いと》を示《しめ》し、「まじりけがない」意《い》を表《あらわ》す。

納

楽器《がっき》が納品《のうひん》された

10画《かく》 糸《いと》の部《ぶ》

音 ノウ
収納《しゅうのう》・納会《のうかい》・納税《のうぜい》・納品《のうひん》
(ナッ)
納豆《なっとう》・納得《なっとく》
(ナ)
納屋《なや》
(ナン)
納戸《なんど》
(トウ)
出納《すいとう》

訓 おさめる
税金《ぜいきん》を納《おさ》める
おさまる
箱《はこ》に道具《どうぐ》が納《おさ》まる

なりたち
「内(入《い》れる)」と「糸」で、織物《おりもの》をしまうようすから、「おさめる」意《い》を表《あらわ》す。

絹

美《うつく》しい絹《きぬ》の織物《おりもの》

13画《かく》 糸《いと》の部《ぶ》

音 (ケン)
絹布《けんぷ》・正絹《しょうけん》

訓 きぬ
絹糸《きぬいと》・絹織物《きぬおりもの》・絹《きぬ》ごし豆腐《どうふ》

なりたち

絹
「肙《けん》(細《ほそ》い)」と「糸」で、細《ほそ》くしなやかな「きぬ」を表《あらわ》す。

縦

縦笛《たてぶえ》をふく

16画《かく》 糸《いと》の部《ぶ》

音 ジュウ
縦横無尽《じゅうおうむじん》・縦走《じゅうそう》・縦隊《じゅうたい》・縦断《じゅうだん》・操縦《そうじゅう》

訓 たて
縦糸《たていと》・縦書《たてが》き・縦笛《たてぶえ》

なりたち
もとの字《じ》は「縱」。「従《じゅう》(一列《いちれつ》にならぶ)」と「糸」で、糸《いと》がたてに長《なが》くのびるようすから、「たていと」「たて」の意《い》を表《あらわ》す。

6年《ねん》

俳句《はいく》に使《つか》う難《むずか》しい漢字《かんじ》

季語《きご》は難読漢字《なんどくかんじ》だらけ

五七五《ごしちご》の十七音《じゅうななおん》でつくる俳句《はいく》には、季節《きせつ》の言葉《ことば》「季語《きご》」を入《い》れるという基本《きほん》のルールがあります。季語《きご》には、気象《きしょう》、年中《ねんちゅう》 行事《ぎょうじ》、その時期《じき》の植物《しょくぶつ》、その季節《きせつ》の食《た》べ物《もの》などがあります。その中《なか》には現代《げんだい》ではふつう使《つか》わない難《むずか》しい漢字《かんじ》を使《つか》う語《ご》もたくさん出《で》てきます。

その漢字《かんじ》を読《よ》めなくても、季節《きせつ》をヒントに何《なん》のことか当《あ》ててみてください。

問題《もんだい》 春《はる》

鞦韆に腰《こし》かけて読《よ》む手紙《てがみ》かな

（星野立子《ほしのたつこ》）

【解説《かいせつ》】

春《はる》、女《おんな》の人《ひと》がひとりで座《すわ》って手紙《てがみ》を読《よ》んでいる「鞦韆」とは、ぶらんこのことです。この句《く》では「しゅうせん」と読《よ》みますが、「ふらここ」「ぶらんこ」とも読《よ》みます。ぶらんこは平安時代《へいあんじだい》に大陸《たいりく》から入《はい》ってきた遊《あそ》びで、春《はる》の季語《きご》とされます。

問題《もんだい》 夏《なつ》

かくれ家《が》や錠《じょう》のかはりに蝸牛

（小林一茶《こばやしいっさ》）

【解説《かいせつ》】

ひっそりした家《いえ》の入《い》り口《ぐち》に、留守《るす》を守《まも》るかのように張《は》りついていた「蝸牛」とは、「かたつむり」でした。「かぎゅう」とも読《よ》みます。

問題《もんだい》 秋《あき》

雀《すずめ》らの友《とも》となりたる捨《すて》案山子

（矢島渚男《やじまなぎさお》）

【解説《かいせつ》】

「案山子」は「かがし」です。「かかし」とも読《よ》みます。この句《く》では田《た》んぼにすずめが来《こ》ないように立《た》たせていたが、収《しゅう》かく後《ご》も放置《ほうち》されているようです。すずめもすっかり慣《な》れ、近《ちか》くを飛《と》び回《まわ》っています。

問題《もんだい》 冬《ふゆ》

煤はきのここだけ許《ゆる》せ四畳半《よじょうはん》

（正岡子規《まさおかしき》）

【解説《かいせつ》】

「煤《すす》はき」は「煤《すす》はらい」ともいい、大掃《おおそう》除《じ》を意味《いみ》する冬《ふゆ》の季語《きご》です。作者《さくしゃ》は四《よ》畳《じょう》半《はん》の自分《じぶん》の部屋《へや》だけは放《ほう》っておいてほしいようですが、みなさんは自分《じぶん》から掃除《そうじ》してくださいね。

縮

洗《あら》ったら
服《ふく》が縮《ちぢ》んだ

17画《かく》　糸《いと》の部《ぶ》

音 シュク
圧縮《あっしゅく》・縮小《しゅくしょう》・縮図《しゅくず》・短縮《たんしゅく》

訓 ちぢむ
セーターが縮《ちぢ》む

ちぢまる
身《み》が縮《ちぢ》まる思《おも》い

ちぢめる
首《くび》を縮《ちぢ》める

ちぢれる
毛《け》の縮《ちぢ》れた犬《いぬ》

ちぢらす
髪《かみ》の毛《け》を縮《ちぢ》らす

なりたち
「宿《しゅく》（しめる）」と「糸」で、ひもでしめて「ちぢめる」意《い》を表《あらわ》す。

翌

まいた翌週《よくしゅう》に
芽《め》が出《で》る種《たね》

11画《かく》　羽《はね》の部《ぶ》

音 ヨク
翌月《よくげつ》・翌日《よくじつ》・翌週《よくしゅう》・翌朝《よくちょう》・翌年《よくねん》・翌晩《よくばん》

訓 ―

なりたち
「羽（二枚《にまい》ならんだ羽《はね》）」と「立（人《ひと》が立《た》つ）」で、同《おな》じものがもう一《ひと》つあるようすから、今日《きょう》とは別《べつ》の「あくる日《ひ》」を表《あらわ》す。

聖

聖《せい》なる夜《よる》

13画《かく》　耳《みみ》の部《ぶ》

音 セイ
楽聖《がくせい》・神聖《しんせい》・聖火《せいか》・聖歌《せいか》・聖者《せいじゃ》・聖書《せいしょ》・聖人《せいじん》・聖地《せいち》・聖堂《せいどう》・聖母《せいぼ》・聖夜《せいや》

訓 ―

なりたち

↓
聖
「王（まっすぐ）」と「耳」と「口」で、すべてをまっすぐ理解《りかい》するようすから、「ちえのある人《ひと》」を表《あらわ》す。

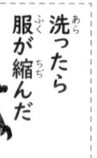

胃

胃《い》が痛《いた》い

9画《かく》　月《にくづき》の部《ぶ》

音 イ
胃液《いえき》・胃《い》カメラ・胃《い》がん・胃酸過多《いさんかた》・胃腸《いちょう》・胃袋《いぶくろ》

訓 ―

なりたち

↓
胃
「田（穀物《こくもつ》の入《はい》った袋《ふくろ》）」と「月（肉《にく》）」で、人《ひと》の「いぶくろ」を表《あらわ》す。

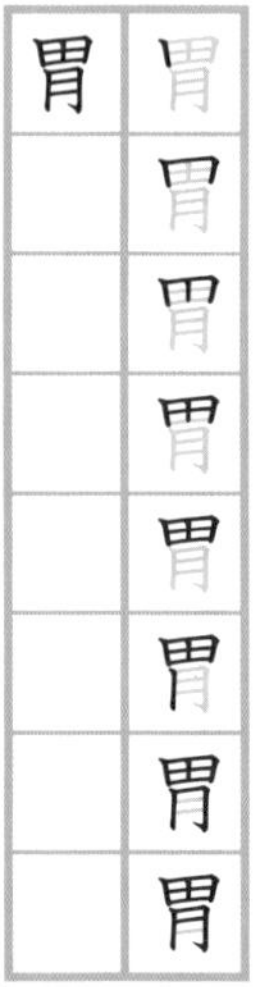

6年《ねん》

背

荷物《にもつ》を背負《せお》う

9画《かく》 月《にくづき》の部《ぶ》

音 ハイ
背景《はいけい》・背後《はいご》・背徳《はいとく》・背任《はいにん》

訓 せ
背泳《せおよ》ぎ・背中《せなか》・背骨《せぼね》

せい
背比《せいくら》べ

(そむく)
命令《めいれい》に背《そむ》く

(そむける)
目《め》を背《そむ》ける

なりたち
「北(せを向《む》ける)」と「月(肉《にく》)」で、体《からだ》の後《うし》ろにある部分《ぶぶん》、「せなか」を表《あらわ》す。

肺

肺炎《はいえん》が治《なお》る

9画《かく》 月《にくづき》の部《ぶ》

音 ハイ
心肺《しんぱい》・肺炎《はいえん》・肺活量《はいかつりょう》・肺《はい》がん・肺呼吸《はいこきゅう》・肺臓《はいぞう》

訓 ―

なりたち

↓
肺

もとの字は「肺」。「巿《はい》(草《くさ》の芽《め》がぱっと開《ひら》く)」と「月(肉《にく》)」で、息《いき》を勢《いきお》いよく出《だ》す器官《きかん》、「はい」を表《あらわ》す。

胸

悲《かな》しみで胸《むね》がいっぱいになる

10画《かく》 月《にくづき》の部《ぶ》

音 キョウ
胸囲《きょうい》・胸像《きょうぞう》・胸中《きょうちゅう》・胸部《きょうぶ》・度胸《どきょう》

訓 むね
胸焼《むねや》け

(むな)
胸騒《むなさわ》ぎ・胸元《むなもと》

なりたち

↓
匈

「匈《きょう》(からっぽ)」と「月(肉《にく》)」で、ろっ骨《こつ》で囲《かこ》まれたからっぽな部分《ぶぶん》、「むね」を表《あらわ》す。

脳

頭脳《ずのう》を働《はたら》かせる

11画《かく》 月《にくづき》の部《ぶ》

音 ノウ
首脳《しゅのう》・小脳《しょうのう》・頭脳《ずのう》・洗脳《せんのう》・大脳《だいのう》・脳波《のうは》・脳裏《のうり》

訓 ―

なりたち
もとの字《じ》は「腦」。「𡿺《のう》(のうみそ)」と「月(肉《にく》)」で、頭《あたま》の中《なか》のやわらかい部分《ぶぶん》、「のうみそ」を表《あらわ》す。

なぞなぞ? 米《こめ》をこまかく分《わ》けると、なにになる?

(答《こた》えは次《つぎ》のページ)

断腸《だんちょう》の思《おも》いで
あきらめる

腸

13画《かく》　月《にくづき》の部《ぶ》

音　**チョウ**

胃腸《いちょう》・小腸《しょうちょう》・大腸《だいちょう》・断腸《だんちょう》の思《おも》い・腸詰《ちょうづ》め・直腸《ちょくちょう》

訓　—

なりたち

「昜（長《なが》くのびる）」と「月（肉《にく》）」で、体《からだ》の中《なか》で長《なが》くのびている「ちょう」を表《あらわ》す。

腹《はら》いっぱい
食《た》べる

腹

13画《かく》　月《にくづき》の部《ぶ》

音　**フク**

空腹《くうふく》・中腹《ちゅうふく》・腹案《ふくあん》・腹心《ふくしん》・腹痛《ふくつう》・腹部《ふくぶ》・腹話術《ふくわじゅつ》・腹筋《ふっきん》・満腹《まんぷく》・立腹《りっぷく》

訓　**はら**

腹黒《はらぐろ》い・腹芸《はらげい》・腹巻《はらま》き

なりたち

「复《ふく》（ふくれる）」と「月（肉《にく》）」で、臓《ぞう》器《き》が重《かさ》なってふくれた「はら」を表《あらわ》す。

心臓《しんぞう》が飛《と》び出《で》る
ほどおどろいた

臓

19画《かく》　月《にくづき》の部《ぶ》

音　**ゾウ**

肝臓《かんぞう》・五臓六腑《ごぞうろっぷ》・心臓《しんぞう》・臓器《ぞうき》・臓物《ぞうもつ》・内臓《ないぞう》・肺臓《はいぞう》

訓　—

なりたち

もとの字《じ》は「臟」。「藏《ぞう》（しまう）」と「月（肉《にく》）」で、体《からだ》の中《なか》にしまいこまれている「はらわた」を表《あらわ》す。

至福《しふく》の時《とき》

至

6画《かく》　至《いたる》の部《ぶ》

音　**シ**

夏至《げし》・至急《しきゅう》・至難《しなん》・至福《しふく》・冬至《とうじ》・必至《ひっし》

訓　**いたる**

海《うみ》に至《いた》る道《みち》

なりたち

↓

↓
至

「矢」の変形《へんけい》と「一（地面《じめん》）」で、矢《や》が地面《じめん》に届《とど》くようすから、「いきつく」意《い》を表《あらわ》す。

6年《ねん》

舌

舌《した》つづみを打《う》つ

6画《かく》 舌《した》の部《ぶ》

音 (ゼツ)

訓 した

舌戦《ぜっせん》・毒舌《どくぜつ》・筆舌《ひつぜつ》・弁舌《べんぜつ》
舌打《したう》ち・舌先《したさき》・舌《した》つづみ・
二枚舌《にまいじた》・猫舌《ねこじた》

なりたち

↓ 舌

「干（棒《ぼう》）」と「口」を合《あ》わせた形《かたち》で、口《くち》の中《なか》で棒《ぼう》の形《かたち》をしたもの、「した」を表《あらわ》す。

蚕

葉《は》を食《た》べる蚕《かいこ》

10画《かく》 虫《むし》の部《ぶ》

音 サン

訓 かいこ

蚕業《さんぎょう》・蚕糸《さんし》・蚕食《さんしょく》・養蚕《ようさん》
蚕《かいこ》を飼《か》う

なりたち

↓ 朁

もとの字《じ》は「蠶」。「朁《さん》（もぐりこむ）」と「䖵（昆虫《こんちゅう》）」で、もぐりこんでえさを食《た》べる虫《むし》、「カイコ」を表《あらわ》す。

衆

民衆《みんしゅう》が喜《よろこ》ぶ

12画《かく》 血《ち》の部《ぶ》

音 シュウ
(シュ)

訓 ―

観衆《かんしゅう》・群衆《ぐんしゅう》・衆議院《しゅうぎいん》・
衆知《しゅうち》・大衆《たいしゅう》・民衆《みんしゅう》
衆生《しゅじょう》

なりたち

↓ ↓ 衆

「罒（目《め》）」と「人」が三《みっ》つ。取《と》り締《し》まりの人《ひと》のもとに集《あつ》まる「おおぜいの人《ひと》」を表《あらわ》す。

裁

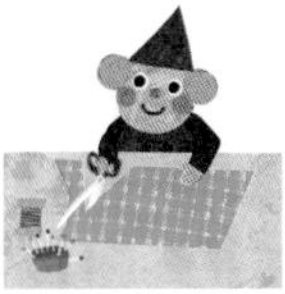

布《ぬの》を裁断《さいだん》する

12画《かく》 衣《ころも》の部《ぶ》

音 サイ

訓 (たつ)
さばく

決裁《けっさい》・裁断《さいだん》・裁判《さいばん》・裁量《さいりょう》・
制裁《せいさい》・仲裁《ちゅうさい》・洋裁《ようさい》・和裁《わさい》
布《ぬの》を裁《た》つ
罪《つみ》を裁《さば》く

なりたち

↓ 𢦏

「𢦏《さい》（断《た》つ）」と「衣」で、布《ぬの》を切《き》って「衣服《いふく》をつくる」意《い》を表《あらわ》す。

なぞなぞ？ 目《め》の下《した》に歯《は》（ハ）がはえたら、なにになる？

（答《こた》えは次《つぎ》のページ）

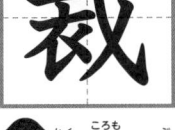

装

きれいな包装紙《ほうそうし》

12画《かく》　衣《ころも》の部《ぶ》

音 ソウ
仮装《かそう》・軽装《けいそう》・装置《そうち》・装備《そうび》・服装《ふくそう》・武装《ぶそう》・変装《へんそう》・包装《ほうそう》・礼装《れいそう》
（ショウ）　衣装《いしょう》・装束《しょうぞく》

訓 （よそおう）　はでに装《よそお》う

なりたち
もとの字《じ》は「裝」。「壯《そう》（スマートな）」と「衣」で、「身《み》なりを整《ととの》える」意《い》を表《あらわ》す。

補

補欠《ほけつ》からくり上《あ》がる

12画《かく》　ネ《ころもへん》の部《ぶ》

音 ホ
候補《こうほ》・補給《ほきゅう》・補強《ほきょう》・補欠《ほけつ》・補佐《ほさ》・補修《ほしゅう》・補習《ほしゅう》・補充《ほじゅう》・補助《ほじょ》・補正《ほせい》・補足《ほそく》・補導《ほどう》

訓 おぎなう　欠員《けついん》を補《おぎな》う

なりたち
「甫《ほ》（くっつく）」と「ネ（衣《ころも》）」で、衣《い》服《ふく》の破《やぶ》れに布《ぬの》をあててつくろうようすから、「おぎなう」意《い》を表《あらわ》す。

裏

足《あし》の裏《うら》をもむ

13画《かく》　衣《ころも》の部《ぶ》

音 （リ）
訓 うら
成功裏《せいこうり》・脳裏《のうり》・秘密裏《ひみつり》・裏面《りめん》・裏表《うらおもて》・裏方《うらかた》・裏口《うらぐち》・裏声《うらごえ》・裏地《うらじ》・裏話《うらばなし》・裏腹《うらはら》・裏目《うらめ》・裏山《うらやま》・屋根裏《やねうら》

なりたち
「里《り》（すじ目《め》）」と「衣」で、ぬった後《あと》のすじのついた衣《ころも》の「うら」を表《あらわ》す。

視

視界《しかい》が開《ひら》ける

11画《かく》　見《みる》の部《ぶ》

音 シ
近視《きんし》・軽視《けいし》・視界《しかい》・視覚《しかく》・視線《しせん》・視聴覚《しちょうかく》・視点《してん》・視野《しや》・重視《じゅうし》・視力《しりょく》・直視《ちょくし》・敵視《てきし》・無視《むし》

訓 ―

なりたち
もとの字《じ》は「視」。「示《しめ》（まっすぐ示す）」と「見」で、まっすぐに目《め》を向《む》けてものを「見《み》る」意《い》を表《あらわ》す。

？前《まえ》のページの答《こた》え→貝《かい》

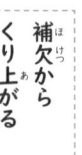

覧

観覧車《かんらんしゃ》に乗《の》る

17画《かく》 見《みる》の部《ぶ》

音 ラン

一覧《いちらん》・回覧《かいらん》・観覧《かんらん》・展覧会《てんらんかい》・博覧会《はくらんかい》・便覧《べんらん》・遊覧《ゆうらん》・要覧《ようらん》

訓 ―

なりたち

↓ ↓ 監

もとの字《じ》は「覽」。「監（わくに収《おさ》める）」と「見」で、全体《ぜんたい》を「見《み》わたす」意《い》を表《あらわ》す。

討

討論《とうろん》をする

10画《かく》 言《ごんべん》の部《ぶ》

音 トウ

検討《けんとう》・追討《ついとう》・討議《とうぎ》・討伐《とうばつ》・討論《とうろん》

訓 （うつ）

討《う》ち入《い》り・敵討《かたきう》ち

なりたち

「肘（囲《かこ》む）」の省略形《しょうりゃくけい》「寸」と「言（いう）」で、まわりを囲《かこ》み、罪《つみ》を言《い》い立《た》てて、敵《てき》を「うつ」意《い》を表《あらわ》す。

訪

外国《がいこく》を探訪《たんぼう》する

11画《かく》 言《ごんべん》の部《ぶ》

音 ホウ

再訪《さいほう》・探訪《たんぼう》・訪日《ほうにち》・訪米《ほうべい》・訪問《ほうもん》・来訪《らいほう》

訓 （おとずれる）

春《はる》が訪《おとず》れる

たずねる

奈良《なら》を訪《たず》ねる

なりたち

「方《ほう》（四方《しほう》にのびる）」と「言（いう）」で、あちこち出向《でむ》いて「たずねる」意《い》を表《あらわ》す。

訳

申《もう》し訳《わけ》ない気持《きも》ち

11画《かく》 言《ごんべん》の部《ぶ》

音 ヤク

意訳《いやく》・英訳《えいやく》・完訳《かんやく》・口語訳《こうごやく》・誤訳《ごやく》・直訳《ちょくやく》・通訳《つうやく》・訳者《やくしゃ》・訳文《やくぶん》・和訳《わやく》

訓 わけ

言《い》い訳《わけ》・申《もう》し訳《わけ》ない

なりたち

もとの字《じ》は「譯」。「睪（次々《つぎつぎ》とつなぐ）」と「言（いう）」で、わからないことばを「別《べつ》のことばにする」意《い》を表《あらわ》す。

6年《ねん》

なぞなぞ？ 王＋求＋木＋良＝？

（答《こた》えは次《つぎ》のページ）

詞

自作《じさく》の歌詞《かし》

12画《かく》 言《ごんべん》の部《ぶ》

音 シ

歌詞《かし》・疑問詞《ぎもんし》・形容詞《けいようし》・作詞《さくし》・動詞《どうし》・品詞《ひんし》・名詞《めいし》・訳詞《やくし》

訓 ——

なりたち

「司《し》（小《ち》さい）」と「言（いう）」で、文《ぶん》をつくる小《ち》さい単位《たんい》の「ことば」を表《あらわ》す。

誠

誠実《せいじつ》な人《ひと》がら

13画《かく》 言《ごんべん》の部《ぶ》

音 セイ

至誠《しせい》・誠意《せいい》・誠実《せいじつ》・忠誠《ちゅうせい》

訓 （まこと）

誠《まこと》をつくす

なりたち

「成《せい》（まとめる）」と「言（いう）」で、ことばと行《おこな》いがまとまっているようすから、「うそのないこと」を表《あらわ》す。

誤

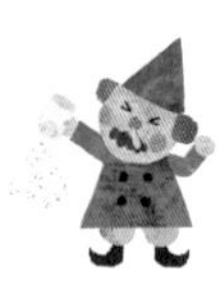
誤《あやま》って出《だ》し過《す》ぎた

14画《かく》 言《ごんべん》の部《ぶ》

音 ゴ

誤解《ごかい》・誤差《ごさ》・誤算《ごさん》・誤字《ごじ》・誤診《ごしん》・誤答《ごとう》・誤読《ごどく》・誤報《ごほう》・誤訳《ごやく》・誤用《ごよう》・正誤《せいご》

訓 あやまる

判断《はんだん》を誤《あやま》る

なりたち

呉 ➡ 呉

「呉《ご》（食《く》いちがう）」と「言（いう）」で、ことばが食《く》いちがうようすから、「あやまり」を表《あらわ》す。

誌

雑誌《ざっし》を読《よ》む

14画《かく》 言《ごんべん》の部《ぶ》

音 シ

機関誌《きかんし》・月刊誌《げっかんし》・雑誌《ざっし》・誌上《しじょう》・誌面《しめん》・週刊誌《しゅうかんし》・同人誌《どうじんし》・日誌《にっし》

訓 ——

なりたち

「志《し》（止《と》まる）」と「言（いう）」で、ことばや文字《もじ》を「書《か》き記《しる》したもの」を表《あらわ》す。

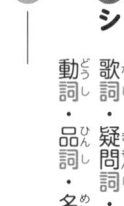

認

まちがいを認《みと》めたくない

14画《かく》 言《ごんべん》の部《ぶ》

音 （ニン）
確認《かくにん》・公認《こうにん》・認可《にんか》・認識《にんしき》・認証《にんしょう》・認知《にんち》・認定《にんてい》・否認《ひにん》・黙認《もくにん》

訓 みとめる
あやまちを認《みと》める

なりたち
「忍《にん》（ねばり強《づよ》い）」と「言（いう）」で、ねばり強《づよ》く本質《ほんしつ》を見《み》きわめるようすから、「見分《みわ》ける」意《い》を表《あらわ》す。

諸

語源《ごげん》には諸説《しょせつ》ある

15画《かく》 言《ごんべん》の部《ぶ》

音 ショ
諸君《しょくん》・諸兄《しょけい》・諸国《しょこく》・諸氏《しょし》・諸事《しょじ》・諸説《しょせつ》・諸島《しょとう》

訓 ――

なりたち
「者（多《おお》く集《あつ》まる）」と「言（いう）」で、ものがたくさん集《あつ》まるようすから、「もろもろ」の意《い》を表《あらわ》す。

誕

誕生日《たんじょうび》のケーキ

15画《かく》 言《ごんべん》の部《ぶ》

音 タン
降誕《こうたん》・生誕《せいたん》・誕生石《たんじょうせき》・誕生日《たんじょうび》

訓 ――

なりたち
「延（ひきのばす）」と「言（いう）」で、大《おお》げさにひきのばした「でたらめ」を表《あらわ》す。また、「生《う》まれる」の意《い》にも用《もち》いる。

論

口論《こうろん》が長引《ながび》く

15画《かく》 言《ごんべん》の部《ぶ》

音 ロン
口論《こうろん》・持論《じろん》・世論《せろん》・討論《とうろん》・弁論《べんろん》・論外《ろんがい》・論証《ろんしょう》・論争《ろんそう》・論点《ろんてん》・論破《ろんぱ》・論文《ろんぶん》

訓 ――

なりたち
「侖《ろん》（整理《せいり》して並《なら》べる）」と「言（いう）」で、「すじ道《みち》を立《た》ててのべる」意《い》を表《あらわ》す。

6年《ねん》

なぞなぞ？「ウ！」と八回《はちかい》さけんで、なにを見《み》つけた？（答《こた》えは次《つぎ》のページ）

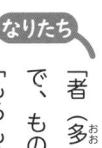

警

パトロール中《ちゅう》の警察官《けいさつかん》

19画《かく》　言《ごんべん》の部《ぶ》

音　**ケイ**
警句《けいく》・警護《けいご》・警告《けいこく》・警察官《けいさつかん》・警笛《けいてき》・警備《けいび》・警報《けいほう》・県警《けんけい》・夜警《やけい》

訓　―

なりたち
「敬《けい》（身《み》を引《ひ》きしめる）」と「言（いう）」で、ことばで注意《ちゅうい》し、「用心《ようじん》させる」意《い》を表《あらわ》す。

貴

貴重《きちょう》な宝石《ほうせき》

12画《かく》　貝《かい》の部《ぶ》

音　**キ**
貴金属《ききんぞく》・貴社《きしゃ》・貴重《きちょう》・高貴《こうき》

訓
（たっとい）　貴《たっと》い身分《みぶん》
（とうとい）　貴《とうと》い教訓《きょうくん》
（たっとぶ）　誠実《せいじつ》な心《こころ》を貴《たっと》ぶ
（とうとぶ）　人命《じんめい》を貴《とうと》ぶ

なりたち

↓
臾
「臾《き》（ふくれる）」の変形《へんけい》と「貝（お金《かね》）」で、「価値《かち》がある」意《い》。

賃

賃金《ちんぎん》を支《し》はらう

13画《かく》　貝《かい》の部《ぶ》

音　**チン**
運賃《うんちん》・お駄賃《だちん》・借《か》り賃《ちん》・賃上《ちんあ》げ・賃金《ちんぎん》・賃借《ちんしゃく》・賃貸《ちんたい》・手間賃《てまちん》・電車賃《でんしゃちん》・家賃《やちん》

訓　―

なりたち
「任（かかえ持《も》つ）」と「貝（お金《かね》や品《しな》物《もの》）」で、「お金《かね》で人《ひと》をやとう」意《い》を表《あらわ》す。

臨

臨時列車《りんじれっしゃ》が運行《うんこう》する

18画《かく》　臣《しん》の部《ぶ》

音　**リン**
君臨《くんりん》・臨海学校《りんかいがっこう》・臨機応変《りんきおうへん》・臨時《りんじ》・臨場感《りんじょうかん》・臨席《りんせき》

訓
（のぞむ）　試合《しあい》に臨《のぞ》む

なりたち

↓
臨
「臣（目玉《めだま》）」と「人」と「品（物《もの》）」で、人《ひと》が下《した》の物《もの》を見《み》るようすから、「見下《みお》ろす」意《い》を表《あらわ》す。

6年《ねん》

針

ミシンの針《はり》に気《き》をつける

10 画《かく》　**金**《かね》の部《ぶ》

音　**シン**

検針《けんしん》・指針《ししん》・針葉樹《しんようじゅ》・針路《しんろ》・短針《たんしん》・長針《ちょうしん》・秒針《びょうしん》・方針《ほうしん》

訓　**はり**

釣《つ》り針《ばり》・針金《はりがね》・針仕事《はりしごと》・針箱《はりばこ》・縫《ぬ》い針《ばり》

なりたち

「十（まとめる）」と「金（金属《きんぞく》）」で、布《ぬの》をぬってとじ合《あ》わせるための「はり」を表《あらわ》す。

銭

つり銭《せん》を数《かぞ》える

14 画《かく》　**金**《かね》の部《ぶ》

音　**セン**

悪銭《あくせん》・金銭《きんせん》・古銭《こせん》・さい銭《せん》・銭湯《せんとう》・釣《つ》り銭《せん》

訓　**（ぜに）**

小銭《こぜに》・身銭《みぜに》

なりたち

もとの字《じ》は「錢」。「戔《せん》（土《つち》を掘《ほ》るへら）」と「金（金属《きんぞく》）」で、へらに似《に》た「ぜに」を表《あらわ》す。

鋼

鋼鉄《こうてつ》で作《つく》った部品《ぶひん》

16 画《かく》　**金**《かね》の部《ぶ》

音　**コウ**

鋼材《こうざい》・鋼鉄《こうてつ》・製鋼《せいこう》・鉄鋼《てっこう》

訓　**（はがね）**

鋼《はがね》で刀《かたな》を作《つく》る

なりたち

「岡《こう》（かたい）」と「金（金属《きんぞく》）」で、かたくてじょうぶにきたえた金属《きんぞく》、「はがね」を表《あらわ》す。

閉

目《め》を閉《と》じる

11 画《かく》　**門**《もんがまえ》の部《ぶ》

音　**ヘイ**

開閉《かいへい》・閉会《へいかい》・閉店《へいてん》・密閉《みっぺい》

訓　**とじる**

目《め》を閉《と》じる

訓　**（とざす）**

口《くち》を閉《と》ざす

訓　**しめる**

ふたを閉《し》める

訓　**しまる**

戸《と》が閉《し》まる

なりたち

「門」と「才（とめる）」で、門《もん》をしめて出入《でい》りをとめるようすから、「とじる」意《い》を表《あらわ》す。

なぞなぞ? トリが羽《はね》を立《た》てたのはどんな日《ひ》?

（答《こた》えは次《つぎ》のページ）

閣

城閣《じょうかく》が見《み》える

14画《かく》　門《もんがまえ》の部《ぶ》

音　**カク**

閣議《かくぎ》・閣僚《かくりょう》・城閣《じょうかく》・組閣《そかく》・天守閣《てんしゅかく》・内閣総理大臣《ないかくそうりだいじん》・入閣《にゅうかく》・仏閣《ぶっかく》

訓　―

なりたち

「各《かく》（つかえてとまる）」と「門」で、とびらが動《うご》かないように置《お》いておく木《き》を表《あらわ》す。のち、「りっぱな建物《たてもの》」の意《い》に用《もち》いた。

難

難《むずか》しくてあきらめる

18画《かく》　隹《ふるとり》の部《ぶ》

音　**ナン**

困難《こんなん》・災難《さいなん》・至難《しなん》・難関《なんかん》・難所《なんしょ》・難題《なんだい》・難点《なんてん》・難問《なんもん》・非難《ひなん》

訓　**（かたい）**

忘《わす》れ難《がた》い

むずかしい

難《むずか》しい問題《もんだい》

なりたち

もとの字《じ》は「難」。「𦰩（日照《ひで》り）」と「隹（鳥《とり》）」で、鳥《とり》が災害《さいがい》にあうようすから、「わざわい」の意《い》を表《あらわ》す。

革

革新的《かくしんてき》な意見《いけん》

9画《かく》　革《つくりがわ》の部《ぶ》

音　**カク**

改革《かいかく》・革新《かくしん》・革命《かくめい》・皮革《ひかく》・変革《へんかく》

訓　**（かわ）**

革靴《かわぐつ》・なめし革《がわ》

なりたち

↓
革
↓
革

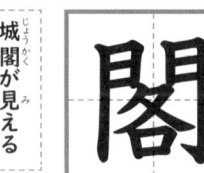

頭《あたま》と尾《お》のついた動物《どうぶつ》の皮《かわ》を開《ひら》き、ぴんと張《は》ったようすをえがいた形《かたち》。

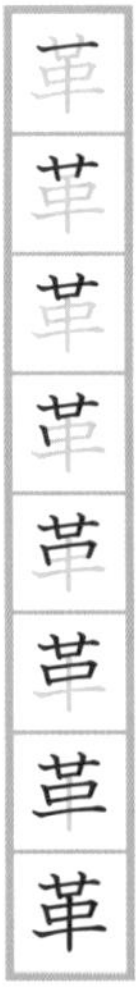

頂

山《やま》の頂上《ちょうじょう》

11画《かく》　頁《おおがい》の部《ぶ》

音　**チョウ**

山頂《さんちょう》・絶頂《ぜっちょう》・頂上《ちょうじょう》・頂戴《ちょうだい》・頂点《ちょうてん》・登頂《とうちょう》

訓　**いただく**

ごちそうを頂《いただ》く

いただき

山《やま》の頂《いただき》

なりたち

「丁《ちょう》（T形《がた》にまっすぐ立《た》つ）」と「頁（頭《あたま》）」で、T形《がた》につきたった頭《あたま》、「てっぺん」を表《あらわ》す。

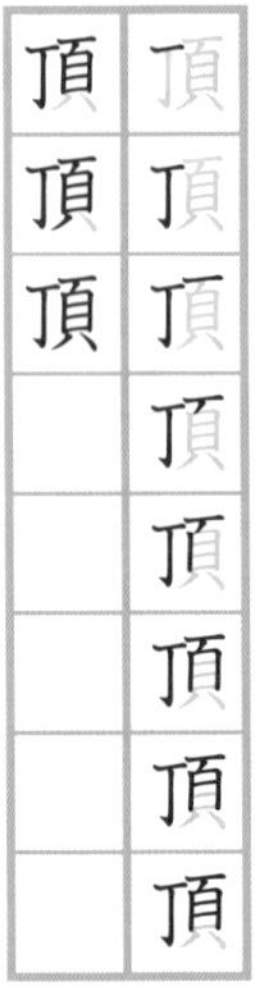

6年《ねん》

? 前《まえ》のページの答《こた》え→翌日《よくじつ》

預

友人《ゆうじん》の小鳥《ことり》を預《あず》かる

⑬画《かく》 頁《おおがい》の部《ぶ》

音 **ヨ**　預金《よきん》・預言《よげん》・預託《よたく》

訓 **あずける**　荷物《にもつ》を預《あず》ける
あずかる　留守《るす》を預《あず》かる

なりたち
「予《よ》（ゆとりがある）」と「頁（あたま）」で、時間的《じかんてき》にゆとりをもって人数《にんずう》をそろえるようすから、「前《まえ》もって」の意《い》を表《あらわ》す。

預　預　預　預　預　預　預　預

骨

転《ころ》んで骨《ほね》を折《お》る

⑩画《かく》 骨《ほね》の部《ぶ》

音 **コツ**　遺骨《いこつ》・気骨《きこつ》・骨格《こっかく》・骨折《こっせつ》・骨肉《こつにく》・接骨《せっこつ》・鉄骨《てっこつ》・軟骨《なんこつ》・白骨《はっこつ》・反骨《はんこつ》

訓 **ほね**　小骨《こぼね》・骨太《ほねぶと》・骨休《ほねやす》め

なりたち
 ↓ 骨
「冎（穴《あな》）」と「月（肉《にく》）」で、穴《あな》にはまって動《うご》く「ほね」を表《あらわ》す。

骨　骨　骨　骨　骨　骨　骨　骨　骨　骨

もっと漢字《かんじ》を知《し》りたいみなさんへ

この『小学館《しょうがくかん》　はじめての漢字辞典《かんじじてん》』で漢字《かんじ》に興味《きょうみ》をもってくれたみなさん、もっと多《おお》くの漢字《かんじ》とくわしい説明《せつめい》がのっている漢字辞《かんじじ》典《てん》を使《つか》ってみませんか。たとえば『例解学《れいかいがく》習《しゅう》漢字辞典《かんじじてん》第《だい》九《きゅう》版新装版《はんしんそうばん》』という辞典《じてん》があります。

この辞典《じてん》では小学生《しょうがくせい》で習《なら》う漢字《かんじ》1026字《じ》だけでなく、常用漢字《じょうようかんじ》（ふだんの生《せい》活《かつ》に、これだけあれば用《よう》がたりるというめやすの漢字《かんじ》）をふくめて約《やく》3000字《じ》の読《よ》み方《かた》・筆順《ひつじゅん》・なりたち・意味《いみ》などをわかりやすく解説《かいせつ》しています。

また、この辞典《じてん》には約《やく》25000語《ご》の熟語《じゅくご》がのっています。たとえば、漢字《かんじ》の「二」には約《やく》280もの熟語《じゅくご》がのっています。慣用句《かんようく》や四字《よじ》熟語《じゅくご》も多《おお》く取《と》り上《あ》げられているので、いろいろな言葉《ことば》を知《し》ることができます。

漢字《かんじ》のおもしろさがわかるこの辞典《じてん》を、本屋《ほんや》さんで手《て》にとってみましょう。

小《しょう》学《がく》館《かん》
はじめての
漢《かん》字《じ》
辞《じ》典《てん》

2021年 2 月22日　初版第 1 刷発行
2023年12月13日　第 5 刷発行

編者　小学館国語辞典編集部
発行人　吉田 兼一
発行所　株式会社　小学館
〒101-8001
東京都千代田区一ツ橋2-3-1
電話　編集 03-3230-5170　販売 03-5281-3555
印刷所　大日本印刷株式会社
製本所　牧製本印刷株式会社

★小学館の辞書公式ウェブサイト「ことばのまど」　https://kotobanomado.jp/
Printed in Japan
ISBN 978-4-09-501831-7
制作／望月公栄・斉藤陽子　販売／窪康男・福島真実　宣伝／野中千織
編集／大野美和

好《す》きな漢字《かんじ》・気《き》になる漢字《かんじ》・家族《かぞく》の漢字《かんじ》を記入《きにゅう》してみよう！

ここは自由《じゆう》に書《か》きこむページです。好《す》きになった漢字《かんじ》を書《か》いてみましょう。好《す》きになった理由《りゆう》も書《か》くと、あとから見《み》たときに楽《たの》しいです。同《おな》じように、気《き》になる漢字《かんじ》、家族《かぞく》の名前《なまえ》に入《はい》っている漢字《かんじ》も記入《きにゅう》してみてください。この辞典《じてん》にのっている一〇二六字《じ》以外《いがい》でもだいじょうぶ！　たくさんの漢字《かんじ》を知《し》ると、世界《せかい》はすこし楽《たの》しくなりますよ。

好《す》きな漢字《かんじ》

この漢字《かんじ》が好《す》きな理由《りゆう》

好《す》きな漢字《かんじ》

この漢字《かんじ》が好《す》きな理由《りゆう》